国家文物局"考古中国"重大项目"川渝地区巴蜀文明进程研究"阶段成果

重庆英才计划"名家名师（文化旅游领域）"项目成果

重庆市文物局"三峡考古学文化序列研究"资助成果

"十三五"国家重点出版物出版规划项目

长江三峡工程文物保护项目报告 乙种第五十一号

重庆市文物局 重庆市水利局 主编

涪陵小田溪（2002~2007）

重庆市文物考古研究院 编著

科学出版社

内 容 简 介

涪陵小田溪墓群位于重庆市涪陵区白涛街道小田溪村,是以战国晚期至西汉早期巴人文化遗存为主的遗址,自发现以来,一直备受学术界关注。1997年,三峡文物保护发掘工作启动后,重庆市文物考古研究院分别于2002、2005、2006、2007年对小田溪墓群(含小田溪、陈家嘴、网背沱)进行了五次较大规模的发掘,共计清理墓葬65座以及其他遗迹158个。出土遗物以陶器为主,还有铜器、铁器、石器、玉器等。此项发掘成果填补了川渝地区考古的空白,对完善巴文化谱系、探究族群构成和分布等,研究巴蜀文明演进及其融入中华民族多元一体总体格局的历史进程,探索川渝地区与周边历史文化关系,将起到积极的推动作用。

本书全面记录了历次考古发掘的过程和收获,是对小田溪墓群田野考古资料进行全面、系统整理以及广泛、深入的多学科合作研究的基础上编写而成的,是一部集田野考古、科技考古等多方面成果为一体的综合性考古报告。

本书适合考古学、历史学、民族学等相关领域的专家、学者及高等院校相关专业师生参考、参考。

图书在版编目(CIP)数据

涪陵小田溪:2002~2007/重庆市文物考古研究院编著. -- 北京:科学出版社,2024.11. -- (长江三峡工程文物保护项目报告). -- ISBN 978-7-03-080243-9

Ⅰ.K878.85

中国国家版本馆CIP数据核字第2024BK8477号

责任编辑:王光明 蔡鸿博/责任校对:邹慧卿

责任印制:肖 兴/封面设计:陈 敬

科学出版社 出版
北京东黄城根北街16号
邮政编码:100717
http://www.sciencep.com

北京中科印刷有限公司印刷
科学出版社发行 各地新华书店经销
*
2024年11月第 一 版 开本:880×1230 1/16
2024年11月第一次印刷 印张:24 插页:69
字数:930 000

定价:368.00元
(如有印装质量问题,我社负责调换)

"13th Five-Year Plan" National Key Publications Publishing and Planning Project

Reports on the Cultural Relics Conservation
in the Three Gorges Dam Project
B(site report) Vol.51

Cultural Relics and Heritage Bureau of Chongqing
Chongqing Water Resources Bureau

TGCR

The Xiaotianxi Tombs (2002-2007) in Fuling District, Chongqing City

Chongqing Cultural Relics and Archaeology Research Institute

Science Press

长江三峡工程文物保护项目报告

重庆库区编委会

冉华章　高　琳　江　夏　幸　军　任丽娟　王川平　程武彦
刘豫川　白九江

重庆市人民政府三峡文物保护专家顾问组

张　柏　谢辰生　吕济民　黄景略　黄克忠　苏东海　徐光冀
刘曙光　夏正楷　庄孔韶　王川平　李　季　张　威　高　星

长江三峡工程文物保护项目报告

乙种第五十一号

《涪陵小田溪（2002~2007）》

主　编

方　刚

项目承担单位

重庆市文物考古研究院

（重庆文化遗产保护中心）

目　　录

第一章　概述 ……………………………………………………………………………（1）

　第一节　地理环境与历史沿革 ………………………………………………………（1）
　　一、地理环境 ………………………………………………………………………（1）
　　二、历史沿革 ………………………………………………………………………（2）
　第二节　考古工作概况 ………………………………………………………………（4）
　　一、涪陵区战国秦汉考古工作 ……………………………………………………（4）
　　二、小田溪墓群既往考古工作 ……………………………………………………（8）
　　三、本报告涉及小田溪墓群考古工作概况 ………………………………………（11）
　　四、小田溪墓群资料整理与报告说明 ……………………………………………（14）

第二章　小田溪墓群A区（小田溪） …………………………………………………（15）

　第一节　工作概况 ……………………………………………………………………（15）
　第二节　文化层堆积与出土遗物 ……………………………………………………（16）
　　一、文化层堆积 ……………………………………………………………………（16）
　　二、出土遗物 ………………………………………………………………………（19）
　第三节　墓葬 …………………………………………………………………………（21）
　　一、2002FXⅠM10 …………………………………………………………………（21）
　　二、2002FXⅠM11 …………………………………………………………………（29）
　　三、2002FXⅠM12 …………………………………………………………………（30）
　　四、2002FXⅠM13 …………………………………………………………………（51）
　　五、2002FXⅠM14 …………………………………………………………………（53）
　　六、2002FXⅠM15 …………………………………………………………………（54）
　　七、2002FXⅠM16 …………………………………………………………………（65）
　　八、2002FXⅠM17 …………………………………………………………………（67）
　　九、2002FXⅠM18 …………………………………………………………………（69）

十、2002FXⅠM19 …………………………………………………………………（72）
十一、2002FXⅠM20 ………………………………………………………………（74）
十二、2002FXⅠM21 ………………………………………………………………（78）
十三、2002FXⅠM22 ………………………………………………………………（81）
十四、2007FXXM23 ………………………………………………………………（85）
十五、2007FXXM24 ………………………………………………………………（86）
十六、2007FXXM25 ………………………………………………………………（87）

第四节　其他遗迹 ……………………………………………………………………（98）
  一、2002FXⅠH1 …………………………………………………………………（98）
  二、2002FXⅠH2 …………………………………………………………………（98）
  三、2002FXⅠH3 …………………………………………………………………（99）

第三章　小田溪墓群B区（陈家嘴） ……………………………………………（100）

第一节　工作概况 …………………………………………………………………（100）

第二节　文化层堆积与出土遗物 …………………………………………………（102）
  一、文化层堆积 …………………………………………………………………（102）
  二、出土遗物 ……………………………………………………………………（114）

第三节　墓葬 ………………………………………………………………………（130）
  一、2005FCM1 …………………………………………………………………（130）
  二、2005FCM2 …………………………………………………………………（133）
  三、2005FCM3 …………………………………………………………………（135）
  四、2005FCM4 …………………………………………………………………（137）
  五、2005FCM5 …………………………………………………………………（139）
  六、2005FCM6 …………………………………………………………………（141）
  七、2005FCM7 …………………………………………………………………（142）
  八、2005FCM8 …………………………………………………………………（143）
  九、2005FCM9 …………………………………………………………………（144）
  十、2005FCM10 …………………………………………………………………（146）
  十一、2005FCM11 ………………………………………………………………（147）
  十二、2005FCM12 ………………………………………………………………（149）
  十三、2005FCM13 ………………………………………………………………（152）
  十四、2005FCM14 ………………………………………………………………（153）
  十五、2005FCM15 ………………………………………………………………（156）
  十六、2006FXCM16 ……………………………………………………………（157）
  十七、2006FXCM17 ……………………………………………………………（159）

十八、2006FXCM18	（160）
十九、2006FXCM19	（161）
二十、2006FXCM20	（163）
二十一、2006FXCM21	（165）
二十二、2006FXCM22	（166）
二十三、2006FXCM23	（168）
二十四、2006FXCM24	（171）
二十五、2006FXCM25	（172）
二十六、2006FXCM26	（174）
二十七、2006FXCM27	（174）
二十八、2006FXCM28	（176）
二十九、2006FXCM29	（178）
三十、2006FXCM30	（180）
三十一、2006FXCM31	（183）
三十二、2006FXCM32	（184）
三十三、2006FXCM33	（185）
三十四、2006FXCM34	（187）
三十五、2006FXCM35	（190）
三十六、2006FXCM36	（191）
三十七、2006FXCM37	（194）
三十八、2006FXCM38	（195）
三十九、2006FXCM39	（197）
四十、2006FXCM40	（201）
四十一、2006FXCM41	（202）
四十二、2006FXCM42	（204）
四十三、2006FXCM43	（206）
四十四、2006FXCM44	（207）
四十五、2006FXCM45	（209）
四十六、2006FXCM46	（210）

第四节　其他遗迹 （211）

　　一、房址、道路、石堆、柱洞遗迹 （211）
　　二、灰坑 （216）
　　三、灰沟 （273）
　　四、窑址 （288）

第四章 相关研究 …………………………………………………………（290）

第一节 晚期巴文化墓葬研究 …………………………………………（290）
一、墓葬分布及墓向 ……………………………………………………（290）
二、墓葬形制尺寸 ………………………………………………………（291）
三、葬具葬式 ……………………………………………………………（292）
四、随葬器物的分类与组合 ……………………………………………（293）
五、墓葬等级、分期与年代 ……………………………………………（316）
六、墓地性质与族属文化 ………………………………………………（318）

第二节 两汉时期墓葬研究 ……………………………………………（320）
一、墓葬的分布与形制 …………………………………………………（321）
二、随葬器物的分类与组合 ……………………………………………（321）
三、墓葬分期及年代 ……………………………………………………（326）

第三节 晚期巴文化青铜器的检测分析与研究 ………………………（327）
一、既往涪陵小田溪出土青铜器的科技考古研究回顾 ………………（327）
二、小田溪墓群出土青铜器局部观察与检测分析 ……………………（329）

附表 ………………………………………………………………………（335）

附录 ………………………………………………………………………（346）

附录一　小田溪墓群加速器质谱（AMS）^{14}C测试报告 ……………（346）

附录二　小田溪墓群放射性碳测年报告 ………………………………（348）

附录三　重庆涪陵小田溪墓群样品古DNA分析报告 …………………（351）

Abstract ……………………………………………………………………（355）

后记 ………………………………………………………………………（356）

插图目录

图一　小田溪墓群、陈家嘴遗址、网背沱墓群位置示意图 ……………………………………（2）
图二　涪陵小田溪墓群A区（小田溪）各年度发掘探方、探沟分布示意图 …………（插页）
图三　2002FXⅠT5、2002FXⅠTG3（北段）东壁剖面图 ……………………………………（17）
图四　2002FXⅠT6东壁剖面图 …………………………………………………………………（17）
图五　2002FXⅠT34、2002FXⅠT37西壁剖面图 ……………………………………………（18）
图六　2002FXⅡT58南壁剖面图 ………………………………………………………………（19）
图七　涪陵小田溪墓群A区（小田溪）地层出土遗物 ………………………………………（20）
图八　涪陵小田溪墓群（A区）各年度发掘墓葬分布示意图 ………………………………（插页）
图九　2002FXⅠM10平、剖面图 ………………………………………………………………（22）
图一〇　2002FXⅠM10出土铜器 ………………………………………………………………（23）
图一一　2002FXⅠM10出土铜器 ………………………………………………………………（24）
图一二　2002FXⅠM10出土铜剑（2002FXⅠM10∶5）剑身上的巴蜀符号拓片 …………（24）
图一三　2002FXⅠM10出土铜器 ………………………………………………………………（25）
图一四　2002FXⅠM10出土铜鸟形尊（2002FXⅠM10∶35） ………………………………（27）
图一五　2002FXⅠM10出土铜壶（2002FXⅠM10∶36） ……………………………………（27）
图一六　2002FXⅠM10出土陶器 ………………………………………………………………（28）
图一七　2002FXⅠM11平、剖面图 ……………………………………………………………（29）
图一八　2002FXⅠM11出土遗物 ………………………………………………………………（30）
图一九　2002FXⅠM12墓室结构平、剖面图 …………………………………………………（31）
图二〇　2002FXⅠM12平、剖面图 ……………………………………………………………（插页）
图二一　2002FXⅠM12出土铜器 ………………………………………………………………（33）
图二二　2002FXⅠM12出土铜器 ………………………………………………………………（35）
图二三　2002FXⅠM12出土铜器上的巴蜀符号拓片 …………………………………………（36）
图二四　2002FXⅠM12出土铜錞于（2002FXⅠFM12∶36） …………………………………（37）
图二五　2002FXⅠM12出土铜器 ………………………………………………………………（39）
图二六　2002FXⅠM12出土铜壶（2002FXⅠM12∶71） ……………………………………（40）
图二七　2002FXⅠM12出土遗物 ………………………………………………………………（41）
图二八　2002FXⅠM12出土铜器 ………………………………………………………………（43）

图二九	2002FXⅠM12出土遗物	（44）
图三〇	2002FXⅠM12出土玉器	（46）
图三一	2002FXⅠM12出土遗物	（48）
图三二	2002FXⅠM12出土遗物	（50）
图三三	2002FXⅠM13平、剖面图	（51）
图三四	2002FXⅠM13出土陶器	（52）
图三五	2002FXⅠM14平、剖面图	（53）
图三六	2002FXⅠM15椁板上层平面图	（55）
图三七	2002FXⅠM15平、剖面图	（56）
图三八	2002FXⅠM15出土铜器	（57）
图三九	2002FXⅠM15出土铜器	（58）
图四〇	2002FXⅠM15出土铜器	（59）
图四一	2002FXⅠM15出土铜鍪（2002FXⅠM15：9、2002FXⅠM15：10）	（60）
图四二	2002FXⅠM15出土铜鍪（2002FXⅠM15：39）	（60）
图四三	2002FXⅠM15出土遗物	（61）
图四四	2002FXⅠM15出土铜器上的巴蜀符号拓片	（62）
图四五	2002FXⅠM15出土遗物	（63）
图四六	2002FXⅠM16平、剖面图	（66）
图四七	2002FXⅠM16出土遗物	（67）
图四八	2002FXⅠM16出土铜剑（2002FXⅠM16：1）上的巴蜀符号拓片	（68）
图四九	2002FXⅠM17平、剖面图	（68）
图五〇	2002FXⅠM17出土遗物	（69）
图五一	2002FXⅠM18平、剖面图	（70）
图五二	2002FXⅠM18出土遗物	（71）
图五三	2002FXⅠM19平、剖面图	（73）
图五四	2002FXⅠM19出土遗物	（74）
图五五	2002FXⅠM20平、剖面图	（75）
图五六	2002FXⅠM20出土铜器	（76）
图五七	2002FXⅠM20出土铜剑（2002FXⅠM20：12）	（77）
图五八	2002FXⅠM20出土陶器	（78）
图五九	2002FXⅠM21平、剖面图	（79）
图六〇	2002FXⅠM21出土遗物	（80）
图六一	2002FXⅠM22平、剖面图	（81）
图六二	2002FXⅠM22出土遗物	（83）
图六三	2002FXⅠM22出土遗物	（84）
图六四	2007FXXM23平、剖面图	（85）
图六五	2007FXXM23出土瓷盏（2007FXXM23：1）	（86）

插图目录

图六六	2007FXXM24平、剖面图	（86）
图六七	2007FXXM25平、剖面图	（88）
图六八	2007FXXM25出土陶钵	（89）
图六九	2007FXXM25出土陶器	（90）
图七〇	2007FXXM25出土陶圆肩罐	（91）
图七一	2007FXXM25出土陶器	（93）
图七二	2007FXXM25出土遗物	（94）
图七三	2007FXXM25出土釉陶盒	（95）
图七四	2007FXXM25出土釉陶器	（96）
图七五	2007FXXM25出土遗物	（97）
图七六	2002FXⅠH1平、剖面图	（98）
图七七	2002FXⅠH2平、剖面图	（98）
图七八	2002FXⅠH3平、剖面图	（99）
图七九	涪陵小田溪墓群B区（陈家嘴）各年度发掘探方分布示意图	（插页）
图八〇	2006FXCT0913~2006FXCT0921西壁剖面图（上）、2006FXCT0715~2006FXCT1215北壁剖面图（下）	（104）
图八一	2006FXCT1518、2006FXCT1519、2005FCT1520~2005FCT1528西壁剖面图（上）、2005FCT1323~2005FCT2123南壁剖面图（下）	（107）
图八二	2006FXCT3116~2006FXCT3119东壁剖面图（上）、2005FCT2218~2005FCT2618、2006FXCT2718~2006FXCT3118南壁剖面图（下）	（110）
图八三	2006FCT0113、2006FCT0213南壁剖面图（上）、2007FXCT3~2007FXCT6南壁剖面图（下）	（112）
图八四	商周、战国时期文化层出土陶器	（115）
图八五	战国时期文化层出土遗物	（116）
图八六	战国时期文化层出土石器	（118）
图八七	战国时期文化层出土石器	（119）
图八八	战国时期文化层出土陶片纹饰拓片	（120）
图八九	战国时期文化层出土陶器	（122）
图九〇	战国时期文化层出土陶器	（124）
图九一	战国时期文化层出土陶器	（125）
图九二	汉代及以后文化层出土遗物	（127）
图九三	汉代及以后文化层出土遗物	（129）
图九四	涪陵小田溪墓群B区（陈家嘴）遗迹总平面图	（插页）
图九五	2005FCM1平、剖面图	（131）
图九六	2005FCM1出土遗物	（132）
图九七	2005FCM2平、剖面图	（133）
图九八	2005FCM2出土遗物	（134）

图九九	2005FCM3平、剖面图	（136）
图一〇〇	2005FCM3出土遗物	（136）
图一〇一	2005FCM4平、剖面图	（137）
图一〇二	2005FCM4出土遗物	（138）
图一〇三	2005FCM5平、剖面图	（139）
图一〇四	2005FCM5出土遗物	（140）
图一〇五	2005FCM6平、剖面图	（141）
图一〇六	2005FCM7平、剖面图	（142）
图一〇七	2005FCM8平、剖面图	（143）
图一〇八	2005FCM8出土遗物	（144）
图一〇九	2005FCM9平、剖面图	（145）
图一一〇	2005FCM9出土陶釜（2005FCM9∶1）	（145）
图一一一	2005FCM10平、剖面图	（146）
图一一二	2005FCM10出土铜器	（147）
图一一三	2005FCM11平、剖面图	（148）
图一一四	2005FCM11出土遗物	（149）
图一一五	2005FCM12平、剖面图	（150）
图一一六	2005FCM12出土遗物	（151）
图一一七	2005FCM13平、剖面图	（152）
图一一八	2005FCM13出土遗物	（153）
图一一九	2005FCM14平、剖面图	（154）
图一二〇	2005FCM14出土遗物	（155）
图一二一	2005FCM15平、剖面图	（157）
图一二二	2005FCM15出土遗物	（157）
图一二三	2006FXCM16平、剖面图	（158）
图一二四	2006FXCM16出土铜鍪（2006FXCM16∶1）	（158）
图一二五	2006FXCM17平、剖面图	（159）
图一二六	2006FXCMM17出土陶器	（160）
图一二七	2006FXCM18平、剖面图	（160）
图一二八	2006FXCM18出土陶器	（161）
图一二九	2006FXCM19平、剖面图	（161）
图一三〇	2006FXCM19出土遗物	（162）
图一三一	2006FXCM20平、剖面图	（163）
图一三二	2006FXCM20出土遗物	（164）
图一三三	2006FXCM21平、剖面图	（165）
图一三四	2006FXCM21出土陶盂（2006FXCM21∶4）	（166）
图一三五	2006FXCM22平、剖面图	（167）

图一三六	2006FXCM22出土遗物	（167）
图一三七	2006FXCM23平、剖面图	（169）
图一三八	2006FXCM23出土遗物	（170）
图一三九	2006FXCM23出土铜壶（2006FXCM23∶7）	（170）
图一四〇	2006FXCM24平、剖面图	（171）
图一四一	2006FXCM24出土陶器	（172）
图一四二	2006FXCM25平、剖面图	（172）
图一四三	2006FXCM25出土遗物	（173）
图一四四	2006FXCM26平、剖面图	（174）
图一四五	2006FXCM27平、剖面图	（175）
图一四六	2006FXCM27出土遗物	（175）
图一四七	2006FXCM28平、剖面图	（176）
图一四八	2006FXCM28出土遗物	（177）
图一四九	2006FXCM29平、剖面图	（179）
图一五〇	2006FXCM29出土遗物	（180）
图一五一	2006FXCM30平、剖面图	（181）
图一五二	2006FXCM30出土遗物	（182）
图一五三	2006FXCM31平、剖面图	（183）
图一五四	2006FXCM32平、剖面图	（184）
图一五五	2006FXCM32出土铜器	（185）
图一五六	2006FXCM33平、剖面图	（186）
图一五七	2006FXCM33出土遗物	（187）
图一五八	2006FXCM34平、剖面图	（188）
图一五九	2006FXCM34出土遗物	（189）
图一六〇	2006FXCM35平、剖面图	（190）
图一六一	2006FXCM35出土铜环（2006FXCM35∶1）	（191）
图一六二	2006FXCM36平、剖面图	（192）
图一六三	2006FXCM36出土遗物	（193）
图一六四	2006FXCM37平、剖面图	（194）
图一六五	2006FXCM37出土遗物	（195）
图一六六	2006FXCM38平、剖面图	（196）
图一六七	2006FXCM38出土遗物	（197）
图一六八	2006FXCM39平、剖面图	（198）
图一六九	2006FXCM39出土遗物	（199）
图一七〇	2006FXCM40平、剖面图	（201）
图一七一	2006FXCM41平、剖面图	（202）
图一七二	2006FXCM41出土铜器	（203）

图一七三	2006FXCM42平、剖面图	（204）
图一七四	2006FXCM42出土遗物	（205）
图一七五	2006FXCM43平、剖面图	（206）
图一七六	2006FXCM44平、剖面图	（207）
图一七七	2006FXCM44出土遗物	（208）
图一七八	2006FXCM45平、剖面图	（209）
图一七九	2006FXCM45出土陶瓮（2006FXCM45：3）	（209）
图一八〇	2006FXCM46平、剖面图	（210）
图一八一	2006FXCM46出土陶盂（2006FXCM46：1）	（210）
图一八二	2005FCF3出土遗物	（213）
图一八三	2005FCF4出土陶器	（214）
图一八四	2005FCH1平、剖面图	（217）
图一八五	2005FCH1出土遗物	（218）
图一八六	2005FCH2平、剖面图	（218）
图一八七	2005FCH2出土遗物	（219）
图一八八	2005FCH3平、剖面图	（220）
图一八九	2005FCH3出土遗物	（220）
图一九〇	2005FCH16出土陶器	（224）
图一九一	2005FCH20出土陶罐（2005FCH20：1）	（226）
图一九二	2005FCH22平、剖面图	（226）
图一九三	2005FCH22出土陶釜	（227）
图一九四	2005FCH28平、剖面图	（229）
图一九五	2005FCH28出土铁锸（2005FCH28：6）	（229）
图一九六	2005FCH30出土陶器	（231）
图一九七	2005FCH31平、剖面图	（231）
图一九八	2005FCH31出土陶器	（232）
图一九九	2005FCH33平、剖面图	（233）
图二〇〇	2005FCH33出土陶器	（233）
图二〇一	2005FCH36平、剖面图	（234）
图二〇二	2005FCH36出土陶器	（235）
图二〇三	2005FCH43平、剖面图	（237）
图二〇四	2005FCH43出土陶罐（2005FCH43：1）	（237）
图二〇五	2005FCH45平、剖面图	（238）
图二〇六	2005FCH45出土遗物	（238）
图二〇七	2005FCH47平、剖面图	（239）
图二〇八	2005FCH47出土陶器	（240）
图二〇九	2005FCH48平、剖面图	（241）

图二一〇	2005FCH48出土陶罐（2005FCH48：2）	（241）
图二一一	2005FCH50出土陶器	（242）
图二一二	2005FCH51（H57）平、剖面图	（243）
图二一三	2005FCH56出土陶罐（2005FCH56：1）	（244）
图二一四	2005FCH66平、剖面图	（247）
图二一五	2006FCH3平、剖面图	（247）
图二一六	2006FCH3出土陶器	（248）
图二一七	2006FCH5平、剖面图	（249）
图二一八	2006FCH5出土陶器	（250）
图二一九	2006FXCH72出土陶圜底罐（2006FXCH72：1）	（252）
图二二〇	2006FXCH73出土陶纺轮（2006FXCH73：2）	（253）
图二二一	2006FXCH74出土陶瓮（2006FXCH74：1）	（253）
图二二二	2006FXCH75出土陶豆（2006FXCH75：1）	（254）
图二二三	2006FXCH76出土陶中柄豆	（255）
图二二四	2006FXCH77出土陶器	（255）
图二二五	2006FXCH81平、剖面图	（257）
图二二六	2006FXCH81出土陶圜底罐（2006FXCH81：1）	（257）
图二二七	2006FXCH84平、剖面图	（258）
图二二八	2006FXCH84出土遗物	（259）
图二二九	2006FXCH86出土陶器	（261）
图二三〇	2006FXCH89出土陶器	（263）
图二三一	2006FXCH90出土陶豆盘（2006FXCH90：1）	（263）
图二三二	2006FXCH91出土陶器	（264）
图二三三	2006FXCH94出土遗物	（266）
图二三四	2006FXCH95出土陶器	（266）
图二三五	2006FXCH96出土陶盆（2006FXCH96：1）	（267）
图二三六	2006FXCH97出土陶器	（267）
图二三七	2006FXCH100出土陶器	（269）
图二三八	2006FXCH101出土陶圈足豆（2006FXCH101：2）	（269）
图二三九	2006FXCH102平、剖面图	（270）
图二四〇	2006FXCH102出土陶器	（270）
图二四一	2006FXCH103出土遗物	（271）
图二四二	2006FXCH106出土陶器	（272）
图二四三	2005FXCG6出土遗物	（275）
图二四四	2005FCG7出土陶器	（276）
图二四五	2005FCG8平、剖面图	（276）
图二四六	2005FCG8出土遗物	（277）

图二四七	2005FCG9出土遗物	（278）
图二四八	2005FCG10出土陶器	（279）
图二四九	2005FCG11出土石斧（2005FCG11∶1）	（279）
图二五〇	2006FCG4平、剖面图	（281）
图二五一	2006FXCG14出土遗物	（283）
图二五二	2006FXCG15出土遗物	（284）
图二五三	2006FXCG16出土陶瓮（2006FXCG16∶1）	（285）
图二五四	2006FXCG17出土陶器	（286）
图二五五	2006FXCG18出土遗物	（286）
图二五六	2006FXCG19出土陶器	（287）
图二五七	2006FXCG20出土陶器	（288）
图二五八	2006FXCY1平、剖面图	（289）
图二五九	晚期巴文化墓葬出土铜手工工具	（295）
图二六〇	晚期巴文化墓葬出土铜兵器武备	（296）
图二六一	晚期巴文化墓葬出土铜兵器武备	（298）
图二六二	晚期巴文化墓葬及地层出土铜兵器武备	（300）
图二六三	晚期巴文化墓葬出土铜日用器具	（301）
图二六四	晚期巴文化墓葬出土铜日用器具	（304）
图二六五	晚期巴文化墓葬出土铜科学文化用品	（306）
图二六六	晚期巴文化墓葬出土陶日用器具	（308）
图二六七	晚期巴文化墓葬出土陶日用器具	（309）
图二六八	晚期巴文化墓葬出土陶日用器具	（310）
图二六九	晚期巴文化墓葬出土陶日用器具	（311）
图二七〇	晚期巴文化墓葬出土陶日用陶器	（312）
图二七一	晚期巴文化墓葬出土陶日用陶器	（313）
图二七二	两汉时期墓葬出土陶日用器具	（322）
图二七三	两汉时期墓葬出土陶日用器具	（323）
图二七四	两汉时期墓葬出土釉陶日用器具	（325）

图版目录

图版一　小田溪墓群发掘区鸟瞰（2007年由东向西拍摄）
图版二　小田溪墓群A区（小田溪）发掘现场及工作人员合影
图版三　小田溪墓群A区（小田溪）
图版四　小田溪墓群B区（陈家嘴）
图版五　小田溪墓群
图版六　小田溪墓群A区（小田溪）
图版七　2002FXⅠM10、M12发掘现场
图版八　小田溪墓群A区（小田溪）地层出土遗物
图版九　2002FXⅠM10出土铜器
图版一〇　2002FXⅠM10出土铜器
图版一一　2002FXⅠM10出土鸟形尊
图版一二　2002FXⅠM10出土铜壶（2002FXⅠM10：36）
图版一三　2002FXⅠM10出土遗物
图版一四　2002FXⅠM12发掘现场
图版一五　2002FXⅠM12出土铜器
图版一六　2002FXⅠM12出土铜器
图版一七　2002FXⅠM12出土铜器
图版一八　2002FXⅠM12出土铜錞于
图版一九　2002FXⅠM12出土铜器
图版二〇　2002FXⅠM12出土铜器
图版二一　2002FXⅠM12出土铜器
图版二二　2002FXⅠM12出土铜壶（2002FXⅠM12：71）
图版二三　2002FXⅠM12出土玉具剑
图版二四　2002FXⅠM12出土铜剑
图版二五　2002FXⅠM12出土铜器
图版二六　2002FXⅠM12出土铜器
图版二七　2002FXⅠM12出土遗物
图版二八　2002FXⅠM12出土玉器

图版二九　2002FXⅠM12出土玉器
图版三〇　2002FXⅠM12出土玉器
图版三一　2002FXⅠM12出土玉璜
图版三二　2002FXⅠM12出土遗物
图版三三　2002FXⅠM12出土遗物
图版三四　2002FXⅠM12出土遗物
图版三五　2002FXⅠM12出土漆器
图版三六　2002FXⅠM12出土遗物
图版三七　2002FXⅠM12出土遗物
图版三八　2002FXⅠM13发掘现场及出土陶器
图版三九　2002FXⅠM13出土陶器
图版四〇　2002FXⅠM15发掘现场
图版四一　2002FXⅠM15出土铜器
图版四二　2002FXⅠM15出土铜鍪
图版四三　2002FXⅠM15出土铜器
图版四四　2002FXⅠM15出土铜器
图版四五　2002FXⅠM15出土铜带钩
图版四六　2002FXⅠM15出土遗物
图版四七　2002FXⅠM15出土铜剑
图版四八　2002FXⅠM15出土铜器
图版四九　2002FXⅠM15出土铜器
图版五〇　2002FXⅠM15出土铜器
图版五一　2002FXⅠM15出土遗物
图版五二　2002FXⅠM16出土铜器
图版五三　2002FXⅠM16出土陶器
图版五四　2002FXⅠM17出土遗物及2002FXⅠM18发掘现场
图版五五　2002FXⅠM18出土铜器
图版五六　2002FXⅠM18出土陶器
图版五七　2002FXⅠM19发掘现场及出土铜器
图版五八　2002FXⅠM19出土陶器
图版五九　2002FXⅠM20发掘现场及出土铜器
图版六〇　2002FXⅠM20出土铜剑
图版六一　2002FXⅠM20出土铜器
图版六二　2002FXⅠM20出土遗物
图版六三　2002FXⅠM21发掘现场及出土遗物
图版六四　2002FXⅠM22发掘现场及出土铜器
图版六五　2002FXⅠM22出土玉具剑

图版六六　2002FXⅠM22出土遗物

图版六七　2007FXXM22出土玉器

图版六八　2007FXXM25发掘现场及出土遗物

图版六九　2007FXXM25出土陶器

图版七〇　2007FXXM25出土遗物

图版七一　2007FXXM25出土遗物

图版七二　2002FXⅠH3发掘现场

图版七三　小田溪墓群B区（陈家嘴）

图版七四　2005FCT1329东壁

图版七五　小田溪墓群B区（陈家嘴）地层出土石器

图版七六　小田溪墓群B区（陈家嘴）地层出土遗物

图版七七　2005FCM1发掘现场及出土铜器

图版七八　2005FCM1出土遗物

图版七九　2005FCM2发掘现场及出土铜器

图版八〇　2005FCM2出土遗物

图版八一　2005FCM4发掘现场及2005FCM3、M4出土遗物

图版八二　2005FCM5发掘现场及出土遗物

图版八三　2005FCM8出土遗物

图版八四　2005FCM11出土铜印章

图版八五　2005FCM11出土遗物

图版八六　2005FCM12发掘现场及出土铜器

图版八七　2005FCM12出土遗物

图版八八　2005FCM13发掘现场及出土铜器

图版八九　2005FCM14出土铜器

图版九〇　2006FXCM14出土铜器

图版九一　2005FCM15、2006FXCM16发掘现场

图版九二　2006FXCM17、M18出土陶器

图版九三　2006FXCM19发掘现场及出土遗物

图版九四　2006FXCM20出土铜器

图版九五　2006FXCM22、M23发掘现场

图版九六　2006FXCM23出土遗物

图版九七　2006FXCM23出土铜壶（2006FXCM23：7）

图版九八　2006FXCM25发掘现场及出土遗物

图版九九　2006FXCM27出土遗物

图版一〇〇　2006FXCM28出土遗物

图版一〇一　2006FXCM29出土遗物

图版一〇二　2006FXCM29出土陶器

图版一〇三　2006FXCM30发掘现场及出土铜器
图版一〇四　2006FXCM30出土遗物
图版一〇五　2006FXCM32出土铜器
图版一〇六　2006FXCM33出土遗物
图版一〇七　2006FXCM34发掘现场及出土铜器
图版一〇八　2006FXCM34出土遗物
图版一〇九　2006FXCM36出土遗物
图版一一〇　2006FXCM36出土铜器
图版一一一　2006FXCM37出土陶器
图版一一二　2006FXCM38、M39出土遗物
图版一一三　2006FXCM39出土遗物
图版一一四　2006FXCM41出土铜器
图版一一五　2006FXCM41出土铜剑
图版一一六　2006FXCM42、M44出土遗物
图版一一七　2006FXCM44出土铜剑
图版一一八　2005FCF1、2006FXCS1发掘现场
图版一一九　红烧土路面（2005FCL1）
图版一二〇　2005FCF3、H1、H3出土遗物
图版一二一　2006FXCH84发掘现场及2006FXCH81、H94出土遗物
图版一二二　铜器铸造工艺
图版一二三　铜器装饰工艺
图版一二四　铜器装饰工艺及科技分析
图版一二五　铜印章显微照片
图版一二六　陶印章（2006FXCM39∶16）科技分析
图版一二七　铜器X射线荧光谱分析检测位置

第一章 概　　述

第一节　地理环境与历史沿革

一、地理环境

重庆市涪陵区位于重庆市中部、三峡库区腹地，位于长江、乌江交汇处。东邻丰都县，南接南川区、武隆县，西连巴南区，北靠长寿区、垫江县。地理坐标为东经106°56′~107°43′、北纬29°21′~30°01′。

涪陵区地处四川盆地和山地过渡地带，横跨长江南北、纵贯乌江东西，地势以丘陵为主，大致东南高而西北低。区内地貌类型多样，以丘陵、台地为主，地貌格局形成条岭状背斜低山与宽缓的向斜谷地相间有序排列，而被长江、乌江河谷横断为江东、江北、江南三大片。海拔最高1977米，最低138米，多在200~800米。

乌江是长江南岸的最大支流，历来是四川盆地通往云贵高原、两湖平原的重要通道，且不说贵州地区山路崎岖，陆路交通极不发达，乌江流域流量充沛，流态稳定，一力承担起了两地经济动脉、文化廊道功能；自洞庭湖平原沿沅江逆流而上，进入重庆酉水河后再向西翻越大娄山脉，就进入乌江流域。虽然乌江以流急、滩多、谷狭而闻名于世，但是在一些宽谷地带形成的缓坡之处，成了早期先民生息休憩之所。战国晚期秦楚战争除了沿长江顺流而下威胁郢都，另一条战线很可能就是沿着乌江—酉水河进入沅江流域，威胁楚国西南部。

白涛街道（原白涛镇）位于涪陵区东南部，距离涪陵城区东南约20千米，乌江穿城而过、水路交通便利。乌江西岸地形较平坦，沿江多缓坡台地，地理环境好，自然资源丰富，土壤肥沃，适合人类繁衍生活。白涛街道和对岸江东街道沿乌江的一、二级台地上分布众多遗址，各遗址文化内涵丰富，以战国秦汉时期文化遗存为主，商周、唐宋遗存保存较少。其中白涛镇小田溪村和三门子村乌江西岸自南向北分布着陈家嘴、小田溪、网背沱这三个彼此之间被溪流和山坡隔断，既相对独立又有内在联系的遗址（图一）。

小田溪是乌江的一条小支流，源于白涛街道高峰寺村土槽沟，至涪陵白涛街道小田溪村象鼻咀汇入乌江，流程10千米，上游称为老林沟，落差大，下游名为小田溪，落差小，左岸形成大范围缓坡谷底淤积，三峡文物抢救规划中的小田溪墓群和陈家嘴遗址分别位于小田溪左岸和右岸。2018年长江三峡水库蓄水水位达到175米后，小田溪墓群的部分区域位于乌江季节性水位消落区内，现用途仍然为农田（图版一）。

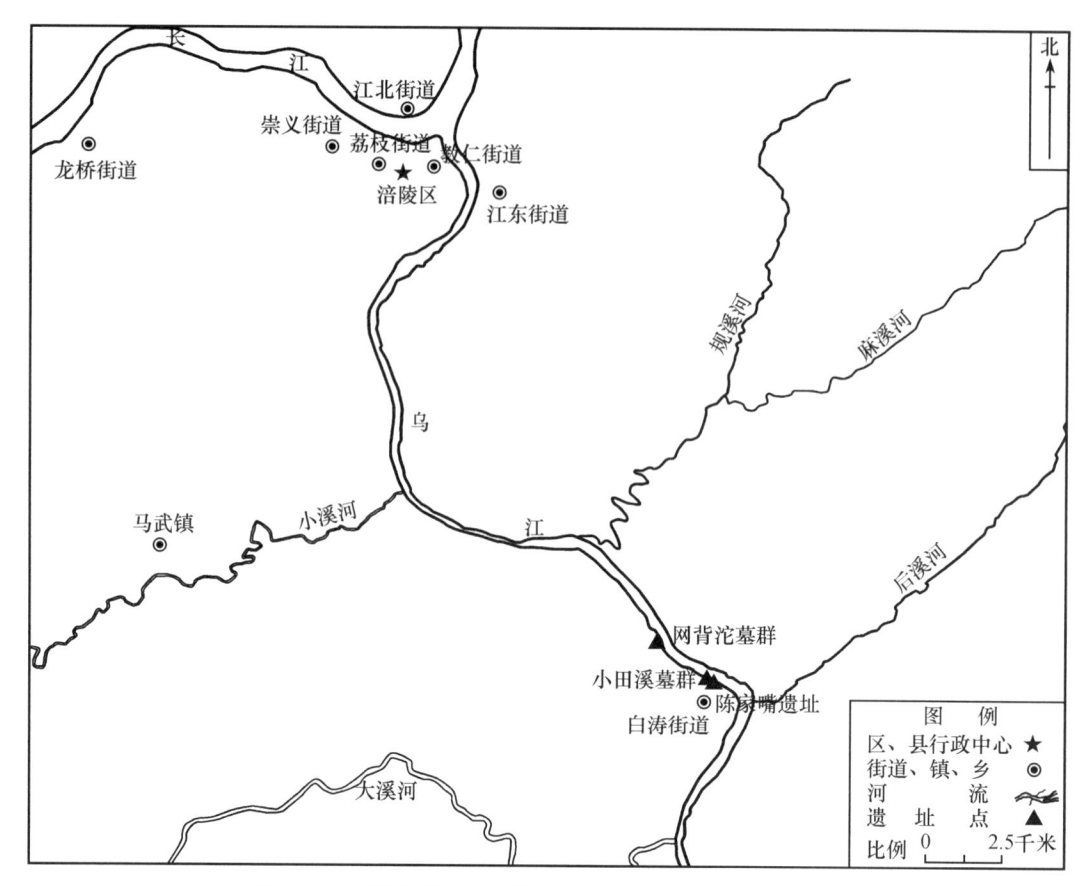

图一　小田溪墓群、陈家嘴遗址、网背沱墓群位置示意图

本报告涉及的小田溪墓群和陈家嘴遗址位于乌江西岸的一、二级台地上，地形以坡地和台地为主，地势平缓，东连中堡，南隔村级公路与高堡坡地相靠，北抵三门子村，以乌江小支流小田溪分割为南北两部分，1995年编制的三峡文物保护工程规划中将这里列为两个独立的遗址，小田溪北岸是小田溪墓群，行政区划为小田溪村二社（原陈家嘴村二社），小田溪南岸为陈家嘴遗址，行政区划为小田溪村三社（原陈家嘴村新明五社），并于2002~2007年开展了多次配合三峡水库工程建设的抢救性发掘。2006年发掘期间，在属于网背沱墓群范围内的重庆市奇达物流有限公司修建仓储基地及码头建设工程，抢救性发掘了数座东汉墓葬，其发掘面积及费用支出列入当年度小田溪墓群发掘开支，在整理本报告中对其资料进行一并整理，并在初稿中将网背沱墓群列为专章介绍，后根据评审专家意见从报告中摘出另行发布。

二、历史沿革

从目前的考古发现看，涪陵地区的人类活动历史可以上溯到新石器时代晚期，在长江沿岸的蔺市街道、石沱镇和乌江流域的白涛街道都发现了新石器时代至商周时期相关人类遗存。

涪陵在春秋中后期至战国中期属巴国南疆地，战国中后期为秦楚相争之地，《战国策·燕策》有"楚得枳而国亡"的记载，战国后期为秦国巴郡地，秦昭襄王三十年（前277年）置巴郡，辖枳县，辖今涪陵至南川一带①。

秦至西汉时期枳地沿用之前建制，《华阳国志·巴志》记载："枳县，郡东四百里，治涪陵水会。"②《水经注》《太平寰宇记》均提及汉枳城县在今涪陵城西十五里。东汉时分枳县置平都，《后汉书·郡国志五·注》："《巴记》曰：'和帝分枳置。'"蜀汉至成汉时期，枳县均沿旧制。成汉后期，巴郡以东地区为成汉与东晋相争之地，"夷獠叛乱，军守离缺，境宇日蹙"③。据《晋书》记载：东晋穆帝永和三年（347年）"桓温平蜀，涪陵已没于夷，温因即枳县置涪郡"。此涪郡为在巴郡枳县设置的侨郡，所以根据《水经注》《太平寰宇记》记载不久后罢省，应该是东晋重新设立了涪陵实郡，根据任乃强先生的研究，应在今武隆、彭水之间的芙蓉江口一带，县治枳城。而今涪陵所在地枳县，则称之为旧枳④。刘宋仍置枳县，属益州巴郡。南齐属巴州巴郡。梁于枳县置涪陵郡，属楚州，辖枳、汉平二县。北周废枳县入巴县，徙郡治于汉平县，属巴州巴郡，北周保定四年（564年）分巴县置涪陵郡，属楚州巴郡。

隋开皇三年（583年）徙汉平县入涪陵镇，开皇十三年（593年）改汉平县为涪陵县，隶属巴郡。

唐武德元年（618年）置涪州，下辖武隆县、涪陵县、隆化县，天宝元年（742年）改涪州为涪陵郡，乾元元年（758年）复为涪州，属山南东道，领涪陵、宾化、武隆、乐温、温山五县。五代时设涪州，州治涪陵县。

北宋仍置涪陵县，属夔州路涪州郡，辖涪陵、乐温、武龙三县。南宋沿北宋建制。元至元二十年（1283年）仍置涪州，为四川南道宣慰司重庆路涪州州治，并涪陵、乐温二县入州治，辖武隆县。至正二十二年（1362年）明玉珍在重庆称帝，复置乐温县，仍属涪州。明代仍称涪州，辖武隆、彭水二县，为重庆府涪州州治所在。清代名涪州，为重庆府涪州县治所在。

中华民国二年（1913年）改涪州为涪陵县，是川东道重庆市涪陵专员驻在地，民国三年（1914年）改东川道，民国十七年（1928年）废东川道直属四川省，民国二十四年（1935年）隶属于四川省第八行政督察区。

1950年1月隶属川东行署区涪陵专区，1968年改为涪陵地区，1983年撤销涪陵县设立涪陵市（县级），1995年撤销涪陵地区和县级涪陵市设立涪陵市（地级），1997年划归重庆直辖市管辖，1998年6月撤销涪陵市及所辖枳城、李渡区，改设重庆市涪陵区。

---

① 尤中：《中国西南民族地区沿革史（先秦至汉晋时期）》，云南人民出版社，1985年，第17~71页。
② （晋）常璩撰，任乃强校注：《华阳国志校补图注》卷一，上海古籍出版社，1987年，第30页。
③ 杨光华：《两晋南北朝涪陵郡置废、州属、领县杂考》，《中国历史地理论丛》2006年21卷第3期。
④ 任乃强、任新建：《四川州县建置沿革图说》，巴蜀书社，2002年。

第二节　考古工作概况

一、涪陵区战国秦汉考古工作

涪陵地区考古遗存十分丰富，从新石器时代一直延续到明清，是重庆地区文化序列较完整、延续时间较长的地区之一。由于出土资料较多而且遗存命名较为混乱，以及报告的篇幅以及研究侧重问题，本书主要按照时间和遗存位置罗列战国秦汉时期的考古发现，即与小田溪墓群同时期的涪陵地区考古发现。

1978年在易家坝（现属荔枝街道）发现4座西汉墓葬并清理其中3座[1]。2008年在荔枝街道兴华路消防支队一中队的宝顶墓群清理西汉墓葬3座[2]。同年在荔枝街道蒿枝坝村的槽沟洞战国巴人洞穴居址调查发现罐、釜、鍪、豆等陶器和大量动物骨骼[3]。2011年在荔枝街道望涪居委清理砖室墓4座[4]。

1980年在东菜场公社云盘大队（现属江东街道）清理的三堆子东汉砖室墓4座[5]。1990年在江东街道插旗社区清理东汉晚期石室墓1座[6]，1995年三峡迁建区文物调查确认为横梁子墓群，2002年在横梁子墓群清理东汉砖室墓5座[7]，2007年再次清理东汉墓葬11座，其中一座存在晚期二次埋葬现象[8]。2010年在江东街道群沱子社区清理汉至六朝墓葬9座[9]。2011年，在江东街道插旗社区的唐家坡、石院子墓地清理东汉墓葬8座[10]。2016年在江东街道辣子村的玲珑墓地清理汉代墓葬6座[11]，在同村的杨树林（正坪）遗址清理汉代墓葬2座[12]。

---

[1] 重庆市博物馆、涪陵县文化馆：《涪陵县易家坝西汉墓发掘简报》，《考古与文物》1990年第5期。

[2] 中国考古学会：《中国考古学年鉴（2009）》，文物出版社，2010年，第370页；重庆市文化遗产研究院、涪陵区文物管理所：《重庆市涪陵区宝顶汉墓发掘简报》，《四川文物》2017年第2期。

[3] 重庆师范大学、重庆市文化遗产研究院、涪陵区博物馆：《重庆涪陵槽沟洞战国巴人洞穴居址调查简报》，《江汉考古》2013年第3期。

[4] 涪陵区博物馆：《涪陵白鹤森林公园汉墓群清理简报》（待刊）。

[5] 四川省文物管理委员会、涪陵地区文化局：《四川涪陵三堆子东汉墓》，《文物资料丛刊》（10），文物出版社，1987年，第136~141页。

[6] 资料未见发表，出土器物现存涪陵区博物馆。

[7] 重庆市文物考古所、涪陵区博物馆：《涪陵横梁子墓群发掘报告》，《重庆库区考古报告集·2002卷》，科学出版社，2010年，第1283~1307页。

[8] 重庆市文物考古所、涪陵区博物馆：《2006年度涪陵横梁子墓群发掘报告》（待刊）。

[9] 中国考古学会：《中国考古学年鉴（2011）》，文物出版社，2012年，第404页。

[10] 重庆市文化遗产研究院、涪陵区博物馆：《重庆市涪陵区唐家坡、石院子东汉墓发掘简报》，《四川文物》2015年第5期。

[11] 重庆市文物考古研究院、涪陵区博物馆：《涪陵玲珑墓地2015年度发掘简报》，《重庆三峡后续工作考古报告集》（第三辑），科学出版社，2022年，第570~586页。

[12] 重庆市文物考古研究院、涪陵区博物馆：《涪陵杨树林遗址2015年度发掘简报》，《重庆三峡后续工作考古报告集》（第三辑），科学出版社，2022年，第539~547页。

1982年在黄溪公社点易大队（现属江北街道）针织厂清理了2座墓葬[①]，同年在点易大队北岩寺清理崖墓1座[②]，1985年又清理东汉崖墓1座[③]。1995年三峡迁建区文物调查确认为北岩墓群，2002年在江北街道点易村的北岩墓群发掘东汉时期墓葬11座[④]。2003年在北岩墓群清理汉代墓葬23座[⑤]。2007年第三次发掘清理墓葬16座[⑥]，同年第四次发掘清理西汉至蜀汉墓葬9座[⑦]。2007年在江北街道点易社区的点易墓地清理战国晚期至西汉墓葬2座、东汉墓葬1座[⑧]，2008年再次清理西汉墓葬1座、东汉墓葬2座[⑨]。同年在江北街道永柱村清理西汉墓葬7座、东汉墓葬4座[⑩]。2010年在江北街道点易村的江北墓群清理西汉至六朝墓葬17座[⑪]。同年在江北街道点易村的八角亭渡口遗址清理9座汉至六朝窑炉，出土陶器以灰陶为大宗，既有钵、罐、壶等容器，又可见筒瓦、板瓦等建筑构件，陶窑通过道路与当时的取土坑或废弃物品处理坑相连，展现了取土制作陶器、装烧及残次品处理的生产场景[⑫]。

1989年在北拱乡（现属龙桥街道）的青杠堡周围3~4千米的范围里，调查发现50座以上土坑墓和崖墓，清理砖石结合墓1座[⑬]。同年在龙桥镇水盈村清理崖墓一座，出土永初元年（107年）铭文铜钟[⑭]。1999年在水盈三社清理砖室墓7座[⑮]，2006年清理墓葬4座[⑯]。1990年在龙桥镇（现属龙桥街道）北拱社区的太平村三社平整土地时发现墓群，当年清理6座墓葬[⑰]；1993年清

[①] 四川省文物管理委员会、涪陵县文化馆：《四川涪陵西汉土坑墓发掘简报》，《考古》1984年第4期，发表于《重庆库区考古报告集·2001卷》的《涪陵北岩墓群发掘报告》中误写为3座。

[②] 四川省文物管理委员会：《四川涪陵东汉崖墓清理简报》，《考古》1984年第12期。

[③] 资料未见发表，出土器物现存涪陵区博物馆。

[④] 重庆市文物考古所、重庆市文物局、重庆市涪陵区博物馆：《涪陵北岩墓群发掘报告》，《重庆库区考古报告集·2001卷》，科学出版社，2008年，第2010~2041页；重庆市涪陵区博物馆：《重庆市涪陵区北岩M4发掘简报》，《四川文物》2012年第4期。

[⑤] 重庆市文物考古所、涪陵区博物馆：《2004年涪陵北岩墓群发掘报告》（待刊）。

[⑥] 重庆市文物考古所、涪陵区博物馆：《2005年涪陵北岩墓群发掘报告》（待刊）。

[⑦] 重庆市文物考古所、涪陵区博物馆：《涪陵北岩墓群2006年度发掘简报》（待刊）。

[⑧] 山东大学历史文化学院：《重庆涪陵点易墓地汉墓发掘简报》，《文物》2014年第10期；山东大学东方考古研究中心：《涪陵针织厂墓群2006年度发掘报告》（待刊）。

[⑨] 山东大学东方考古研究中心：《涪陵针织厂墓群2008年度发掘报告》（待刊）。

[⑩] 中国考古学会：《中国考古学年鉴（2008）》，文物出版社，2009年，第361页。

[⑪] 重庆市文化遗产研究院、涪陵博物馆：《涪陵江北墓群2010发掘简报》，《重庆三峡后续工作考古报告集》（第一辑），科学出版社，2019年，第505~560页。

[⑫] 中国考古学会：《中国考古学年鉴（2011）》，文物出版社，2012年，第398、399页。

[⑬] 中国考古学会：《中国考古学年鉴（1990）》，文物出版社，1991年，第301、302页。

[⑭] 资料未发表，资料及出土文物存涪陵博物馆。

[⑮] 资料未发表，资料及出土文物存涪陵博物馆。

[⑯] 重庆市文物考古所、涪陵区博物馆：《涪陵水盈村崖墓群2005年度发掘报告》，《重庆库区考古报告集·2005卷》，科学出版社，2024年，第909~916页。

[⑰] 资料未发表，资料及出土文物存涪陵博物馆。

理残墓2座[1]，2000年清理12座砖室墓[2]，2007年清理东汉至蜀汉墓葬16座，其中3座利用东汉墓穴进行二次埋葬[3]；2012年清理汉代墓葬2座[4]。2011年在龙桥街道北拱社区的黄金堡墓地清理东汉墓葬7座[5]，同年在龙桥街道北拱社区的转转堡墓地清理墓葬10座[6]，冉家沟清理东汉墓葬13座[7]，在邻近的百草堡墓地清理汉代岩坑砖室墓2座[8]，在龙头山北角下遗址发现有汉代陶窑及相关的道路、取土坑及废品堆积[9]。

1998年在涪陵镇安镇的镇安遗址（现属义和街道）发现大批商周时期遗迹，以墓葬为主，另外还有灰坑、灰沟等，清理战国晚期至秦汉墓葬12座[10]。1999年又清理战国晚期至秦汉墓葬10座[11]。2001年、2003年再次清理战国晚期至东汉墓葬52座[12]。

1998~1999年在涪陵蔺市镇（现属蔺市街道）凤阳村的蔺市遗址发现商周时期文化层堆积及3座战国晚期土坑墓和2座东汉砖室墓[13]。2001年清理战国墓2座，东汉墓葬1座[14]。2005年清理4座西汉早期墓葬[15]。2018年又清理西汉至六朝时期墓葬10余座[16]。

---

[1] 国务院三峡工程建设委员会办公室、国家文物局：《长江三峡工程淹没及迁建区文物古迹保护规划报告·重庆卷》（下册），中国三峡出版社，2010年，第656页。

[2] 陕西省考古研究所、重庆市文物局、重庆市涪陵区博物馆：《涪陵太平村墓群考古发掘报告》，《重庆库区考古报告集·2000卷》，科学出版社，2007年，第1139~1187页。

[3] 中国考古学会：《中国考古学年鉴（2008）》，文物出版社，2009年，第361、362页；陕西省考古研究所、西安半坡博物馆：《涪陵太平村墓群发掘报告》（待刊）。

[4] 重庆市文化遗产研究院、涪陵区文物管理所：《涪陵太平村墓群2012年发掘简报》，《重庆三峡后续工作考古报告集》（第一辑），科学出版社，2019年，第616~637页。

[5] 重庆市文化遗产研究院、西南民族大学西南民族研究院、涪陵区博物馆：《涪陵北岩墓群黄金堡墓地2011年发掘简报》，《重庆三峡后续工作考古报告集》（第一辑），科学出版社，2019年，第561~601页。

[6] 中国考古学会：《中国考古学年鉴（2012）》，文物出版社，2013年，第356、357页。

[7] 中国考古学会：《中国考古学年鉴（2012）》，文物出版社，2013年，第359、360页。

[8] 中国考古学会：《中国考古学年鉴（2012）》，文物出版社，2013年，第359页。

[9] 中国考古学会：《中国考古学年鉴（2012）》，文物出版社，2013年，第356页。

[10] 北京市文物研究所三峡考古队、重庆市涪陵区博物馆：《涪陵镇安遗址发掘报告》，《重庆库区考古报告集·1998卷》，科学出版社，2003年，第850~894页。

[11] 北京市文物研究所三峡考古队、重庆市涪陵区博物馆：《涪陵镇安遗址发掘报告》，《重庆库区考古报告集·1999卷》，科学出版社，2006年，第747~777页。

[12] 北京市文物研究所、重庆市文物局、重庆市涪陵区博物馆：《2001、2003年度涪陵镇安遗址发掘报告》，《重庆库区考古报告集·2001卷》，科学出版社，2008年，第1930~1978页。

[13] 重庆市文物考古所、涪陵区文物管理所：《涪陵蔺市遗址发掘简报》，《重庆库区考古报告集·1998卷》，科学出版社，2003年，第813~833页；重庆市文物考古所、重庆市涪陵区博物馆：《涪陵蔺市遗址发掘简报》，《重庆库区考古报告集·1999卷》，科学出版社，2006年，第786~806页；中国考古学会：《中国考古学年鉴（2006）》，文物出版社，2007年，第340页。

[14] 重庆市文物考古研究所、涪陵区博物馆：《2000年度涪陵蔺市遗址发掘报告》，《重庆库区考古报告集·2002卷》，科学出版社，2010年，第1633~1715页。

[15] 中国考古学会：《中国考古学年鉴（2006）》，文物出版社，2007年，第340页。

[16] 见汪伟、孙治刚：《涪陵区蔺市新石器时代晚期至明代遗址》，《中国考古学年鉴（2019）》，中国社会科学出版社，2021年，第375页。

2000年在百胜镇八卦村的八卦遗址共发现战国至汉代墓葬4座、灰坑1个[1]。

2002年在中峰乡渠溪村（现属珍溪镇渠溪村）的吴家石梁（大院子）墓群清理战国晚期至东汉墓葬7座[2]，2007年再次清理砖室墓7座[3]。2013年在珍溪镇渠溪村的渠溪口墓群清理西汉土坑墓3座、东汉砖室墓1座[4]。2002年在珍溪镇薛家坪村的薛家坪墓群发掘清理东汉至六朝时期砖室墓2座[5]，2007年第二次发掘清理西汉早期至东汉墓葬17座[6]。2012年在珍溪镇水口村的转转堡墓地清理两汉墓葬4座[7]，2013年清理两汉墓葬9座[8]。2013年在珍溪镇水口村的黄荆背遗址清理东汉至六朝墓葬4座[9]，珍溪镇水口村的团坝墓群也清理多座东汉墓葬[10]。

2007年在义和镇（现义和街道）鹤风村清理1座战国墓葬[11]。2013年在义和镇高峰村的香炉滩遗址清理西汉土坑墓1座、东汉砖室墓4座[12]。

1987年文物普查时在南沱乡连丰村发现连丰村墓群，1993、1994年进行勘探确认，2007年清理汉代墓葬2座[13]。2014年在南沱镇焦岩村的焦岩遗址汉至六朝墓葬7座[14]。2015年在南沱镇睦和村的古坟坝墓地清理东汉墓葬2座[15]。2016年在南沱镇石佛村的麦子坝遗址清理汉至六朝墓葬13座[16]。

---

[1] 重庆市文物考古所、重庆市文物局、重庆市涪陵区博物馆：《涪陵八卦遗址发掘简报》，《重庆库区考古报告集·2000卷》，科学出版社，2007年，第1112~1138页。

[2] 重庆市文物考古研究所、涪陵区博物馆：《涪陵吴家石梁（大院子）墓群发掘报告》，《重庆库区考古报告集·2002卷》，科学出版社，2010年，第1308~1338页。

[3] 南京航空航天大学考古与艺术研究所、重庆市文物考古所：《涪陵吴家石梁墓群第二次发掘报告》（待刊）。

[4] 重庆市文化遗产研究院、涪陵区博物馆：《涪陵渠溪口墓群2013年考古发掘简报》，《重庆三峡后续工作考古报告集》（第一辑），科学出版社，2019年，第456~480页。

[5] 重庆市文化遗产研究院、开封市文物工作队、涪陵博物馆：《涪陵薛家坪墓群2002年度发掘简报》，《重庆库区考古报告集·2003卷》，科学出版社，2019年，第381~397页。

[6] 开封市文物工作队、涪陵区博物馆：《涪陵薛家坪墓群发掘简报》（待刊）。

[7] 重庆市文化遗产研究院、涪陵区博物馆：《涪陵转转堡墓群2012年发掘简报》，《重庆三峡后续工作考古报告集》（第一辑），科学出版社，2019年，第603~615页。

[8] 重庆市文化遗产研究院、涪陵区博物馆：《涪陵转转堡墓群2013年发掘简报》，《重庆三峡后续工作考古报告集》（第二辑），科学出版社，2020年，第297~311页。

[9] 中国考古学会：《中国考古学年鉴（2014）》，文物出版社，2015年，第366页。

[10] 中国考古学会：《中国考古学年鉴（2014）》，文物出版社，2015年，第367、368页。

[11] 中国考古学会：《中国考古学年鉴（2008）》，文物出版社，2009年，第358~360页；山西大学历史文化学院考古系、重庆市文化局、涪陵区博物馆：《重庆市涪陵区王灵村墓地发掘报告》（待刊）。

[12] 重庆市文化遗产研究院、涪陵区博物馆：《涪陵香炉滩遗址2013年发掘简报》，《重庆三峡后续工作考古报告集》（第一辑），科学出版社，2019年，第481~504页。

[13] 山西博物院三峡考古队：《重庆市涪陵区连丰墓地发掘简报》（待刊）。

[14] 重庆市文化遗产研究院、涪陵区博物馆：《涪陵焦岩遗址2014年度发掘简报》，《重庆三峡后续工作考古报告集》（第二辑），科学出版社，2020年，第312~337页。

[15] 重庆市文化遗产研究院、涪陵区博物馆：《重庆市涪陵区古坟堡两座墓葬的发掘》，《南方民族考古》（第十五辑），科学出版社，2018年，第1~16页。

[16] 中国考古学会：《中国考古学年鉴（2017）》，文物出版社，2018年，第390页。

1992年四川省三峡库区文物普查时在李渡镇（现李渡街道）平安村一社长江北岸发现平安村墓群，1993、1994年勘探发现10余座砖室墓，2007年清理墓葬19座[1]。2017年在盘龙村的龙子凼墓群清理新莽至东汉墓7座[2]。

2017年对位于马鞍街道太乙社区的坛神庙（玉屏）墓地发掘，清理汉墓7座[3]。

根据上述涪陵地区战国秦汉考古发现的资料汇总（小田溪墓群的既往考古发现见下文），涪陵地区的战国秦汉考古遗存集中在以下四个地点：长江干流蔺市街道至李渡街道河段、乌江和长江交汇处、以珍溪镇为中心的长江拐弯处、乌江白涛街道至麻溪河入江口（涪陵小田溪与陈家嘴就位于这一区域）。这些地点存在两个共同特点：一是从地理分布来看，主要集中在江河宽谷地带或者"沱"（可以停船的水湾，意指水流弯曲转折、流速较缓处）的附近岸边，可能是基于三方面考虑：①水流较缓船只便于停靠；②渔业资源丰富，可提供肉食资源；③泥沙沉积土壤肥沃宜于居住。二是从遗存类型来看，大部分属于墓葬，均位于海拔较高处，墓地内普遍地层堆积不丰富，遗迹数量很少，遗物主要发现于墓葬和地层中，几乎没有这一时期的聚落遗址发现。究其原因，居址选择亲水地势，平缓宜居却容易遭到大规模洪水及后期人类活动破坏，而墓葬选址多在坡顶较高处，或因为地势较陡人居罕至得以保存，或因为墓葬深埋不易被浅层农耕破坏。这种现象导致我们对于重庆地区的战国至汉代的社会与文化认知还存在一定片面性。

二、小田溪墓群既往考古工作

小田溪墓群在本次发掘之前，曾经开展了多项考古工作（表一），最早发现于1967年[4]，取土制砖及挖地时先后发现一些铜器、陶器，1971年夏天，当地村民在豆腐房后斜坡上挖泥拌煤时发现一件缺柄的青铜剑和一件弩机（72M2）[5]，但是并未引起文物部门注意，直到1972年10月队办砖厂在乌江西岸坡地就地取土烧砖时发现大量青铜器（72M1），当地文化站站长发现了这批送到收购站的铜器并向文物部门汇报。闻讯赶来的四川省博物馆联合重庆市博物馆、涪陵县文化馆进行了首次发掘工作（图版二），发现并清理了72M1~72M3，均位于乌江一级台地上，出土文物部分散失，约有百余件[6]。其中72M1部分文物散失，仅清理一角，根据出土的大型铺首推断有一棺一椁，残存118件随葬品；72M2部分被破坏，根据出土的大型铺首推断有一棺一椁，随葬器物30件；72M3未破坏，有一棺一椁，随葬器物47件（图版二，3）。

---

[1] 中国考古学会：《中国考古学年鉴（2008）》，文物出版社，2009年，第361、362页。
[2] 中国考古学会：《中国考古学年鉴（2018）》，文物出版社，2019年，第360、361页。
[3] 涪陵区博物馆、重庆市文物考古研究院：《涪陵坛神庙（玉屏）墓地2015年度发掘简报》，《重庆三峡后续工作考古报告集》（第三辑），科学出版社，2022年，第548~569页
[4] 涪陵县文化馆：《四川省涪陵县白涛区小田溪发现春秋战国时期巴人墓葬》，《文物》1973年第1期。
[5] 此说法见于四川省博物馆、重庆市博物馆、涪陵县文化馆：《四川涪陵地区小田溪战国土坑墓清理简报》，《文物》1974年第5期；另一说法是1972年4月，见涪陵县文化馆：《四川省涪陵县白涛区小田溪发现春秋战国时期巴人墓葬》，《文物》1973年第1期。
[6] 四川省博物馆、重庆市博物馆、涪陵县文化馆：《四川涪陵地区小田溪战国土坑墓清理简报》，《文物》1974年第5期。

表一　涪陵小田溪墓群A区（小田溪）M1～M9墓葬一览表

墓葬编号	墓葬类型	葬式	墓葬尺寸/厘米	墓向/（°）	主要随葬品类型	报告时代
72M1	竖穴土坑墓	一棺一椁？	600×420？	北偏西20（340）	铜器：釜甑1、釜3、勺2、豆4、盆（洗）1、罍3、灯台（俎）1①、斤3、凿4、剑8、钺4、矛3、戈5、弩机2、弩机臂盖1、胄顶、编钟1组（钟14、插销14、兽头饰件4）、钲1、编钟残件1、双铺首衔环5、铺首衔环（含棺饰）11、各类铜饰件10、圆形器4、泡钉8 陶器（散失）、漆器（散失）	战国
72M2	竖穴土坑墓	一棺一椁？	残180×175	北偏西50（310）	铜器：釜甑1、鍪1、釜1、勺2②、壶1、豆2、方镜1、剑1、镦1、鐏1、胄顶1、钲1、錞于1、编钟1、铺首4③、铜条（？）2 漆器：铜足漆奁1 玉器：玉环1、玻璃管3 陶器：釜（圜底罐）2、釜1、釜（盂）1、陶器2	战国
72M3	竖穴土坑墓	一棺一椁	440×210	北偏东74（286）	铜器：釜甑1、釜1、鍪1、勺1、错银铜壶1、盆（洗）1、盒1、剑1、钺1、铭文戈1④、戟3⑤、矛1⑥、鐏4、镦1、弩机（栓塞铁质）1、镞3、盖弓帽10、斤1、铺首（棺饰）5、管（杠箍）2、圆形饰1 漆器：漆奁铜框1 陶器：釜1、釜（盂）2 玉器：环1	战国
80M4	竖穴土坑墓	漆棺一	320×115	125	铜器：釜1、鍪1、釜甑1、单耳罐1、壶1、盆1、镜1、钺1、削1 陶器：釜（盂）1、陶印1 玉器：龙形佩2、琉璃珠1⑦	战国
80M5	竖穴土坑墓	一棺一椁	306×182	125	铜器：釜1、鍪1、釜甑1、盆1、壶1、钺1、削1、桥形饰3、铜器1 铁器：残铁块 陶器：印1、釜8⑧ 玉器：玦2、琉璃珠1、	战国
80M6	竖穴土坑墓	不明	残130×150		铜器：缶1 陶器：釜（圜底罐）1	

---

① 笔者认为应该是俎，与同出铜豆构成俎、豆组合，参见彭学斌、方刚：《试论重庆涪陵小田溪M12出土的青铜俎与豆》，《文物》2016年第9期。

② 仅一个编号，文字中说明有2件。

③ 棺饰，以剑为中轴，左侧三、右侧一。

④ 从墓葬平面图看，对应的柄鐏应该是72M3：11。

⑤ 从墓葬平面图看，对应的柄鐏应该是72M3：14、72M3：51、72M3：54。

⑥ 从墓葬平面图看，对应的柄镦应该是72M3：55。

⑦ 报告文字称80M4、80M5皆有琉璃珠发现，根据器物描述共8枚，两墓各几枚不详。

⑧ 按照简报描述，其中部分为大口，翻唇，浅腹，应该是盂；另有部分小口，翻唇，深腹，应该是圜底罐。

续表

墓葬编号	墓葬类型	葬式	墓葬尺寸/厘米	墓向/(°)	主要随葬品类型	报告时代
80M7	竖穴土坑墓	不明	320×76	310	陶器：釜5①、豆1、壶1 铜器：刀1 玉器：璜1	战国
83M8	竖穴土坑墓	不明	不明	不明	不详	战国
93M9	竖穴土坑墓	漆棺1	386×166	310	陶器：大口圜底釜（盂）3②、小口高领圜底罐1 铜器：戈2、矛1、剑2、弩机1、镞14、钺2、盉（鍪）1、斤2、凿1、削3、锯1、鏊1、釜1、勺1、釜甑1、盘1、罍1、铺首7③、带钩1 玉器：璧1、玉龙饰1、绿松石管1、琉璃珠1	战国晚期（秦灭巴蜀后）

注：主要随葬品类型栏括号内为本报告撰写者个人观点。

1980年底，小田溪队办砖厂烧砖取土时又发现墓葬，四川省文物管理委员会和涪陵地区文化局清理了80M4～80M7，80M4～80M6位于乌江二级台地上，80M7位于乌江一级台地上，其中80M6为残墓，80M7破坏严重，共出土文物46件④。

1983年，涪陵市文物管理所清理了殉人残墓1座，编号83M8，位于乌江二级台地上，出土文物数量、器类不详⑤。

1991年4月，四川省人民政府将其公布为省级文物保护单位。2000年9月7日被重庆市人民政府公布为第一批重庆市文物保护单位⑥。

1993年10～11月，四川省文物考古所为配合三峡水库建设制定涪陵范围内的库区文物保护规划，在小田溪墓群进行调查、勘探和发掘规划工作，布置了少量探沟，在72M1上方约5米的位置发现并清理了93M9，位于乌江二级台地上，出土器物52件，另外调查中还发现铜钺及铜印章各1件⑦。

1994年3月，中日联合考古物探试验研究队在小田溪墓群的8万平方米范围内进行综合考

---

① 按照简报描述，其中部分为大口、翻唇、浅腹，应该是盂；另有部分小口、翻唇、深腹，应该是圜底罐。
② 大口圜底釜，或为盂。
③ 棺饰，左右各三，盖一（双铺首）。
④ 四川省文物管理委员会、涪陵地区文物局：《四川涪陵小田溪四座战国墓》，《考古》1985年第1期。报告文字称4座墓共随葬器物46件，据文中统计应该有57件。
⑤ 材料未整理发表，墓葬情况及出土随葬品不详，实物保存于重庆市涪陵区博物馆。三峡工程库区文物保护规划组1995年编撰的《长江三峡工程淹没及迁建区 四川省涪陵市文物古迹保护规划报告》中提及1983年发掘殉人墓1座，应该是指83M8；也有记载说83M8发掘时间为1984年，见李昭和：《巴蜀觅遗珍——四川小田溪九号墓发掘记》，《文物天地》1996年第5期。
⑥ 《重庆市人民政府关于公布第一批重庆市文物保护单位的通知》（渝府发〔2000〕83号）。
⑦ 四川省文物考古研究所、涪陵地区博物馆、涪陵市文物管理所：《涪陵市小田溪9号墓发掘简报》，《四川考古报告集》，文物出版社，1998年，第186～196页。

古物探及地面电探CT技术应用于地下文物探查的试验研究。综合分析认为"x~1、2、3物探及电探CT异常，可能是巴王陵墓区所在"[1]。1995年三峡工程库区文物保护规划组编撰的《长江三峡工程淹没及迁建区 四川省涪陵市文物古迹保护规划报告》中将小田溪墓群规划为A级项目，遗址面积80000平方米，计划发掘面积30000平方米，陈家嘴遗址规划为B级项目，遗址面积50000平方米。

三、本报告涉及小田溪墓群考古工作概况

1997年三峡文物保护发掘工作启动后，重庆市文物考古所（现重庆市文物考古研究院）在涪陵区博物馆的协助下，分别于2002、2005、2006、2007年对小田溪墓群（含小田溪、陈家嘴、网背沱）进行了五次较大规模的发掘，共计发掘面积15176平方米，清理墓葬65座以及其他遗迹158个。墓葬出土遗物以陶器为主，还有铜器、铁器、石器、玉器、琉璃器等，具体情况如下。

2002年9月，处于小田溪墓群中心地带的小田溪村六户人家遭受火灾，由于火灾房屋位置位于1994年中日联合考古物探试验研究队发现的物探及电探CT异常区域，因此重庆市三峡办决定将小田溪墓群的计划发掘时间提前，纳入2002年度三峡文物抢救工程项目，计划勘探20000平方米，发掘面积2000平方米。2002年9月9日，重庆市文物考古所开始进场发掘，首先对遗址进行全面测绘，弄清以前发掘的墓葬、探沟位置，其次是对遗址全面勘探，孔距2米，以确定墓群墓葬的分布，实际勘探面积40000平方米（图版三）。在上述工作的基础上进行了布方发掘，共布探沟19条、10米×10米探方7个、5米×5米探方30个。在2000平方米的发掘任务完成后，鉴于发掘工作有重大收获，抢救任务迫在眉睫，重庆市文化局追加2003年度（一期）3000平方米发掘面积、20000平方米勘探面积（协议号2003-1056），第二阶段的布方主要是根据前一阶段的工作成果进行，共布5米×5米探方60个、10米×10米探方8个、探沟9条。截至2003年1月考古队完成两年度发掘任务，实际总发掘面积5000平方米，清理发掘竖穴土坑墓墓葬13座（2002FXⅠM10~2002FXⅠM22），其中战国墓11座、汉墓2座，出土遗物382件，以铜器为主，陶器、玉器、琉璃器、骨角器次之[2]。参加本次发掘工作的有重庆市文物考古所工作人员方刚（工地负责人）、张光敏、董小陈，涪陵区博物馆湛川航、叶洪彬，技工徐克诚、董朴顺、金鹏功、景继奎、李文艺、吕增福、吕俊耀、吴学功、许文英、姚本安。重庆市文物考古所张光敏、郑利平，技工林必诚参加了铜器修复工作。器物绘图董朴顺、吴学功，器物摄影董小陈。

2005年11月~2006年1月，按照2005年度三峡文物抢救工程项目规划，重庆市文物考古所

---

[1] 钱复业、田中保士、马继贤等：《地面电探CT技术及其在三峡考古中的应用试验》，《考古》1997年第3期。

[2] 重庆市文物考古所、重庆市文物局：《涪陵小田溪墓群发掘简报》，《重庆库区考古报告集·2002卷》，科学出版社，2010年，第1339~1376页；重庆市文化遗产研究院、重庆市涪陵区博物馆、重庆市文物局：《重庆涪陵小田溪墓群M12发掘简报》，《文物》2016年第9期。

对陈家嘴遗址进行勘探发掘（协议号2005-1080），完成当年勘探面积50000平方米、发掘面积2000平方米工作任务。本次考古工作分为两个阶段：第一阶段为调查、勘探，其目的是弄清遗址的堆积情况（范围、时代、性质）为发掘工作准备。勘探面积约4万平方米，其文化堆积大致有三层：上层为灰色粉砂土，含宋、明时期的瓷片；中层、下层为东周文化层，前者为黄褐色，后者为灰黑色粉砂土，含夹砂红褐、灰褐陶片和红烧土粒。地层由东北向西南倾斜，堆积由薄变厚，尤以北部台地的堆积保存最完整；在陈家嘴的南部、西部分别钻探出两条灰沟。第二阶段为考古发掘阶段，主要是寻找东周及其早期的遗迹、遗物，因此根据调查、勘探结果发掘区选择在遗址保存较好的陈家嘴，以遗址西北角的电杆为发掘工地的总基点，所有探方均位于第一象限内，采用正方向布方，共布5米×5米探方80个（图版四，1）。清理战国秦汉墓葬15座（2005FCM1～2005FCM15），随葬器物101件，以陶器为主，还有铜器、铁器、琉璃器等。生活遗迹发现较多，清理灰坑66个（2005FCH1～2005FCH66）[①]、灰沟12条（2005FCG1～2005FCG12）、房址4座（2005FCF1～2005FCF4）、柱洞7个（2005FCD1～2005FCD7），其中建筑遗迹均破坏严重，仅残留垫土面和零星柱洞；灰坑（沟）以东周时期为主，出土陶釜、罐、鼎、钵、壶等残片和少量石器；墓葬均为战国时期的土坑竖穴墓，出土遗物以陶器残片为主，另有铜器、铁器、石器等。参加本次发掘工作的有重庆市文物考古所工作人员李大地（工地负责人）、方刚、张光敏、董小陈，湖北省长阳博物馆龚玉龙、杨爱民，湖北省宜昌博物馆张清平，湖北省远安县文化局钟学训，湖北省秭归博物馆周浩，涪陵区博物馆湛川航，技工王道新、张守华、王贵平、孙少伟、陈蓁[②]。

2007年4月2日～5月19日，按照2006年度三峡文物抢救工程项目规划，重庆市文物考古所对陈家嘴遗址原机砖厂堆砖区域进行发掘（协议号2006-1056）计划发掘面积2000平方米。由于陈家嘴遗址东侧砖厂取土对遗址造成了极大的破坏，遗址西侧幼儿园以及居民区建设已经破坏地层堆积，陈家嘴遗址中部发掘区大部分都已经毁掉不存，发掘区仅存20米左右宽度，考古队不得不按照335°的方向布设10米×10米探方22个，布方面积2200平方米，实际发掘面积1576平方米（图版四，2）。共清理了灰坑5座（2006FCH1、2006FCH3～2006FCH6）、灰沟7条（2006FCG1～2006FCG7）。出土遗物以陶器残片为主，另有瓷器、石器、铁器等。参加本次发掘工作的有重庆市文物考古所方刚（领队）、汪伟（工地负责人）、陈东，万州区文物商店廖渝方，技工白新林、程涛、郭方强、何明鸿，器物绘图师孝明，器物摄影董小陈[③]。

2007年10月9日～2008年1月8日，按照2006年度三峡文物抢救工程项目规划，重庆市文物考古所（后改名重庆市文化遗产研究院）对小田溪墓群进行3000平方米发掘（协议号2006-1051），在实际工作中根据实际情况，征得重庆市三峡办同意，将发掘区域转移到陈家嘴遗址2005年发掘区域南部和西部继续进行，布方基点和2005年相同。采用正方向布方，共布5米×5米探方118个、探沟1条，实际发掘面积3000平方米（图版五，1）。清理了31座墓葬

[①] 2005年第一次发掘原共编灰坑号67个，其中编号2005FCH62的灰坑未见原始资料，根据工地总日记的草图，应该后来改编号为2005FCM13，故2005FCH62编号空缺，在整理报告时发现2005年第一次发掘和2006年第三次发掘的灰坑H67编号重复，因此将2005FCH67编号修改为2005FCH62，避免空号、重号出现。下文不再做说明。

[②] 本报告编撰过程中，各年度报告尚未开展整理。

[③] 简报编撰完成，尚未发表。

（2006FXCM16～2006FXCM46），出土随葬品189件，以陶器为主，另有铜器、铁器、琉璃器、玉器等。清理各类生活遗迹57个，包括灰坑41个（2006FXCH67～2006FXCH107）、灰沟9条（2006FXCG13～2006FXCG21）、石堆5处（2006FXCS1～2006FXCS5）、窑址1座（2006FXCY1）、路面1处（2006FXCL1），墓葬、灰沟均沿用陈家嘴遗址2005年发掘编号。参加本次发掘工作的有重庆市文物考古所方刚（领队）、陈东，涪陵区博物馆湛川航，技工孙少伟、许高明、上官林全、金鹏功、程涛、李海喆、陈蓁、刘艳、秦少华[①]。

2007年11月～2008年1月，重庆市文物考古所执行2007年度三峡文物抢救工程项目规划，在小田溪墓群继续发掘（协议号2007-1009）。由于小田溪墓群村民建筑甚多，可以实施发掘面积不足，发掘区域实际分为三个区域，实际发掘面积3600平方米。涪陵小田溪墓群A区（小田溪）即原小田溪墓群位置，本年度发掘区域位于2002年度发掘区域西北100米，共布10米×10米探方18个，实际发掘面积1800平方米，清理墓葬3座（2007FXXM23～2007FXM25），编号沿用历年墓葬发掘编号；涪陵小田溪墓群B区（陈家嘴）即原陈家嘴遗址布10米×10米探方8个，未发现墓葬及其他遗迹；网背沱墓地位于小田溪墓群A区上游左岸2千米处，由于在基建施工中发现墓葬遭到破坏，小田溪考古工作队进行突发性抢救清理，共布10米×10米探方10个，清理汉代砖室墓3座（2007FWM1～2007FWM3）。参加本次发掘工作的有重庆市文物考古所方刚（领队）、陈东，涪陵区博物馆湛川航，技工孙少伟、许高明、上官林全、金鹏功、程涛、李海喆、陈蓁、刘艳、秦少华[②]。

2008年，中山大学地球科学与工程学院郑卓教授团队在涪陵小田溪墓群B区（陈家嘴）2007年第三次发掘区的2006FXCT1019、2006FXCT1020以及自然剖面分别采集土壤样本进行环境分析，推测在战国及以前该遗址已经普遍开展种植活动，并且曾经遭受特大洪水袭击[③]。

2010年1月19日，重庆市人民政府以渝府〔2010〕6号文件批复市文化广电局《关于将陈家嘴遗址等6个文物保护单位并入第一批重庆市文物保护单位的请示》（渝文广〔2009〕325号），同意将涪陵陈家嘴遗址并入小田溪墓群。这个文件从法律法规层面将小田溪与陈家嘴合并为一个遗址[④]，也为本报告的定义提供了法律法规依据。

2021年，国家文物局确定"川渝地区巴蜀文明进程研究"作为"考古中国"的重大项目，涪陵小田溪墓群列入其中，拟开展800平方米主动发掘。2021～2022年，重庆市文物考古研究院连续对小田溪墓群A、B区开展了考古发掘，清理多座战国至汉代墓葬。首次获得了小田溪墓群墓主的DNA样本，为建立重庆地区古人类基因库，获取古代人类社会中的独特信息，开展后续人群分析研究奠定了坚实的基础，也为后续考古研究提供了更多的研究思路和线索。此外在网背沱墓地还清理出商代晚期的石地坝文化遗存[⑤]。

---

① 简报编撰完成，尚未发表。
② 简报编撰完成，尚未发表。
③ 罗传秀：《重庆乌江流域考古遗址的古环境研究》，中山大学博士学位论文，2009年。
④ 转引自：重庆市文物局：《重庆市志·文物志（1949～2012）》（下），西南师范大学出版社，2018年，第774页。
⑤ 方刚、燕妮、陈东：《重庆"川渝地区巴蜀文明进程研究"重要收获》，《中国文物报》2022年10月21日。

四、小田溪墓群资料整理与报告说明

涪陵小田溪墓群1972~1993年发掘的9座墓墓葬材料分散于四川博物院、重庆中国三峡博物馆、涪陵区博物馆等多家单位，鉴于提取资料不便，本报告编写材料为三峡文物保护工程实施期间2002~2007年发掘的小田溪墓群、陈家嘴遗址的考古材料。在开展各年度考古发掘任务的同时，各次项目负责人各自组织队伍开展了修复、绘图等基础资料整理以及各年度简报的编写工作，大部分年度报告已经完成待刊，本报告吸纳了其中资料整理的大部分成果，但是在分期及时代判断上有自己的观点。网背沱墓地虽未列入三峡文物保护工程项目，由于属于小田溪发掘期间开展的基建抢救性发掘工作，已经列入2007年涪陵小田溪墓群发掘简报，并未在本书中介绍。2021~2022年的考古材料由于尚未开展资料整理，也并非三峡文物保护工程项目，其成果将另行发布。

小田溪墓群、陈家嘴遗址地理位置相近，文化内涵较为相似，但遗址之间又有些许差异，发掘时间跨度大，报告编写既要考虑宏观统筹分析，又要尽量客观介绍两个地点的考古发现。因此本报告前半部分是对各个地点考古学材料的介绍，包括每个遗址的文化层堆积与遗物、墓葬与遗物、其他遗迹与遗物的详细介绍。后半部分则是对于考古材料的认识和研究，首先统一对两个地点的遗迹和遗物按照明显的时代差异分为三个大的阶段：晚期巴文化阶段（战国至西汉初）、汉文化阶段、宋至清代，然后对各阶段的遗迹、遗物分类分型介绍整体特征。之所以如此划分，是因为各个阶段遗迹遗物类型、特征明显，统一分类不但导致类型复杂而且无助于观察遗迹遗物文化特征的变化演进。

由于发掘资料从发掘完毕到资料整理、简报发表、报告整理编撰长达二十年，参与者变换较大，由于水平不一，有些认识不同，除了部分明显错误的直接予以勘正，存在争议或者错误的内容，笔者在文内均对照原始资料或简报做了备注，例如陈家嘴的部分墓葬的墓向问题，笔者以括号表示在缺少人骨直接证据的情况下墓向的两种可能，可以以随葬品做依据判断的则以备注说明。部分年度简报在本报告编撰时尚未完成，可能存在看法上的差异，可以另文讨论。此外，在审稿时部分专家认为小田溪墓群和陈家嘴遗址遗迹和遗物编号既然已经统一，就不建议保留原始年份和遗址的代码，而直接用遗迹号。考虑到二十年来各自发掘，出土文物标本与原始资料分散各处，收藏单位在登记造册过程中也偶有错漏，整理过程中也花费不少时间回忆资料、填漏勘误，所以当仿先辈著书旧事，在每章开篇时详细写明探方、遗迹、遗物编号，而在遗迹、遗物详述时予以简省，宁可有堆砌文字之嫌也避免撰写简疏而为阅读者增添疑惑。

第二章　小田溪墓群A区（小田溪）

第一节　工作概况

涪陵小田溪墓群A区（小田溪）[①]现隶属于涪陵区白涛街道小田溪村二社，地处乌江拐弯处的西岸山坡及一、二级阶地上，东临乌江，南隔小田溪与涪陵小田溪墓群B区（陈家嘴）相望。中心地理坐标为东经107°28′47″、北纬29°33′38″，海拔170~190米，部分海拔较低区域属于长江三峡水库淹没区及消落区，发掘前地表种植水稻、红薯、蔬菜（图版六）。

A区（小田溪）根据地形地貌大致可分为两部分。一部分是周家下院以北的台地、坡地，为两侧略宽，中间狭长的地势，东西大约长265、宽45米。2002年以前的四次发掘和物探工作集中于此区，定为Ⅰ区[②]。第二部分是东部的山湾地带，东西长248、南北宽145~175米，地形平坦，海拔低于Ⅰ区1~3米，定为Ⅱ区。

2001年，处于A区（小田溪）中心地带的周家下院六户人家遭受火灾（图版五，2）。在涪陵区博物馆的呼吁和重庆市文化局三峡办的共同努力下，小田溪墓群的计划发掘时间提前纳入2002年度三峡文物抢救工程项目，计划勘探面积20000平方米，发掘面积2000平方米。2002年9月9日重庆市文物考古所开始进场发掘，由于该遗址以前的诸次工作都没有进行测绘和全面勘探工作，因此发掘前首先致力于对遗址进行测绘，弄清20世纪70~90年代发掘的墓葬、探沟位置，其次对遗址全面勘探，孔距2米，以确定墓群的范围和墓葬分布情况。为防止发生勘探误判以及更好的控制勘探的精确性，考古队决定同时结合探沟和探孔进行勘探，Ⅰ区采用2米孔距中加梅花点；Ⅱ区井字形将大稻田分成九个自然区，2米孔距密探，然后根据需要细探，实际总勘探面积达40000平方米，勘探工作自2002年9月14日开始到2002年10月11日结束，历时27天，对A区（小田溪）的地层堆积、土质土色等有了清楚的认识。在上述工作的基础上开始布方发掘，布方区域全部位于A区（小田溪）Ⅰ区，共布探沟19条（2002FXⅠTG1~2002FXⅠTG19）、10米×10米探方7个（2002FXⅠT2~2002FXⅠT4、2002FXⅠT6、2002FXⅠT26、2002FXⅠT30、2002FXⅠT31）、5米×5米探方30个（2002FXⅠT1、2002FXⅠT5、2002FXⅠT7~2002FXⅠT25、2002FXⅠT27~2002FXⅠT29、

---

① 以下正文简称A区（小田溪）。
② 由于此次勘探中Ⅱ区并未发现文化堆积，很可能Ⅱ区为晚期冲积形成，此后发掘工作均在Ⅰ区开展，故发掘资料编号并未继续使用Ⅰ、Ⅱ区编号，但为保留资料原始性，2002年发掘收获发布中均保留Ⅰ、Ⅱ区编号。

2002FXⅠT32~2002FXⅠT37）。

2002年度2000平方米的发掘任务完成后，鉴于发掘工作有重大收获，抢救任务迫在眉睫，重庆市文化局追加2003年度（一期）发掘面积3000平方米、勘探面积20000平方米（协议号2003-1056）。由于考古工作是连续开展，探方和遗迹编号均采用"2002FX"开头。第二阶段的布方主要是根据前一阶段的工作成果进行，共布5米×5米探方60个（2002FXⅠT38~2002FXⅠT50、2002FXⅡT51~2002FXⅡT63、2002FXⅠT64、2002FXⅡT65、2002FXⅡT66、2002FXⅠT67~2002FXⅠT74、2002FXⅠT76~2002FXⅠT87、2002FXⅠT90~2002FXⅠT100）、10米×10米探方8个（2002FXⅠT75、2002FXⅠT88、2002FXⅠT89、2002FXⅠT101~2002FXⅠT103、2002FXⅡT104、2002FXⅡT105）、探沟9条（2002FXⅠTG20、2002FXⅡTG21、2002FXⅠTG22~2002FXⅠTG28）。2002年A区（小田溪）发掘遗迹灰坑3座（2002FXⅠH1~2002FXⅠH3），墓葬13座（2002FXⅠM10~2002FXⅠM22），墓葬编号沿用历年发掘编号。

2007年11~12月，重庆市文物考古所执行2007年度三峡文物抢救工程项目规划，在小田溪墓群继续实施发掘任务。由于小田溪墓群村民建筑甚多，可以实施发掘面积不足，分别在三个地点开展发掘，其中A区（小田溪）发掘区域位于2002年度发掘区域西北100米，编号以"2007FXX"[①]开头，共布10米×10米探方18个（2007FXXT106~2007FXXT123），考虑到地形坡度较大，按照坡向布方（299°），实际发掘面积1800平方米，清理墓葬3座（2007FXXM23~2007FXXM25），编号沿用历年墓葬发掘编号（图二）。

第二节　文化层堆积与出土遗物

2002年，通过勘探和探方（沟）发掘发现A区（小田溪）的Ⅰ、Ⅱ两区的文化层堆积、土壤结构、包含物等存在较大不同。但整体上的收获表明，A区（小田溪）的文化堆积分布范围小、堆积厚度小、遗物发现少。

一、文化层堆积

（一）Ⅰ区文化层堆积

综合勘探和发掘，Ⅰ区共布探方（沟）135个，堆积情况较复杂，西部、中部、东部均有所区别。

---

① 因一个项目分为三个地点，为避免出现混乱，以2007FXX表示小田溪，2007FXC表示陈家嘴，2007FXW表示网背沱。

1. 西部

文化层堆积以2002FXⅠT5、2002FXⅠTG3（北段）东壁为例（图三）介绍。

第1层：厚10~30厘米。黑褐色土，土质较松软，结构疏松，内含树根、草木灰、炭粒、碎石片等。

第2层：距地表深10~30、厚0~35厘米。堆积于探方北半部，浅灰色土，土质坚硬，结构紧，呈颗粒状，内含有小石块（片）、近代瓦片、灰烬、树根等。

第3层：距地表深10~50、厚0~70厘米。红褐色土，土质坚硬，结构紧密，呈颗粒状，含大量水浸红锈斑点、红烧土块、少量瓦片、石块等。

第4层：距地表深30~105、厚0~30厘米。青灰色淤土，黏性大，内含少量炭粒、灰烬、明清瓷片等。本层下叠压2002FXⅠM10。

第4层下为黄褐色生土。

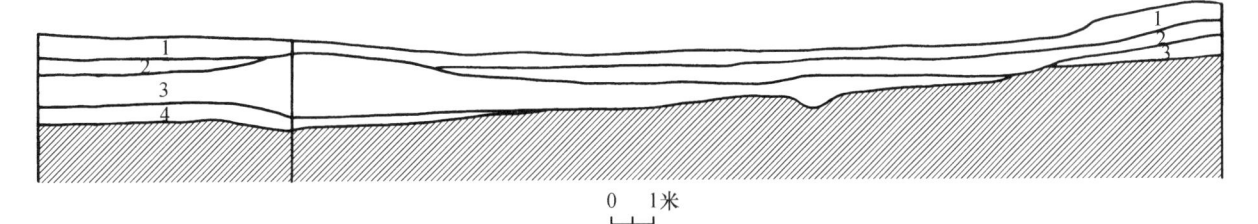

图三　2002FXⅠT5、2002FXⅠTG3（北段）东壁剖面图

2. 中部

文化层堆积以2002FXⅠT6东壁为例（图四）介绍。

第1层：耕土层。厚20~25厘米。红褐色土，土质较软，包含物有植物根茎、小石头块、瓦片等。本层下发现1993年挖掘的两条探沟。

第2层：距地表深20~25、厚25~30厘米。青灰色土，土质软，形似青膏泥，水平堆积，包含物有蓝色石片、小石块等。本层下叠压2002FXⅠM12。

第2层下为黄褐色生土。

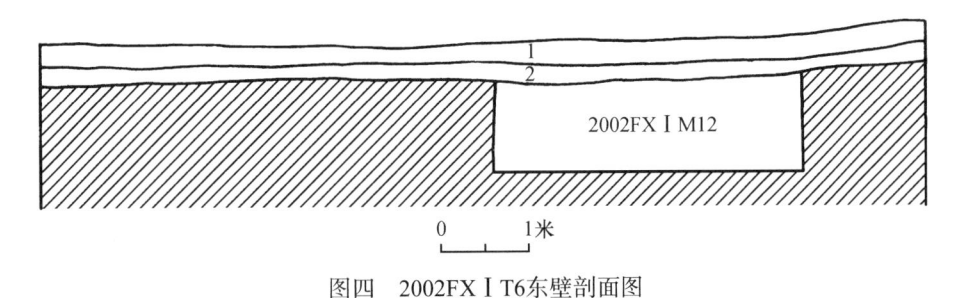

图四　2002FXⅠT6东壁剖面图

3. 东部

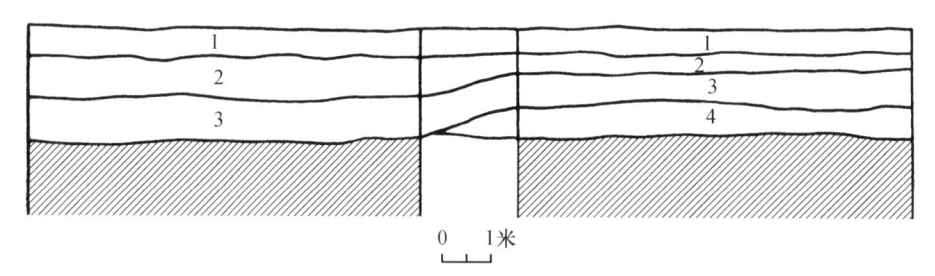

文化层堆积以2002FXⅠT34、2002FXⅠT37西壁为例（图五）介绍。

第1层：耕土层。厚20~30厘米。黑褐色粉砂土，土质疏松，夹杂少量作物根茎。

第2层：距地表深20~30、厚35~60厘米。褐色粉砂土，较紧密，出土有现代陶片等。本层略呈水平堆积分布全方。

第3层：距地表深65~90、厚0~45厘米。黑褐色粉砂土，较紧密，夹杂红烧土粒、炭屑、瓦片。本层略呈水平堆积分布全方。本层下叠压2002FXⅠM16。

第4层：距地表深80~105、厚度0~50厘米。黑灰色粉砂土，较紧密，出土有细绳纹灰黑陶片、菱格纹红陶平底。本层略呈水平方向分布全方。

第4层下为黄褐色生土。

从勘探的整体情况看，A区（小田溪）Ⅰ区的文化层较薄，由于各种原因从宋元时期到汉代的文化层缺失。西部地势较陡，明清时期有明显滑坡迹象，出现较厚的滑坡堆积，战国墓葬叠压在滑坡层下；中部主要是民居密集区，明清时期文化层主要是废弃堆积，直接叠压在战国墓葬和生土上；东部地势较低，呈现明显的坡状堆积趋势，自西南向东北倾斜，在边缘地段有少量的战国时期文化层分布，出土有少量夹砂绳纹陶片，在2002FXⅠT37④发现有属于中坝文化的菱格纹平底器，表明在A区（小田溪）曾经存在新石器时代晚期遗存，被战国文化层破坏，此种情况在2002FXⅠTG9⑦也存在。

考古队还在1994年中日联合考古物探试验研究队探查出的可能是巴王陵墓区所在的区域进行了布方发掘（2002FXⅠT90~2002FXⅠT92、2002FXⅠT94~2002FXⅠT98），在1~2米的近代堆积之下为黄褐色生土，继续向下钻探3米，至地下4~5米深度，均未发现土质异常或遗物发现，否认了存在遗迹或墓葬的可能性。

图五　2002FXⅠT34、2002FXⅠT37西壁剖面图

（二）Ⅱ区文化层堆积

Ⅱ区主要以勘探为主，共布探方18个，从勘探和发掘的结果看，北部的坡地区域文化层堆积较薄，其余区域地形平坦，文化层堆积较厚，以2002FXⅡT58南壁为例（图六）介绍。

第1层：厚20~25厘米。黑褐色土，土质较软，水分大，包含物有大量的水稻根茎和少量草木灰等。

第2层：距地表深20~25、厚15~25厘米。浅黄色沙土，土质松散较软而纯净，水平堆积。

第3层：距地表深40~50、厚20~25厘米。黄褐色粉沙土，含沙量较第2层少，土质较

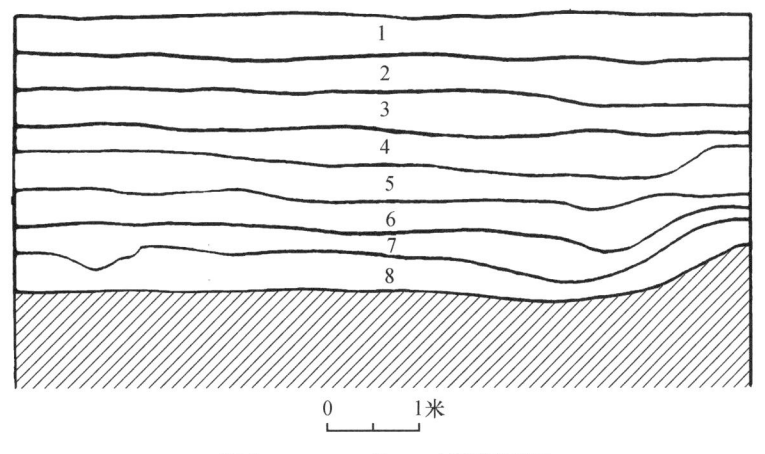

图六 2002FXⅡT58南壁剖面图

硬，黏性大，包含物极少。

第4层：距地表深60~65、厚8~25厘米。红褐色土，土质较硬而细腻，黏性大，有红色水锈沉积。

第5层：距地表深70~90、厚15~30厘米。黄色沙土，土质松散较软而纯净。

第6层：距地表深95~110、厚10~25厘米。浅灰色淤泥土，含沙量较少，土质软而细腻，几乎无任何包含物。

第7层：距地表深105~125、厚5~35厘米。黄褐色沙土，土质松散，水平堆积。

第8层：距地表深105~150、厚10~35厘米。褐色粉沙土，土质软而松散，较纯净。

第8层下为青膏土层，属于自然堆积。

Ⅱ区地层由粉沙土、黏土、沙土组成。第1~5层是近现代耕土层，第5~8层是河流淤积形成的沙土层，第8层以下是青膏土层，与Ⅰ区2002FXⅠT12~2002FXⅠT25等探方堆积一致，属于自然沉积层。根据勘探和发掘了解到的地层堆积情况，小田溪墓群A区（小田溪）Ⅱ区并没有发现人类生活痕迹，也未在地层中发现早期遗物。

二、出 土 遗 物

A区（小田溪）大部分地区文化层堆积十分简单，人类生活痕迹较少，仅有A区东部地势较低，呈现明显的坡状堆积趋势，自西南向东北倾斜，在边缘地段有少量的战国地层分布，出土有少量夹砂陶片，无法辨认器型和器类。文化层中出土少量铜、铁、陶、石等可辨识器类的遗物和动物骨骼，几乎都是出土于晚期地层，表明晚期农耕活动对早期遗存造成巨大破坏，而且部分青铜遗物出土于过去清理墓葬附近，可能为早期破坏后的遗物残留。

1. 铜器

7件。

环 1件（2002FXⅠT2②:1）。素面无纹。应该是72M1随葬铺首上的环。外径9.3、内径7.2厘米（图七，4；图版八，1）。

剑　1件（2002FXⅠT24②：1）。残存尖部。有虎斑纹，应该是柳叶剑尖。

矛　1件（2002FXⅠT30②：1）。残存尖部。素面。应该是矛刃部分。残长6、宽1.7~2.7厘米。

削　1件（2002FXⅠT92②：1）。长条形，应该是削身，锈蚀严重。

簪　1件（2002FXⅠT95②：2）。残缺变形，簪体形似柳叶，整体素面。长10.6、最宽处1.2厘米。尾部回钩约0.8厘米（图七，3）。

镜　1件（2007FXXT112②：1）。完整，部分锈蚀，圆形素面镜，圆角方形柱状纽，侧面有圆穿，顶面有方框，框内阳刻"任敬轩造"（图七，5；图版八，2）。

铜器残片　1件（2002FXⅠT84③：2）。残存器腹碎片。

2. 铁器

1件。

凿　1件（2002FXⅠT84③：1）。锈蚀严重，长条形，平刃。长14.7、宽0.7~2厘米（图七，8）。

3. 陶瓷器

3件。

陶拍　1件（2002FXⅠTG6①：1）。夹粗砂黄褐陶。似饼形，一面内凹，另一面为平面。直径8.5、高2.5厘米（图七，9）。

陶豆　1件（2002FXⅠTG9⑥：1）。仅剩下腹和圈足。残高1.9、足径3.9厘米（图七，7）。

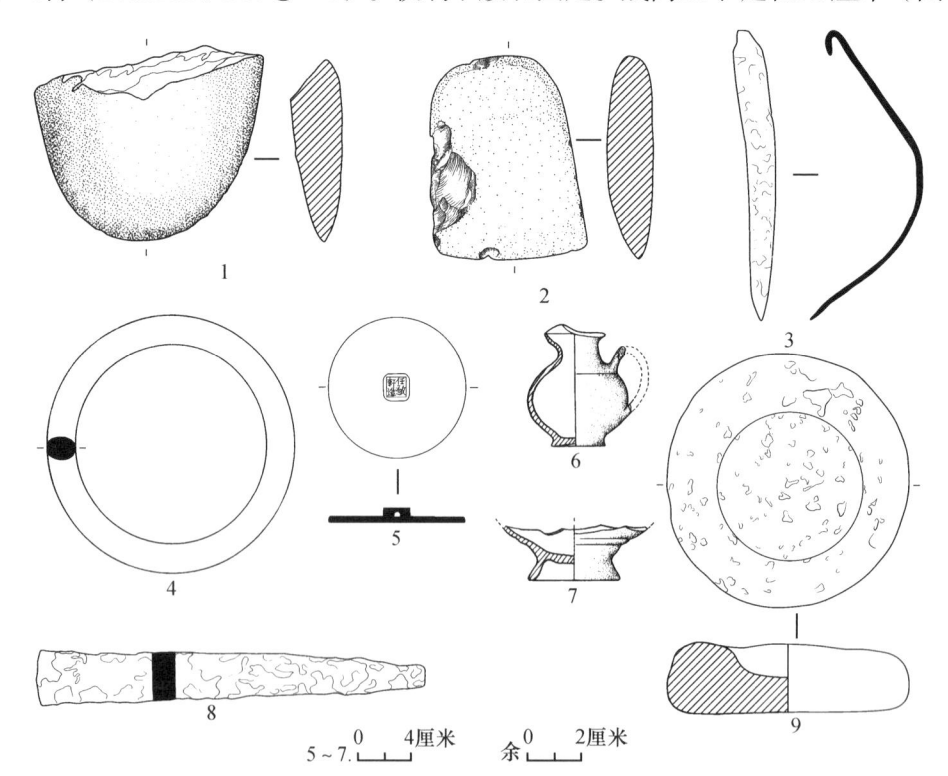

图七　涪陵小田溪墓群A区（小田溪）地层出土遗物

1. 石斧（2002FXⅠTG4③：2）　2. 石锛（2002FXⅠT99①：1）　3. 铜簪（2002FXⅠT95②：2）　4. 铜环（2002FXⅠT2②：1）　5. 铜镜（2007FXXT112②：1）　6. 瓷带流壶（2002FXⅠT88②：1）　7. 陶豆（2002FXⅠTG9⑥：1）　8. 铁凿（2002FXⅠT84③：1）　9. 陶拍（2002FXⅠTG6①：1）

图八 涪陵小田溪墓群（A区）各年度发掘墓葬分布示意图
(因在各年度的发掘中，墓葬统一编号，故此图中墓葬编号前均未加发掘年度和发掘区代号)

瓷带流壶　1件（2002FXⅠT88②：1）。灰褐色粗瓷。短流，束颈，鼓腹，平底，由肩至腹部有把手。颈部以下有凹弦纹一道。口径4.5、高8.1、底径4厘米（图七，6）。

4. 石器

2件。

斧　1件（2002FXⅠTG4③：2），青绿色沉积岩。残存刃部，圆弧刃，通体打制，仅刃部磨光。通长8.5、通宽7厘米（图七，1）。

锛　1件（2002FXⅠT99①：1），青绿色沉积岩。基本完整，通体磨光，略呈梯形，刃部略做弧形。通长7.5、通宽5.5厘米（图七，2；图版八，3）。

5. 动物骨骼

1件。

象牙　1件（2002FXⅠTG4②：1）。残存一段，两端口平滑。通长15.5、直径6.5厘米（图版八，4）。

第三节　墓　葬

A区（小田溪）在本报告涉及考古工作中实际开展发掘工作两次，分别在2002年和2007年，共清理墓葬16座（2002FXⅠM10～2002FXⅠM22、2007FXXM23～2007FXXM25）（图八、附表一）。本章按照发掘编号顺序对墓葬材料进行完整介绍，对于其时代和类型特征则放到第五章进行探讨。

一、2002FXⅠM10

（一）墓葬形制

长方形竖穴土坑墓葬（图版七，1）。叠压于2002FXⅠTG3北段的第4层下，打破生土。墓口长400、宽165～140厘米，墓口距地表深115厘米，墓底长370、宽140～120厘米，残深95厘米。口大底小，四壁较平整光滑，未见加工痕迹。填土为黄色生土、青灰色及褐色土混合而成的五花土，土质坚硬，但未见夯打痕迹，夹杂少量的黑色、褐色、红褐色夹砂绳纹陶及泥制陶片，陶质酥脆。

葬具为一棺一椁，椁长350、宽95厘米。高度不明。棺位于椁内东部，长220、宽75厘米。高度不明。有熟土二层台，宽20～30、高45厘米。

墓主骨架已经腐朽，只留有五六颗仅存表面釉质的牙齿，葬式不明，根据牙齿的位置判断墓向114°，头向东南，顺江而葬（图九）。

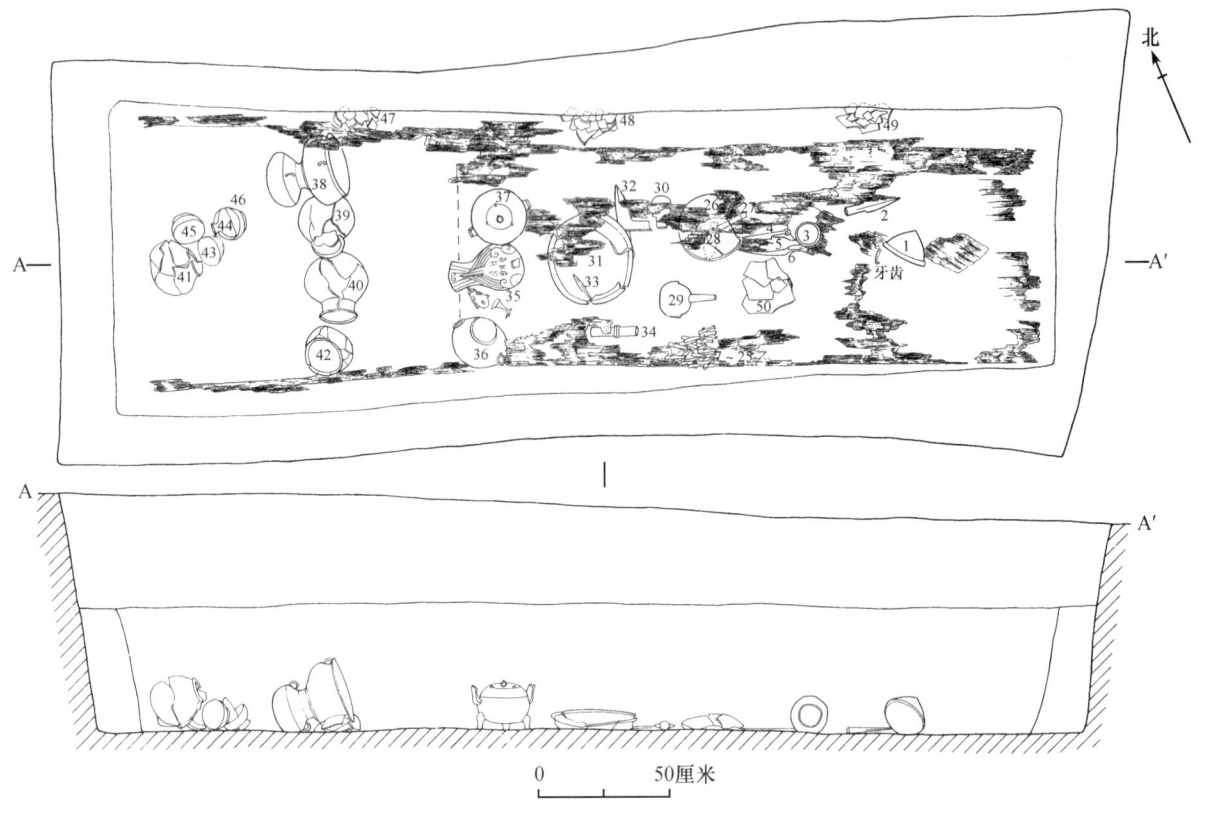

图九　2002FXⅠM10平、剖面图

1.铜胄　2.铜矛　3.铜鍪　4.铜削　5、6.铜剑　7~25.铜盖弓帽　26.铜器残片　27.铜锯　28、32.铜戈　29.铜勺　30.铜钺　31.铜洗　33.铜镞　34.铜杠箍　35.铜鸟形尊　36.铜壶　37.铜鼎　38.铜釜甑　39~41.陶釜　42.陶盂　43~46.陶圈足豆　47~50.陶圜底罐（？）

（二）出土遗物

随葬品出土时编号50件，有铜、陶、漆等质地。部分器物未修复，部分器物合并（合并后编号未更改或取消），实际可辨识器型的随葬品共计32套50件。

1. 铜器

可辨认器型的有胄、矛、鍪、削、剑、盖弓帽、锯、戈、勺、钺、洗、镞、杠箍、鸟形尊、壶、鼎、釜甑等，共计20套38件，大致可以分为日用容器、兵器、车马器、杂器等类，其放置位置有所不同，日用容器、杂器主要放置于棺外脚箱及棺上，兵器放置于棺内身体上及椁室两侧，车马器位于棺外左侧。

胄　1件（2002FXⅠM10：1[①]）。圆锥状顶，顶上部有四个对称的方孔，底部有折沿，有四个对称方孔。底径10.8、壁厚0.2、高9.2厘米（图一〇，1；图版一〇，1）。

矛　1件（2002FXⅠM10：2）。短骹较粗，骹长占全部的约1/3，截面圆形，柳叶形刃叶，叶最宽处位于中部，中脊凸起，有一对弓形系，一边与叶相接。长18.8、叶宽2.8、骹长

[①] 简报定名为盔，见重庆市文物考古所、重庆市文物局：《涪陵小田溪墓群发掘简报》，《重庆库区考古报告集·2002卷》，科学出版社，2010年，第1339~1376页。本报告将该类器物统一更名为胄。

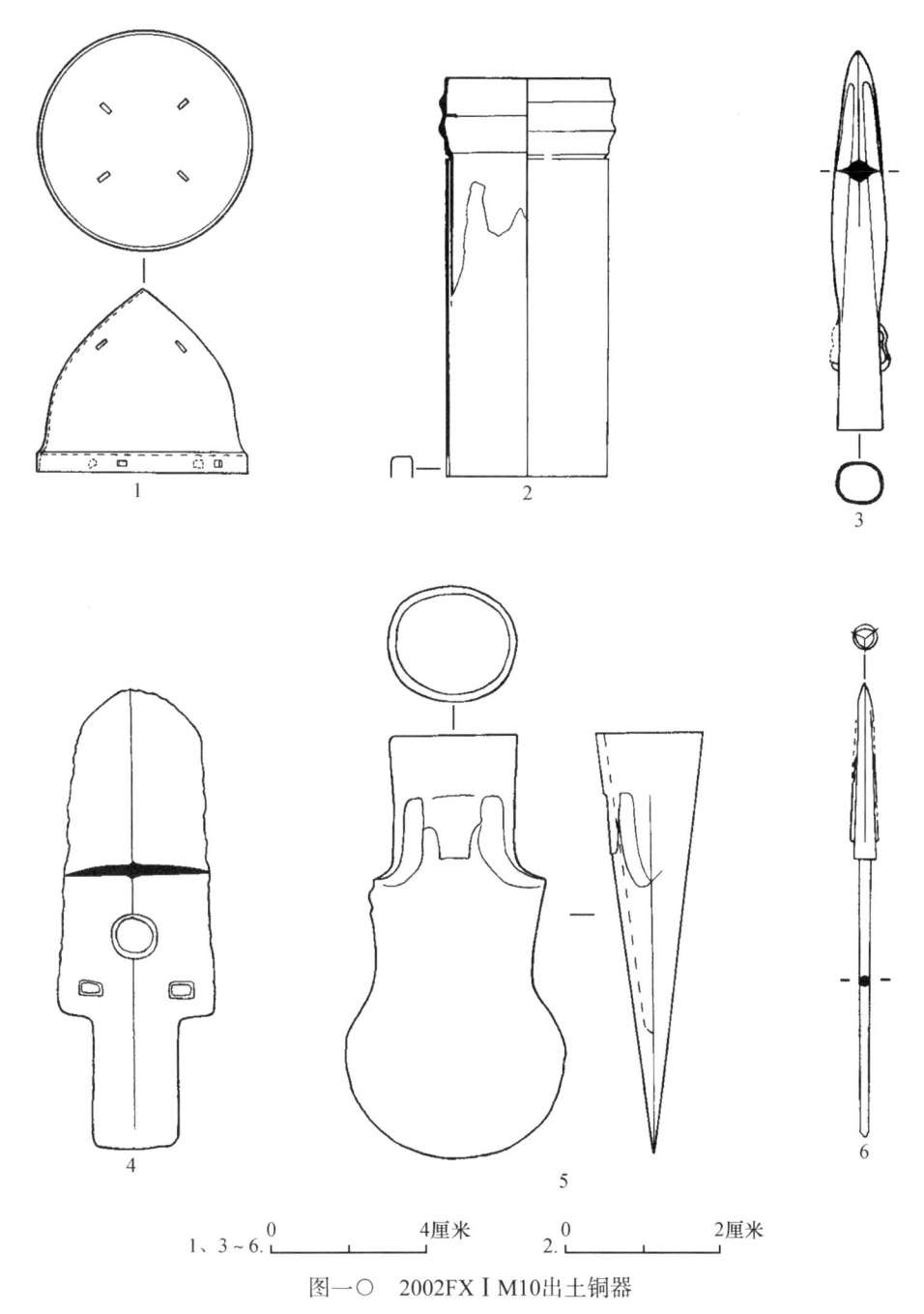

图一〇 2002FXⅠM10出土铜器

1. 胄（2002FXⅠM10∶1）　2. 杠箍（2002FXⅠM10∶34）　3. 矛（2002FXⅠM10∶2）　4. 戈（2002FXⅠM10∶28）
5. 钺（2002FXⅠM10∶30）　6. 镞（2002FXⅠM10∶33）

5.6、骹径1.8~2.2厘米（图一〇，3）。

剑　2件（2002FXⅠM10∶5、2002FXⅠM10∶6）。柳叶形，两锷前锋尖锐而狭，锷本自然缓收而成剑茎，茎上两穿，一穿偏向一侧，一穿位于茎端中间。2002FXⅠM10∶5，剑脊与刃部之间饰以虎斑纹，剑身两侧各饰有巴蜀符号一组（图一二；图版九，3、4）。长48.8、宽4.5、茎长7.8厘米（图一一，2；图版九，1）。2002FXⅠM10∶6[①]，短剑，剑脊与刃部之间饰

---

① 简报将其与同墓所出2002FXⅠM10∶5编号搞反了，线图比例也有误，见重庆市文物考古所、重庆市文物局：《涪陵小田溪墓群发掘简报》，《重庆库区考古报告集·2002卷》，科学出版社，2010年，第1339~1376页。

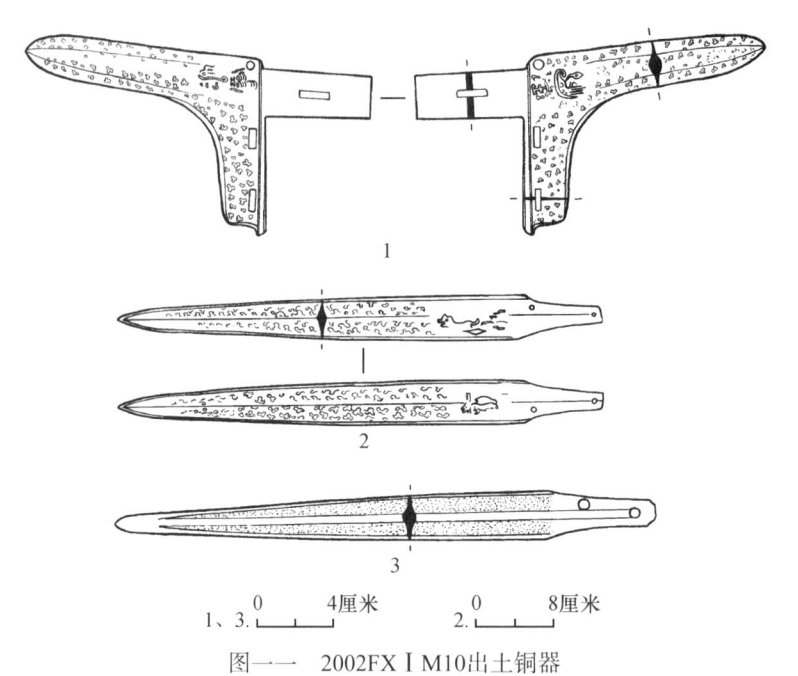

图一一 2002FXⅠM10出土铜器
1. 戈（2002FXⅠM10∶32） 2、3. 剑（2002FXⅠM10∶5、2002FXⅠM10∶6）

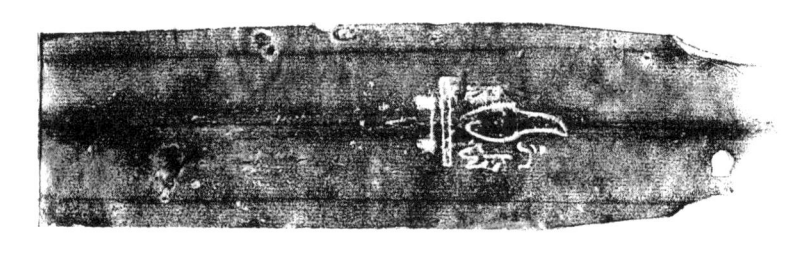

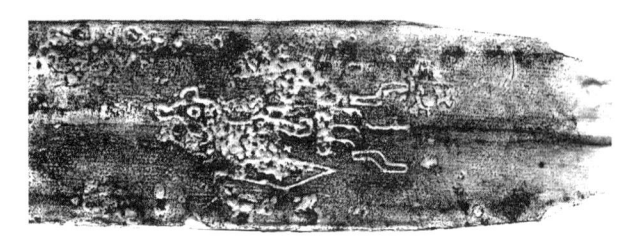

图一二 2002FXⅠM10出土铜剑（2002FXⅠM10∶5）剑身上的巴蜀符号拓片

以圆点纹。长28、宽2.4、茎长5.1厘米（图一一，3；图版九，2）。

鍪 1件（2002FXⅠM10∶3）。侈口，尖唇，鼓腹，圜底，辫索状环形单耳。口径7.8、腹径10.6、高约9.7厘米（图一三，10）。

削 1件（2002FXⅠM10∶4）。首残，直刃，截面呈三角形。残长16.2、宽1.7厘米（图一三，5）。

盖弓帽 1套19件（2002FXⅠM10∶7~2002FXⅠM10∶25）。大部分保存完整，仅2002FXⅠM10∶25残缺下端。尺寸形制基本相同，圆柱形，近顶部收束，帽口径大于帽顶径，平顶，近帽口处有一向上弯曲的小尖钩，尖钩两侧各有一个小圆孔。2002FXⅠM10∶9，帽内全部空心。帽顶径0.9、帽口径1.2、高5.4厘米（图一三，3）。2002FXⅠM10∶13，口残缺，帽内全部空心。帽顶径0.9、帽口径1.1、高5.3厘米（图一三，4）。2002FXⅠM10∶15，帽内

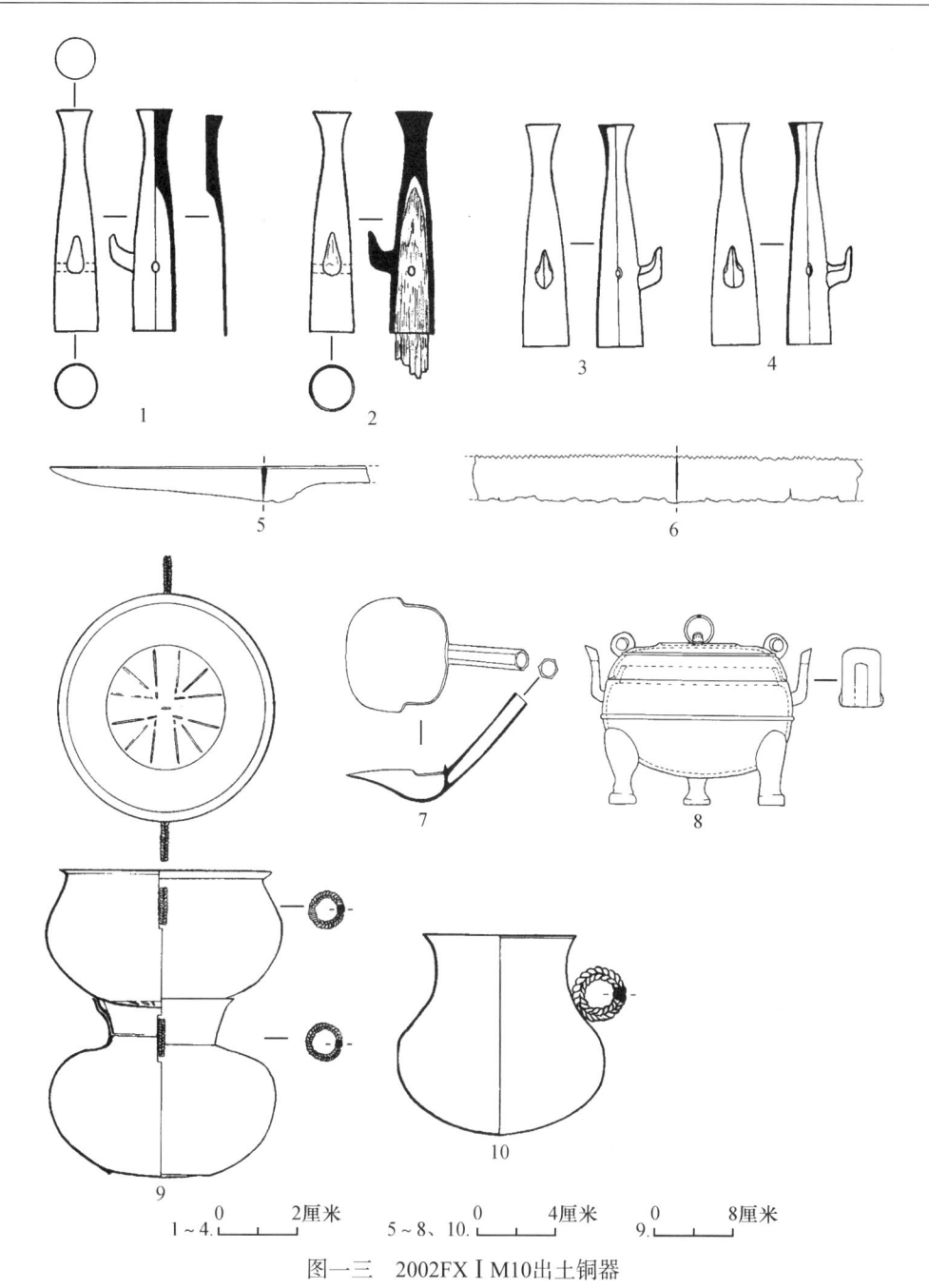

图一三　2002FXⅠM10出土铜器

1~4.盖弓帽（2002FXⅠM10：17、2002FXⅠM10：15、2002FXⅠM10：9、2002FXⅠM10：13）　5.削（2002FXⅠM10：4）　6.锯（2002FXⅠM10：27）　7.勺（2002FXⅠM10：29）　8.鼎（2002FXⅠM10：37）　9.釜甑（2002FXⅠM10：38）　10.鍪（2002FXⅠM10：3）

约占全长的三分之一部分为实心，其余为空心，帽内还保存有一截木伞撑杆，已经炭化腐朽（图一三，2）。2002FXⅠM10：17，帽内约占全长的三分之一部分为实心，其余为空心。帽顶径0.9、帽口径1.2、高5.4厘米（图一三，1）。

锯　1件（2002FXⅠM10：27）。长方形，锯体薄，齿较浅。残长19.8、宽2.3、厚0.1厘米（图一三，6；图版一〇，4）。

戈　2件（2002FXⅠM10：28、2002FXⅠM10：32）。2002FXⅠM10：28，无胡，无阑，方内，援端折收成三角形尖锋，援本有对称的两个方穿。穿长0.5、宽0.25厘米。两穿中间偏上处有一圆形穿。戈长11.5、援长8.3、内长4厘米（图一〇，4；图版一〇，2）。2002FXⅠM10：32，直援，中起脊，圆弧状三角形锋，方内，内上有一长方形穿，中胡有阑，援本有三穿，上端圆形，中、下为长方形，戈身通体饰以虎斑纹，援近本处两面阴刻手心花蒂纹等巴蜀符号。通长19.5、援长13.2、内长6.3厘米（图一一，1；图版一〇，3）。

勺　1件（2002FXⅠM10：29）。箕形勺身，六棱形柄，柄中部有圆形孔。长18.6、宽11.2、柄长11.4厘米（图一三，7）。

钺　1件（2002FXⅠM10：30[①]）。椭圆形銎。长10.5、刃宽5.6、銎径2.5～2.9厘米（图一〇，5）。

洗　1件（2002FXⅠM10：31）。薄壁。素面。未修复。

镞　1件（2002FXⅠM10：33）。圆柱形，有三条狭刃。长梃。通长11.5、刃宽0.8厘米（图一〇，6）。

杠箍[②]　1件（2002FXⅠM10：34）。圆筒形，两端未封口，一端微凸，上有凸棱两道。另一端口部有一方形缺口。长9.9、径4厘米（图一〇，2）。

鸟形尊[③]　1件（2002FXⅠM10：35）。鸟头高昂，曲颈向上，桃形双耳，两背向的钩状冠，双目圆睁，鸟喙上部呈卷云状，喙部下钩，鸟嘴为圆形流，鼓腹，鸟足上有蹼，扇形尾微微上翘。两颊各阴刻有卷云纹一道，其余鸟耳内、面颊、鸟颈、腹前部和两腿均刻有羽鳞状纹饰，颈部羽鳞纹上嵌以绿松石，胸前及背上阴刻变形勾连凤鸟纹，鸟身两侧阴刻卷曲的双翼，翼上有嵌绿松石的羽毛状纹饰，延伸至尾部。双足与器体可分离[④]，连接处有四个突榫固定，腹部中有长方形浇铸口，二次浇铸封闭（图版一一，2）。长28、宽17.4、尾宽12.4、足高8.4、通高29.2厘米（图一四；图版一一，1）。

壶　1件（2002FXⅠM10：36）。直口，短颈，鼓腹，圈足，颈部阴刻一周三角形变体卷云纹，肩上分铸一对铺首衔环，环上阴刻变体卷云雷纹，腹部阴刻三组相交的三角形变形卷云纹，每组之间以三道弦纹相隔，圈足阴刻一周蟠虺纹。口径9.6、最大腹径21.8、圈足径12、通高31厘米（图一五；图版一二）。

鼎　1件（2002FXⅠM10：37）。长方形附耳，鼎盖顶中心有套环鼻纽，盖上饰有凸弦纹三道，第二道凸弦纹上有三个环形纽，鼎腹上有凸弦纹一道，三兽足粗矮。盖口径18、盖高3.7厘米，鼎口径14.6、鼎足高7.2厘米，通高15.8厘米（图一三，8；图版一三，1）。

[①]　简报线图图注上误写为铜钱，见重庆市文物考古所、重庆市文物局：《涪陵小田溪墓群发掘简报》，《重庆库区考古报告集·2002卷》，科学出版社，2010年，第1339～1376页。

[②]　简报称为伞杠，2002FXⅠM12出土同类器物也称伞杠，见重庆市文物考古所、重庆市文物局：《涪陵小田溪墓群发掘简报》，《重庆库区考古报告集·2002卷》，科学出版社，2010年，第1339～1376页。考虑器物空心，可能内套木杆，本报告统一定名为杠箍。

[③]　该器出土时因为其造型与山西天马—曲村晋国墓地M114出土的鸟尊颇为相似，故当时发掘者定名为尊。本报告审稿专家孙华教授指出"尊是指背部插口或开口的盛酒容器（可使酒的香气散发），此器背部无开口，只有喙部有圆形孔作流，应当定名为盉"。但是考虑到该器在重庆中国三峡博物馆展出多年，其定名已经传播较广，因此暂时保留了"鸟型尊"的定名。

[④]　出土时双足与鸟身分离，由于未进行身、足结合处残留物检测，不能确定是采用焊接还是胶粘的方式固定。

图一四　2002FXⅠM10出土铜鸟形尊（2002FXⅠM10：35）

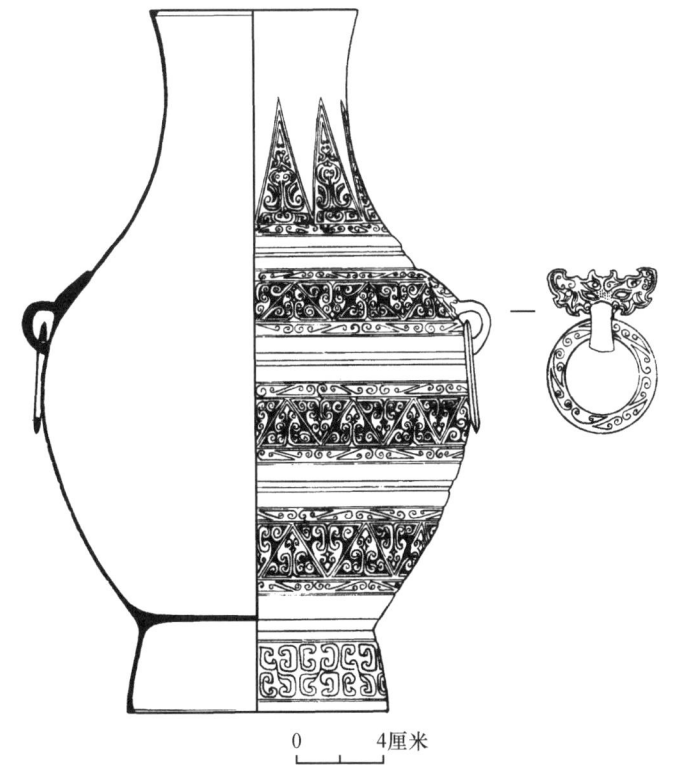

图一五　2002FXⅠM10出土铜壶（2002FXⅠM10：36）

釜甑 1件（2002FXⅠM10：38）。甑部为平折沿，尖唇，甑上有索辫状环形耳一对，圆形箅，箅上有细条状长孔十二道，短孔九道，两短孔与三长孔为一组，呈米字形排列；釜部为扁鼓腹，圜底，釜肩上有索辫状环形耳一对。釜口径21.6、腹径23.2厘米，甑腹径24、箅径12厘米，通高29.6厘米（图一三，9；图版一三，2）。

铜器残片[①] 1件（2002FXⅠM10：26）。残存腹部，有宽箍一周，箍带上对称两侧有圆形吊环一组，未修复，器型不明。

2. 陶器

可辨认器型有釜、盂、圈足豆、圜底罐（？），共计12件。

釜 3件（2002FXⅠM10：39～2002FXⅠM10：41）。2002FXⅠM10：39，泥质黑褐陶。方唇侈口，圜底。颈部均饰有凹弦纹一道，颈部以下饰有交错绳纹。口径13、最大腹径约16.2、高15.2厘米（图一六，6；图版一三，3）。2002FXⅠM10：40，夹粗砂灰褐陶。腹部有竖向细绳纹。未修复。2002FXⅠM10：41，泥质黄褐陶。尖唇侈口，圆肩，圜底。颈部均饰有凹弦纹一道，颈部以下饰有交错绳纹。口径13.7、最大腹径20.5、高17.5厘米（图一六，7）。

盂 1件（2002FXⅠM10：42）。泥质红褐陶。尖圆唇，大口，束颈，浅腹，腹部弧线近直，圜底近平。素面。口径16、最大腹径17.8、高9.8厘米（图一六，5）。

圈足豆 4件[②]。2002FXⅠM10：43、2002FXⅠM10：45与2002FXⅠM10：44、2002FXⅠM10：46两两扣合放置于椁内脚箱内，均为手制。2002FXⅠM10：43与2002FXⅠM10：45相似，均

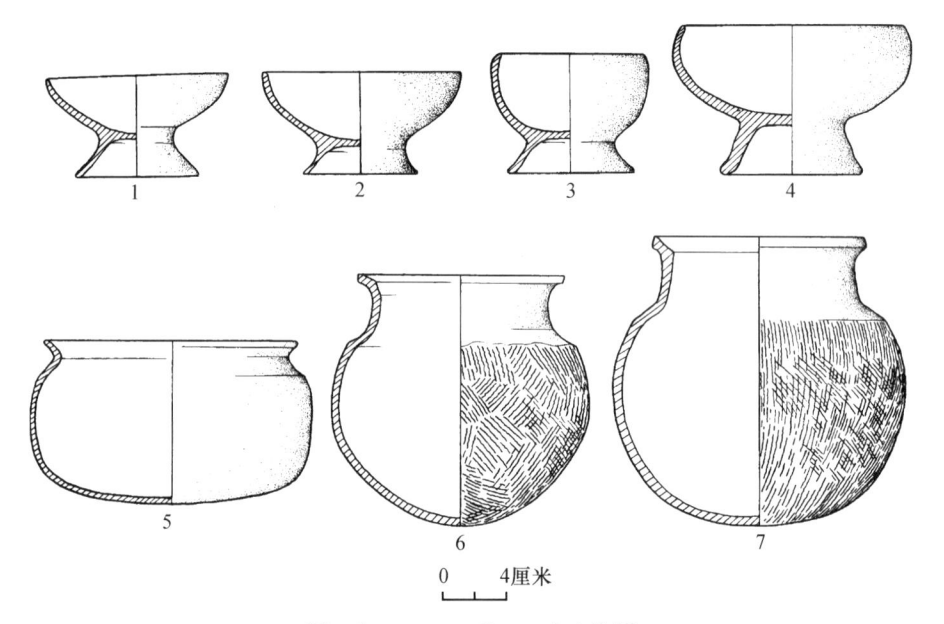

图一六 2002FXⅠM10出土陶器

1～4. 圈足豆（2002FXⅠM10：43、2002FXⅠM10：45、2002FXⅠM10：44、2002FXⅠM10：46）
5. 盂（2002FXⅠM10：42） 6、7. 釜（2002FXⅠM10：39、2002FXⅠM10：41）

---

① 出土时定名为盒，整理后认为器型不明。
② 虽然4件陶豆两两扣合放置，由于其口径不一，难以确定这是随葬时是随意配对还是固定成对，所以报告中还是定为4件陶豆而非2套盖豆。

夹砂红褐陶。尖唇，敞口，腹较浅。2002FXⅠM10：43，口径11.2、圈足径7.6、高6厘米（图一六，1）。2002FXⅠM10：45，口径12.4、圈足径7.6、高6.2厘米（图一六，2）。2002FXⅠM10：44与2002FXⅠM10：46相似，口微敛，腹较深。2002FXⅠM10：44，夹砂黑褐陶。尖唇。口径9.2、圈足径7.8、高7.2厘米（图一六，3；图版一三，4）。2002FXⅠM10：46，夹砂黄褐陶。方唇。口径14、圈足径8.8、高8.8厘米（图一六，4）。

圜底罐（？） 4件（2002FXⅠM10：47～2002FXⅠM10：50），均未修复。2002FXⅠM10：48，夹砂红褐陶。2002FXⅠM10：48，夹砂红褐陶，腹部饰竖向粗绳纹。2002FXⅠM10：49，底部残缺，泥质红褐陶。侈口，尖唇，鼓腹。口沿以下饰以重叠且交叉的粗绳纹。口径20厘米。

二、2002FXⅠM11

（一）墓葬形制

长方形竖穴土坑墓，叠压于2002FXⅠT8⑤下，墓口距地表深110～150厘米。墓葬上部遭到早期破坏打破生土，残深仅10～22厘米。其东部又被1993年调查探沟（93G）破坏，只有东南角较完整。墓长430、残宽135厘米。四壁较粗糙，未见加工痕迹，壁有弯曲现象。填土为黄色生土、灰色及褐色土混合而成的五花土，土质坚硬，结构紧密，不见夯打痕迹，包含少量的泥质红褐色绳纹陶片及石块（图一七）。

墓室内北端发现有手掌大小的灰痕，不见骨架痕迹，葬具、葬式以及头向不明。根据墓室长度推测墓葬方向大致与乌江平行，墓向140°（320°）。

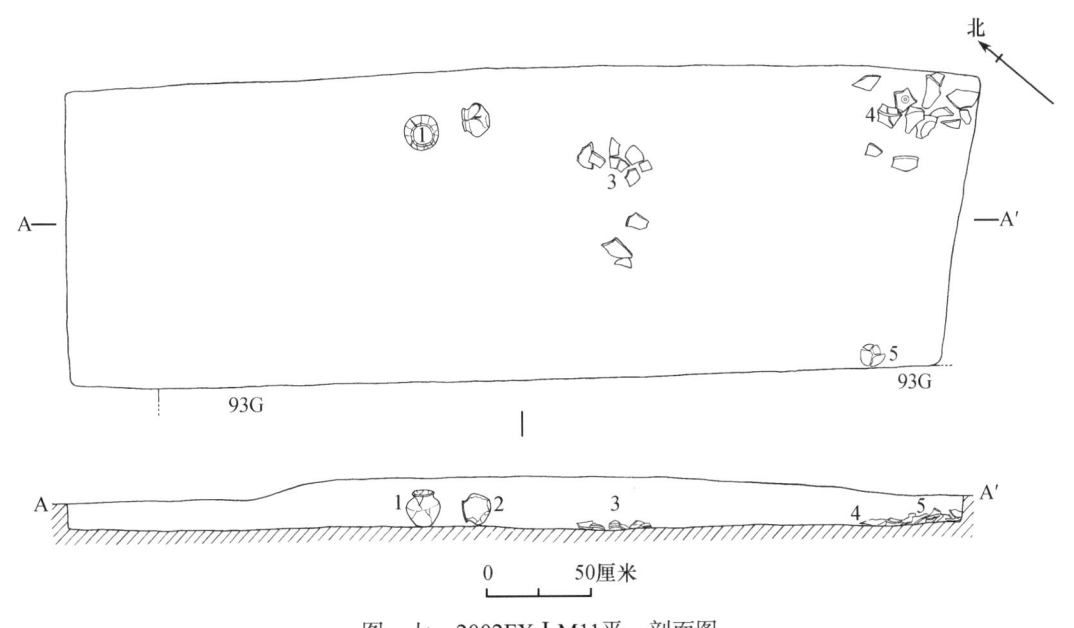

图一七 2002FXⅠM11平、剖面图
1. 陶折腹罐 2. 陶圆肩罐 3. 釉陶锺 4. 陶器残片 5. 釉陶盒盖

(二) 出土遗物

墓内残存随葬品均为陶器，出土时碎片混杂，编号5件，其中又分为陶和釉陶两类，仅修复陶罐2件、釉陶盒盖1件。

陶折腹罐　1件（2002FX I M11：1）。泥质灰陶。侈口，圆唇，折腹，下腹斜直，平底。轮制而成。口径9.6、底径8、高11厘米（图一八，1）。

陶圆肩罐　1件（2002FX I M11：2）。泥质灰陶。侈口，圆唇，圆肩，鼓腹，下腹斜直，平底。其上间断饰以绳纹一周。口径9.8、最大腹径16、底径7.3、高10.6厘米（图一八，2）。

釉陶锤　1件（2002FX I M11：3），泥质红胎。未修复、绘图。

釉陶盒盖　1件（2002FX I M11：5）。泥质红胎，表面低温釉层几乎完全剥落。直口，盖顶近平顶。盖沿上饰凹弦纹一道。高4.8、口径16厘米（图一八，3）。

陶器残片　1件（2002FX I M11：4）。碎片一堆，均未能修复，可辨个体有灰陶盆、红陶水井井圈、釉陶灯形器、卮、盒等。

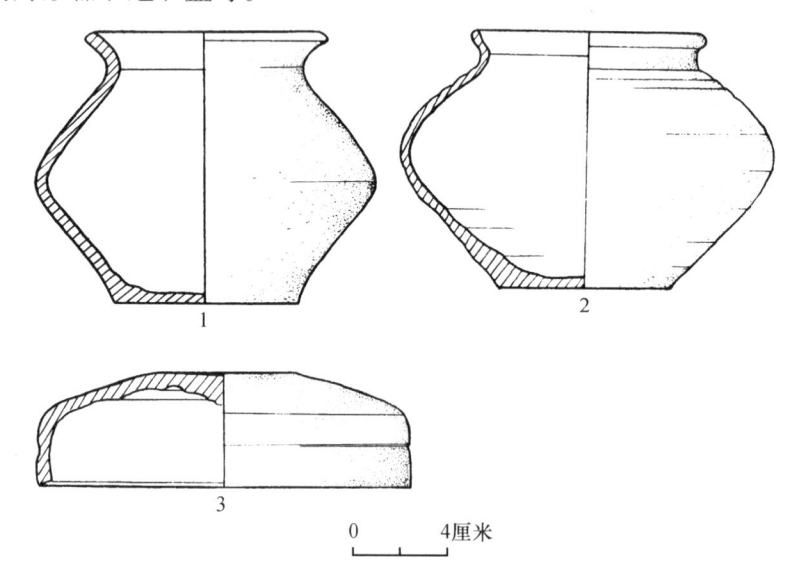

图一八　2002FX I M11出土遗物
1.陶折腹罐（2002FX I M11：1）　2.陶圆肩罐（2002FX I M11：2）　3.釉陶盒盖（2002FX I M11：5）

三、2002FX I M12

(一) 墓葬形制

长方形竖穴土坑墓。叠压于2002FX I T6②下，打破生土。墓向142°。墓口长760～790、宽590～600厘米，墓口距地表深200～500厘米，墓底长756～760、宽566～584厘米，墓圹残深100～170厘米。墓葬填土为黄色及深褐色黏土混合而成的五花土，土质坚硬，结构紧密，但未见夯打痕迹。填土内含有大量的风化石残块和少量的夹砂灰褐色绳纹陶片，在中部椁室内深50

厘米处有两块40厘米×50厘米×30厘米的较大石块（图一九；图版七，2；图版一四）。

从现存情况推断，当时修建墓室应该颇为仓促，使用工具也并不先进，在挖掘墓圹时，西南壁距墓口约0.82米处遇到坚硬的砂页岩后，不得不内移约0.8米后继续向下挖掘至墓底，因而导致该墓的椁室向东北偏移。东南壁中部偏西也保留有一块坚硬的砂页岩，并造成此处墓圹凸出，此石以西的东南壁壁面垂直。墓底也因部分砂页岩难以挖掘而凹凸不平，总体上中部高，东南低。另外，在墓底中部发现一条岩缝，并一直延伸到墓室的东南角外。岩缝宽30~36、深45~165厘米。岩缝中部最深，填满黏土，推测系利用自然形成的岩缝加宽用作墓室的排水沟。由于砂页岩易受水蚀，很难发现两千年前的錾刻痕迹，所以只能根据排水沟中部深达165厘米的深度来推断是自然形成，经修整后加以利用。

葬具为一棺一椁。椁为木板构筑，木板已经朽成黑灰，顶板坍塌，椁室内大部分器物上均有黑色木板灰痕。木椁约长530、宽365、高100厘米。椁板宽、厚度均不明。棺位于椁室中部，东侧木板倒向东侧，西侧木板因有器物支撑而未倒，两端的挡板均倒向南侧。木棺长320、宽80、高约70厘米（根据东侧木板倒塌后的板灰痕迹推算），棺板宽、厚度均不明。棺两侧木板及盖板各有三个大型铺首衔环，应是搬运棺木的捉手。四周有熟土二层台。东南宽128、西南宽182、西北宽135、东北宽70~95、高86~114厘米。二层台上部因挤压向椁室内倾斜，以西南壁北段较甚。

图一九　2002FXⅠM12墓室结构平、剖面图

墓室内有两具骨架，因骨骼粉碎而无法提取。其中位于棺内的墓主骨架整体痕迹保存较完整[1]，下颌骨脱落且略有移位，上肢弯曲于胸前，手指因腐朽而缺失，肋骨仅剩几根，大致可辨，盆骨已朽，下肢伸直，脚趾骨已朽。性别不详，头向东南，顺江而葬。另一具骨架位于棺外东侧，应为殉葬，腐朽严重，较为凌乱，仰身直肢葬，头向南，面向东。上肢肱骨位于头骨以西40厘米处，明显脱离原来位置，其余残缺。盆骨、脊椎骨基本位于原位，下肢交叉。手指、脚趾均缺失（图二〇）。

（二）出土遗物

2002FXⅠM12出土器物丰富，由于椁室塌陷，器物或散落或叠压，因此在发掘中按照个体编号158件。经过修复整理，发现有未编号独立个体，也有部分编号器物存在组合情况，最终确认共随葬各类器物76套169件[2]。出土器物有铜、陶、玉、漆、骨等类别，其中以铜器为主，陶器数量较少而且保存较差，玉器和漆器在以往重庆地区的巴文化墓葬中都少有发现。需要指出的是，相当一部分器物并非单一质地，而是由多种质地的器物组成的成组器物。

1. 铜器

共计54套104件，可分为日常容器、乐器、兵器、车马器、丧葬用品、杂器等类，其放置位置有所不同。鍪、釜、洗等容器主要放置于椁室东北、西壁及棺上。钲、甬钟、錞于等乐器位于椁室东北角。戟、戈、矛等长兵器放置于墓室南北两壁附近，剑放置于棺椁内。椁室东部出土有盖弓帽、杠箍、鸾铃等车马器。

盖弓帽　1套18件（2002FXⅠM12：1~2002FXⅠM12：4、2002FXⅠM12：7、2002FXⅠM12：12、2002FXⅠM12：13、2002FXⅠM12：17~2002FXⅠM12：19、2002FXⅠM12：21~2002FXⅠM12：24、2002FXⅠM12：35、2002FXⅠM12：49、2002FXⅠM12：50、2002FXⅠM12：143）。大小形制相同，出土时已经散乱，圆柱状，中空，上细下粗。平顶，顶部呈六棱形，近顶部略微收束。近帽口部有一向上弯曲的小钩，小钩两侧各有小圆孔一个。2002FXⅠM12：3，高5.7、底径1.2厘米（图二一，4）。

杠箍　2套4件（2002FXⅠM12：5、2002FXⅠM12：20、2002FXⅠM12：48）。均为竹节形长筒，由上、下两段插接而成，每段中部有一周凸棱，凸棱上有一小圆孔，筒身饰有菱形变体卷云纹。2002FXⅠM12：5，通长7.2、外径3.4厘米（图二一，2；图版一五，1）。2002FXⅠM12：20[3]，一段有突出的一周套筒，上有两道凸棱。通长8、外径3.2厘米（图

---

[1] 采集部分骨骼进行^{14}C检测，结果见附录二。
[2] 在资料整理之前，大部分器物已经移交重庆中国三峡博物馆，为保持资料的一致性，所有原始器物编号在整理中未作销号、并号处理。整理中对于哪些器物成套有不同看法，故在统计数据上有所区别。简报公布为67套166件，见重庆市文化遗产研究院、重庆市涪陵区博物馆、重庆市文物局：《重庆涪陵小田溪墓群M12发掘简报》，《文物》2016年第9期。在本报告整理中再次修改看法。
[3] 杠箍内残存少量木炭，提取进行^{14}C检测，结果见附录二。

1~3、6~8. ⟼ 4厘米　　4、5、11~13. ⟼ 2厘米　　9、10. ⟼ 8厘米

图二一　2002FXⅠM12出土铜器

1~3.杠箍（2002FXⅠM12：20、2002FXⅠM12：5、2002FXⅠM12：48）　4.盖弓帽（2002FXⅠM12：3）　5.环（2002FXⅠM12：6）
6、7.铺首衔环（漆器）（2002FXⅠM12：156、2002FXⅠM12：25）　8.铺首衔环（棺饰）（2002FXⅠM12：66）
9.钲（2002FXⅠM12：33）　10.甬钟（2002FXⅠM12：34）　11~13.銮铃（2002FXⅠM12：41、2002FXⅠM12：40、
2002FXⅠM12：43）

二一，1；图版一五，2）。2002FXⅠM12：48，由两部分组成，其中一部分一端有突出的一周套筒，上有两道凸棱。通长15.6、外径3.2~3.6厘米（图二一，3）。

铺首衔环（漆器） 1套，分离为6个个体[①]，双铺首衔环1套3件（2002FXⅠM12：6、2002FXⅠM12：14、2002FXⅠM12：15、2002FXⅠM12：25、2002FXⅠM12：26、2002FXⅠM12：156）。形制相同而大小各异，辅首为上下对称兽面，双目圆睁，双耳较尖，耳、额头、鼻处以卷云纹勾勒，鼻部相连，连接处弯曲以挂圆环，两铺首背面均有圆柱形钉柱。2002FXⅠM12：14、2002FXⅠM12：15、2002FXⅠM12：26，出土时铺首断裂、铜环分离。长7、宽3.8、环径3.6~4.8厘米（图版一五，4）。2002FXⅠM12：25，一耳残损。高6.8、宽3.7、环径3.6~4.6厘米（图二一，7）。2002FXⅠM12：156，高6.7、宽3.7、环径3.6~4.8厘米（图二一，6）。另有铜环1件（2002FXⅠM12：6），圆形素面。环径3.8厘米（图二一，5），位置相近，可能也是这件漆器上的装饰。

铺首衔环（棺饰） 1套9件（2002FXⅠM12：8~2002FXⅠM12：10、2002FXⅠM12：66、2002FXⅠM12：67、2002FXⅠM12：70、2002FXⅠM12：74、2002FXⅠM12：77、2002FXⅠM12：78）。形制、大小相同，均兽面衔环，双目圆睁，双耳卷曲，以卷云纹勾底，鼻部饰"≋"状纹饰和凸出的方格纹，兽面背后和鼻部各有一长条状钉柱（图版一五，3）。出土时2002FXⅠM12：10、2002FXⅠM12：67、2002FXⅠM12：66位于棺左侧，2002FXⅠM12：8、2002FXⅠM12：74、2002FXⅠM12：70位于棺右侧，2002FXⅠM12：9、2002FXⅠM12：78、2002FXⅠM12：77位于棺盖上，等距分布。2002FXⅠM12：66，通长（含环）18、宽13.2、铜环外径10.2厘米（图二一，8）。

戟 2套6件（2002FXⅠM12：28~2002FXⅠM12：31、2002FXⅠM12：75、2002FXⅠM12：76），出土时分别编号定名为矛、戈、镦，整理时根据出土位置判断，应该是两件造型相近的分体式戟。长约2.5米。刺形似矛，叶较宽，前锋锐厚，狭长条刃，近本处呈锐角，椭圆形骹上有圆孔。长援有上下阑。长胡有三个长方形穿，内部三面有刃，内后部有长方形穿。镦为平底圆筒形，上部有凸出的箍带一周，箍带上有凸棱一道。2002FXⅠM12：28、2002FXⅠM12：30、2002FXⅠM12：75，刺刃两侧有血槽，近本处锐角较小，骹径较小，孔位于上部，援较狭长呈弧形，胡较短。刺长17、骹径1.6~2.4、叶宽3.2厘米；戈长26.4、高15.4厘米；镦长19.8、直径2.4厘米（图二二，11；图版一六，1）。2002FXⅠM12：29、2002FXⅠM12：31、2002FXⅠM12：76，近本处锐角较大，骹孔位于下部，援较宽短，上沿平直，长胡。刺长15.4、骹径2.2~3.8、叶宽2.6厘米，戈长26.8、高15.8厘米，镦长10.1、直径2.2厘米（图二二，10）。

弩机 1套2件（2002FXⅠM12：32）。木弩腐朽，仅存铜质弩机和阑两部分，出土时表面有漆痕。弩机由悬刀、望山和钩心（牛）三部分组成，用两个键组合成整体，望山上无刻度。望山长5.6、悬刀长8厘米。阑[②]是保护弩臂尾端的部件，中空长方形腔，尾端呈椭圆形，下方有一长方形榫口和一圈凹槽，可能是用于插榫固定和便于持握。长4、宽2.9、高5.1厘米（图

[①] 从出土位置和形制判断，可能是一件漆器上的铺首饰件，共有3组双铺首衔环，由于漆器痕迹不见，器型不明，归入铜器类介绍，位置靠近2002FXⅠM12：155漆痕，可能是该器的一部分。

[②] 发掘者清理时曾认为是弩廓，但仅下部有孔，不能容纳弩机，且出土位置在弩机之后，故暂定名为阑。

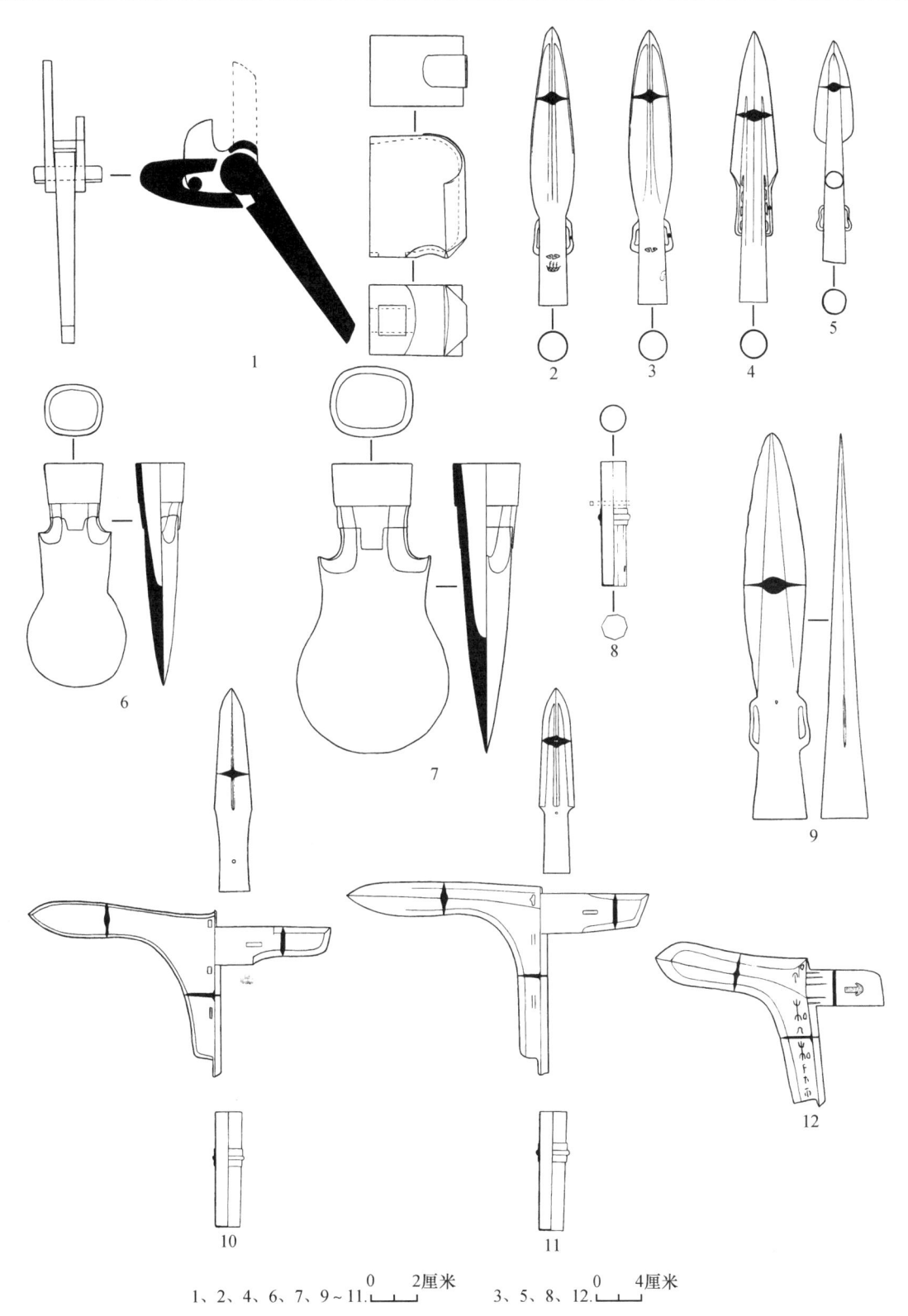

0　2厘米　　　0　4厘米
1、2、4、6、7、9~11.　　　3、5、8、12.

图二二　2002FXⅠM12出土铜器

1.弩机（2002FXⅠM12∶32）　2~5、9.矛（2002FXⅠM12∶92、2002FXⅠM12∶158、2002FXⅠM12∶102、2002FXⅠM12∶38、2002FXⅠM12∶39）　6、7.钺（2002FXⅠM12∶51、2002FXⅠM12∶52）　8.镦（2002FXⅠM12∶53）　10.戟（2002FXⅠM12∶29、2002FXⅠM12∶31、2002FXⅠM12∶76）　11.戟（2002FXⅠM12∶28、2002FXⅠM12∶30、2002FXⅠM12∶75）　12.戈（2002FXⅠM12∶37）

二二，1；图版一六，2）。

钲　1件（2002FXⅠM12：33）。体腔深长，截面近圆形，弧铣尖锐，圆柱形甬，有八道竖向凸棱，实心，末端收束后扩大，似小座。腔径10～11.6、甬长14、高38.8厘米（图二一，9；图版一七，1）。

甬钟　1件（2002FXⅠM12：34）。腔体深长，形似两瓦相覆，枚的分布不足腔体二分之一，弧铣尖锐。柱状长甬，中空，上有方形小孔4个，衡口中有一横条以悬挂，似为直悬而非斜挂，鼓部一侧正中有巴蜀符号一组（图二三，1）。腔宽18、甬长18.8、高46厘米（图二一，10；图版一七，2）。

錞于　1件（2002FXⅠM12：36）。截面为椭圆形，平顶，正中有一张口龇牙的虎形纽，虎纽周围刻画有六组巴蜀符号（图二三，2；图版一八，2），周边有较宽唇边，扁圆肩，体腔长宽比例较大，下口直。高44.8、肩径35.2、口径22.8厘米（图二四；图版一八，1）。

戈　1件（2002FXⅠM12：37）。直援中起脊，刃尖圆钝，援本有三穿，上端近圆形，中、下长方形，中胡，有阑，胡上阴刻有纵向巴蜀符号一组（图二三，3），方内，上有箭头状符号一个，内与援相接处有五道较短的凸棱。长20、高12.6、厚0.2厘米（图二二，12；图版一九，1）。

矛　5件[①]（2002FXⅠM12：38、2002FXⅠM12：39、2002FXⅠM12：92、2002FXⅠM12：102、2002FXⅠM12：158）。2002FXⅠM12：38，圆柱状长骹，骹长占全部的约1/2，柳叶形，窄

图二三　2002FXⅠM12出土铜器上的巴蜀符号拓片
1. 甬钟（2002FXⅠM12：34）　2. 錞于（2002FXⅠM12：36）　3. 戈（2002FXⅠM12：37）　4、5. 剑（2002FXⅠM12：105、2002FXⅠM12：107）

---

① 简报数据有误，写为6件，见重庆市文化遗产研究院、重庆市涪陵区博物馆、重庆市文物局：《重庆涪陵小田溪墓群M12发掘简报》，《文物》2016年第9期。

叶，双弓系。素面。通长19.2、骸长10.4、叶宽3.4、骸径2厘米（图二二，5；图版一九，2）。2002FXⅠM12：39、2002FXⅠM12：92、2002FXⅠM12：158三件形制相似，短骸较粗，骸长占全部的约1/3，截面圆形，柳叶形刃叶，叶最宽处位于中部，中脊凸起，有一对弓形系，一边与叶相接。2002FXⅠM12：39，器型较小，骸上部有一小圆孔。素面。通长16.2、骸长5.2、叶宽2.7厘米（图二二，9）。2002FXⅠM12：92，骸上刻有巴蜀符号一组。通长23.6、骸长7.4、叶宽3.8、骸径3.6厘米（图二二，2；图版一九，3）。2002FXⅠM12：102，短骸，窄叶，叶向下内折与耳相连，中脊两边有凹槽，凹槽延伸向下与耳相连，方形耳，耳上有镂孔四个。骸口为圆形。素面。通长22.6、骸长9.8、叶宽4.6、骸径2.2厘米（图二二，4）。2002FXⅠM12：158，骸上刻有巴蜀符号一组。通长23、骸长7.2、叶宽3.8、骸径3.5厘米（图二二，3；图版一九，4）。

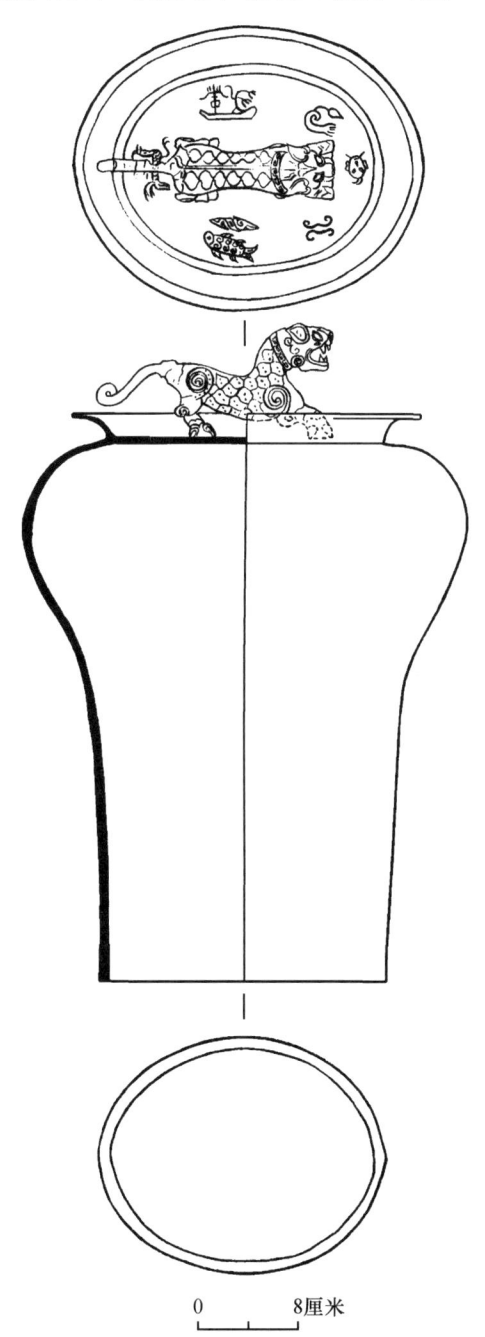

图二四　2002FXⅠM12出土铜錞于（2002FXⅠFM12：36）

銮铃　4件（2002FXⅠM12：40～2002FXⅠM12：43）。铃身镂空，内有两个石质响丸，扁圆锥状銎，上细下粗，銎上有两个对穿的方孔。2002FXⅠM12：40，体形较大，顶部有圆穿，无装饰。铃径7.2、銎口径2.5、銎长3.9、高10.8厘米（图二一，12；图版一七，5）。2002FXⅠM12：41、2002FXⅠM12：42，形制、大小相同，顶部有装饰，残断不可辨（图版一七，3）。2002FXⅠM12：41，铃径3.6、銎口径1.2、銎长3、高6.5厘米（图二一，11）。2002FXⅠM12：42，铃径3.6、銎口径1.2、銎长3、高6.5厘米。2002FXⅠM12：43，銎向上分叉与两小铃相连，两铃顶端饰有背对相连的弯钩形装饰。铃径2.7、銎口径2、銎长4.1、高11.7厘米（图二一，13；图版一七，4）。

钺　2件（2002FXⅠM12：51、2002FXⅠM12：52）。椭圆形銎，銎箍较宽，銎下有"凸"字形纹饰，腰部内凹，圆弧刃，刃宽大于肩宽，肩部范痕未磨平。2002FXⅠM12：51，平肩，器型略小。长9.4、刃宽4.3、銎径1.7～2.1厘米（图二二，6）。2002FXⅠM12：52，两肩微翘，器型略大。长12.2、刃宽6.6、銎径2.3～3厘米（图二二，7；图版二〇，1）。

镦　1件（2002FXⅠM12：53）[①]。平底，上半部呈圆筒形，下部呈八棱形。上部有一周箍带，箍带上有一道凸棱，凸棱上部有对穿的两个方形小孔。长10.6、直径2.2厘米（图二二，8）。

夹　2件（2002FXⅠM12：54、2002FXⅠM12：56）。形制、大小相同，分别放置于两件铜豆内（图版二一，1）。以长方形带状铜条弯曲而成，有横向凸弦纹两道。2002FXⅠM12：54，长13、宽1.6厘米（图二五，9）。2002FXⅠM12：56，变形。长13、宽1.6厘米（图二五，11）。

豆　8件（2002FXⅠM12：55、2002FXⅠM12：57～2002FXⅠM12：63）。形制、大小基本相同。口沿微敛，方唇，弧腹，矮圈足。素面。出土时有三件豆放置于铜俎台面上（图版二一，2）[②]。2002FXⅠM12：55，口径13.8、足径6.4、高7.2厘米（图二五，4）。2002FXⅠM12：57，口径13.8、足径6.6、高7.4厘米（图二五，2）。2002FXⅠM12：58，口径13.8、足径6.6、高7.2厘米（图二五，8）。2002FXⅠM12：59，口径13.8、足径6.6、高7.4厘米（图二五，3）。2002FXⅠM12：60，口径13.8、足径6.6、高7.4厘米（图二五，5）。2002FXⅠM12：61，口径13.8、足径6.6、高7厘米（图二五，7）。2002FXⅠM12：62，口径13.8、足径6.6、高7厘米（图二五，6）。2002FXⅠM12：63，口径14、足径6.4、高7.4厘米（图二五，1）。

俎[③]　1件（2002FXⅠM12：65）。俎盘为倒置圆台形，盘沿外撇，盘底部挂有5个小钩（图版二一，3），盘面中心有大、小两道套合内凹圆芯，外围另分布有内凹的小圆芯4个。俎盘外表饰凹弦纹一道。俎柱截面为十三面体，从重量判断为实心。台状高圈足，足下有三只"八"字形矮支脚。高40.5、盘径35.2、足径28厘米（图二五，10；图版二一，4）。

[①] 根据出土位置，或许与2002FXⅠM12：37戈，2002FXⅠM12：38、2002FXⅠM12：39矛三件器物的其中一件成套，长度约2.5米。

[②] 2002FXⅠM12：59、2002FXⅠM12：62出土时内部都有少量木炭，可能是椁板倒塌后的残留，均采集进行^{14}C检测，结果见附录二。

[③] 1972年，小田溪72M1也曾出土1件同类器物（72M1：61），当时被定为"灯台"，现藏四川博物院，这件器物与2002FXⅠM12同类物形体、尺寸相同，唯一区别是底部不带支脚。

图二五　2002FXⅠM12出土铜器

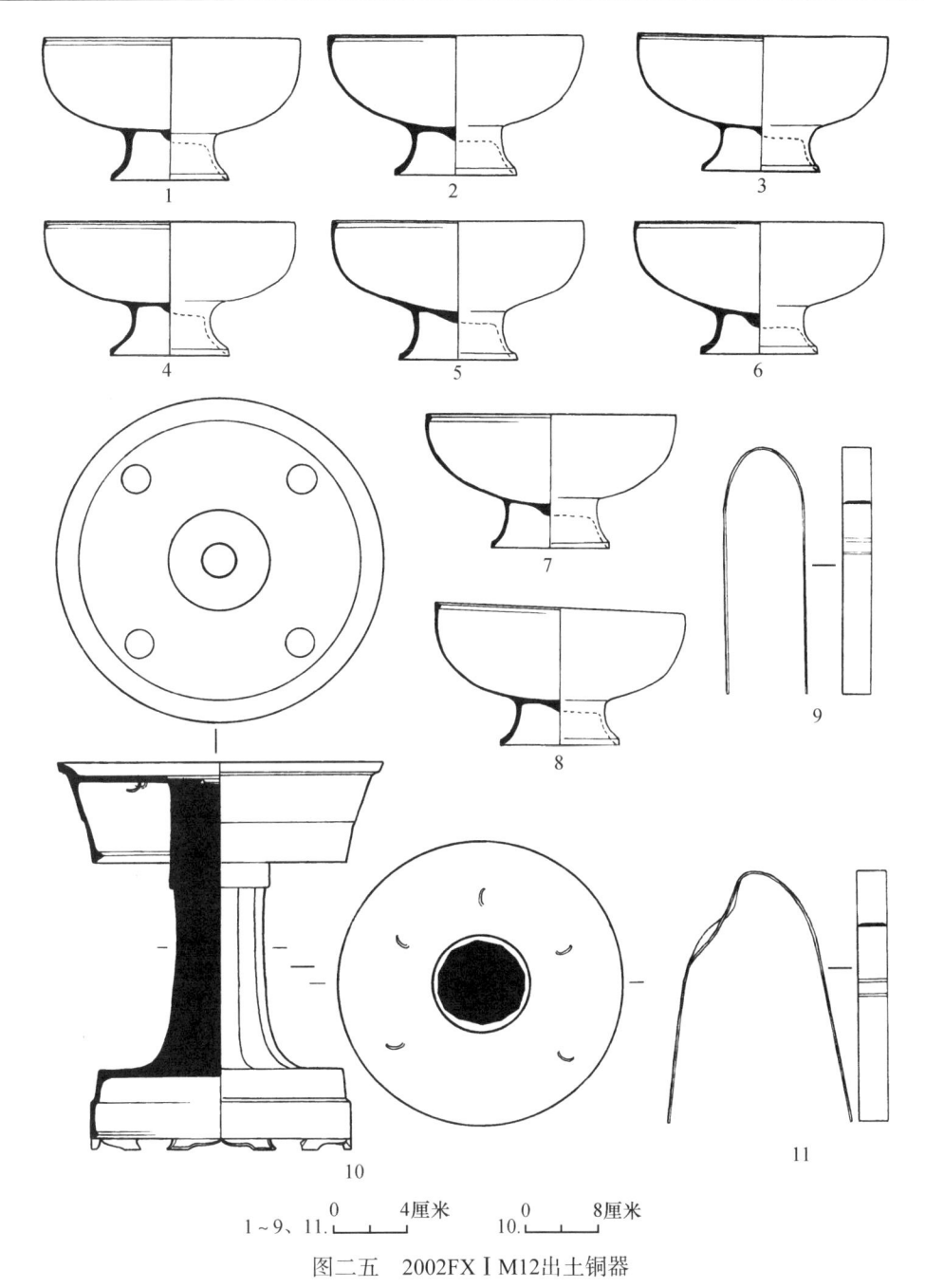

1~8. 豆（2002FXⅠM12：63、2002FXⅠM12：57、2002FXⅠM12：59、2002FXⅠM12：55、2002FXⅠM12：60、2002FXⅠM12：62、2002FXⅠM12：61、2002FXⅠM12：58）　9、11. 夹（2002FXⅠM12：54、2002FXⅠM12：56）
10. 俎（2002FXⅠM12：65）

壶　1件（2002FXⅠM12：71）。壶盖为子母口，斜直沿，盖沿素面，盖顶上有对称的鸟形耳4个，鸟首朝外。壶身为侈口，方唇，短颈，鼓腹，圈足。肩腹间有对称铺首衔环一对。壶盖、器身遍饰错银纹饰。盖耳以交错的篦纹勾边，饰有"〜"状纹饰。盖顶中心饰有三组变形的勾连凤鸟纹，盖沿亦饰以变形凤鸟纹，盖沿与盖顶中心纹饰之间刻有一环状平槽以作区分。壶身口部饰有变形勾连凤鸟纹一周，其下以三角形变体凤鸟纹间错环饰一周，其下再饰变形勾连凤鸟纹一周。腹中部饰变体蟠螭纹一周，其余部分饰以相交状变形勾连凤鸟纹。近圈足部分为素面，圈足饰变体蟠螭纹一周。口径12.8、腹径32.8、足径20、通高54.2厘米（图二六；图版二二）。

玉具剑　2套14件（2002FXⅠM12：108、2002FXⅠM12：84、2002FXⅠM12：103、2002FXⅠM12：112，2002FXⅠM12：106、2002FXⅠM12：85、2002FXⅠM12：104、2002FXⅠM12：113）。形制较为接近，均由青铜剑身和剑首、后、珥、璏、珌等玉质剑饰组成。剑身腊长而两从保持平行，至锋处尖削，茎较长。玉饰件多为青玉质，均有褐色瑕疵及浸蚀痕迹，外立面均经抛光处理，其余面仍保留加工痕迹。玉剑首（剑柄顶端装饰），圆台形，顶部正中凸起呈扁形球面，以环形浅槽分为内、外两部分，槽内中心为四角星纹，周边有四个勾连云纹；底部正中凸起呈平台状，台面有环状深槽，槽外有3个对称的斜向圆孔。玉剑后（剑柄箍饰），由4个半圆形白玉片组成，中间有凹槽以容柄，两两相对合成剑柄箍饰。玉剑珥（剑柄格饰，亦称"镡"），侧视呈"山"字形，截面呈菱形，椭方形孔，素面。玉剑璏（剑鞘扣带饰，亦称"卫"），片状长条形，一端下弯，背面有长方形空腔，以穿腰带。玉剑珌（剑鞘末端饰，亦称"摽"），正视呈上窄下宽的梯形，截面呈椭圆形，顶端有一竖向的粗圆孔及对称的两个斜向圆孔，底部呈弧形，素面。1套由青铜剑身和玉剑首、后、珥、璏、珌5种剑饰共9件器物组成，是巴文化出土剑饰最全的玉具剑（图二七，6；图版二三，1）。剑身（2002FXⅠM12：108），茎截面呈菱形。通长57.2、

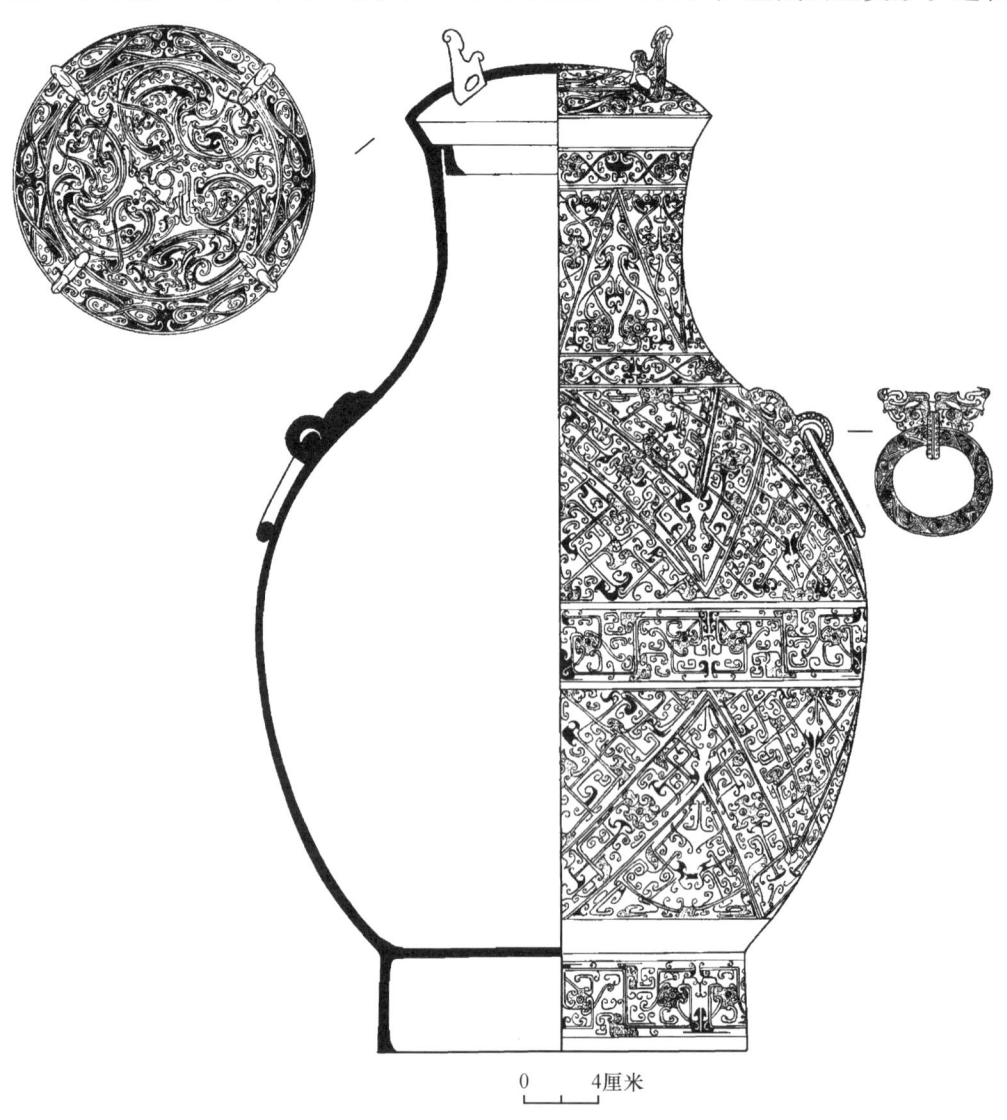

图二六　2002FXⅠM12出土铜壶（2002FXⅠM12：71）

宽4、茎长8.8厘米。玉剑首（2002FXⅠM12：112），顶部浅槽外四周无纹饰。直径4.8、厚1.4厘米（图二七，9；图版二三，3）。玉剑后（未单独编号），由4个半圆形白玉片组成。直径2.8、厚0.6厘米（图二七，4）。玉剑珥（未单独编号），白玉质，宽4.8、高2.3、厚2.1厘米。玉剑璏（2002FXⅠM12：103），正面有两组竖向凹弦纹。长5.7、宽1.8、厚1.9厘米（图二七，3）。玉剑珌（2002FXⅠM12：84），高3.9、宽4.5～5.5、厚1.6～1.9厘米（图二七，1）。1套由青铜剑身和玉剑首、珥、璏、珌4种剑饰共5件器物组成（图二七，7；图版二三，2）。剑身（2002FXⅠM12：106），茎截面呈长方形。通长62.2、宽4、茎长8厘米。玉剑首（2002FXⅠM12：113），顶部浅槽外饰谷纹。直径4.5～4.6、厚1.4厘米（图二七，8；图版二三，4）。玉剑珥（未单独编号），白玉质，宽4.8、高2.2、厚2厘米。玉剑璏（2002FXⅠM12：104），浸蚀严重，残断。残长3.1厘米（图二七，5）。玉剑珌（2002FXⅠM12：85），高3.9、宽4.5～5.5、厚1.1～2厘米（图二七，2）。

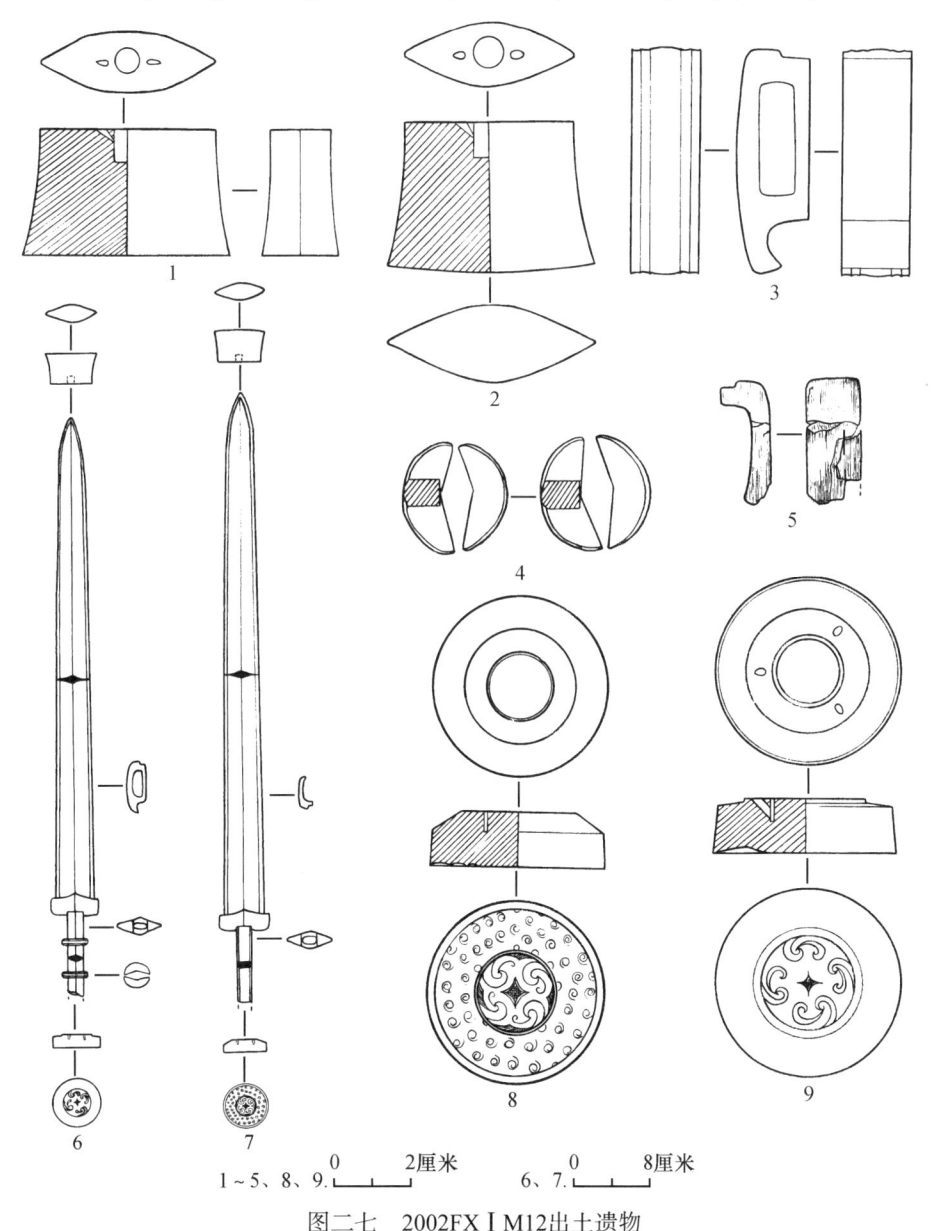

图二七　2002FXⅠM12出土遗物

1、2. 玉剑珌（2002FXⅠM12：84、2002FXⅠM12：85）　3、5. 玉剑璏（2002FXⅠM12：103、2002FXⅠM12：104）
4. 玉剑后　6、7. 玉具铜剑（2002FXⅠM12：108、2002FXⅠM12：106）　8、9. 玉剑首（2002FXⅠM12：113、2002FXⅠM12：112）

胄① 2件（2002FXⅠM12：72、2002FXⅠM12：73）。仅存胄顶部分，器型较大，圆锥形，素面，近顶处有多组对称的方形镂孔，每组由上小下大两个方形孔组成，胄顶下沿等距分布6个镂孔。2002FXⅠM12：73，出土时变形，表面残留有纺织品痕迹（图版二〇，4），近顶处有四组对称的方形镂孔。底径28、高22.8厘米（图二八，2）。2002FXⅠM12：72，近顶处有六组对称的方形镂孔，内壁下部有7个挂钩。底径24.8、高26.8厘米（图二八，1；图版二〇，3）。

剑 3件（2002FXⅠM12：105、2002FXⅠM12：107、2002FXⅠM12：110）。柳叶形剑身长，剑身饰以虎斑纹，两锷前锋尖锐而狭，锷本自然缓收而成剑茎，茎上两穿，一穿偏向一侧，一穿位于茎端中间。2002FXⅠM12：105、2002FXⅠM12：107器型相似，剑身两面各有一组巴蜀符号（图二三，4、5）。2002FXⅠM12：105，长53.6、宽4.4、厚1厘米（图二八，3；图版二四，1）。2002FXⅠM12：107，长54.5、宽4.4、厚0.8厘米（图二八，5；图版二四，2、4、5）。2002FXⅠM12：110②，茎、锷交界处锉平，以安装剑格。通长52.8、宽4.4、茎长7.6、厚0.6厘米（图二八，4；图版二四，3）。

鍪 1件（2002FXⅠM12：64）。侈口，尖唇，肩部一侧有索状环耳，圜底。素面。口径12.2、腹径17.6、耳径4、高16厘米（图二九，4）。

釜 2件（2002FXⅠM12：69、2002FXⅠM12：97）。形制相似。均为折沿，尖唇，鼓腹，上部有索状环耳一对，底近平。2002FXⅠM12：69，腹上部饰一周凸弦纹，沿上阴刻有"王"巴蜀符号一个（图版二〇，5）。口径20.8、腹径22.8、耳径3.8、高13.2厘米（图二九，9；图版二〇，2）。2002FXⅠM12：97，素面。口径25.2、腹径26.8、耳径2.7、高16.4厘米（图二九，8）。

洗 4件（2002FXⅠM12：89、2002FXⅠM12：93、2002FXⅠM12：94、2002FXⅠM12：96）。仅修复1件（2002FXⅠM12：93），平折沿，浅腹，圜底近平。素面。口径44、腹径40.8、高14厘米（图二九，7）。

釜甑 1套2件（2002FXⅠM12：98、2002FXⅠM12：99）。上甑下釜。甑折沿，尖唇，鼓腹较深，圈足内斜，底部放射状分布20个细条状箅孔，分为四组等份排列。釜高领，口部有一周平沿以容甑，鼓腹，平底，底上有三个方形小足。通体素面。甑与釜上各有一对索状耳。甑口径27.2、腹径24.8厘米，釜腹径24、底径11.2厘米，通高34.2厘米（图二九，10；图版二五，1）。

带钩 1件（2002FXⅠM12：109）。曲棒形钩身镶有三颗卵形白玉，白玉之间镶嵌蓝、白色琉璃③作连接点缀，钩身中部有一个圆盘形纽。长19.8厘米（图二九，1；图版二六，1）。

---

① 造型与小田溪72M1、72M2所出基本相同，唯大小不同，命名为胄顶，应该是考虑到缺少门面，应该是胄的顶部，头下部和脖颈处应该有皮质顿项，以保护颈部。

② 简报根据出土资料指出剑身一面有巴蜀符号，见重庆市文化遗产研究院、重庆市涪陵区博物馆、重庆市文物局：《重庆涪陵小田溪墓群M12发掘简报》，《文物》2016年第9期。在报告整理时观察并未发现，但线图为出土后所绘，未修改。

③ 简报认为镶嵌绿松石，见重庆市文化遗产研究院、重庆市涪陵区博物馆、重庆市文物局：《重庆涪陵小田溪墓群M12发掘简报》，《文物》2016年第9期。整理时仔细观察图片，认为是琉璃，实物现藏重庆中国三峡博物馆。

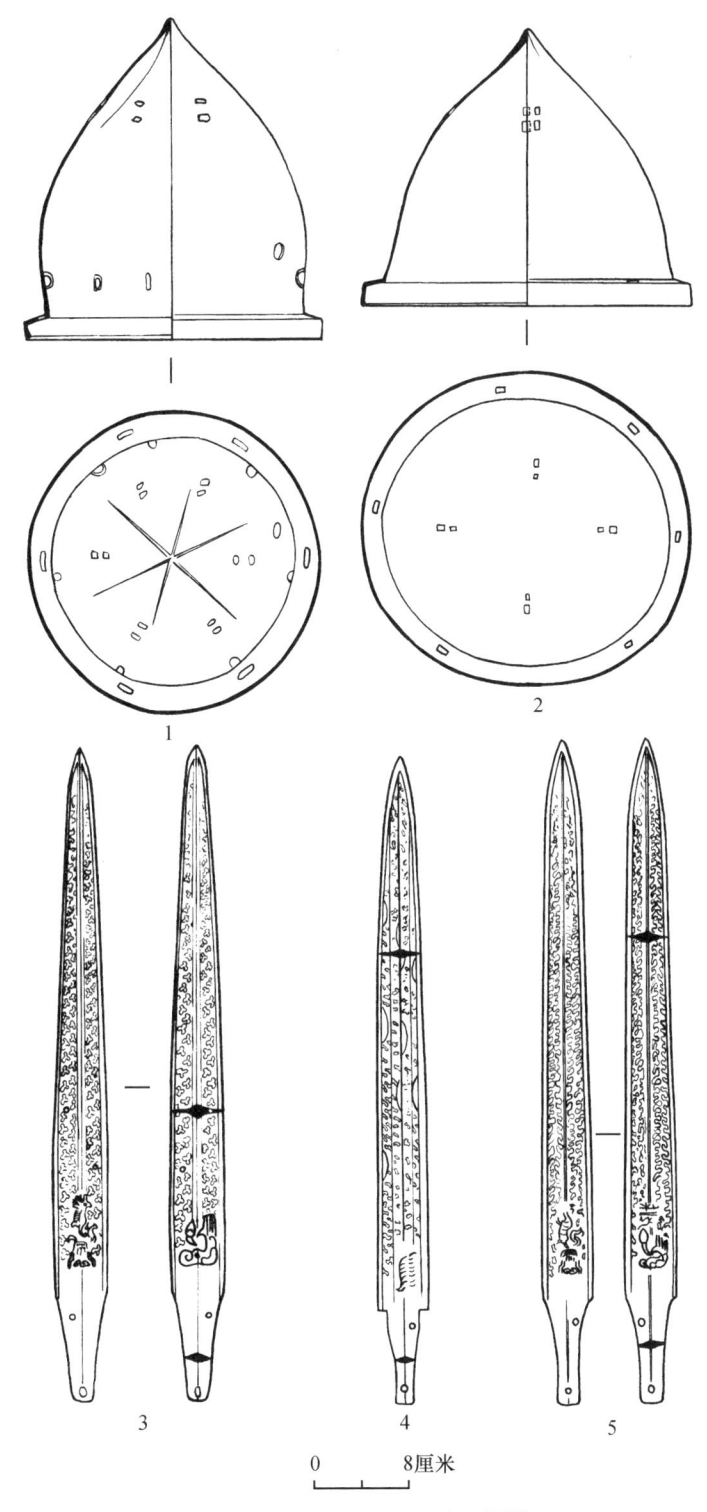

图二八　2002FXⅠM12出土铜器

1、2. 胄（2002FXⅠM12：72、2002FXⅠM12：73）　3~5. 剑（2002FXⅠM12：105、2002FXⅠM12：110、2002FXⅠM12：107）

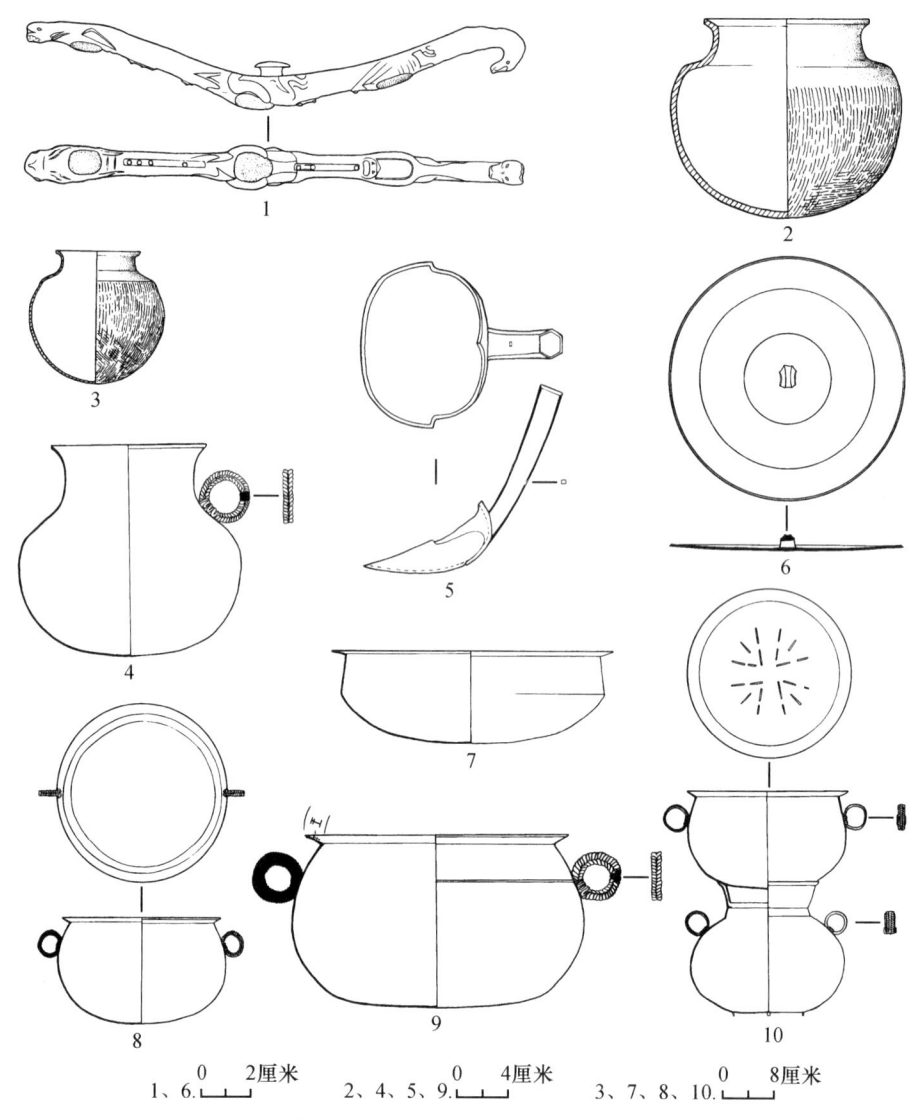

图二九 2002FXⅠM12出土遗物

1.铜带钩（2002FXⅠM12:109） 2、3.陶釜（2002FXⅠM12:101、2002FXⅠM12:91） 4.铜鍪（2002FXⅠM12:64） 5.铜勺（2002FXⅠM12:139） 6.铜镜（2002FXⅠM12:157） 7.铜洗（2002FXⅠM12:93） 8、9.铜釜（2002FXⅠM12:97、2002FXⅠM12:69） 10.铜釜甑（2002FXⅠM12:98、2002FXⅠM12:99）

勺　1件（2002FXⅠM12:139）。中空六棱形柄，勺口颇宽，勺身似箕，勺底较厚，沿较薄。勺长15.8、柄长12.2、勺宽12.6厘米（图二九，5；图版二五，2）。

镜　1件（2002FXⅠM12:157）。圆形，镜背饰有三道凸弦纹，环形纽，上有弦纹。直径9.5、厚0.2、纽高0.4厘米（图二九，6；图版二六，2）。

2. 陶器

共出土8件陶器，其中仅4件可以辨认器型，其余4件（2002FXⅠM12:90、2002FXⅠM12:150、2002FXⅠM12:151、2002FXⅠM12:153）只保留少量碎片，未能修复，无法辨识器型。主要放置于椁室西北角。

圜底罐[①]　1件（2002FXⅠM12：68）。泥质红褐陶。腹部饰以较细的绳纹。

釜　3件（2002FXⅠM12：91、2002FXⅠM12：100、2002FXⅠM12：101）。均为圆折肩，圜底，肩部以下饰有竖状绳纹。2002FXⅠM12：91，泥质黑褐陶。最大径位于腹中部。口径13.2、最大腹径21.2、高16厘米（图二九，3；图版二七，1）。2002FXⅠM12：100，夹砂黄褐陶。底部外表有烟炱黑色痕迹。2002FXⅠM12：101，泥质灰褐陶。最大径位于腹上部。颈部饰有凹弦纹一道。口径13.8、最大腹径18、高14.8厘米（图二九，2；图版二七，2）。

3. 玉器

玉器数量较多，为以往所巴文化考古所未见，共计3套35件（其中6件组佩组件为银质），均位于棺内墓主身上（图版二七，3）。

璧　2件（2002FXⅠM12：11、2002FXⅠM12：111）。内外郭上均饰有凹弦纹一周，制作较为粗糙，正、背两面未作抛光。2002FXⅠM12：11，青玉质。肉上两面饰有谷纹，有黄色、白色瑕疵及浸蚀。外径11.5、好径4.6、肉宽3.45、厚0.5厘米（图三〇，11；图版二八，1）。2002FXⅠM12：111，白玉质。肉上两面饰有蒲纹，大部分浸蚀成白色，部分酥碎残缺。外径12.9、好径4.5、肉宽4.2、厚0.5厘米（图三〇，10；图版二八，2）。

组佩　1套33件[②]。属于四仰璜或五仰璜（珩）组佩，由33件不同质地（玉18、玛瑙5、料器4、银6[③]件）和器型（瑗1、珩1、璜4、环1、龙形佩1、珠10、管11、长方形饰1、鸟形饰1、桃形饰1、翅形饰1件）的部件组成，这是巴文化首次发现的一套组佩[④]。

瑗　1件（2002FXⅠM12：131）。青玉。素面。孔壁有旋削痕迹。外径6.5、好径3、肉宽1.75、厚0.4厘米（图三〇，9；图版二九，1）。

珩　1件（2002FXⅠM12：123）。白玉，局部有黄褐色浸蚀。体扁平，形若圆环的2/3。两面纹饰相同，两端线刻张口龙首，龙身通体线刻涡纹，边沿饰阴刻弦纹，龙鼻、口各有一圆穿，中部也有一圆穿。长4.9、宽3.9、肉宽1.1、厚0.2厘米（图三〇，7；图版三〇，1）。

璜　4件（2002FXⅠM12：86～2002FXⅠM12：88、2002FXⅠM12：144）。体扁平，形若圆环的1/3。两端及中部均有一圆形穿孔，中部穿较小。2002FXⅠM12：86，青玉质。通体浅浮雕蟠螭纹，两端以蟠螭纹构成兽面纹，边缘有凸脊。两端有褐色瑕疵，中部有浸蚀。长8.5、宽3.8、肉宽2.3、厚0.2厘米（图三〇，4；图版三〇，2）。2002FXⅠM12：87、

---

① 简报定名为釜，见重庆市文化遗产研究院、重庆市涪陵区博物馆、重庆市文物局：《重庆涪陵小田溪墓群M12发掘简报》，《文物》2016年第9期。整理报告时按照小口为圜底罐，大口深腹为釜的定名原则统一修改。

② 简报错写为1套32件，见重庆市文化遗产研究院、重庆市涪陵区博物馆、重庆市文物局：《重庆涪陵小田溪墓群M12发掘简报》，《文物》2016年第9期。

③ 因表面黄褐，简报发表时写为铜质，见重庆市文化遗产研究院、重庆市涪陵区博物馆、重庆市文物局：《重庆涪陵小田溪墓群M12发掘简报》，《文物》2016年第9期。整理报告时采用便携式X射线荧光光谱仪（XRF）对表面局部处理后露出的银色进行测定，银（Ag）含量为66.37%，应该属于银质，另有铜（Cu）含量为23.98%，表面的黄褐色，可能是沾染的铜锈。

④ 在发掘期间，发掘者并未意识到这是一套组佩，仅依据考古工作规程记录了每件器物的出土位置，并按个体单独编号。在整理资料时，发现这是一套组佩，见方刚：《晚期巴文化玉器研究》，《四川文物》2013年第1期，其中羽形饰应作翅形饰。

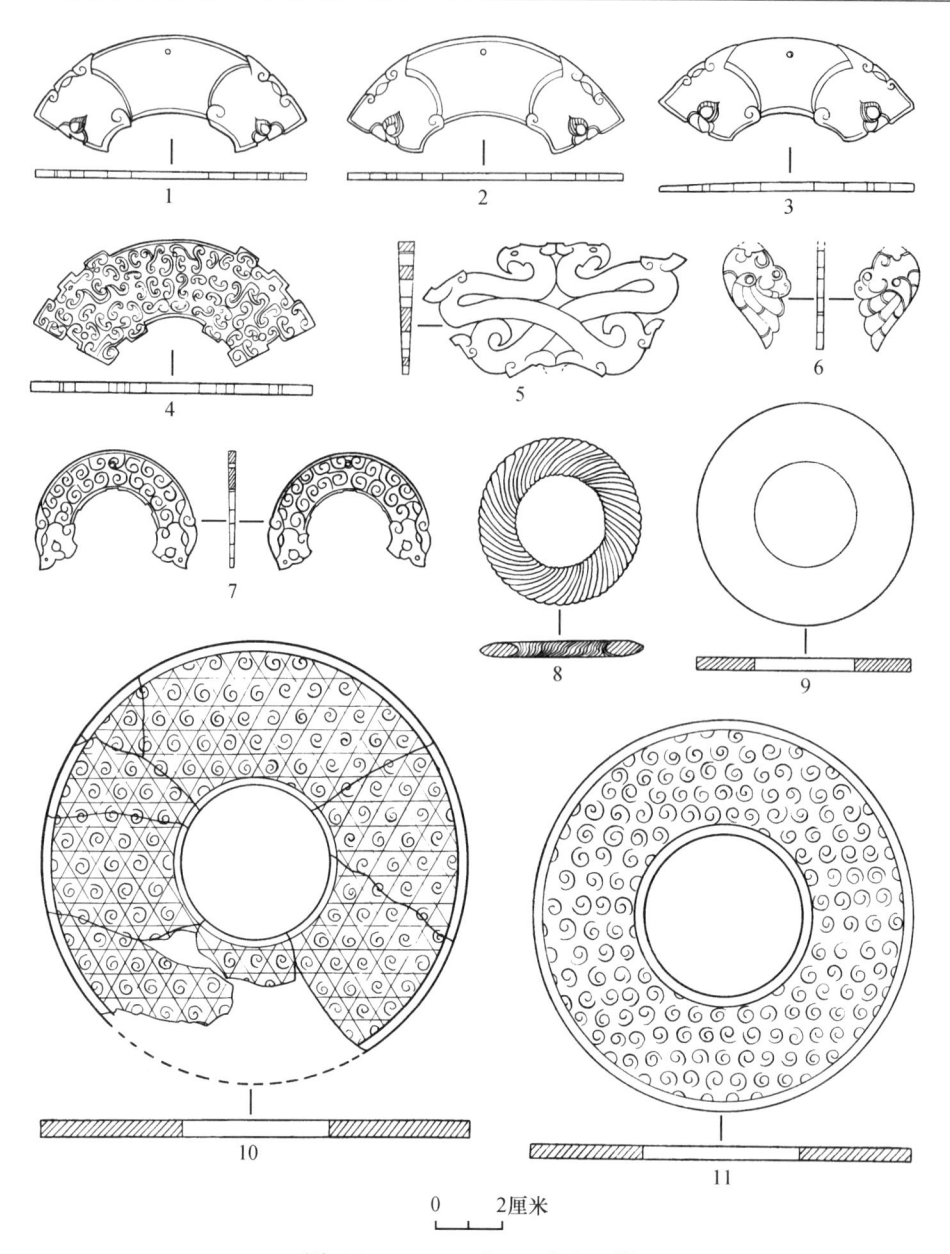

图三〇　2002FXⅠM12出土玉器

1~4.璜（2002FXⅠM12：144、2002FXⅠM12：88、2002FXⅠM12：87、2002FXⅠM12：86）　5.双龙形佩（2002FXⅠM12：138）　6.翅形饰（2002FXⅠM12：141）　7.珩（2002FXⅠM12：123）　8.环（2002FXⅠM12：115）　9.瑗（2002FXⅠM12：131）　10、11.璧（2002FXⅠM12：111、2002FXⅠM12：11）

2002FXⅠM12：88、2002FXⅠM12：144，形制相似。两端线刻张口露齿龙首。两端有褐色瑕疵及浸蚀，似可以拼合为一个玉环（图版三一，4）。2002FXⅠM12：87，青玉质。长7.7、宽3、肉宽2.2、厚0.35厘米（图三〇，3；图版三一，3）。2002FXⅠM12：88，青玉质。长8.3、宽3.5、肉宽2.3~2.4、厚0.2厘米（图三〇，2；图版三一，1）。2002FXⅠM12：144，白玉质。长8.2、宽3.5、厚0.2厘米（图三〇，1；图版三一，2）。

环　1件（2002FXⅠM12：115）。白玉质。环体截面为椭圆形。通体饰绹索纹，通体抛光。外径4.9、好径2.6、肉宽1.1、厚0.4厘米（图三〇，8；图版三〇，3）。

双龙形佩　1件（2002FXⅠM12：138）。白玉质。局部有褐色浸蚀。体扁平，镂雕为两条背向对称的盘曲卷尾龙形，刻划眼、爪，龙尾及爪部略有残缺。长7.9、宽3.9、厚0.5厘米（图三〇，5；图版二九，2）。

珠　10件（2002FXⅠM12：117、2002FXⅠM12：124、2002FXⅠM12：134～2002FXⅠM12：137、2002FXⅠM12：114、2002FXⅠM12：126、2002FXⅠM12：127、2002FXⅠM12：133）。有玉、玛瑙、琉璃三种质地，大都呈球形，中心有孔。2002FXⅠM12：117、2002FXⅠM12：124这2件均为白玉质，椭方形，素面。2002FXⅠM12：117，高0.8、直径1.1、孔径0.3厘米（图三一，13）。2002FXⅠM12：124，高0.6、孔径0.3、直径1.1厘米（图三一，14；图版三二，1）。2002FXⅠM12：134～2002FXⅠM12：137等4件为红色玛瑙制作，尺寸相同，中心有不规整圆孔，素面（图版三二，2）。2002FXⅠM12：134，高0.4、直径0.5、孔径0.2厘米（图三一，7）。2002FXⅠM12：135，高0.4、直径0.6、孔径0.2厘米（图三一，10）。2002FXⅠM12：136，高0.4、直径0.5、孔径0.12厘米（图三一，9）。2002FXⅠM12：137，高0.44、直径0.5、孔径0.17厘米（图三一，8）。2002FXⅠM12：114、2002FXⅠM12：126、2002FXⅠM12：127、2002FXⅠM12：133为4件琉璃珠，均呈圆球形，表面有多重圆圈纹饰。2002FXⅠM12：126、2002FXⅠM12：127，形制相同。整体为绿色，上有圆形凹窝。2002FXⅠM12：126，直径1.9、孔径0.8厘米（图三一，18；图版三二，3）。2002FXⅠM12：127，直径2.1、孔径0.8厘米（图三一，19；图版三二，4）。2002FXⅠM12：114，圆孔周围有一圈刻纹，珠身刻有若干圆圈，圈内以7个小圆组成形似花朵状纹饰，圈外有一周黄褐色圆圈。直径2.5、孔径0.8厘米（图三一，20；图版三二，5）。2002FXⅠM12：133为蓝色，上有圆形凹窝。直径1.8、孔径0.8厘米（图三一，17）。

鸟形饰　1件（2002FXⅠM12：122）。白玉质。略呈"S"形，上部作鸟头形，有冠，眼部有上、下两圆孔，尾部作尖牙形。通体抛光，两孔相反方向单向钻孔。高3.9、宽2.5、厚0.3厘米（图三一，23；图版三二，6）。

桃形饰　1件（2002FXⅠM12：125）。白玉质。形似桃形，两面纹饰相同，为卷云纹装饰，有两圆穿，略残。长2.8、厚0.2厘米（图三一，24；图版三三，1）。

翅形饰　1件（2002FXⅠM12：141）。白玉质，边沿有部分褐色浸蚀。形似鸟翅，上有两穿，部分已残。长2.85、厚0.2厘米（图三〇，6；图版三三，2）。

管　11件（2002FXⅠM12：116、2002FXⅠM12：119～2002FXⅠM12：121、2002FXⅠM12：128～2002FXⅠM12：130、2002FXⅠM12：132、2002FXⅠM12：140、2002FXⅠM12：142、2002FXⅠM12：145）。有银、玉、玛瑙三种质地，均呈中空柱状。素面。2002FXⅠM12：116、2002FXⅠM12：119、2002FXⅠM12：120、2002FXⅠM12：129、2002FXⅠM12：130、2002FXⅠM12：145等6件为银质，竹节状，截面呈椭圆形。2002FXⅠM12：116，高0.7、孔径0.4～0.6厘米（图三一，2）。2002FXⅠM12：119，高0.7、孔径0.3～0.6厘米（图三一，3）。2002FXⅠM12：120，高0.8、孔径0.4～0.6厘米（图三一，4）。2002FXⅠM12：129，高0.7、孔径0.4～0.5厘米（图三一，5；图版三三，3）。2002FXⅠM12：130，高0.7、孔径0.4～0.6厘米（图三一，6）。2002FXⅠM12：145，高0.8、孔径0.4～0.6厘米（图三一，1）。2002FXⅠM12：121、2002FXⅠM12：128、2002FXⅠM12：132、2002FXⅠM12：140等4件均为白玉质，部分有黄褐色浸蚀。均为椭长方形。中间有一圆

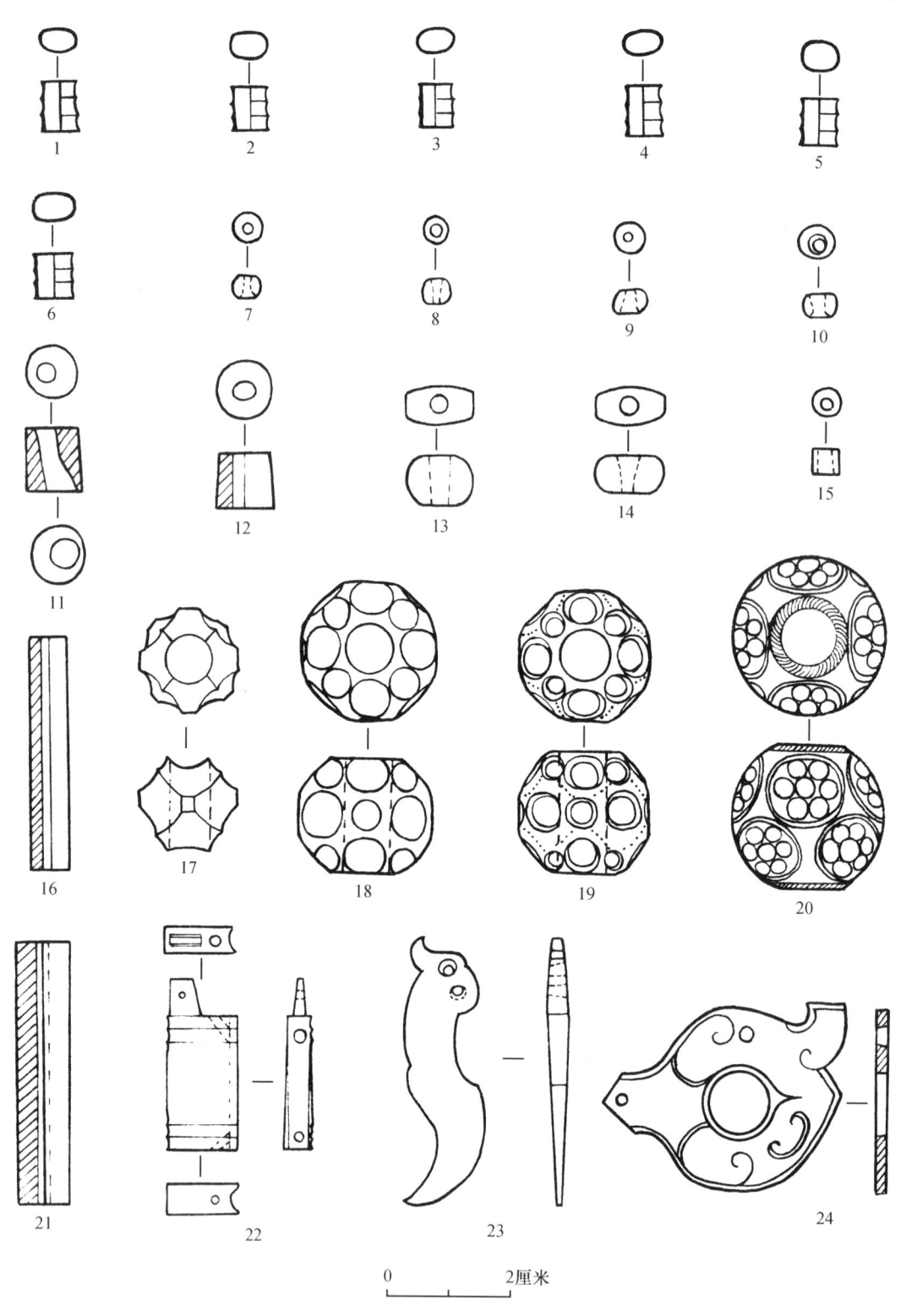

图三一　2002FXⅠM12出土遗物

1～6.银管（2002FXⅠM12：145、2002FXⅠM12：116、2002FXⅠM12：119、2002FXⅠM12：120、2002FXⅠM12：129、2002FXⅠM12：130）　7～10.玛瑙珠（2002FXⅠM12：134、2002FXⅠM12：137、2002FXⅠM12：136、2002FXⅠM12：135）　11、12、16、21.玉管（2002FXⅠM12：140、2002FXⅠM12：121、2002FXⅠM12：128、2002FXⅠM12：132）　13、14.玉珠（2002FXⅠM12：117、2002FXⅠM12：124）　15.玛瑙管（2002FXⅠM12：142）　17～20.琉璃珠（2002FXⅠM12：133、2002FXⅠM12：126、2002FXⅠM12：127、2002FXⅠM12：114）　22.玉长方形饰（2002FXⅠM12：118）　23.玉鸟形饰（2002FXⅠM12：122）　24.玉桃形饰（2002FXⅠM12：125）

穿，上下平齐。素面。2002FXⅠM12：121，呈圆台状。高0.9、外径0.9～1、孔径0.2厘米（图三一，12；图版三四，1）。2002FXⅠM12：128与2002FXⅠM12：132均圆柱状。2002FXⅠM12：128，长3.7、外径0.6、孔径0.3厘米（图三一，16）。2002FXⅠM12：132，长4.1、外径0.8、孔径0.2厘米（图三一，21；图版三四，2）。2002FXⅠM12：140，柱状，穿从顶部斜向下，下部穿孔大于上部穿孔。高1、外径0.9厘米（图三一，11）。2002FXⅠM12：142，玛瑙质，呈圆柱状。高0.4、直径0.5、孔径0.15厘米（图三一，15；图版三四，3）。

长方形饰　1件（2002FXⅠM12：118）。白玉质。两短边上各饰有三道凸棱，两侧各有一小圆孔，其中一短边上有一梯形饰，上有一圆形穿孔。长边一侧呈凹槽状，凹槽两头各有一小圆孔。四孔互通。体长2.1、宽1.1、厚0.4厘米，通长2.6厘米（图三一，22；图版三四，4）。

4. 漆器

保存较差，大部分只残留漆皮痕迹，没有提取漆痕，仅提取铜质饰件，从残留痕迹判断共10套20件[①]。

漆器铜钮件　2套4件（2002FXⅠM12：79）。均为环状饰件，可能是成套放置的两件漆器（图版三五，1）。2002FXⅠM12：79-1，子母口，平沿，底有三扁足，应为插入漆器木胎中用于固定。外壁饰有错银菱形卷云纹。口内径9、最大径11、高2.5厘米（图三二，8）。2002FXⅠM12：79-2，直口，平沿，底有三扁足，部分残损，应为插入漆器木胎中用于固定。外壁饰有错银菱形卷云纹。口内径10.6、最大径11.2、残高1.3厘米（图三二，9）。2002FXⅠM12：79-3、2002FXⅠM12：79-4，形制、大小相同。圆环状、宽边，底面为凹槽，包裹于木胎漆器口沿上。外径5.8、高0.9厘米。2002FXⅠM12：79-3，饰有错银菱形卷云纹（图三二，6）。2002FXⅠM12：79-4，饰有两周错银环状纹饰（图三二，5）。

漆器铜盖饰　1套3件（2002FXⅠM12：80～2002FXⅠM12：82[②]）。仅存铜鸟形饰，形制、大小相同，均为鸟状，身中部有一圆孔，可能为盖上所饰鸟状竖耳。厚0.3厘米。2002FXⅠM12：80，基本完整。高4.5厘米（图三二，2）。2002FXⅠM12：81，尾部已残。残高3.4厘米（图三二，3）。2002FXⅠM12：82，下半部残。残高3.1厘米（图三二，1）。

漆卮铜框饰件　1套2件（2002FXⅠM12：83、2002FXⅠM12：95）。漆器痕迹不存，残存铜质錾手和底座。2002FXⅠM12：83，宽边环状。长4.7、宽1.65～1.9厘米（图三二，4）。2002FXⅠM12：95，环形底座，边沿向上围有一周边框，底有三兽足。高3.5、外径11.8厘米（图三二，7）。

杖　1件（2002FXⅠM12：147）。残存漆皮未提取。北粗南细，下半部有红色漆皮，上半部无漆呈黑灰状（图版三五，2）。

---

① 此处统计数据与简报有出入，是因为考虑到复合器物的主体材质，将部分漆器的铜饰件归入此类介绍，见重庆市文化遗产研究院、重庆市涪陵区博物馆、重庆市文物局：《重庆涪陵小田溪墓群M12发掘简报》，《文物》2016年第9期。

② 造型与铜壶（2002FXⅠM12：71）盖饰造型相同，但出土地点没有见到铜壶任何碎片，与漆卮铜框饰件1套2件（2002FXⅠM12：83、2002FXⅠM12：95）位置十分相近，也有可能是此漆器的盖饰。

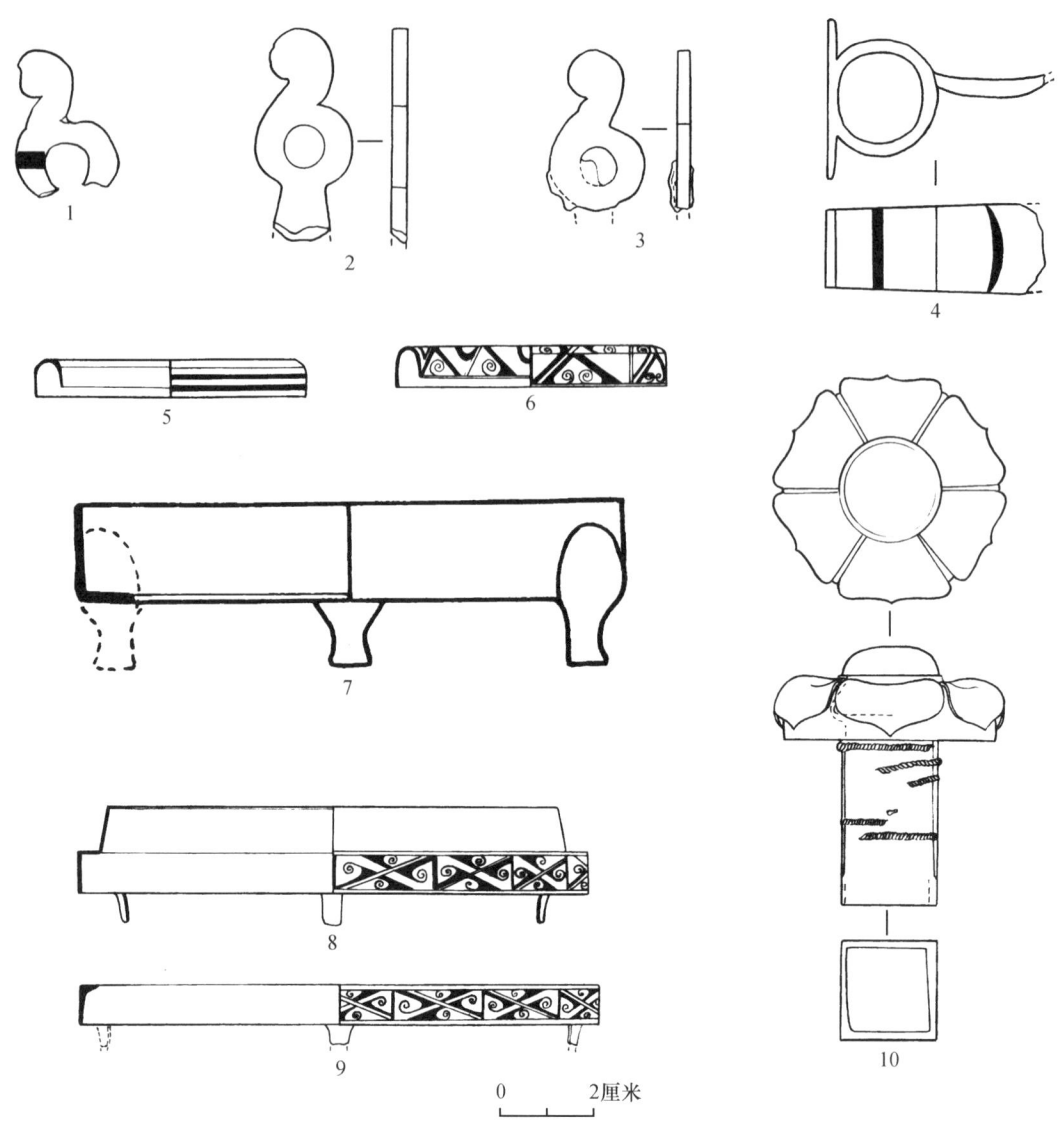

图三二　2002FXⅠM12出土遗物

1～3. 漆器铜盖饰（2002FXⅠM12：82、2002FXⅠM12：80、2002FXⅠM12：81）　4、7. 漆卮铜框饰件（2002FXⅠM12：83、2002FXⅠM12：95）　5、6、8、9. 漆器铜釦件（2002FXⅠM12：79-4、2002FXⅠM12：79-3、2002FXⅠM12：79-1、2002FXⅠM12：79-2）　10. 漆器花瓣形铜饰件（2002FXⅠM12：44）

盒　1套2件（2002FXⅠM12：148、2002FXⅠM12：149）。残存漆皮未提取。盒身和盒盖均近圆形。直径约60厘米（图版三六，1）。

鼓　1件（2002FXⅠM12：154）。残存漆皮未提取。圆形，鼓腹。与甬钟、钲并放，故推测为乐器。

另有3件（套），无法判断器型。2002FXⅠM12：146，漆痕形状不规则。2002FXⅠM12：152，漆痕圆形，类似碗钵一类器物，与陶器摆放在一起。2002FXⅠM12：155，1套5件，漆痕方形，有褐色卷云纹图案，上面有4个花瓣形铜饰件（2002FXⅠM12：44～2002FXⅠM12：47）（图版三七，1），均为中空，柄为方形，残留有麻绳缠绕痕迹，伞端呈六瓣花朵形，中心为一凸出的圆形盖，贴在花朵中央，表面鎏金。2002FXⅠM12：44，柄径2.1、高5.5厘米（图三二，10；图版三七，2）。

5. 骨角器

鹿角饰件　1套2件（2002FXⅠM12：16、2002FXⅠM12：27）。为水鹿角，破损较严重且骨质保存较差，未能修复。下端削成方形，可能属于装饰品插于座上（图版三六，2）。

四、2002FXⅠM13

（一）墓葬形制

长方形竖穴土坑墓（图三三；图版三八，1）。叠压于2002FXⅠT7③下，打破生土。墓向141°。墓长309、宽126～168厘米。其上部被近几十年来烧砖取土破坏，残深25～40厘米。四壁较直，未见工具痕迹。填土以细泥黄沙土为主，并含有少量木炭屑、黄黏土块，土质略硬，结构松散。包含少量泥制黄褐色、灰色陶片，以及少量石块。

葬具为一具木棺，仅存木灰痕迹，分布于墓中部，略偏向东南，从棺灰的分布范围看棺长260、宽150厘米。

墓主头骨面向东北，放置在棺侧，上肢和下肢骨放置在棺中部，叠压在肋骨、盆骨上，下颌骨在盆骨边，部分骨骼已经腐朽[①]，在棺的西北方16厘米处有两块零星骨头，没有发现椎骨及肋骨。从骨架的摆放方式看应该是二次葬。

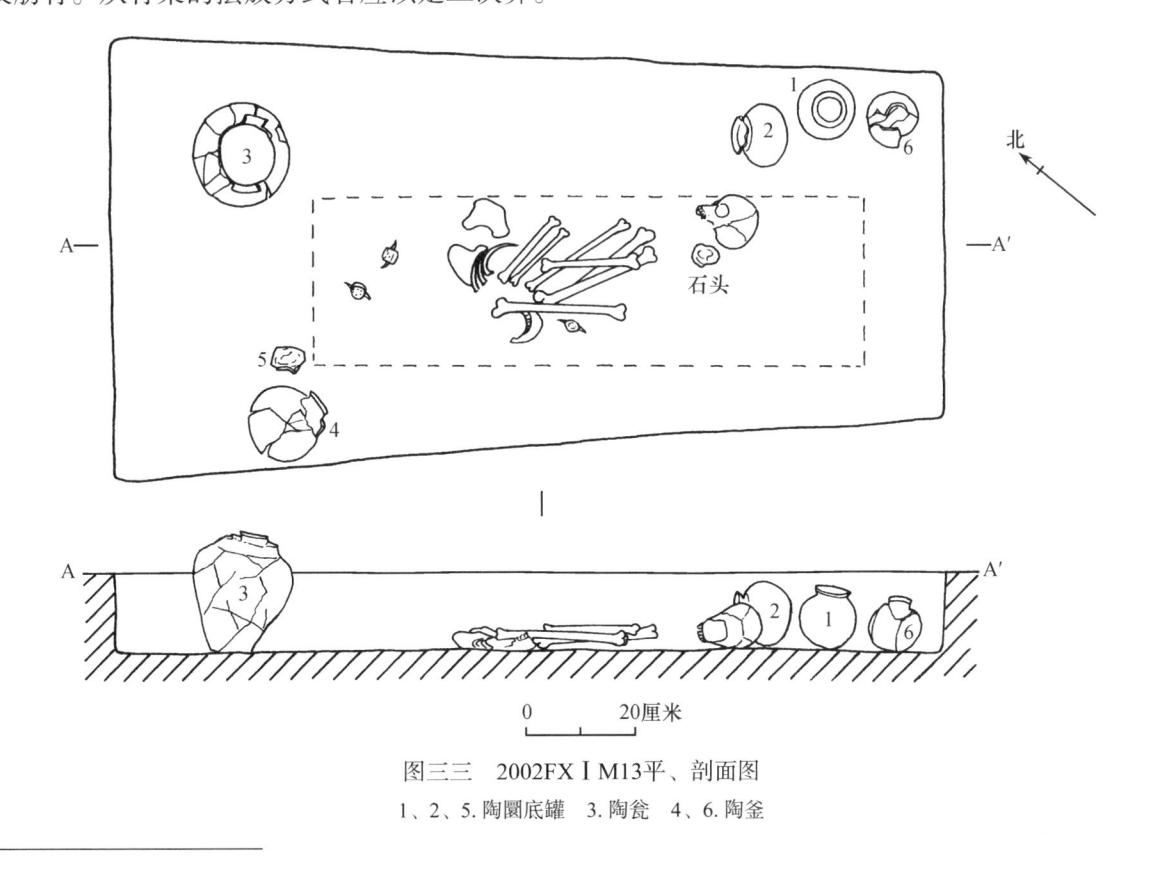

图三三　2002FXⅠM13平、剖面图
1、2、5. 陶圜底罐　3. 陶瓮　4、6. 陶釜

---

① 对人骨进行了采集，2022年提取样本进行古DNA检测，见附录三。

（二）出土遗物

随葬器物出土时编号6件，共修复5件，均为陶器，器型有圜底罐、瓮、釜，置于棺外。

陶圜底罐　3件（2002FXⅠM13：1、2002FXⅠM13：2、2002FXⅠM13：5）。均为束颈，鼓腹，圜底，肩以下饰有竖状绳纹。2002FXⅠM13：1，夹细砂黑褐陶。折沿方唇，圆折肩。口径12.6、最大腹径20.6、高17.6厘米（图三四，1；图版三八，2）。2002FXⅠM13：2，泥质灰陶。折沿方唇，圆折肩。口径13.8、最大腹径21.2、高19厘米（图三四，2；图版三八，3）。2002FXⅠM13：5，未修复。泥质红褐陶。腹部有绳纹，放置于墓内西南角。

陶瓮　1件（2002FXⅠM13：3）。泥质红褐陶。侈口，圆唇，溜肩，深腹，圜底。腹部及底部满饰绳纹，底部夹杂少量交错绳纹。口径30、最大腹径38、底径18.4、高40厘米（图三四，4；图版四一，3）。

陶釜　2件（2002FXⅠM13：4、2002FXⅠM13：6）。2002FXⅠM13：4，泥质灰褐陶。大口，束颈，鼓腹，圜底。上腹部饰竖绳纹，下腹部及底部饰已叠压且交叉的绳纹。口径22、

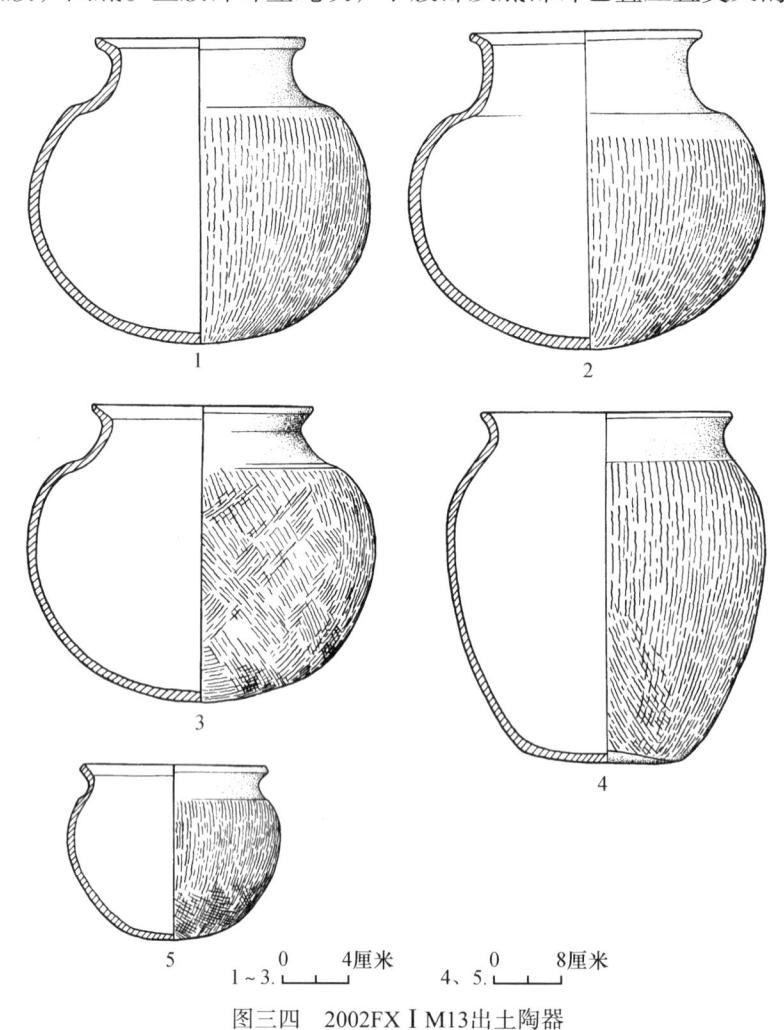

图三四　2002FXⅠM13出土陶器
1、2.圜底罐（2002FXⅠM13：1、2002FXⅠM13：2）　3、5.釜（2002FXⅠM13：6、2002FXⅠM13：4）
4.瓮（2002FXⅠM13：3）

最大腹径25.6、高20.4厘米（图三四，5；图版四一，2）。2002FXⅠM13：6，夹砂褐陶。侈口，方唇，鼓腹，圜底。肩以下饰有竖状绳纹。口径13.9、最大腹径21.5、高19.5厘米（图三四，3；图版四一，1）。

五、2002FXⅠM14

（一）墓葬形制

长方形竖穴土坑墓（图三五）。叠压于2002FXⅠT9③下，打破生土。墓向320°，墓口长340、宽212厘米，墓底长285～308、宽170厘米，残深160～180厘米。口大底小，四壁较直，平整光洁，未见加工痕迹。填土为灰褐色土，较松软，夹杂有细泥黄沙土、黄色黏土块，包含植物根系、泥质素面灰陶片、小石片、砂石块以及少量木炭屑。

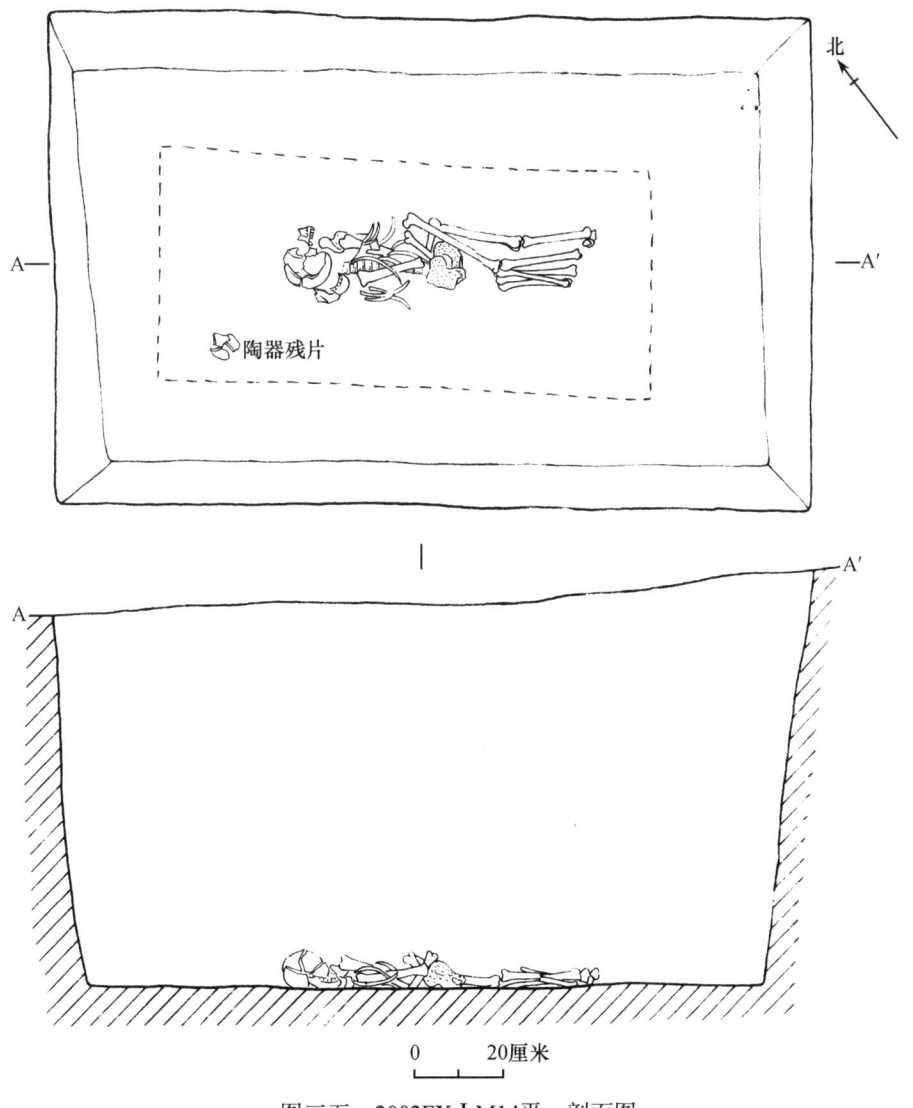

图三五　2002FXⅠM14平、剖面图

葬具为一具木棺，仅存木灰痕迹，从棺灰的分布范围看棺长220、宽100~105厘米。墓主头骨面向东北，放置在棺内中部，从骨架的摆放方式看似乎是侧身直肢葬[①]。

（二）出土遗物

墓室内头侧有陶器少量碎片，酥碎无法采集。

六、2002FXⅠM15

（一）墓葬形制

长方形竖穴土坑墓。叠压于2002FXⅠTG11②下，打破生土。墓向为120°，墓口长435、宽230~260厘米，墓口距地表深50~60厘米；墓底长370、宽170~200厘米，残深150厘米。口大底小，四壁斜直，壁面凹凸不平，未见加工痕迹，墓底平整，打破风化岩层。填土为黄色生土、青灰色及褐色、浅蓝色风化岩混合而成的五花土，土质坚硬，结构紧密，但未见夯打痕迹。

葬具为一棺一椁。棺放置于椁内中部，发现有灰色透明体，是否为棺的漆皮不能确定，棺板完全腐朽，坍塌的两侧壁叠压灰痕清晰可辨。灰痕长270、宽72、板厚3~3.5厘米。棺两侧各镶嵌有3个铺首衔环，棺盖镶有2个铺首衔环。椁周壁已经腐朽，北半部铜器底部的棺木质纤维还清晰可辨[②]。椁长335、宽约250、高75厘米。板厚2~3、宽15~25厘米（图三六；图版四〇，1）。椁的底部两端各有一长方形枕木，西侧枕木距椁室西端30厘米。枕木长168、宽约5、厚约5厘米；东侧枕木距椁室东端32厘米。枕木长197、宽约7、厚约5厘米。椁内填满青膏泥，其厚度达2.5厘米。椁室外及椁底均有渗出少许的青膏泥，厚度达1.5厘米左右。有熟土二层台，宽35~60、高70厘米。

墓主骨架已经完全腐朽，大致可判断葬式为仰身直肢葬，根据胄的位置判断头向东南，顺江而葬。

（二）出土遗物

2002FXⅠM15随葬器物丰富，有铜、陶、漆等类别，以铜器为主，陶器、漆器数量较少而且保存较差，出土时编号64件，经过修复整理，发现有部分器物未修复，也有部分编号器物存在组合情况，最终确认共随葬各类器物56套69件，基本都放置在椁室北侧和棺内（图三七；图版四〇，2）。

---

① 对人骨进行了采集，2022年提取样本进行古DNA检测，见附录二。
② 提取样本进行^{14}C检测，结果见附录二。

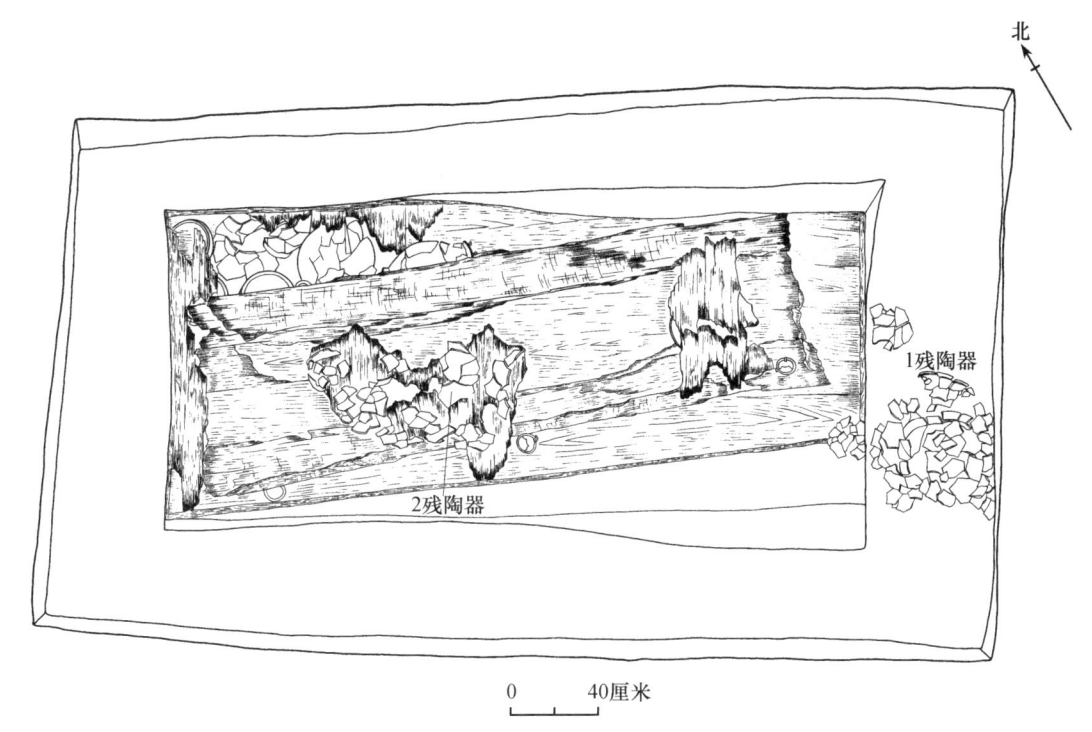

图三六　2002FXⅠM15椁板上层平面图

1. 铜器

铜器共计43套56件，其中3件未修复，可辨器型有釜甑、釜、洗等日用容器，鍪、剑、戈等兵器以及带钩、铺首衔环等杂器三大类。可能是埋藏环境的原因，铜器表面普遍为黄褐色。

鍪　1件（2002FXⅠM15∶3）。圆锥形，壁薄，底部有折沿，鍪上部有对称的四个小方孔，鍪沿上有对称的四组八个方形小孔。底径16.4、高16、壁厚约0.3厘米（图三八，2；图版四一，1）。

器盖[①]　1件（2002FXⅠM15∶4）。圆形，盖顶有双兽面形铺首衔环。盖口径12.4、高2.5厘米（图三八，3）。

钺　2件（2002FXⅠM15∶5、2002FXⅠM15∶6）。椭圆形銎，銎箍较宽，銎下有"凸"字形纹饰，圆弧刃，刃宽大于肩宽，钺身刻有巴蜀符号一组。2002FXⅠM15∶5，通长17.4、刃宽8.5、肩宽6.7、銎径3.8～3厘米（图三九，10；图版四一，2）。2002FXⅠM15∶6，通长10.6、刃宽5.8、肩宽5、銎径2.4～3厘米（图三九，11；图版四一，3）。

器座　1件（2002FXⅠM15∶7）。临近器盖（2002FXⅠM15∶4）。假圈足形平底，中心有一不规则小孔，直口。口径小于底径。口径4.8、底径6.2、高1.8厘米（图四〇，3）。

铺首衔环（棺饰）　1套8件（2002FXⅠM15∶8、2002FXⅠM15∶13、2002FXⅠM15∶18、2002FXⅠM15∶30、2002FXⅠM15∶37、2002FXⅠM15∶43、2002FXⅠM15∶44、2002FXⅠM15∶47）。形制、大小相同，均兽面衔环，兽面以阴线刻绘，双耳大而卷曲，铺首背面有一枚舌形钉柱。出土时2002FXⅠM15∶43、2002FXⅠM15∶18位于棺盖上，

---

① 形似鍪盖，但是该器物附近并未见其他铜器残片。

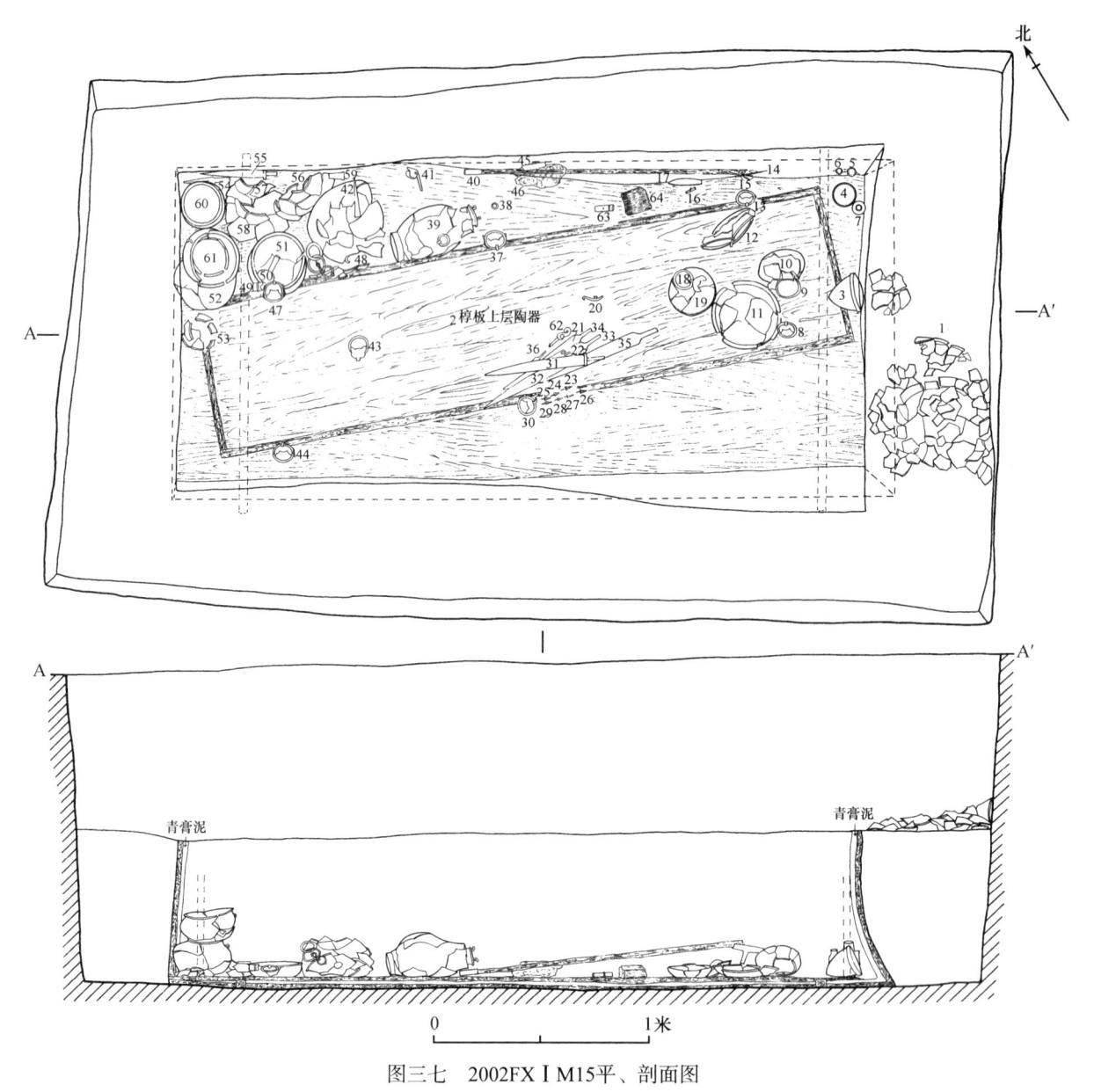

图三七　2002FXⅠM15平、剖面图

1.陶瓮　2、56~58.陶圜底罐　3.铜胄　4.铜器盖　5、6.铜钺　7.铜器座　8、13、18、30、37、43、44、47.铜铺首衔环（棺饰）　9、10、39.铜鍪　11、12.铜洗　14、40.铜戈　15.陶豆　16、21.铜柱形器　17.铜刮刀　19.铜盒　20、62.铜带钩　22、36.铜削　23~29.铜镞　31.玉具剑　32~35.铜剑　38.铜环　41.铜弩机　42、59.铜斤　45.铜锯　46.漆器　48.铜壶　49.铜杠箍　50.铜勺　51、52.铜釜甑　53、61.陶盉　54.铜矛　55.铜鈹　60.铜釜　63.铜鐏　64.木块

2002FXⅠM15：8、2002FXⅠM15：30、2002FXⅠM15：44位于棺左侧，2002FXⅠM15：13、2002FXⅠM15：37、2002FXⅠM15：47位于棺右侧。2002FXⅠM15：18，通长14.7、兽面宽8、环外径8.9厘米（图四〇，2）。2002FXⅠM15：37，通长15、兽面宽8、环外径8.8厘米（图四〇，1；图版四一，4）。

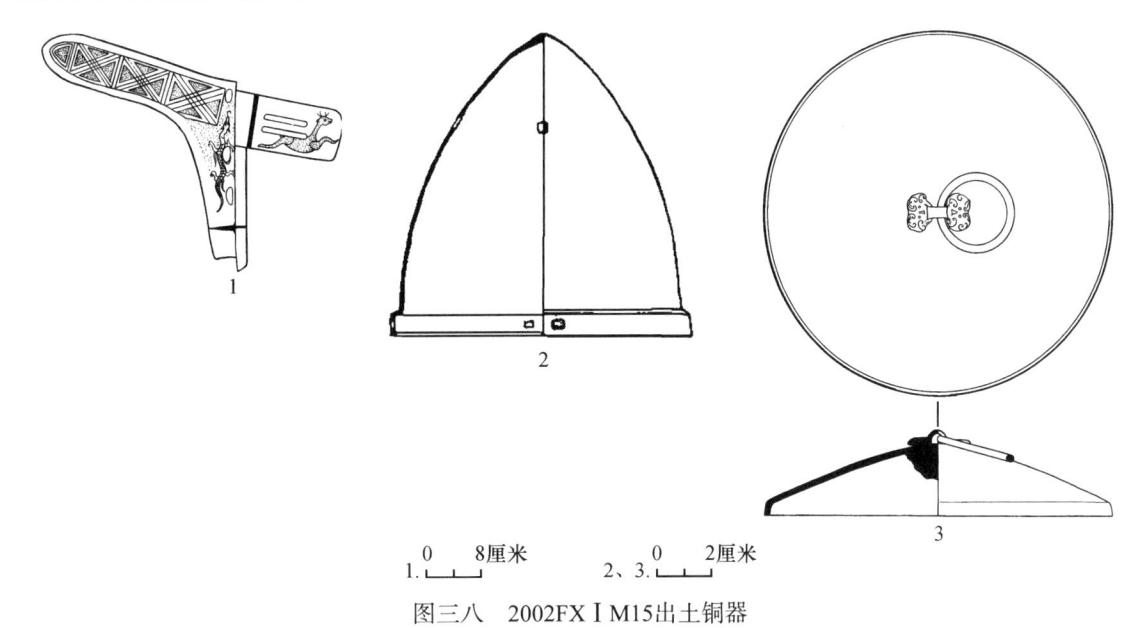

图三八 2002FXⅠM15出土铜器
1. 戈（2002FXⅠM15∶14） 2. 胄（2002FXⅠM15∶3） 3. 器盖（2002FXⅠM15∶4）

鍪 2套4件（2002FXⅠM15∶9、2002FXⅠM15∶10、2002FXⅠM15∶39[①]）。均带盖，鍪盖上有铜链与鍪耳相连，鍪身侈口，鼓腹，圜底。2002FXⅠM15∶9、2002FXⅠM15∶10放置于墓室东部。鍪盖为环纽，纽上有圆环，围绕环纽盖面有四层台面，最内一层上饰有巴蜀符号一组，第二层素面满饰卷云纹连珠纹等纹饰，一侧有铺首衔环一个，以铜链与鍪耳相连，第三层台面素面，最外层台面饰有巴蜀符号三个；颈部有辫索状环耳一个，鍪耳直径约2.5厘米。肩部饰有凸弦纹一道，鍪身内沿下刻划有与第三层台面相同的巴蜀符号一组（图版四二，2~4）。盖径13厘米，鍪口径6、最大腹径18.1、耳径2.5、高19.8厘米（图四一；图版四二，1）。2002FXⅠM15∶39[②]，体型巨大，鍪盖纽似倒扣豆形，纽为平顶，减地雕刻勾连卷云纹，盖面同样有四层台面，均为素面，第三层一侧有铺首衔环一个，悬挂铜链；颈部有对称粗壮环耳两个，截面为八边形，双耳均挂有短链。盖口径24.7厘米，鍪高33.3、口径24厘米，通高41厘米（图四二；图版四三，1）。

洗 2件（2002FXⅠM15∶11、2002FXⅠM15∶12），放置于棺上南端，均未修复。2002FXⅠM15∶11，平折沿，平底，素面，腹部两侧各有一组对称铺首衔环。2002FXⅠM15∶12，卷折沿，平底。

戈 1套2件（2002FXⅠM15∶14、2002FXⅠM15∶40），由戈、鐏及残余木柄三部分组成，放于墓室东部紧靠南壁处。戈（2002FXⅠM15∶14）斜直援，无中脊，锋圆钝，援身线刻

[①] 简报发表时仅修复铜鍪1套2件，2002FXⅠM15∶39为1套2件在简报发表后修复，故简报未提及，见重庆市文物考古所、重庆市文物局：《涪陵小田溪墓群发掘简报》，《重庆库区考古报告集·2002卷》，科学出版社，2010年，第1339~1376页。

[②] 出土时编号为2002FXⅠM15∶48（见2002FXⅠM15平、剖面图），简报资料整理时认为2002FXⅠM15∶39、2002FXⅠM15∶48属于同一件壶，见重庆市文物考古所、重庆市文物局：《涪陵小田溪墓群发掘简报》，《重庆库区考古报告集·2002卷》，科学出版社，2010年，第1339~1376页。经修复后确认为鍪（现编号2002FXⅠM15∶39），但是一普时错误互换编号，此处按照一普档案登记编号。

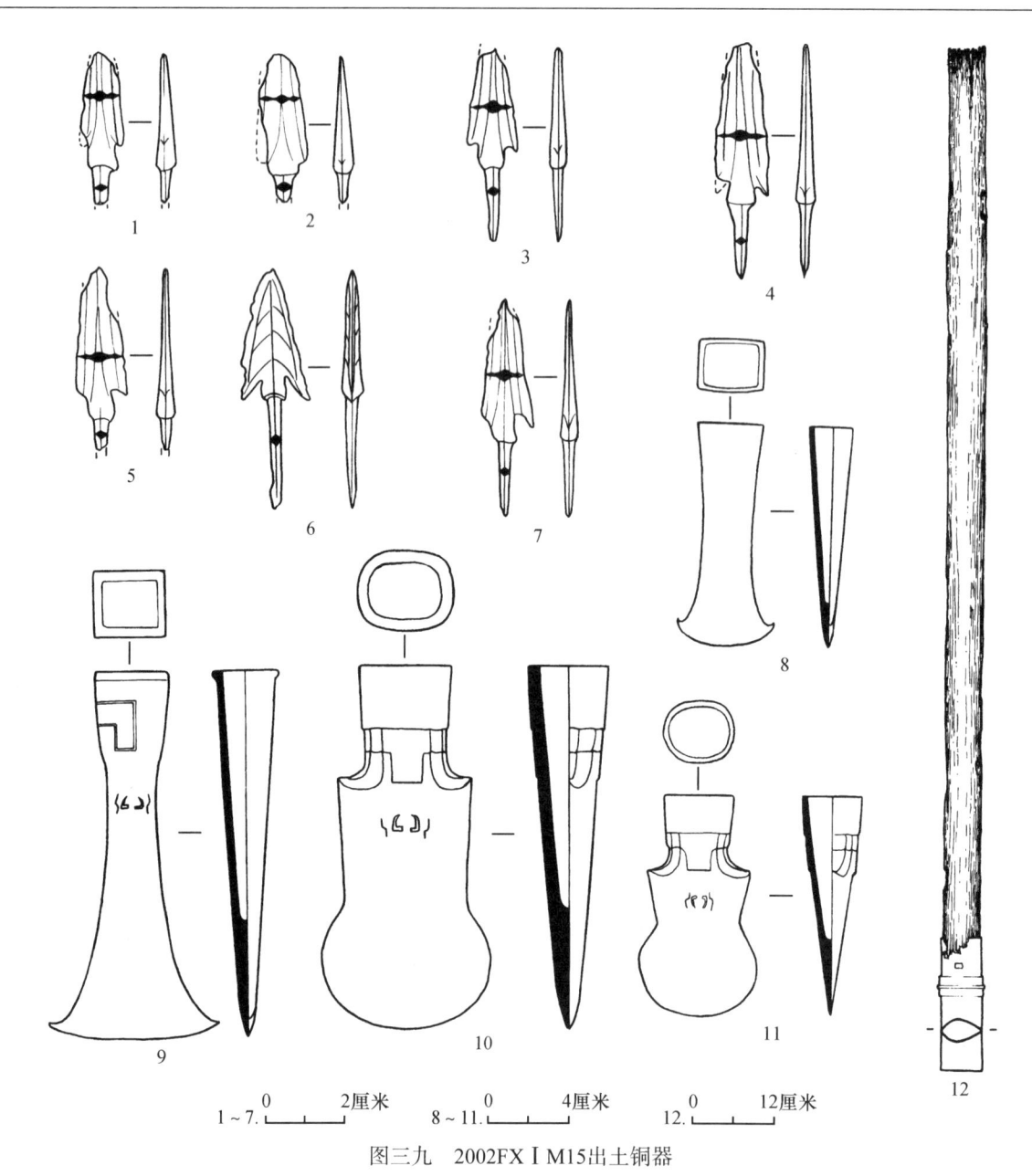

图三九 2002FXⅠM15出土铜器

1~7.镞（2002FXⅠM15：28、2002FXⅠM15：26、2002FXⅠM15：27、2002FXⅠM15：23、2002FXⅠM15：29、2002FXⅠM15：25、2002FXⅠM15：24） 8、9.斤（2002FXⅠM15：59、2002FXⅠM15：42） 10、11.钺（2002FXⅠM15：5、2002FXⅠM15：6） 12.鐏（2002FXⅠM15：40）

三角形纹、戳点纹，中胡，有阑，援本有三近长方形穿，胡上刻有龙纹。长方形内，内上有两道长条形穿，内上刻有鹿纹，援长15.4、内长8.2、内宽3.8、胡长12.4厘米（图三八，1；图版四四，1）；鐏（2002FXⅠM15：40）为椭圆形筒，近口部有凸棱一周，凸弦上有一小圆孔。长10、口径2.2~3.2厘米。木柄保存较好。残长140厘米（图三九，12）。

柱形器[①] 2件（2002FXⅠM15：16、2002FXⅠM15：21），形制接近，圆柱形，尖顶，中空，下端有口。2002FXⅠM15：16，高3.8厘米（图四〇，8）。2002FXⅠM15：21，高3.1

---

① 简报定名为盖弓帽，见重庆市文物考古所、重庆市文物局：《涪陵小田溪墓群发掘简报》，《重庆库区考古报告集·2002卷》，科学出版社，2010年，第1339~1376页。编写报告时考虑其侧无钩，故更名为柱形器。

第二章　小田溪墓群A区（小田溪）

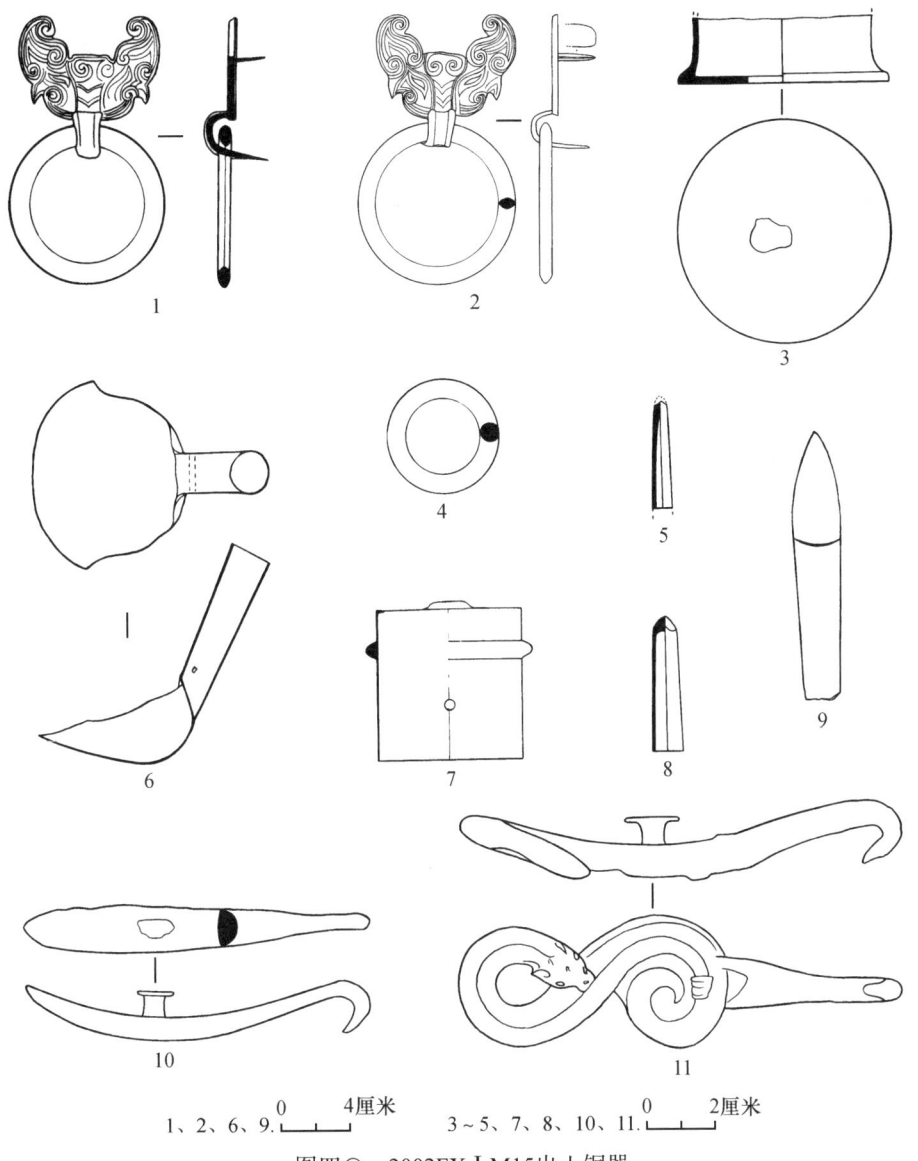

图四〇　2002FXⅠM15出土铜器
1、2.辅首衔环（棺饰）（2002FXⅠM15：37、2002FXⅠM15：18）　3.器座（2002FXⅠM15：7）　4.环（2002FXⅠM15：38）
5、8.柱形器（2002FXⅠM15：21、2002FXⅠM15：16）　6.勺（2002FXⅠM15：50）　7.杠箍（2002FXⅠM15：49）
9.刮刀（2002FXⅠM15：17）　10、11.带钩（2002FXⅠM15：20、2002FXⅠM15：62）

厘米（图四〇，5）。

刮刀　1件（2002FXⅠM15：17），柳叶形，截面呈弧形，锋呈圆弧尖。长约7.3厘米（图四〇，9；图版四三，2）。

带钩　2件（2002FXⅠM15：20、2002FXⅠM15：62）。均平放于棺内中部偏东，近钩首处有圆盘形纽一个。2002FXⅠM15：20，兽形钩首，琵琶形钩身，素面无纹。长10、纽径1.1厘米（图四〇，10；图版四五，1）。2002FXⅠM15：62，做人左手抓蛇造型，蛇首回望，身体呈"8"字形盘卷，人手臂下端渐变细窄，且弯曲成钩首。长12.9厘米（图四〇，11；图版四五，2）。

削　1件（2002FXⅠM15：22、2002FXⅠM15：36），削首、刃部残损，分别编号后拼合，凹弧刃，截面呈三角形。残长16.8、身宽1.3厘米（图四三，3）。

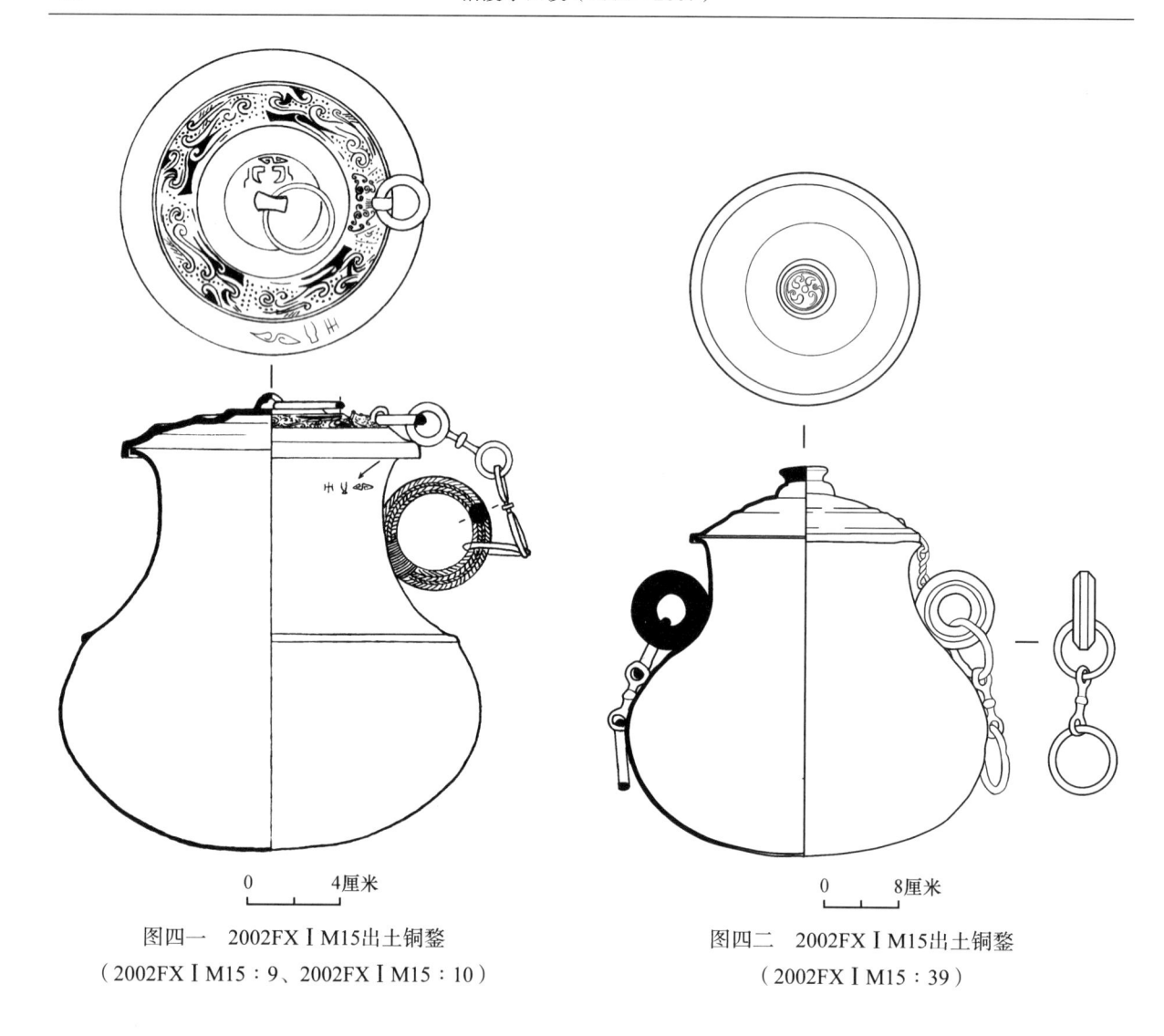

图四一　2002FXⅠM15出土铜鍪
（2002FXⅠM15：9、2002FXⅠM15：10）

图四二　2002FXⅠM15出土铜鍪
（2002FXⅠM15：39）

镞　7件（2002FXⅠM15：23～2002FXⅠM15：29）。依次平放于棺盖中部。双翼实铤式，双翼较宽，后锋尖锐不一，镞身中脊隆起，铤呈菱形锥状。2002FXⅠM15：23[①]，短铤。长5.5、翼宽1.3厘米（图三九，4）。2002FXⅠM15：24，残长4.4、翼宽1.3厘米（图三九，7）。2002FXⅠM15：25，长铤，两面个有凹槽六个，两翼加长。长5.7、翼宽1.7厘米（图三九，6）。2002FXⅠM15：26，残长4.6、翼约1.3厘米（图三九，2）。2002FXⅠM15：27。残长4.6、翼约1.3厘米（图三九，3）。2002FXⅠM15：28，残长3.5、翼宽1厘米（图三九，1）。2002FXⅠM15：29，短铤，两面个有凹槽六个。长5.2、翼宽1.4厘米（图三九，5）。

玉具剑　1套2件（2002FXⅠM15：31）。铜质剑身腊长而两从保持平行，至锋处尖削，方茎较长。玉质剑珥[②]，素面，截面菱形。长59.6、柄长12.8、宽4.2厘米（图四三，6；图版

[①] 简报错写为M15：1，见重庆市文物考古所、重庆市文物局：《涪陵小田溪墓群发掘简报》，《重庆库区考古报告集·2002卷》，科学出版社，2010年，第1339～1376页。

[②] 简报定名为璏，见重庆市文物考古所、重庆市文物局：《涪陵小田溪墓群发掘简报》，《重庆库区考古报告集·2002卷》，科学出版社，2010年，第1339～1376页。笔者在《涪陵小田溪M12及晚期巴文化研究相关问题》修改了定名。见方刚：《涪陵小田溪M12及晚期巴文化研究相关问题》，《宣汉罗家坝遗址与巴文化研究》，科学出版社，2018年。

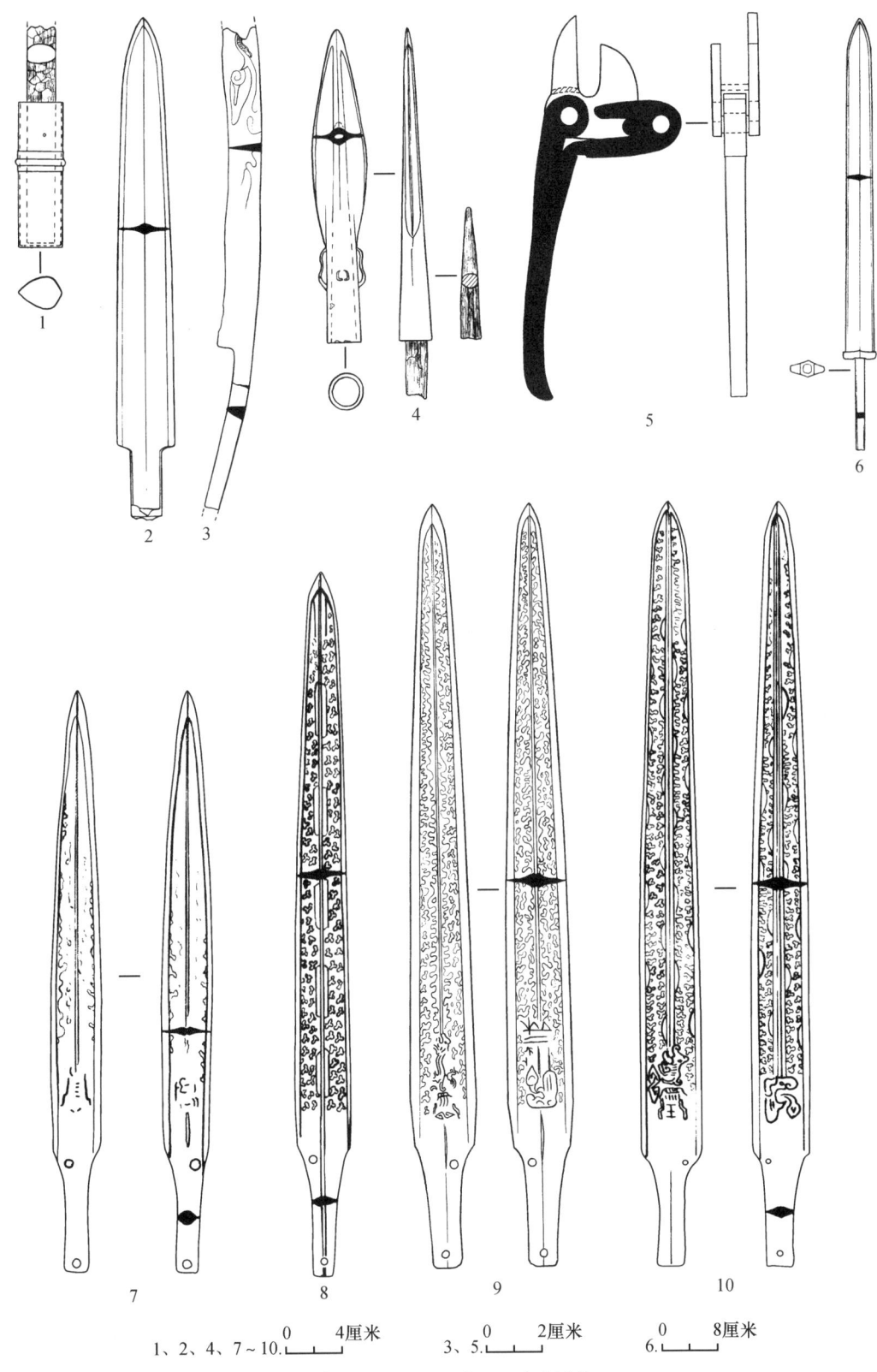

第二章 小田溪墓群A区（小田溪） ·61·

图四三 2002FXⅠM15出土遗物
1. 铜鐏（2002FXⅠM15：63） 2. 铜铍（2002FXⅠM15：55） 3. 铜削（2002FXⅠM15：22、2002FXⅠM15：36）
4. 铜矛（2002FXⅠM15：54） 5. 铜弩机（2002FXⅠM15：41） 6. 玉具剑（2002FXⅠM15：31）
7～10. 铜剑（2002FXⅠM15：32、2002FXⅠM15：33、2002FXⅠM15：34、2002FXⅠM15：35）

四六，1）。

剑 4件（2002FXⅠM15:32~2002FXⅠM15:35），均为柳叶形剑，重叠放置于棺内中部靠南侧。剑身饰以虎斑纹，两锷前锋尖锐而狭，锷本自然缓收而成剑茎，茎上两穿，一穿偏向一侧，一穿位于茎端中间。2002FXⅠM15:32[①]，通长40、宽3.6、茎长8.4、厚0.4厘米（图四三，7；图版四六，2）。2002FXⅠM15:33，通长48、宽4、茎长8.8、厚0.8厘米（图四三，8；图版四六，3）。2002FXⅠM15:34，剑身近茎处一面有手心纹巴蜀符号组合，另一面有虎纹巴蜀符号组合（图四四，2；图版四七，3、4）。通长53.6、宽4.6、茎长8.4、厚0.8厘米（图四三，9；图版四七，1）。2002FXⅠM15:35，剑身近茎处一面为手心纹巴蜀符号组合，一面为虎纹巴蜀符号组合（图四四，1；图版四七，5、6）。通长54、宽4.4、茎长9.2、厚0.8厘米（图四三，10；图版四七，2）。

环 1件（2002FXⅠM15:38）。圆形，截面圆形。环外径3.2、内径2.1厘米（图四〇，4）。

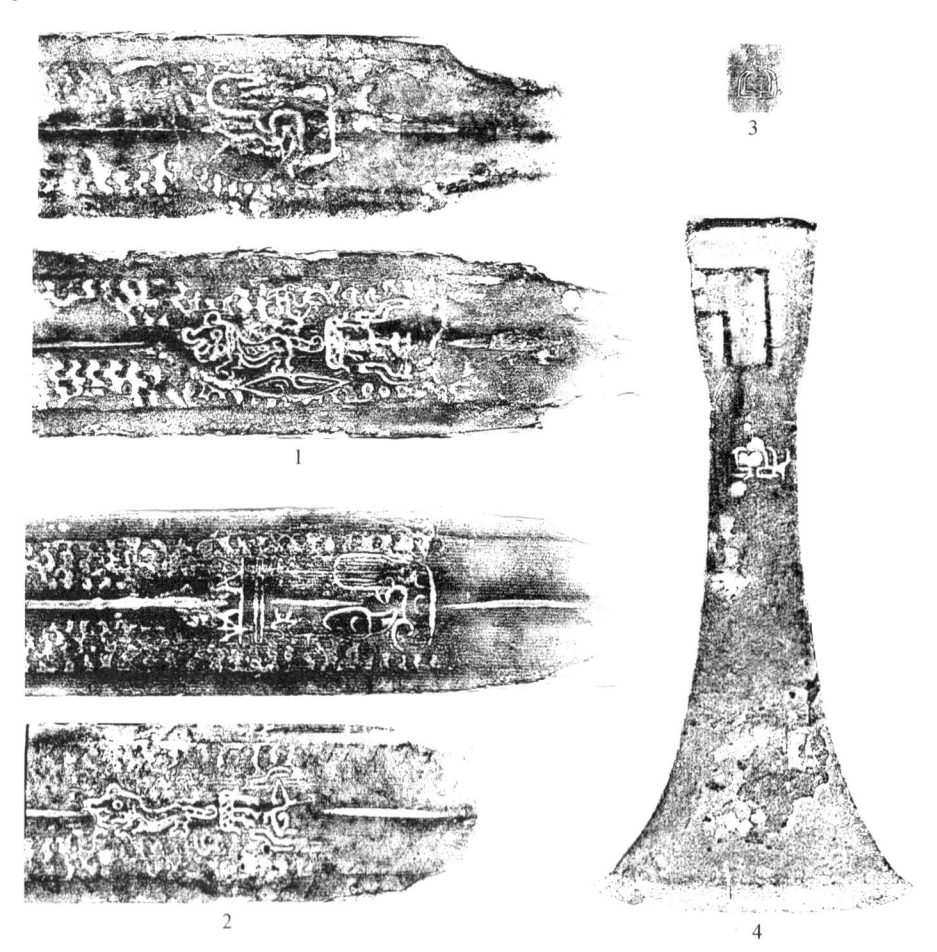

图四四 2002FXⅠM15出土铜器上的巴蜀符号拓片
1、2.剑（2002FXⅠM15:35、2002FXⅠM15:34） 3.矛（2002FXⅠM15:54） 4.斤（2002FXⅠM15:42）

---

① 2010年资料整理时认为剑身两面各有模糊的巴蜀符号，绘图并发表于简报上，见重庆市文物考古所、重庆市文物局：《涪陵小田溪墓群发掘简报》，《重庆库区考古报告集·2002卷》，科学出版社，2010年，第1339~1376页。2022年整理报告时在修复后的器物上并未观察到，报告中线图保持整理者最初观察，报告文字和照片是最新观察，以为对照。

弩机　1件（2002FXⅠM15：41）。未见铜廓，望山上无刻度，悬刀上宽下窄，略呈弧形。望山长3.2、悬刀长6.8厘米（图四三，5；图版四八，4）。

斤　2件（2002FXⅠM15：42、2002FXⅠM15：59）。长方形銎，弧刃，刃两端呈钩状。2002FXⅠM15：42，銎上有銎箍，其下有阴刻的一组巴蜀符号（图四四，4）。长17.3、刃宽8.4、銎长3.6、銎宽3.2厘米（图三九，9；图版四八，1）。2002FXⅠM15：59，长10.4、刃宽4.6、銎长2.6、銎宽2.2厘米（图三九，8；图版四八，2）。

锯　1件（2002FXⅠM15：45）。锯齿均匀分布，锯身中部有两个长方形穿孔，残碎成数段难以拼接。最长一段长度约12.3、宽约2.5厘米（图版四八，3）。

盒　1套2件（2002FXⅠM15：19），放置于棺盖上。盖与盒形状相同，均呈直口，方唇，圜底，上下相扣，盖口径略大。盖口径20、盒口径19.6、高15.6厘米（图四五，5；图版四四，2）。

壶　1件（2002FXⅠM15：48①）。带盖，盖上有四个"S"（鸟形？）形纽，以凹弦纹钩边，饰有"S"形纹饰，有圆孔。壶身子母口，口微侈，长颈，鼓腹，圈足。颈部及腹部

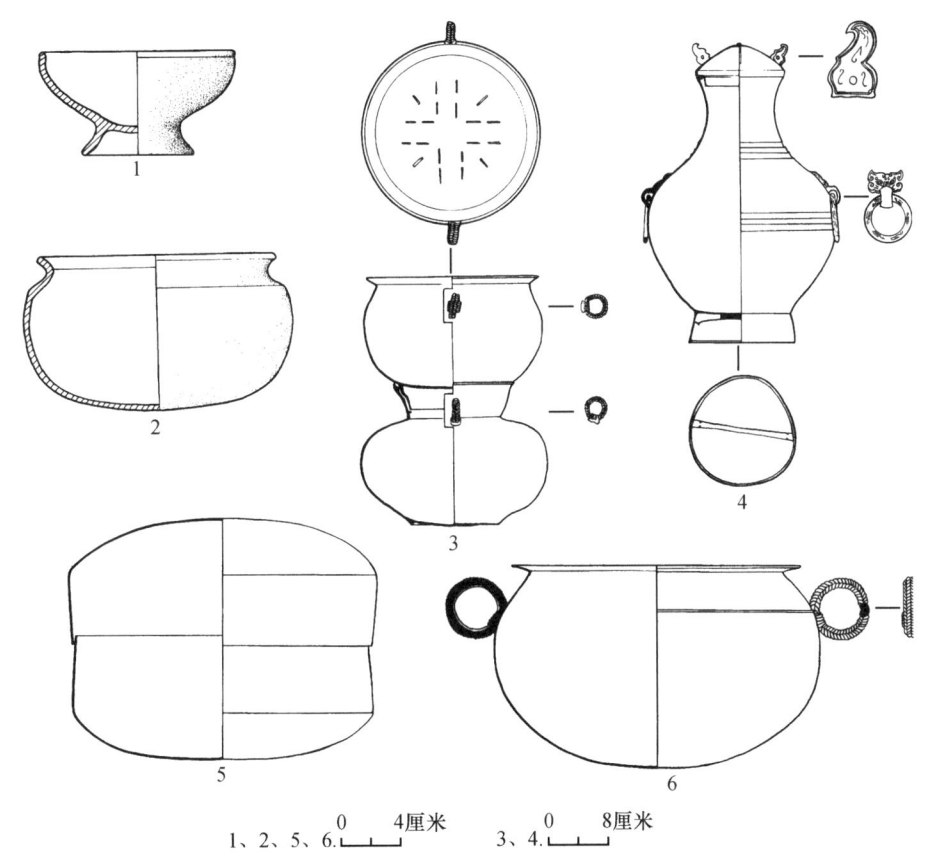

图四五　2002FXⅠM15出土遗物
1. 陶圈足豆（2002FXⅠM15：15）　2. 陶盂（2002FXⅠM15：61）　3. 铜釜甑（2002FXⅠM15：51、2002FXⅠM15：52）
4. 铜壶（2002FXⅠM15：48）　5. 铜盒（2002FXⅠM15：19）　6. 铜釜（2002FXⅠM15：60）

---

① 出土时编号为2002FXⅠM15：39（见2002FXⅠM15平、剖面图），简报认为2002FXⅠM15：39、2002FXⅠM15：48属于同一件壶，见重庆市文物考古所、重庆市文物局：《涪陵小田溪墓群发掘简报》，《重庆库区考古报告集·2002卷》，科学出版社，2010年，第1339~1376页。后经修复确定为鉴（现编号2002FXⅠM15：39），但是一普时错误互换编号，此处按照一普档案登记编号。

各有四道凹弦纹，肩上有一对铺首衔环，环上阴刻纹饰一组，圈足内有窄长条范痕横贯中心。盖高5.6、盖最大口径12.4厘米，壶口径9.6、圈足径14.4、高34.8厘米（图四五，4；图版四九，1）。

杠箍[①]　1件（2002FXⅠM15：49）。残缺，中空圆筒，上有一周凸棱，凸棱上有一小圆孔。残长4.3、口径4.1厘米（图四〇，7）。

勺　1件（2002FXⅠM15：50）。放置于釜甑内。圆柱形柄，箕形勺，阔口，两端上卷，柄身相接处有左右对穿的方孔两个。身长13.6、宽10.4厘米（图四〇，6）。

釜甑　1套2件（2002FXⅠM15：51、2002FXⅠM15：52）。甑部为尖唇折沿，敞口，鼓腹，有辫索状环耳一对，圆形箅上有细条状长孔十二道，短孔九道，两短孔与三长孔为一组，呈米字型等份排列。釜部为高领敞口，圆肩鼓腹，平底折沿，肩上有辫索状环耳一对。甑口径23.2、甑最大腹径24厘米，釜口径16、釜最大腹径25.2、釜底径12厘米，通高33.2厘米（图四五，3；图版四九，2）。

矛　1件（2002FXⅠM15：54）。短骹较粗，骹长占全部的约1/3，截面圆形，柳叶形刃叶，叶最宽处位于中部，中脊凸起，有一对弓形系，一边与叶相接，骹上近銎处刻有巴蜀符号一组（图四四，3），銎内残留木柄约10厘米。通长23.4、宽3.8、骹长6.4、系长2.6、骹径2厘米（图四三，4；图版五〇，1）。

铍[②]　1件（2002FXⅠM15：55）。形如短剑而无格，体厚重而中脊凸起，茎短而厚，茎端外突而无首，截面呈长方形。通长34.6、宽8.2、茎长4.6、厚0.7厘米（图四三，2；图版五〇，2）。

釜　1件（2002FXⅠM15：60）。折沿侈口，辫索状釜耳，沿上饰有凹弦纹一道，沿下饰有凸弦纹一道。口径14.3、腹径22、耳径4、高13.4厘米（图四五，6；图版五一，1）。

鐏　1件（2002FXⅠM15：63[③]）。椭圆形筒，下端封闭，近口部有凸棱一周，凸弦上有一小圆孔。长10、口径2.2~3.2厘米（图四三，1）。

2. 陶器

可辨认器型的有10件（2件未编号），器型有瓮、圜底罐、圈足豆、盂，仅修复2件。

瓮　1件（2002FXⅠM15：1）。器型较大，未修复。夹细砂红褐陶，卷沿，尖唇，溜肩，腹微鼓。颈以下饰竖向绳纹。口径22.4厘米。

圜底罐[④]　4件（2002FXⅠM15：2、2002FXⅠM15：56~2002FXⅠM15：58），均未

[①] 简报定名为軎，见重庆市文物考古所、重庆市文物局：《涪陵小田溪墓群发掘简报》，《重庆库区考古报告集·2002卷》，科学出版社，2010年，第1339~1376页。軎作为车轴端饰，当一端封闭，两侧有孔，配有辖，而此件器物不符合这些特征，故更名为杠箍。

[②] 简报定为剑，见重庆市文物考古所、重庆市文物局：《涪陵小田溪墓群发掘简报》，《重庆库区考古报告集·2002卷》，科学出版社，2010年，第1339~1376页。在整理报告时笔者认为该器形如短剑却显厚重，茎短而无法持握，可能是"剑如刀装"的铍，其出土位置不与其他剑放置于棺内而与矛同置于椁室棺右侧也是证据之一。

[③] 或许和铜铍（2002FXⅠM15：55）或铜矛（2002FXⅠM15：54）为一套。

[④] 简报中定名为釜，数量、编号、器型皆有误，2002FXⅠM15：59编号重复，见重庆市文物考古所、重庆市文物局：《涪陵小田溪墓群发掘简报》，《重庆库区考古报告集·2002卷》，科学出版社，2010年，第1339~1376页。整理报告时统一定名为圜底罐。

修复。束颈，溜肩，鼓腹，圜底。颈以下饰以绳纹。2002FXⅠM15∶2，夹细砂黄褐陶。2002FXⅠM15∶56，夹砂红褐陶。侈口。口径13.6厘米。2002FXⅠM15∶57，夹砂红褐陶。折沿，方唇，圜底略平缓。底部有被烧过的痕迹。口径12.4厘米。2002FXⅠM15∶58，夹砂红褐陶。折沿，方唇，圜底略平缓。颈以下饰以中绳纹。口径14厘米。

圈足豆　3件。2002FXⅠM15∶15，泥质黑陶。直口。口径13、足径7.6、高7厘米（图四五，1）。另有两件圈足，未修复未编号。

盂　2件（2002FXⅠM15∶53、2002FXⅠM15∶61）。尖圆唇，大口，束颈，浅腹，圜底近平。2002FXⅠM15∶53，夹细砂灰陶。未修复。口径16厘米。2002FXⅠM15∶61置于棺外铜釜甑之内。夹砂红褐陶。口径16、最大腹径18.4、高10.2厘米（图四五，2；图版五一，2）。

3. 漆木器

共3件。器型不明。

漆器　（2002FXⅠM15∶46）。多层浅灰色，位于戈柄部及柄下部，清理时认为是漆器残片，器型不明。

木块　1套2件（2002FXⅠM15∶64[①]）。两块圆柱形木块，残损，碳化严重。

七、2002FXⅠM16

（一）墓葬形制

长方形竖穴土坑墓（图四六）。叠压于2002FXⅠT34③下，打破生土。墓向10°。长280、宽100～110厘米，残深10～25厘米。四壁较平整粗糙，未见加工痕迹。填土为褐色黏土、黄褐色砂土混合而成的花土，夹杂极少量的黄色黏土块，土质较硬，结构紧密，土质纯净未见有包含物。

墓室内不见葬具。墓主骨架腐朽严重，只剩下不完整的下肢骨，有几粒牙齿痕迹，葬式不明。根据牙齿位置，头向北。

（二）出土遗物

墓内随葬品出土时编号9件，后修复7件，分为铜、陶两类，器型有铜剑、铜削、铜矛、陶豆、陶釜、陶罐。其中陶器位于头端，剑、削等放置于墓主身上，矛位于墓左侧。

---

① 采集样品进行^{14}C检测，结果见附录二。

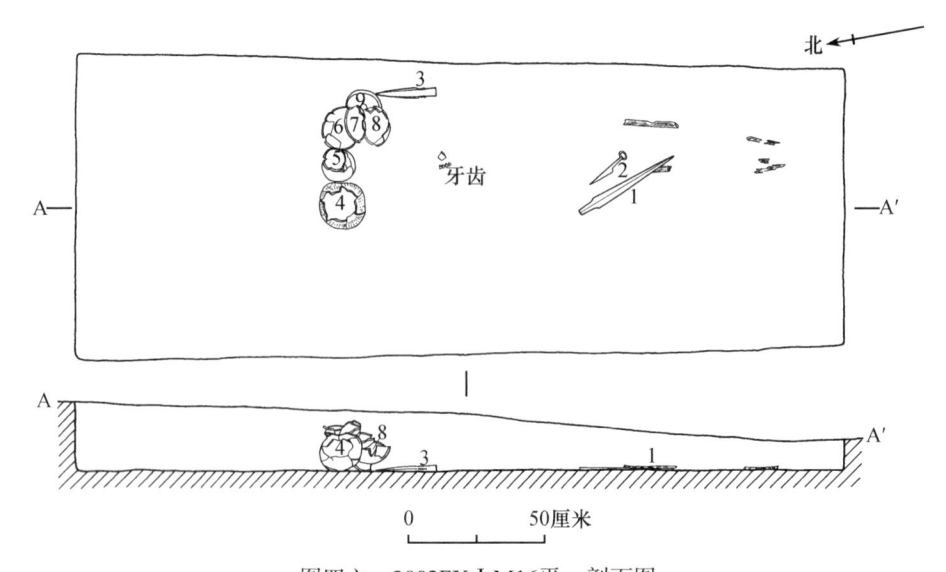

图四六 2002FXⅠM16平、剖面图
1. 铜剑 2. 铜削 3. 铜矛 4. 陶器 5. 陶釜 6~8. 陶圈足豆 9. 陶平底罐

1. 铜器

计有3件，器型有剑、削、矛，剑、削置于腰间，矛平放于墓左侧。

削 1件（2002FXⅠM16:2）。凸弧刃，截面呈三角形，环首。通长15.6、刃宽1.1厘米（图四七，7；图版五二，3）。

剑 1件（2002FXⅠM16:1）。柳叶形，扁茎无格，茎上两穿，一穿位于靠剑身处一侧，一穿位于茎端中间，剑身中脊和两刃之间遍饰虎斑纹，脊上两侧及刃部左右饰以圆弧形纹饰，剑身两侧各饰有相同巴蜀符号一组（图四八；图版五二，4、5）。通长37.6、刃宽3.6、厚0.8厘米（图四七，6；图版五二，1）。

矛 1件（2002FXⅠM16:3）。短骹较粗，骹长占全部的约1/3，截面圆形，柳叶形刃叶，叶最宽处位于中部，中脊凸起，有一对弓形系，一边与叶相接。通长22、叶宽3.4、骹长6.2、骹径2.2厘米（图四七，5；图版五二，2）。

2. 陶器

计有6件，其中修复4件。集中放置于牙齿北部，应该是墓主头部棺外。

陶器 1件（2002FXⅠM16:4）。夹砂灰褐陶。残存腹部，器型不明。

釜 1件（2002FXⅠM16:5）。泥质灰褐陶。侈口，圆唇，鼓腹，圜底。颈部以下饰网格纹。口径10、最大腹径11.6、高10厘米（图四七，1；图版五三，1）。

圈足豆 3件（2002FXⅠM16:6~2002FXⅠM16:8）。圆唇，沿外卷形成凹弦纹一道，腹较深，圈足。2002FXⅠM16:6，夹砂灰褐陶。敛口。口径14.5、圈足径7.2、高8厘米（图四七，3；图版五三，2）。2002FXⅠM16:7，夹砂红褐陶。口微敞。口径13.2、圈足径8.2、高6.2厘米（图四七，2；图版五三，3）。2002FXⅠM16:8，泥质灰黑陶，酥碎无法提取。

平底罐 1件（2002FXⅠM16:9）。泥质灰褐陶。盖纽呈圆形，弧腹，直口。盖径13.2、高3.6厘米。罐为侈口，束颈，耸肩，浅腹，小平底。口径12、肩径14.8、底径5.6、高6.6厘米（图四七，4；图版五三，4）。

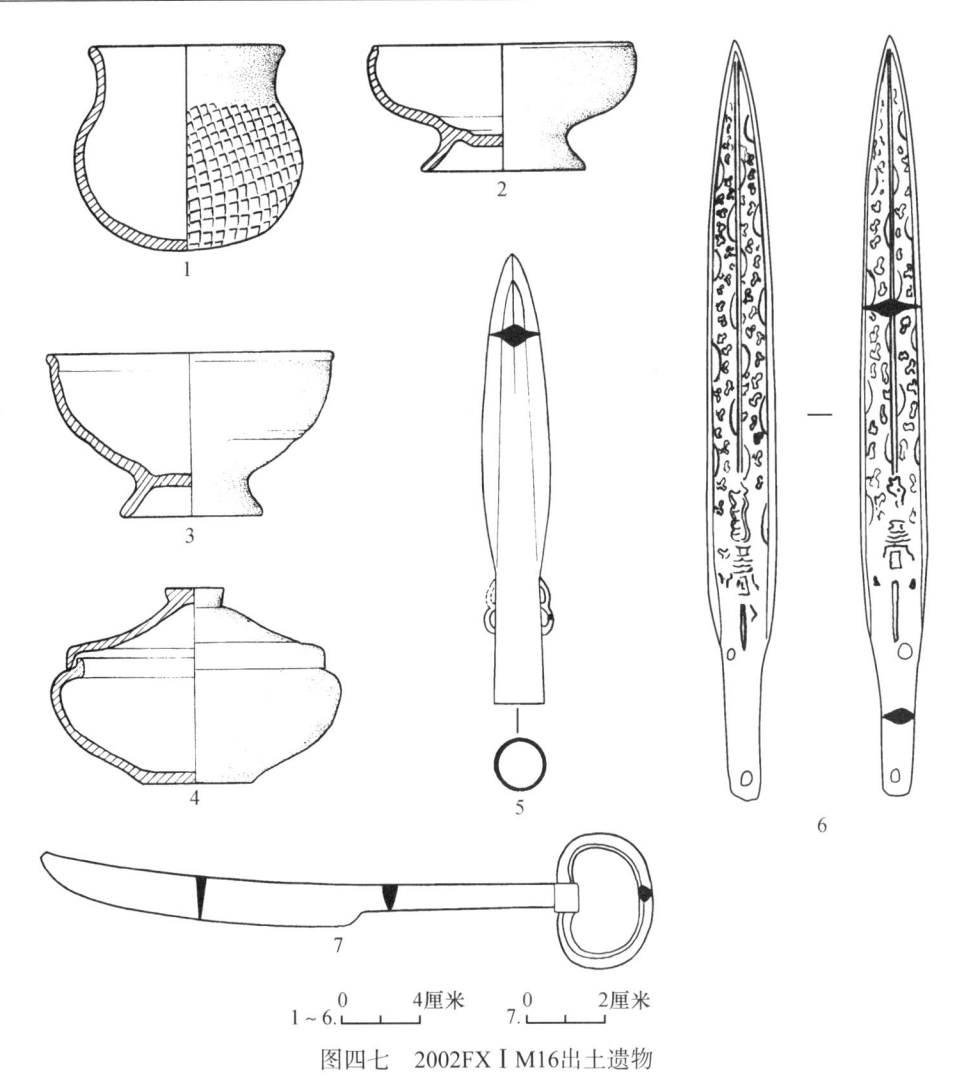

图四七　2002FXⅠM16出土遗物

1.陶釜（2002FXⅠM16∶5）　2、3.陶圈足豆（2002FXⅠM16∶7、2002FXⅠM16∶6）　4.陶平底罐（2002FXⅠM16∶9）
5.铜矛（2002FXⅠM16∶3）　6.铜剑（2002FXⅠM16∶1）　7.铜削（2002FXⅠM16∶2）

八、2002FXⅠM17

（一）墓葬形制

长方形竖穴土坑墓（图四九）。叠压于2002FXⅠT36②下，打破第3层。墓口长225、宽76、残深40厘米。四壁较平整粗糙，未见工具痕迹。填土为褐色黏土、黄褐色砂土混合而成的花土。土质较硬，结构紧密。土中夹杂极少量的炭粒、陶片渣。

墓室内的骨架腐朽严重，只剩下不完整的下肢骨，根据铜削的方位推断头向南，墓向190°。墓底有黑色板灰痕迹，推测是单棺。长宽不详。

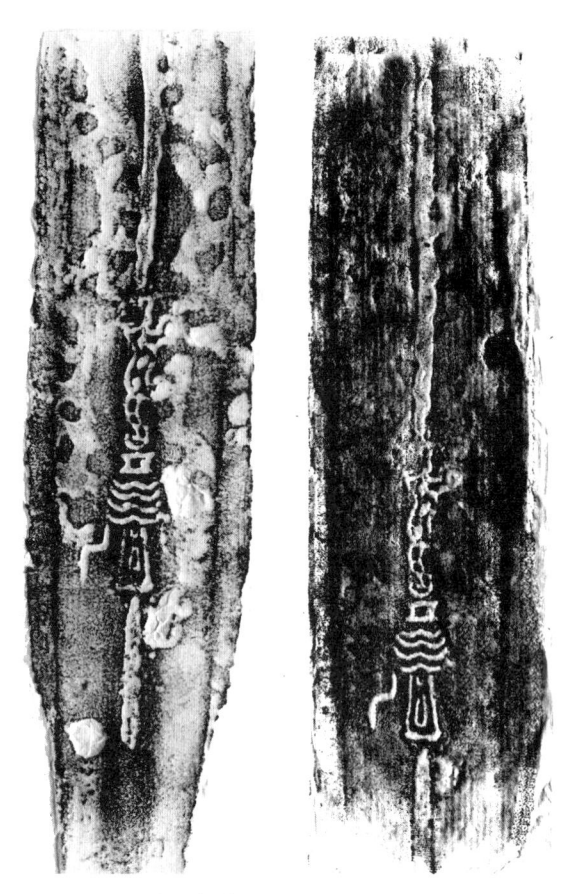

·68·　　　　　　　　　　　　　　　涪陵小田溪（2002~2007）

图四八　2002FXⅠM16出土铜剑（2002FXⅠM16：1）上的巴蜀符号拓片

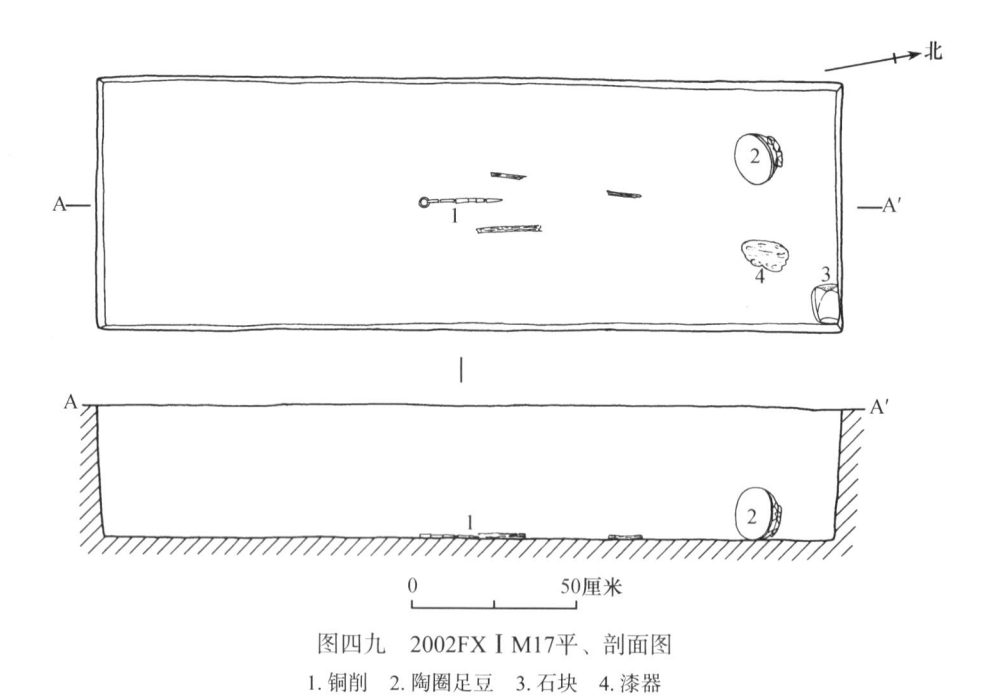

图四九　2002FXⅠM17平、剖面图
1.铜削　2.陶圈足豆　3.石块　4.漆器

（二）出土遗物

随葬器物出土时编号4件，质地有铜、陶、石、漆四类。

1. 铜器

削　1件（2002FXⅠM17：1）。置于腰间，残损，凹弧刃，截面为三角形，环首。长20.5、宽1.3厘米（图五〇，2）。

2. 陶器

圈足豆　1件（2002FXⅠM17：2）。置于脚端。夹细砂黑褐陶。敞口，束颈，浅腹较直，圈足较大。口径15.4、圈足径8.8、高7.6厘米（图五〇，3；图版五四，1）。

3. 石器

石块　1件（2002FXⅠM17：3）。置于脚端，黄褐色砾石，呈柱状多面体，未见磨光痕迹，用途不明（图五〇，1；图版五四，2）。

4. 漆器

墓西南角有一块漆皮，器型不明，无法采集。

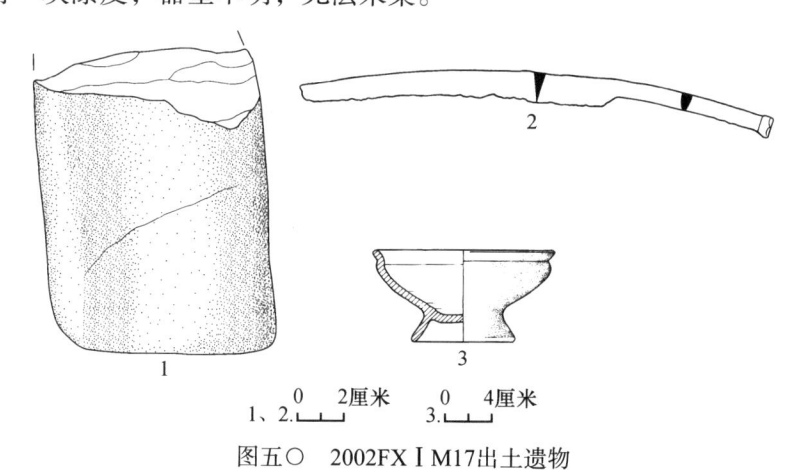

图五〇　2002FXⅠM17出土遗物
1. 石块（2002FXⅠM17：3）　2. 铜削（2002FXⅠM17：1）　3. 陶圈足豆（2002FXⅠM17：2）

九、2002FXⅠM18

（一）墓葬形制

长方形竖穴土坑墓（图五一；图版五四，3）。叠压于2002FXⅠT32②下，打破黄褐色砂土（生土）。墓向为45°。墓口距地表深50厘米，长240、宽78~84厘米，残深54厘米。口底大小相同，四壁较平整粗糙，未见加工痕迹。填土为褐色黏土、黄褐色砂土混合而成的花土，夹

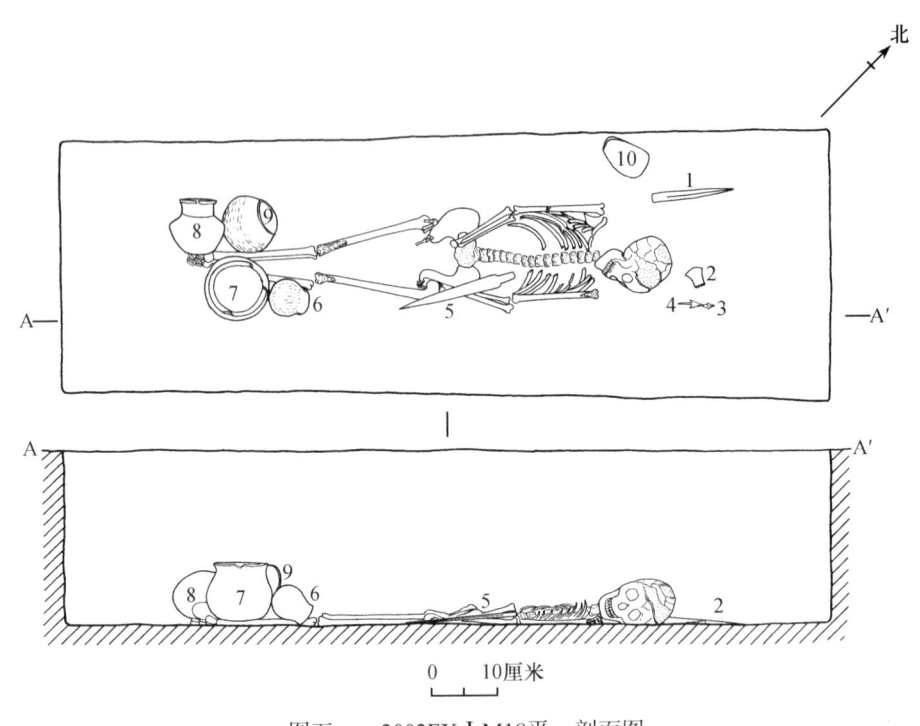

图五一　2002FXⅠM18平、剖面图

1.铜矛　2.铜钺　3、4.铜镞　5.铜剑　6、7.陶釜　8.陶壶　9.陶圜底罐　10.石斧

杂极少量的黄色黏土块，土质较硬，结构紧密，包含物有极少量的夹砂陶片，陶质酥脆。

墓底未见葬具灰痕。墓主骨架为仰身直肢葬，面侧向南，双手位于盆骨处，骨架基本保持完整，骨架的头骨壁很薄，从牙齿判断其右侧第三臼齿尚未萌出，推断其为少年[1]。

（二）出土遗物

出土时随葬品编号10件[2]，质地有铜、陶、石三类，部分修复，器型有铜矛、铜钺、铜镞、铜剑、陶釜、圜底罐、石斧。

1. 铜器

5件。均为兵器。

矛　1件（2002FXⅠM18:1）。平放头骨右侧上方，短骹较粗，骹长占全部的约1/3，截面圆形，柳叶形刃叶，叶最宽处位于中部，中脊凸起，有一对弓形系，一边与叶相接。通长21.6、骹长6.5、叶宽3.7厘米（图五二，8；图版五五，1）。

钺　1件（2002FXⅠM18:2）。位于头顶端，器型较小，圆弧刃，刃部向两侧展开后内收向下直到銎，无肩，椭圆形銎，銎箍较窄。通长5.5、刃宽5.2、銎径1~2.4厘米（图五二，

---

[1] 墓葬进行整体套箱提取，目前保存于重庆市文物考古研究院。2022年提取样本进行古DNA检测，见附录三。

[2] 简报中错写为9件，认为石器是填土中所出，见重庆市文物考古所、重庆市文物局：《涪陵小田溪墓群发掘简报》，《重庆库区考古报告集·2002卷》，科学出版社，2010年，第1339~1376页。整理资料时查找原始墓葬记录，并无填土所出记录。

10；图版五五，2）。

镞　2件（2002FXⅠM18：3、2002FXⅠM18：4）。与钺并放于头顶端。2002FXⅠM18：3，三条狭刃短且窄，圆形长梃残。残长2.9、梃径1厘米（图五二，5）。2002FXⅠM18：4，双翼实铤式，双翼较宽，后锋尖锐，翼上两侧有四个凹槽。长梃呈菱形锥状。通长6.8、翼宽2厘米（图五二，7）。

剑　1件（2002FXⅠM18：5）。位于腰间，柳叶形，两锷前锋尖锐而狭，锷本自然缓收而成剑茎，剑脊与刃部之间饰以虎斑纹，茎上两穿，一穿偏向一侧，一穿位于茎端中间，剑身近

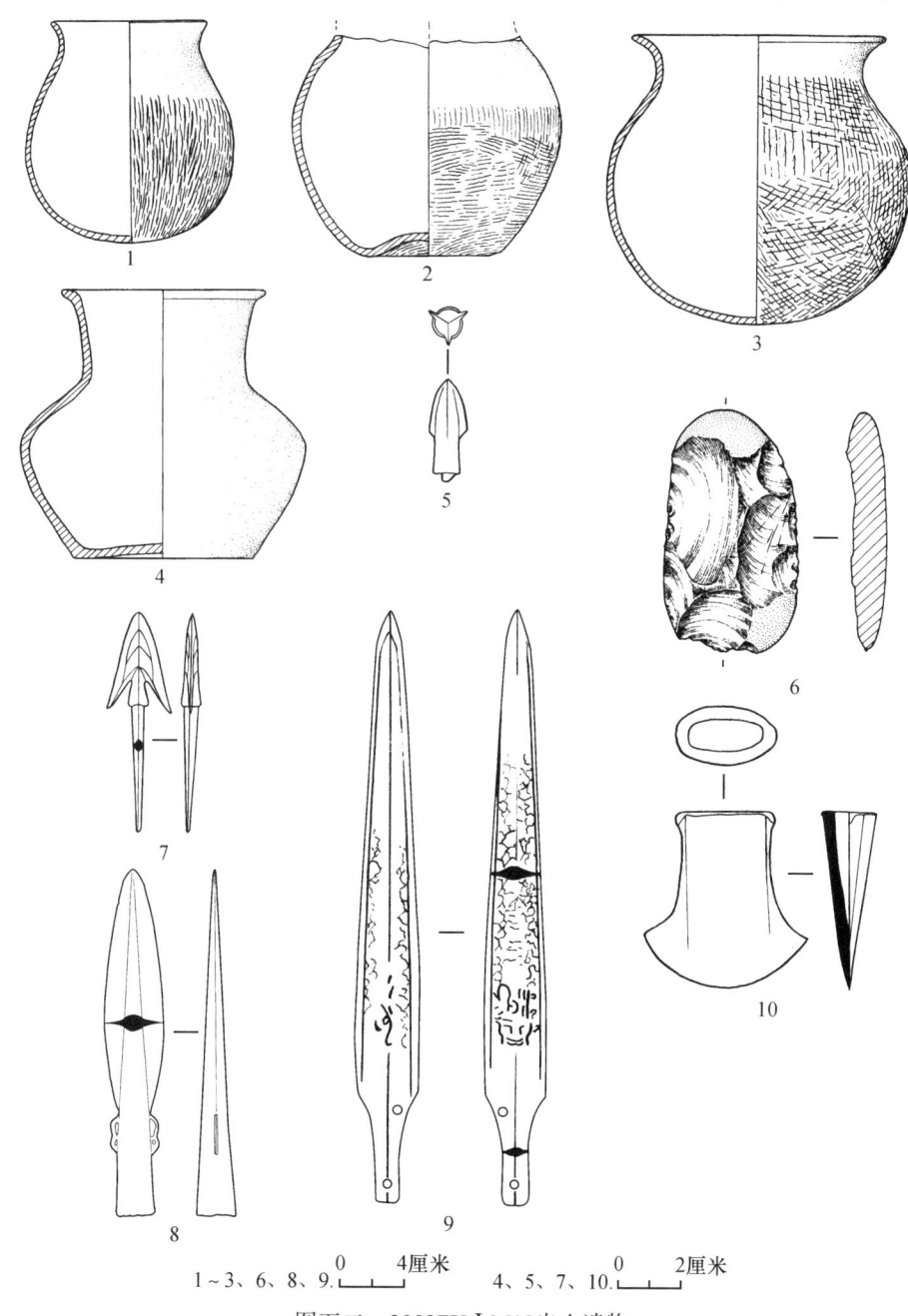

图五二　2002FXⅠM18出土遗物

1、3. 陶釜（2002FXⅠM18：6、2002FXⅠM18：7）　2. 陶圈底罐（2002FXⅠM18：9）　4. 陶壶（2002FXⅠM18：8）
5、7. 铜镞（2002FXⅠM18：3、2002FXⅠM18：4）　6. 石斧（2002FXⅠM18：10）　8. 铜矛（2002FXⅠM18：1）
9. 铜剑（2002FXⅠM18：5）　10. 铜钺（2002FXⅠM18：2）

柄处中脊两面各有巴蜀符号一组，较为模糊（图版五五，4）。通长36、宽4、茎长6.4、厚0.8厘米（图五二，9；图版五五，3）。

2. 陶器

4件。集中放置于胫骨上部及周围。

釜　2件（2002FXⅠM18：6、2002FXⅠM18：7）。均为侈口，尖唇，鼓腹，圜底。颈以下饰有绳纹。2002FXⅠM18：6[①]，夹砂灰褐陶。表面饰竖向绳纹。口径10.2、高13.8厘米（图五二，1；图版五六，1）。2002FXⅠM18：7，夹砂黑褐陶。表面饰交错绳纹。口径15.8、最大腹径17.4、高17.4厘米（图五二，3；图版五六，2）。

壶　1件（2002FXⅠM18：8）。泥质黑陶。圆唇，斜折沿，长颈，圆折肩，平底内凹。素面。口径12.8、最大腹径17.8、底径约11.2、高16.4厘米（图五二，4；图版五六，3）。

圜底罐　1件（2002FXⅠM18：9）。泥质黄褐陶。口沿残。长颈，鼓腹，凹圜底。腹下部饰以竖状绳纹一圈，下饰以横向或重叠的绳纹。最大腹径16.8、底径7.6、残高13.2厘米（图五二，2）。

3. 石器

斧　1件（2002FXⅠM18：10）。利用砾石打制，部分仍保留石皮，仅刃部磨制。弧形刃，正锋。长15.1、宽8.4、厚2.4厘米（图五二，6）。

十、2002FXⅠM19

（一）墓葬形制

长方形竖穴土坑墓（图五四；图版五七，1）。叠压于2002FXⅠT35②下，打破第3层。墓向340°。墓口长325、宽110～120厘米，墓底长300、宽90～100厘米，残深80厘米。口大底小，四壁较平整粗糙，未见工具痕迹。填土为褐色黏土、黄褐色砂土混合而成的花土，并夹杂有少许的黄色黏土块。土质较硬，结构紧密。土中包含极少量的炭粒、陶器残片。

墓主骨架为仰身直肢葬，头转向身体左侧，指骨略有腐朽，头颅右侧坍塌于颅腔之内，初步判断为一男性[②]。墓底未见板灰痕迹，葬具不详。

[①] 简报中器物尺寸数据错误，见重庆市文物考古所、重庆市文物局：《涪陵小田溪墓群发掘简报》，《重庆库区考古报告集·2002卷》，科学出版社，2010年，第1339～1376页。

[②] 墓葬进行整体套箱提取，目前保存于重庆市文物考古研究院。2022年提取样本进行古DNA检测，结果见附录三。

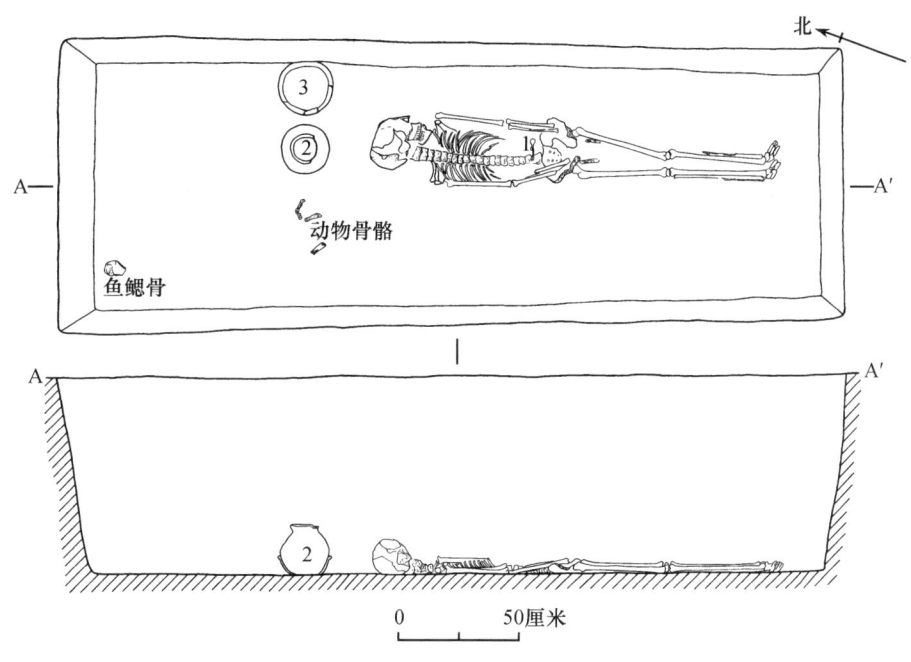

图五三　2002FXⅠM19平、剖面图
1. 铜带钩　2. 陶圜底罐　3. 陶盆

（二）出土遗物

墓内随葬3件器物，质地分铜、陶两类，另外填土中发现1件石器。其中陶器的西侧有少量动物骨骼，可能是随葬的肉类，墓室内的西北角有一鱼鳃骨。

1. 铜器

带钩　1件（2002FXⅠM19：1）。位于腰间。兽形钩首，尾部略作鸟身，圆盘状纽位于鸟身下，钩身侧面有一半圆形系。通长9.1厘米（图五四，1；图版五七，2）。

2. 陶器

共计2件。器型有圜底罐、盆。均置于头端。

圜底罐　1件（2002FXⅠM19：2）。泥质黑陶。侈口，圆唇，圆折肩，鼓腹，凹圜底。腹部饰交错绳纹。口径12、最大腹径18.8、底径8、高15.6厘米（图五四，2；图版五八，1）。

盆　1件（2002FXⅠM19：3）。泥质黑褐陶。平折沿，尖唇，弧腹，凹圜底，口沿变形歪斜。沿上刻有凹弦纹两道，腹部及底部饰交错绳纹。口径16.6、最大腹径20.3、高10.6厘米（图五四，4；图版五八，2）。

3. 石器

锛　1件（2002FXⅠM19：01）。发现于填土中。青灰色沉积岩，通体磨制，两侧部分保留自然石皮，梯形、弧刃。长8.4、宽4.3、厚2.4厘米（图五四，3）。

图五四　2002FXⅠM19出土遗物

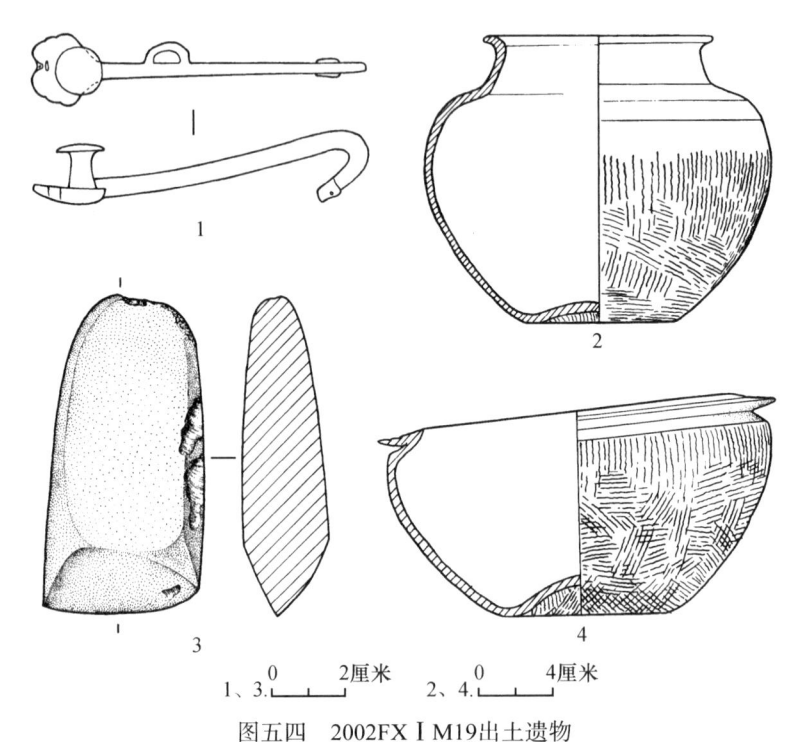

1. 铜带钩（2002FXⅠM19∶1）　2. 陶圜底罐（2002FXⅠM19∶2）　3. 石锛（2002FXⅠM19∶01）
4. 陶盆（2002FXⅠM19∶3）

十一、2002FXⅠM20

（一）墓葬形制

长方形竖穴土坑墓（图五五；图版五九，1），叠压于2002FXⅠT36③下，打破第4层。墓向50°。墓口距地表深50～75厘米，墓口长260、宽140厘米；墓底长200、宽90～100厘米，残深30～60厘米。口大底小，四壁未见加工痕迹。填土为褐色黏土、黄褐色砂土混合而成的花土，土质较硬，结构紧密，包含有极少量的炭粒、陶片。

未见棺灰痕迹，葬具不明。墓内骨架严重腐朽，仅保存部分骨骼。墓内东北侧有头骨残痕，应为仰身，其南约30厘米处有两截肢骨，墓内东侧又有牙齿痕迹，鉴于两处骨骼附近都发现有随葬品，推断该墓可能为双人合葬。

（二）出土遗物

共计18套19件，质地有铜、陶两类。

1. 铜器

计有9套10件。器型有剑、鍪、釜甑、矛、钺、削、洗。

剑　3件（2002FXⅠM20∶1、2002FXⅠM20∶12～2002FXⅠM20∶14）。均为柳叶形短

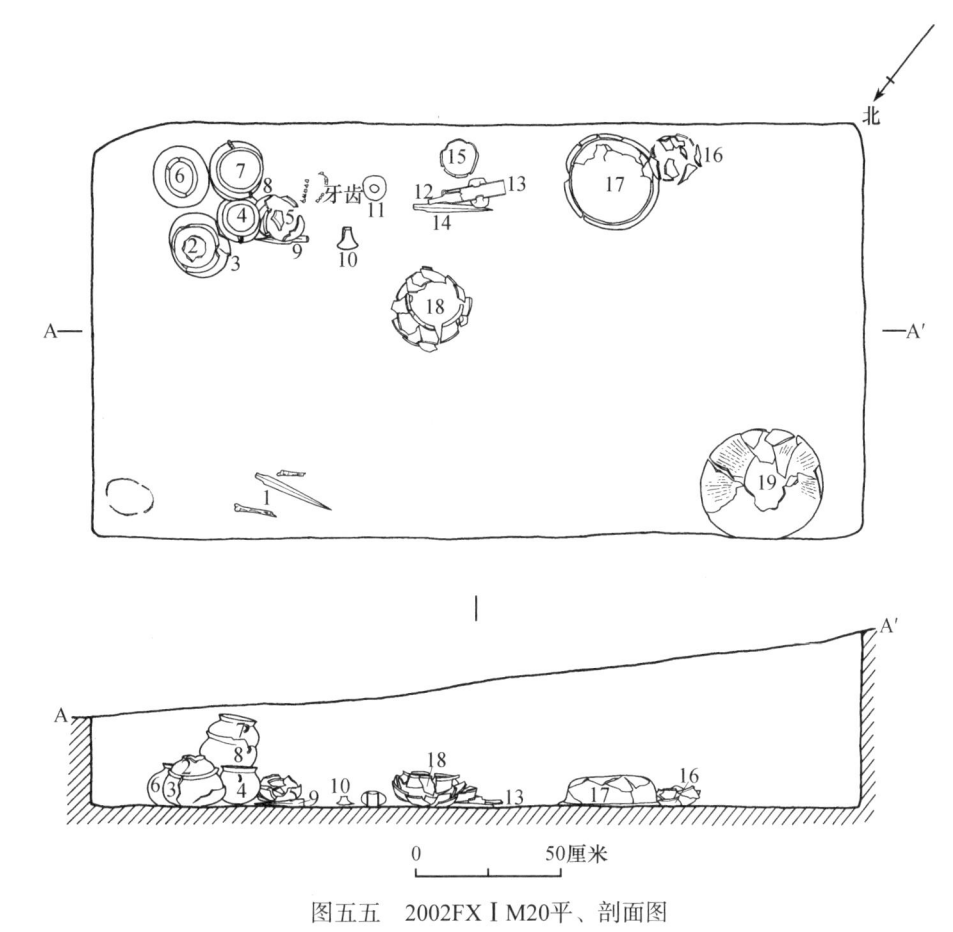

第二章 小田溪墓群A区（小田溪） ·75·

图五五 2002FXⅠM20平、剖面图
1、12、14.剑 2、11.陶平底罐 3、18.陶器 4.铜鍪 5.陶盉 6.陶釜 7、8.铜釜甑 9.铜矛 10.铜钺 13.铜削
15.陶圈足豆 16.陶圜底罐 17.铜洗 19.陶瓮

剑，两锷前锋尖锐而狭，锷本自然缓收而成剑茎，剑脊与刃部之间饰以虎斑纹。茎上两穿，一穿偏向一侧，一穿位于茎端中间。2002FXⅠM20：1，位于西侧人骨间。通长28.2、身宽3、茎长2.7厘米（图五六，8；图版五九，2）。2002FXⅠM20：14。通长26.2、身宽3.6、茎长3厘米（图五六，7；图版五九，3）。2002FXⅠM20：12，带贴金铜质剑鞘，鞘近长方形，上宽下窄，有两近长方形耳，弧面剑鞘上部有两长方形镂孔，鞘身饰以缠绕的条带状纹饰，鞘下部饰有三叶状纹饰，鞘内还插有削1件（2002FXⅠM20：13）。剑长25、刃宽3.1、鞘长18.8、鞘宽4.4～4.9、耳宽6.5厘米（图五七；图版六〇）。

鍪 1件（2002FXⅠM20：4）。侈口，鼓腹，圜底。肩上饰有凸弦纹一道。耳残。口径12.6、高15.8、最大腹径16.6厘米（图五六，5）。

釜甑 1套2件（2002FXⅠM20：7、2002FXⅠM20：8）。甑部折沿，鼓腹，圈足，圆形箅上有细条状长孔十二道，短孔九道，两短孔与三长孔为一组，四组呈米字型排列。釜部为折沿、鼓腹、圜底。釜、甑上各有索辫状耳一对。口径17.2、甑腹径17.6、釜腹径18.4、箅径10、通高22.4厘米（图五六，6；图版六一，1）。

矛 1件（2002FXⅠM20：9）。柳叶形，短骹窄叶，有一对弓形系，一端与叶相接，骹截面圆形，骹上饰有巴蜀符号一组。矛骹上残留有细麻织物痕迹（图版六三，3）。通长17.4、叶宽3.8、骹口直径2.6厘米（图五六，2；图版六三，2）。

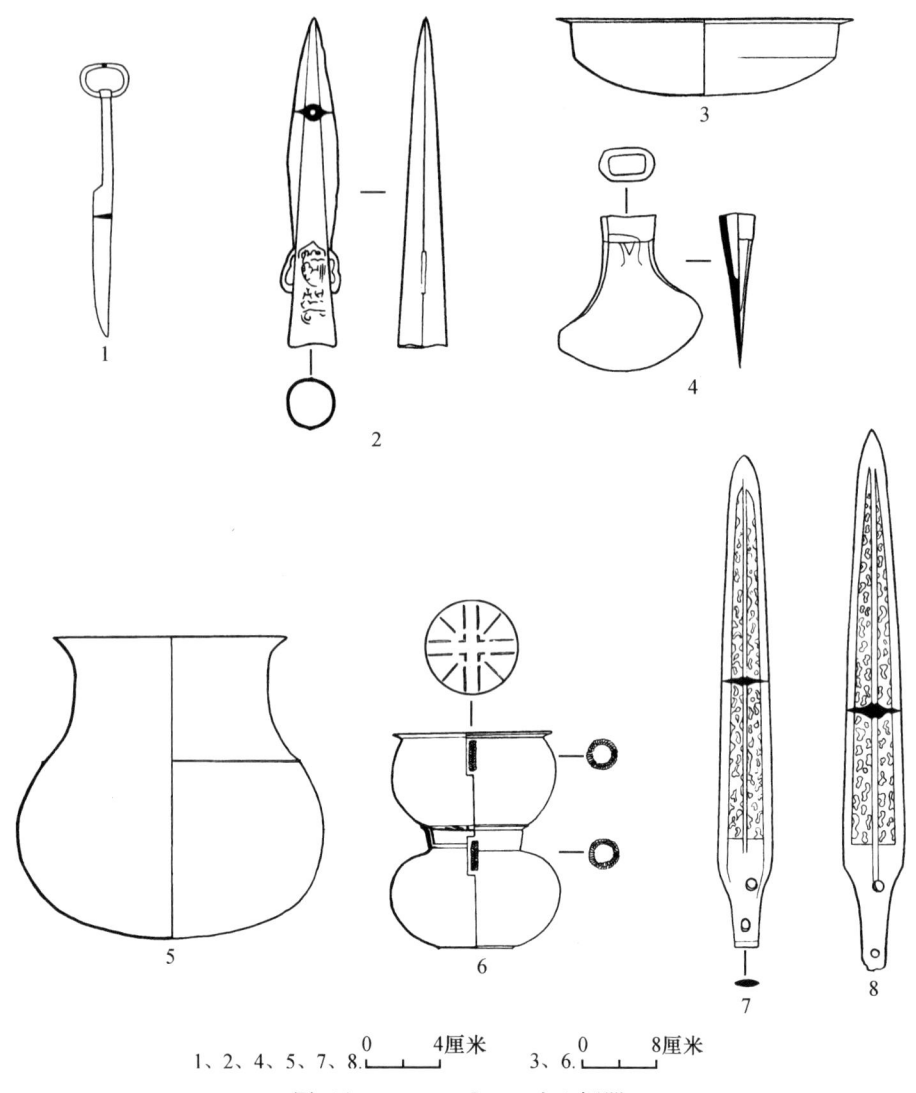

图五六　2002FXⅠM20出土铜器
1. 削（2002FXⅠM20：13）　2. 矛（2002FXⅠM20：9）　3. 洗（2002FXⅠM12：17）　4. 钺（2002FXⅠM12：10）
5. 鍪（2002FXⅠM20：4）　6. 釜甑（2002FXⅠM20：7、2002FXⅠM20：8）　7、8. 剑（2002FXⅠM20：14、2002FXⅠM20：1）

钺　1件（2002FXⅠM20：10）。弧刃，钺身似靴形，圆角方形銎，銎箍较宽。钺身上部有一个阳刻巴蜀符号。通长8.2、刃宽7.6、銎口宽1、长2厘米（图五六，4；图版六二，1）。

削　1件（2002FXⅠM20：13）。放置在12号剑鞘内。环首，直刃，削身狭长。长14.4厘米（图五六，1）。

洗　1件（2002FXⅠM20：17）[①]。平折沿，折腹，小平底。素面。口径32、底径9、高10、最大腹径28.8厘米（图五六，3；图版六二，2）。

2. 陶器

可辨认器型的有9件，器型有平底罐、盂、釜、豆、瓮。

---

① 采集到洗内少量骨骼进行 ^{14}C 检测，结果见附录一。

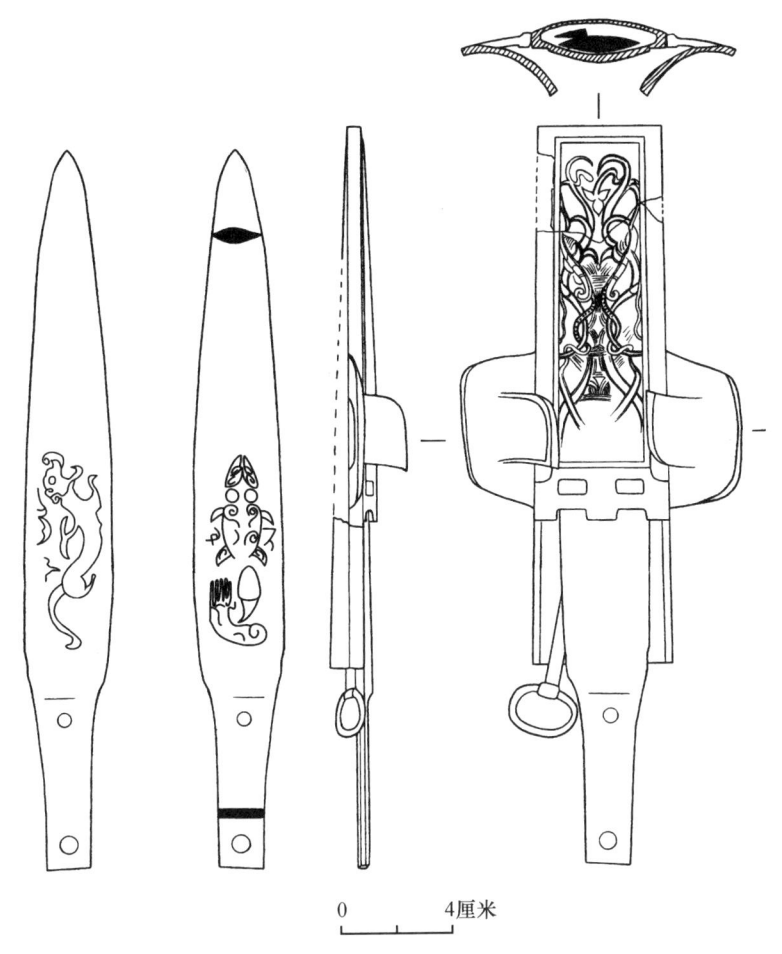

图五七　2002FXⅠM20出土铜剑（2002FXⅠM20∶12）

平底罐　2件（2002FXⅠM20∶2、2002FXⅠM20∶11）。2002FXⅠM20∶2，夹砂黑褐陶。大口折沿，尖唇，圆肩，小平底略内凹。口径10.8、最大腹径13.8、底径4.2、高10厘米（图五八，1；图版六二，3）。2002FXⅠM20∶11，泥质黑褐陶。口径5.1、高4.2、底径2.8厘米（图五八，5）。

盂　1件（2002FXⅠM20∶5）。泥质黑褐陶。大口折沿，圆唇，鼓腹，圜底。口径15.2、最大腹径17.6、高约10厘米（图五八，4；图版六二，4）。

釜　1件（2002FXⅠM20∶6）。夹砂红褐陶。侈口，圆唇，颈较长，鼓腹，圜底较平。颈部以下饰以竖向绳纹。口径13、最大腹径17.8、高15.4厘米（图五八，3）。

圜底罐　1件（2002FXⅠM20∶16）。夹砂红褐陶。卷沿，圆唇，束颈，腹近球形，圜底。颈部以下饰以竖向绳纹。口径15.2、最大腹径17.6、高约17.2厘米（图五八，6）。

圈足豆　1件（2002FXⅠM20∶15）。夹砂红褐陶。直口，圆唇，腹较深，喇叭状圈足。口径14.2、圈足径6.8、高7厘米（图五八，2）。

瓮　1件（2002FXⅠM20∶19）。泥质红褐陶。大口，斜折沿，尖唇，耸肩，深腹，下腹弧收，平底。肩腹部遍饰竖绳纹。口径26、底径17.6、高41.2厘米（图五八，7）。

陶器　2件（2002FXⅠM20∶3、2002FXⅠM20∶18）。均为夹砂褐陶。未修复。器型不明。

图五八　2002FXⅠM20出土陶器

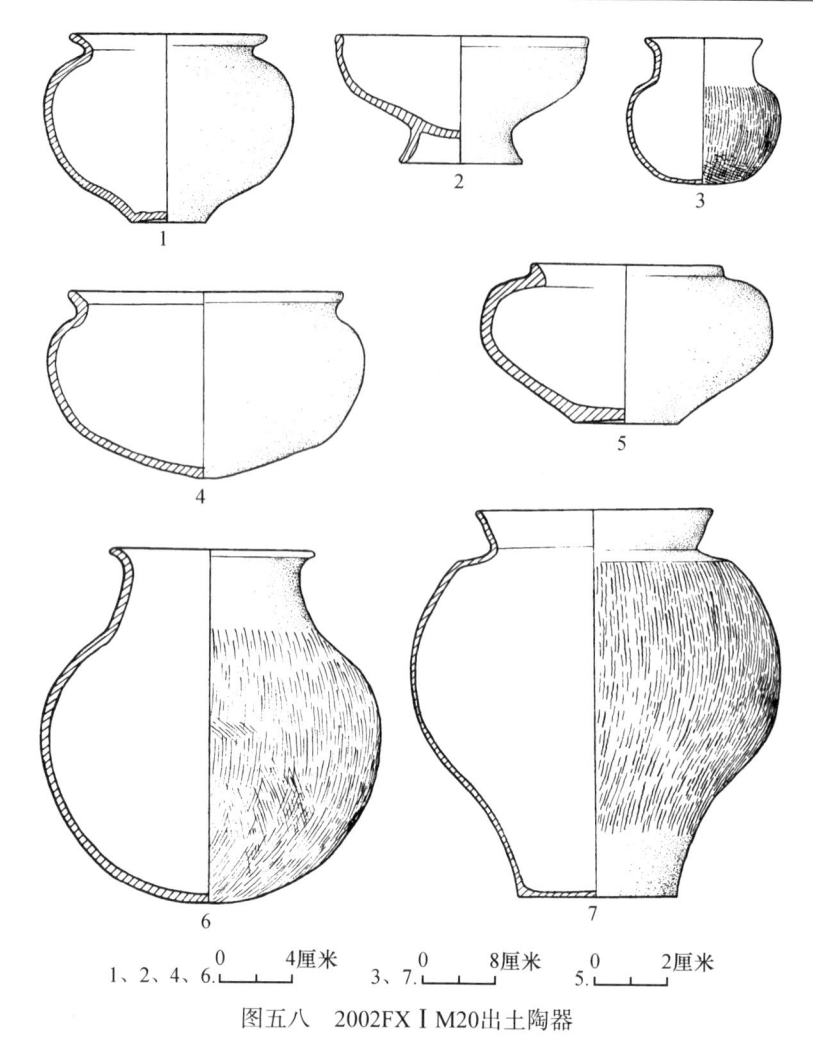

1、5.平底罐（2002FXⅠM20:2、2002FXⅠM20:11）　2.圈足豆（2002FXⅠM20:15）　3.釜（2002FXⅠM20:6）
4.盂（2002FXⅠM20:5）　6.圜底罐（2002FXⅠM20:16）　7.瓮（2002FXⅠM20:19）

十二、2002FXⅠM21

（一）墓葬形制

刀把形竖穴土坑墓。叠压于2002FXⅠT100①下，打破2002FXⅠM22，底部为风化石层。东南角被现代茅坑打破至底部，西北角被2002FXⅠM22盗洞打破。盗洞呈长方形，开口东西长90、南北宽70、深120厘米。内填浅灰土及屋面水泥块。墓向36°，平面形状呈刀把形（图五九；图版六三，1）。由墓道、墓室两部分组成。墓道位于墓室东北角。长136、宽120、深20厘米。墓室平面形状呈长方形。南北长230、东西宽200、深20～30厘米。墓底凹凸不平，墓室及墓道内填土均为灰褐土，含有少量风化石块。

墓底有灰黑色腐痕。长170、宽100厘米。怀疑是棺痕。墓室南侧有少量漆皮残留。由于腐朽严重棺内未见人骨痕迹，葬式、头向不明。

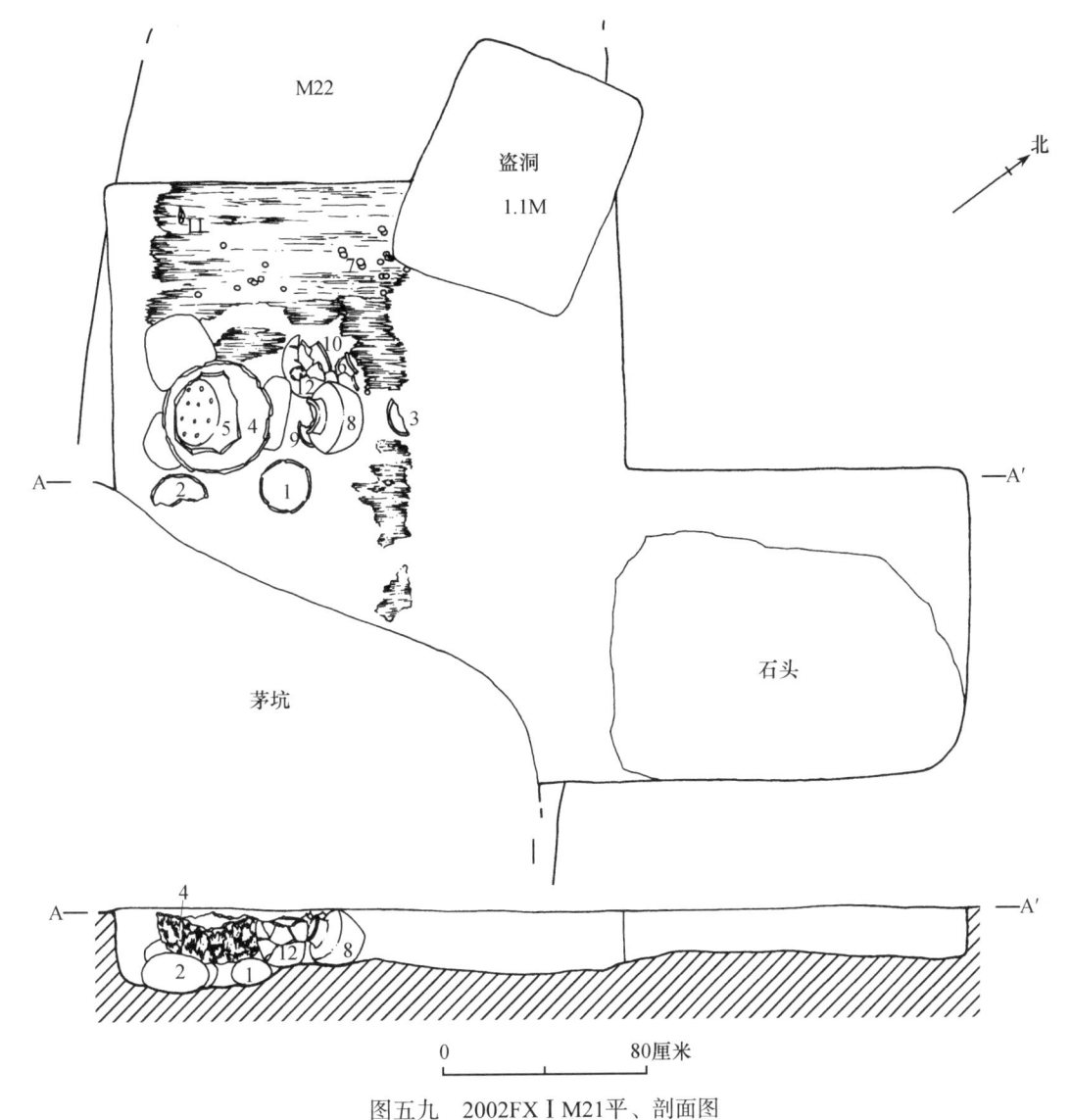

图五九　2002FXⅠM21平、剖面图
1、12.陶水井　2、4.铁釜　3、6、9.陶钵　5.陶甑　7.五铢　8、10.陶折肩罐　11.铜镞

（二）出土遗物

2002FXⅠM21与2002FXⅠM22均位于村民厨房和猪圈内，遭到村民建房、平整地面以及近年盗掘破坏，考古队拆除厨房、猪圈进行抢救性发掘，清理后发现墓室内器物遗失破坏严重，仅残留少量随葬品置于棺内，共计21件，质地分为铜、铁、陶三类，大部分器物无法修复，可辨器型有铁釜、陶折肩罐、陶水井、陶甑、陶钵、铜镞等。

1. 铜器

镞　1件（2002FXⅠM21∶11）。铤已残。銎口为圆形。残长3、尾翼宽1.1厘米（图六〇，2）。

五铢　11枚（2002FXⅠM21∶7）。锈蚀严重，大部分残碎（图版六三，2）。

2. 铁器

釜　2件（2002FXⅠM21：2、2002FXⅠM21：4），均锈蚀严重。鼓腹，圜底。2002FXⅠM21：2，肩以上缺失。腹径22、残高10厘米。2002FXⅠM21：4，残碎无法修复。

3. 陶器

计有7件。器型有罐、钵、井、甑。

水井　1件（2002FXⅠM21：1、2002FXⅠM21：12），残缺，保存井身、汲水罐两部分。井身（2002FXⅠM21：1）泥质灰褐陶，口、肩已残缺，筒形腹，平底。腹径23、底径16厘米。汲水罐（2002FXⅠM21：12），夹砂灰褐陶。侈口圆唇，折肩，平底。口径2.2、底径3.8、高3.6厘米（图六〇，3）。

甑　1件（2002FXⅠM21：5）。泥质灰陶。口与肩都已缺失，残存底部，有12个箅孔。底径19、残高6、箅孔径1.8厘米。

钵　3件（2002FXⅠM21：3、2002FXⅠM21：6、2002FXⅠM21：9）。均为泥质灰陶。尖圆唇，折腹，平底。2002FXⅠM21：3，泥质灰陶。未修复。2002FXⅠM21：6，口径5.8、腹径19、底径6厘米（图六〇，1）。2002FXⅠM21：9，敞口，尖唇，唇部加厚，折腹，平底。口径12.8、底径4.2、高5厘米（图版六三，3）。

折肩罐　2件（2002FXⅠM21：8、2002FXⅠM21：10），均泥质灰陶。折肩，鼓腹，大平底。2002FXⅠM21：8，直口微敛，方唇。口径15.4、底径18、高17.2厘米（图六〇，5；图版六三，4）。2002FXⅠM21：10，直口微侈，方唇。口径12.8、底径16.8、高16.8厘米（图六〇，4；图版六三，5）。

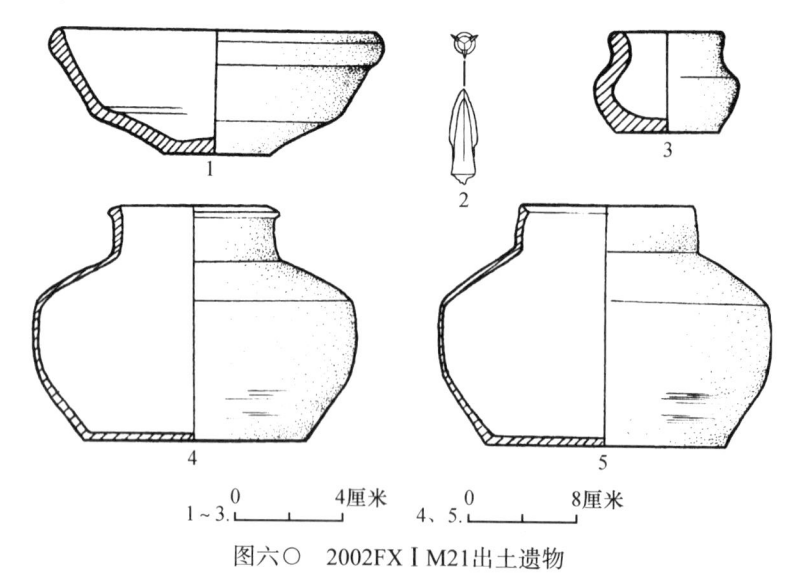

图六〇　2002FXⅠM21出土遗物
1.陶钵（2002FXⅠM21：6）　2.铜镞（2002FXⅠM21：11）　3.陶汲水罐（2002FXⅠM21：12）　4、5.陶折肩罐（2002FXⅠM21：10、2002FXⅠM21：8）

十三、2002FXⅠM22

（一）墓葬形制

长方形竖穴土圹墓。叠压于2002FXⅠT100①下，被2002FXⅠM21打破，东半部被茅坑打破至底，西北部被一现代盗洞扰乱至底部（图版六四，1）。墓口距地表深10厘米。墓向114°。由于遭盗扰严重，仅留墓口北、西两边较完整。墓口长470、宽170厘米；墓底长470、宽160厘米，残深110厘米。墓壁东西两壁较平直，南北两壁向内倾斜。填土为黑褐色，夹杂较多的风化石块，盗洞内填土松散，灰褐色花土，夹杂有瓦片屋面水泥块，以及可能是盗墓贼留下的香烟盒。

葬具为一椁一棺。椁木被茅坑、盗洞破坏。椁长470、宽100、底板灰厚1厘米。南北两侧分别有黄褐色熟土二层台，北宽20～55、南宽30～60、高76厘米。棺木东北部被盗洞破坏。盗洞长220、宽56～60厘米。棺内南侧有一具人骨灰痕，头向东，仰身直肢葬，下肢骨微曲。

（二）出土遗物

由于棺木以外椁木东半部整个被现代茅坑破坏殆尽，这里的随葬品荡然无存。墓葬西北角又有盗洞，盗墓贼进入墓室后盗扰了中部大部分面积，由于盗洞一直是向东盗进，所以人骨部分以及棺内部分随葬品才得以保存，多数是铜、金、玉质小型器物，编号15件（图六一）。

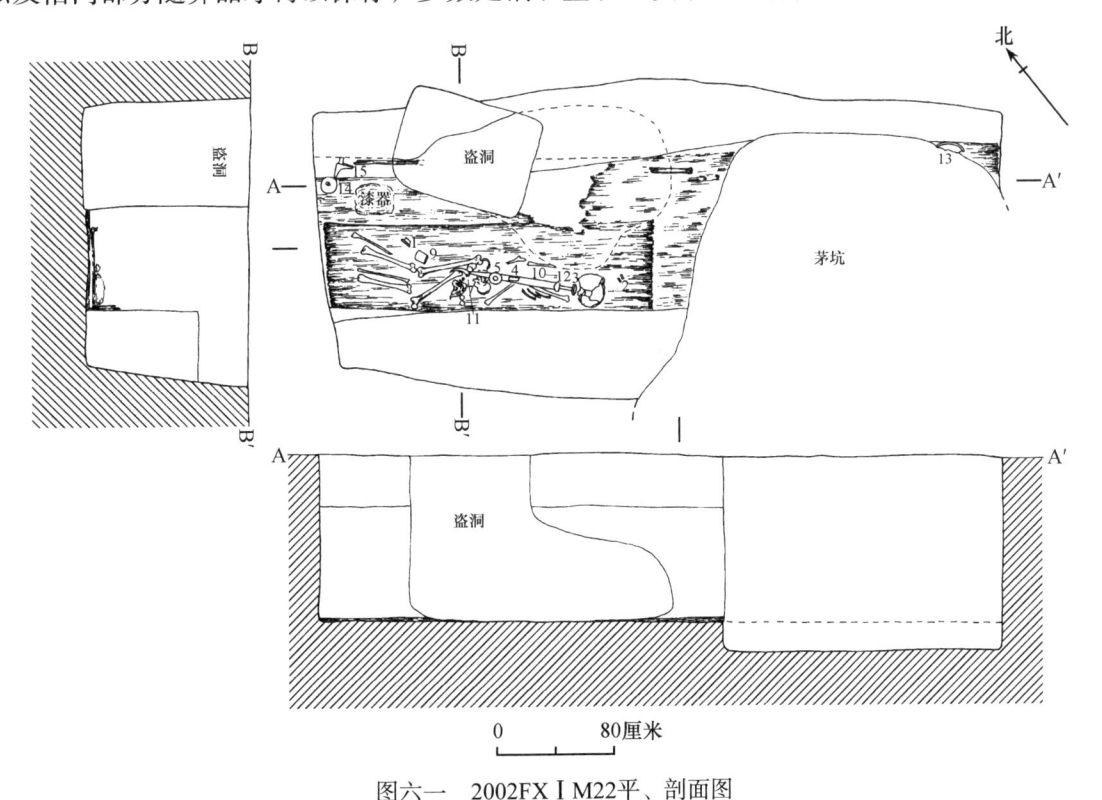

图六一　2002FXⅠM22平、剖面图

1.铜器座　2.琉璃管形饰　3、4、9、10、12.玉具剑　5.玉璧　6.玉觿　7.琉璃珠　8.玉龙形佩　11.金饰件　13.陶器　14.铜鍪盖　15.铜戈

1. 铜器

计有4套8件，器型有器座、鍪盖、玉具剑、戈。

器座　1件（2002FXⅠM22：1）。假圈足形平底，中心有一近方形小孔，直口。口径小于底径，口上有四个对称小圆孔。口径5.5、足径8、高2.7厘米（图六二，6；图版六四，2）。

鍪盖　1件（2002FXⅠM22：14）。仅存盖，圆形，子母口，盖面有四层台面，除最内层浮雕四瓣花朵纹饰外，其余素面，花瓣中心置环纽，纽上套圆环。盖直径11.2、盖口径10、盖高2.4厘米（图六三，7；图版六四，3）。

玉具剑　1套5件（2002FXⅠM22：3、2002FXⅠM22：4、2002FXⅠM22：9、2002FXⅠM22：10、2002FXⅠM22：12），由铜质剑身、玉质剑首、玉质剑珥、玉质剑璏、玉质剑珌五部分组成（图六二，7；图版六五，1）。剑身（2002FXⅠM22：10），青铜质。剑身腊长而两从保持平行，至锋处尖削，茎较长，端处略微变窄，截面呈长方形，剑身锈蚀残断。通长73.6、宽4.4、柄长8.8厘米。剑首（2002FXⅠM22：3），白玉质，略有黄色瑕疵。体扁圆，正面中部凸起扁圆形球面，球面中心为四角星纹，周边有四个勾连云纹，圆凸的四周装饰谷纹，背面中部有环形深槽，深槽外有两个对称的斜向圆孔，正面抛光，背面有打磨痕。直径4.8、厚1.2厘米（图六二，3；图版六五，2）。剑珥（2002FXⅠM22：12），白玉质，中部有黄褐色浸蚀。侧视为中部棱起的"山"字形，横截面为菱形，中部有椭圆孔以容剑柄通过，侧面以中脊为界有对称直角勾连云纹。表面抛光，孔内不甚平滑。高2.9、宽5.4、厚2厘米（图六二，2；图版六五，3）。剑璏（2002FXⅠM22：4），青玉质，有黄褐色瑕疵及灰色浸蚀。片状长条形，两端下弯，背面有长方形仓，便于革带穿过，正面有两条竖向凹弦纹，背面有打磨线痕，仓内部不甚平滑，其余部分均抛光。长6.3、宽2.3、厚1.8厘米（图六二，5；图版六五，4）。剑珌（2002FXⅠM22：9），白玉质，有黄褐色瑕疵及浸蚀。正视呈梯形，侧视呈梭形。底部有几何形刻划纹，顶部有一个粗的竖向圆孔及对称的两个斜向圆孔，侧面以中部为界，装饰对称直角勾连云纹，顶部有打磨线痕，其余表面均作抛光处理。高6.5、宽4.7~5.8、厚1~1.2厘米（图六二，1；图版六五，5）。

戈　1件（2002FXⅠM22：15）。置于椁内西北角。直援，无明显中脊，援身略收腰，援锋尖锐，中胡，有阑，援本有三长方形穿。长方形内，内上有一长方形穿。通长21、栏长10.8、内长8.6、内宽2.8厘米。木柄已腐朽未提取。残长230厘米（图六二，4；图版六六，1）。

2. 金器

饰件　1件（2002FXⅠM22：11）。形似贯耳壶状，中间镂孔。高1.8、宽1.2厘米（图六三，2；图版六六，2）。

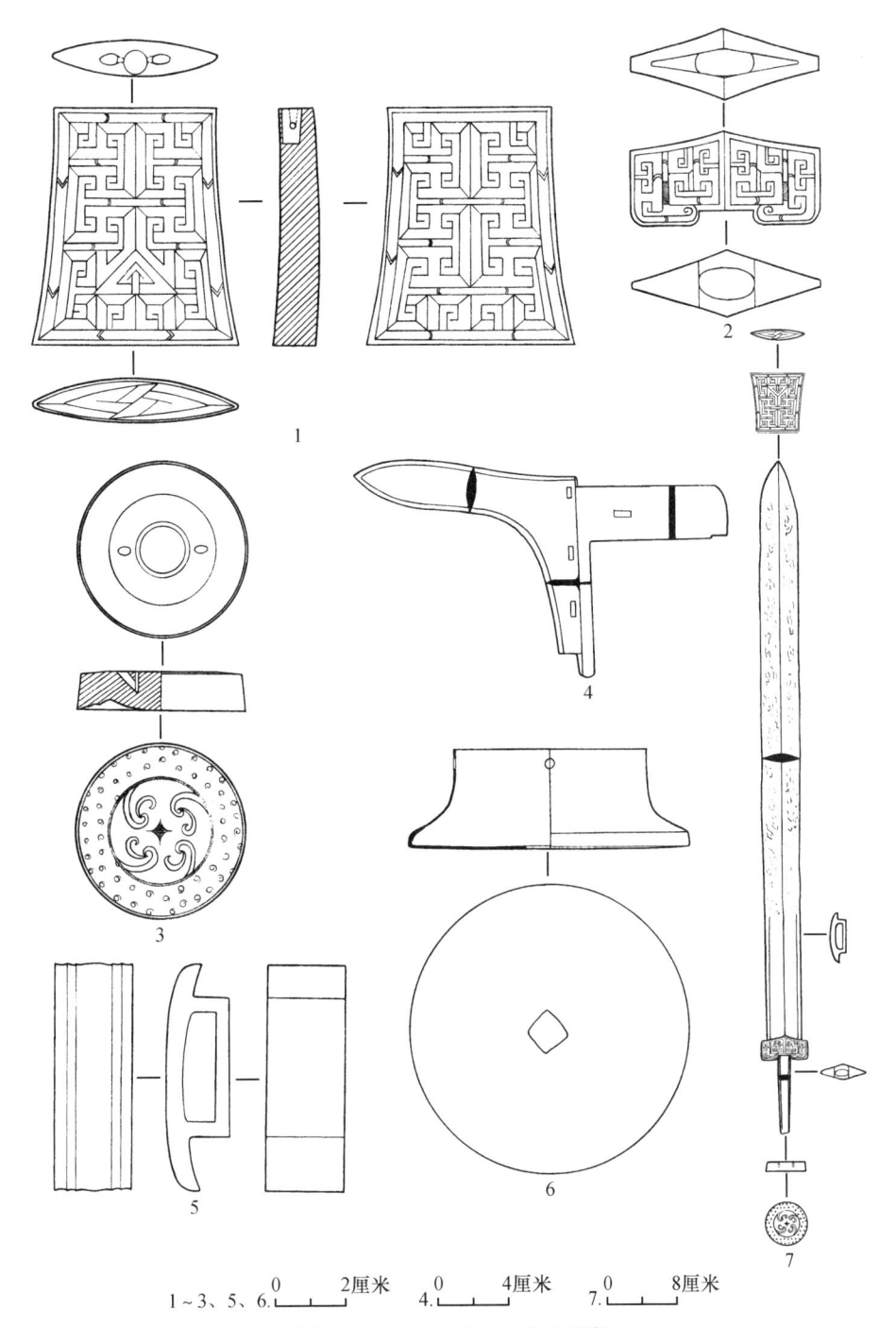

图六二　2002FXⅠM22出土遗物

1. 玉剑珌（2002FXⅠM22∶9）　2. 玉剑珥（2002FXⅠM22∶12）　3. 玉剑首（2002FXⅠM22∶3）
4. 铜戈（2002FXⅠM22∶15）　5. 玉剑璏（2002FXⅠM22∶4）　6. 铜器座（2002FXⅠM22∶1）
7. 玉具剑（2002FXⅠM22∶10）

3. 玉器（含琉璃器）

共计5套7件，器型有玉觿、玉璧、玉龙形佩、琉璃珠、琉璃管形饰。

琉璃管形饰① 1套2件（2002FXⅠM22:2）。一件已残损，均呈管状。长2.2、孔径0.5厘米（图六三, 1；图版六六, 3）。

玉璧 1件（2002FXⅠM22:5）。青玉质。有褐色、白色瑕疵及浸蚀。两面饰有谷纹。直径7.4、孔径3.6、肉宽1.9、厚0.6厘米（图六三, 6；图版六六, 4）。

玉觿 1件（2002FXⅠM22:6）。白玉质。头部有黄色瑕疵。形若弯曲月牙状，上宽下尖。上端雕一龙首，龙角、目、嘴皆线刻，口部有一椭圆形孔，龙头后方两侧刻划有一背向有羽麟纹的凤首造型，尖长喙。长10.6、宽0.8厘米（图六三, 5；图版六七, 1）。

琉璃珠 1件（2002FXⅠM22:7）。蓝色琉璃质。圆球形，中间有一圆穿，表面有内凹的大小不等的凹窝。直径2.4、高1.9厘米（图六三, 3；图版六六, 5）

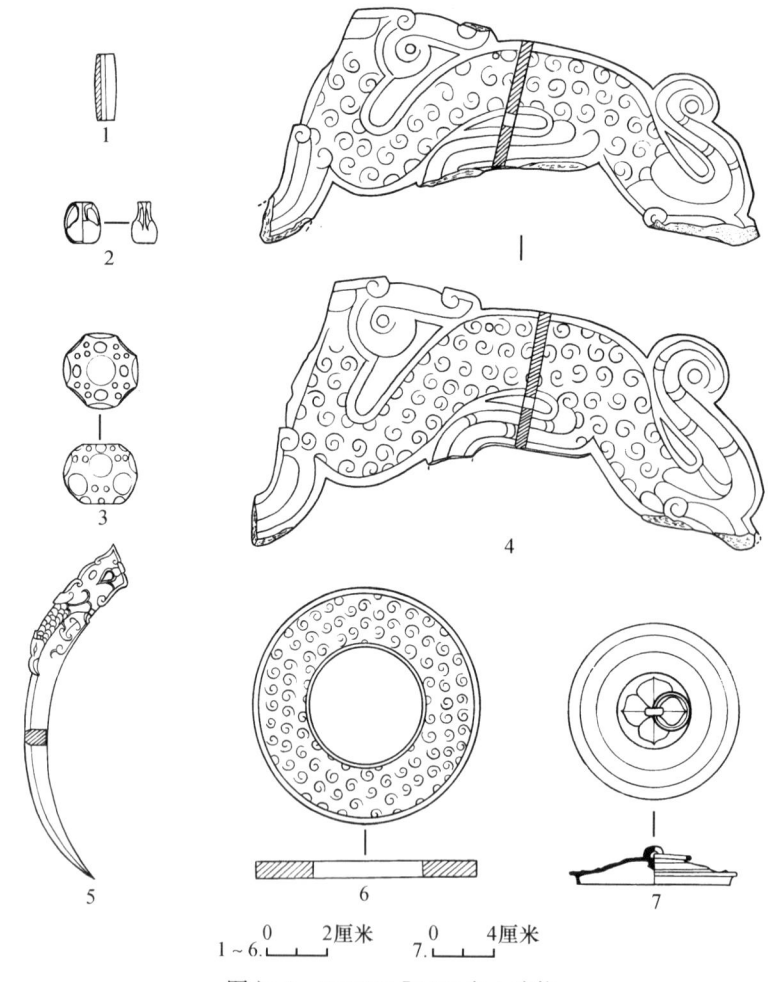

图六三 2002FXⅠM22出土遗物

1. 琉璃管形饰（2002FXⅠM22:2） 2. 金饰件（2002FXⅠM22:11） 3. 琉璃珠（2002FXⅠM22:7） 4. 玉龙形佩（2002FXⅠM22:8-1） 5. 玉觿（2002FXⅠM22:6） 6. 玉璧（2002FXⅠM22:5） 7. 铜鍪盖（2002FXⅠM22:14）

---

① 简报中错定为绿松石质，见重庆市文物考古所、重庆市文物局：《涪陵小田溪墓群发掘简报》，《重庆库区考古报告集·2002卷》，科学出版社，2010年，第1339~1376页。实应为烧制的琉璃器。

玉龙形佩　1套2件（2002FXⅠM22：8-1、2002FXⅠM22：8-2），大小造型相似，均为青玉质，两端有黄绿色瑕疵，局部有浸蚀。卷曲龙形，卷尾，弓背，昂首做回头状，有三足，阴线刻龙头、爪、尾，龙身有谷纹装饰。尾、头及身均有圆穿，身体部分穿较小。线条不甚平滑，粗细不一，佩边缘有损伤。长16.2、宽10、厚0.3厘米（图六三，4；图版六七，2）。

4. 陶器

陶器　1件（2002FXⅠM22：13），夹砂灰褐陶。未修复，器型不明。

十四、2007FXXM23

（一）墓葬形制

长方形竖穴土圹石室墓（图六四）。叠压于2007FXXT114②下，打破生土。墓向260°，墓圹长246、最宽90、残深40厘米，南侧石壁和墓圹间隔约8厘米。墓室长200～224、宽70～76、残深40厘米。墓顶、墓四壁石板已毁，仅墓壁南侧有四块石板残存。墓底用两块石板平铺，均遭扰乱，小石板叠砌于大石板上。构筑墓室的石板较规整，应系人为加工成方形或长方形，石板大小不一，其中大石板长130、宽50、厚10厘米。

墓周围扰土为黑褐色杂土。随葬品及少量人骨置于大石板上，由于扰乱严重，葬式、葬具不详。

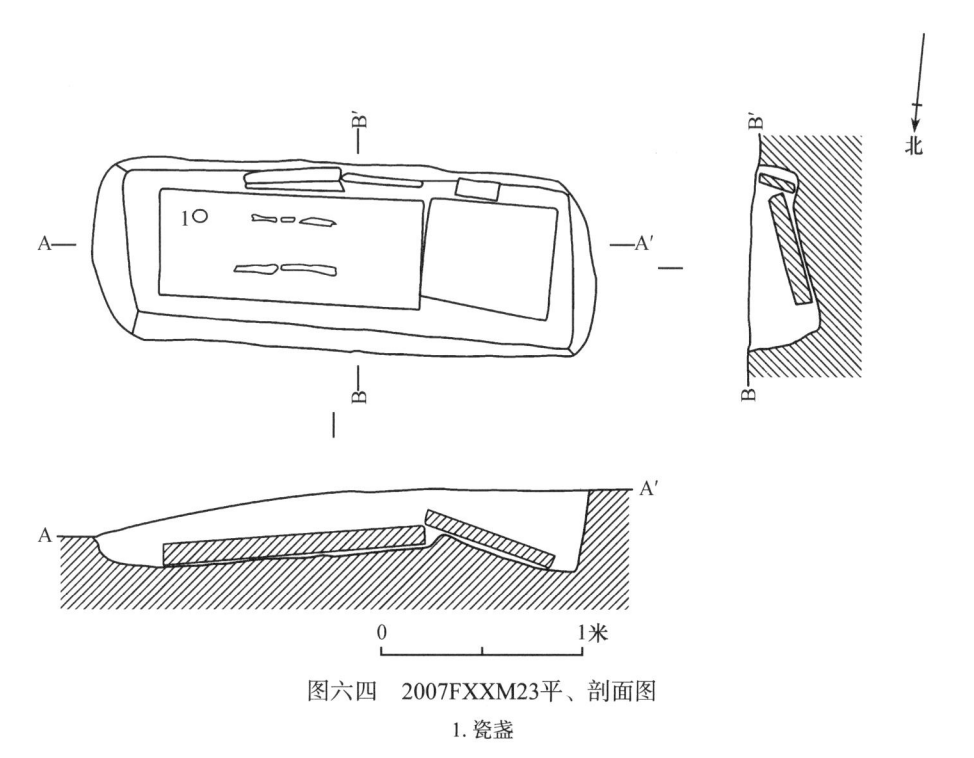

图六四　2007FXXM23平、剖面图
1. 瓷盏

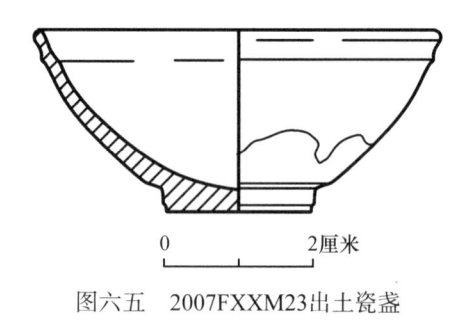

图六五　2007FXXM23出土瓷盏
（2007FXXM23：1）

（二）出土遗物

扰乱严重，仅发现1件黑瓷盏。

瓷盏　1件（2007FXXM23：1）。敞口，尖唇，弧腹，饼足。盏内有支钉。施酱釉，釉不及底，下腹有流釉。口径11、底径4、高4.8厘米（图六五）。

十五、2007FXXM24

（一）墓葬形制

长方形竖穴土坑墓（图六六）。叠压于2007FXXT109②下，打破生土。墓向28°。墓口残长290、宽256、残深90厘米。直壁，平底，壁面较规整。填土为浅黑褐色五花土。

未见葬具，人骨保存差，葬式不明。

（二）出土遗物

出土时编号7件，均为陶器，置于墓室中部。可辨器型有灯、罐、盆、器盖、耳杯，其中灯、器盖属于釉陶器，太破碎均未能修复。

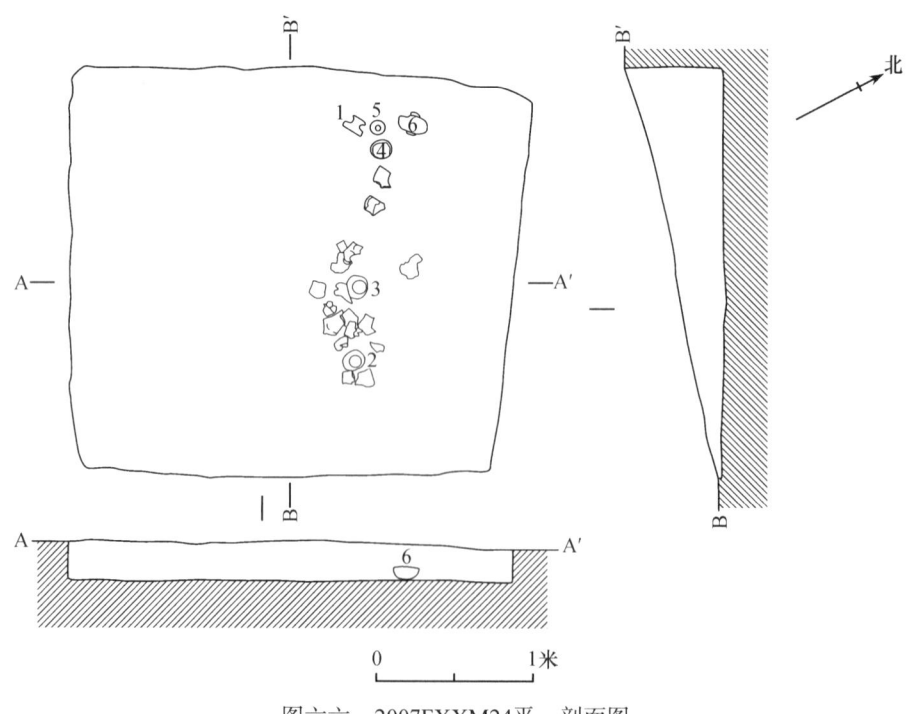

图六六　2007FXXM24平、剖面图
1.釉陶灯　2.陶罐　3、4.陶盆　5、7.釉陶器盖　6.陶耳杯

十六、2007FXXM25

（一）墓葬形制

刀把型砖室墓（图六七；图版六八，1）。叠压于2007FXXT111层下，打破生土。墓向46°。墓圹长508、宽342、残深128厘米。墓圹内砖砌甬道、墓室，四侧砖壁和墓圹壁约有16厘米的间隔，墓底未见铺地砖，甬道底部有一条东西向砖砌排水沟。长216、宽38、深18厘米。墓室呈方形，长248、宽316厘米。墓壁用长方形砖错缝平砌9层，券顶塌毁。甬道平面为长方形，长242、宽162厘米。墓砖为长方形菱形纹砖，长42、宽18、厚8厘米。

不见棺木痕迹，骨架已朽，仅保留四具肢骨，葬式不明。墓葬扰土为黑褐色五花土，其中夹杂着石头、砖块、树根。

（二）出土遗物

该墓随葬品丰富，出土时编号96件，资料整理时发现部分随葬品有合并拆分，以及组合情况，实际整理后有随葬品共计84套122件器物[1]，质地有陶、釉陶、铜、琉璃四类。大部分器物保存较完整，环绕人骨排列，集中在墓室前后两端、最西侧人骨周围及甬道，可能并未遭到盗掘。

1. 陶器

整理后计有49套52件，器型有钵、罐、甑、釜、盆等生产及生活用具，以及水井、鸡、狗、猪、抚琴俑、侍俑、碓房等模型明器。

钵　8件（2007FXXM25：2、2007FXXM25：3、2007FXXM25：4、2007FXXM25：6、2007FXXM25：41、2007FXXM25：44、2007FXXM25：46、2007FXXM25：93）。形制较相近，均为泥质灰陶。敞口，尖圆唇，唇外卷，下腹折收，小平底。2007FXXM25：2，口径12、底径3.5、高4.3厘米（图六八，2）。2007FXXM25：3，口径12.2、底径3.6、高4.4厘米（图六八，3）。2007FXXM25：4，口径12、底径3.9、高4.3厘米（图六八，1）。2007FXXM25：6，口径13.2、底径4.5、高4.9厘米（图六八，5）。2007FXXM25：41，口径18.8、底径5、高6.2厘米（图六八，8）。2007FXXM25：44，口径11.7、底径4、高4.6厘米（图六八，6）。2007FXXM25：46，口径18.7、底径5、高6.5厘米（图六八，7）。2007FXXM25：93，口径13、底径4.8、高4.8厘米（图六八，4）。

---

[1] 2007FXXM25：1（陶房）、2007FXXM25：64（陶罐）、2007FXXM25：68（陶罐）、2007FXXM25：71（陶罐）均未修复，实际器型不详。

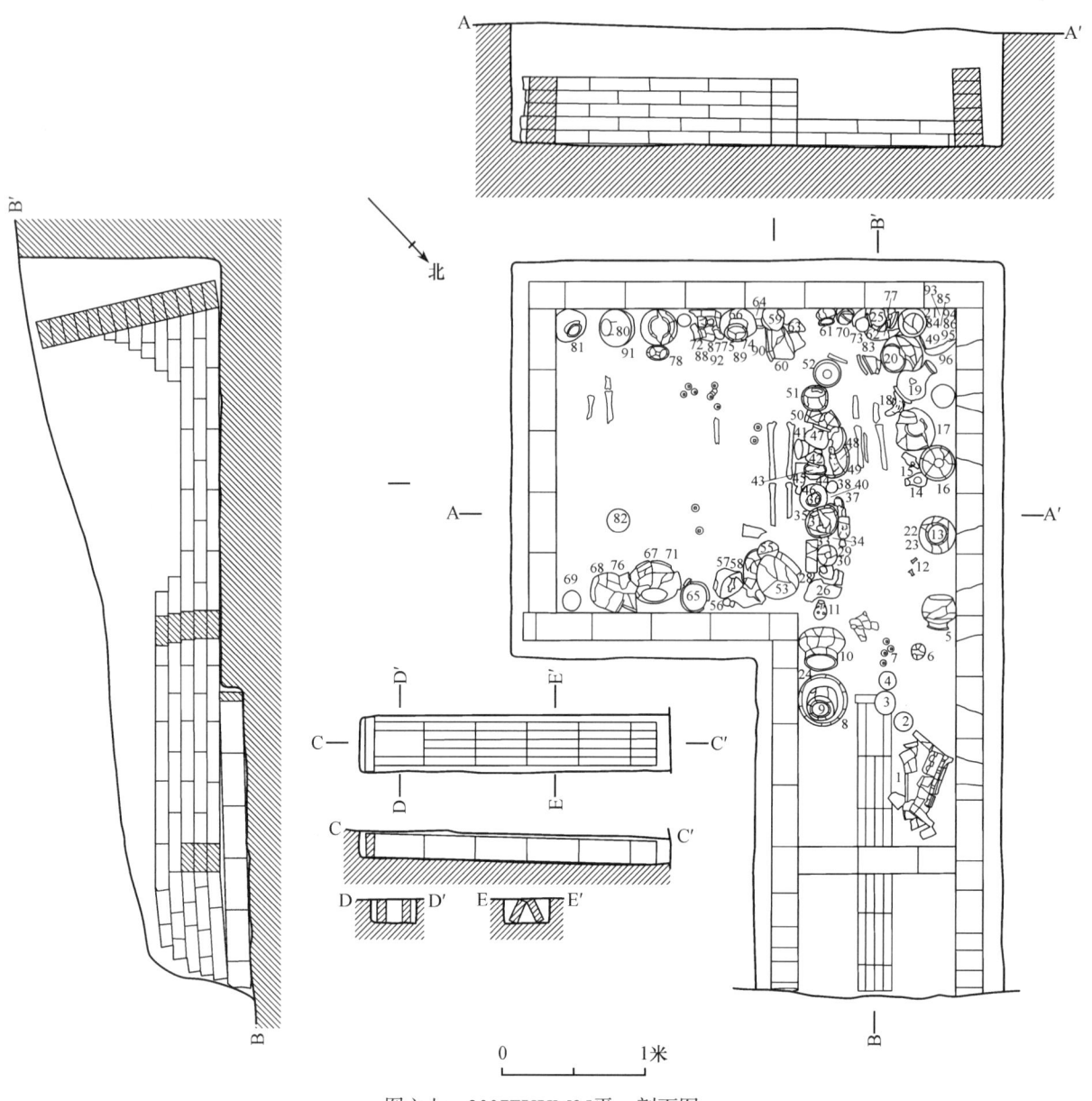

图六七　2007FXXM25平、剖面图

1.陶房（？）　2~4、6、41、44、46、93.陶钵　5、13、17、77、79、81.陶折肩罐　7.五铢　8、21、24、56、57、86、95.陶水井　9、62.陶甑　10、20、53、60.陶釜　11、15、18.陶子母鸡　12.琉璃耳珰　14.陶公鸡　16、65、78、84.釉陶盆　19、66、69、70.釉陶盘口壶　22、25、30、34、36、39、42、48、59、80、85、89.陶圆肩罐　23、26.陶狗　27.陶抚琴俑　28、75.釉陶勺　29、43、49、51、82、88.釉陶盒　31、90、92.釉陶魁　32、40、47、55、58、61.釉陶釜　33.陶猪　35、45、94.陶侍俑　37、38、91.釉陶灯　50.釉陶卮　52、76、83.釉陶盘　54、73、74、87.釉陶博山炉　63、67.陶盆　64、68、71.陶罐（？）　72.陶碓房

折肩罐　6件（2007FXXM25：5、2007FXXM25：13、2007FXXM25：17、2007FXXM25：77、2007FXXM25：79、2007FXXM25：81），均为泥质灰陶。敛口，圆唇，折肩，大平底。2007FXXM25：5，口径14、底径14.4、高16.3厘米（图六九，2）。2007FXXM25：13，口径15、底径16.4、高15厘米（图六九，5）。2007FXXM25：17，口径14、底径15.2、高17.4厘米（图六九，4）。2007FXXM25：77，口径13.6、底径14.8、高14.7厘米（图六九，1）。2007FXXM25：79，口径13.6、底径16.2、高15.1厘米（图六九，3）。2007FXXM25：81，口

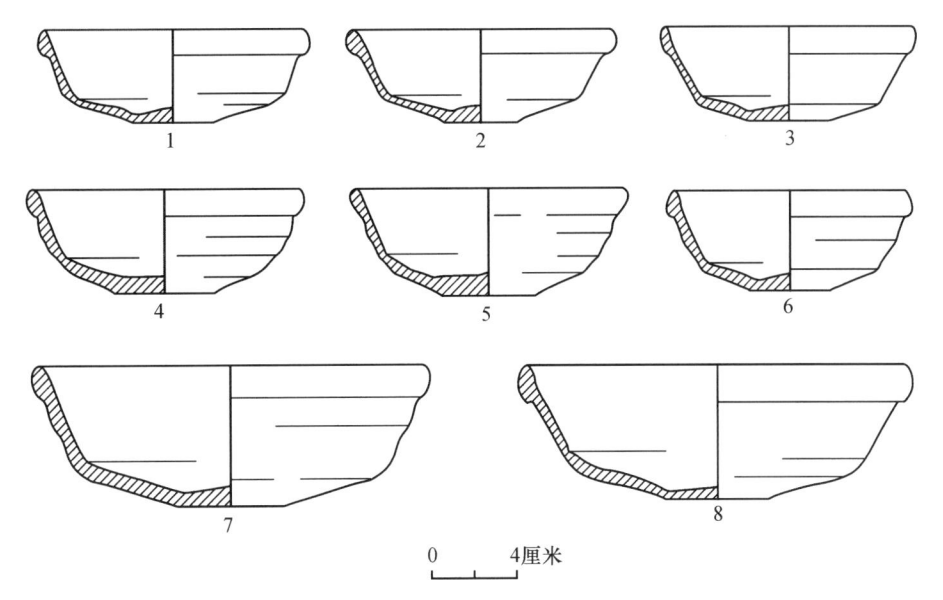

图六八　2007FXXM25出土陶钵

1. 2007FXXM25：4　2. 2007FXXM25：2　3. 2007FXXM25：3　4. 2007FXXM25：93　5. 2007FXXM25：6　6. 2007FXXM25：44　7. 2007FXXM25：46　8. 2007FXXM25：41

径14.6、底径18.5、高18.2厘米（图六九，9）。

圆肩罐　12件（2007FXXM25：22、2007FXXM25：25、2007FXXM25：30、2007FXXM25：34、2007FXXM25：36、2007FXXM25：39、2007FXXM25：42、2007FXXM25：48、2007FXXM25：59、2007FXXM25：80、2007FXXM25：85、2007FXXM25：89）。均为泥质灰陶。侈口，圆肩，鼓腹，平底。颈部、肩部各有一道凹弦纹，部分腹部有轮制痕迹。2007FXXM25：22，口径10.4、底径8、高11厘米（图七〇，11）。2007FXXM25：25，口径10、底径6、高11厘米（图七〇，5）。2007FXXM25：30，口径10.5、底径7、高11.5厘米（图七〇，9）。2007FXXM25：34，口径9.8、底径6.3、高11.6厘米（图七〇，6）。2007FXXM25：36，口径10、底径6.8、高11.5厘米（图七〇，8）。2007FXXM25：39，口径9.6、底径9.6、高9.8厘米（图七〇，2）。2007FXXM25：42，口径9.2、底径6.3、高9.9厘米（图七〇，3）。2007FXXM25：48，口径9.6、底径7.8、高11厘米（图七〇，7）。2007FXXM25：59，口径10、底径6.8、高11.9厘米（图七〇，10）。2007FXXM25：80，口径9.8、底径8.5、高10.8厘米（图七〇，4）。2007FXXM25：85，口径10、底径8.8、高10.2厘米（图七〇，1）。2007FXXM25：89，口径12、底径7、高11.8厘米（图七〇，12）。

水井　4套7件（2007FXXM25：8、2007FXXM25：24、2007FXXM25：86、2007FXXM25：21、2007FXXM25：57、2007FXXM25：56、2007FXXM25：95）。均为泥质灰陶。由井台、井架（含立柱2、横梁1）、井身、汲水罐6个部件组成。井台为"井"字形，上有对称方孔安插井架，2个井架为长方形，一端带榫卯插结井台，一端承托倒"山"字形横梁，井身口微敛，圆唇，折肩，筒形深腹，平底。井身内有汲水小罐，侈口，尖圆唇，平底。2007FXXM25：8、2007FXXM25：24、2007FXXM25：86，口径13.6、底径13.5、通高26.4厘米（图七一，12；图版六八，2）。2007FXXM25：21、2007FXXM25：57，口径14.8、底径14.4、通高28.2厘米（图七一，13）。2007FXXM25：56，仅存汲水罐。口径3.4、底径

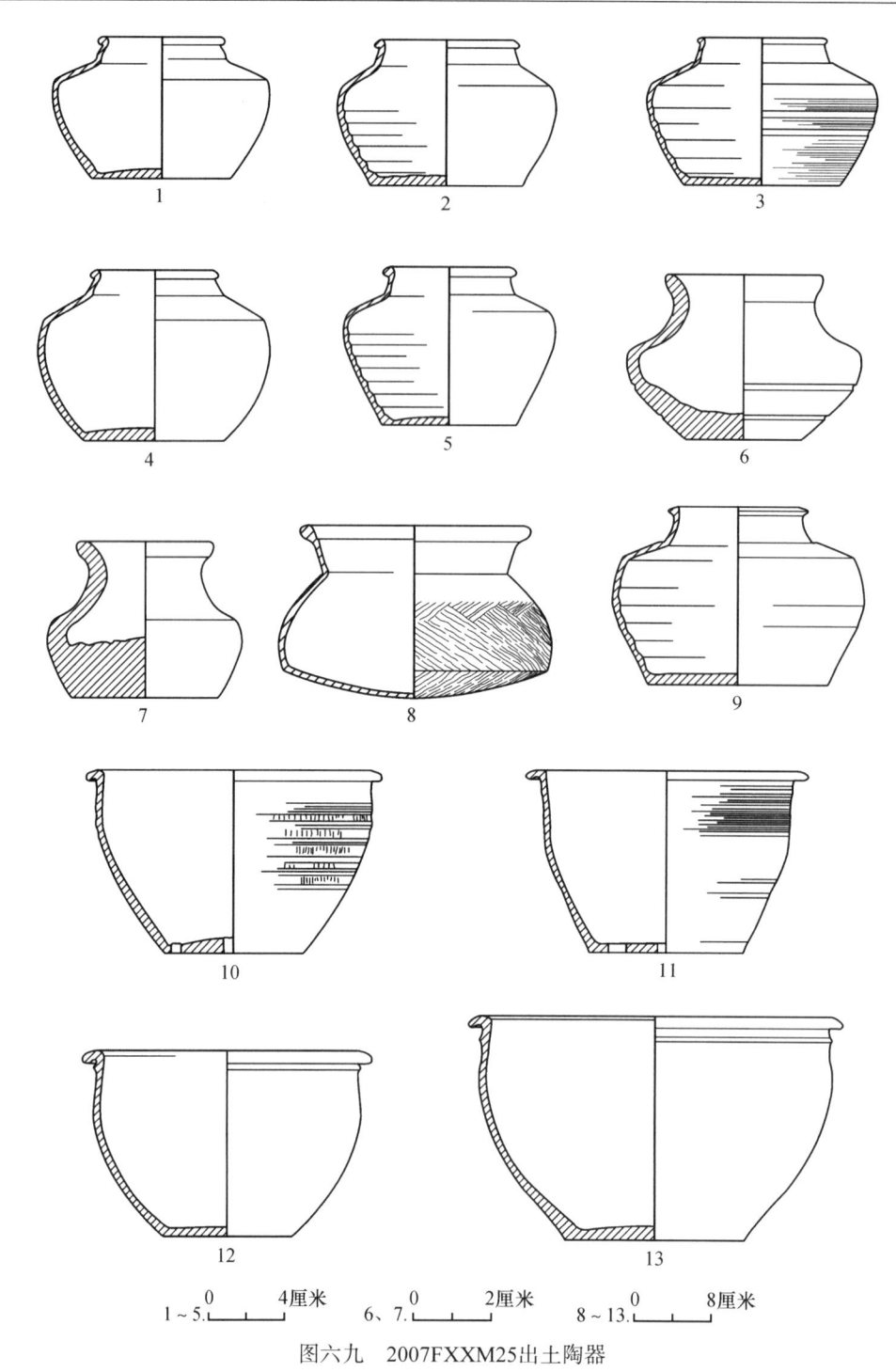

图六九　2007FXXM25出土陶器

1~5、9. 折肩罐（2007FXXM25：77、2007FXXM25：5、2007FXXM25：79、2007FXXM25：17、2007FXXM25：13、2007FXXM25：81）　6、7. 汲水罐（2007FXXM25：95、2007FXXM25：56）　8. 釜（2007FXXM25：60）　10、11. 甑（2007FXXM25：9、2007FXXM25：62）　12、13. 盆（2007FXXM25：67、2007FXXM25：63）

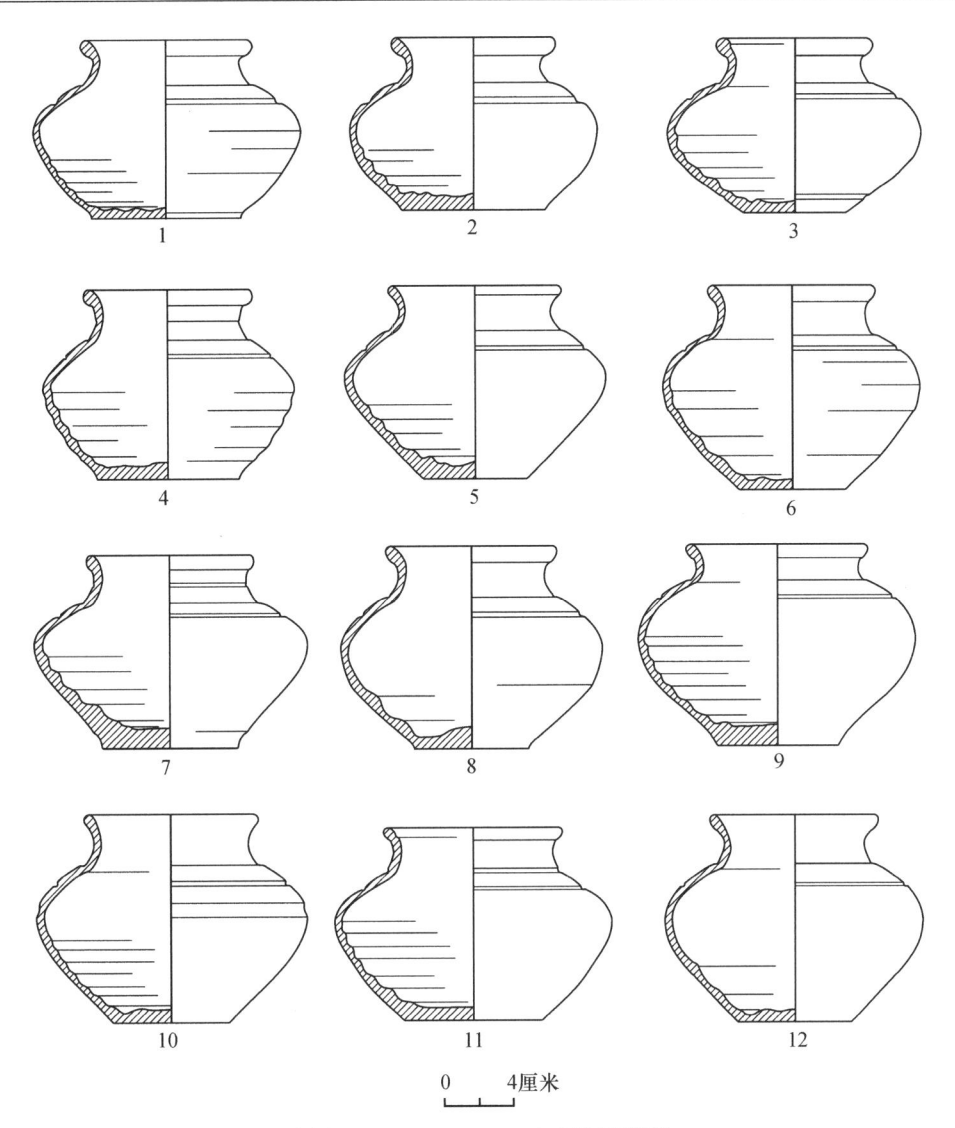

图七〇　2007FXXM25出土陶圆肩罐

1. 2007FXXM25：85　2. 2007FXXM25：39　3. 2007FXXM25：42　4. 2007FXXM25：80　5. 2007FXXM25：25　6. 2007FXXM25：34　7. 2007FXXM25：48　8. 2007FXXM25：36　9. 2007FXXM25：30　10. 2007FXXM25：59　11. 2007FXXM25：22　12. 2007FXXM25：89

4、高4厘米（图六九，7）。2007FXXM25：95，仅存汲水罐。口径4、底径3、高4.2厘米（图六九，6）。

甑　2件（2007FXXM25：9、2007FXXM25：62）。形制、大小相近，均为泥质灰陶。敛口，平宽沿，圆唇，深腹，平底，底部有6个圆形箅孔。上腹部饰凹弦纹。2007FXXM25：9，形态略胖。口径30.8、底径15、高18.8厘米（图六九，10）。2007FXXM25：62，口径29.4、底径16、高18.6厘米（图六九，11）。

釜　4件（2007FXXM25：10、2007FXXM25：20、2007FXXM25：53、2007FXXM25：60）。2007FXXM25：10、2007FXXM25：20、2007FXXM25：53大小形制相似，均为泥质灰陶。直领，方唇，球腹，圜底，腹径最大处有对称两个横向绳索形捉手。2007FXXM25：10，口径20、高19厘米（图七二，15）。2007FXXM25：20，口径18.4、高19.6厘米（图七二，14）。2007FXXM25：53，口径19.4、高20.4厘米（图七二，16）。2007FXXM25：60，

夹砂红陶。大口，直领，唇部外卷，垂腹，下部折收，圜底近平。口径24、高17.7厘米（图六九，8；图版六九，1）

子母鸡 3件（2007FXXM25：11、2007FXXM25：15、2007FXXM25：18）。昂首，卧姿，有座，昂首，短喙，筒尾上翘。2007FXXM25：11，泥质红陶。背负小鸡一只，双翅前各遮伏小鸡一只。长15.4、高12.6厘米（图七一，8）。2007FXXM25：15，泥质红陶。背负小鸡一只，双翅前、后各遮伏小鸡一只，胸前遮伏小鸡一只，尾部较阔。长15.6、高10.3厘米（图七一，11）。2007FXXM25：18，泥质灰陶。背负小鸡一只，双翅前、后各遮伏小鸡一只，胸前遮伏小鸡一只，尾部较窄。长14.3、高11厘米（图七一，9；图版六九，2）。

公鸡 1件（2007FXXM25：14）。泥质红陶。昂首，曲颈。高冠，尾上翘，粗足直立。长15.2、高17.4厘米（图七一，7）。

盆 2件（2007FXXM25：63、2007FXXM25：67）。均为泥质灰陶。折沿，圆唇，深腹，平底。2007FXXM25：63，口径37、底径18.6、高23厘米（图六九，13）。2007FXXM25：67，口径30.8、底径13.6、高19厘米（图六九，12）。

狗 1件（2007FXXM25：23、2007FXXM25：26）。红陶。扬头竖耳，龇牙咧嘴，神态凶恶，做犬吠状。脖间及前肢腹下皆系宽带，四肢短而粗壮。身侧有两凹窝。长21.6、高15.8厘米（图七一，4；图版六九，3）。

抚琴俑 1件（2007FXXM25：27）。泥质红陶。头戴圆巾，着交领长袍，盘坐，膝前置琴，双手置于琴上，做抚琴状。高17厘米（图七一，1；图版七一，1）。

猪 1件（2007FXXM25：33）。泥质红陶。长嘴向上翘，双耳下垂，张牙咧嘴，脊背隆起，四肢短粗。长20.8、高10.6厘米（图七一，5；图版七〇，1）。

侍俑 3件（2007FXXM25：35、2007FXXM25：45、2007FXXM25：94）。均为泥质红陶。着交领广袖长袍及地，双手拢于袖中，拱握于胸前，头束巾。2007FXXM25：35，高25厘米（图七一，6；图版七一，2）。2007FXXM25：45，高18.3厘米（图七一，3）。2007FXXM25：94，高20厘米（图七一，2）。

碓房 1件（2007FXXM25：72）。泥质灰陶。长方形顶，部分残缺，四柱为长方形，外饰坐熊，底座上的碓具残缺。面阔27、进深10.7、残高13厘米（图七一，10）。

2. 釉陶器

整理后计有33套43件，器型有釜、盆、盘口壶、勺、盒、魁、灯、卮、盘、博山炉等。

釜 6件（2007FXXM25：32、2007FXXM25：40、2007FXXM25：47、2007FXXM25：55、2007FXXM25：58、2007FXXM25：61），其中一件未修复。均为泥质红胎，表面施黄绿色低温铅釉，大部分剥落。2007FXXM25：32，腹部有一道凹弦纹。口径12.6、底径6、高8.6厘米（图七二，12）。2007FXXM25：40，腹部有三道凸弦纹。口径13、底径5.4、高9.1厘米（图七二，13）。2007FXXM25：47，腹部有两道凸弦纹。口径11.8、底径9、高9.4厘米（图七二，10）。2007FXXM25：55，腹部有一道凹弦纹弦纹。口径12.2、底径9.4、高9.8厘米（图七二，9）。2007FXXM25：58，腹部有一道凹弦纹。口径12.4、底径7、高10.4厘米（图七二，11；图版七〇，2）。2007FXXM25：61，仅残存下半部，未修复，底径7.6、残高7.6厘

图七一　2007FXXM25出土陶器

1.抚琴俑（2007FXXM25：27）　2、3、6.侍俑（2007FXXM25：94、2007FXXM25：45、2007FXXM25：35）
4.狗（2007FXXM25：23、2007FXXM25：26）　5.猪（2007FXXM25：33）　7.公鸡（2007FXXM25：14）
8~11.子母鸡（2007FXXM25：11、2007FXXM25：18、2007FXXM25：15）　10.碓房（2007FXXM25：72）
12.井（2007FXXM25：8、2007FXXM25：24、2007FXXM25：86）　13.井（2007FXXM25：21、2007FXXM25：57）

图七二　2007FXXM25出土遗物

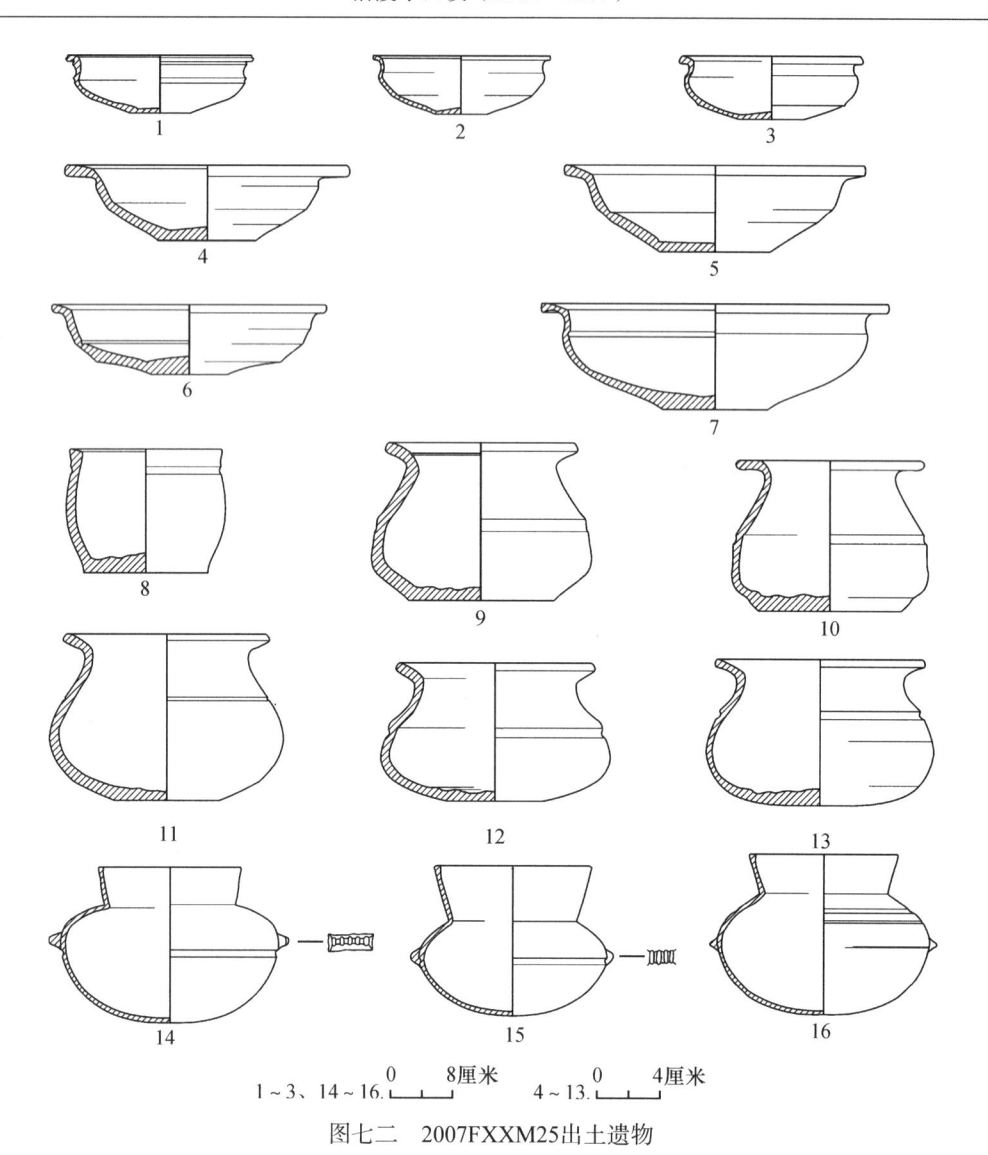

1~3、7.釉陶盆（2007FXXM25：78、2007FXXM25：16、2007FXXM25：65、2007FXXM25：84）　4~6.釉陶盘（2007FXXM25：52、2007FXXM25：83、2007FXXM25：76）　8.釉陶卮（2007FXXM25：50）　9~13.釉陶釜（2007FXXM25：55、2007FXXM25：47、2007FXXM25：58、2007FXXM25：32、2007FXXM25：40）　14~16.陶釜（2007FXXM25：20、2007FXXM25：10、2007FXXM25：53）

米（图七四，10）。

盒　4套8件（2007FXXM25：29、2007FXXM25：43、2007FXXM25：49、2007FXXM25：51、2007FXXM25：82、2007FXXM25：88）。均泥质红胎，通体施黄绿釉，脱落甚多，身几不见施釉。盖、身形制相似，盖直口，弧壁微折，身直口微敛，鼓腹微折，斜收成平底。2007FXXM25：29、2007FXXM25：43，盖口径15.7、底径4.5、通高10.4厘米（图七三，2；图版七一，3）。2007FXXM25：49，盖口径16.4、底径6.4、通高10.8厘米（图七三，3）。2007FXXM25：51。口径16、底径6、通高10.4厘米（图七三，1）。2007FXXM25：82、2007FXXM25：88。口径16.3、底径5.6、通高10.4厘米（图七三，4）。

盘口壶　4套7件（2007FXXM25：19、2007FXXM25：66、2007FXXM25：69、2007FXXM25：70）。均为泥质红胎，通身施黄绿釉，部分剥落。带盖。壶身为盘口，长颈，

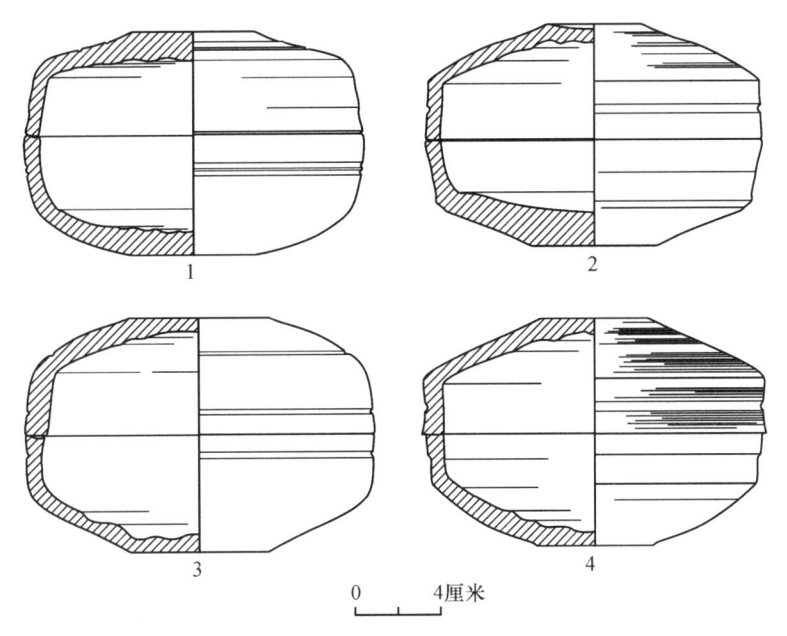

图七三　2007FXXM25出土釉陶盒
1. 2007FXXM25：51　2. 2007FXXM25：29、2007FXXM25：43　3. 2007FXXM25：49　4. 2007FXXM25：82、2007FXXM25：88

斜肩，鼓腹略扁，高圈足外撇。盖做穹窿形，子母口，顶旁有三乳突状纽。颈部饰弦纹，肩部两侧各有一铺首衔环。2007FXXM25：19，完整。口径14.7、底径16.5、通高31.8厘米（图七四，4；图版六八，3）。2007FXXM25：66，完整。口径15.2、底径16.4、通高32厘米（图七四，5）。2007FXXM25：69，完整。口径14、底径14.7、通高29.5厘米（图七四，6）。2007FXXM25：70，仅存壶盖。底径14.4、高3厘米（图七四，11）。

盆　4件（2007FXXM25：16、2007FXXM25：65、2007FXXM25：78、2007FXXM25：84）。均为泥质红陶，仅口沿有残留黄绿釉。折沿，方唇，腹微鼓，斜收成平底。2007FXXM25：16，口径23、底径7.4、高7.4厘米（图七二，2；图版七〇，3）。2007FXXM25：65，口径22.4、底径8.4、高8厘米（图七二，3）。2007FXXM25：78，口径23.2、底径8、高7.2厘米（图七二，1）。2007FXXM25：84，口径22、底径6.6、高6.6厘（图七二，7）。

勺　2件（2007FXXM25：28、2007FXXM25：75）。形制、大小相似。勺体敞口，弧腹，圜底，一侧有长柄，柄端下折。内外施黄绿釉，部分脱落。2007FXXM25：28，勺体口径7.2、通高9.8厘米（图七五，3）。2007FXXM25：75，勺体口径7.6、通高11.4厘米（图七五，1）。

魁　3件（2007FXXM25：31、2007FXXM25：90、2007FXXM25：92）。均泥质红胎，施黄绿釉，剥落较甚，仅在内壁和柄端可见施釉痕迹。口微敛，上腹较直，下腹弧收，平底。上腹外侧有一扁圆形柄，伸出且略低于口沿。2007FXXM25：31，口径16.4、底径5.8、高5.4厘米（图七四，7；图版七一，4）。2007FXXM25：90，泥质红陶。口径16.6、底径6.5、高5.7厘米（图七四，8）。2007FXXM25：92，口径16.2、底径7、高6.6厘米（图七四，9）。

灯　3件（2007FXXM25：37、2007FXXM25：38、2007FXXM25：91）。泥质红胎，通体施黄绿釉，剥落甚多，盘壁、柄、圈足处可见施釉痕迹。直口，浅盘，短柄，盘

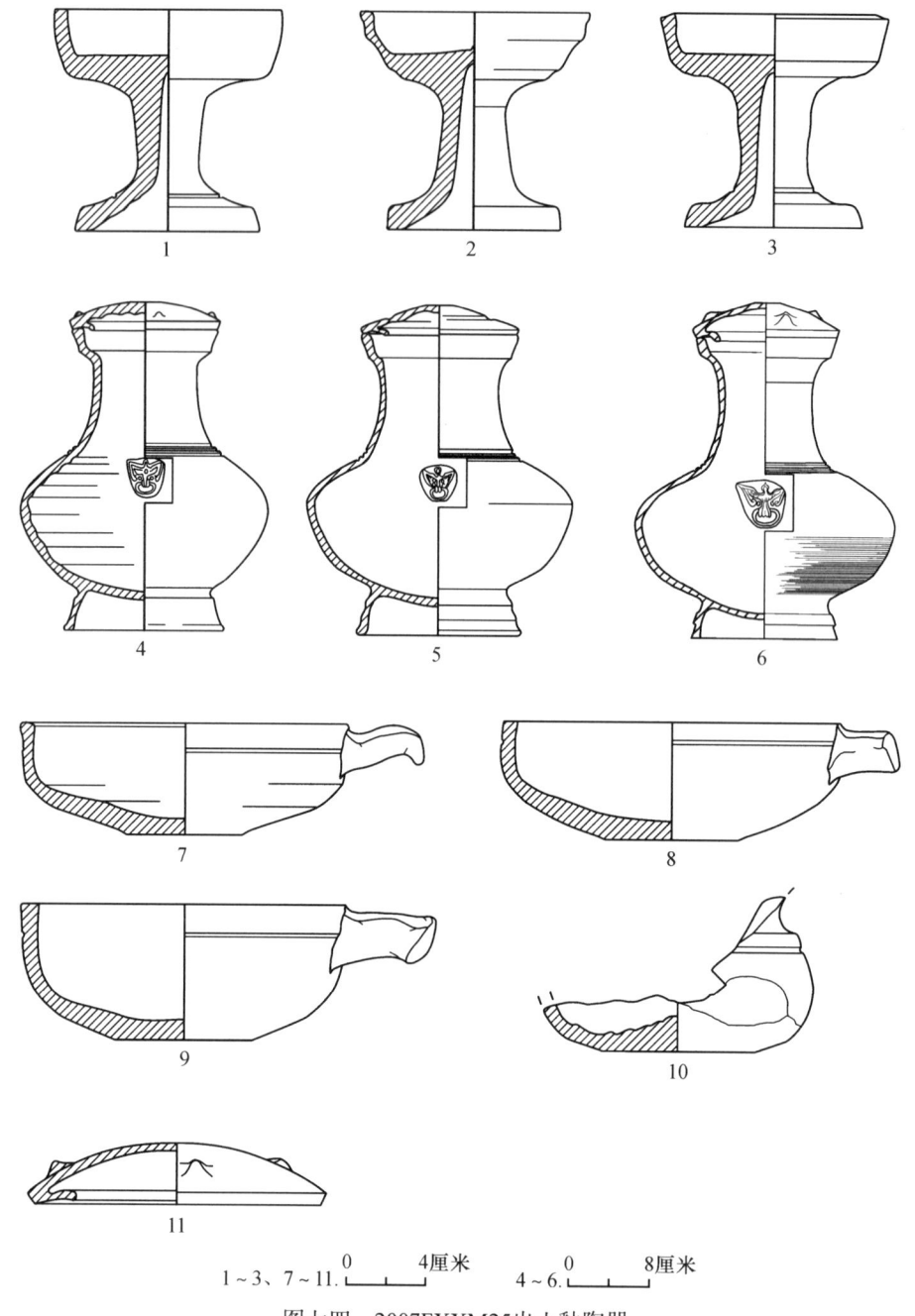

图七四　2007FXXM25出土釉陶器

1~3. 灯（2007FXXM25：37、2007FXXM25：38、2007FXXM25：91）　4~6. 盘口壶（2007FXXM25：19、2007FXXM25：66、2007FXXM25：69）　7~9. 魁（2007FXXM25：31、2007FXXM25：90、2007FXXM25：92）　10. 釜（2007FXXM25：61）　11. 盘口壶盖（2007FXXM25：70）

状圈足座。2007FXXM25：37，方唇。口径11.6、底径9.5、高10.9厘米（图七四，1）。2007FXXM25：38，尖唇。口径11.3、底径8.6、高10.6厘米（图七四，2；图版七一，5）。2007FXXM25：91，方唇。口径11.2、底径8.8、高10.3厘米（图七四，3）。

卮　1件（2007FXXM25：50）。泥质红陶，通体施黄绿釉，剥落甚多。敛口，尖唇，直腹微鼓，平底。口径9.6、底径8、高7.7厘米（图七二，8）。

盘　3件（2007FXXM25：52、2007FXXM25：76、2007FXXM25：83）。泥质红胎，施黄

绿釉，仅在口沿及内壁有残留。敞口，平折沿，方唇，腹部折收成平底，2007FXXM25：52，口径18、底径6.2、高4.7厘米（图七二，4）。2007FXXM25：76，口径17.6、底径4.8、高4.4厘米（图七二，6）。2007FXXM25：83，口径18.8、底径7、高5.4厘米（图七二，5）。

博山炉　3套6件（2007FXXM25：54、2007FXXM25：73、2007FXXM25：74、2007FXXM25：87）。泥质红胎。施黄绿釉，灯座剥落甚多。高喇叭座，炉盘较浅，子母口，上部、顶部有乳突及孔。2007FXXM25：54，盖呈穹隆形，炉盖下部饰一圈连山纹。底径9.2、通高16厘米（图七五，4）。2007FXXM25：73，盖呈穹隆形，炉盖下部饰一圈连山纹。底径9.4、通高16.6厘米（图七五，5）。2007FXXM25：74、2007FXXM25：87，盖呈锥形。底径8.6、通高15.4厘米（图七五，6；图版七一，6）。

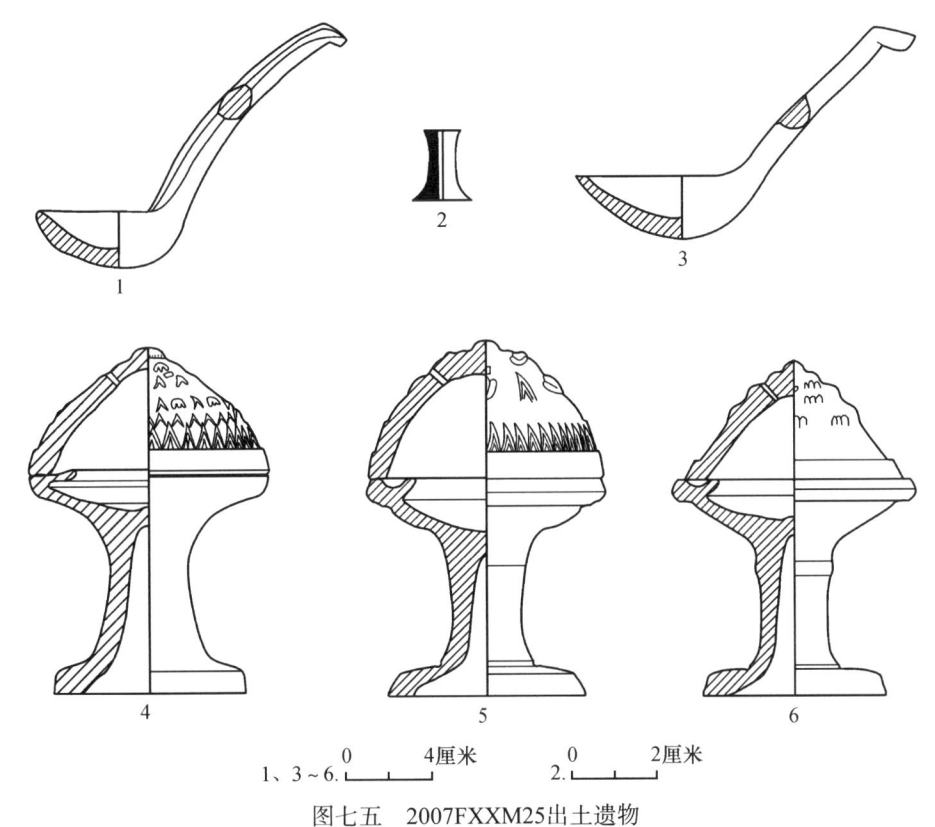

图七五　2007FXXM25出土遗物
1、3. 釉陶勺（2007FXXM25：75、2007FXXM25：28）　2. 琉璃耳珰（2007FXXM25：12）　4、5. 釉陶博山炉（2007FXXM25：54、2007FXXM25：73）　6. 釉陶博山炉（2007FXXM25：74、2007FXXM25：87）

3. 铜钱

五铢　1套25枚（2007FXXM25：7）。可辨"五铢"钱文，锈蚀严重，部分残损。

4. 琉璃器

耳珰　1套2件（2007FXXM25：12）。蓝色，表面基本沁为白色，纵截面为双曲线形，台体上、下台面光滑，中有一通穿。上台径0.8、下台径1.4、穿径0.1、高1.6厘米（图七五，2）。

第四节 其他遗迹

A区（小田溪）在本报告涉及考古工作中还发现了少量其他遗迹，共清理灰坑3座（2002FXⅠH1~2002FXⅠH3）。

一、2002FXⅠH1

2002FXⅠH1位于2002FXⅠTG9中部（图七六）。叠压在2002FXⅠTG9⑥下，打破第7层及生土。坑口呈不规则形，南北长130~150、坑深55~60厘米。坑壁较直，底部略有倾斜，看不出有人为加工痕迹。土质较疏松，土色为深灰褐色，含少量戳印纹夹砂红陶片。

从地层叠压关系及填土包含物判断，2002FXⅠH1属于战国时期。

二、2002FXⅠH2

2002FXⅠH2位于2002FXⅠT94内（图七七）。叠压在2002FXⅠT94④下，打破第5层及生土，坑口距地表35~90厘米。近似圆形，口、底大小基本同等，坑壁略直，粗糙，未见工具加工痕迹，底略平。口径110~114、深26厘米。填土为黑褐色五花土，土质较硬，内含大石头

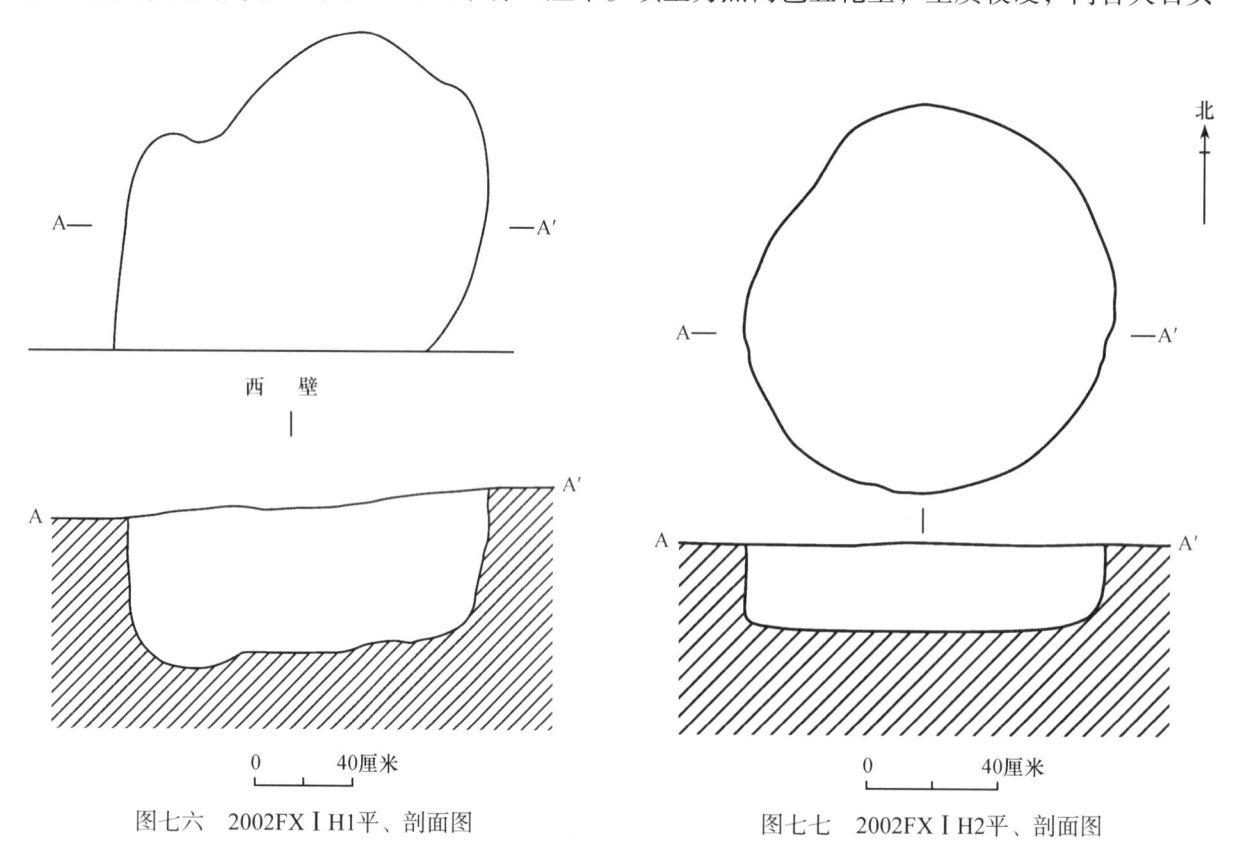

图七六 2002FXⅠH1平、剖面图

图七七 2002FXⅠH2平、剖面图

块、红烧土块、木炭渣、一小块酥碎红褐陶片等。

根据地层叠压关系及填土包含物判断,可推断H2为战国时期。

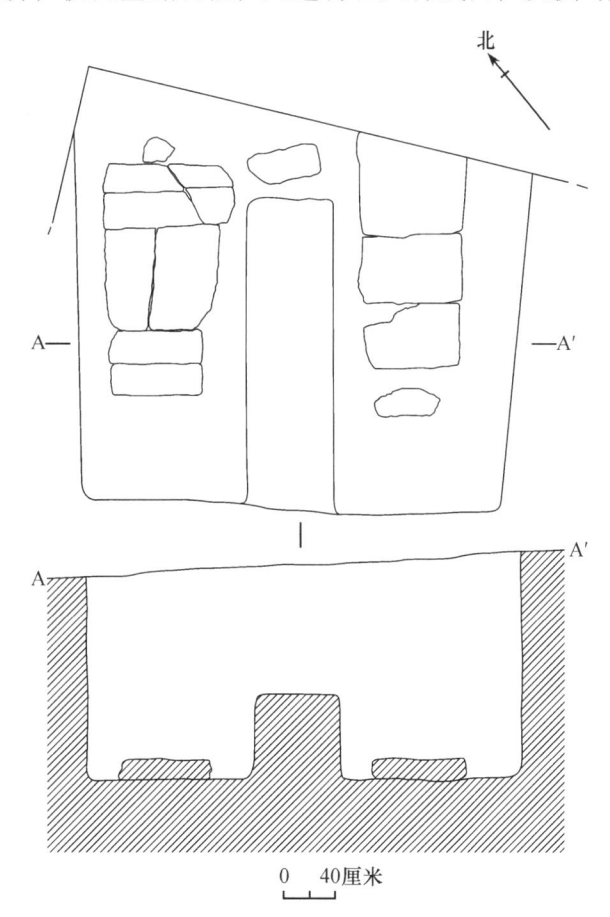

三、2002FXⅠH3

2002FXⅠH3位于2002FXⅠT86北部中间偏西处(图七八;图版七二)。叠压在2002FXⅠT86③下,打破第4层及生土,坑口距地表80厘米。坑口东西长315~350、南北宽275~325厘米。坑壁基本垂直,壁面平整,光洁,没有发现加工痕迹,深140~160厘米。坑底南高北低略呈坡形,铺有石板,呈凹字形分布,较规则,石板大小不一,厚度14~18厘米。填土松散,浅黄略灰,含有较多风化石小块、石粉,较少泥质素面灰陶瓦片、青花瓷片、黄色石块、红烧土块、红色石块、小块铜锈、粗瓷片、木炭屑。

根据地层叠压关系及填土包含物判断,可推断2002FXⅠH3可能是一座明代石室墓,左右并列双室,墓壁全部被拆,仅留墓底石板,无遗物和人骨残留,发掘时并未给予墓葬编号。

图七八 2002FXⅠH3平、剖面图

第三章 小田溪墓群B区（陈家嘴）

第一节 工作概况

小田溪墓群B区（陈家嘴）位于涪陵区白涛街道小田溪村三社（原陈家嘴村五社），地处乌江西岸、小田溪南岸的台地上。B区（陈家嘴）于1994年调查发现，命名为陈家嘴遗址，并纳入长江三峡工程淹没及迁建区考古发掘B级项目，东西长约400、南北宽200米，面积5万平方米。中心地理坐标东经107°29′11″，北纬29°33′24″，海拔170米，西北隔小田溪与小田溪墓群A区（小田溪）相望，北临乌江，东连中堡，南隔村级公路与高堡坡地相靠，背后山上是白涛街道中心区所在。陈家嘴遗址中部为闽航机砖厂及取土区，机砖厂的取土、乌江的冲刷对遗址破坏十分严重，有条机耕道从村级公路经过砖厂通往江边；其西部为陈家嘴台地，东部为中堡，西、中部主要种植蔬菜、红薯等经济作物，也是遗址主要规划发掘区；中堡临近白涛街道新建区，城建建设、幼儿园和防护堤的建设对于遗址东部也造成极大破坏。从2005年起，实际共进行四次考古发掘（图七九）。

2005年11月20日至2006年1月，重庆市文物考古所对陈家嘴遗址进行首次发掘（2005年度三峡文物抢救工程陈家嘴项目），根据调查、勘探结果发掘区选择在遗址保存较好的西部陈家嘴台地（图版七三，1），以遗址西南角的水泥电杆为发掘工地的总基点，在第一象限正方向布方，共布5米×5米探方80个（2005FCT1322~2005FCT1329、2005FCT1420~2005FCT1426、2005FCT1520~2005FCT1528、2005FCT1620~2005FCT1627、2005FCT1719~2005FCT1726、2005FCT1819~2005FCT1826、2005FCT1919~2005FCT1925、2005FCT2019~2005FCT2025、2005FCT2119~2005FCT2125、2005FCT2218~2005FCT2221、2005FCT2318、2005FCT2319、2005FCT2418、2005FCT2419、2005FCT2518、2005FCT2519、2005FCT2618），实际勘探面积50000平方米，发掘面积2000平方米，清理墓葬15座（2005FCM1~2005FCM15）；生活遗迹发现较多，共编号灰坑66座（2005FCH1~2005FCH66）、灰沟12条（2005FCG1~2005FCG12）、房址4座（2005FCF1~2005FCF4）、柱洞7个（2005FCD1~2005FCD7）。

由于2005年勘探时在乌江边断面上观察到较深厚的战国文化层以及少量墓葬痕迹，2007年4月2日~5月19日，重庆市文物考古所对遗址东北部的闽航机砖厂堆砖区进行了第二次考古发掘（2006年度三峡文物抢救工程陈家嘴项目）（图版七三，2）。但是两年后的临江台地遭遇乌江冲刷、东部幼儿园以及居民区建设、砖厂拆迁均对遗址造成了极大的破坏，此前观察到的地层堆积和遗存大部分都已经毁掉不存，发掘区仅存20米左右宽度，考古队不得不在发掘区西南部重新设立基点，在第一象限按照335°的方向布方，由于发掘区与第一年度发掘区距离较远，发掘基点位移，并未延续第一年发掘编号，探方和遗迹编号均采用"2006FC"开头。此次布设10米×10米探方22个（2006FCT0101～2006FCT0115、2006FCT0207～2006FCT0209、2006FCT0212、2006FCT0213、2006FCT0308、2006FCT0309），实际发掘面积1576平方米，发现灰坑5座（2006FCH1、2006FCH3～2006FCH6）、灰沟7条（2006FCG1～2006FCG7）。出土遗物数量较少，以陶器残片为主，另有瓷器、石器、铁器等，早期遗存破坏殆尽。

2007年10月9日～2008年1月8日，重庆市文物考古所原计划按照三峡文物抢救工程项目规划（2006年度三峡文物抢救工程小田溪墓群项目）对小田溪墓群进行3000平方米的考古发掘，在实施前征得重庆市三峡办同意，将发掘区域转移到陈家嘴遗址2005年发掘区域南部和西部，实际开展了陈家嘴遗址三次发掘，布方基点、探方、遗迹编号均延续2005年第一次发掘，发掘编号均以"2006FXC"开头。共布5米×5米探方118个（2006FXCT0511、2006FXCT0512、2006FXCT0610～2006FXCT0613、2006FXCT0710～2006FXCT0715、2006FXCT0810～2006FXCT0815、2006FXCT0818、2006FXCT0819、2006FXCT0910～2006FXCT0921、2006FXCT1015～2006FXCT1021、2006FXCT1115～2006FXCT1121、2006FXCT1215～2006FXCT1221、2006FXCT1316～2006FXCT1321、2006FXCT1416～2006FXCT1419、2006FXCT1516～2006FXCT1519、2006FXCT1616～2006FXCT1619、2006FXCT1715～2006FXCT1718、2006FXCT1815～2006FXCT1818、2006FXCT1915～2006FXCT1918、2006FXCT2015～2006FXCT2018、2006FXCT2115～2006FXCT2117、2006FXCT2214～2006FXCT2217、2006FXCT2314～2006FXCT2317、2006FXCT2414～2006FXCT2417、2006FXCT2517、2006FXCT2617、2006FXCT2717、2006FXCT2718、2006FXCT2817、2006FXCT2818、2006FXCT2917、2006FXCT2918、2006FXCT3017～2006FXCT3019、2006FXCT3115～2006FXCT3119），为清理横跨第一、三次发掘区的红烧土道路（2006FXCL1），又布设12.5米×4米探沟1条（2006FXCT1）[①]。实际发掘面积3000平方米，清理墓葬31座（2006FXCM16～2006FXCM46），各类生活遗迹57个，包括灰坑41座（2006FXCH67～2006FXCH107）、石堆5处（2006FXCS1～2006FXCS5）、灰沟9条（2006FXCG13～2006FXCG21）、窑址1座（2006FXCY1）、路面1处（2006FXCL1）。

2007年11月～2008年1月，重庆市文物考古所执行2007年度三峡文物抢救工程小田溪墓群项目时，由于小田溪墓群村民建筑甚多，可以实施发掘面积不足，部分发掘任务转移至小田溪墓群B区（陈家嘴），为了解B区中、东部遗址保存情况，在横贯陈家嘴南北的通往江边机耕道东，重新设置布方基点，编号以"2007FXC"开头，正方向布10米×10米探方8个（2007FXCT1～2007FXCT8）。实际发掘面积800平方米，由于地层破坏严重，未发现墓葬及其他遗迹。

---

① 此探沟发掘时间较晚，50°布方，目的是连接2005年第一次发掘和2006年第三次发掘发现的2处红烧土，经过布设探沟2006FXCT1发掘，确认这是一条红烧土道路路面（2006FXCL1）。

第二节　文化层堆积与出土遗物

2005年陈家嘴遗址也就是涪陵小田溪B区（陈家嘴）[①]第一次发掘正式启动后，首先开展调查、勘探，勘探面积约40000平方米，目的是弄清遗址的堆积情况（范围、时代、性质），为发掘工作准备。勘探情况表明，B区（陈家嘴）的地层堆积较为深厚，虽然现代地表较为平坦，却是现代农耕的结果，主要的文化堆积有三层：上层主要为灰色粉砂土，含较多青花瓷片；中层多为有水锈斑的黄褐色黏土，土质坚硬，该层下勘探出多处遗迹；下层为主要为灰黑色和黄灰色粉砂土，含夹砂红褐、灰褐陶片和红烧土粒。总体上B区（陈家嘴）的文化层堆积厚度中部最薄，西北部最厚，尤以陈家嘴台地的堆积保存最完整；在陈家嘴台地的南部、西部分别钻探出两条规模较大的灰沟，或为自然冲积形成。

勘探和后来的发掘结果表明，B区（陈家嘴）的文化层堆积比起A区（小田溪）普遍较丰富，与A区（小田溪）东南部临近小田溪北岸的文化层堆积相近，明显有较为密切的关联关系。从发掘情况看，现代农耕对B区（陈家嘴）的地形地貌造成了较大影响，以横贯B区（陈家嘴）的通往江边机耕道为界，遗址大致分为东西两部分，机耕道以西是2005年第一次发掘、2007年第三次发掘区所在，虽然农耕对地貌有一定破坏，但是主要的破坏来自乌江、小田溪两条季节性落差很大的河流对河岸的反复冲刷。其文化堆积和遗迹发现较为丰富，地层堆积也较为复杂。机耕道以东海拔明显低于东部约2米以上，表明现代烧砖取土、历代农耕以及乌江季节性冲刷对遗址破坏巨大，2007年上半年的第二次发掘以及第四次发掘次发掘均位于此区域的东、中部，没有发现早期遗存，仅有少量遗物发现。

一、文化层堆积

由于B区（陈家嘴）发掘区的地层堆积较复杂，而且先后四次发掘，发掘面积大，整个遗址范围内的地层难以统一，因此将其分为四个区域，以四组八个剖面局部统一地层进行介绍。

（一）西南部

这一区域地形有一定落差，呈现出明显的自东北向西南方向的坡状堆积，局部地层堆积较厚，与目前地表状况存在差异，由于临近小田溪，季节性洪水落差较大，对于文化堆积具有较大破坏，地层较为破碎（表二），以2006FXCT0913～2006FXCT0921西壁、2006FXCT0715～2006FXCT1215北壁纵横两条剖面（已统一地层）介绍（图八〇）。

[①] 以下简称B区（陈家嘴）。

表二 涪陵小田溪墓群B区（陈家嘴）西南部地层统一对照表

统一后地层	2006FXC T0913	2006FXC T0914	2006FXC T0915	2006FXC T0916	2006FXC T0917	2006FXC T0918	2006FXC T0919	2006FXC T0920	2006FXC T0921	2006FXC T0715	2006FXC T0815	2006FXC T1015	2006FXC T1115	2006FXC T1215	时代判断
①a											①				现代
①b	①	①	①	①	①	①	①	①	①	①	②	①	①	①	耕田
②															
③	③									③	③			③	明清
④	④	④	④	④	④	④	④	③	②	④	④	④	③		明代
⑤	⑤	⑤	⑤	⑤	⑤	⑤						⑤	④	④	水田
⑥	⑥	⑥	⑥	⑥	⑥	⑥a ⑥b	⑥								
⑦					⑦a	⑦a	⑦a	⑦a							战国
⑧					⑦b	⑦b	⑦b	⑦b							
⑨							⑦c	⑦c、⑧a	⑦c、⑧a						
⑩								⑧b	⑧b						商周
⑪								⑨	⑨						
⑫															
生土	生土	生土	生土	生土	生土	生土	生土	生土	生土	生土	生土	生土	生土	生土	

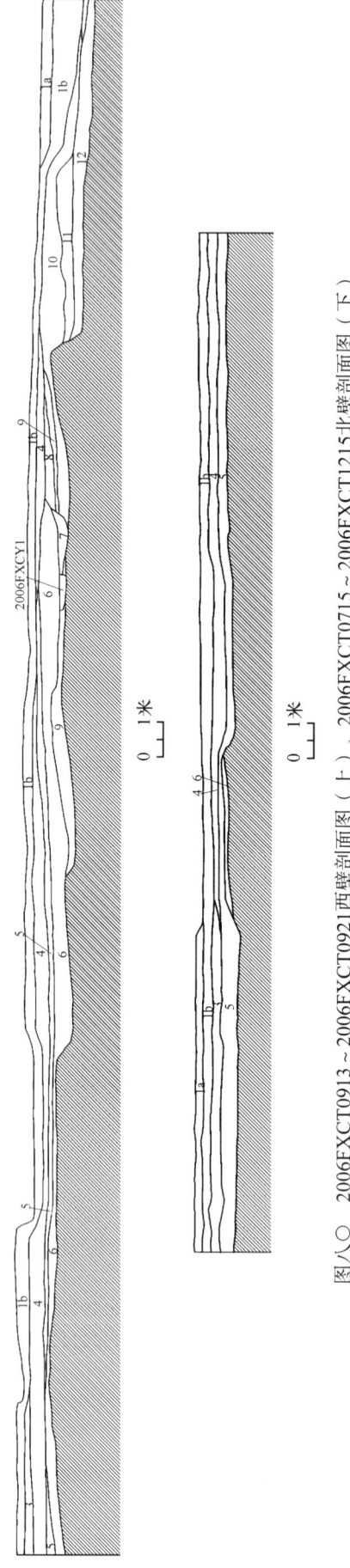

图八〇 2006FXCT0913~2006FXCT0921两壁剖面图（上）、2006FXCT0715~2006FXCT1215北壁剖面图（下）

第1a层：厚20～80厘米。灰色沙土，土质疏松，夹杂大量植物根茎、草木灰等。仅分布于2005年发掘区周围。

第1b层：距地表深0～45、厚20～37厘米。灰褐色沙土，土质疏松，包含物有植物根系、现代瓦片、石块等。

第2层：距地表深20～33、厚0～85厘米。灰黄色土，较疏松，出土青花瓷片、石块等。仅分布于最西南端的2006FXCT0910、2006FXCT0911等探方内。

第3层：距地表深15～75、厚0～30厘米。灰褐色黏土，较为紧密，包含物较少，有水锈斑点、青花瓷片、素面瓦片、石头等。

第4层：距地表深21～75、厚0～55厘米。黑褐色黏土，较为紧密，包含物有较少的瓦片、青花瓷片、石头等。

第5层：距地表深39～150、厚0～55厘米。土色为黄褐色（灰黄色）黏土，土质紧密，有水锈斑，包含物极少，有夹砂素面红陶片、灰陶片、红烧土颗粒等。

第6层：距地表深62～145、厚8～65厘米。深灰褐色砂土，较为松软，包含物有夹砂陶片、泥制灰陶片、铜镞、红烧土颗粒、石头等。

第7层：距地表深62～145、厚0～65厘米。黑褐色砂土，土质较硬，包含物较少，有红烧土颗粒、石头等。仅分布于西部少数探方内。

第8层：距地表深75～100、厚0～30厘米。黄灰色土，夹杂黄褐色土块，土质较硬，包含物较少，有红烧土、碳粒等物。

第9层：距地表深75～100、厚0～40厘米。黄灰色沙土，土质紧密，夹杂少量草木灰和红烧土粒，包含物有泥质、夹砂陶片，可辨器型有罐等。

第10层：距地表深20～87、厚0～65厘米。灰色土，略带黄色，土质较紧密，包含物较少，有极少夹砂红陶。呈东高西低坡状堆积分布于西部2006FXCT0920、2006FXCT0921等探方。

第11层：距地表深17～120、厚0～45厘米。浅灰色土，土质较紧密，包含物较少，有红烧土粒、炭屑、夹砂红陶、灰陶片，可辨器型有罐、釜、圈足豆等。

第12层：距地表深100～130、厚0～47厘米。深灰色土，土质紧密，其中夹杂草木灰和红烧土块，出土物少量夹砂陶、泥质陶片和打制石片。

第12层下为黄色生土。

（二）西北部

这里是B区（陈家嘴）文化堆积最丰富的区域（表三），发现有房屋、道路、灰坑、墓葬，地势现状平坦，地层较为连贯，但文化堆积整体由东北向西南倾斜，堆积由薄变厚，文化堆积面临的破坏主要是乌江冲刷造成，在江边断坎上曾经发现有墓葬，发掘时已消失。西南和南侧堆积晚期地层破坏早期地层情况较多，也是遗迹分布密集区，能反映出B区（陈家嘴）东部未遭到现代烧砖取土破坏前的地层堆积情况（表三）。同样以2006FXCT1518、2006FXCT1519、2005FCT1520～2005FCT1528西壁，2005FCT1323～2005FCT2123南壁两条剖面（已统一地层）为例介绍（图八一）。

表三 涪陵小田溪B区（陈家嘴）西北部地层统一对应表

统一后地层	2005FC T2123	2005FC T2023	2005FC T1923	2005FC T1823	2005FC T1723	2005FC T1623	2005FC T1423	2005FC T1323	2006FXC T1518	2006FXC T1519	2005FC T1520	2005FC T1521	2005FC T1522	2005FC T1523	2005FC T1524	2005FC T1525	2005FC T1526	2005FC T1527	2005FC T1528	时代判断
①	①	①	①	①	①	①	①	①	①	①	①	①	①	①	①	①	①	①	①	现代耕田
②	②								②a											明清
③	③	③	③	③	③	③	③	③	②b	②b	③	③	③	③	③	③	③	③	③	
④a	④a	④a	④a	④a	④a	④a		④	③	③	④a	④a	④a	④a	④a	④a				明代水田
④b				④b	④b	④b	④a		④	④	④b	④b	④b	④b	④b	④b	④b	④b	④b	明代
④c				④c	④c	④c					④c	④c	④c	④c	④c			④c	④c	
⑤		⑤		⑤	⑤	⑤	⑤		⑤	⑤			⑤	⑤	⑤	⑤				战国
⑥					⑥	⑥	⑥	⑥					⑥	⑥	⑥					
⑦	⑦	⑦	⑦	⑦	⑦	⑦	⑦	⑦					⑦	⑦	⑦	⑦	⑦	⑦	⑦	
⑧	⑧	⑧	⑧	⑧	⑧	⑧	⑧	⑧				⑧	⑧	⑧	⑧	⑧	⑧	⑧	⑧	
⑨																				商周
⑩																				
⑪																				
⑫																				
⑬																				
⑭																				
生土	生土	生土	生土	生土	生土	生土	生土	生土	生土	生土	生土	生土	生土	生土	生土	生土	生土	生土	生土	

第三章 小田溪墓群B区（陈家嘴）

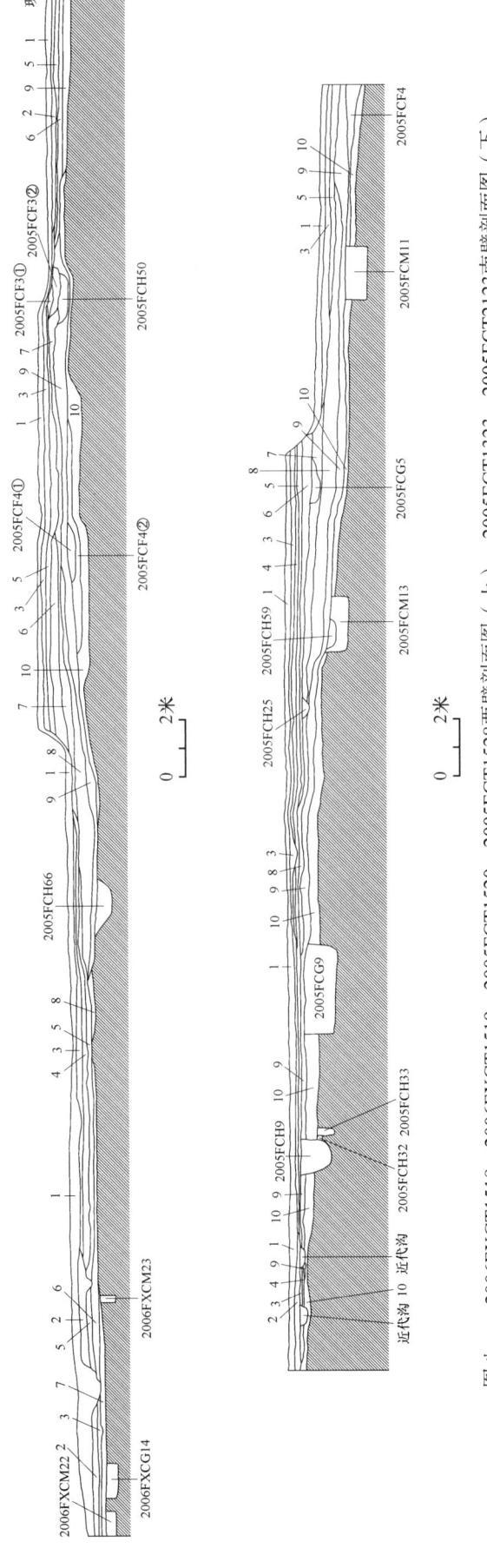

图八一 2006FXCT1518、2006FXCT1519、2005FCT1520~2005FCT1528西壁剖面图（上），2005FCT1323~2005FCT2123南壁剖面图（下）

第1层：厚5~55厘米。灰褐色黏土，土质松软，包含较多植物根茎。

第2层：深25~35、厚0~50厘米。灰黄色黏土，土质较软，包含青花瓷片、少量瓦片、瓷片等。

第3层：距地表深5~45、厚0~25厘米。黄褐色黏土，较纯净，包含物少。

第4层：距地表深5~90、厚10~40厘米。红褐色黏土，土质较硬，包含物极少，为水稻种植后的水锈土。

第5层：距地表深5~55、厚0~30厘米。灰褐色黏土，土质较松软，包含有青花瓷片、硬陶残片及灰色布瓦等，可辨器型有罐、碗。

第6层：距地表深5~80、厚0~35厘米。灰色砂土，土质松软，包含物有青花瓷片、少量硬陶、红烧土、炭屑，可辨器型有罐、碗。

第7层：距地表深10~115、厚5~40厘米。黄褐色黏土，结构较疏松，包含少量红褐夹砂绳纹陶片，可辨器型有罐、鼎足、铁斧、石斧、铜镞。

第8层：距地表深10~120、厚25~50厘米。灰黑色砂土，结构较疏松，包含物少，仅见少量红褐夹砂绳纹陶片及石块，可辨器型有罐。

第9层：距地表深20~170、厚10~170厘米。灰黄色（黄褐色）黏土，土质较紧密，有少量夹砂红褐、灰褐绳纹陶片，亦有菱格纹，可辨器型有瓮、罐、圈足器、石锛。

第10层：距地表深30~195、厚5~60厘米。灰褐色砂土，土质较紧密，包含物有较多夹砂红褐绳纹陶片，可辨器型有罐、平底器、豆、碗等。

在遗址发掘区最西北的2005FCT1329内统一地层的第10层下还有自南向北倾斜的四层堆积（图版七四），未曾在本区域内内其他探方发现。

第11层：即2005FCT1329⑨。距地表深125~150、厚0~24厘米。深灰色砂土，包含物较少，有少量的夹砂红陶及灰陶片等。仅分布于探方北部。

第12层：即2005FCT1329⑩。距地表深118~170、厚0~40厘米。灰褐色砂土，土质疏松，包含物有少量的绳纹陶片等。基本分布全方。

第13层：即2005FCT1329⑪。距地表深125~210、厚0~30厘米。灰黄色黏土，土质疏松，包含物较少，有绳纹陶片及灰陶等。仅分布于探方北部。

第14层：即2005FCT1329⑫。距地表深100~225、厚10~45厘米。黄褐色黏土，较松软，包含物有夹砂灰陶、红陶等。分布全方。

第14层下为黄色生土。

（三）中部

中部是指临近连接村级公路和江岸的机耕道附近区域，这里地势平坦，地层较为连贯，但是晚期地层破坏早期地层情况较多，也是遗迹分布密集区，能反映出B区（陈家嘴）东部未遭到现代烧砖取土前的地层堆积情况（表四）。同样以2006FXCT3116~2006FXCT3119东壁，2005FCT2218、2005FCT2318~2005FCT2618、2006FXCT2718~2006FXCT3118南壁纵横各两条剖面（已统一地层）介绍（图八二）。

第三章 小田溪墓群B区（陈家嘴）

表四 涪陵小田溪墓群B区（陈家嘴）中部地层统一对应表

统一后地层	2006FXC T3116	2006FXC T3117	2006FXC T3118	2006FXC T3119	2006FXC T3018	2006FXC T2918	2006FXC T2818	2006FXC T2718	2005FC T2618	2005FC T2518	2005FC T2418	2005FC T2318	2005FC T2218	时代
①	①	①	①	①	①	①	①	①	①	①	①	①	①	现代
②														明清
③	②	②	②	②	②	②	②	②	③	③	③	③	③	明代水田
④	③	③	③	③	③	③	③	③	④b	④b	④	④	④	明代
⑤	④													汉代
⑥	⑤			⑤										
⑦	⑥	⑥	⑥	⑥	⑥							⑦	⑦	战国
⑧	⑦a、⑦b	⑦a、⑦b												
⑨	⑧	⑧	⑧											商周
⑩	⑨													
生土	生土	生土	生土	生土	生土	生土	生土	生土	生土	生土	生土	生土	生土	

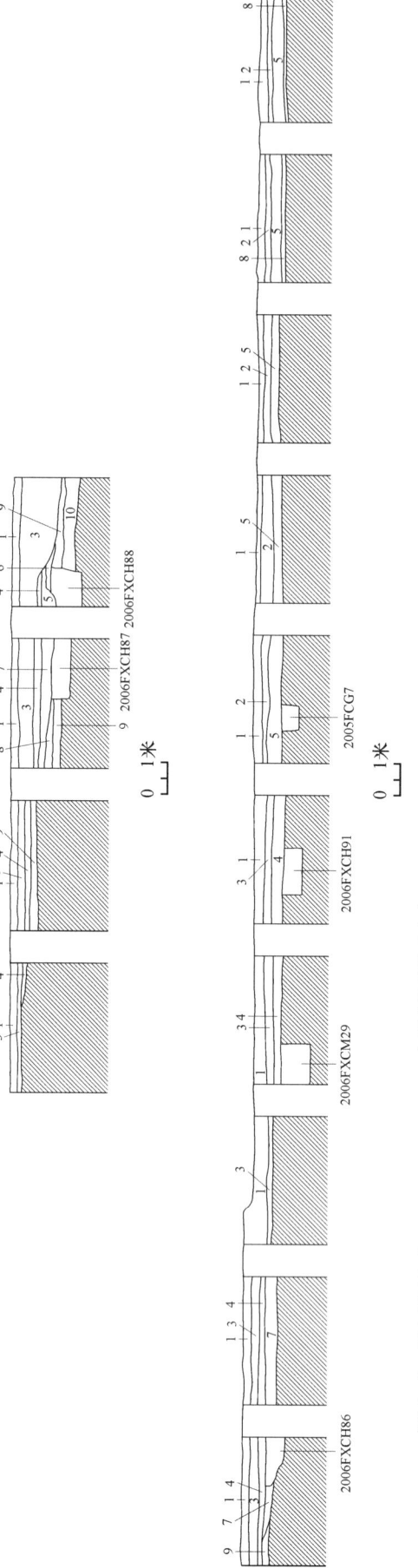

图八二 2006FXCT3116~2006FXCT3119东壁剖面图（上）、2005FCT2218~2005FCT2618、2006FXCT2718~2006FXCT3118南壁剖面图（下）

第1层：厚20～35厘米。灰褐色土，土质疏松，夹杂大量植物根茎。该层下叠压少量近现代废弃房屋堆积。

第2层：距地表深10～25、厚15～30厘米。黄褐色，土质结构相对第1层紧密。包含物少，显得比较纯净。分布于中部南侧区域。

第3层：距地表深20～35、厚10～125厘米。浅灰褐色土，土质紧密，包含物有少量瓦片、石块等。

第4层：距地表深85～95、厚0～25厘米。红褐色土，土质紧密，出土少量泥质陶片。主要分布于中部偏东，遭到晚期地层破坏，断续分布。

第5层：距地表深85～95、厚0～50厘米。浅灰褐色土，土质疏松，出土少量泥质陶片等。

第6层：距地表深85～120、厚0～20厘米。黄褐色土，土质紧密，未发现包含物。零星分布于中部东端。

第7层：距地表深80～140、厚0～50厘米。浅黑褐色土，土质疏松，出土有少量泥质绳纹陶片。零星分布于中部东端。

第8层：距地表深110～130、厚0～25厘米。深灰褐色土，土质疏松，出土少量夹砂陶片。遭到晚期地层破坏，零星分布。

第9层：距地表深65～155、厚0～50厘米。黑褐色土，土质疏松，出土少量夹砂绳纹红褐陶片。主要分布于中部偏东，遭到晚期地层破坏，断续分布。

第10层：距地表深65～180、厚0～60厘米。浅黄褐色土，土质紧密，包含物少，仅见少量几块夹砂红褐陶片，仅分布于中部东南角。

第10层下为黄色生土。

（四）东部

此区域主要是指机耕道以东区域，勘探和发掘表明该区域早期的基岩向东大坡度倾斜。这里也是B区（陈家嘴）遭受破坏最严重的地区，20世纪八九十年代后，当地砖厂大规模取土对临江的核心堆积区域破坏殆尽（表五），以2006FCT0113、2006FCT0213南壁，2007FXCT3～2007FXCT6南壁两个剖面（已统一地层）进行介绍（图八三）。

表五　涪陵小田溪B区（陈家嘴）东部地层统一对应表

统一后地层	2006FCT0113	2006FCT0213	2007FXCT3	2007FXCT4	2007FXCT5	2007FXCT6	时代
①a	①a	①a					砖厂废弃土
①b	①b	①b	①	①	①	①	现代耕田
①c		①c	②	②	②	②	现代扰土
②	②	②					唐宋
③	③						战国
④	④	④					战国
⑤	⑤	⑤					战国
⑥	③	⑥					商周
生土	生土	生土	生土	生土	生土	生土	

图八三　2006FCT0113、2006FCT0213南壁剖面图（上）、2007FXCT3～2007FXCT6南壁剖面图（下）

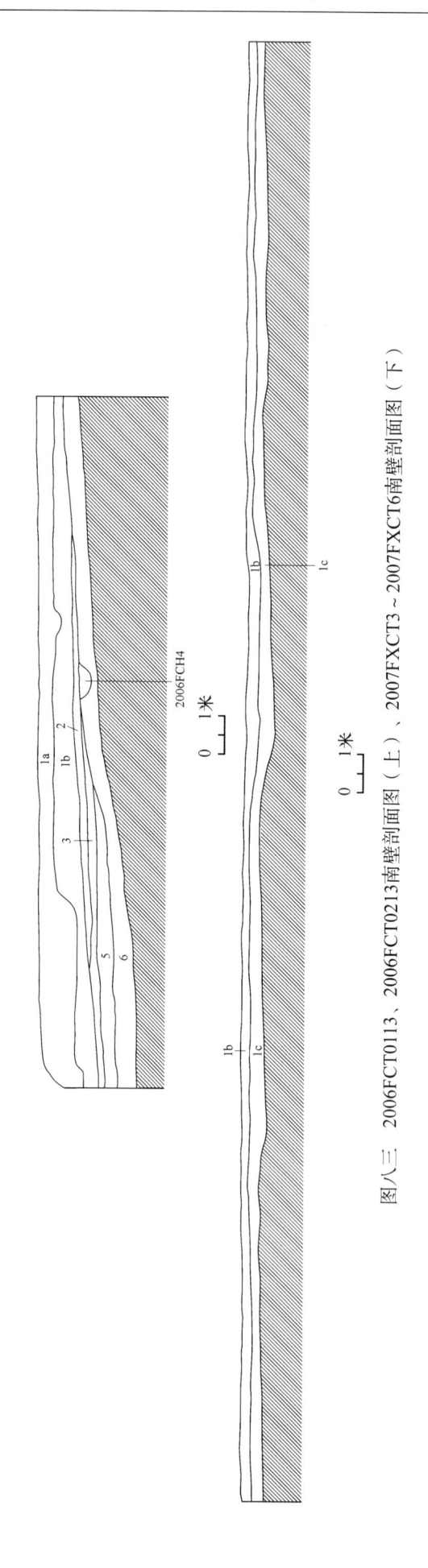

第1a层：厚10～100厘米。深灰色土，土质坚硬，是砖厂后期填土碾压形成，内含石块、石子、炭渣、白灰、植物根茎、草木灰烬、近现代砖瓦残片。仅分布于东部北端砖厂一带。

第1b层：距地表深10～105、厚20～95厘米。青灰色土，土质略软，是现代耕田堆积，内含石块、炭粒、草木灰烬、白灰、近现代砖瓦片。

第1c层：距地表深95～135、厚0～25厘米。浅灰色土，土质略软，内含石块、草木灰烬、零星陶片。该层下叠压2006FCH4。仅分布于东部北端临江数米范围。

第2层：距地表深20～25、厚20～32厘米。黄褐色黏土，土质较紧密，内含大量瓦砾、石灰、炭屑，从东向西略有倾斜。仅分布于东部中南。

第3层：距地表深45～145、厚0～25厘米。浅黄褐色土，土质略软，内含石块、草木灰烬、陶片。该层下叠压2006FCH5。仅分布于东部北端临江数米范围。

第4层：距地表深60～105、厚0～55厘米。黄褐色土，土质略软，内含石块、草木灰烬、石器。仅分布于东部北端临江数米范围。

第5层：距地表深65～145、厚0～45厘米。青褐色土，土质略软，内含石片、草木灰烬、红烧土粒、陶片。仅分布于东部北端临江数米范围。

第6层：距地表深60～205、厚35～85厘米。棕褐色土，土质略软，内含石块、红烧土粒。仅分布于东部北端临江数米范围。

第6层下为黄色生土层。

总体来说B区（陈家嘴）的地层堆积较厚，文化层大致分为四组（表六）。

表六　涪陵小田溪墓群B区（陈家嘴）地层分期对照表

时代	西南部	西北部	中部	东部
明代至现代	①a、①b、②、③、④、⑤	①、②、③、④	①、②、③、④	①a、①b、①c
汉代至明代		⑤、⑥	⑤、⑥	②
战国	⑥、⑦、⑧、⑨、⑩	⑦、⑧	⑦、⑧	③、④、⑤
商周	⑪、⑫	⑪、⑫、⑬、⑭	⑨、⑩	⑥

第一组文化层基本呈水平堆积分布于各个区域，属于明代至现代的农耕用地。时代最早的是富含水锈斑的红褐色黏土，包含物很少，属于明代水田[①]，其广泛分布于B区（陈家嘴）的大部分区域，从该层包含物观察，在建造水田的过程中对原有地形地貌造成较大幅度的改变，较大范围地破坏了原来的各时期文化层，现在B区（陈家嘴）的平坦地貌基本形成于这一时期；此后因某种原因，水田废弃改造为旱田，一直沿用到现代；20世纪六七十年代村办砖厂对东部地区进行大规模取土，文化层破坏严重，因此无法确认这一阶段的水田土分布范围是否包括东部区域。B区（陈家嘴）目前发现的墓葬部分叠压在这一阶段文化层之下，应当是这一阶段的造田活动破坏了墓葬上半部分。

第二组属于汉代至明代文化层，由于遭到上一阶段农耕活动的破坏，分布较为零星。汉代文化层机耕道以东区域或有分布，由于现代取土破坏基本不存，中部机耕道以西的几个探方发现有可能属于这一阶段的汉代灰坑。明代文化层分布范围较广，主要分布于B区（陈家嘴）的

---

① 并未进行土壤浮选和水稻植硅体观察，仅仅是根据土壤特征判断。

西部、中部，2005FCF1、2005FCF2叠压于上一阶段的明代水田土之下，表明这一阶段该区域存在房屋建筑，地层中发现较多布纹瓦片也证明当时存在较大范围的建筑遗存。西南部由于地势较低，堆积较厚，其对早期文化层有扰乱，土壤中包含少量早期遗物，自身又遭受明清时期水田改造、现代砖厂取土的两次大规模破坏，基本未发现。东部靠近台地边缘还保存有少量唐宋时期文化层。

第三组是战国时期文化层，也是B区（陈家嘴）分布广泛、堆积较厚的文化堆积，当时的地貌存在较大坡度，地势最高处主要是在2005FCT1421、2015FCT1521、2005FCT1520、2005FCT1620、2005FCT1621、2005FCT1720、2005FCT1721、2005FCT1820、2005FCT1919等几个探方之内，脊线从西北向东南，这一阶段的文化层堆积主要发现在脊线西南侧、北侧、东侧的大部分探方内，都发现有一层至数层战国文化层，多数按地势呈倾斜状堆积。灰坑、房屋等生活遗迹主要分布在地势高处，战国时期墓葬叠压在第一阶段地层下，直接打破生土，主要分布在西南侧坡地上，排列较有规律。由于遭受到明清时期水田改造、现代砖厂取土的两次大规模破坏，目前分布在中部、西北部，东部仅有沿江少量保存，并遭遇乌江江水持续性冲刷破坏。

第四组为商周时期文化层，发现于发掘区域东部、西南部、西北部区域的部分探方内，堆积倾斜较大，分布也较为破碎，出土遗物的时代较为混乱，有属于新石器时代晚期玉溪坪文化、中坝文化的陶片，到相当于夏商周时期的三星堆文化、十二桥文化的遗物，还发现有春秋前后的陶片，表明这里从新石器时代晚期开始就有先民活动，曾经保存有各时期的文化遗存，并在此后的人类活动中不断遭到破坏。

二、出土遗物[①]

B区（陈家嘴）文化层出土遗物较丰富，器类以陶器为主，还有石器、铜器、铁器、瓷器，另外在文化层还出土少量猪骨。为便于查阅出土标本，本章按照从早到晚时代顺序按照类别介绍出土遗物。

（一）商周时期文化层

这一阶段地层出土遗物数量较少，而且以夹砂陶片为主，标本仅有少量口沿残片，器型难以辨认，纹饰主要有小菱格纹、附加堆纹、方格纹、绳纹几种。

陶豆形器　1件（2006FXCT0920⑨：5）。夹细砂黑褐陶。残存部分口沿，侈口，方唇，弧腹。口径不详。残高5.2厘米（图八四，4）。

（二）战国时期文化层

小田溪B区（陈家嘴）的战国时期文化层堆积较厚，出土遗物十分丰富，质地有铜、铁、石、陶等，数量最大的当属陶器。

---

① 由于只在部分地区开展地层统一工作，为了避免混乱，地层出土遗物编号仍以各自探方原始地层进行编号。

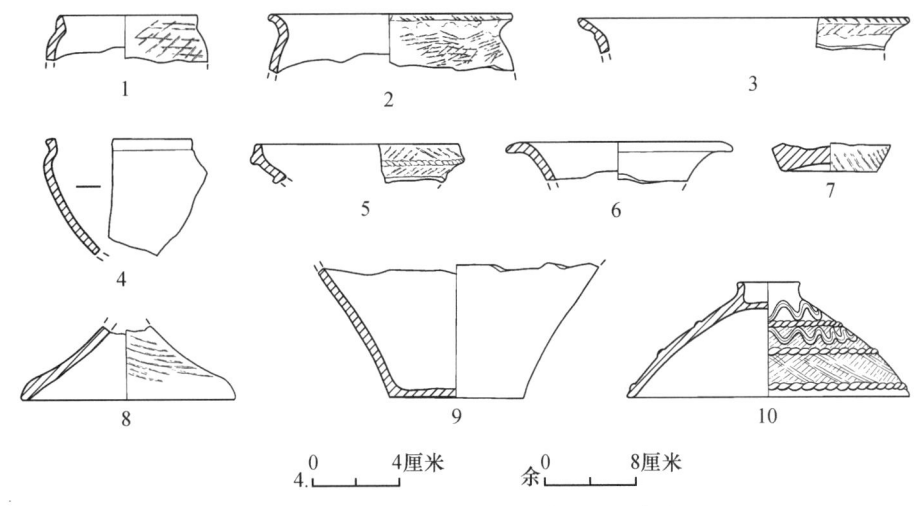

图八四　商周、战国时期文化层出土陶器

1. 矮领罐（2005FCT1426⑧：2）　2. 卷沿深腹罐（2005FCT1426⑧：1）　3. 折沿深腹罐（2005FCT2123⑧：1）
4. 豆形器（2006FXCT0920⑨：5）　5. 折沿盘口罐（2005FCT1923⑧：1）　6. 高领壶（2005FCT1724⑧：1）　7、9. 平底器底
（2005FCT1525⑦：4、2005FCT1822⑥：2）　8、10. 器盖（2005FCT1923⑧：3、2006FXCT3118⑥：1）

1. 铜器

地层中发现的8件铜器都是小型铜器，器型有镞、削。

镞　7件，分为三种器型。2件为双窄翼实铤式，双翼尖削，镞身菱形脊，圆柱形短铤。2005FCT1424⑦：1，后锋部分残缺。长4.9、残宽1.7厘米（图八五，3）。2005FCT1526⑤：1，器型较大，后锋、铤残损。表面锈蚀严重。残长6.1、翼宽1.9厘米（图八五，1）。2件为双阔翼实铤式，翼身宽阔，翼尖圆钝，镞身中脊隆起，翼内侧有凹槽，短铤呈圆柱形。2005FCT1525⑤：1，后锋部分残缺。残长3.9、宽1.6厘米（图八五，6）。2005FCT1425⑦：1，后锋、铤残损。表面锈蚀严重。残长4.6、翼宽1.4厘米（图八五，4）。3件为三棱狭刃实铤式，体型较小，镞身短，有三条狭刃。2006FXCT0918⑥a：1。长铤，镞尖残缺。残长8.3、刃宽0.1厘米（图八五，8）。2006FXCT1120⑦：1，圆柱形，短铤，刃部残缺。长4.5、翼残宽0.1厘米（图八五，5）。2005FCT2023⑤：1，刃部及后锋残损，短圆柱形铤。残长5.5、残宽1.2厘米（图八五，2）。

削　1件（2006FXCT3116⑥：4），刃部缺失。环首，柄微曲。残长9、宽4厘米（图八五，11）。

2. 铁器

这一阶段地层出土9件铁器，器型有斧、锸等，而且锈蚀和残断情况较为严重。

斧　5件。尺寸、形制几乎相同，平面为长方形。长方銎，平刃，剖面呈"V"字形。2006FXCT1418⑥：2，锈蚀严重，方銎部分残。长12、宽6、厚2厘米（图八五，7）。2005FCT1425⑦：6，锈蚀严重。长12、宽6、厚2.5厘米（图八五，15）。2005FCT1425⑦：7，锈蚀严重。长12、宽6、厚2.5厘米（图八五，16）。2005FCT1723⑤：2[①]，锈蚀严重，刃部残缺。残长

[①] 涪陵博物馆文物入账记录为⑤：1。

10.6、宽6.6、厚2.6厘米（图八五，14）。2006FCT0104④：2，锈蚀严重，刃部残缺大部，平面呈长方形。长方形竖銎，双面刃。长13.6、宽5.8厘米（图八五，9）。

锸　1件（2005FCT1722⑤：1）。平面为"U"字形，剖面呈"V"字形，弧刃，銎部缺失。残高6.3、宽10、厚1.5厘米（图八五，13）。

铁器　3件。锈蚀残断，器型不明。2005FCT1526⑦：2，残存一段。长条形，锈蚀严重，截面呈楔形。残长8.4、宽1.5、厚0.1～0.3厘米（图八五，12）。2006FCT0105④：15，残存一段。长条形，锈蚀严重，截面呈长方形。残长7、宽3、厚1.2厘米（图八五，10）。2005FCT1524⑤：1，片状。残长5、宽2.8、厚0.5厘米。

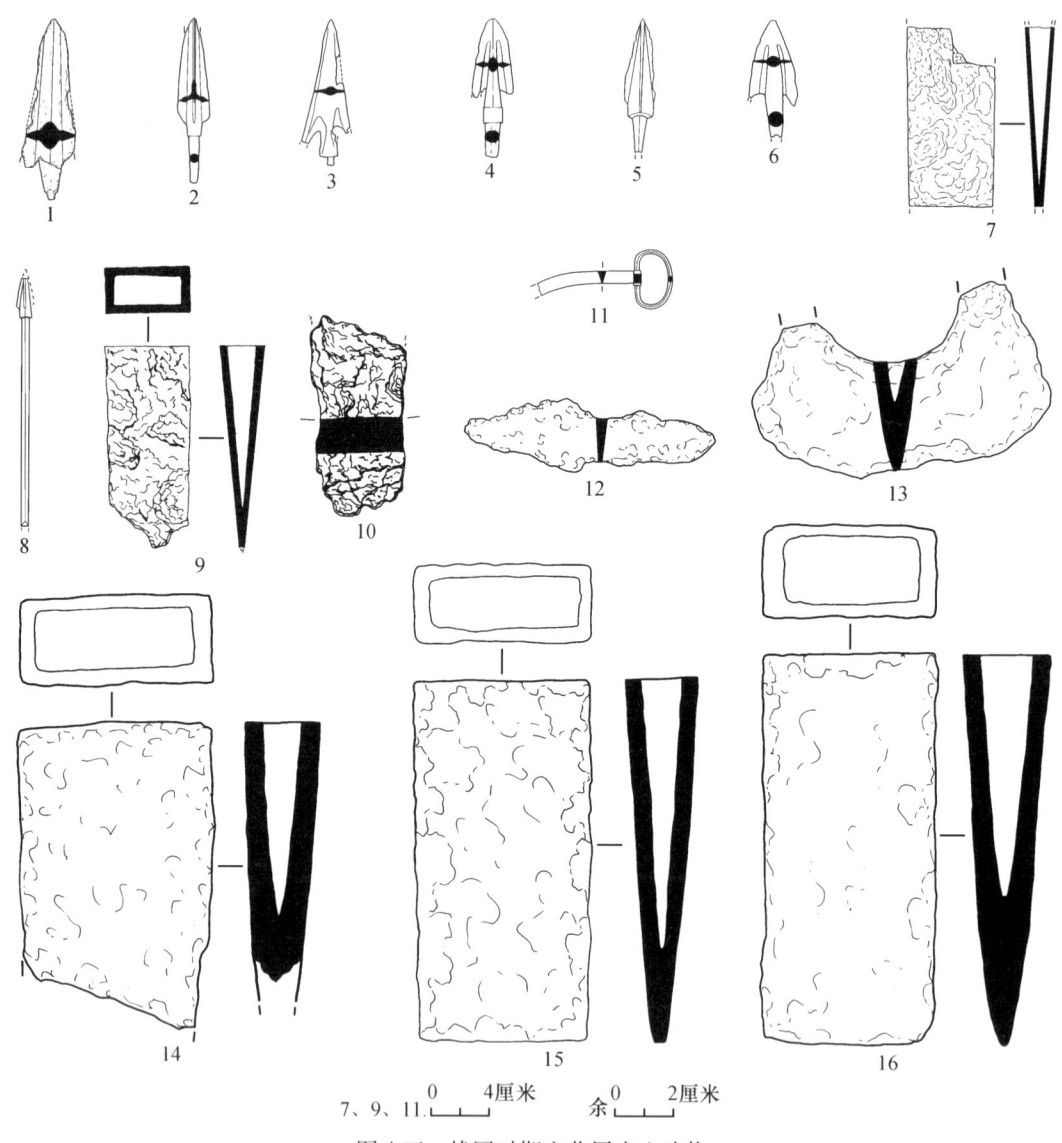

图八五　战国时期文化层出土遗物

1～6、8.铜镞（2005FCT1526⑤：1、2005FCT2023⑤：1、2005FCT1424⑦：1、2005FCT1425⑦：1、2006FXCT1120⑦：1、2005FCT1525⑤：1、2006FXCT0918⑥a：1）　7、9、14～16.铁斧（2006FXCT1418⑥：2、2006FCT0104④：2、2005FCT1723⑤：2、2005FCT1425⑦：6、2005FCT1425⑦：7）　10、12.铁器（2006FCT0105④：15、2005FCT1526⑦：2）　11.铜削（2006FXCT3116⑥：4）　13.铁锸（2005FCT1722⑤：1）

3. 石器

石器发现27件，大部分为磨制石器，但仅有部分为通体磨光，相当部分磨制石器还保留有自然石皮和打琢痕迹，器型有磨制石斧、锛、凿、铲、砺石、石坯料、打制石片等。

磨制石斧　6件。体厚、宽短，正锋。2006FXCT3118⑥：2①，浅绿色碎屑岩，略呈椭圆形，通体磨制，部分保留有打击疤痕。圆弧刃部锋利，正锋。长8、宽6、厚2.2厘米（图八六，8；图版七五，1）。2006FXCT1018⑧：1，黄色砂岩，通体磨制，顶部保留自然石皮。略呈梯形，略呈弧刃部，正锋锋利。长6.6、宽3.3、厚2厘米（图八六，4）。2006FXCT1318⑥：1②，灰色石英砂岩岩，通体磨光。残存刃部，圆弧形。残长3.8、宽4.6厘米（图八六，13）。2006FXCT1319⑤：1，青灰色石英砂岩，大部分磨光，一侧保留有打制痕迹，弧刃略残。残长7、宽5.7、厚2厘米（图八六，5）。2006FXCT3119⑤：1，青绿色绿板岩，略呈梯形，大部分磨光，顶部保留有打制痕迹，弧刃略残。长8、宽5.2、厚2厘米（图八六，1）。2005FCT1721⑤：2③，灰色石英砂岩，破损近半，一侧保留有磨制侧边及正锋弧刃。长9.2、宽5、厚1.8厘米（图八六，11）。

锛　5件。体薄，侧锋。2005FCT1923⑥：1，青色石英岩，利用打制石片磨制，保存部分打击痕迹。长方形。长6、宽2.9、厚0.8厘米（图八六，10；图版七五，2）。2005FCT1724⑥：1，红褐色细砂岩，利用打制石片磨制，保存部分石皮。梯形，平顶，弧刃略残。残长6.5、宽3.5~4.4、厚1.3厘米（图八六，6；图版七五，3）。2005FCT1625⑧：2，青色石英砂岩通体磨制。梯形，顶残，弧刃略残。残长6.5、宽3.5~4.4、厚1.3厘米（图八六，9）。2006FCT0213④：1，青灰色砂岩。略呈梯形，通体磨光，顶部保留自然石皮，正面左侧有打击点，弧刃。器身最宽5、高7.9、厚1.6厘米（图八六，2）。2005FCT1522⑦：1，白色石英砂岩。利用打制石片通体磨制，顶部还保留石皮，略呈梯形，略呈弧刃，侧锋，刃部磨损严重。残长6.9、宽2.9、厚0.8厘米（图八六，7）。

凿　2件。长条形。2005FCT1625⑥：1，黄色石英砂岩，利用打制石片磨制，保存部分石皮，刃部残损。残长6.9、宽1.95、厚0.9厘米（图八六，12；图版七五，4）。2005FCT1723⑥：3，灰黄色石英岩，利用打制石片磨制，保存部分石皮。长6.7、宽3、厚1.8厘米（图八六，3）。

铲　1件（2005FCT1924⑥：1）④。藏青色砂岩。通体打制，残存刃部，略呈弧刃。残长9.8、宽9.9、厚2.8厘米（图八六，14）。

砺石　1件（2006FCT0104④：1）。红褐色石英砂岩。残存部分，有研磨凹面。残长13.6、残宽13.4、厚4.1厘米（图八七，6）。

石坯料　9件。均为未完成加工成型的石器。2006FXCT3118⑥：6，通体打制。略呈长条形，刃部不太规整，似乎是磨制石斧的坯料。长9.4、宽4.2、厚2.4厘米（图八七，

---

① 根据原始资料⑥：1为石器、⑥：2为陶器盖，整理时按照文物入账记录修改。
② 涪陵博物馆藏，登记为T3118。
③ 涪陵博物馆藏品编号为⑤：1。
④ 根据工地日记和探方记录，发掘中统一地层，将第6层改为第8层，从器物标签看，遗物标签并未更改，实际应出土于第8层。

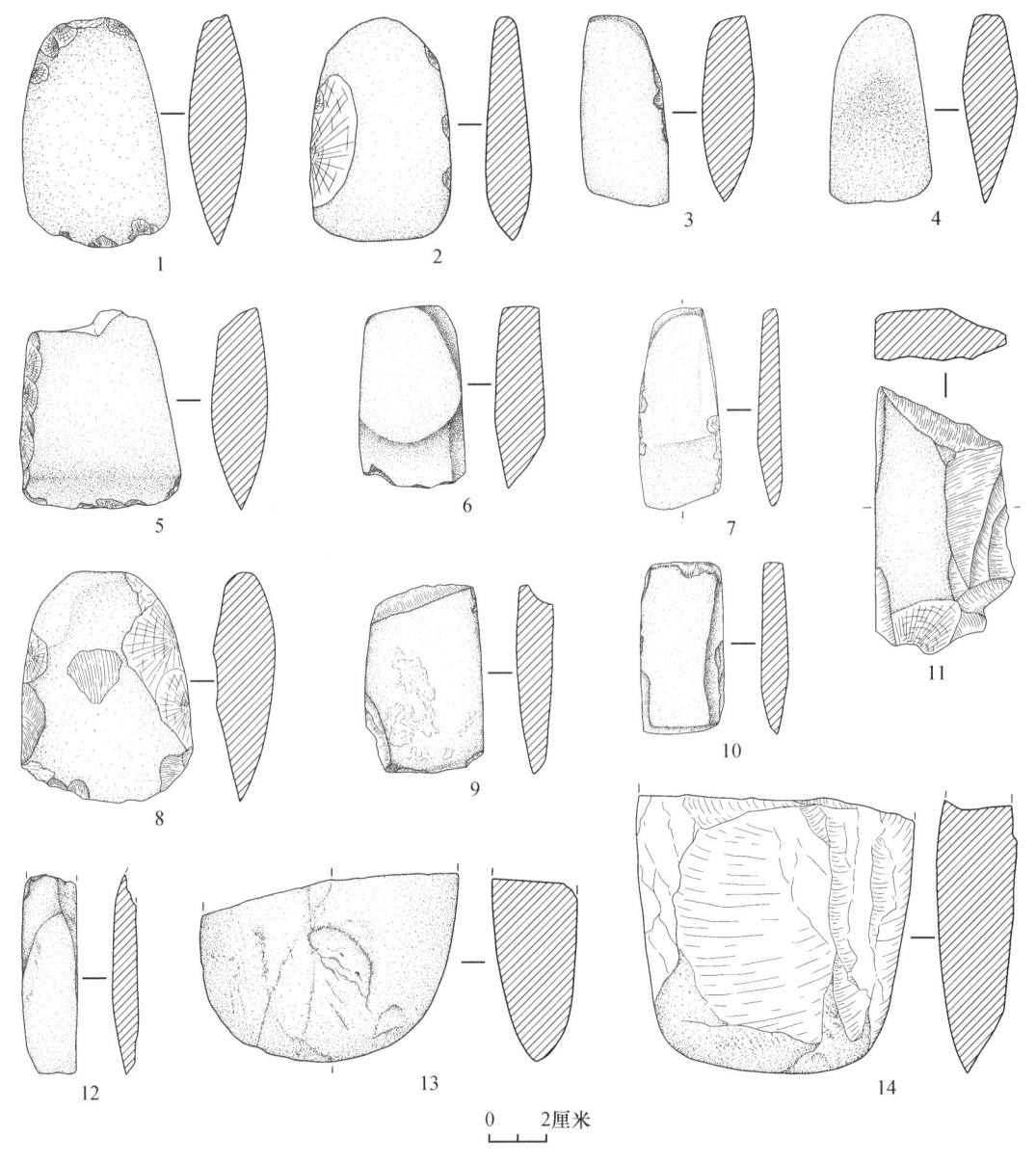

图八六　战国时期文化层出土石器

1、4、5、8、11、13. 磨制石斧（2006FXCT3119⑤：1、2006FXCT1018⑧：1、2006FXCT1319⑤：1、2006FXCT3118⑥：2、2005FCT1721⑤：2、2006FXCT1318⑥：1）　2、6、7、9、10. 锛（2006FCT0213④：1、2005FCT1724⑥：1、2005FCT1522⑦：1、2005FCT1625⑧：2、2005FCT1923⑥：1）　3、12. 凿（2005FCT1723⑥：3、2005FCT1625⑥：1）　14. 铲（2005FCT1924⑥：1）

9）。2005FCT1723⑤：3，青绿色绿板岩。利用椭圆形卵石磨平两侧，其余保留自然石皮，尚未开始磨制圆弧刃。长9.7、宽5.4、厚1.6厘米（图八七，10；图版七八，1）。2005FCT1524⑧：6，椭圆形鹅卵石，周边略做琢击，似乎是磨制石锛的坯料。长10.2、宽4.4、厚1.4厘米（图八七，4）。2005FCT1626⑧：1，利用打制石片制成近长方形坯，背面保留自然石皮，似乎是磨制石斧的坯料。长15.6、宽8.1、厚4厘米（图八七，12）。2005FCT1721⑧：1，利用扁平鹅卵石制成梯形坯，大部分保留自然石皮，仅刃部加工为弧形，似乎是磨制石锛的坯料。长9.5、宽5.6、厚1.3厘米（图八七，2）。2005FCT1823⑦：1，利用扁平鹅卵石制坯，部分保留自然石皮，刃部加工为平刃，尚未磨出刃部，似乎是磨制石锛的坯料。长14.6、宽7.6、厚3.1厘米（图八七，8）。2005FCT1923⑥：5，利用椭圆形鹅卵石琢制两侧，似乎是磨制石斧的坯料。长16.8、宽9.4、厚3.7厘米（图八七，13）。2005FCT1924⑧：1，利用扁平鹅卵石制作，简单打出圆弧刃，尚未磨制刃部，似乎是磨制石锛的坯料。长10.9、宽7.9、厚1.4厘米（图八七，1）。2006FXCT1019⑦：1，石片打制，正、背面有多处打制痕迹，下部残，器型不明。残长14、宽10.4、厚3.6厘米（图八七，3）。

打制石片　3件。2006FXCT1419⑥：4，背面有打击点。长4.4、宽5、厚1厘米（图八七，5）。2005FCT1825⑦：1，正面有多处打制痕迹，背面保留自然石皮，器型不明。高9.8、宽11.9、厚2.6厘米（图八七，7）。2006FXCT0913⑤：1，红褐色石英砂岩，顶部有打击点、劈裂面可见放射线，背面保留自然石皮，未见有明显使用痕迹，器型不明。高10.3、宽13、厚2厘米（图八七，11）。

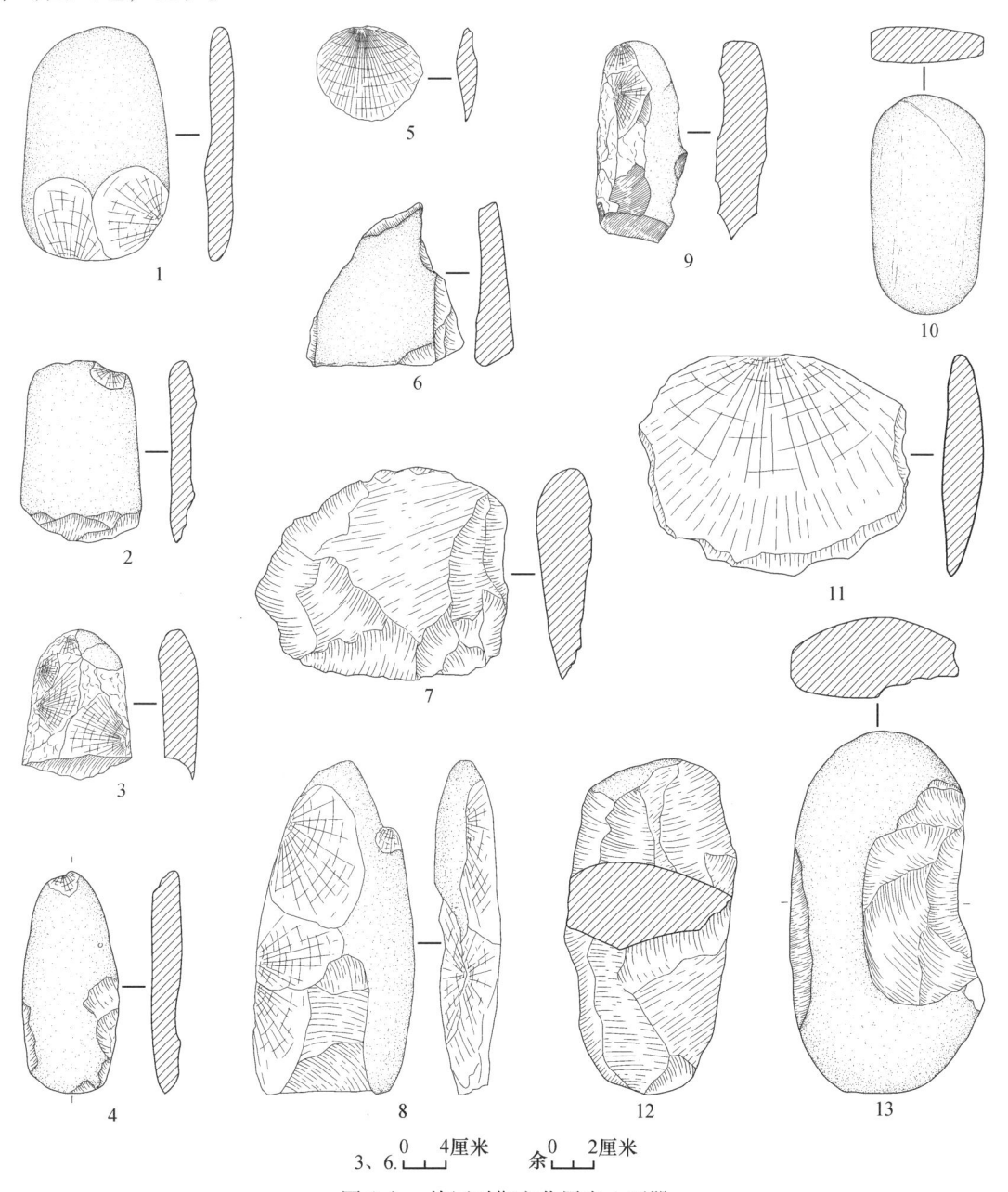

图八七　战国时期文化层出土石器

1~4、8~10、12、13. 石坯料（2005FCT1924⑧：1、2005FCT1721⑧：1、2006FXCT1019⑦：1、2005FCT1524⑧：6、2005FCT1823⑦：1、2006FXCT3118⑥：6、2005FCT1723⑤：3、2005FCT1626⑧：1、2005FCT1923⑥：5）　5、7、11. 打制石片（2006FXCT1419⑥：4、2005FCT1825⑦：1、2006FXCT0913⑤：1）　6. 砺石（2006FCT0104④：1）

4. 陶器

地层中出土陶片的情况表明该区域的战国时期人类活动对早期文化层产生过较大扰动。首先是数量较多，但是普遍为小碎片，可修复器物数量很少，大部分为破碎严重的口沿及底部残片，约有一两百件。其次是文化层出土器物的器型存在明确的不同文化因素器物混杂。因此将其分组进行介绍。

（1）甲组

甲组文化因素陶片数量较少，质地以夹细砂陶为主，素面陶器数量较多，纹饰主要是绳纹、箍带纹、菱格纹（图八八）。可辨器型有折沿深腹罐、折沿盘口罐、卷沿深腹罐、高领壶、矮领罐、器盖、平底器底等，选取9件标本介绍。

折沿深腹罐　1件（2005FCT2123⑧：1）。夹砂褐陶。残存小块口沿。折沿，沿下角较大，唇压印细绳纹。口径30、残高2.6厘米（图八四，3）。

折沿盘口罐　1件（2005FCT1923⑧：1）。夹砂褐陶。残存小块口沿。折沿，沿下角较小，沿上部上折内敛形成盘口，盘口上折处形成凸棱。领部以箍带纹加厚。口径18、残高3厘米（图八四，5）。

卷沿深腹罐　1件（2005FCT1426⑧：1）。夹砂红褐陶。残存小块口沿。卷沿，沿下角较小，唇压印花边，腹部饰交错绳纹。口径22、残高5厘米（图八四，2）。

高领壶　1件（2005FCT1724⑧：1）。夹细砂黄褐陶。残存小块口沿。敞口，翻沿，圆唇。口径21、残高3.2厘米（图八四，6）。

矮领罐　1件（2005FCT1426⑧：2）。夹砂褐陶。矮领，圆唇，鼓腹。口沿下至腹饰菱格纹。口径12、残高4厘米（图八四，1）。

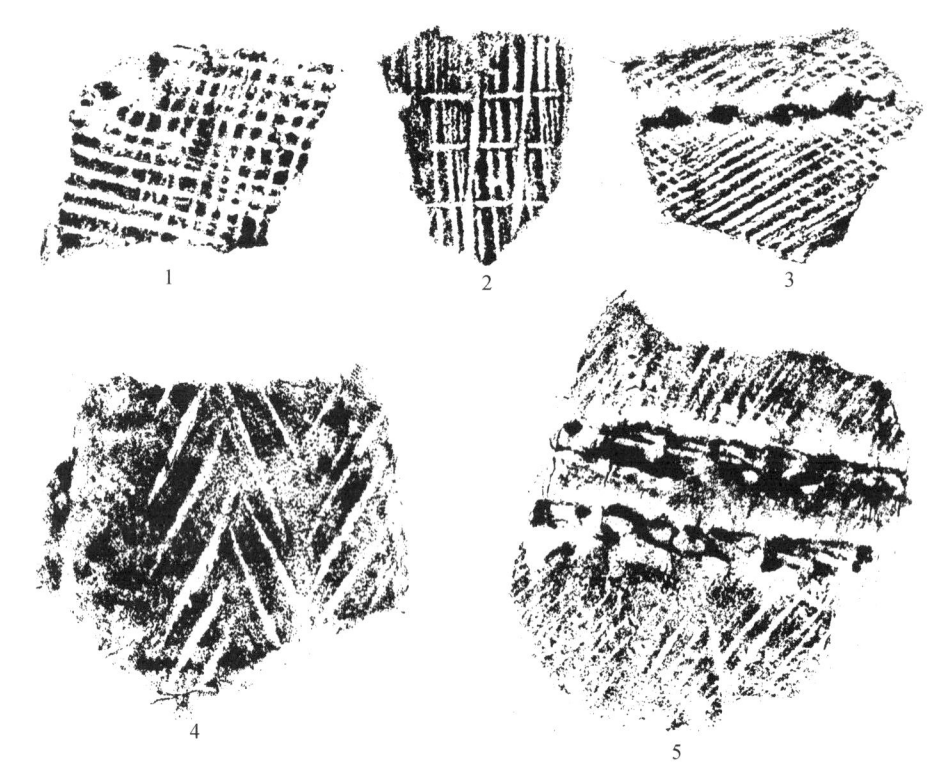

图八八　战国时期文化层出土陶片纹饰拓片

器盖　3件（2006FXCT3118⑥：1、2005FCT1923⑧：3、2005FCT2122⑧：6）。外壁通体有交错绳纹。2006FXCT3118⑥：1，夹细砂红陶。圈足纽，盖壁斜直，绳纹上有三圈附加堆纹，其上有戳点，中圈内圈的绳纹上还有刻划水波纹。盖径25.6、纽径5.6、高10.2厘米（图八四，10；图版七八，2）。2005FCT1923⑧：3，夹细砂褐陶。盖纽残缺。盖壁斜直，近口沿处内收，器表有绳纹。盖径19、残高6厘米（图八四，8）。

平底器底　2件（2005FCT1525⑦：4、2005FCT1822⑥：2）。2005FCT1525⑦：4，夹砂褐陶。平底内凹。器表饰绳纹。底径9、残高2.4厘米（图八四，7）。2005FCT1822⑥：2，夹砂褐陶。平底较大，下腹斜直。底径12、残高12厘米（图八四，9）。

（2）乙组

乙组文化因素陶片数量较甲组多，质地以夹细砂陶为主，几乎都是素面陶器，纹饰主要是弦纹。器物标本个体数量较多，可辨器型有尖底杯、大口罐、高领罐（壶）、直口缸、圈足盏（豆）、中柄豆、盘、折沿深腹盆、器盖、小平底罐（盆）、平底器底等，选取22件标本介绍。

尖底杯　2件（2005FCT1425⑦：1[①]、2005FCT1922⑧：2）。均为厚胎，直壁，尖底。通体饰绳纹，残存底部。2005FCT1425⑦：1，夹砂红陶。残高6厘米（图八九，21）。

大口罐　7件（2006FCT0104③：2、2006FCT0104③：3、2006FCT0105④：13、2005FCT1528⑦：4、2005FCT1528⑦：5、2006FXCT3117⑦：4、2005FCT1824⑦：2）。口较大。口径与腹径接近。2005FCT1824⑦：2，夹细砂灰陶。口径40、残高7厘米（图八九，3）。2005FCT1528⑦：5，夹砂褐陶。口径20、残高3厘米（图八九，5）。

高领罐（壶）　12件（2006FCT0104④：5、2006FCT0104④：7、2006FXCT0920⑧a：2、2006FXCT1116⑤：1、2006FXCT1120⑥：2、2006FXCT1219⑥：1、2005FCT1425⑧：4、2006FXCT1519⑤：1、2005FCT1525⑦：2、2005FCT1624⑤：2、2005FCT1823⑦：2、2005FCT1824⑧：7）。卷沿，领较高。2005FCT1425⑧：4，夹砂灰陶。领上有折棱。肩部以下有绳纹。口径16、残高6.5厘米（图八九，8）。2005FCT1525⑦：2，夹砂褐陶。沿面内凹。口径16、残高5.4厘米（图八九，9）。2005FCT1823⑦：2，夹砂褐陶。口径26、残高9.4厘米（图八九，7）。

直口缸　1件（2005FCT1423⑧：3），夹砂黄陶。直口，方唇。外壁有绳纹。残高6.8厘米（图八九，13）。

圈足盏（豆）　14件（2006FCT0104④：8、2006FCT0104④：11、2006FCT0104④：13、2006FCT0105④：7、2006FCT0105④：9、2006FCT0105④：11、2006FCT0105④：14、2006FCT0106②：1、2006FCT0106②：3、2006FXCT0920⑧a：3、2006FXCT0920⑧a：4、2006FXCT1120⑥：3、2005FCT1526⑦：3、2005FCT1822⑤：1）。卷沿，束颈，弧腹较深，圈足。2005FCT0106②：1，夹砂灰褐陶。底部残缺。内底下凹。口径16、残高7厘米（图八九，1；图版七八，3）。2005FCT1526⑦：3，夹砂红褐陶。底部残缺。口径14、残高4.6厘米（图八九，10）。

[①] 与铜镞重号，由于文物保存在涪陵区博物馆并做入库登记，本报告未修改编号，以免混乱。

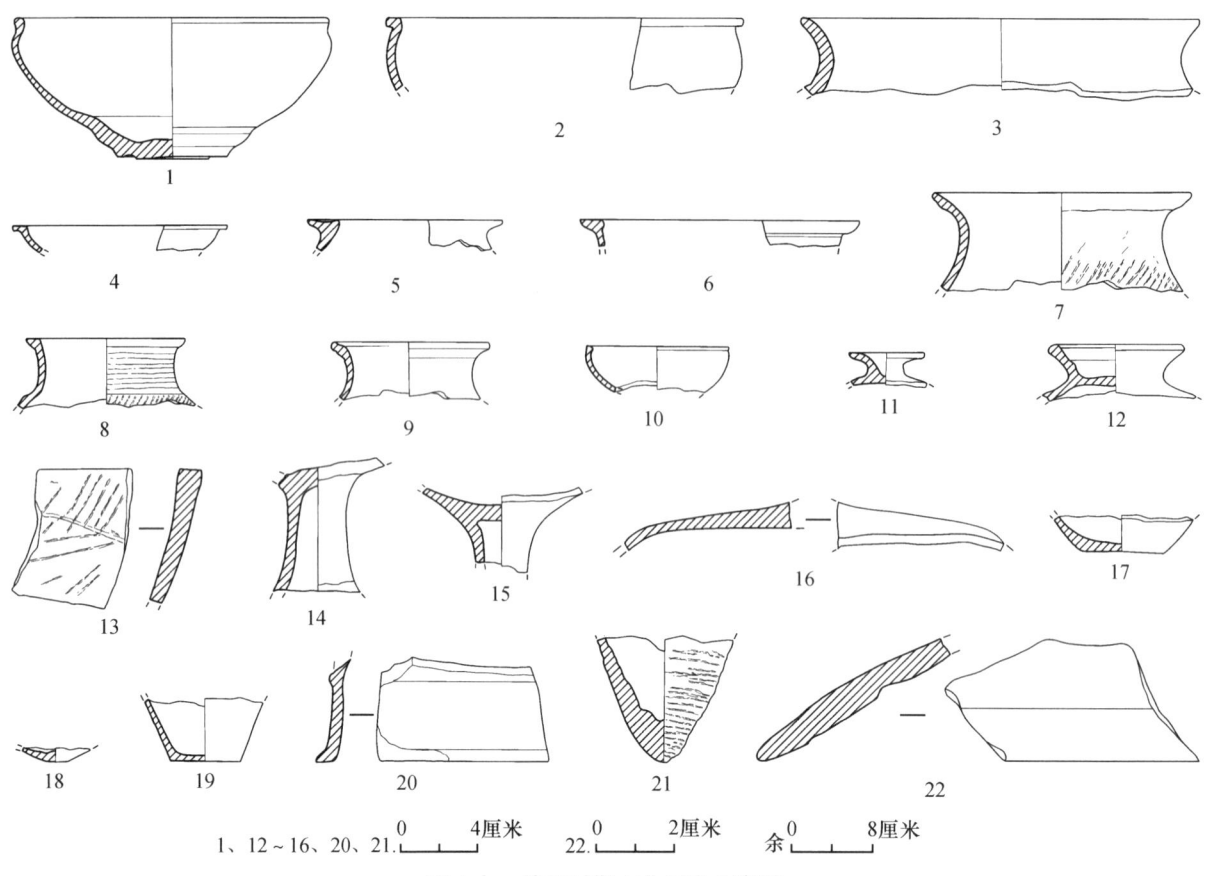

图八九 战国时期文化层出土陶器

1、10. 圈足盏（豆）（2006FCT0106②：1、2005FCT1526⑦：3） 2. 小平底罐（盆）（2005FCT2020⑦：1） 3、5. 大口罐（2005FCT1824⑦：2、2005FCT1528⑦：5） 4. 盘（2005FCT1922⑧：5） 6. 折沿深腹盆（2005FCT1423⑦：1） 7～9. 高领罐（2005FCT1823⑦：2、2005FCT1425⑧：4、2005FCT1525⑦：2） 11、12、16、22. 器盖（2005FCT1922⑧：3、2006FCT0105④：1、2006FXCT1321⑤：4、2006FXCT3118⑧：4、2006FCT0105④：2） 13. 直口缸（2006FCT1423⑧：3） 14、15. 中柄豆（2006FXCT1418⑥：1、2006FXCT1320⑤：1） 17～19. 平底器（2005FCT1824⑧：1、2005FCT1821⑧：2、2005FCT2124⑧：1） 21. 尖底杯（2005FCT1425⑦：1）

中柄豆 6件（2006FXCT0918⑥a：2、2006FXCT1320⑤：1、2006FXCT1418⑥：1、2006FXCT1418⑥：3、2006FXCT1419⑦：7、2006FXCT3118⑥：7）。中空柄较粗，喇叭形足。2006FXCT1418⑥：1，夹粗砂红陶。柄较粗短。残高6.7、柄径3厘米（图八九，14）。2006FXCT1320⑤：1，夹细砂黄褐陶。残高4.3、柄径2.6厘米（图八九，15）。

盘 1件（2005FCT1922⑧：5）。夹细砂褐陶。平折沿，浅盘。口径22、残高2厘米（图八九，4）。

折沿深腹盆 1件（2005FCT1423⑦：1）。夹砂褐陶。平折沿，直腹。口径28、残高2.2厘米（图八九，6）。

器盖 19件。其中盖身4件（2006FCT0105④：2、2005FCT1321⑤：4、2006FXCT3116⑥：3、2006FXCT3118⑧：4）、盖纽15件（2005FCT1526⑦：4、2005FCT1826⑦：1、2006FCT0104④：3、2006FCT0105④：1、2006FCT0105④：8、2006FCT0106②：2、2006FXCT1320⑦：2、2006FXCT1320⑦：4、2006FXCT1321⑤：2、2005FCT1422⑥：2、2005FCT1723⑥：1、2005FCT1922⑧：3、2005FCT2122⑧：2、2005FCT2122⑧：5、2005FCT2221⑦：2）。

2006FCT0105④：2，夹细砂红褐陶。残存器壁及口沿，尖圆唇，壁斜直（图八九，22）。2006FXCT1321⑤：4，夹砂黑皮灰陶。残存器壁，弧腹（图八九，16）。2006FXCT3118⑧：4，夹细砂黄褐陶。残存器壁及口沿，平折沿，折腹有棱（图八九，20）。2006FCT0105④：1，夹细砂黑褐陶。残存器纽，圈纽较大。纽径7、残高2.8厘米（图八九，12）。2005FCT1922⑧：3，夹砂褐陶。残存器纽，圈纽较小。纽径7、残高3.2厘米（图八九，11）。

小平底罐（盆）1件（2005FCT2020⑦：1）。夹砂褐陶。折沿，方唇，腹较浅。口径36、残高7厘米（图八九，2）。

平底器底 5件（2006FCT0105④：3、2005FCT2124⑧：1、2005FCT1824⑧：1、2005FCT1824⑧：5、2005FCT1821⑧：2）。2005FCT2124⑧：1，夹细砂褐陶。小平底，深腹斜直。底径7、残高6.6厘米（图八九，19）。2005FCT1824⑧：1，泥质褐陶。小平底，腹较浅。底径8.6、残高3.5厘米（图八九，17）。2005FCT1821⑧：2，夹砂褐陶。小平底，壁底结合处弧收。底径2.5、残高1.2厘米（图八九，18）。

（3）丙组

丙组文化因素陶片数量较多，质地以夹细砂或泥质陶为主，几乎都是素面陶器，纹饰主要是绳纹、弦纹。器物标本个体数量较多但器类较少，可辨器型有花边口罐、折沿罐、盆、中柄豆、甗、釜、鼎、平底器底等，选取14件标本进行介绍。

花边口罐 8件（2006FCT0102③：15、2005FCT1525⑦：3、2005FCT1625⑦：2、2005FCT1625⑦：4、2006FXCT3117⑥：1、2005FCT1725⑧：1、2005FCT2023⑧：2、2005FCT2022⑧：1）。口沿按压花边，敞口或侈口。2005FCT1525⑦：3，夹砂红褐陶。侈口，按压大花边。残高4.2厘米（图九〇，8）。2005FCT2022⑧：1，夹砂褐陶。直口，按压大花边。残高4.4厘米（图九〇，9）。2005FCT2023⑧：2，夹砂褐陶。敞口，按压小花边。残高3.4厘米（图九〇，2）。

折沿罐 9件（2006FCT0102③：8、2006FCT0104④：10、2006FXCT1419⑥：3、2006FXCT1419⑥：5、2006FXCT1419⑦：6、2006FXCT1419⑦：8、2006FXCT3118⑥：3、2005FCT1522⑧：1、2005FCT1621⑦：1）。斜折沿或平折沿，颈部以下有绳纹。2005FCT1621⑦：1，夹砂褐陶。平折沿，方唇。肩颈结合处有折棱，颈部及肩部以下饰绳纹。口径24、残高4.8厘米（图九〇，7）。

盆 6件（2006FCT0102③：2、2006FCT0104③：5、2005FCT1522⑧：3、2005FCT1821⑧：1、2005FCT2221⑦：1、2006FXCT0920⑧a：1）。口径与腹径接近，沿面近平。2006FCT0102③：2，夹砂灰陶。卷沿，方唇。肩颈结合处有折棱，肩部以下饰绳纹。口径36、残高6.4厘米（图九〇，5）。2005FCT2221⑦：1，夹砂灰陶。平折沿，沿面有凹痕。肩颈结合处有折棱。口径36、残高6.4厘米（图九〇，1）。

中柄豆 7件（2006FXCT0918⑦a：3、2006FXCT1419⑥：2、2005FCT1822⑧：3、2005FCT2019⑦：1、2005FCT2119⑦：1、2005FCT2221⑦：3、2006FXCT3117⑥：3）。浅盘，柄较细。2005FCT2119⑦：1，夹砂灰陶。直口，尖唇。口径12、柄径3.2、残高5.5厘米（图九〇，10）。2006FXCT1419⑥：2，夹粗砂黄褐陶。柄部中空，喇叭形圈足。足径8.8、柄径2.8、残高5.4厘米（图九〇，14）。

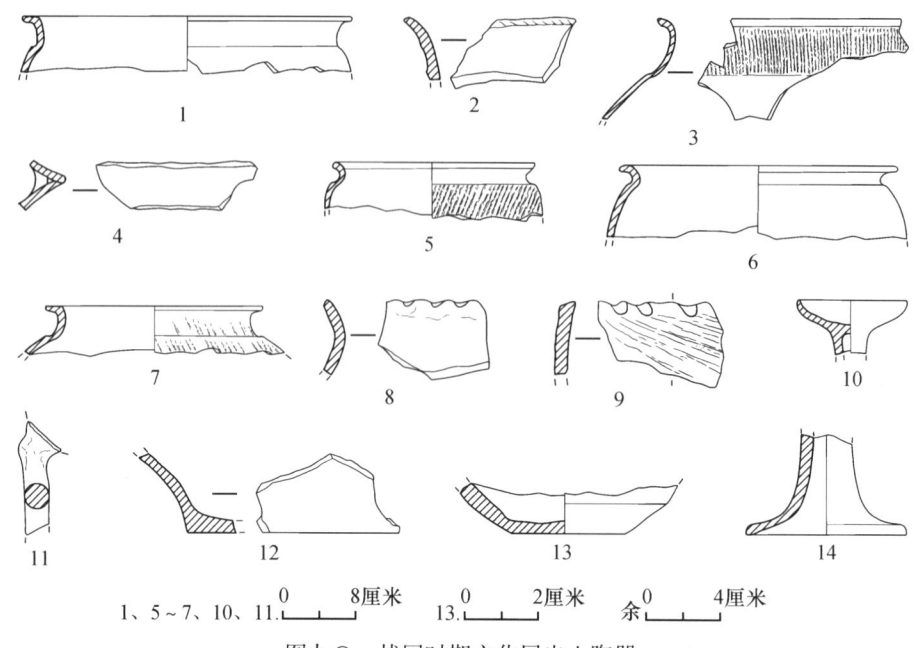

图九〇 战国时期文化层出土陶器

1、5. 盆（2005FCT2221⑦：1、2006FCT0102③：2） 2、8、9. 花边口罐（2005FCT2023⑧：2、2005FCT1525⑦：3、2005FCT2022⑧：1） 3、6. 釜（2006FXCT1419⑥：1、2005FCT2019⑦：2） 4. 甗（2006FCT0213③：1） 7. 折沿罐（2005FCT1621⑦：1） 10、14. 中柄豆（2005FCT2119⑦：1、2006FXCT1419⑥：2） 11. 鼎（2005FCT1624⑥：1） 12、13. 平底器底（2006FCT0104④：12、2006FCT0105④：4）

甗 2件（2006FXCT1320⑦：3、2006FCT0213③：1），残存腰部。2006FCT0213③：1，夹细砂黄褐陶。腰部用泥条填厚处理。残高2.6、残宽8.9厘米（图九〇，4）。

釜 9件（2006FCT0102③：6、2006FCT0104③：4、2006FCT0104④：4、2006FCT0105④：10、2006FCT0213⑤：3、2006FXCT1320⑦：5、2006FXCT1419⑥：1、2005FCT1422⑥：1、2005FCT2019⑦：2）。大口，束颈。2006FXCT1419⑥：1，泥质灰陶。侈口，鼓腹。颈部饰细绳纹，残高5.4厘米（图九〇，3）。2005FCT2019⑦：2，夹砂灰陶。卷沿。口径30、残高8厘米（图九〇，6）。

鼎 4件（2006FCT0101②：2、2006FCT0102③：16、2006FCT0106②：4、2005FCT1624⑥：1）。柱形足较细。2005FCT1624⑥：1，夹砂红褐陶。残高11厘米（图九〇，11）。

平底器底 5件（2006FCT0102③：7、2006FCT0104④：9、2006FCT0104④：12、2006FCT0105④：4、2006FCT0105④：5）。平底，壁底结合处内收呈台状或者斜直。2006FCT0104④：12，夹细砂黄褐陶。壁底结合处内收呈台状。残高4.2厘米（图九〇，12）。2006FCT0105④：4，夹粗砂红褐陶。壁斜直。底径2.8、残高1.8厘米（图九〇，13）。

（4）丁组

丁组文化因素陶片数量较少，质地以夹细砂或泥质陶为主，纹饰主要是绳纹。器物标本个体数量和器类较少，可辨器型有瓮、高领罐、矮领罐、平底罐、侈口罐、釜等，选取9件标本进行介绍。

瓮 8件（2006FCT0102③：1、2006FCT0102③：4、2006FCT0102③：9、2006FCT0104③：1、2006FXCT1220⑥：1、2006FXCT1321⑤：1、2005FCT1528⑦：1、

2005FCT1528⑦：2）。斜领，尖唇，体型较大。肩部以下饰绳纹。2005FCT1528⑦：2，夹砂褐陶。领部加厚。口径40、残高6.2厘米（图九一，1）。

高领罐　5件（2006FCT0102③：5、2006FCT0213⑤：2、2005FCT1822⑤：4、2005FCT1920⑦：1、2005FCT2122⑧：1）。领较高。2006FCT0102③：5，夹砂红褐陶。领较高。内侧有两圈凹弦纹，颈部以下饰绳纹，肩部有一圈凹弦纹。口径21、残高8厘米（图九一，2）。2005FCT1822⑤：4，夹砂褐陶。领部加厚。口径16、残高4.8厘米（图九一，5）。2005FCT2122⑧：1，夹砂红陶。领斜直。口径14、残高5.8厘米（图九一，4）。

矮领罐　9件（2006FCT0101②：1、2006FCT0102③：3、2006FCT0102③：10、2006FCT0102③：11、2006FCT0102③：14、2006FCT0104④：6、2006FCT0105④：6、2006FXCT1321⑦：5、2006FXCT1321⑦：6）。折沿，矮领。2006FCT0104④：6，泥质灰陶。平折沿，矮领（图九一，8）。

平底罐　2件（2005FCT1922⑧：1、2005FCT1923⑧：2）。2005FCT1922⑧：1，夹细砂褐陶。尖圆唇，侈口，鼓腹，大平底。口径9、腹径13、底径8、高9.2厘米（图九一，3）。2005FCT1923⑧：2，夹砂灰褐陶。直口，方唇，鼓腹。口径18、残高5.2厘米（图九一，6）。

侈口罐　4件（2006FCT0102③：12、2006FCT0102③：13、2006FXCT3117⑥：2、2006FXCT3118⑥：5）。2006FCT0102③：12，夹细砂红褐陶。侈口，方唇（图九一，9）。

釜　3件（2006FCT0105④：12、2006FCT0213⑤：1、2006FXCT1321⑤：3），折沿，垂肩。2006FCT0213⑤：1，夹砂红陶。平折沿，方唇。残高2厘米（图九一，7）。

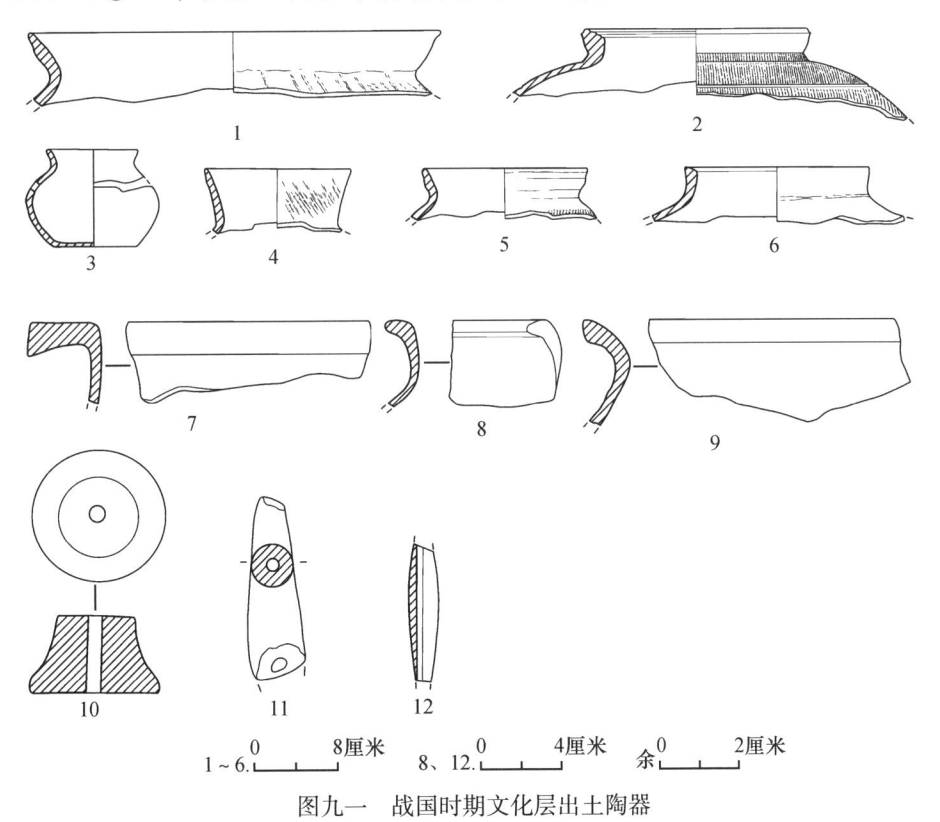

图九一　战国时期文化层出土陶器

1.瓮（2005FCT1528⑦：2）　2、4、5.高领罐（2006FCT0102③：5、2005FCT2122⑧：1、2005FCT1822⑤：4）　3、6.平底罐（2005FCT1922⑧：1、2005FCT1923⑧：2）　7.釜（2006FCT0213⑤：1）　8.矮领罐（2006FCT0104④：6）　9.侈口罐（2006FCT0102③：12）　10.纺轮（2006FXCT0917⑥：1）　11、12.网坠（2005FCT1420⑦：1、2006FXCT0813⑦：2）

（5）无明显文化因素特征的陶器

纺轮　1件（2006FXCT0917⑥：1）。泥质黑褐陶。上、下台面明显，中有一通穿，上台径长1.8、下台径3.2、孔径0.4、高1.8厘米（图九一，10）。

网坠　19件。造型分为两种，一种14件（2006FXCT0713⑤：1、2006FXCT0813⑥：1、2006FXCT0813⑦：2、2006FXCT0813⑦：3、2006FXCT0914⑥：1、2006FXCT0917⑥：3[①]、2006FXCT0917⑥：2[②]），纺锤形，上下有贯通孔。2006FXCT0813⑦：2，泥质灰陶。最大径1.4、孔径0.4、长6.6厘米（图九一，12）。另一种5件（2005FCT2119⑦：2、2005FCT1420⑦：1、2005FCT1526⑦：1、2005FCT1528⑦：6、2005FCT1824⑦：3），接近圆柱形，上下有贯通孔。2005FCT1420⑦：1，泥质黄陶。最大径1.4、孔径0.3、残长4.3厘米（图九一，11）。

（三）汉代及其以后文化层

前文在介绍文化堆积时将汉代及其以后地层堆积分为两个阶段。由于明清水田以下的汉代至明代居址阶段文化层破坏较为严重，出土遗物标本不多。而且这两个阶段都对前两个阶段的文化层进行破坏，导致这一阶段的文化遗物存在较为严重的扰乱现象，许多器物明显是早期地层被破坏后出现于晚期地层中，质地有铜、铁、石、陶、瓷等。故而将两个阶段文化遗物合并介绍。

1. 铜器

共计9件。有簪、镞、削、镜、铜钱等器型。

簪　2件。簪身细长。2005FCT2319④：1，簪帽为多重花瓣形，弯曲变形。长11、簪帽径2.6、身径最大0.4厘米（图九二，1）。2006FXCT2315④：1，仅存簪身，弯折成钩形。残长10.2、身径最大0.4厘米（图九二，10）。

镞　2件。三棱狭刃。2006FXCT1618③：1，镞身粗短，圆铤残断。残长4、刃宽0.2、镞径1厘米（图九二，4；图版七八，4）。2005FCT2120③：2，镞身细长，圆铤较短。长5.9、刃宽0.2、镞径0.7厘米（图九二，3）。

削　1件（2006FXCT1718④：1）。仅存环首，柄部有铁锈，似乎为铜铁复合器。残长4.7、宽4.4厘米（图九二，7）。

镜　1件（2005FCT1819④：1）。残存碎片，圆形，体薄。边缘有一道凸弦纹。长5.7、宽3、厚0.15厘米（图九二，6）。

"乾隆通宝"　3件（2005FCT2120③：1、2005FCT1820③：1、2005FCT2020③：1）。直径2.2厘米。

[①] 有2件，部分残损。

[②] 有7件，部分残损。

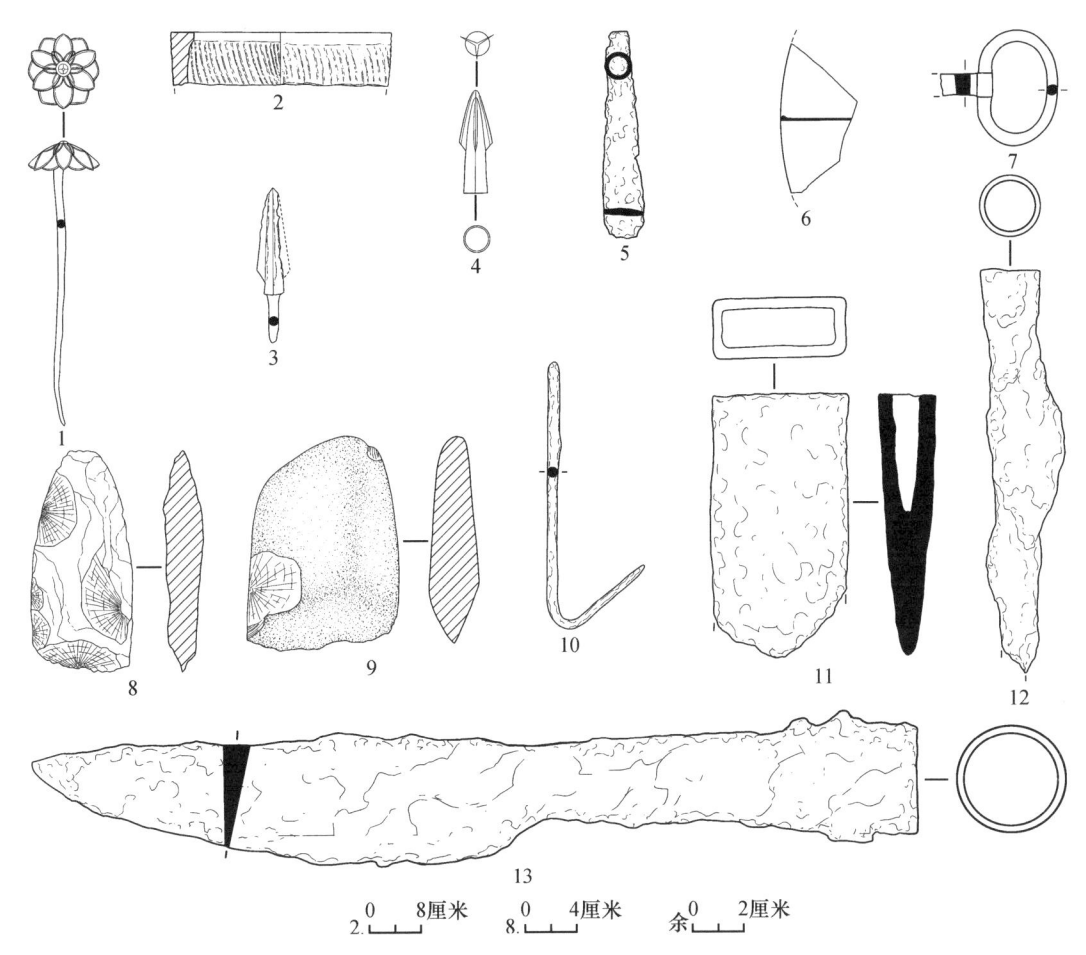

图九二　汉代及以后文化层出土遗物

1、10. 铜簪（2005FCT2319④：1、2006FXCT2315④：1）　2. 石臼（2006FXCT1013③：12）　3、4. 铜镞（2005FCT2120③：2、2006FXCT1618③：1）　5、12. 铁凿（2005FCT1719④b：1、2005FCT2618④b：1）　6. 铜镜（2005FCT1819④：1）　7. 铜削（2006FXCT1718④：1）　8. 石坯料（2006FCT0107②：1）　9. 磨制石斧（2006FXCT1218①：1）　11. 铁斧（2005FCT2318④：1）　13. 铁刀（2005FCT1521④c：1）

2. 铁器

共计4件。有斧、凿、刀等器型，均锈蚀严重，多处残损。

斧　1件（2005FCT2318④：1）。平面为长方形。长方銎，平刃，剖面呈"V"字形，刃部残缺。銎内径长4.5、宽2.5、刃宽5.2、长10厘米（图九二，11）。

凿　2件（2005FCT1719④b：1、2005FCT2618④b：1）。长条形。2005FCT1719④b：1，上端截面为圆形，下端截面为长方形，残留刃部呈圆弧。残长7.9、宽度0.9~1.5厘米（图九二，5）。2005FCT2618④b：1，圆銎，刃部残缺。残长14.8、残宽3、銎内径1.4厘米（图九二，12）。

刀　1件（2005FCT1521④c：1）。基本完整，锈蚀严重，圆銎较长，刃部为柳叶形单刃，截面楔形（图九二，13）。

3. 石器

共编号标本4件。有斧、臼、石坯料等器型。

磨制石斧 1件（2006FXCT1218①：1[①]）。藏青色砂岩，体厚，略呈长方形，顶部保留自然石皮，其余磨光，刃部略呈弧形，部分残损。残长8.2、宽6、厚2厘米（图九二，9）。

臼 1件（2006FXCT1013③：12[②]）。砂岩，直口，内壁有螺旋形碾槽，残存口沿。口径34、残高9厘米（图九二，2）。

石坯料 1件（2006FCT0107②：1）。灰白色石英砂岩。长条形，通体打制成型，尚未磨制刃部。器身最宽7.8、高17、厚3厘米（图九二，8）。

4. 陶器

陶器数量较多，有中柄豆、圈足豆、花边口罐、折沿罐、侈口罐、瓮、盆、釜、网坠、烛台、陶拍等器型，从器型及陶片陶质、纹饰观察，扰乱现象十分严重，选取标本13件进行介绍。

中柄豆 7件。其中豆柄标本4件（2006FXCT2316④：8、2006FXCT2414④：11、2006FXCT2415④：8、2006FXCT3116④：1）、豆盘标本3件（2006FXCT2414④：8、2006FXCT2415④：7、2006FXCT3116④：2）。柱状柄、喇叭形足。2006FXCT2414④：11，夹砂灰陶。柄中空。残高8、柄径3.6、足径8.8厘米（图九三，8）。2006FXCT3116④：2，夹细砂黑皮陶。豆盘敞口、尖唇、浅腹。豆盘径不详，残高2.8厘米（图九三，3）。

圈足豆 4件（2006FXCT1617④：2、2006FXCT2414④：9、2006FXCT2414④：10、2006FXCT2415④：2）。均为喇叭形矮圈足。2006FXCT2415④：2，夹细砂灰陶。残高3.6、足径8.8厘米（图九三，9）。

花边口罐 1件（2006FXCT2214④：1）。夹细砂红褐陶。残存部分口沿，花边唇，侈口，束颈。颈下饰竖向绳纹。口径不详，残高11.6厘米（图九三，4）。

折沿罐 2件（2006FXCT2316④：1、2006FXCT2316④：9）。折沿，束颈鼓腹。颈部以下饰竖向绳纹。2006FXCT2316④：9，夹粗砂灰陶。残存口沿，方唇（图九三，5）。

侈口罐 9件（2006FCT0105②：8、2006FCT0105②：15、2006FXCT1617④：3、2006FXCT2316④：3、2006FXCT2316④：7、2006FXCT2414④：6、2006FXCT2415④：1、2006FXCT2415④：5、2006FXCT2415④：6）。侈口，圆唇。2006FXCT1617④：3，夹细砂红褐陶。残存口沿，圆唇。口径不详，残高4.8厘米（图九三，7）。

瓮 3件（2006FCT0105②：7、2006FCT0105②：14、2006FXCT2414④：1）。高领，尖唇，领部较厚。2006FCT0105②：14，夹细砂红褐陶。残存口沿，尖唇，领部加厚。口径不详，残高4.8厘米（图九三，6）。

盆 6件（2006FXCT2316④：2、2006FXCT2316④：4、2006FXCT2414④：2、2006FXCT2414④：3、2006FXCT2414④：5、2006FCT0105②：5）。大口，平折沿，束颈。

[①] 根据原始资料，出土于第1层，涪陵博物馆藏品登记为第6层。

[②] 根据布方资料，该探方编号有误，实际出土位置无法查找。

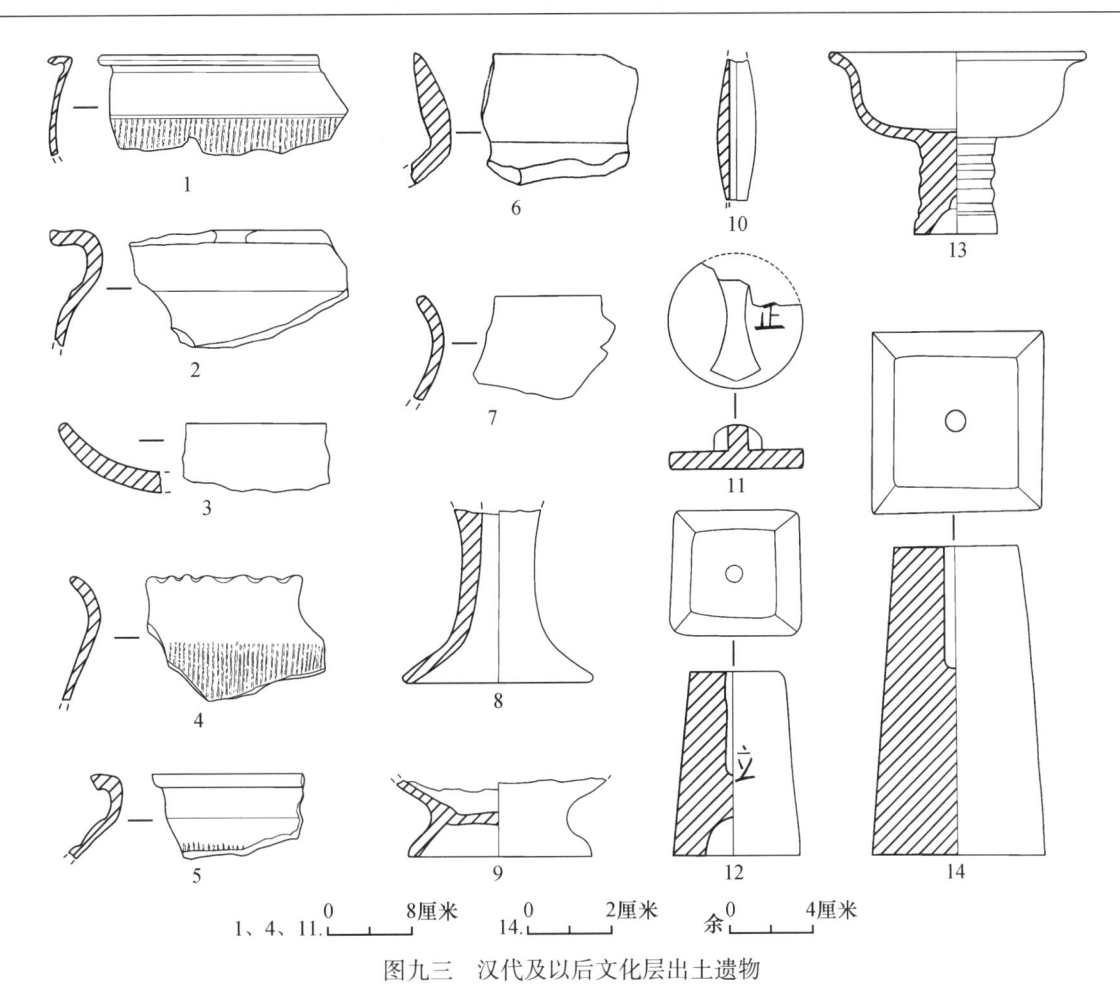

图九三 汉代及以后文化层出土遗物

1.陶釜（2006FXCT2416④:2） 2.陶盆（2006FXCT2414④:3） 3、8.陶中柄豆（2006FXCT3116④:2、2006FXCT2414④:11）
4.陶花边口罐（2006FXCT2214④:1） 5.陶折沿罐（2006FXCT2316④:9） 6.陶瓮（2006FCT0105②:14）
7.陶侈口罐（2006FXCT1617④:3） 9.陶圈足豆（2006FXCT2415④:2） 10.陶网坠（2006FXCT2316④:11）
11.陶拍（2005FCT1624④b:1） 12、14.陶烛台（2005FCT2418④:1、2005FCT2020③:2） 13.瓷高足碗（2005FXCT1421④b:1）

2006FXCT2414④:3，夹细砂灰陶。口径不详，残高5.4厘米（图九三,2）。

釜 2件（2006FXCT2414④:7、2006FXCT2416④:2）。大口，平折沿，鼓腹。2006FXCT2416④:2，夹砂灰陶。腹部饰竖向绳纹，并有一圈抹痕分隔。口径不详，残高9.2厘米（图九三,1）。

网坠 5件（2005FCT2419④:1、2005FCT2020④:3、2006FXCT2316④:10、2006FXCT2316④:11、2006FXCT2416④:1、2006FXCT2416④:3）。均为纺锤形。泥质红褐陶或灰陶。有贯通穿孔。2006FXCT2316④:11，泥质红褐陶。上端残。残长6.4、宽1.8、孔径0.4厘米（图九三,10）。

烛台 2件（2005FCT2418④:1、2005FCT2020③:2）。均为夹细砂深灰陶。方台形，顶部有圆形深孔。2005FCT2418④:1，平底有半球形孔，两面有字，一为"位"，一为"未穴"。顶径4、底径6、顶孔径0.8、孔深4.8、高8.4厘米（图九三,12）。2005FCT2020③:2，平底无孔。顶径3、底径4.1、孔径0.6、高7厘米（图九三,14）。

拍 1件（2005FCT1624④b:1）。夹细沙深灰陶。圆饼形，背有双曲线形纽。纽右侧有楷书"正"字，正面无纹。直径12、高4厘米（图九三,11）。

5. 瓷器

瓷器多为碎片，青花瓷均为碎片，无法辨认器型，青瓷器仅1件。

高足碗　1件（2005FCT1421④b∶1）。影青瓷。敞口圆唇，弧腹，竹节形高足。口径12、足高4.4、通高8.4厘米（图九三，13）。

第三节　墓　葬

B区（陈家嘴）通过四次发掘共清理墓葬46座（图九四；附表二），编号2005FCM1～2005FCM15、2006FXCM16～2006FXCM46[①]，大部分墓葬被晚期地层严重破坏，深度仅保存二三十厘米。而且明清时期的水田的富含水酸性土壤渗漏，对葬具、人骨的严重腐蚀，以至于墓葬中的随葬品、葬具、人骨都遭受严重腐蚀，大部分墓葬看不到木灰痕、骨渣痕，几乎所有的随葬品都遭受不同程度的损坏，相当数量的铜容器和陶器都保存不完整无法修复甚至无法提取。

本章按照发掘编号顺序对墓葬材料进行完整介绍，其随葬品分类分期和墓葬时代推断则放到第五章进行探讨。

一、2005FCM1

（一）墓葬形制

长方形竖穴土坑墓（图九五）。叠压于2005FCT2120④a下，打破第7层，打破2005FCH14、2005FCH22。墓向120°。墓口长300、宽170～180厘米，距地表深50～55厘米；墓底长284、宽150厘米，残深90厘米。口大底小，四壁斜直，无明显加工痕迹。填土为灰黄色夹杂红烧土颗粒的五花土，包含物有少量泥质陶片及1件陶纺轮。

葬具为一棺一椁。椁长256、宽100、残高约30厘米。棺仅见腐痕。长约198、宽约60厘米。东、西、北三面有熟土二层台，土质纯净无包含物，宽14、高20厘米。

墓主骨架保存较差，仅见零星腐痕，葬式不详。根据随葬器物摆放位置和以往发掘经验推测头向东。

---

① 少数形制方形或长方形、出土陶器标本可以修复的灰坑很可能因为破坏严重而被误判为灰坑，其更可能是墓葬，例如2006FXCH81。

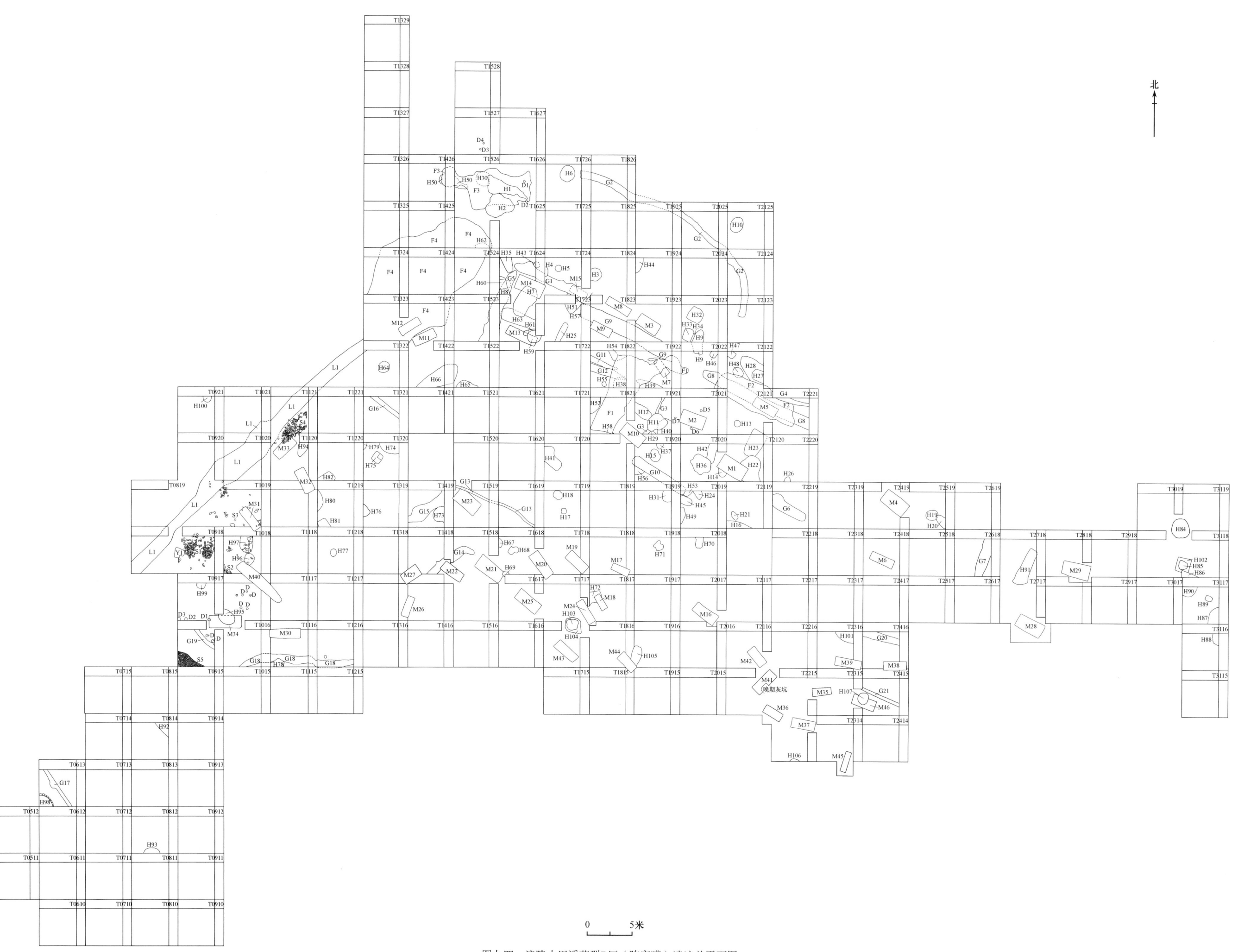

图九四 涪陵小田溪墓群B区（陈家嘴）遗迹总平面图

(此图仅展示第一次和第三次发掘遗迹分布情况，第二次和第四次由于遗迹较少未在此图中显示；由于第一、三次发掘时，探方、遗迹统一编号，故此图中探方遗迹前均未加发掘年度和发掘区代号)

第三章　小田溪墓群B区（陈家嘴）

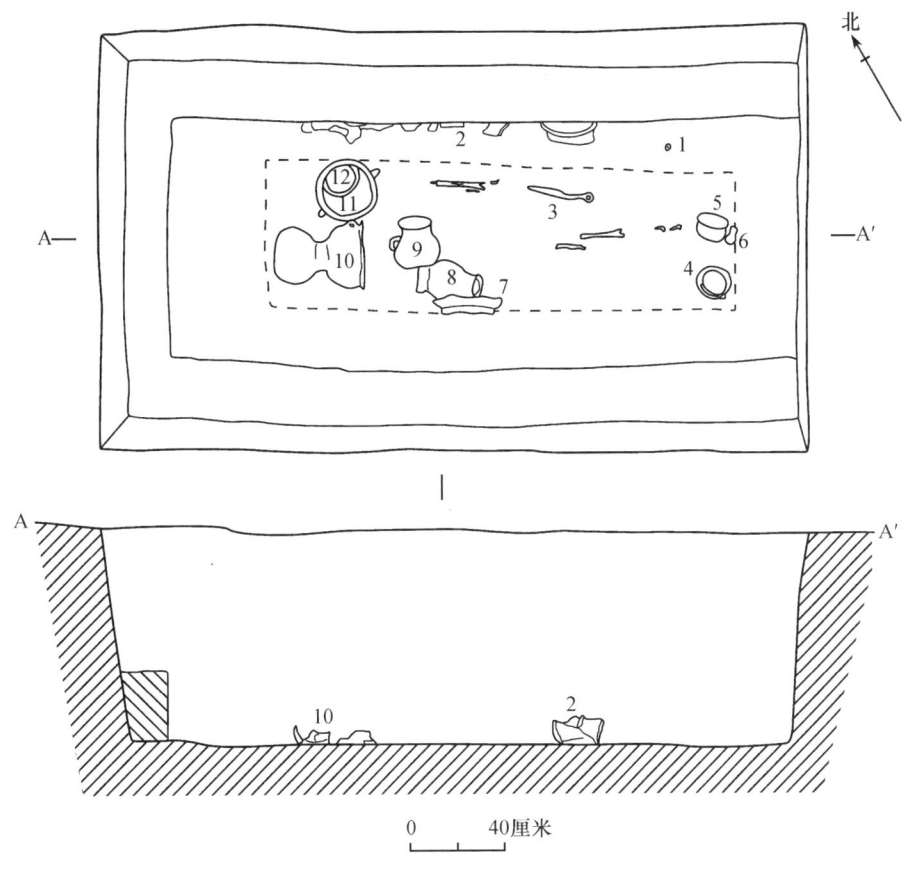

图九五　2005FCM1平、剖面图
1.陶纺轮　2.陶瓮　3.铜削　4、5、12.陶盂　6.铜钺　7.铜洗　8.陶壶　9.铜鍪　10.铜釜甑　11.铜釜

（二）出土遗物

墓葬内有随葬品共计12件（图版七七，1），可分为铜器和陶器两类，大部分放置于棺内，少部分在棺椁之间。另外填土中发现陶纺轮1件（2005FCM1：01）。

1. 铜器

共计6件。器型有削、盆、鍪、釜甑、釜、钺，均放置于棺内。

削　1件（2005FCM1：3）。放置于身体右侧。削首、刃部残损，凹弧刃，截面呈三角形，曲柄较长。残长17.5、宽1.4厘米（图九六，9）。

钺　1件（2005FCM1：6）。位于头顶端，器型较小，圆弧刃，肩微折，腰部内凹，椭圆形銎。通长7.3、刃宽4.4、銎径1.7~2.6厘米（图九六，11；图版七七，2）。

洗　1件（2005FCM1：7）。平折沿，斜直腹，下腹残。口径28、残高3.6厘米（图九六，8）。

鍪　1件（2005FCM1：9）。侈口，尖唇，鼓腹微垂，肩部一侧有索辫状环耳，肩腹部饰弦纹一道。口径12.4、最大腹径17、高16.4厘米（图九六，10；图版七八，1）。

釜甑　1件（2005FCM1：10）。甑部为折沿，尖唇，甑上有索辫状环耳一对，圆形箅，箅上有呈米字形排列的孔；釜部为鼓腹圜底，底部有三短足，肩部有一对索辫状环耳。甑部口径

图九六　2005FCM1出土遗物

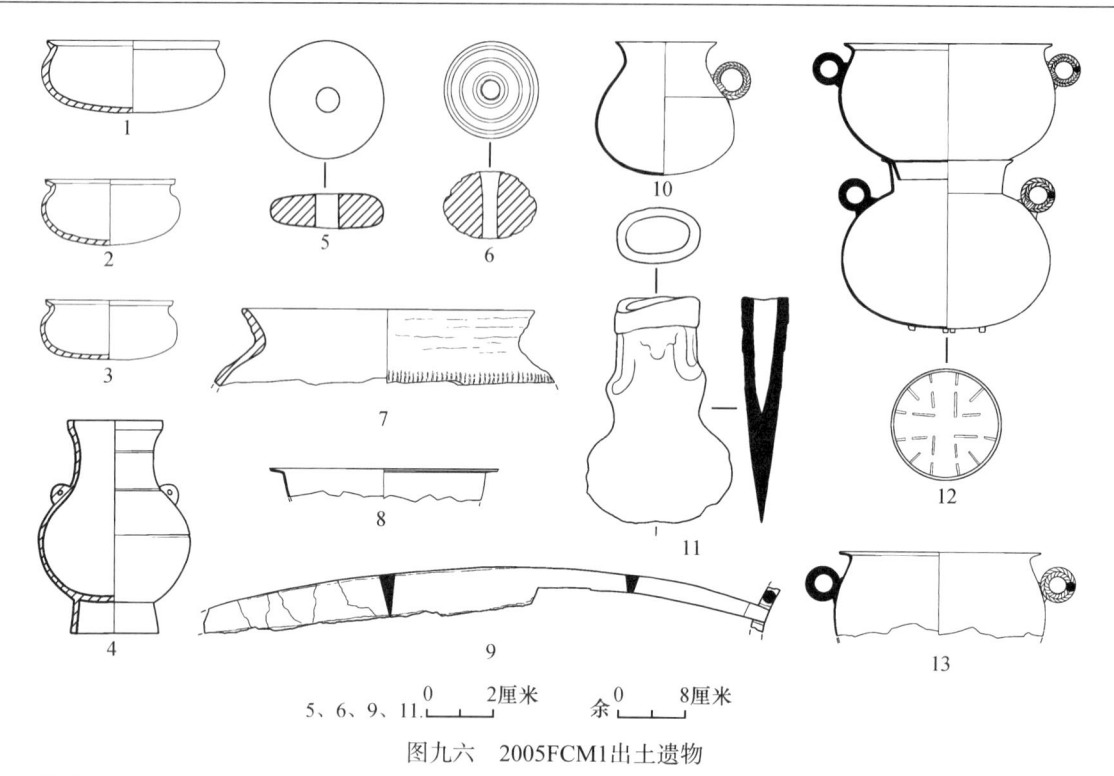

1~3. 陶盂（2005FCM1：12、2005FCM1：4、2005FCM1：5）　4. 陶壶（2005FCM1：8）　5、6. 陶纺轮（2005FCM1：01、2005FCM1：1）　7. 陶瓮（2005FCM1：2）　8. 铜洗（2005FCM1：7）　9. 铜削（2005FCM1：3）　10. 铜鍪（2005FCM1：9）　11. 铜钺（2005FCM1：6）　12. 铜釜甑（2005FCM1：10）　13. 铜釜（2005FCM1：11）

26、腹径27.2、箅径13.6、高18厘米，釜部口径16.6、最大腹径25.2、高21厘米，通高32.8厘米（图九六，12；图版七七，3）。

釜　1件（2005FCM1：11）。平折沿，尖唇，腹部有一对索辫状环耳，下腹残。口径25、残高10厘米（图九六，13）。

2. 陶器

共计7件。均为生产生活用具，器型有纺轮、瓮、盂、壶。大部分置于棺内脚端，另有2件置于椁内棺外。

纺轮　2件（2005FCM1：01、2005FCM1：1）。2005FCM1：01，置于棺外右侧，夹砂黄褐陶。圆饼状，上下台面较平，中有一通穿。直径0.7、高1.1厘米（图九六，5）。2005FCM1：1，夹砂红褐陶。算珠形，台面有数圈弦纹。直径0.6、高2.1厘米（图九六，6）。

瓮　1件（2005FCM1：2）。被打碎放入棺外右侧棺椁之间成排状放置，未修复。夹砂褐陶。斜领，尖唇，体型较大，溜肩，下腹部残。口径36、残高19.2厘米（图九六，7）。

盂　3件（2005FCM1：4、2005FCM1：5、2005FCM1：12）。均为大口，弧肩，浅腹，圜底。2005FCM1：4，夹砂灰褐陶，方唇。口径15.7、最大腹径16.8、高7.8厘米（图九六，2）。2005FCM1：5，泥质灰褐陶。方唇，圜底近平。口径15.6、最大腹径16.8、高7厘米（图九六，3）。2005FCM1：12，夹砂黑褐陶。尖唇，圜底近平。口径20、最大腹径21、高8厘米（图九六，1；图版七八，2）。

壶　1件（2005FCM1∶8）。泥质灰陶。盘口，方唇，鼓腹，圈足较高，肩腹交接处饰竖向对称环耳。颈、肩、腹部各有两圈凹弦纹。口径11.2、最大腹径17.8、底径9.8、通高25厘米（图九六，4；图版七八，3）。

二、2005FCM2

（一）墓葬形制

长方形竖穴土坑墓（图九九；图版七九，1）。叠压于2005FCT2021④下，打破第7层。墓向286°。墓口长270、宽123厘米，距地表50厘米；墓底长262、宽116厘米，残深70厘米。口大底小，四壁较光滑。填土为黄褐色五花土，夹杂有泥质红陶片、黑陶片。

葬具为一棺，棺仅见腐痕。长约200、宽62厘米。墓主骨架腐朽严重，保留少量腿骨骨渣，根据腿骨位置可以确定墓向，葬式不明。

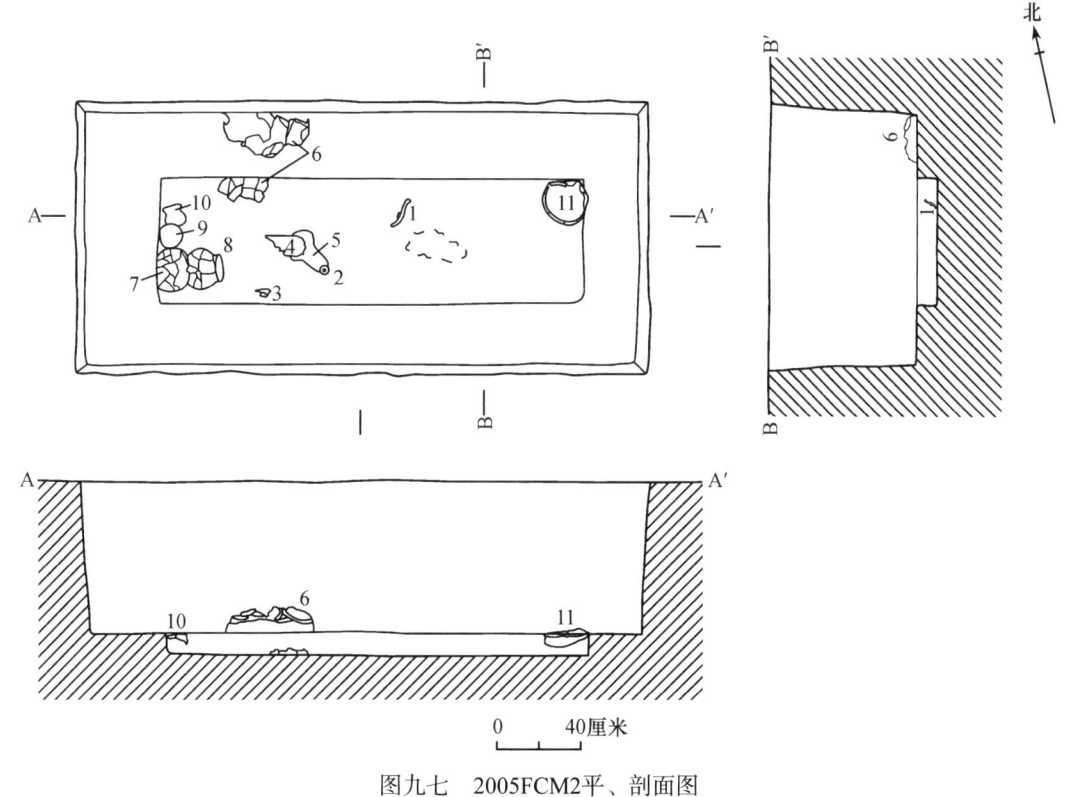

图九七　2005FCM2平、剖面图
1. 铜带钩　2. 玉玦　3. 铜钺　4. 铜璜形饰　5. 铁器　6、9、10. 陶釜　7. 陶壶　8、11. 陶盂

（二）出土遗物

墓葬内有随葬品11件。质地有铜器、铁器、陶器和玉器四类，大部分放置于棺内，棺外有陶器1件。

1. 铜器

共计3件。器型有带钩、钺、璜形饰，均位于棺内。

带钩　1件（2005FCM2：1）。置于棺内中部。首、尾两端略残，曲棒形钩体，中部有一圆纽，钩身饰卷云纹。长13、纽径1.6厘米（图九八，8；图版七九，2）。

钺　1件（2005FCM2：3），置于棺内右上部。圆弧刃，靴型钺身。通长6.6、刃宽5.9厘米（图九八，5；图版七九，3）。

璜形饰　1件（2005FCM2：4），置于墓室中部。严重残破，无法辨识数量，表面有纹饰。

2. 铁器

铁器　1件（2005FCM2：5），置于墓室中部。锈蚀严重残留片状，器型不明。

3. 陶器

共计6件。器型有壶、盂、釜。大部分置于棺内头端，仅在脚端和棺外各放置1件。

壶　1件（2005FCM2：7）。泥质灰陶。侈口，方唇，鼓腹，平底。口径11、腹径21、底

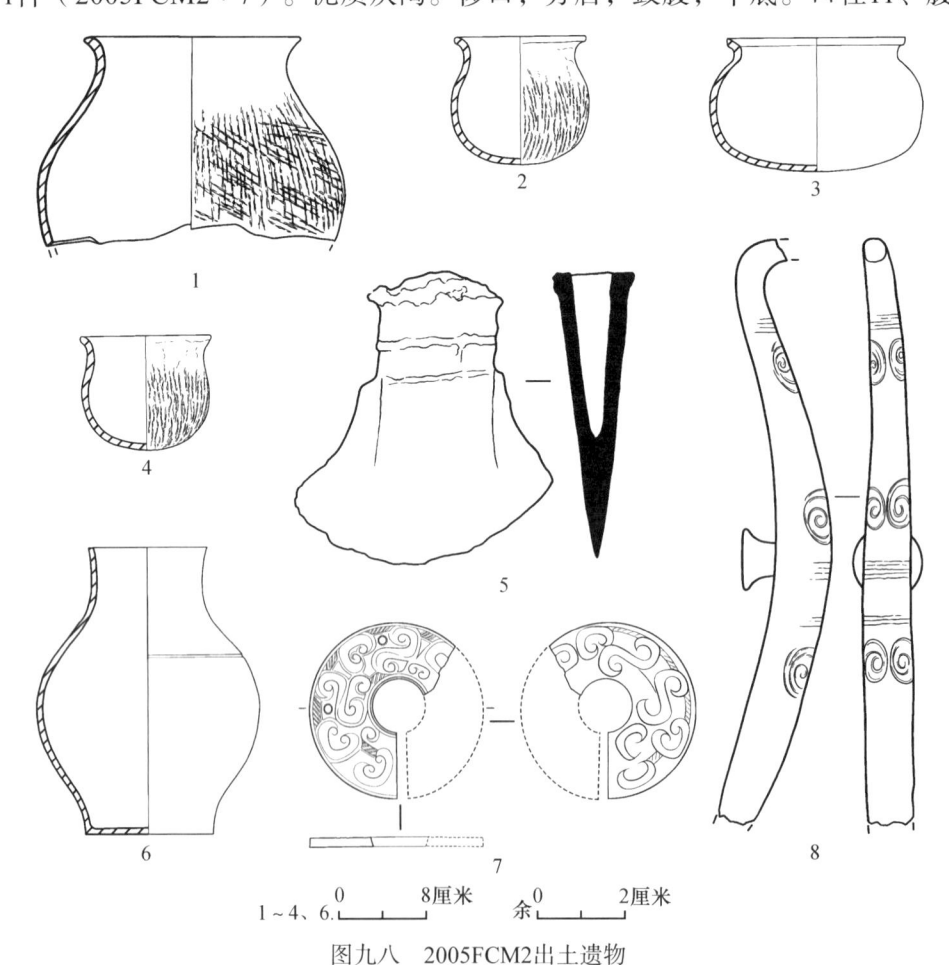

图九八　2005FCM2出土遗物

1、2、4.陶釜（2005FCM2：6、2005FCM2：9、2005FCM2：10）　3.陶盂（2005FCM2：8）　5.铜钺（2005FCM2：3）
6.陶壶（2005FCM2：7）　7.玉玦（2005FCM2：2）　8.铜带钩（2005FCM2：1）

径12、高25.5厘米（图九八，6；图版八〇，4）。

盂　2件（2005FCM2：8、2005FCM2：11）。均大口，浅腹。2005FCM2：8，夹砂褐陶。尖唇，圜底近平。口径16、最大腹径19.2、高12厘米（图九八，3；图版八〇，1）。2005FCM2：11，放置于棺内脚端，夹砂红陶，太残碎未修复。

釜　3件（2005FCM2：6、2005FCM2：9、2005FCM2：10）。均为侈口，尖唇，溜肩，鼓腹。腹部饰交错绳纹。2005FCM2：6，置于棺外，泥质灰褐陶，残存部分口沿。口径20、残高18厘米（图九八，1）。2005FCM2：9，夹砂灰褐陶。口径12、高11.4厘米（图九八，2；图版八〇，2）。2005FCM2：10，为夹砂红褐陶。口径12、高10厘米（图九八，4）。

4. 玉器

玦　1件（2005FCM2：2）。残缺约1/3，白玉质，不透明，粘有铁锈。两面阴刻简化蟠螭纹，纹饰布局两面有一些区别。直径3.9、孔径1.3厘米（图九八，7；图版八〇，3）。

三、2005FCM3

（一）墓葬形制

长方形竖穴土坑墓（图九九）。叠压于2005FCT1923④a下，打破第7层。墓向330°[①]。墓口长240、宽126厘米，距地表深40～45厘米；墓底长220、宽104厘米，残深116～120厘米。口大底小，四壁斜直，壁面较光滑，无明显加工痕迹。填土为黄褐色花土。

墓底有棺木灰黑色腐痕，推测葬具为一棺。棺长约184、宽48厘米。墓主骨架腐朽严重，仅见少量骨渣。葬式不明。

（二）出土遗物

随葬器物较少，共计3件，其中修复2件。质地有陶、琉璃两类。

1. 陶器

共计2件。器型有釜、瓮，釜置于棺内头端，瓮置于棺外。

釜　1件（2005FCM3：1）。泥质灰褐陶。侈口，圆唇，鼓腹，圜底。腹部饰绳纹。口径12、腹径15、高12厘米（图一〇〇，1）。

瓮　1件（2005FCM3：2）。夹砂红褐陶。器型较大，陶质酥碎未修复。

---

① 原始资料认为墓向150°，报告编写时根据琉璃珠位置推测墓向为330°。

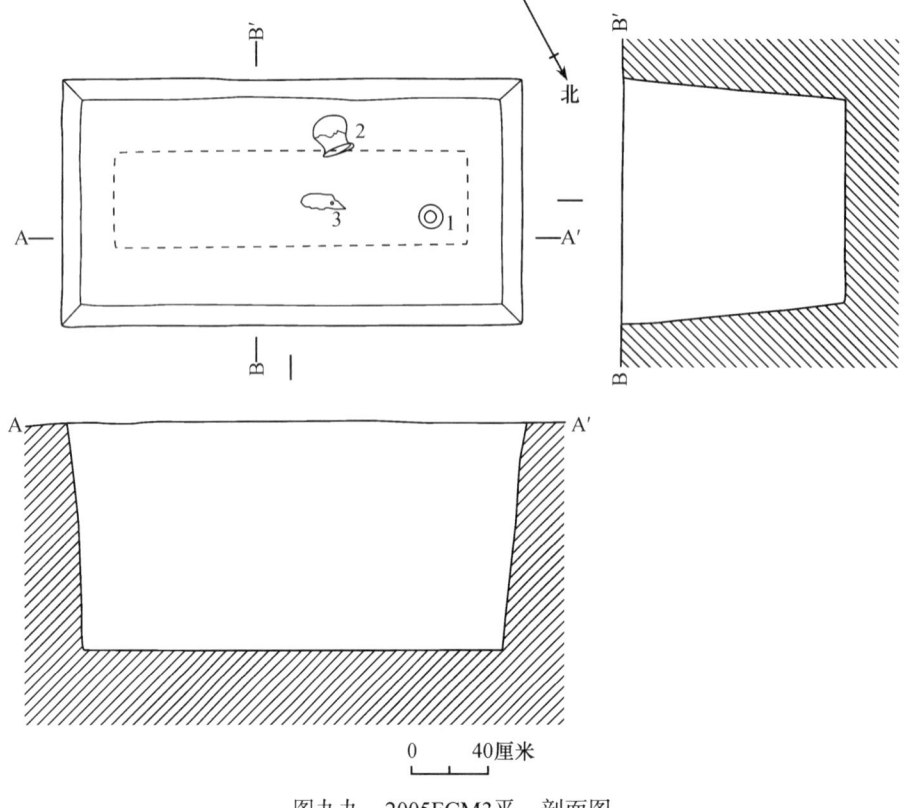

图九九　2005FCM3平、剖面图
1.陶釜　2.陶瓮　3.琉璃珠

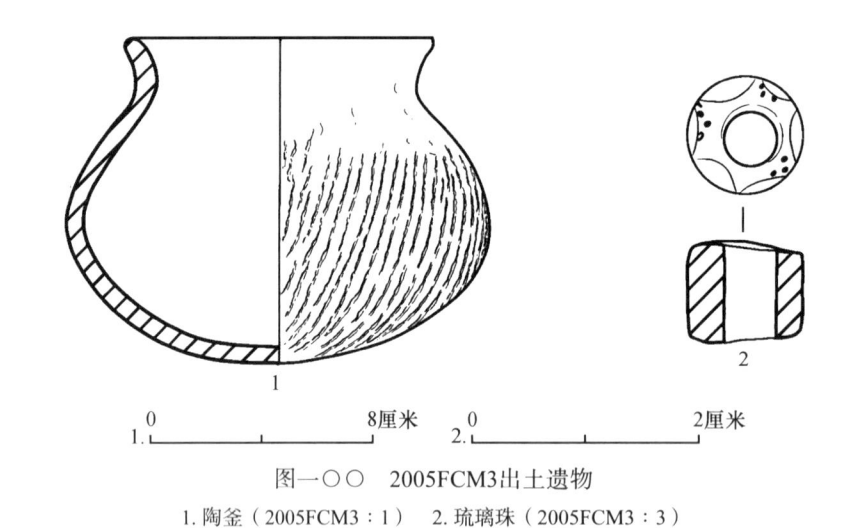

图一〇〇　2005FCM3出土遗物
1.陶釜（2005FCM3：1）　2.琉璃珠（2005FCM3：3）

2. 琉璃器

琉璃珠　1件（2005FCM3：3）。通体墨绿色，有明显的气泡，横截面接近六边形，中间圆穿较粗。六边形每面有内凹的大小不等的圆片和三个小圆孔。直径1、高0.9、中径0.4厘米（图一〇〇，2；图版八一，2）。

四、2005FCM4

(一) 墓葬形制

长方形竖穴土坑墓（图一〇一；图版八一，1）。叠压于2005FCT2419④b下，打破生土。墓向127°。墓口长296、宽160厘米，距地表深50～65厘米；墓底长286、宽130厘米，残深100厘米。口大底小，四壁斜直，壁面较光滑。填土是灰褐色、黄褐色为主体的五花土，土质松软，夹杂较多泥质红褐陶片，部分饰绳纹，可辨器型有夹砂灰陶中柄豆。

葬具为一棺一椁。椁外饰红漆。椁长260～270、宽120厘米。高度不详。棺木仅见灰黑色腐痕。长200、宽50～52厘米。东、西两侧有熟土二层台，宽10～14、高30厘米。墓室内骨架保存较好，头向东，葬式为侧身屈肢葬。

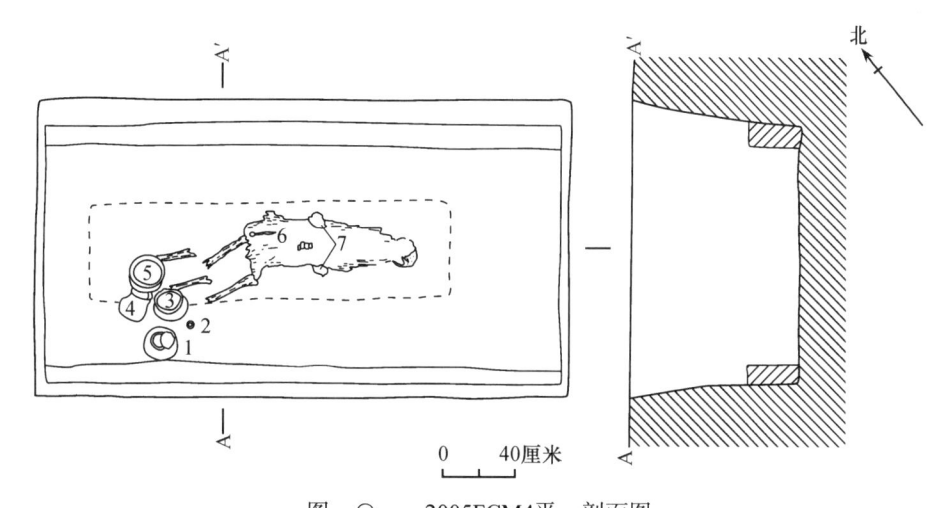

图一〇一 2005FCM4平、剖面图
1.陶圈足豆 2.陶纺轮 3、8.陶圜底罐 4.陶釜 5.陶盂 6.铜削 7.铁器

(二) 出土遗物

随葬品出土时编号7件，修复时发现有8件，其中修复6件。质地有铜、铁、陶三类。

1. 铜器

削 1件（2005FCM4：6）。仅存环首和残柄。残长3.3、高3.3厘米（图一〇二，3）。

2. 铁器

铁器 1件（2005FCM4：7）。位于墓主胯部，锈蚀损坏严重，难辨器型。

3. 陶器

共计6件。器型有圈足豆、纺轮、盂、圜底罐、釜，部分器物放置于棺外，可能置于棺上

图一〇二　2005FCM4出土遗物

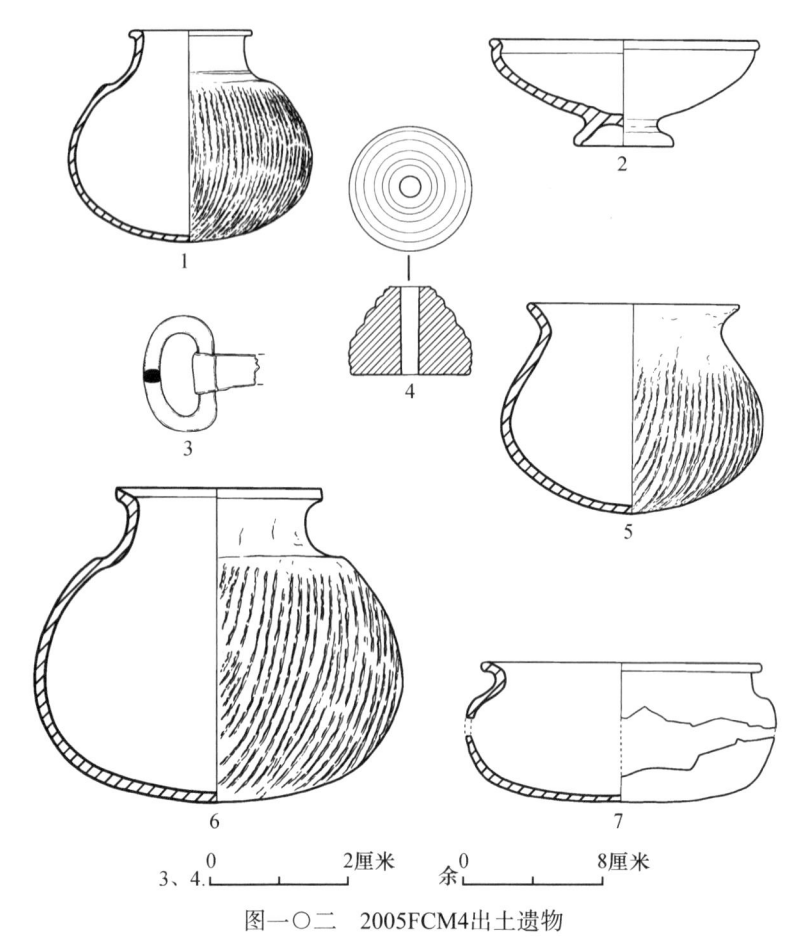

1、6. 陶圜底罐（2005FCM4：3、2005FCM4：8）　2. 陶圈足豆（2005FCM4：1）　3. 铜削（2005FCM4：6）
4. 陶纺轮（2005FCM4：2）　5. 陶釜（2005FCM4：4）　7. 陶盂（2005FCM4：5）

椁内。

圈足豆　1件（2005FCM4：1[①]）。夹砂灰黄陶。敞口，圆唇，喇叭状矮圈足。口径15.2、足径5.6、高6厘米（图一〇二，2；图版八一，3）。

纺轮　1件（2005FCM4：2）。泥质黑褐陶。圆台形，器身上有数道凸棱，中有一通穿。直径3.4、高2.5、孔径0.5厘米（图一〇二，4）。

盂　1件（2005FCM4：5）。泥质褐陶。未修复。大口，方唇，浅腹，圜底近平。口径16、最大腹径17.6、高8厘米（图一〇二，7）。

圜底罐　2件（2005FCM4：3、2005FCM4：8）。造型相似，均为折沿，方唇，束颈，球腹下垂，圜底。腹部及底部饰绳纹。2005FCM4：3，夹砂灰陶。口径14、最大腹径28.5、高24厘米（图一〇二，1）。2005FCM4：8，泥质灰陶。口径12、最大腹径21.4、高18厘米（图一〇二，6；图版八一，5）。

釜　1件（2005FCM4：4）。泥质褐陶。侈口，圆唇，鼓腹略扁，腹部及底部饰绳纹。口径10.8、最大腹径14.7、高11.4厘米（图一〇二，5；图版八一，4）。

[①] 出土时扣放于陶釜上，给与一个编号2005FCM4：1，整理后认为豆、釜陶质相异、口径差异较大，应为临时组合，因此分别编号2005FCM4：1、2005FCM4：8（增补，未见于墓葬平、剖面图）。

五、2005FCM5

（一）墓葬形制

长方形竖穴土坑墓（图一〇三；图版八二，1）。叠压于2005FCT2121④b、2005FCT2221④b下，打破2005FCG8和生土，被2005FCF2打破。墓向120°。墓口长280、宽110~116厘米，距地表深80厘米；墓底长276、宽116厘米，残深104厘米。四壁斜直，壁面较光滑。填土为黄褐色砂土，掺杂大量红烧土粒，包含少量夹砂陶片和1件石锛。

墓底有灰黑色腐痕，推测葬具为一棺。棺长约192、宽64厘米。墓内可见头骨痕迹和部分肢骨，头向东，葬式为仰身直肢葬。

（二）出土遗物

墓内随葬品共计8件。质地有铜、陶和琉璃三类。另外填土中发现石器1件。

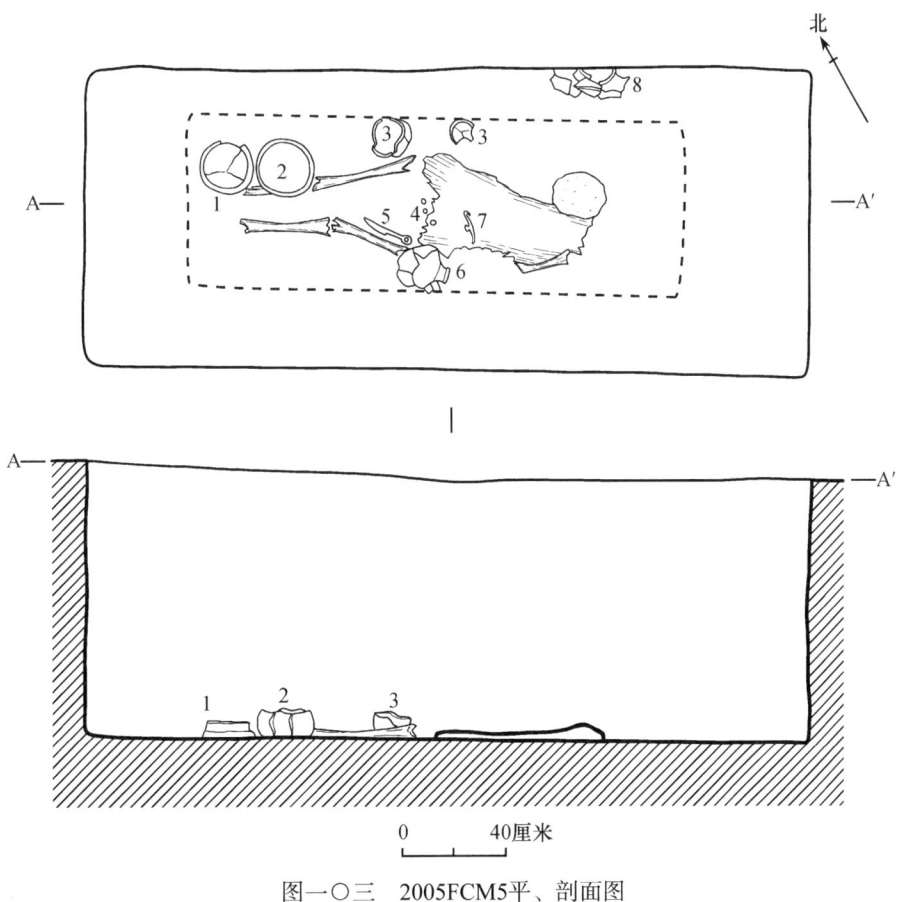

图一〇三　2005FCM5平、剖面图
1.铜洗　2.陶圜底罐　3、6.陶盂　4.琉璃珠　5.铜削　7.铜带钩　8.陶瓮

1. 铜器

铜器有3件。器型有洗、削、带钩，均放置于棺内。

洗　1件（2005FCM5：1）。残碎严重，未修复。折沿，浅腹。

削　1件（2005FCM5：5）。环首及刃部残，凹弧刃，截面呈楔形，柄较长。残长13.7、宽2.9厘米（图一〇四，7）。

带钩　1件（2005FCM5：7）。曲棒形钩身，中部有一圆盘形纽，钩首尾两端均雕刻有动物头部形象，钩身侧面及兽首背面均有多处圆环形凹槽，疑似原有镶嵌物。长11.2、纽径1.6厘米（图一〇四，6；图版八二，2）。

2. 陶器

有4件。器型有圜底罐、盂、瓮。

圜底罐　1件（2005FCM5：2）。夹砂灰褐陶。未修复。平折沿，方唇，束颈，鼓腹，圜底。口径12、腹径19.2、高16.4厘米（图一〇四，3）。

盂　2件（2005FCM5：3[①]、2005FCM5：6）。均为斜折沿，大口，束颈，浅腹，圜底，尖唇。2005FCM5：3，夹砂灰褐陶。口径15.6、最大腹径18、高8.4厘米（图一〇四，2；图版八二，3）。2005FCM5：6，夹砂灰褐陶。口径15、最大腹径16、高8.4厘米（图一〇四，1）。

瓮　1件（2005FCM5：8）。置于棺外，未修复。

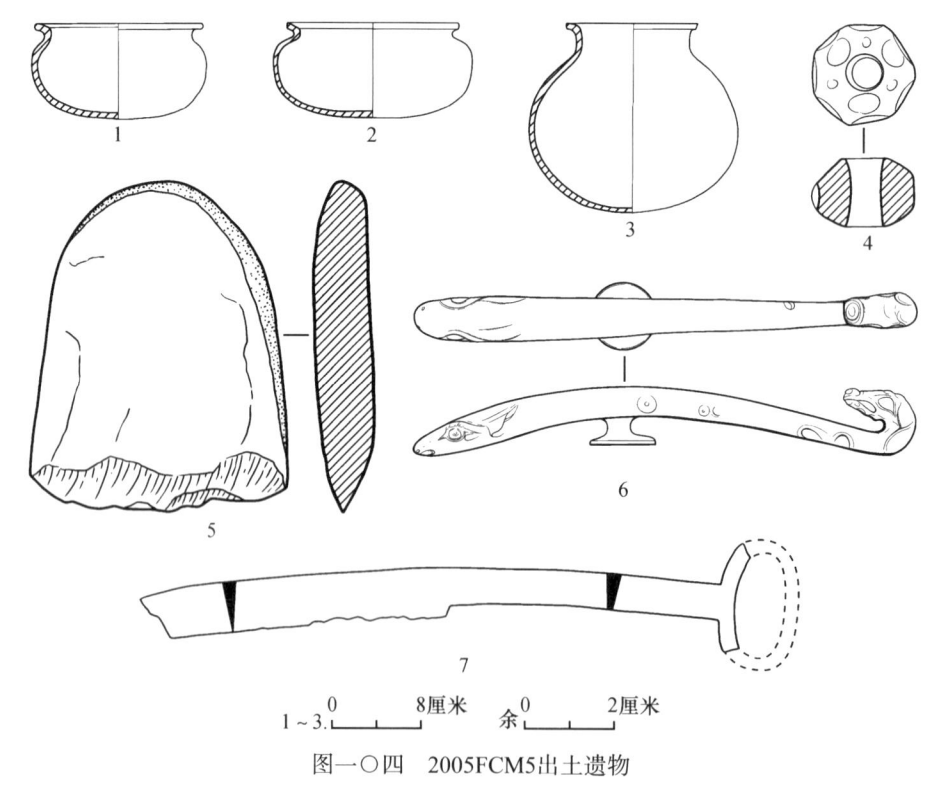

图一〇四　2005FCM5出土遗物

1、2. 陶盂（2005FCM5：6、2005FCM5：8）　3. 陶圜底罐（2005FCM5：2）　4. 琉璃珠（2005FCM5：4）
5. 石锛（2005FCM5：01）　6. 铜带钩（2005FCM5：7）　7. 铜削（2005FCM5：5）

---

① 现藏于涪陵博物馆，编号为2005FCM5：8，根据原始资料文字描述，应为2005FCM5：3。

3. 石器

锛　1件（2005FCM5：01）。填土中发现。青灰色，利用卵石石片打制，磨制刃部已经残损。残长7.1、刃宽5.8、厚1.3厘米（图一〇四，5）。

4. 琉璃器

琉璃珠　1件（2005FCM5：4）。深蓝色圆球形，中间有一圆穿，表面有大小不等的圆片状凹窝。球径2.2、孔径0.8、高1.8厘米（图一〇四，4；图版八二，4）。

六、2005FCM6

（一）墓葬形制

长方形竖穴土坑墓（图一〇五）。叠压于2005FCT2418④下，打破生土。墓向115°（295°）。墓口长270、宽90～100厘米，距地表深75～80厘米；墓底长266、宽86～94厘米，残深75厘米。四壁斜直，无明显人工加工痕迹。填土为灰褐色土夹杂黄色斑点，土质松软。填土内包含少量泥质陶片。

未见棺椁、人骨保存，葬具、葬式及头向不明。

（二）出土遗物

未发现随葬物品。

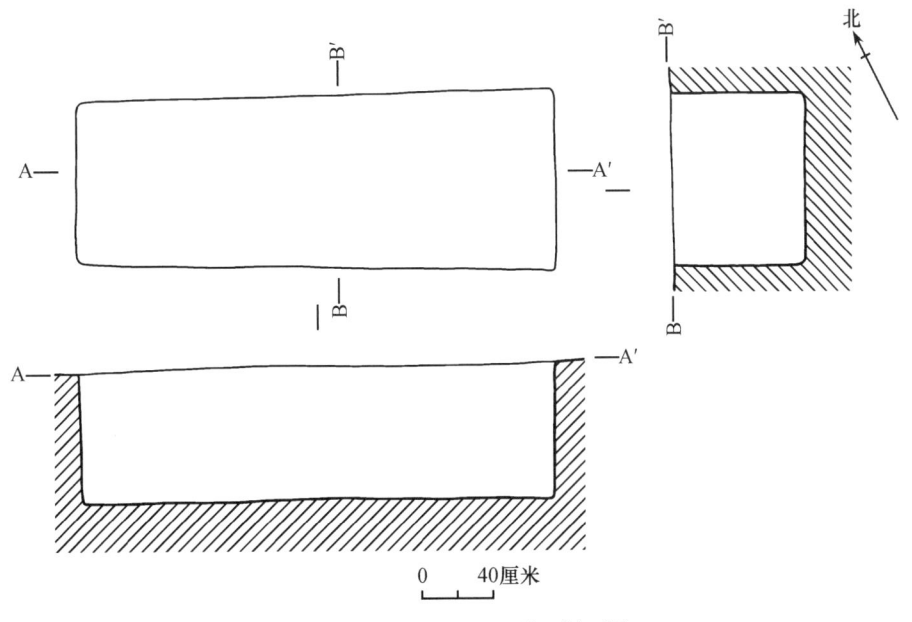

图一〇五　2005FCM6平、剖面图

七、2005FCM7

（一）墓葬形制

长方形竖穴土坑墓（图一〇六）。叠压于2005FCT1922④b下，打破第7层，东北部被2005FCF1打破。墓向145°（325°）。墓口长195、宽80~84厘米，距地表深40~50厘米；墓底长191、宽76~80厘米，残深82厘米。四壁斜直，壁面无明显人工加工痕迹。填土为黄褐色五花土，包含少量泥质陶片。

因被扰严重，未见棺椁、人骨保存，葬具、葬式及头向不明。

（二）出土遗物

未发现随葬物品。

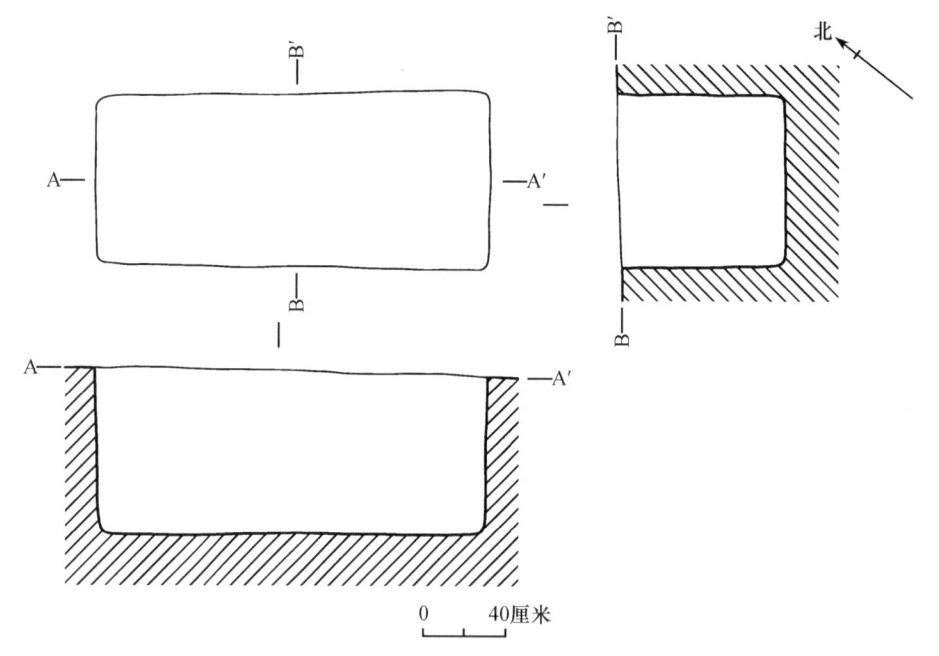

图一〇六 2005FCM7平、剖面图

八、2005FCM8

(一) 墓葬形制

长方形竖穴土坑墓（图一〇七）。叠压于2005FCT1823④c下，打破生土。墓向120°（300°）。墓口长270、宽82厘米，距地表深55厘米；墓底长264、宽78厘米，残深76厘米。四壁较直，壁面光滑。填土为灰黄褐色五花土。墓底发现棺木腐痕，葬具为一棺。棺长约220、宽58厘米。未见人骨保存，葬式不明。

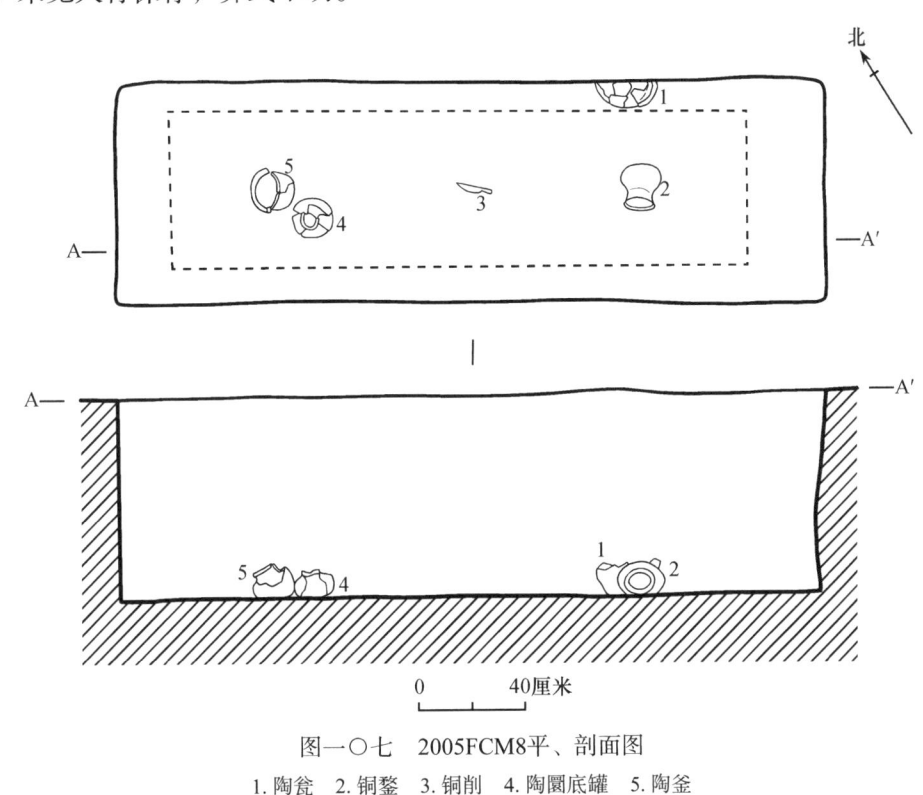

图一〇七 2005FCM8平、剖面图
1.陶瓮 2.铜鍪 3.铜削 4.陶圜底罐 5.陶釜

(二) 出土遗物

共计5件。质地有铜、陶两类，大部分放置于棺内，仅陶瓮置于棺外一侧。

1. 铜器

2件。器型有鍪、削。

鍪 1件（2005FCM8:2）。侈口，尖唇，肩微折，鼓腹，肩部一侧有索辫状环耳。口径10.4、最大腹径14、高13.2厘米（图一〇八，1；图版八三，1）。

削 1件（2005FCM8:3）。柄及刃部残，直刃，柄微曲。残长7.9、宽1.3厘米（图一〇八，2）。

2. 陶器

共3件。器型有瓮、圜底罐、釜。

瓮　1件（2005FCM8：1）。放置于棺外，残甚未修复。

圜底罐　1件（2005FCM8：4）。泥质灰褐陶。口部残，鼓腹略垂，圜底。腹部及底部饰绳纹。最大腹径15.8、残高11.2厘米（图一○八，3）。

釜　1件（2005FCM8：5）。夹砂红褐陶。侈口，尖圆唇，球腹，圜底。腹、底部饰交错粗绳纹。口径15.2、最大腹径15.2、高12.4厘米（图一○八，4；图版八三，2）。

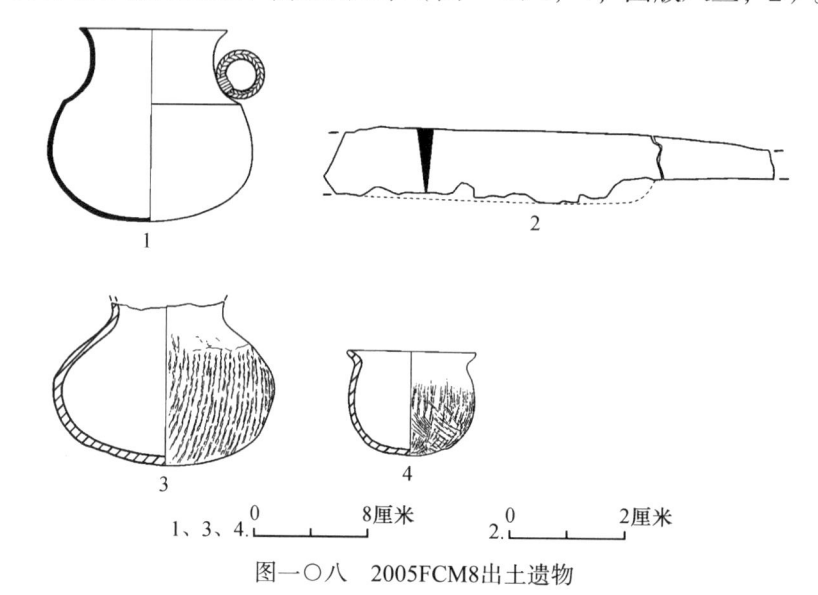

图一○八　2005FCM8出土遗物
1.铜鍪（2005FCM8：2）　2.铜削（2005FCM8：3）　3.陶圜底罐（2005FCM8：4）　4.陶釜（2005FCM8：5）

九、2005FCM9

（一）墓葬形制

长方形竖穴土坑墓（图一○九）。叠压于2005FCT1823⑤下，打破生土和2005FCG9。墓向110°（290°）。墓口长240、宽100厘米，距地表深60厘米；墓底长236、宽97厘米，残深92厘米。四壁较直，壁面光滑，无明显人工加工痕迹。填土为灰褐色五花土。

未见人骨保存，葬具、葬式及头向不明。

（二）出土遗物

随葬器物仅有3件陶器，仅修复1件（2005FCM9：1），其余2件酥碎无法修复，均置于墓室西部。

陶釜　1件（2005FCM9：1）。泥质灰褐陶。侈口，圆唇，鼓腹，底部残。腹部饰绳纹。口径11、最大腹径13.6、复原高10.4厘米（图一一〇）。

陶盉　1件（2005FCM9：2）。夹砂黄陶。陶质酥碎未修复。

陶圜底罐　1件（2005FCM9：3）。夹砂红褐陶。表面饰绳纹，陶质酥碎未修复。

图一〇九　2005FCM9平、剖面图
1. 陶釜　2. 陶盉　3. 陶圜底罐

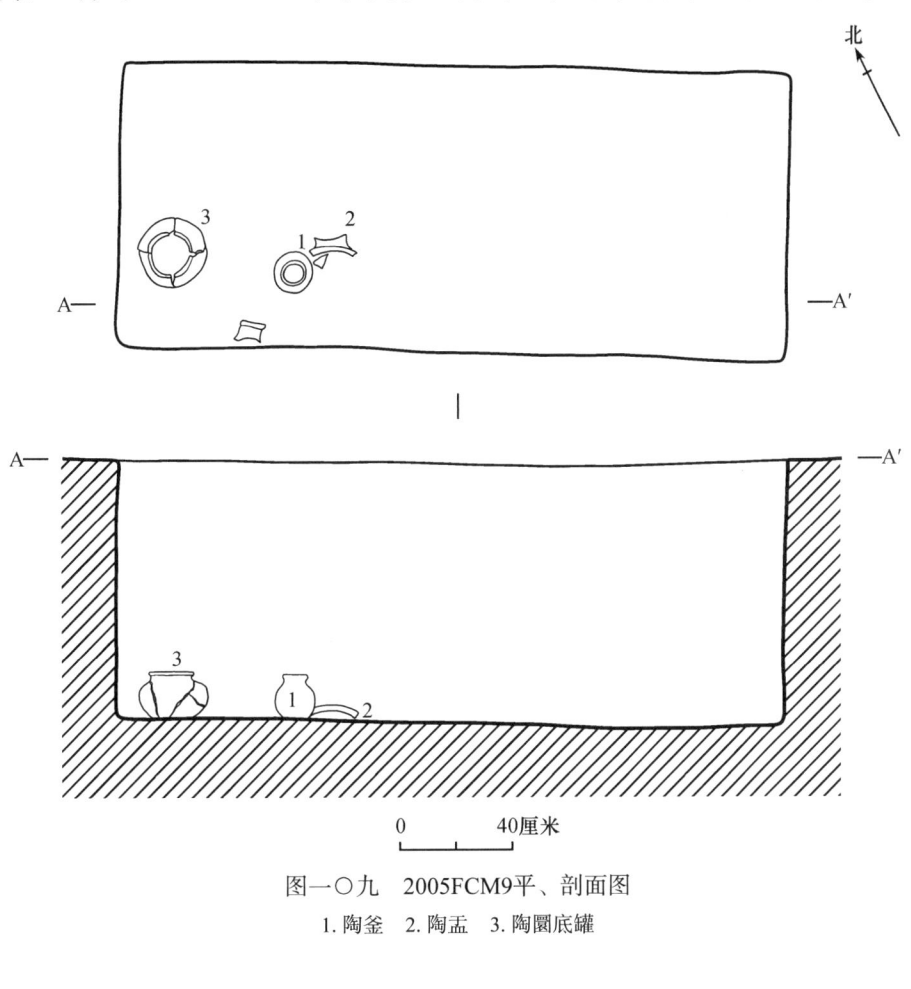

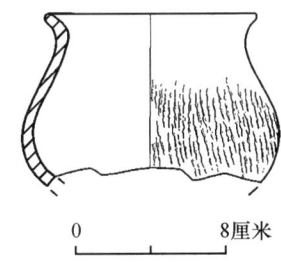

图一一〇　2005FCM9出土陶釜（2005FCM9：1）

十、2005FCM10

（一）墓葬形制

长方形竖穴土坑墓（图一一一）。叠压于2005FCT1920④a下，打破第7、8层和生土。墓向130°（310°）。墓口长270、宽125~140厘米，距地表深50厘米；墓底长263、宽136厘米，残深140厘米。四壁壁面光滑，无明显人工加工痕迹。填土为灰褐色五花土。

葬具保存较差，情况不明，根据二层台判断或有一棺，二层台宽10~14、高18厘米。骨架腐朽严重，葬式及头向不明。

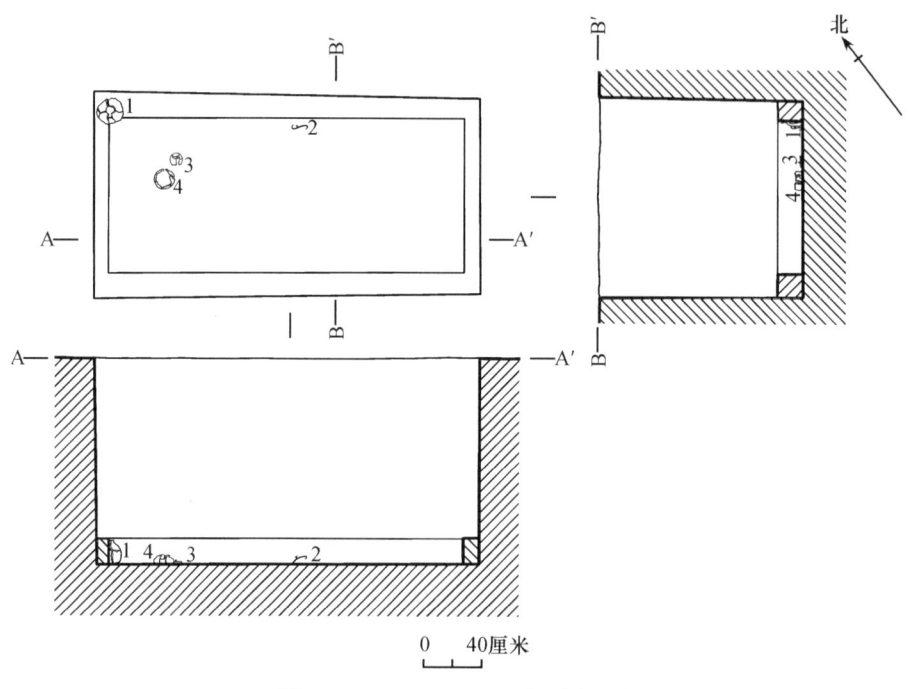

图一一一　2005FCM10平、剖面图
1.陶釜　2.铜带钩　3.铜镜　4.陶圈足豆

（二）出土遗物

随葬品共编号4件。质地有铜、陶两类，均位于棺内。

1. 铜器

2件。器型有带钩、镜。

带钩　1件（2005FCM10：2）。琵琶形钩身，兽形钩首，钩身中部有一圆纽，纽残。长8.8、复原纽径1.2厘米（图一一二，1）。

镜　1件（2005FCM10：3）。圆形，镜背饰有三道凸弦纹，环形纽，上有弦纹，部分残缺。直径7.2、缘厚0.2、高0.8厘米（图一一二，2）。

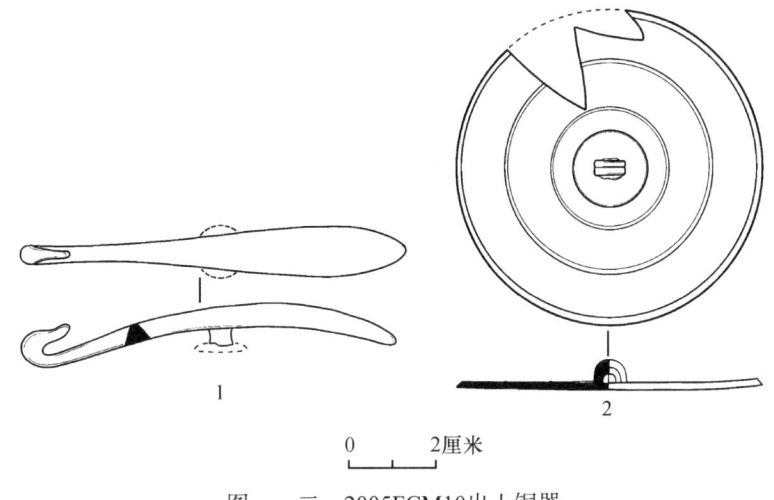

图一一二　2005FCM10出土铜器

1. 带钩（2005FCM10：2）　2. 镜（2005FCM10：3）

2. 陶器

2件。器型有釜、圈足豆，均未修复。

釜　1件（2005FCM10：1）。置于墓室棺外一角，酥碎无法修复。

圈足豆　1件（2005FCM10：4）。置于棺内，酥碎无法修复。

十一、2005FCM11

（一）墓葬形制

长方形竖穴土坑墓（图一一三）。叠压于2005FCT1423⑦、2005FCT1422⑦下，打破2005FCF4、生土。墓向25°。墓口长276、宽104厘米，距地表深90~100厘米；墓底长272、宽100厘米，残深74~76厘米。四壁较直，壁面光滑，无明显人工加工痕迹。填土为黄褐色五花土。

墓底有棺木腐痕，边角呈圆形。长约252、宽72、厚5厘米。骨架保存较差，仅见部分肢骨。葬式不明。

（二）出土遗物

随葬品共计9套12件。质地有铜、陶两类，均置于棺内，陶器置于脚端，铜器置于人骨胸腹。

1. 铜器

共计6套9件。器型有环、带钩、印章、坠饰、璜形饰。

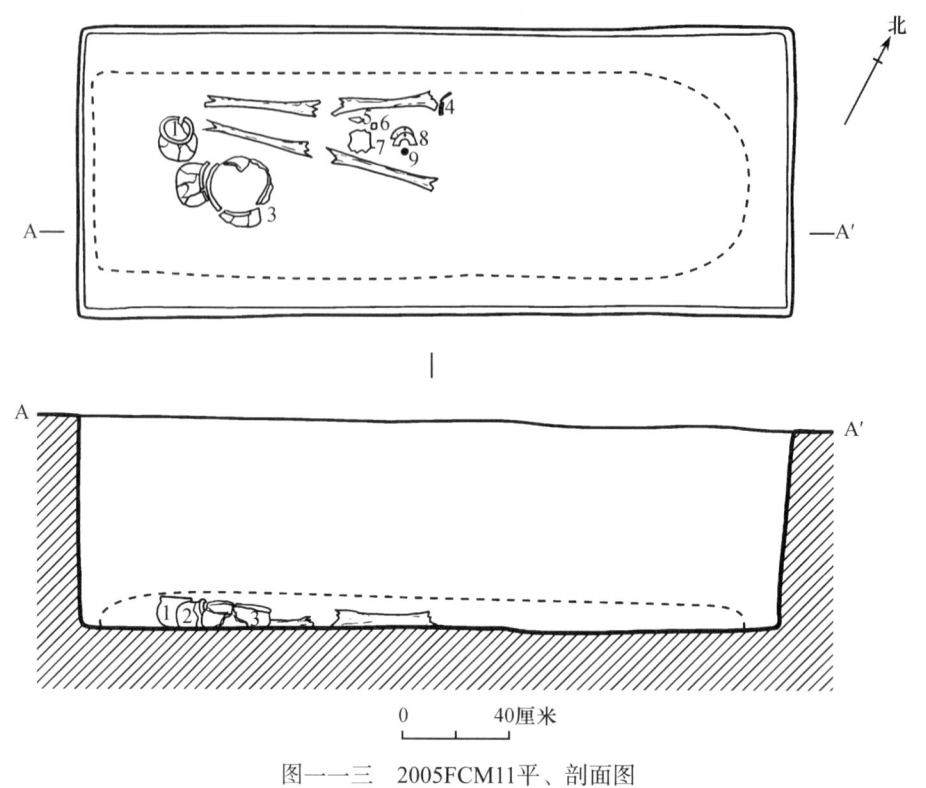

图一一三 2005FCM11平、剖面图
1、3.陶釜 2.陶平底罐 4.铜环 5.铜带钩 6、9.铜印章 7.铜坠饰 8.铜璜形饰

环 1件（2005FCM11：4）。残。圆环状。复原直径5.8厘米（图一一四，7）。

带钩 1件（2005FCM11：5）。兽形钩首，曲棒形钩身，钩身中部有一个圆盘形纽。长9.4、纽径1厘米（图一一四，6）。

印章 2件（2005FCM11：6、2005FCM11：9）。扁平圆形印，桥形纽，印面有一圈边框，框内阴刻巴蜀符号。2005FCM11：6，印台上有花瓣纹（图版八四，1）。印径3.4、体厚0.3、通高0.9厘米（图一一四，2；图版八四，2）。2005FCM11：9，印径2.4、体厚0.3、通高0.9厘米（图一一四，8；图版八四，3）。

坠饰 1件（2005FCM11：7）。纺锤形，表面有绳子缠绕留下来的痕迹，顶部有侧穿孔，底部有圆形柄。长3.2、宽1.4厘米（图一一四，5；图版八五，1）。

璜形饰 1套4件（2005FCM11：8）。均体扁平，拱桥形，中部有一圆穿。2件完整，尺寸、形制一样，较厚。通体饰"人"字纹。长9.9、宽5.3、肉宽2.2厘米（图一一四，1；图版八五，2）。2件残缺，尺寸、形制一样，较薄。通体饰变形卷云纹。长9.9、宽5.3、肉宽2.2厘米。

2. 陶器

3件。其中1件未修复，器型有平底罐、釜。

平底罐 1件（2005FCM11：2）。夹砂灰陶。大口，尖唇，斜肩，平底。口径16、腹径20、高11.2、底径10.5厘米（图一一四，3；图版八五，3）。

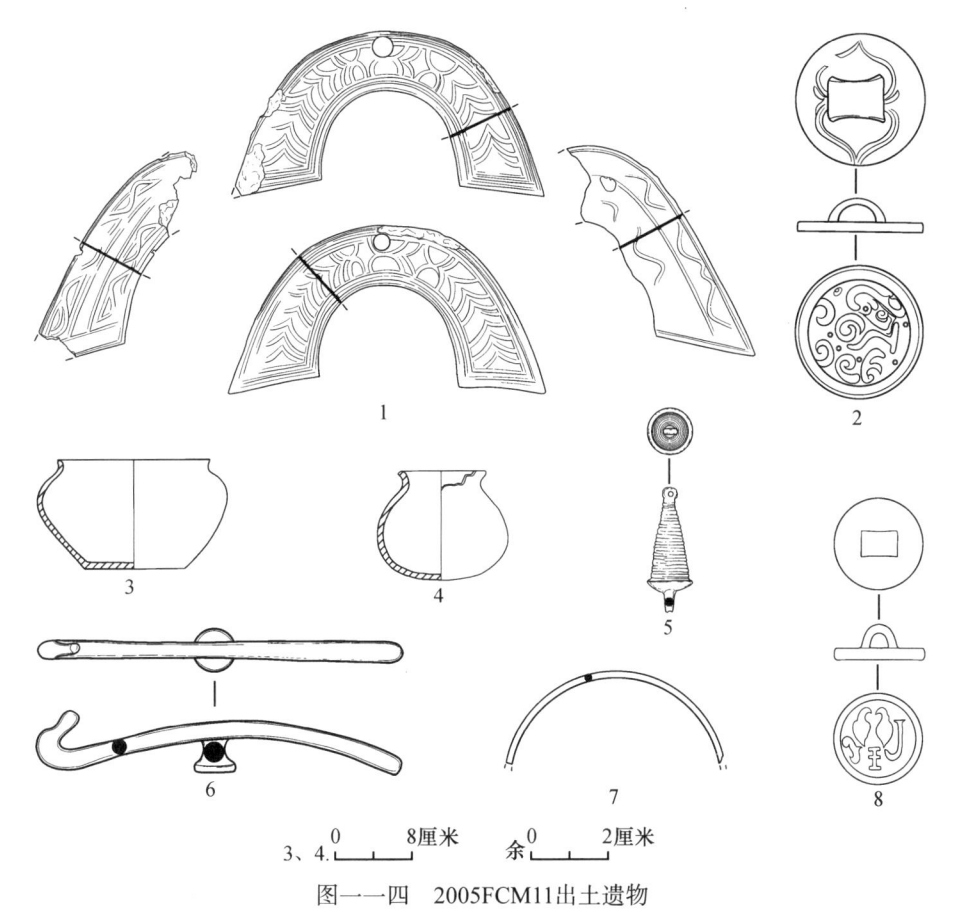

图一一四 2005FCM11出土遗物

1.铜璜形饰（2005FCM11：8） 2、8.铜印章（2005FCM11：6、2005FCM11：9） 3.陶平底罐（2005FCM11：2）
4.陶釜（2005FCM11：3） 5.铜坠饰（2005FCM11：7） 6.铜带钩（2005FCM11：5） 7.铜环（2005FCM11：4）

釜　2件（2005FCM11：1、2005FCM11：3）。2005FCM11：1，酥碎无法修复。2005FCM11：3，泥质灰褐陶。侈口，圆唇，圆腹。口径8.8、最大腹径13.6、高11.2厘米（图一一四，4）。

十二、2005FCM12

（一）墓葬形制

长方形竖穴土坑墓（图一一五；图版八六，1）。叠压于2005FCT1323⑦、2005FCT1423⑦下，打破2005FCF4及生土。墓向30°[①]。墓口长250、宽90厘米，距地表深90~100厘米；墓底长246、宽86厘米，残深84~88厘米。四壁较直，壁面光滑。填土为黄褐色五花土。

墓底见棺木腐痕，边角呈圆形。长约218、宽50厘米。骨架保存较差，仅发现少量骨渣，葬式及头向不明。

---

① 此墓向是根据墓主随葬铜剑方向判定，剑柄朝向即为墓向。

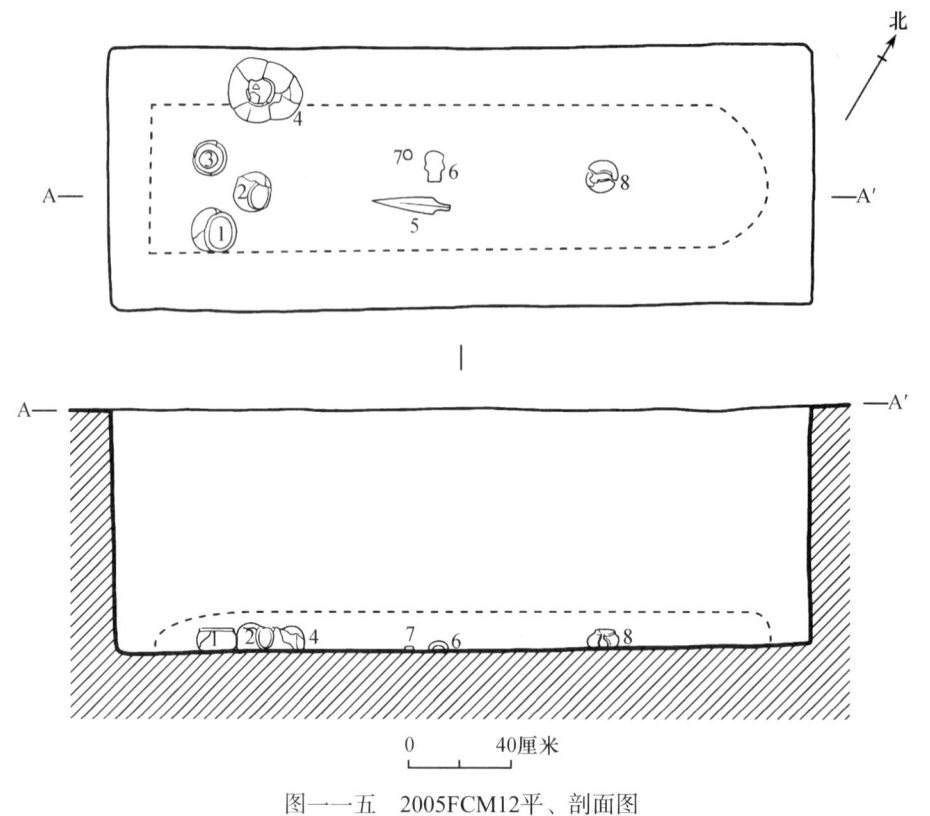

图一一五　2005FCM12平、剖面图
1.陶釜　2.陶圈足豆　3.陶盂　4.陶瓮　5.铜剑　6.铜钺　7.铜印章　8.陶圜底罐

（二）出土遗物

随葬品共计8件。质地有铜、陶两类，大部分位于棺内。

1. 铜器

3件。器型有剑、钺、印章。

剑　1件（2005FCM12：5）。出土时断为三截，剑身有两处孔，剑身略残，剑身柳叶形，扁茎无格，茎上两穿，一穿偏向靠剑身处一侧，一穿位于茎端中间，中脊突起，剑脊与刃部之间饰虎斑纹，剑身两侧各有一组巴蜀符号（图版八九，3、4）。长27.6、宽3.1厘米（图一一六，7；图版八九，1）。

钺　1件（2005FCM12：6）。圆弧刃，腰内凹，折肩，椭圆形銎。长9.4、刃宽5.6、銎径1.9~3.1厘米（图一一六，3；图版八六，3）。

印章　1件（2005FCM12：7）。扁平长方形印，桥形纽，印面有一圈边框，框内阴刻巴蜀符号。印径3.4、体厚0.2、高0.9厘米（图一一六，5；图版八八，2）。

2. 陶器

共5件。器型有釜、圈足豆、盂，仅陶瓮置于棺外，其余均置于棺内。

釜　1件（2005FCM12：1）。泥质灰褐陶。侈口，圆唇，束颈，鼓腹略扁，圜底。腹部及底部饰绳纹。口径10.8、最大腹径15.2、高13.6厘米（图一一六，2；图版八九，2）。

圈足豆　1件（2005FCM12：2）。泥质灰褐陶。侈口，圆唇，腹较浅，圈足残。口径13.6、最大腹径13.6、残高6.5厘米（图一一六，4）。

盂　1件（2005FCM12：3）。泥质灰褐陶。大口，圆唇，浅腹，圜底近平。口径13、最大腹径14.4、高7.2厘米（图一一六，1）。

瓮　1件（2005FCM12：4）。泥质红褐陶。残存平底，斜直壁，平底。底径10.4、残高5厘米（图一一六，6）。

圜底罐　1件（2005FCM12：8）。酥碎，无法修复。

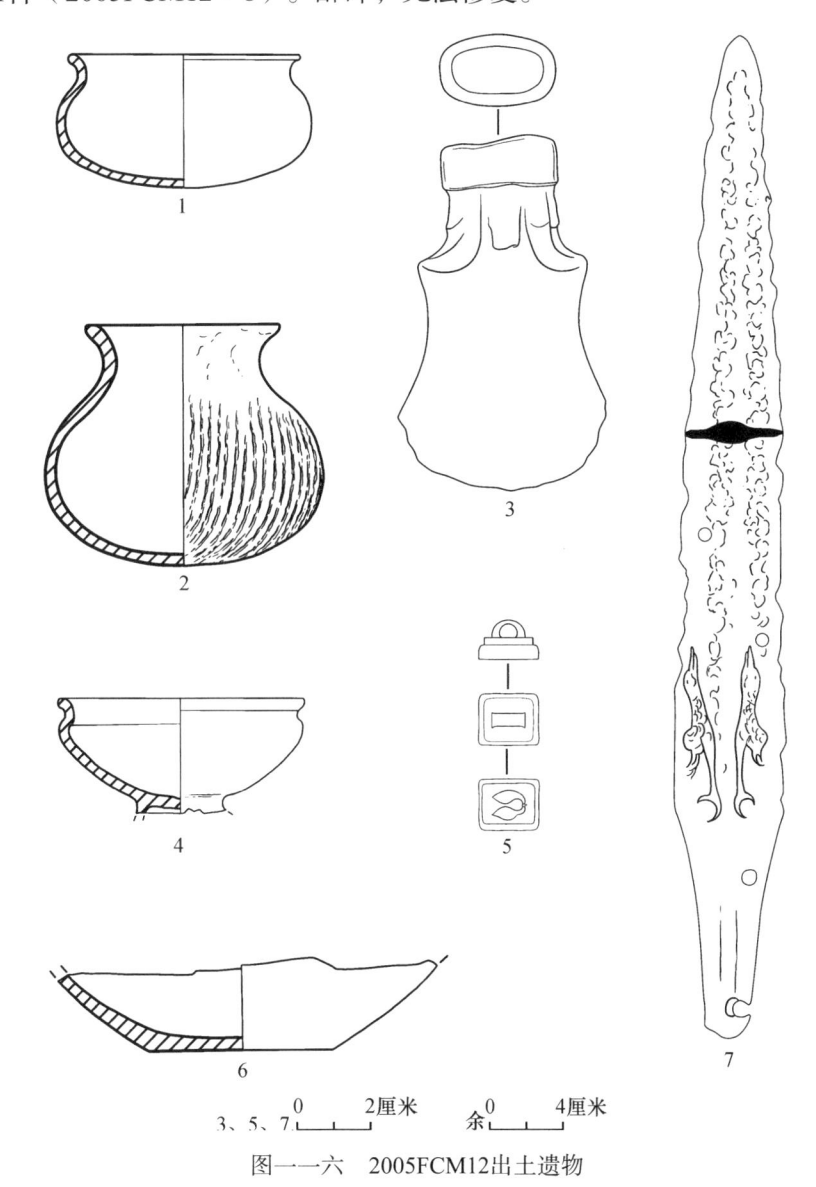

图一一六　2005FCM12出土遗物

1. 陶盂（2005FCM12：3）　2. 陶釜（2005FCM12：1）　3. 铜钺（2005FCM12：6）　4. 陶圈足豆（2005FCM12：2）
5. 铜印章（2005FCM12：7）　6. 陶瓮（2005FCM12：4）　7. 铜剑（2005FCM12：5）

十三、2005FCM13

（一）墓葬形制

长方形竖穴土坑墓（图一一七；图版八八，1）。叠压于2005FCT1622⑦、2005FCT1623⑦下，打破第8层及生土，被2005FCH59、2005FCH61打破。墓向114°（294°）。墓口长350、宽100~102厘米，距地表150~160厘米，墓底长342、宽88厘米，残深60厘米。四壁斜直，无明显加工痕迹。填土为灰褐色夹黄色斑点的花土，土质松软，包含大量泥质褐陶片，部分陶片饰绳纹。

墓底有灰黑色棺木痕迹。棺长约230、宽60厘米。骨架没有保存，葬式及头向不明。

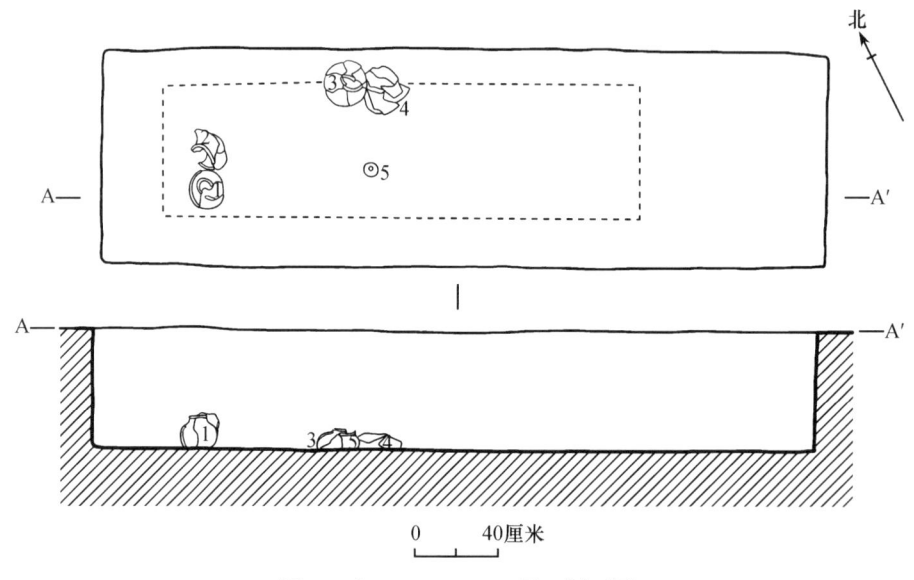

图一一七　2005FCM13平、剖面图
1、3、4.陶圜底罐　2.陶釜　5.铜印章

（二）出土遗物

共5件。质地有铜器、陶器两类，其中陶器均未修复。

1. 铜器

印章　1件（2005FCM13∶5）。置于棺内中部。印周边残损，印体中心穿透，扁平圆形印，桥形纽，印面有一圈边框，框内为阴刻巴蜀符号。印径3.1、体厚0.3、高1厘米（图一一八，1；图版八八，2、3）。

2. 陶器

共计4件。大部分未修复。

圜底罐　3件（2005FCM13：1、2005FCM13：3、2005FCM13：4）。夹砂红褐陶。陶质酥碎，无法修复。

釜　1件（2005FCM13：2）。置于棺内西南。泥质灰褐陶。侈口，圆唇，肩微折，鼓腹，底残。腹部饰绳纹。口径14、残高10厘米（图一一八，2）。

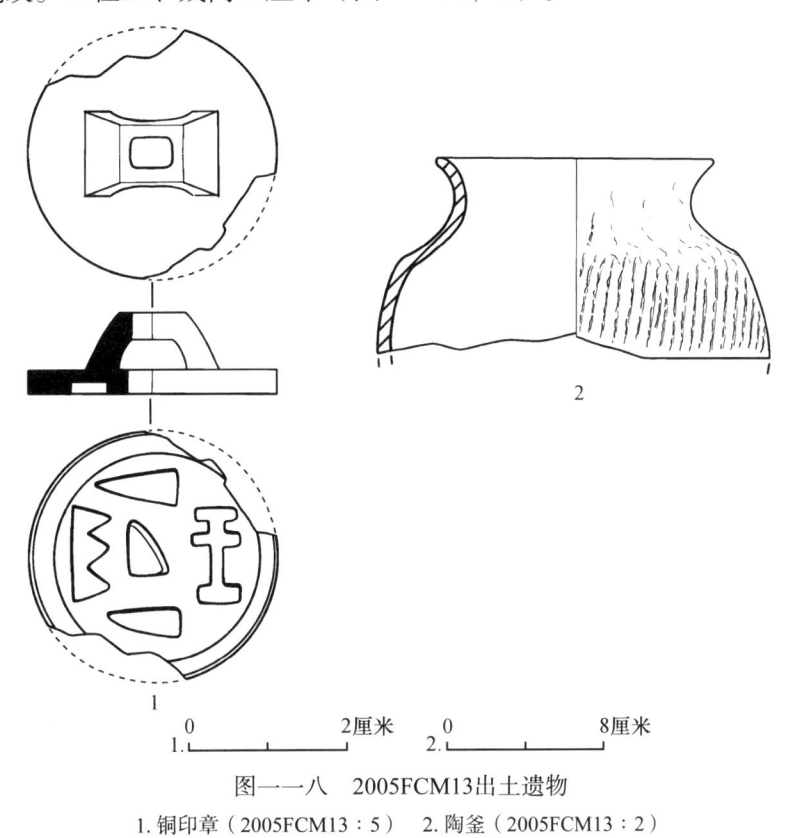

图一一八　2005FCM13出土遗物
1. 铜印章（2005FCM13：5）　2. 陶釜（2005FCM13：2）

十四、2005FCM14

（一）墓葬形制

长方形竖穴土坑墓（图一一九）。叠压于2005FCT1623⑦、2005FCT1624⑦、2005FCT1724⑦下，打破第8层及生土。墓向111°。墓口长320、宽160厘米，距地表深110～130厘米；墓底长300、宽140厘米，残深85厘米。口大底小，壁面较光滑，无明显人工加工痕迹。填土为浅灰褐色夹黄色斑点花土，土质松软。包含少量泥质绳纹红褐陶片，陶片火候较低，陶质酥脆。

葬具为一棺一椁。椁长约280、宽120厘米。椁底部有红漆痕迹，四侧有熟土二层台，宽12、高30厘米。棺位于椁内一侧，长约230、宽60厘米。骨架保存较差，根据残存骨渣及随葬器物判断，葬式为仰身直肢葬，头向东南。

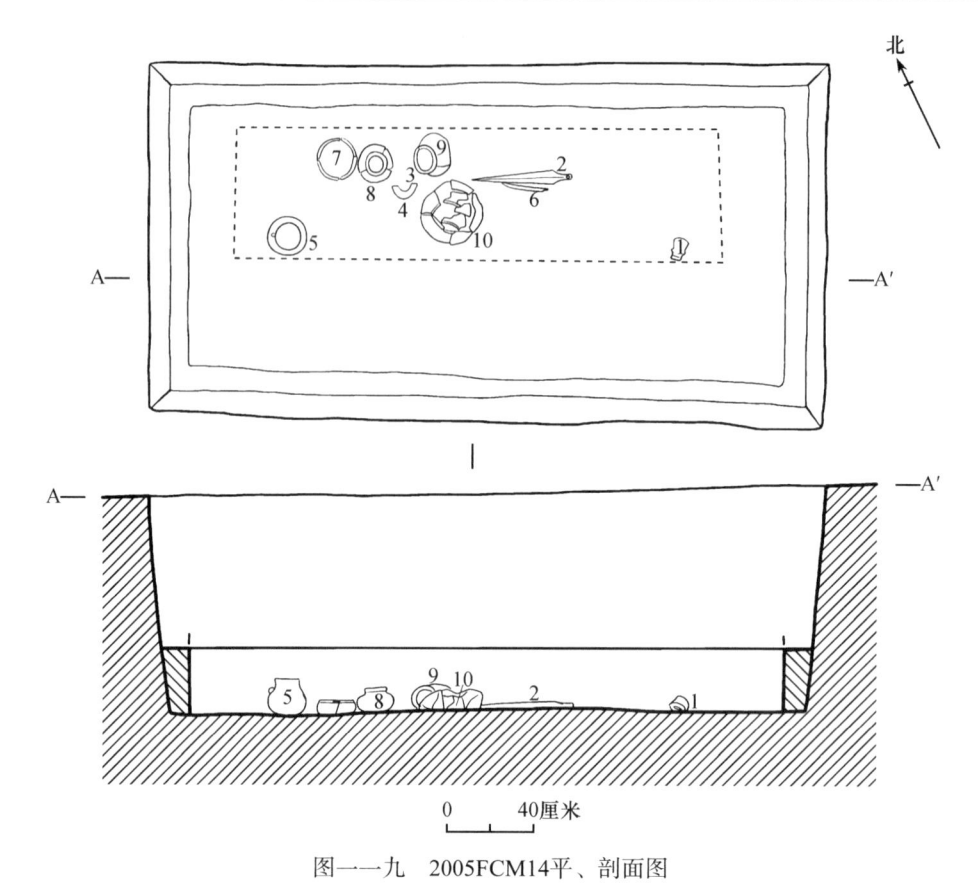

图一一九　2005FCM14平、剖面图

1.铜钺　2.铜剑　3.铜印章　4.铜璜形饰　5.铜鍪　6.铜削　7、9.陶盂　8.陶圈底罐　10.陶釜

（二）出土遗物

随葬品共计10套16件。质地有铜、陶两类，均置于棺内。

1. 铜器

共计6套12件。器型有剑、钺、印章、鍪、削、璜形饰。

钺　1件（2005FCM14：1）。刃微残，圆弧刃，腰内凹，折肩，椭圆形銎。钺身上线刻一鸟形巴蜀符号。长7.6、刃宽4.6、銎径2～2.8厘米（图一二〇，3；图版九〇，3）。

剑　1件（2005FCM14：2）。柳叶形，一穿位于靠剑身处一侧，一穿位于茎端中间，中脊突起，剑脊与刃部之间饰虎斑纹，剑身两侧各有巴蜀符号（图版八九，3、4）。长51、宽4厘米（图一二〇，7；图版八九，1）。

印章　1件（2005FCM14：3）。印体呈方台形覆斗状，印体中空，仅四角上下相连，印面有一圈边框，印文为阴刻巴蜀符号。边长1、体厚0.5、高1.2厘米（图一二〇，2；图版九〇，1、2）。

璜形饰　1套7件（2005FCM14：4①）。均为拱桥形薄片，部分残碎，表面有蚀孔（图

---

① 出土时破碎严重，整理时判断至少有7个个体。

一二○，6；图版八九，2）。4件尺寸、形制一致，较薄，中部有一圆穿，通体饰网格纹，均有不同程度残损。长9.7、宽3.7、肉宽1.9厘米。另3件均残损，较厚，中部有一圆穿，饰"人"字纹。残长5.7、残宽3.8、肉宽2.6厘米。

鍪 1件（2005FCM14：5）。侈口，尖唇，鼓腹，圜底，肩腹部交接处有一索辫状环耳。口径10、最大腹径13.6、高12厘米（图一二○，8；图版九○，4）。

削 1件（2005FCM14：6）。环首、刃部残损，凹弧刃，柄微曲。残长11.5、刃宽1.1厘米（图一二○，1）。

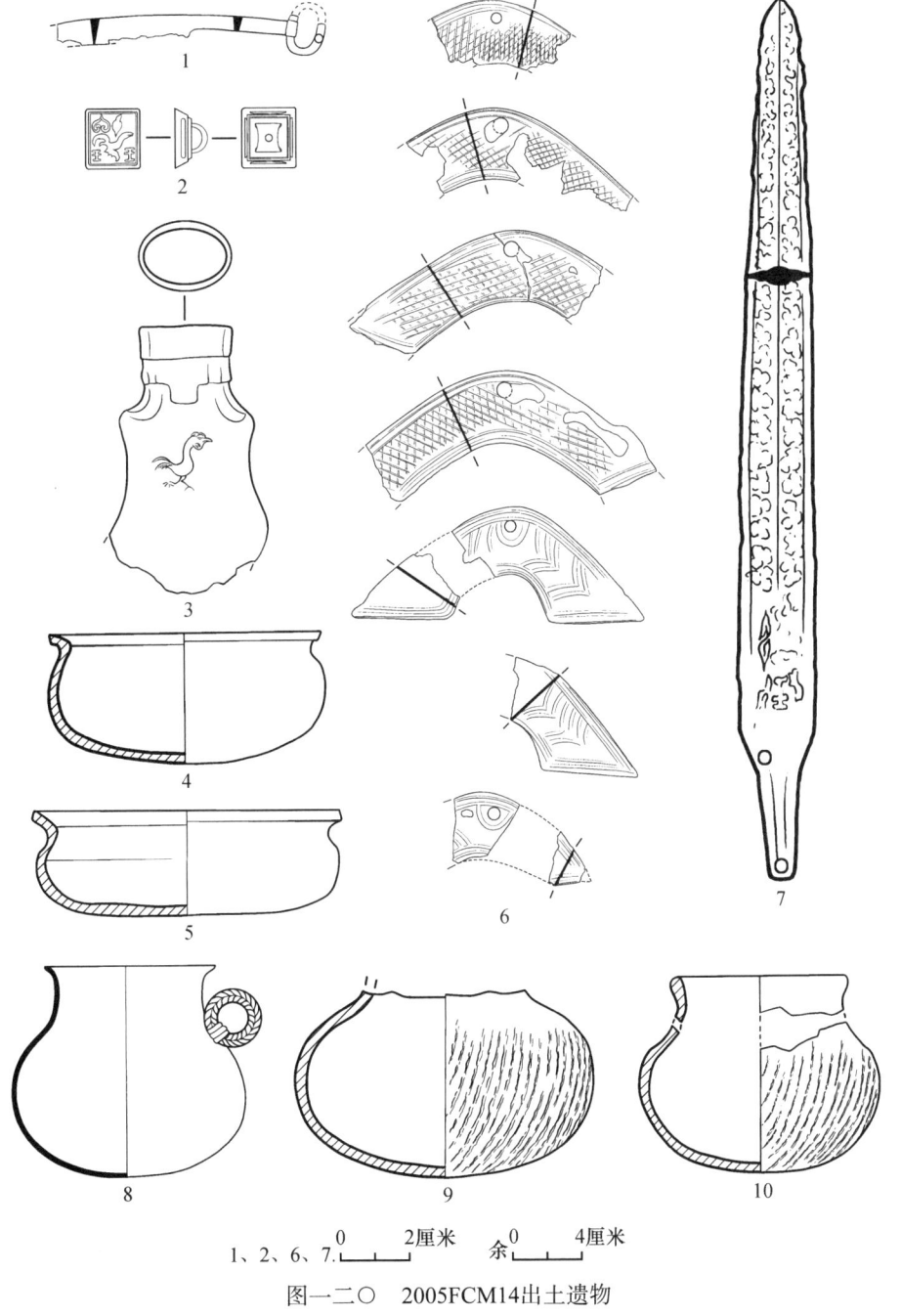

图一二○ 2005FCM14出土遗物

1.铜削（2005FCM14：6） 2.铜印章（2005FCM14：3） 3.铜钺（2005FCM14：1） 4、5.陶盂（2005FCM14：9、2005FCM14：7） 6.铜璜形饰（2005FCM14：4） 7.铜剑（2005FCM14：2） 8.铜鍪（2005FCM14：5） 9.陶圜底罐（2005FCM14：8） 10.陶釜（2005FCM14：10）

2. 陶器

共4件。器型有盂、圜底罐、釜。

盂 2件（2005FCM14：7、2005FCM14：9）。均为折沿，方唇，浅腹，圜底近平。2005FCM14：7，泥质黑皮陶。口径18、最大腹径17.6、高6厘米（图一二〇，5）。2005FCM14：9，泥质褐陶。口径16、最大腹径16.4、高7.6厘米（图一二〇，4）。

圜底罐 1件（2005FCM14：8）。泥质黑皮陶。口沿残缺，鼓腹，圜底。腹部及底部饰绳纹。腹径17、残高10.6厘米（图一二〇，9）。

釜 1件（2005FCM14：10）。泥质灰陶。侈口，圆唇，鼓腹，圜底。腹部及底部饰绳纹。口径10、最大腹径14.5、高10.8厘米（图一二〇，10）。

十五、2005FCM15

（一）墓葬形制

长方形竖穴土坑墓（图一二一；图版九一，1）。叠压于2005FCT1723⑦、2005FCT1724⑦下，打破第8层及生土，东南部被2005FCH51（H57）打破。根据铜环位置推测，墓向120°。墓口长220、宽70厘米，距地表深80厘米，墓底长212、宽66厘米，残深70~80厘米。填土为灰褐色，夹杂少量红烧土颗粒。

墓底不见棺木腐痕，葬具不明。骨架未见保存，葬式及头向不明。

（二）出土遗物

随葬品共计6件。质地有铜、陶两类，另外填土中采集石锛1件。

1. 铜器

环 1件（2005FCM15：1）。原为环状，残损严重。残长2.9、宽0.3厘米（图一二二，3）。

2. 陶器

釜 3件（2005FCM15：2、2005FCM15：3、2005FCM15：4）。均未修复。2005FCM15：3，泥质灰褐陶。残存上半部，侈口，圆唇，溜肩，鼓腹。腹部饰绳纹。口径17、最大腹径23.2、残高15.5厘米（图一二二，1）。2005FCM15：4，泥质灰褐陶。腹部以下残，侈口，尖圆唇，溜肩，鼓腹。腹部饰绳纹。口径18、残高8厘米（图一二二，2）。

圜底罐 2件（2005FCM15：5、2005FCM15：6）。均未修复。

图一二一　2005FCM15平、剖面图

1.铜环　2～4.陶釜　5、6.陶圜底罐

图一二二　2005FCM15出土遗物

1、2.陶釜（2005FCM15∶3、2005FCM15∶4）　3.铜环（2005FCM15∶1）

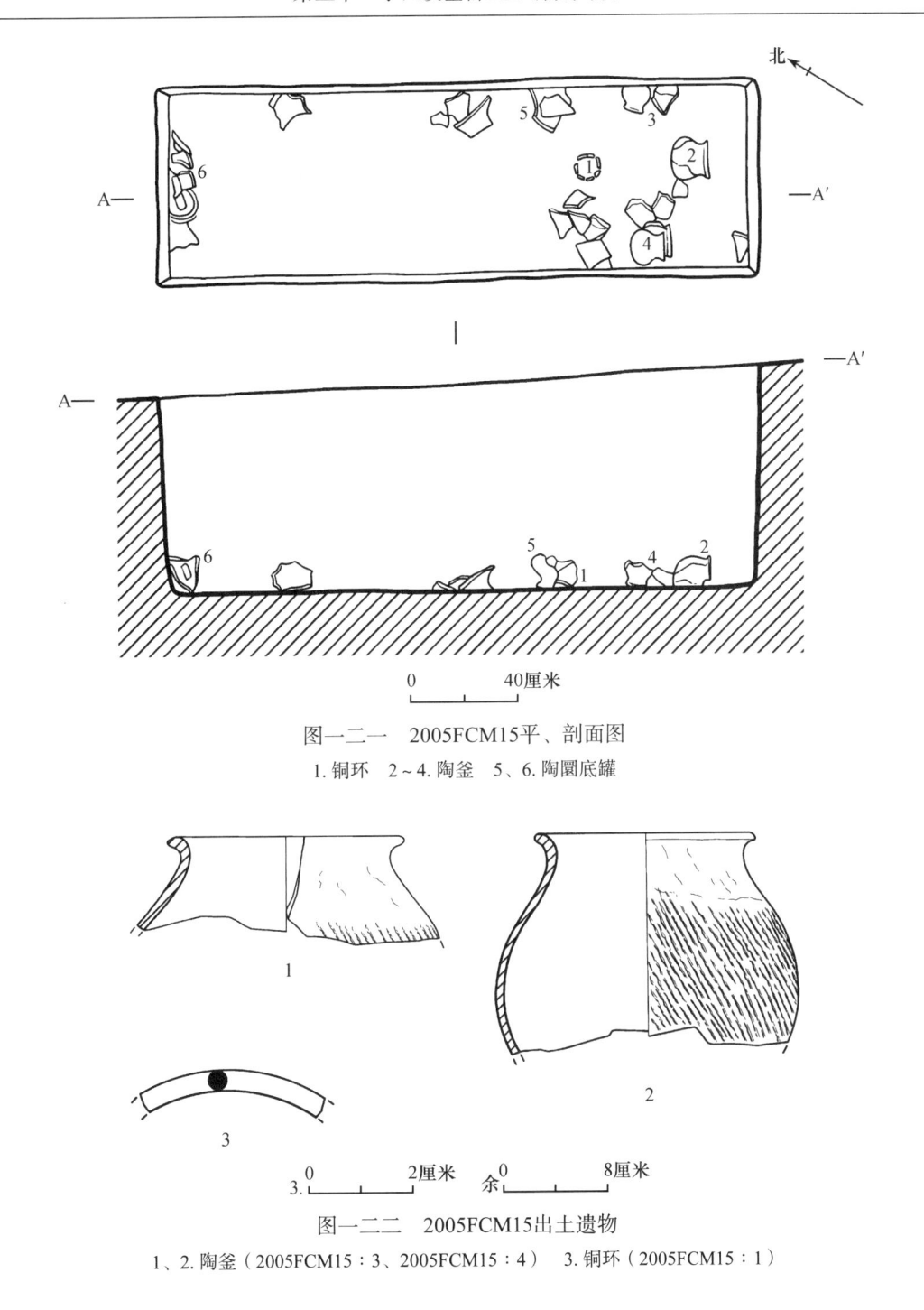

十六、2006FXCM16

（一）墓葬形制

长方形竖穴土坑墓（图一二三；图版九一，2）。叠压于2006FXCT2017③下，打破生土。墓向135°（315°）。墓口长288～300、宽110～124厘米，残深36～40厘米。四壁及墓底较平整，无明显加工痕迹。填土为灰褐色五花土，土质较硬。包含物有夹砂红陶片、泥质灰陶片等。

墓底有少量灰黑色棺木痕迹，疑为一棺。骨架腐朽严重，葬式及头向不详。

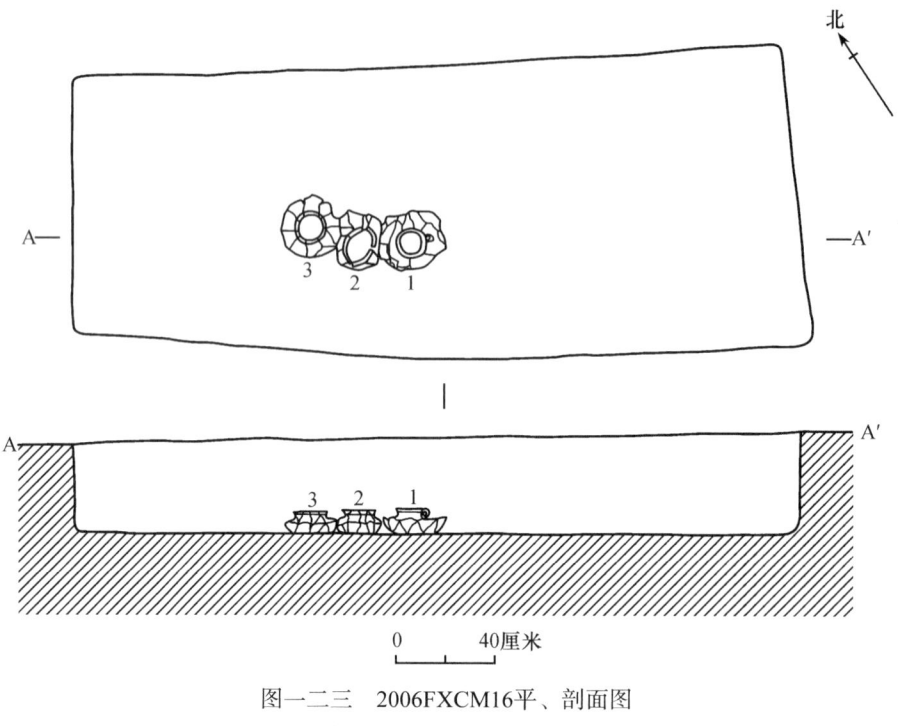

图一二三　2006FXCM16平、剖面图
1. 铜鍪　2. 陶釜　3. 陶圜底罐

（二）出土遗物

随葬品共计3件。质地有铜、陶两类，均未修复，集中放置于墓室中部。

1. 铜器

鍪　1件（2006FXCM16：1）。侈口，尖唇，腹部以下残。口径13.6、残高8厘米（图一二四）。

2. 陶器

釜　1件（2006FXCM16：2）。夹砂灰褐陶。陶质酥碎无法修复。
圜底罐　1件（2006FXCM16：3）。夹砂灰陶，陶质酥碎无法修复。

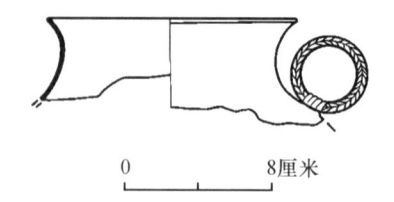

图一二四　2006FXCM16出土铜鍪（2006FXCM16：1）

十七、2006FXCM17

（一）墓葬形制

长方形竖穴土坑墓（图一二五）。叠压于2006FXCT1818③下，打破生土。墓向125°（305°）[①]。墓口距地表深100厘米，长178、宽64~80、残深104厘米。四壁较光滑，无明显加工痕迹。填灰色五花土，土质较硬，包含夹砂绳纹陶片。

葬具不详。人骨未见保存，葬式、头向不明。

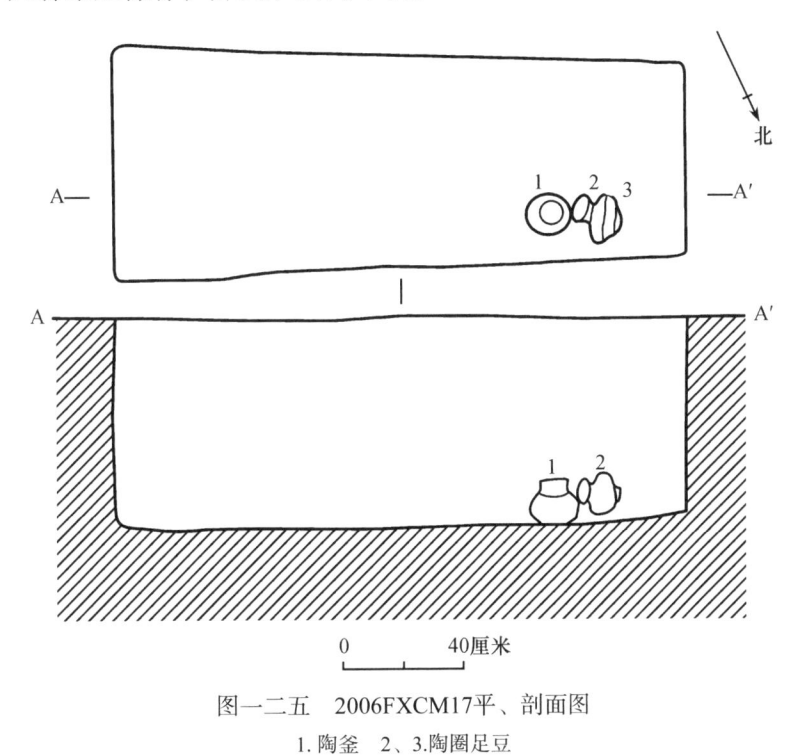

图一二五　2006FXCM17平、剖面图
1.陶釜　2、3.陶圈足豆

（二）出土遗物

随葬品3件。均为陶器，置于墓室一端。

陶釜　1件（2006FXCM17:1）。夹砂灰褐陶。口部及腹部残，鼓腹，圜底。腹部及底部饰细绳纹。残高9.8厘米（图一二六，3）。

陶圈足豆　2件（2006FXCM17:2、2006FXCM17:3[②]）。形制相近，均为侈口，腹较深，矮圈足，出土时两件扣合。2006FXCM17:2，夹砂黄褐陶。口径14.6、足径6.6、高7.2厘米（图一二六，2；图版九二，1）。2006FXCM17:3，夹砂灰褐陶。口径14.2、足径6.3、高6.8厘米（图一二六，1；图版九二，2）。

---

① 原始资料中墓葬记录与平、剖面图纸标注方向不同，根据墓葬分布图校对，应该以墓葬图为是。

② 原始记录时认为是釜，编号为2006FXCM17:2，修复时发现是2件扣合的圈足豆，编号2006FXCM17:2、2006FXCM17:3。

图一二六　2006FXCMM17出土陶器
1、2.圈足豆（2006FXCM17：3、2006FXCM17：2）　3.釜（2006FXCM17：1）

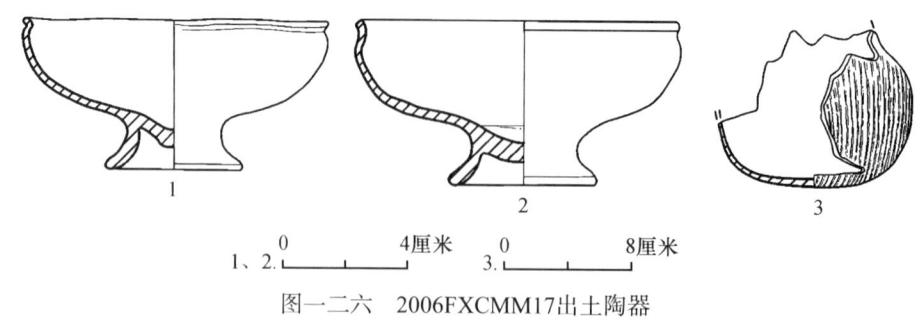

十八、2006FXCM18

（一）墓葬形制

长方形竖穴土坑墓（图一二七）。叠压于2006FXCT1817④下，打破2006FXCH72和生土。墓向142°（322°）。墓口长180、宽55～65、残深35厘米。墓室北端有生土二层台。长50、宽12、高15厘米。四壁较平整，无明显加工痕迹。填灰色五花土，土质较硬。包含物有夹砂绳纹陶片。

墓底不见棺痕，葬具不详。人骨未见保存，葬式、头向不详。

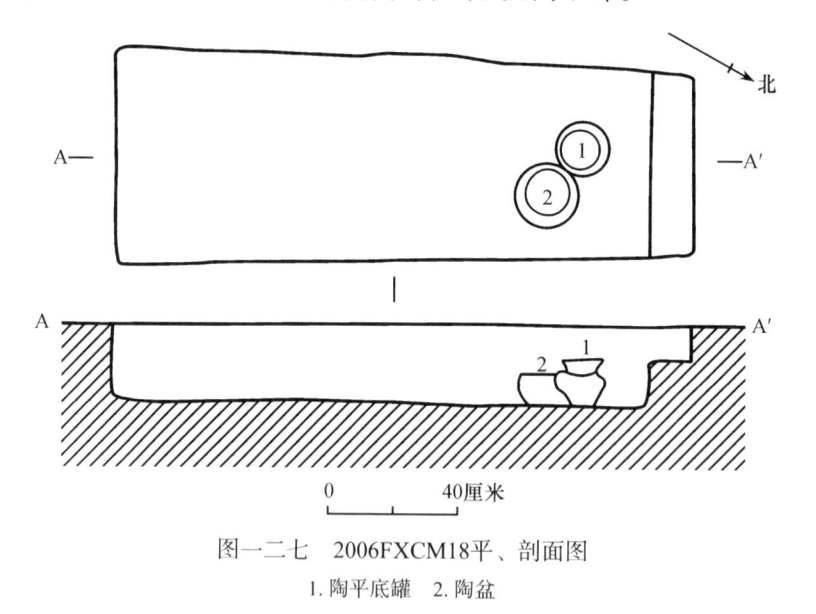

图一二七　2006FXCM18平、剖面图
1.陶平底罐　2.陶盆

（二）出土遗物

共随葬2件陶器，均置于墓室一端。

陶平底罐　1件（2006FXCM18：1）。夹砂红褐陶。侈口，圆唇，鼓腹，平底。口径8.8、腹径11.2、高8.4、底径6.4厘米（图一二八，1；图版九二，3）。

陶盆　1件（2006FXCM18：2）。夹砂黑褐陶。大口，圆唇，鼓肩，腹斜收，小平底。口径12.4、最大腹径14.4、底径4、高7.2厘米（图一二八，2；图版九二，4）。

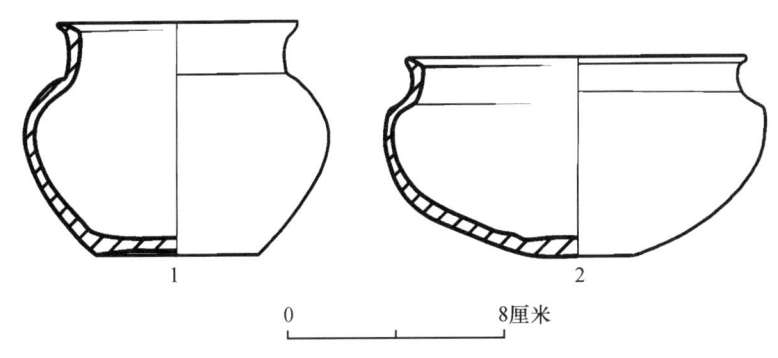

图一二八　2006FXCM18出土陶器

1. 平底罐（2006FXCM18∶1）　2. 盆（2006FXCM18∶2）

十九、2006FXCM19

（一）墓葬形制

长方形竖穴土坑墓（图一二九；图版九三，1）。叠压于2006FXCT1718④下，打破生土。墓向310°①。墓口距地表深110厘米，长264、宽108～112厘米，墓底长242、宽88～90厘米，残深70厘米。口大底小，四壁及墓底较平整，加工痕迹不详。填土为灰褐色五花土，夹杂少量红烧土颗粒，土质较硬，包含物有泥质红陶片、泥质灰陶片、网坠等。

墓底有少量棺木腐痕，疑为一棺。人骨保存较差，葬式不详，根据耳珰位置推断头向西北。

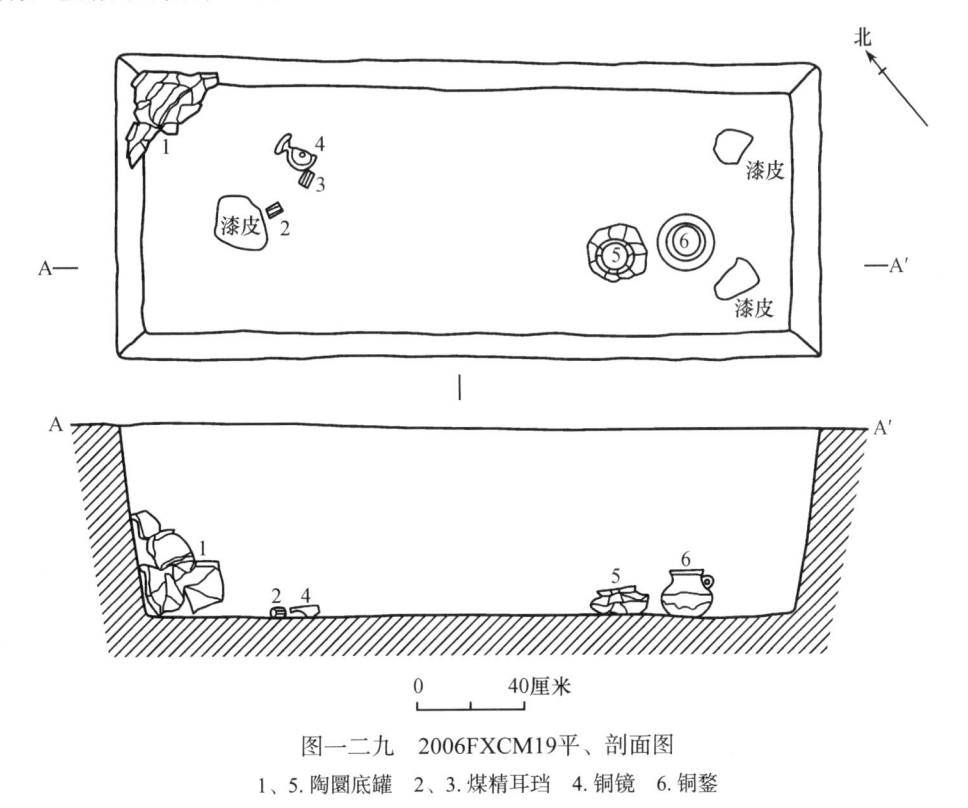

图一二九　2006FXCM19平、剖面图

1、5. 陶圜底罐　2、3. 煤精耳珰　4. 铜镜　6. 铜鍪

---

① 墓向根据煤精耳珰位置推测。

（二）出土遗物

墓内随葬品编号5套6件。另有3处漆皮痕迹无法提取未编号，填土中采集陶网坠1件。质地有铜、陶、石三类。

1. 铜器

镜　1件（2006FXCM19：4）。置于头部左侧。圆形，体薄，镜背饰有三道凸弦纹，环形纽，上有弦纹。直径8.2、厚0.1、高0.7厘米（图一三〇，2；图版九三，2）。

鍪　1件（2006FXCM19：6）。置于墓室脚端。侈口，尖唇，有一个辫索纹环耳，仅发现环耳及部分口沿碎片，无法修复。口径13.4、残高3.3厘米（图一三〇，6）。

2. 陶器

网坠　1件（2006FXCM19：01）。泥质灰陶。略呈纺锤形。长4.2、中径0.3厘米（图一三〇，3）。

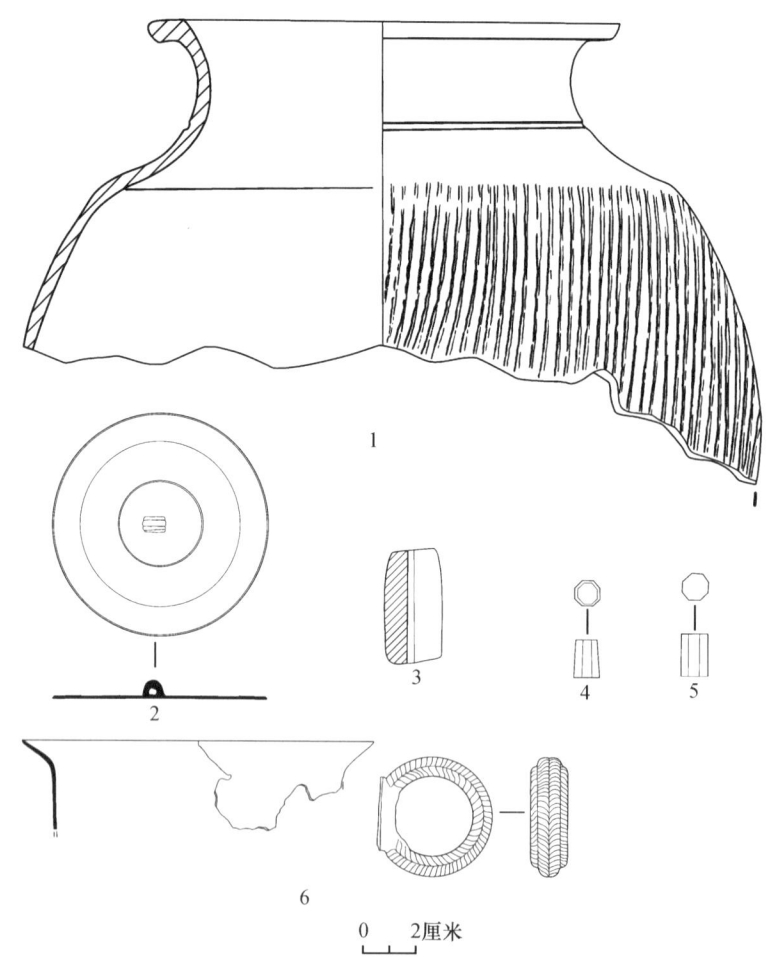

图一三〇　2006FXCM19出土遗物

1. 陶圈底罐（2006FXCM19：1）　2. 铜镜（2006FXCM19：4）　3. 陶网坠（2006FXCM19：01）　4、5. 煤精耳珰（2006FXCM19：2、2006FXCM19：3）　6. 铜鍪（2006FXCM19：6）

圜底罐　2件（2006FXCM19：1、2006FXCM19：5）。2006FXCM19：1，置于墓室西北角，应当位于棺外，夹砂灰褐陶。残存口、腹上部，平折沿，方唇，圆折肩，垂腹。腹部饰细绳纹。口径17.6、残高17.2厘米（图一三〇，1）。2006FXCM19：5，置于墓室脚端，陶质酥碎未修复。

3. 石器

煤精耳珰　1套2件（2006FXCM19：2、2006FXCM19：3）。八面台体，通体素面，一粗一细（图版九三，3）。2006FXCM19：2，直径1.2～1.3、高2厘米（图一三〇，4）。2006FXCM19：3，直径1.3、高2.3厘米（图一三〇，5）。

二十、2006FXCM20

（一）墓葬形制

长方形竖穴土坑墓（图一三一）。叠压于2006FXCT1718④下，打破生土。墓向135°[①]。墓口距地表深110厘米，长296、宽110～118厘米；墓底长274、宽90～96厘米，残深66厘米。口大底小，四壁及墓底较光滑，加工痕迹不详。填灰褐色花土，夹杂少量石块，土质较硬。包含物有泥质陶片。

墓底不见棺痕，葬具不详。人骨几乎不存，葬式不明。

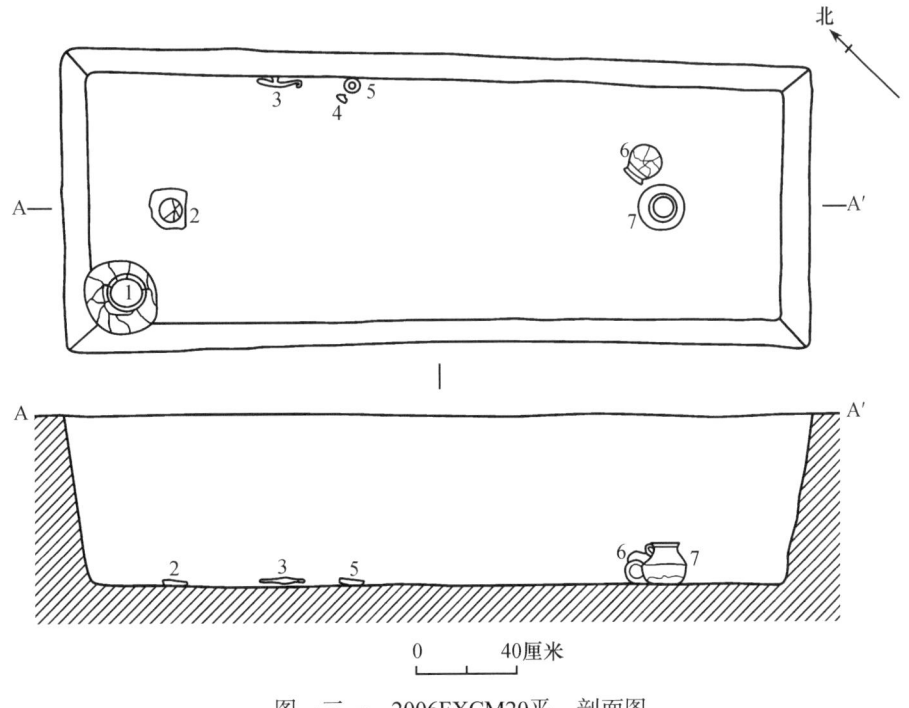

图一三一　2006FXCM20平、剖面图
1. 陶瓮　2. 铜镜　3. 铜带钩　4. 铜印章　5. 铜环　6. 陶釜　7. 铜鍪

---

① 墓向根据随葬铜镜位置推测。

（二）出土遗物

随葬品共计7件。质地有铜、陶两类。

1. 铜器

共5件。器型有镜、带钩、印章、环、鍪。

镜　1件（2006FXCM20：2）。置于头部。部分残，可能埋葬时已碎，圆形，体薄，镜背饰有三道凸弦纹，环形纽，上有弦纹。直径9、缘厚0.2、高0.7厘米（图一三二，2）。

带钩　1件（2006FXCM20：3）。曲棒形钩身，尾端尖细，兽形钩首，中部有一圆盘形纽，表面锈蚀残损。长15厘米（图一三二，6；图版九四，1）。

印章　1件（2006FXCM20：4）。由两半拼合[①]。长方形印台，桥形纽。长方形边框内阴刻小篆"敬事"。长2、宽1、高1.6厘米（图一三二，3；图版九四，3、4）。

环　1件（2006FXCM20：5）。圆环状，截面为六边形，素面。直径3.2、厚0.2、内圈径1.8厘米（图一三二，5；图版九四，2）。

鍪　1件（2006FXCM20：7）。仅存一辫索状环耳及一腹部残片，环耳与器身结合处铸造成捆缚状。腹径12.2、环耳径4厘米（图一三二，4）。

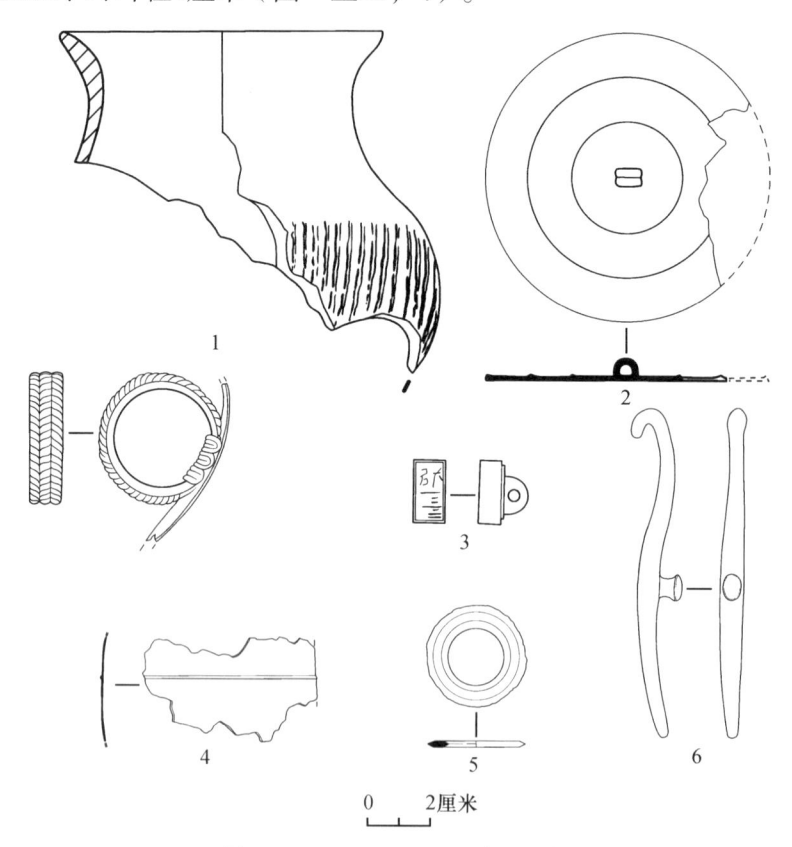

图一三二　2006FXCM20出土遗物

1. 陶釜（2006FXCM20：6）　2. 铜镜（2006FXCM20：2）　3. 铜印章（2006FXCM20：4）　4. 铜鍪（2006FXCM20：7）　5. 铜环（2006FXCM20：5）　6. 铜带钩（2006FXCM20：3）

---

① 在超景深显微镜下观察到，两部分之间缝隙并非完全直线，缝隙仅为0.2～0.4毫米。

2. 陶器

共2件，器型有釜、瓮。

瓮　1件（2006FXCM20：1）。夹砂红褐陶。器型较大，陶质酥碎无法修复。

釜　1件（2006FXCM20：6）。夹砂黑褐陶。侈口，尖唇，鼓腹。腹部以下残，腹部饰细绳纹。口径10.4、残高10.8厘米（图一三二，1）。

二十一、2006FXCM21

（一）墓葬形制

长方形竖穴土坑墓（图一三三）。叠压于2006FXCT1518⑤下，打破生土，被2006FXCH69打破。墓向125°（305°），墓口距地表深105厘米，长316、宽132～160厘米；墓底长300、宽106～115厘米，残深74～86厘米。口大底小，四壁及墓底较光滑，无明显加工痕迹不详，仅东北侧有生土二层台，台宽14～28、高0.68厘米。填土为灰褐色五花土，夹杂红烧土颗粒，土质较硬，包含物有夹砂灰陶片。

墓底有棺木灰，从灰烬判断棺长232、宽56厘米。人骨保存较差，葬式不详。

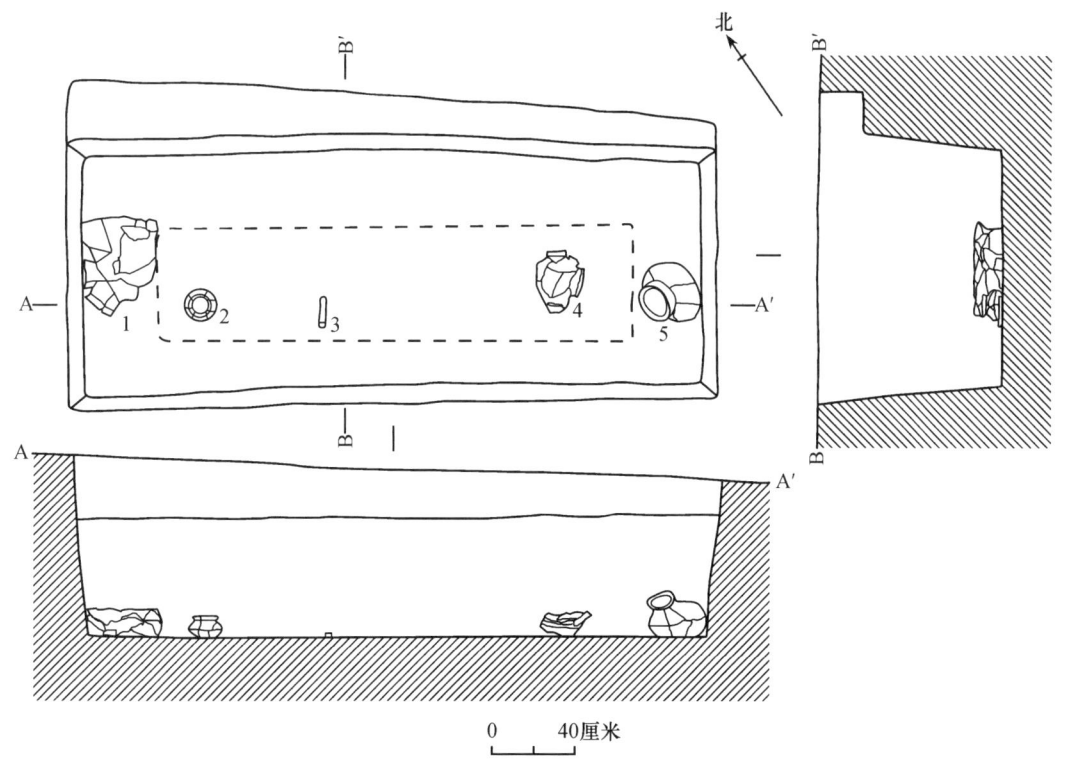

图一三三　2006FXCM21平、剖面图
1.陶瓮　2、4.陶盂　3.铁器　5.陶圜底罐

（二）出土遗物

随葬品共计5件。质地有铁、陶两类。

1. 铁器

铁器 1件（2006FXCM21：3）。残损严重器型不明。

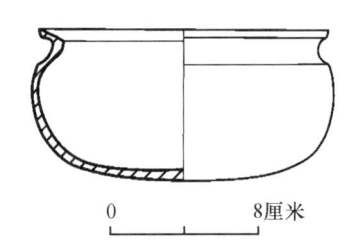

图一三四 2006FXCM21出土陶盂（2006FXCM21：4）

2. 陶器

共计4件。破碎严重，大部分无法修复。

瓮 1件（2006FXCM21：1）。器型较大，随葬在棺外一端，酥碎无法修复。

盂 2件（2006FXCM21：2、2006FXCM21：4）。大口，方唇，浅腹，圜底近平。2006FXCM21：4，夹砂灰陶。口径15.6、最大腹径16、高8厘米（图一三四）。2006FXCM21：2，夹砂灰褐陶。陶质酥碎无法修复。

圜底罐 1件（2006FXCM21：5）。夹砂灰褐陶。陶质酥碎无法修复，折沿，深腹，腹部有绳纹。

二十二、2006FXCM22

（一）墓葬形制

长方形竖穴土坑墓（图一三五；图版九五，1）。叠压于2006FXCT1518⑤下，打破2006FXCG14及生土。墓向123°（303°），墓口距地表深80厘米，长250、宽96厘米；墓底长236、宽86厘米，残深68厘米。口大底小，四壁斜直，壁面及底部较平整，无加工痕迹。墓内填夹杂炭粒的灰褐色五花土，土质紧密，包含物有泥质灰陶片。

墓内有明显的棺板痕迹，疑为一棺。人骨不存，葬式不详。

（二）出土遗物

随葬品共计5件。质地有铜、陶器两类，后修复3件。

1. 铜器

共2件。器型有带钩、鉴。

带钩 1件（2006FXCM22：2）。曲棒形钩身，尾端尖细，兽形钩首，钩身中部有一圆盘

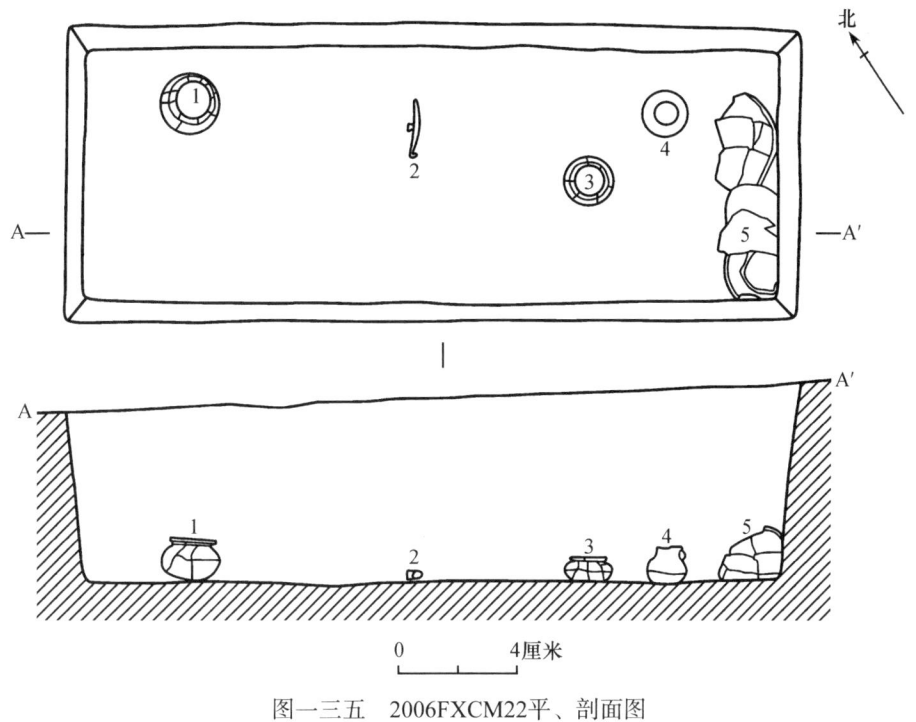

第三章 小田溪墓群B区（陈家嘴） · 167 ·

图一三五 2006FXCM22平、剖面图
1.陶釜 2.铜带钩 3.陶盂 4.铜鍪 5.陶瓮

形纽。长15.2、纽高1.2厘米（图一三六，3）。

鍪 1件（2006FXCM22：4）。腹部残缺未修复，侈口，鼓腹，圜底，肩部一侧有辫索状环耳。口径8.8、腹径12.2、高10厘米（图一三六，2）。

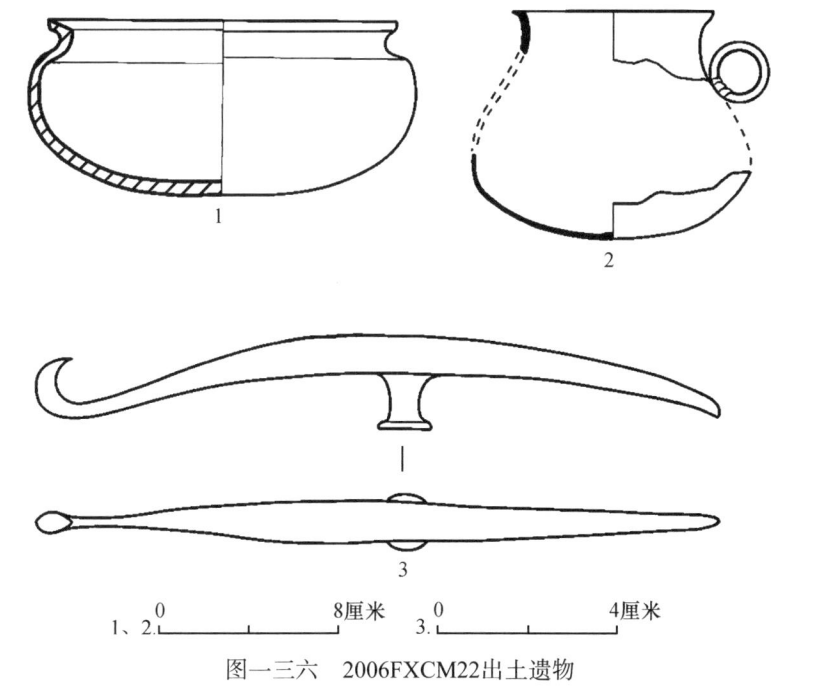

图一三六 2006FXCM22出土遗物
1.陶盂（2006FXCM22：3） 2.铜鍪（2006FXCM22：4） 3.铜带钩（2006FXCM22：2）

2. 陶器

3件。器型有釜、盂、瓮。

釜　1件（2006FXCM22：1）。夹砂灰褐陶。陶质酥碎无法修复。

盂　1件（2006FXCM22：3）。夹砂黄褐陶。侈口，圆唇，束颈，鼓腹，圜底。口径15.2、最大腹径17.2、高7.2厘米（图一三六，1）。

瓮　1件（2006FXCM22：5）。似有意打碎后随葬，未能修复。

二十三、2006FXCM23

（一）墓葬形制

长方形竖穴土坑墓（图一三七；图版九五，2）。叠压于2006FXCT1519⑤下，打破生土。墓向134°[①]，墓口距地表深110厘米，长302、宽164厘米；墓底长282、宽150厘米，残深103厘米。口大底小，四壁较平整，加工痕迹不详。墓底四周有生土二层台，宽8～46、高18～20厘米。墓葬填土为夹杂红烧炭粒的五花土，包含大量泥质陶片。

底部有棺木痕迹。长约2.45、宽约0.68米。高度不详。棺内人骨腐朽严重，葬式不详。

（二）出土遗物

随葬品共12套13件。质地有铜、陶、石三类，另有一处漆皮痕迹未编号，全部放置于棺内。

1. 铜器

共计7件。器型有镜、印章、洗、壶、釜、带钩、钺。

镜　1件（2006FXCM23：3）。置于身体左侧。圆形，体薄，镜背饰有三道凸弦纹，环形纽，上有弦纹。直径8.5、缘厚0.1厘米（图一三八，10）。

印章　1件（2006FXCM23：5）。位于脚端。牛角形圆印，角上有横穿孔，印有圆形边框，其内阳刻巴蜀符号。直径1.1、高1.7厘米（图一三八，5；图版九六，1）。

洗　1件（2006FXCM23：6）。置于脚端。残存口沿及底部，无法修复。口径33.6厘米（图一三八，12）。

壶　1件（2006FXCM23：7）。置于脚端。敞口，颈较长，圆折肩，鼓腹，圈足。颈部饰一周蕉叶形卷云纹，肩上分铸一对铺首衔环，环上阴刻变体卷云雷纹，肩、腹部有三组变形卷云纹，每组之间以弦纹相隔，圈足饰一周蟠螭纹。有盖，穹窿形，盖上应有三个卷云纽，仅存

---

① 墓向根据随葬煤精耳珰位置推测。

第三章　小田溪墓群B区（陈家嘴）

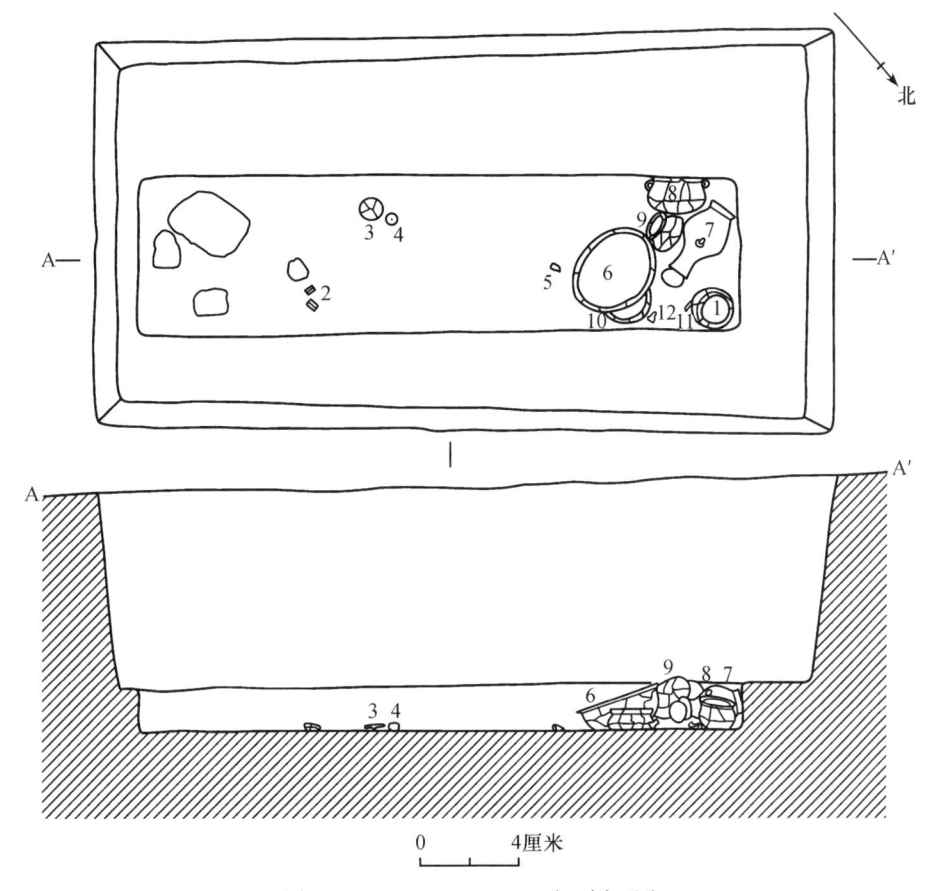

图一三七　2006FXCM23平、剖面图
1.陶瓮　2.煤精耳珰　3.铜镜　4.陶纺轮　5.铜印章　6.铜洗　7.铜壶　8.铜釜　9、10.陶盂　11.铜带钩　12.铜钺

一个。口径9.4、最大腹径20.7、底径12.7、壶身高30、圈足高3.4、通高33.2厘米（图一三九；图版九七）。

釜　1件（2006FXCM23：8）。置于脚端。仅存少量口沿残片及一个辫索状环耳。口径25、残高2.6、耳径3.6厘米（图一三八，11）。

带钩　1件（2006FXCM23：11）。位于脚端。曲棒形钩身，兽形钩首，钩身中部有一个纽，表层几乎锈蚀剥落。长13.4厘米（图一三八，8；图版九六，4）。

钺　1件（2006FXCM23：12）。位于脚端。刃微残，制作不很精良，范痕明显，整体靴形，圆弧刃，圆角方形銎，钺身两侧有羊角形图案。长7.6、刃宽7.6、銎径2~2.8厘米（图一三八，9；图版九六，2）。

2. 陶器

共计4件。器型有瓮、纺轮、盂。

瓮　1件（2006FXCM23：1）。置于脚端。夹砂红陶。斜领，尖唇，圆折肩，深腹，下腹弧收，小平底。口径27.6、腹径36.4、底径13.2、高39.6厘米（图一三八，3；图版九六，3）。

纺轮　1件（2006FXCM23：4）。置于身体左侧。夹砂红褐陶。鼓形，中心有孔贯通，侧面上下各有两道凹弦纹。直径3.5、孔径0.6、高1.6厘米（图一三八，4）。

盂　2件（2006FXCM23：9、2006FXCM23：10）。置于脚端。均为夹砂灰陶。大口，折

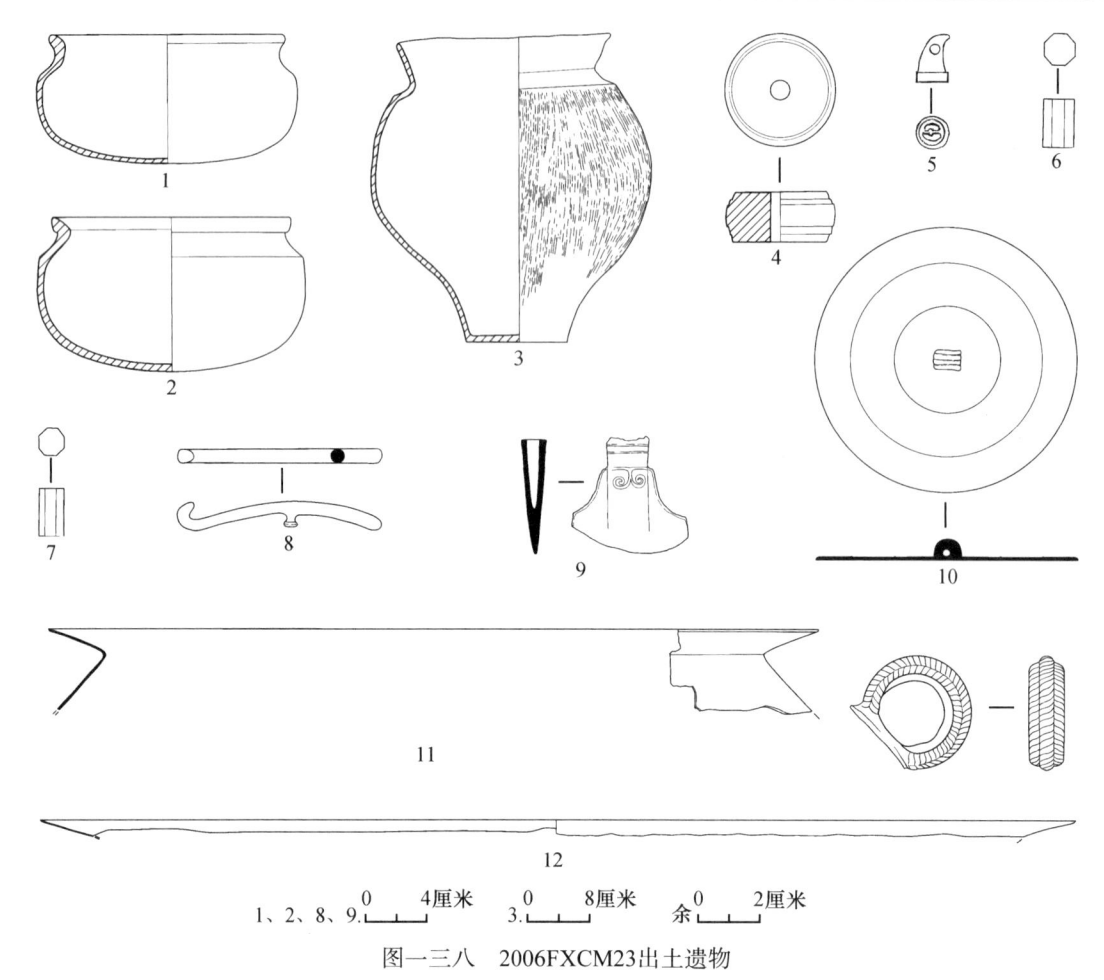

图一三八　2006FXCM23出土遗物

1、2.陶盂（2006FXCM23：10、2006FXCM23：9）　3.陶瓮（2006FXCM23：1）　4.陶纺轮（2006FXCM23：4）
5.铜印章（2006FXCM23：5）　6、7.煤精耳珰（2006FXCM23：2-1、2006FXCM23：2-2）　8.铜带钩（2006FXCM23：11）
9.铜钺（2006FXCM23：12）　10.铜镜（2006FXCM23：3）　11.铜釜（2006FXCM23：8）　12.铜洗（2006FXCM23：6）

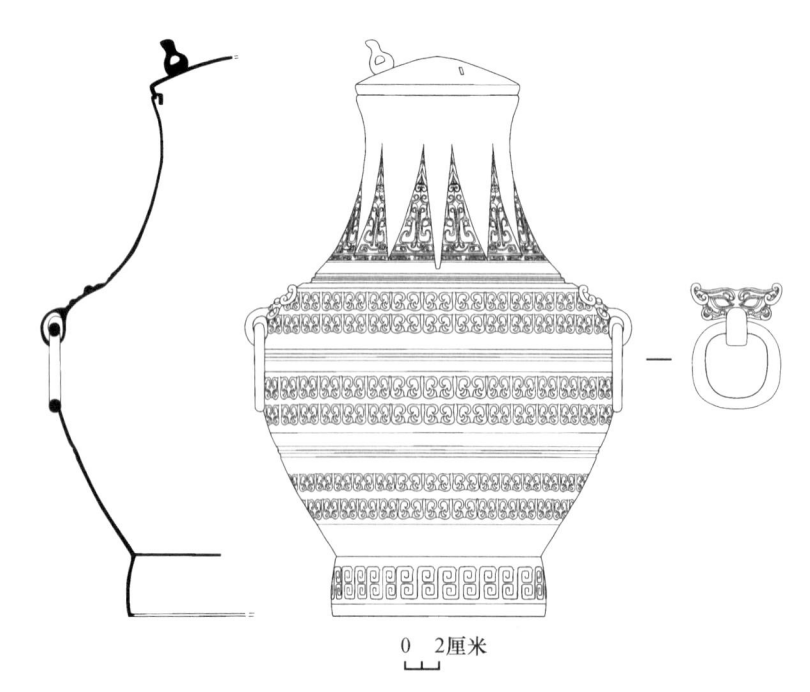

图一三九　2006FXCM23出土铜壶（2006FXCM23：7）

沿，方唇，圆折肩，圜底。2006FXCM23：9。口径15.6、腹径17.6、高9.9厘米（图一三八，2）。2006FXCM23：10。口径15.4、腹径17、高8.3厘米（图一三八，1）。

3. 石器

煤精耳珰　1套2件（2006FXCM23：2）。八面柱体，通体素面，一粗一细。2006FXCM23：2-1，直径1.4、高2.2厘米（图一三八，6）。2006FXCM23：2-2，直径1.2、高2.2厘米（图一三八，7）。

二十四、2006FXCM24

（一）墓葬形制

长方形竖穴土坑墓（图一四〇）。叠压于2006FXCT1717④下，打破生土。墓向153°（333°），墓口距地表深112厘米，长292、宽91、残深60厘米。四壁较直，未见明显加工痕迹。填土为灰褐色五花土，土质较硬，包含物有泥质绳纹陶片。

墓底发现狭长灰痕，疑为一棺。长约240、宽50厘米。人骨腐朽严重，葬式、头向不详。

（二）出土遗物

随葬器物出土时编号5件。均为陶器，除了陶瓮在棺外，其余均位于棺内一端。

陶圜底罐　1件（2006FXCM24：1）。夹砂黑陶。酥碎无法修复。

陶纺轮　1件（2006FXCM24：2）。夹砂黑陶。鼓形，中有一通穿。台径2.4、穿径0.4、高2厘米（图一四一，3）。

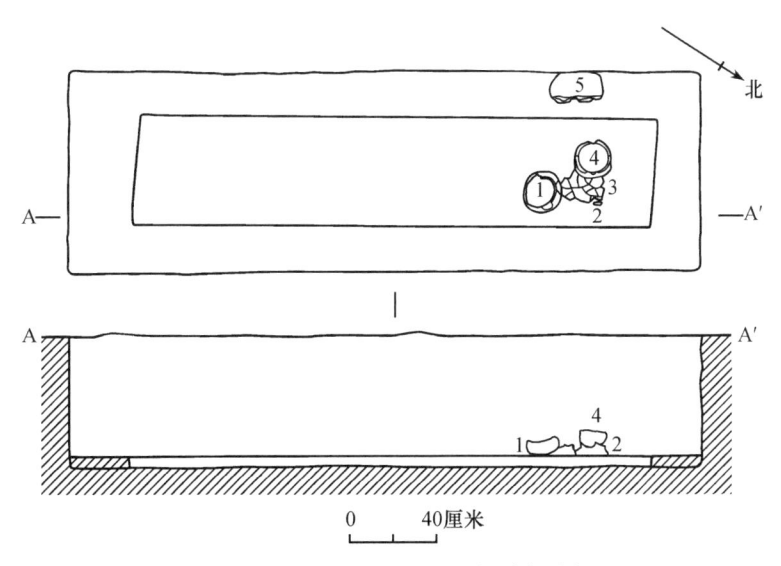

图一四〇　2006FXCM24平、剖面图
1.陶圜底罐　2.陶纺轮　3.陶器盖　4.陶盂　5.陶瓮

陶器盖　1件（2006FXCM24：3）。带盖，器身未修复，盖为穹窿顶，子母口。盖高2.8、盖径14厘米（图一四一，2）。

陶盂　1件（2006FXCM24：4）。夹砂灰陶。大口，折沿，方唇，圆折肩，圜底。口径15.8、腹径17.2、高8.6厘米（图一四一，1）。

陶瓮　1件（2006FXCM24：5）。位于棺外。器型较大。酥碎无法修复。

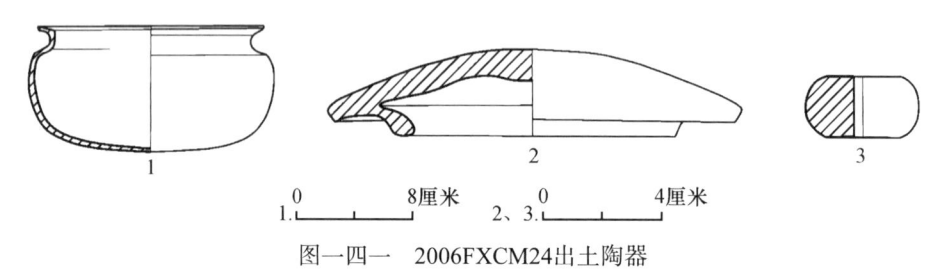

图一四一　2006FXCM24出土陶器
1. 盂（2006FXCM24：4）　2. 器盖（2006FXCM24：3）　3. 纺轮（2006FXCM24：2）

二十五、2006FXCM25

（一）墓葬形制

长方形竖穴土坑墓（图一四二；图版九八，1）。叠压于2006FXCT1617④a下，打破生土。墓向125°。墓口距地表深110厘米，长292、宽120～128厘米；墓底长280、宽112～116厘米，残深58～64厘米。口大底小，四壁及墓底较平整，无明显加工痕迹。填土为灰褐色花土，夹杂石块，土质较紧密，包含物有夹砂灰陶片。

墓底有狭长灰痕，疑为一棺。长约240、宽52厘米。高度不详。四周有熟土二层台，宽

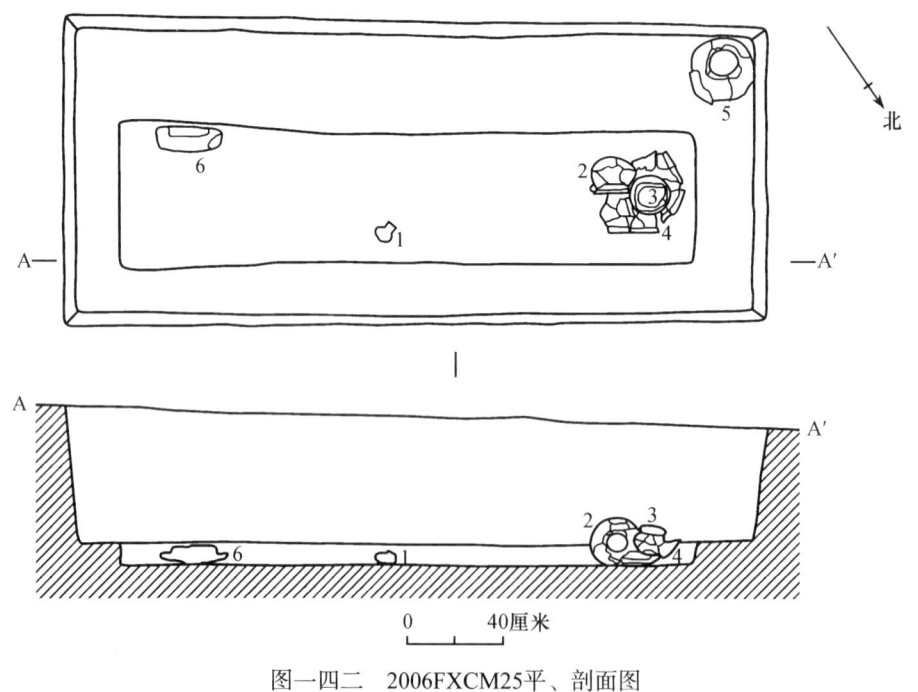

图一四二　2006FXCM25平、剖面图
1. 铜钺　2. 铜鍪　3. 陶平底罐　4. 陶釜　5. 陶圜底罐　6. 铜釜

45~60、高20厘米。人骨腐朽严重，残存几颗牙齿。根据残存牙齿痕迹、随葬品摆放位置推断头向东南。

（二）出土遗物

随葬器物出土时编号6件。质地有铜、陶两类。除了陶瓮在棺外，其余均位于棺内。

1. 铜器

共计3件。器型有钺、鍪、釜。

钺　1件（2006FXCM25：1）。位于棺中部。刃、銎均残，制作不精良，范痕明显，整体靴形，圆弧刃，椭圆形銎。长8.8、刃残宽7.2、銎径2~3.4厘米（图一四三，1；图版九八，2）。

鍪　1件（2006FXCM25：2）。仅存部分器腹残片及一个辫索状环耳（图一四三，4）。

釜　1件（2006FXCM25：6）。位于棺内脚端。仅残存少量口沿无法修复，推测为折沿。口径19.4厘米（图一四三，5）。

2. 陶器

共计3件。器型有平底罐、釜、圜底罐。

平底罐　1件（2006FXCM25：3）。位于棺内头端。夹砂黄褐陶。大口，立领，鼓肩，大平底。口径14、底径9.6、高10.2厘米（图一四三，3；图版九八，3）。

釜　1件（2006FXCM25：4）。位于棺内头脚端。夹砂灰褐陶。仅存口沿，侈口，圆唇，鼓腹。残高9.6厘米（图一四三，2）。

圜底罐　1件（2006FXCM25：5）。位于棺外一角。夹砂红胎褐陶。仅存口沿，折沿，束颈。残高9.6厘米。

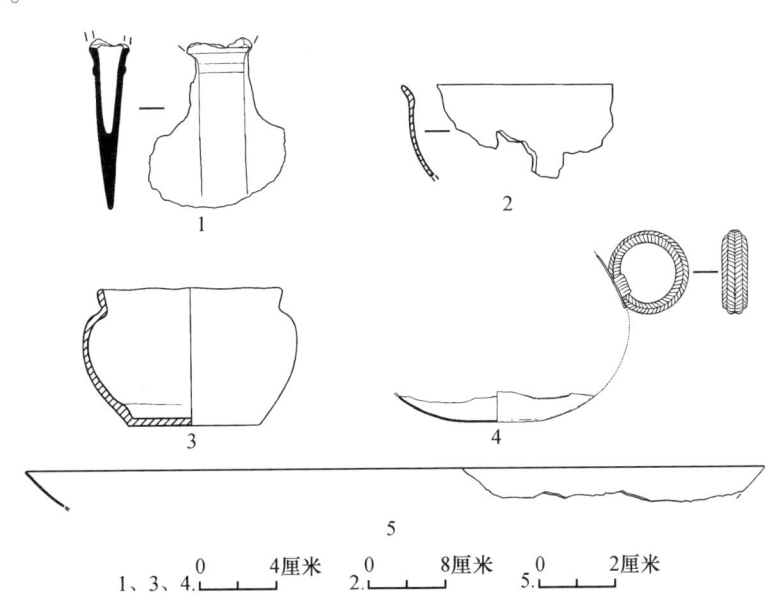

图一四三　2006FXCM25出土遗物

1. 铜钺（2006FXCM25：1）　2. 陶釜（2006FXCM25：4）　3. 陶平底罐（2006FXCM25：3）　4. 铜鍪（2006FXCM25：2）
5. 铜釜（2006FXCM25：6）

二十六、2006FXCM26

（一）墓葬形制

长方形竖穴土坑墓（图一四四）。叠压于2006FXCT1417⑤下，打破生土。墓向20°。墓口距地表深100厘米，长240、宽86、残深86厘米。四壁较规整，未见明显加工痕迹。填土为灰褐色五花土，土质较硬，包含少量泥质黑褐陶片。

墓底不见棺痕，葬具不详。未见骨架保存，葬式、头向不详。

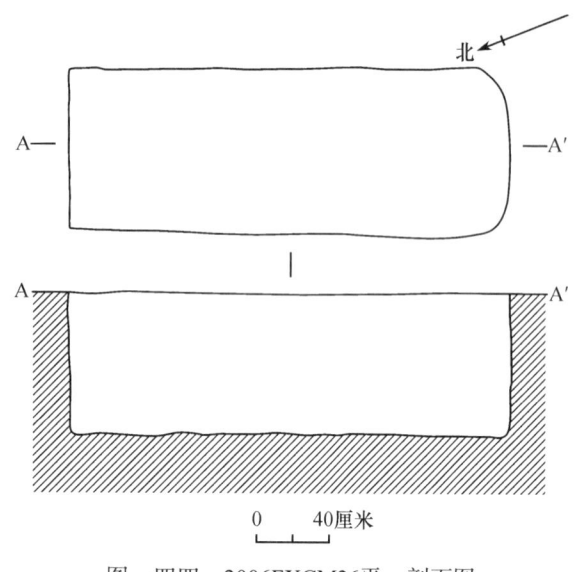

图一四四　2006FXCM26平、剖面图

（二）出土遗物

未发现随葬器物。

二十七、2006FXCM27

（一）墓葬形制

长方形竖穴土坑墓（图一四五）。叠压于2006FXCT1418⑤下，打破生土。墓向30°（210°），墓口距地表深110厘米，长226、宽124～134、残深40厘米。四壁较规整，未见明显加工痕迹。填土为灰褐色五花土，土质较硬，包含少量泥质黑褐陶片。

墓底不见棺痕，葬具不详。骨架腐朽严重，葬式、头向不详。

（二）出土遗物

随葬品编号3件。质地有铜、陶两类，另有一处漆皮，未编号修复。

1. 铜器

斤　1件（2006FXCM27：1）。长方形銎，弧刃。长9.8、銎长3.2、宽2.4、刃宽5.6厘米（图一四六，2；图版九九，1）。

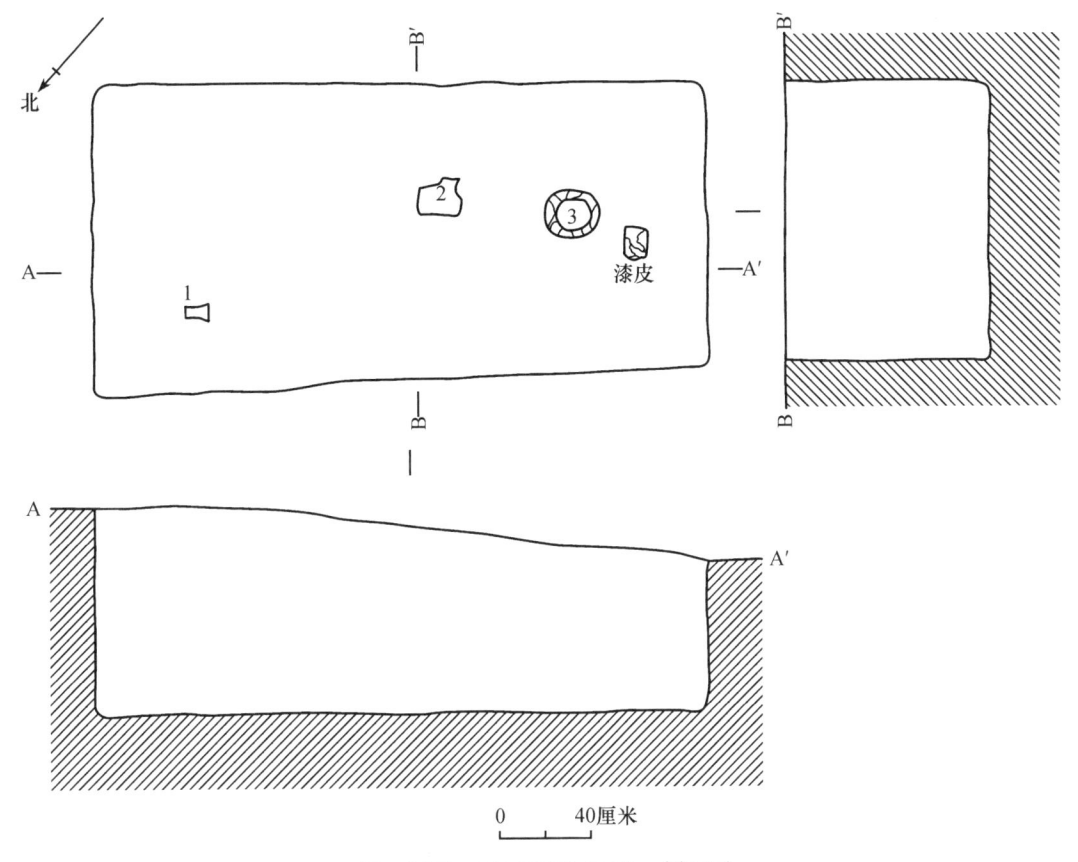

图一四五　2006FXCM27平、剖面图
1. 铜斤　2. 陶釜　3. 陶平底罐

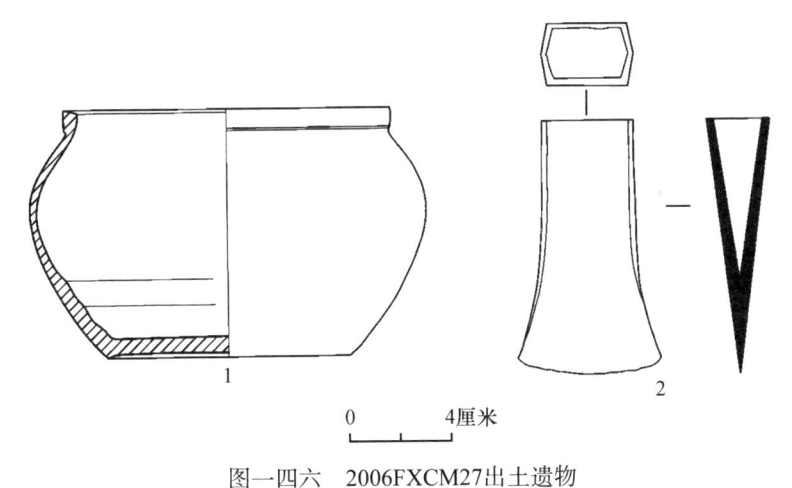

图一四六　2006FXCM27出土遗物
1. 陶平底罐（2006FXCM27：3）　2. 铜斤（2006FXCM27：1）

2. 陶器

釜　1件（2006FXCM27：2）。夹砂红陶。酥碎无法修复。

平底罐　1件（2006FXCM27：3）。位于墓内一端。夹砂黑褐陶。直口较大，圆唇，鼓肩，大平底。口径12.8、腹径15.6、底径9.6、高9.6厘米（图一四六，1；图版九九，2）。

二十八、2006FXCM28

（一）墓葬形制

长方形竖穴土坑墓（图一四七）。叠压于2006FXCT2717③下，打破生土。墓向298°①。墓口距地表深90厘米，长324、宽142~150厘米；墓底长318、宽132~142厘米，残深28厘米。口大底小，四壁及墓底较平整，未见明显加工痕迹。填土为灰褐色五花土，土质较紧密，夹杂少量砖块、石块和红烧土颗粒。

墓底有灰黑色腐痕，疑为一棺。长约290、宽80~96厘米。骨架腐朽严重，葬式不详。

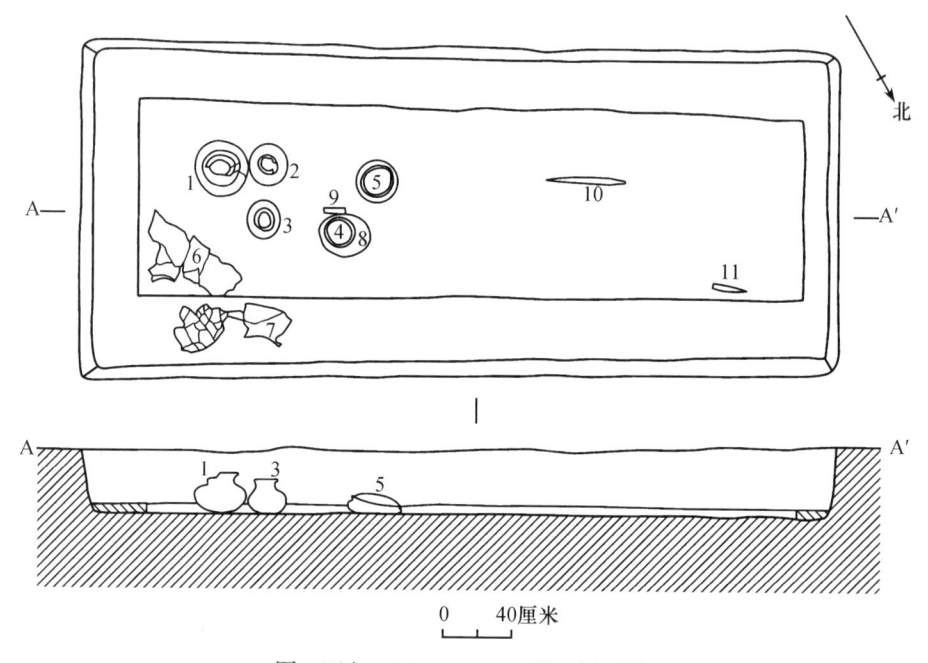

图一四七 2006FXCM28平、剖面图
1~3、6.陶圜底罐 4.陶盂 5.陶釜 7.陶瓮 8.铜盒 9、11.铜矛 10.铜剑

（二）出土遗物

出土时编号器物10件。质地有铜、陶两类。

1. 铜器

共计3件。器型有盒、剑、矛。

盒 1件（2006FXCM28∶8）。残存口沿。直口微敛，壁较厚。口径20.6、残高3.5厘米（图一四八，8）。

---

① 墓向根据铜剑柄方向判断。

剑　1件（2006FXCM28：10）。置于棺中部。出土时表面残留有剑鞘木痕，剑身柳叶形，扁茎无格，茎上两穿，一穿位于靠剑身处一侧，一穿位于茎端中间，剑身无纹。通长34.4、刃宽2.6、厚0.9厘米（图一四八，1；图版一〇〇，1）。

矛　1件（2006FXCM28：9、2006FXCM28：11[①]）。矛前锋锐厚，狭长条刃，矛身中部有两圈圆箍凸起，圆形骹，骹内残存一截木柄。长17.6、叶宽2.1、骹径2.3厘米（图一四八，2）。

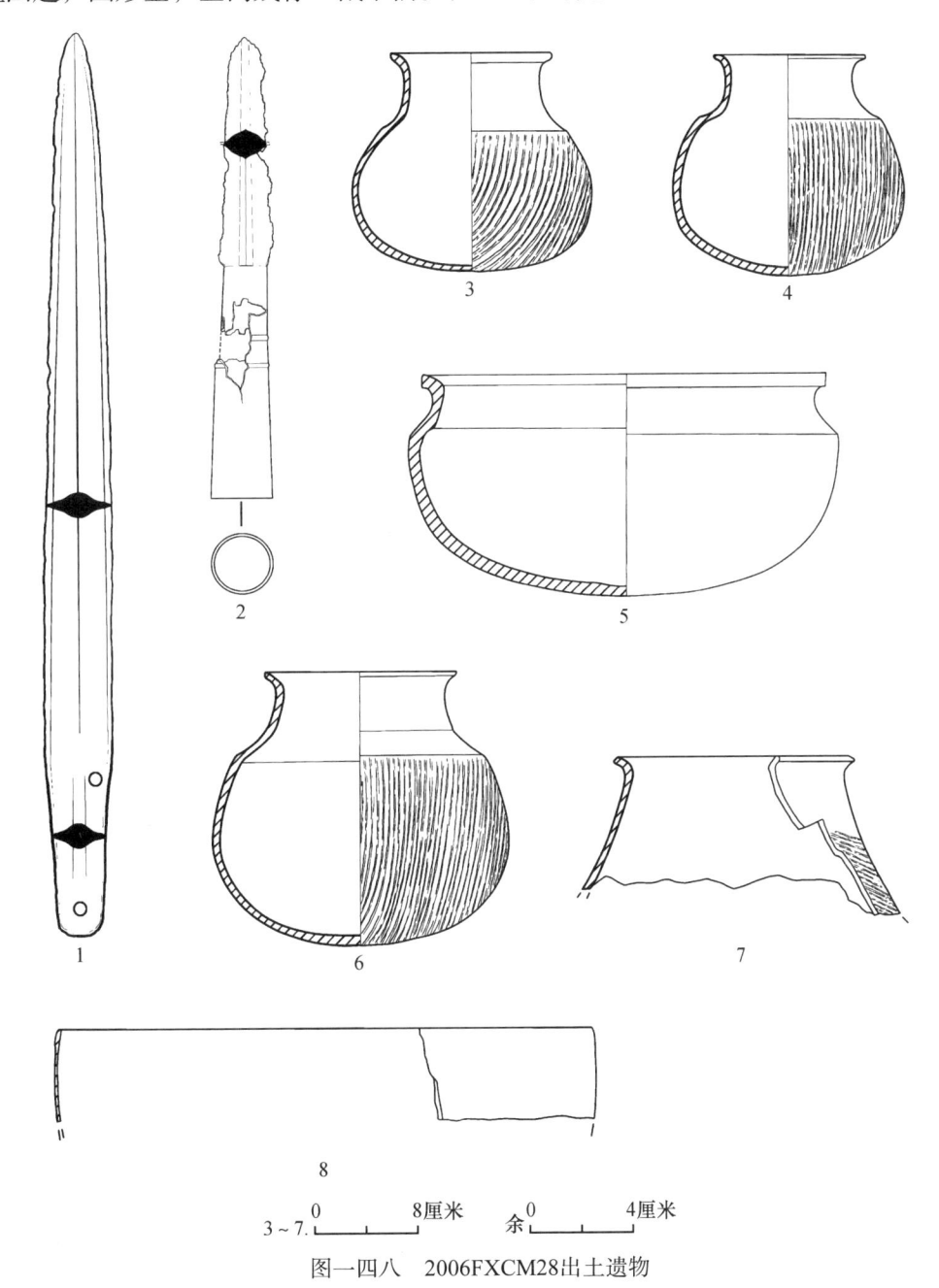

图一四八　2006FXCM28出土遗物

1. 铜剑（2006FXCM28：10）　2. 铜矛（2006FXCM28：9、2006FXCM28：11）　3、4、6. 陶圜底罐（2006FXCM28：2、2006FXCM28：3、2006FXCM28：1）　5. 陶盂（2006FXCM28：4）　7. 陶釜（2006FXCM28：5）　8. 铜盒（2006FXCM28：8）

[①] 出土时分置两处，分别编号，修复时合为一件。

2. 陶器

共计7件。器型有圜底罐、盂、釜、瓮。

圜底罐 4件（2006FXCM28：1、2006FXCM28：2、2006FXCM28：3、2006FXCM28：6）。均为侈口，圆唇，短颈，鼓腹略垂，圜底。腹部及底部饰细绳纹。2006FXCM28：1，夹砂灰陶。口径14.4、最大腹径23.2、高20.8厘米（图一四八，6；图版一〇〇，2）。2006FXCM28：2，夹砂灰陶。口径12.4、最大腹径18.4、高16.8厘米（图一四八，3）。2006FXCM28：3，夹砂黄陶。口径12、最大腹径18.4、高16.8厘米（图一四八，4）。2006FXCM28：6，夹砂黄陶。陶质酥碎无法提取。

盂 1件（2006FXCM28：4）。夹砂灰褐陶。折沿，方唇，肩微折，鼓腹，圜底。口径15.6、腹径16.6、高8.5厘米（图一四八，5；图版一〇〇，3）。

釜 1件（2006FXCM28：5）。夹砂红陶。折沿，圆唇，斜肩，肩部以下残。肩部饰绳纹。口径18.8、残高12厘米（图一四八，7）。

瓮 1件（2006FXCM28：7）。置于棺外左侧，夹砂黑陶，陶质酥碎无法提取。

二十九、2006FXCM29

（一）墓葬形制

长方形竖穴土坑墓（图一四九）。叠压于2006FXCT2818③下，打破生土。墓向279°。墓口距地表深85厘米，长302、宽146～156厘米；墓底长302、宽146～152厘米，残深110厘米。四壁较直，加工痕迹不详。墓葬内填灰褐色五花土，夹杂少量石头，土质紧密，包含少量泥质红褐陶和黑褐陶。

墓底不见棺木腐痕，葬具不详。骨架几乎不存，葬式及头向不明。

（二）出土遗物

出土时器物编号14件。质地有铜、陶、琉璃、漆四类。

1. 铜器

洗 1件（2006FXCM29：4）。残存部分口沿。宽折沿。口径26.4、残高1.4厘米（图一五〇，9）。

钺 1件（2006FXCM29：8）。整体靴形，圆弧刃，圆角方形銎，钺身上有羊角形图案，范痕明显。銎口长2.8、宽1.6、刃宽8.1、通长7.2厘米（图一五〇，8；图版一〇一，1）。

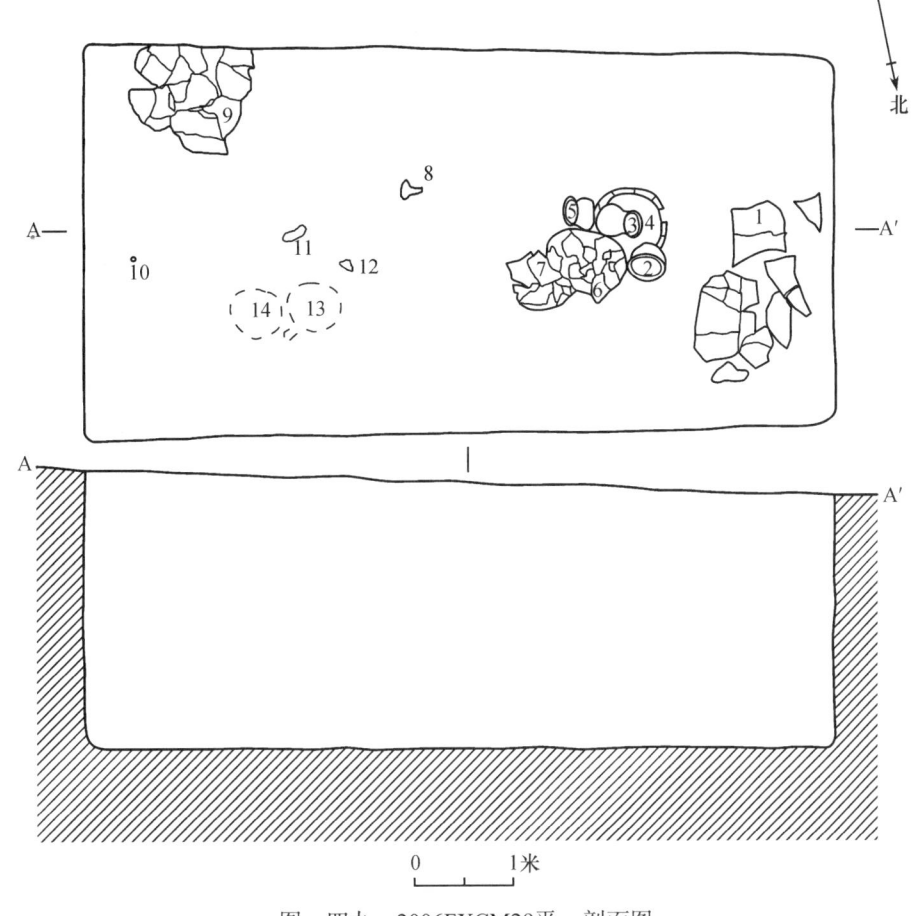

图一四九　2006FXCM29平、剖面图
1、9.陶瓮　2、5.陶盂　3、7.陶釜　4.铜洗　6.陶圜底罐　8.铜钱　10.琉璃管形饰　11～14.漆器

2. 陶器

共计7件。器型有瓮、盂、釜。

瓮　2件（2006FXCM29：1、2006FXCM29：9）。体型较大，圆肩，深腹，平底，腹部饰细绳纹。2006FXCM29：1，泥质灰陶。卷沿方唇，下腹斜直，平底较大。口径15.6、最大腹径30.4、底径16、高30厘米（图一五〇，5；图版一〇一，2）。2006FXCM29：9，泥质红褐陶。敞口，圆唇，下腹弧收，小平底。口径21.6、腹径34.6、底径12.8、高28厘米（图一五〇，6；图版一〇一，3）。

盂　2件（2006FXCM29：2、2006FXCM29：5）。均为大口，折沿，方唇，鼓腹，圜底。2006FXCM29：2，泥质灰陶。口径10.8、最大腹径16.8、高8.8厘米（图一五〇，2）。2006FXCM29：5，泥质黑褐陶。口径14.4、高8.4、最大腹径16厘米（图一五〇，1；图版一〇二，1）。

釜　2件（2006FXCM29：3、2006FXCM29：7）。均为折沿，圆唇，鼓腹，圜底。腹及底部饰细绳纹。2006FXCM29：7，泥质黄褐陶。口径13.6、最大腹径18.4、高17.6厘米（图一五〇，3；图版一〇二，2）。2006FXCM29：3，夹砂红陶，未修复。

圜底罐　1件（2006FXCM29：6）。泥质黑褐陶。宽折沿，尖唇，束颈，鼓腹略垂。口径14.4、最大腹径24、高20.8厘米（图一五〇，4；图版一〇二，3）。

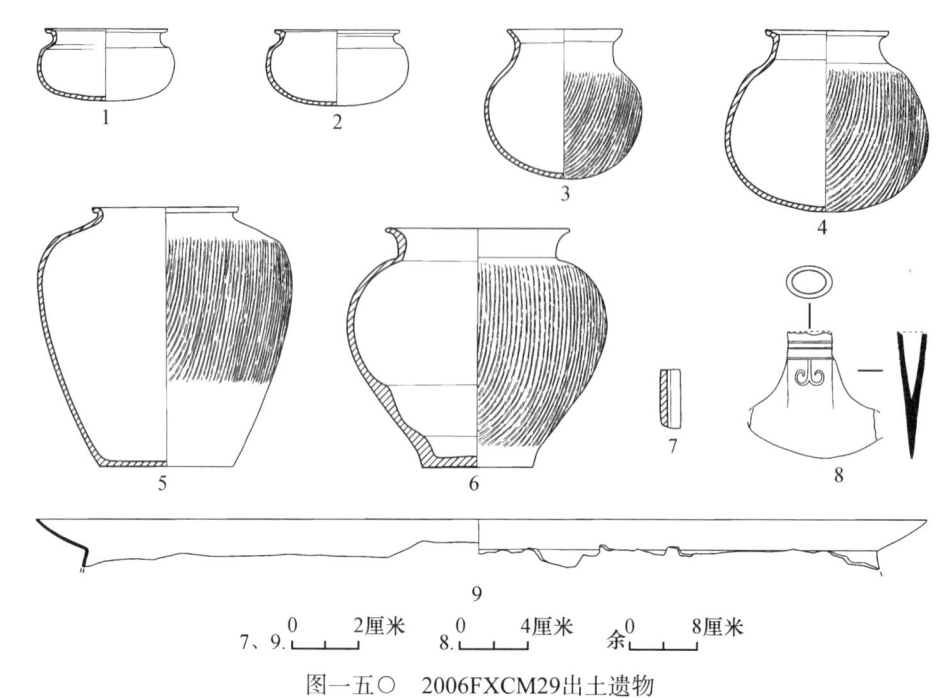

图一五〇 2006FXCM29出土遗物

1、2. 陶盂（2006FXCM29：5、2006FXCM29：2） 3. 陶釜（2006FXCM29：7） 4. 陶圜底罐（2006FXCM29：6）
5、6. 陶瓮（2006FXCM29：1、2006FXCM29：9） 7. 琉璃管形饰（2006FXCM29：10） 8. 铜钺（2006FXCM29：8）
9. 铜洗（2006FXCM29：4）

3. 琉璃器

管形饰　1件（2006FXCM29：10）。部分残缺，通体呈蓝绿色，呈管形，中有一通穿。管径0.6、中径0.1、高1.7厘米（图一五〇，7；图版一〇一，4）。

4. 漆器

漆器　4件（2006FXCM29：11～2006FXCM29：14）。仅存漆皮，未提取，器型不明。

三十、2006FXCM30

（一）墓葬形制

长方形竖穴土坑墓（图一五一；图版一〇三，1）。叠压于2006FXCT1116⑤下，打破生土。墓向270°①。墓口距地表深100厘米，长330、宽96～110厘米；墓底长330、宽96～102厘米，残深96厘米。四壁较直，未见明显加工痕迹。墓葬填土为灰褐色五花土，包含少量泥质黑褐陶、纺轮。

墓底有少量灰黑色棺木痕迹。骨架几乎不存，葬式、头向不详。

---

① 墓向根据石质饰件位置推断。

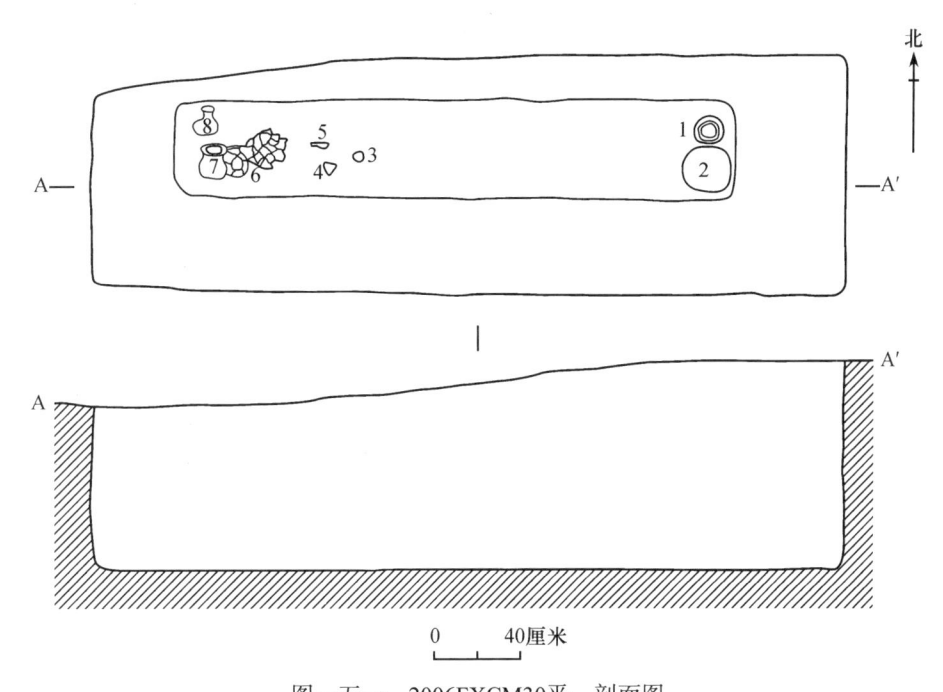

图一五一　2006FXCM30平、剖面图
1.铜鍪　2.铜盒　3.铜印章　4.石饰件　5.铜削　6、7.陶釜　8.铜钺

（二）出土遗物

墓内随葬器物共编号8件，质地有铜、陶、石三类，均放置于棺内。另外填土中采集陶纺轮1件（2006FXCM30：01）。

1. 铜器

5件。器型有鍪、盒、印章、削、钺。

鍪　1件（2006FXCM30：1）。侈口，鼓腹，圜底，肩颈一侧有辫索状环耳，器壁有方形垫片及范痕。口径10.4、腹径15.2、高12.2厘米（图一五二，7；图版一〇四，1）。

盒　1件（2006FXCM30：2）。仅存部分口沿残片，无法修复。敛口。口径21.4、残高1.9厘米（图一五二，9）。

印章　1件（2006FXCM30：3）。扁平圆印，桥状纽，纽顶部有圆穿，印面有圆形边框，框内阴刻巴蜀符号。通高1.3、纽高0.3、印径3.1厘米（图一五二，8；图版一〇三，2、3）。

削　1件（2006FXCM30：5）。刃、环首均残，直刃，截面呈楔形。残长12、刀身宽0.7、刀柄长2.5、宽0.3厘米（图一五二，5）。

钺　1件（2006FXCM30：8）。整体靴形，圆弧刃，椭圆形銎，钺身上有羊角形图案，范痕明显。銎径2.2～3.2、刃宽8.2、通长8.4厘米（图一五二，6）。

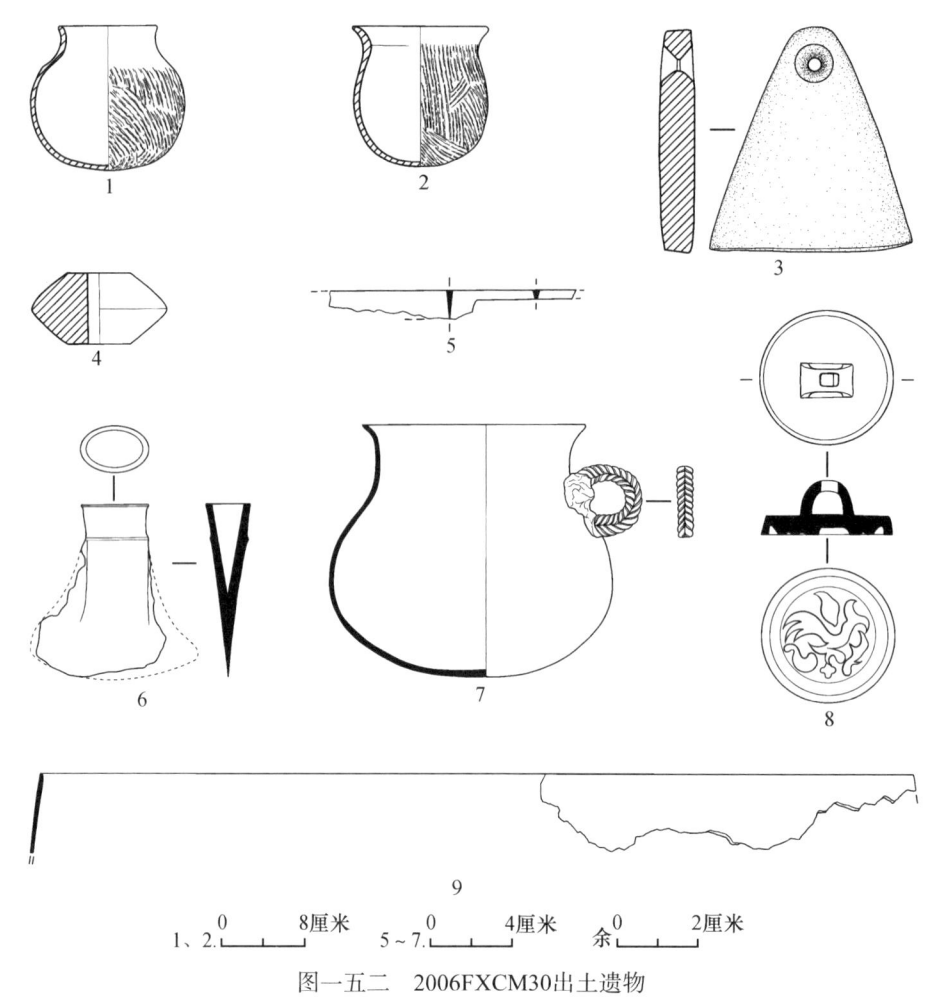

图一五二　2006FXCM30出土遗物

1、2.陶釜（2006FXCM30∶6、2006FXCM30∶7）　3.石饰件（2006FXCM30∶4）　4.陶纺轮（2006FXCM30∶01）
5.铜削（2006FXCM30∶5）　6.铜钺（2006FXCM30∶8）　7.铜鍪（2006FXCM30∶1）　8.铜印章（2006FXCM30∶3）
9.铜盒（2006FXCM30∶2）

2. 陶器

共3件。器型有纺轮、釜。

纺轮　1件（2006FXCM30∶01）。夹砂红褐陶。鼓形，中部转折明显，中部有一圆孔。最大径3.4、孔径0.3、高1.7厘米（图一五二，4）。

釜　2件（2006FXCM30∶6、2006FXCM30∶7）。均为夹砂黑褐陶。鼓腹，圜底。腹部及底部饰细绳纹。2006FXCM30∶6，侈口，圆唇。口径9.6、腹径15.2、高13.8厘米（图一五二，1）。2006FXCM30∶7，敞口，尖圆唇。口径13.2、腹径12.8、高13.6厘米（图一五二，2；图版一〇四，2）。

3. 石器

饰件　1件（2006FXCM30∶4）。灰色砂岩磨制。整体梯形，上部有一个双向锥钻圆孔。长4.9、厚0.85、孔径0.3、高5.4厘米（图一五二，3；图版一〇四，3）。

三十一、2006FXCM31

（一）墓葬形制

长方形竖穴土坑墓（图一五三）。叠压于2006FXCT1019⑥下，打破第7a层。墓向148°（328°），墓口距地表深90厘米，长266、宽92厘米；墓底长250、宽80厘米，残深124厘米。口大底小，四壁较平整，无明显加工痕迹。填土为灰褐色五花土，土质较硬，夹杂少量石块，包含物有泥质红陶片。

墓底有棺木腐痕。长约200、宽62厘米。骨架几乎不存，葬式不详。

（二）出土遗物

随葬器物出土时编号2件。均位于棺内南端，质地有陶、漆两类，另外在墓室中部还有红色漆皮一处，未编号。

陶圜底罐　1件（M31：1）。夹砂灰黑陶，酥碎无法修复。

漆器　1件（M31：2）。形状为椭圆形，仅剩漆皮无法提取。

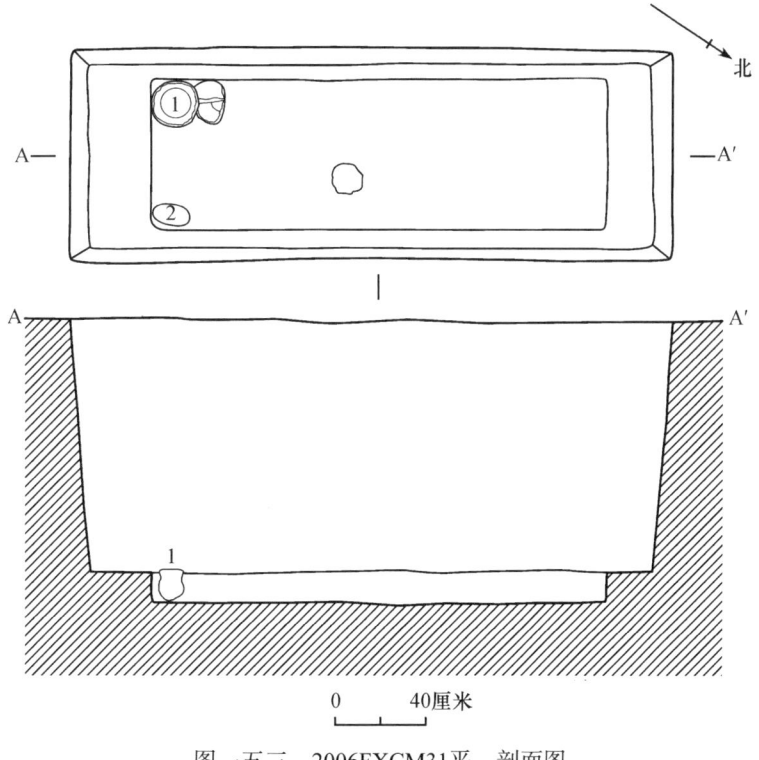

图一五三　2006FXCM31平、剖面图
1. 陶圜底罐　2. 漆皮

三十二、2006FXCM32

（一）墓葬形制

长方形竖穴土坑墓（图一五四）。叠压于2006FXCT1120⑥下，打破7a、8层及生土。墓向157°，墓口距地表深142厘米，长292、宽122厘米；墓底长284、宽112厘米，残深68厘米。口大底小，四壁斜直略粗糙，无明显加工痕迹。填土为灰褐色五花土，土质较紧密，包含物有夹砂绳纹灰褐陶片。

墓底不见棺痕，葬具不详。骨架几乎不存，葬式、头向不明。

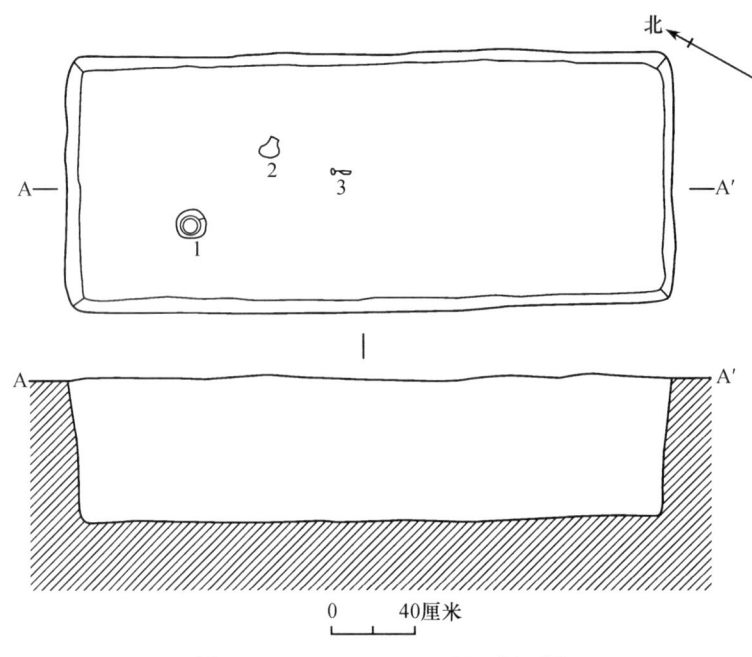

图一五四　2006FXCM32平、剖面图
1. 铜鍪　2. 铜钺　3. 铜削

（二）出土遗物

随葬品出土时编号3件。均为铜器，器型有鍪、钺、削。

铜鍪　1件（2006FXCM32∶1）。侈口，鼓腹，圜底，肩颈一侧分铸有辫索状环耳。口径9.8、腹径14.6、高12厘米（图一五五，1；图版一〇五，1）。

铜钺　1件（2006FXCM32∶2）。整体靴形，圆弧刃，椭圆形銎，范痕明显。銎径2~3.2、通长6.6、刃宽7.6厘米（图一五五，2）。

铜削　1件（2006FXCM32∶3）。刃、环首均残，直刃较短，截面呈楔形，削柄较宽，两侧有长条形凹槽。残长10.3、刃长6、宽0.4厘米（图一五五，3；图版一〇五，2）。

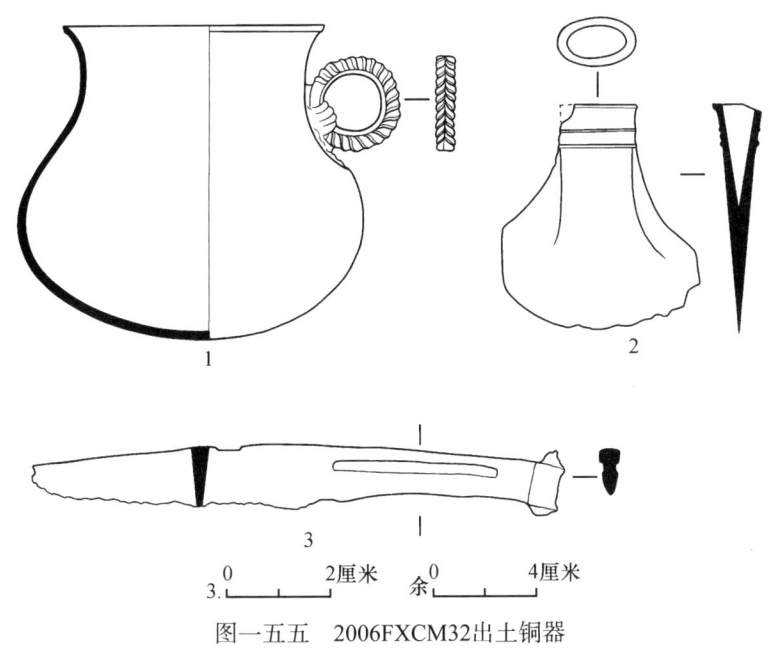

图一五五　2006FXCM32出土铜器
1. 鍪（2006FXCM32∶1）　2. 钺（2006FXCM32∶2）　3. 削（2006FXCM32∶3）

三十三、2006FXCM33

（一）墓葬形制

长方形竖穴土坑墓（图一五六）。叠压于2006FXCT1120⑦a下，打破第8层及生土。墓向230°[①]。墓口距地表深135厘米，长265、宽114厘米；墓底长265、宽112厘米，残深80厘米。四壁及底部较规整，壁面未见明显加工痕迹。墓葬填土为灰褐色五花土，夹杂少量砾石，包含大量泥质黑褐陶片。

墓底未发现棺木腐痕，葬具不详。人骨几乎不存，葬式、头向不明。

（二）出土遗物

随葬品出土时编号6件，整理后编号7件[②]。质地有铜、陶两类。

1. 铜器

4件。器型有鍪、钺、削、镞。

鍪　1件（2006FXCM33∶4）。侈口，鼓腹，圜底，肩颈结合处一侧有分铸辫索状耳，器壁极薄。口径10.8、腹径16、高13厘米（图一五七，5）。

---

① 墓向根据随葬铜削位置判断。
② 整理时在陶器下发现铜镞1件，编号2006FXCM33∶7。

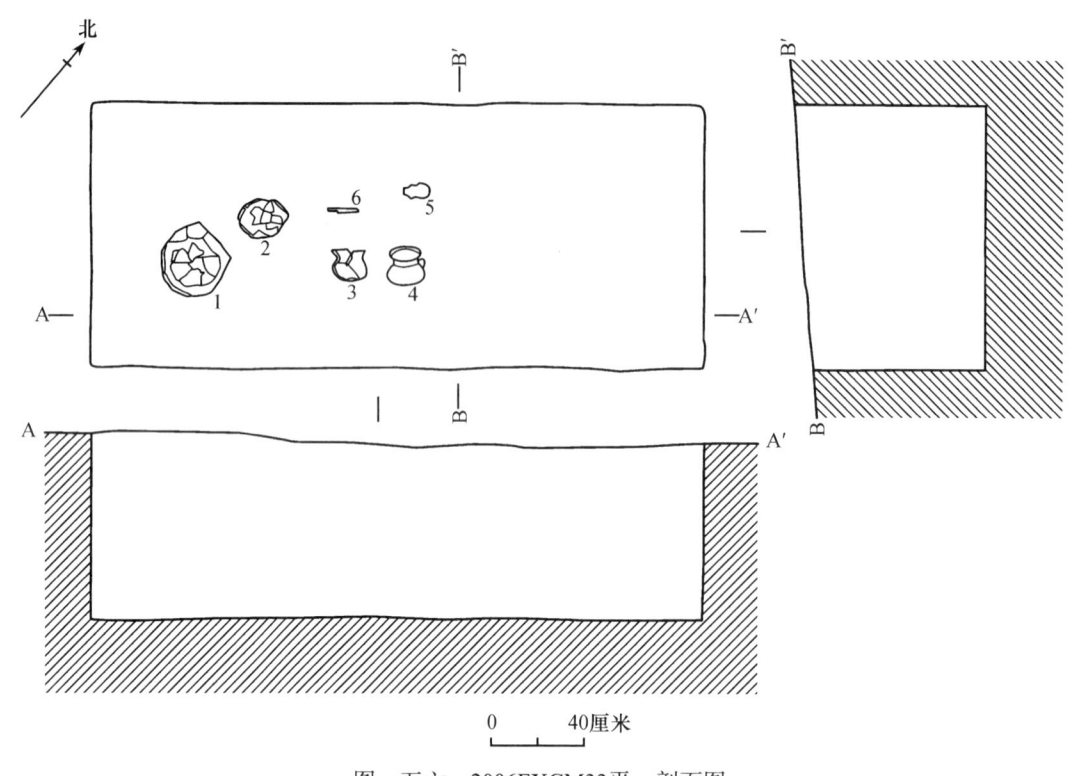

图一五六 2006FXCM33平、剖面图
1.陶圜底罐 2.陶盂 3.陶圈足豆 4.铜鍪 5.铜钺 6.铜削

钺 1件（2006FXCM33∶5）。器型较大，圆弧刃，折肩，腰部内凹，椭圆形銎。通长12.7、刃宽7.7、銎径3.3~4厘米（图一五七，4；图版一〇六，1）。

削 1件（2006FXCM33∶6）。刃残，刀体截面呈楔形，柄较长，尾端变细卷曲呈环状，刃、柄相接处阴刻巴蜀符号一个。残长14.8、刀身宽1.2、刀柄长6.6、宽0.4厘米（图一五七，7；图版一〇六，2）。

镞 1件（2006FXCM33∶7）。三棱狭刃，菱形椎体。长铤残。残长6.6、镞宽0.8、铤残长4.4厘米（图一五七，3）。

2. 陶器

3件。均为生产生活用具，器型有圜底罐、盂、圈足豆。

圜底罐 1件（2006FXCM33∶1）。泥质黑褐陶。斜折沿，圆唇，束颈，鼓腹，圜底。腹部及底部饰细绳纹。口径14.7、最大腹径22.4、高21.4厘米（图一五七，1；图版一〇六，3）。

盂 1件（2006FXCM33∶2）。泥质黑褐陶。侈口较大，圆唇，鼓腹，圜底。腹部及底部饰细绳纹。口径11.8、最大腹径13.6、高8.5厘米（图一五七，2）。

圈足豆 1件（2006FXCM33∶3）。仅存底部。泥质黑褐陶。矮圈足，残高5、足径7.6厘米（图一五七，6）。

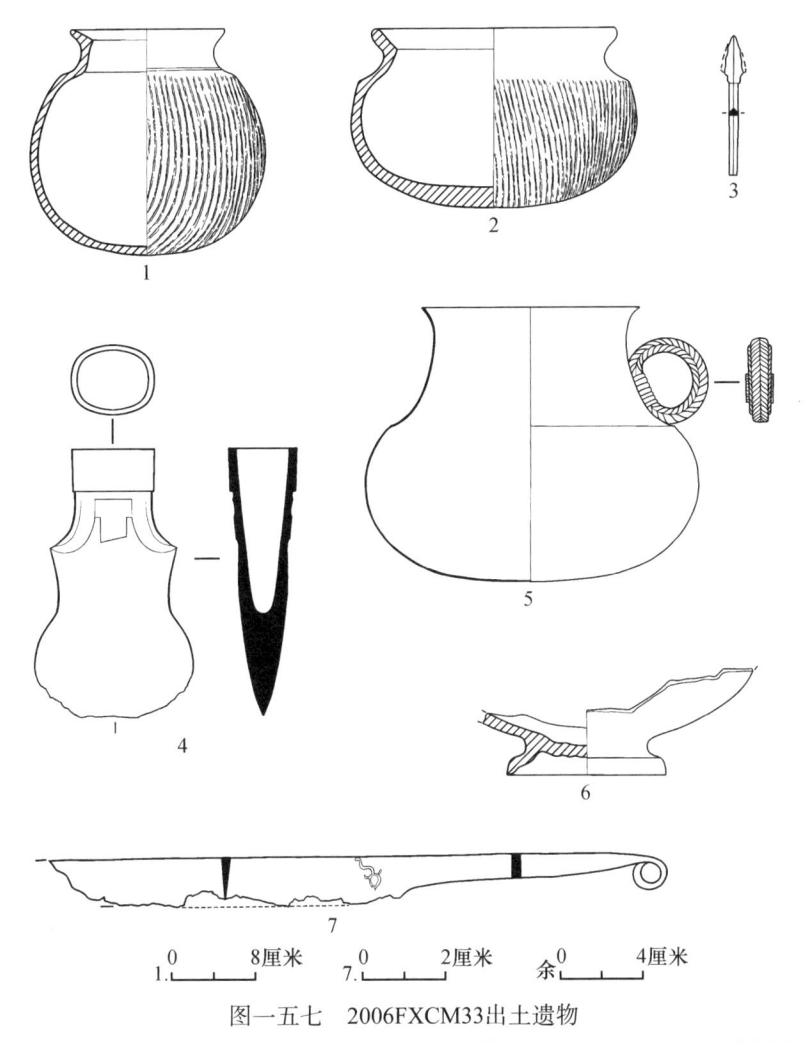

图一五七　2006FXCM33出土遗物

1. 陶圜底罐（2006FXCM33：1）　2. 陶盂（2006FXCM33：2）　3. 铜镞（2006FXCM33：7）　4. 铜钺（2006FXCM33：5）
5. 铜鍪（2006FXCM33：4）　6. 陶圈足豆（2006FXCM33：3）　7. 铜削（2006FXCM33：6）

三十四、2006FXCM34

（一）墓葬形制

长方形竖穴土坑墓（图一五八；图版一〇七，1）。叠压于2006FXCT1017⑥下，打破第7、8层及生土，西部被H95打破。墓向90°。墓口距地表深80厘米，长354、宽130厘米；墓底长310、宽90厘米，残深166厘米。口大底小，四壁斜直，未发现明显加工痕迹。填土为灰褐色五花土，土质紧密，夹杂少量石块，包含泥质灰陶片。

墓底有棺木痕迹。长258、宽56、残高10厘米。墓室内骨架已腐朽，只留数颗牙齿，葬式不明。

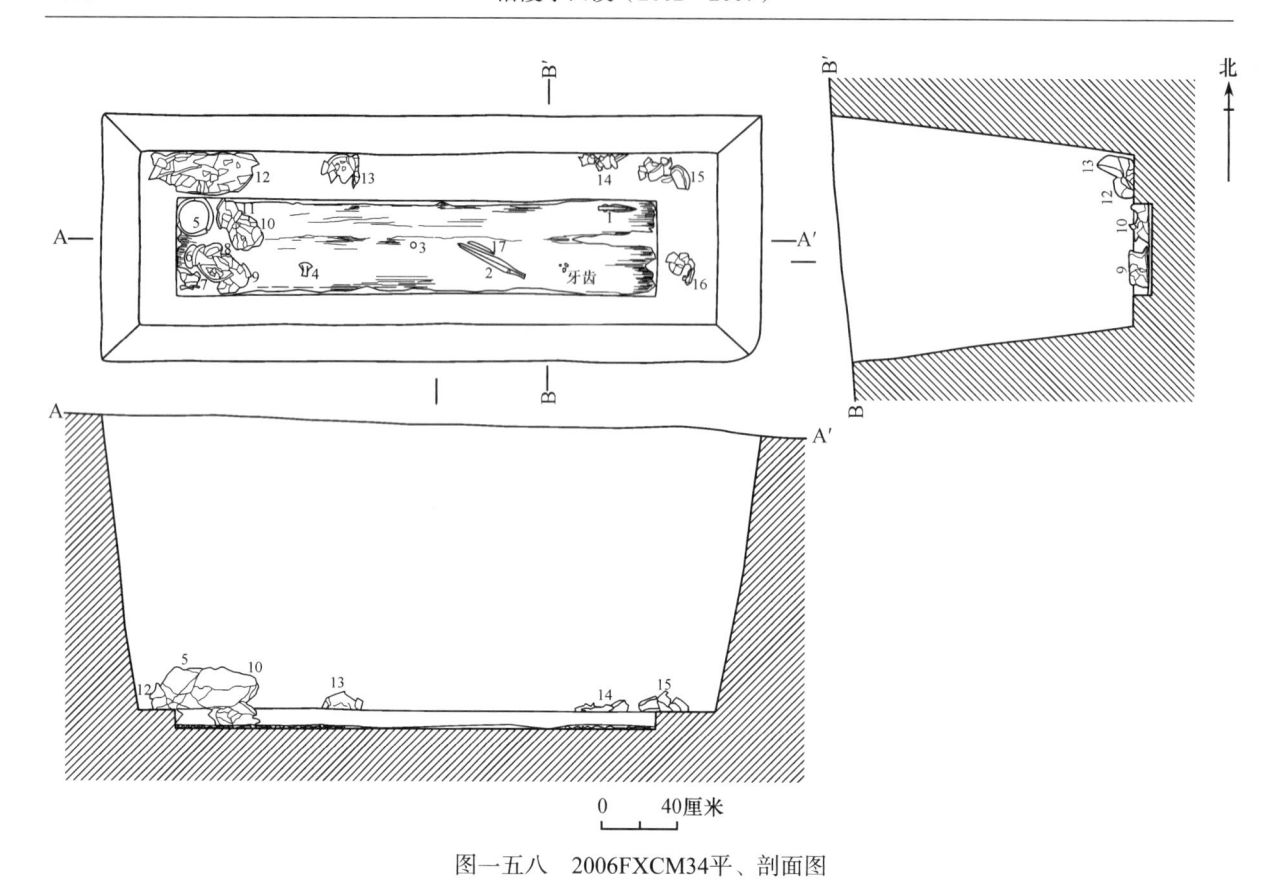

图一五八　2006FXCM34平、剖面图
1.铜矛　2.铜剑　3.铜印章　4.铜钺　5.铜釜　6.铜鍪　7~11、13.陶釜　12.陶瓮　14~16.陶圜底罐　17.铜削　18.铁器

（二）出土遗物

随葬器物出土时编号18件。质地有铜、铁、陶三类。

1. 铜器

共计7件。器型有矛、剑、印章、钺、釜、鍪、削。

矛　1件（2006FXCM34∶1）。平放置于棺内墓主头部右侧。矛叶、系一侧残损，短骹较粗，骹长占全部的约1/3，截面圆形，柳叶形刃叶，叶最宽处位于中部，中脊凸起，有一对弓形系，一边与叶相接。通长32、骹长8、叶宽4、銎径2.4厘米（图一五九，5；图版一〇八，1）。

剑　1件（2006FXCM34∶2）。平放置于棺内墓主身上。柳叶形，扁茎无格，茎上两穿，一穿偏向一侧，一穿位于茎端中间。长47.2、宽4.4、茎长7.8厘米（图一五九，6；图版一〇八，2）。

印章　1件（2006FXCM34∶3）。平放置于棺内墓主身上。扁平圆形印，桥形纽，纽顶部有圆穿，印面有一圈阴刻边框，框内阴刻巴蜀符号。印径2.6、纽高0.5、通高0.9厘米（图一五九，2；图版一〇七，2、3）。

钺　1件（2006FXCM34∶4）。平放置于棺内墓主身体下部。钺身似靴形，圆角方形銎。通长8、刃残宽7、銎口宽1.6、长2.5厘米（图一五九，3；图版一〇八，3）。

釜　1件（2006FXCM34∶5）。平放置于棺内墓主脚端。锈蚀残碎，仅保存口沿及部分腹部，折沿，鼓腹，上腹分铸对称环耳，环耳上有模糊的辫索纹。器表有黑色烟炱。口径17.6、腹径23、残高9.2厘米（图一五九，9）。

鍪　1件（2006FXCM34:6）。平放置于棺内墓主脚端。口部残缺无法修复，束颈，鼓腹，圜底，肩颈结合处有一个分铸辫索状环耳，连接处铸造有捆缚痕迹。腹径17、残高14.9厘米（图一五九，8）。

削　1件（2006FXCM34:17）。平放置于棺内墓主身上。环首、刃尖残缺，刀身平直，截面呈楔形（图一五九，7）。

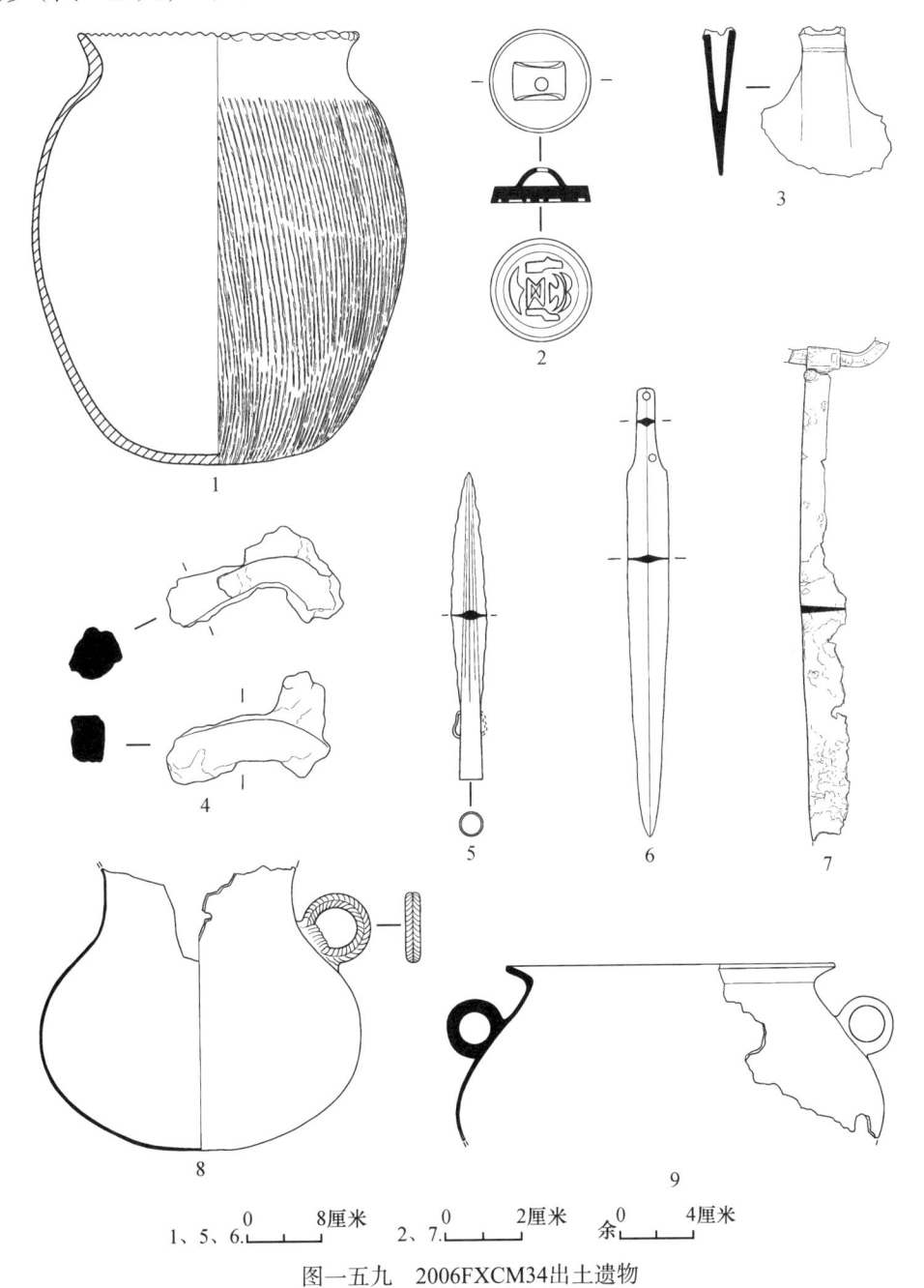

图一五九　2006FXCM34出土遗物

1. 陶瓮（2006FXCM34:12）　2. 铜印章（2006FXCM34:3）　3. 铜钺（2006FXCM34:4）　4. 铁器（2006FXCM34:18）
5. 铜矛（2006FXCM34:1）　6. 铜剑（2006FXCM34:2）　7. 铜削（2006FXCM34:17）　8. 铜鍪（2006FXCM34:6）
9. 铜釜（2006FXCM34:5）

2. 铁器

铁器 1件（2006FXCM34：18）。仅存三块残片，无法辨认器型。残长8.6、残宽5.6厘米（图一五九，4）。

3. 陶器

釜 6件（2006FXCM34：7～2006FXCM34：11、2006FXCM34：13）。夹砂红褐陶。酥碎无法修复。

瓮 1件（2006FXCM34：12）。夹砂黄褐陶。花边侈口，圆唇，束颈，深腹，圜底。腹部及底部饰粗绳纹。口径30、腹径39.8、高45.2厘米（图一五九，1；图版一○八，4）。

圜底罐 3件（2006FXCM34：14～2006FXCM34：16）。夹砂灰黑陶。酥碎无法修复。

三十五、2006FXCM35

（一）墓葬形制

长方形竖穴土坑墓（图一六○）。叠压于2006FXCT2315④下，打破生土。墓向266°[①]。墓口距地表深110厘米，长220、宽66、残深50厘米。四壁较平整，无明显加工痕迹。填土为黑褐色五花土，夹杂少量石块。

墓底未发现棺木腐痕，葬具不详。骨架腐朽严重，葬式、头向不明。

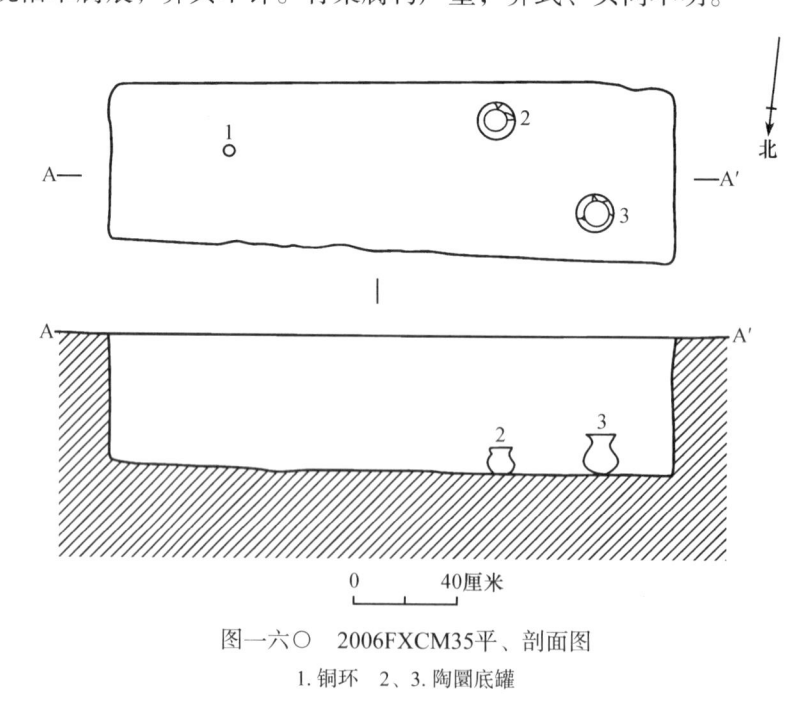

图一六○ 2006FXCM35平、剖面图
1. 铜环 2、3. 陶圜底罐

[①] 原始资料记录墓向为86°，编写报告时根据铜环位置推测为266°。

（二）出土遗物

出土时器物编号3件。质地有铜、陶两类。

1. 铜器

环　1件（2006FXCM35：1）。残缺变形，环近圆形，环身椭圆形。直径5.7、环身径0.25~0.5厘米（图一六一）。

2. 陶器

圜底罐　2件（2006FXCM35：2、2006FXCM35：3）。夹砂红褐陶。陶质酥碎无法修复。

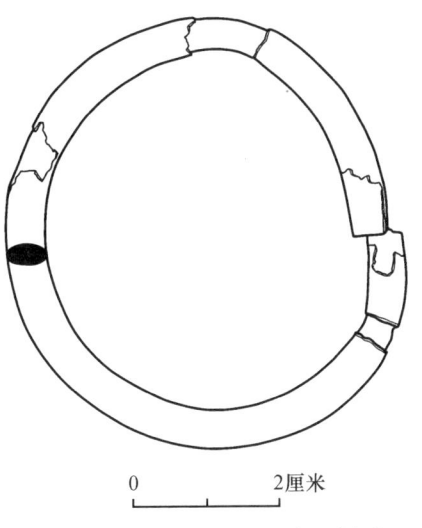

图一六一　2006FXCM35出土铜环（2006FXCM35：1）

三十六、2006FXCM36

（一）墓葬形制

长方形竖穴土坑墓（图一六二）。开口于2006FXCT2215④下，打破生土。墓向312°[①]。墓口距地表深120厘米，长208、宽95厘米；墓底长208、宽92厘米，残深30厘米。四壁规整，未见明显加工痕迹。填土为灰褐色五花土，土质较紧密，包含少量泥质灰陶片。

墓底有棺木痕迹。长约184、宽78厘米。墓室内人骨保存较差，仅保留盆骨部位骨渣。

（二）出土遗物

随葬器物出土时编号7套8件。分为铜、陶两类，大部分位于棺内。

1. 铜器

共3套4件。器型有带钩、剑（含剑鞘饰）、矛。

带钩　1件（2006FXCM36：3）。置于墓主身体上部，曲棒形钩身，兽状钩首，钩中部有一圆盘形纽。长10.2、高2.1厘米（图一六三，6；图版一〇九，1）。

剑　1套2件（2006FXCM36：4、2006FXCM36：5）。平放置于棺内墓主身上。剑身（2006FXCM36：4），柳叶形，扁茎无格，茎上两穿，一穿偏向一侧，一穿位于茎端中间，剑身表面有虎斑纹，近茎处两面有巴蜀符号，一面被剑鞘残留锈蚀痕迹遮盖大部分。长42.5、

---

① 原始资料记录墓向为132°，编写报告时根据铜剑柄、铜矛位置推测为312°。

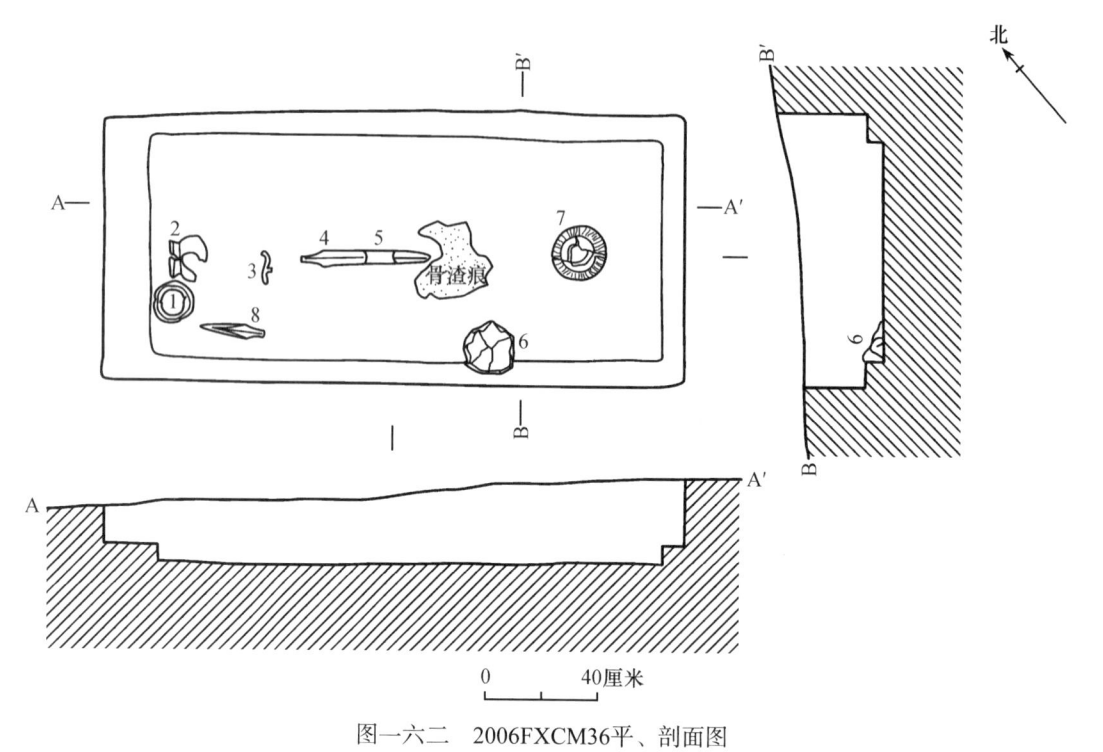

图一六二　2006FXCM36平、剖面图
1. 陶盂　2. 陶釜　3. 铜带钩　4. 铜剑　5. 错金银铜剑鞘饰　6、7. 陶圜底罐　8. 铜矛

宽3.8厘米（图一六三，7；图版一一〇，1）。错金银铜剑鞘饰（2006FXCM36：5），正视为凹弧面长方形，两端凹弧，侧面各有两个对称穿孔，正面嵌错银、铜丝，铜丝表面鎏金。长方形双线外框内有上下左右对称的卷云纹图案，背面凸弧面有粘接痕迹，应为粘结在剑鞘上的面。长10、宽4.7、厚0.2厘米（图一六三，4；图版一〇九，2）。

矛　1件（2006FXCM36：8）。平放置于棺内墓主头部右侧。矛叶、系一侧残损，短骹较粗，骹长占全部的约1/3，截面圆形，柳叶形刃叶，叶最宽处位于中部，中脊凸起，有一对弓形系，一边与叶相接。通长24.7、骹长7.6、銎径2.6厘米（图一六三，5；图版一一〇，2）。

2. 陶器

共4件。器型有盂、釜、圜底罐。

盂　1件（2006FXCM36：1）。置于墓主头端。夹砂灰陶。大口，圆唇，束颈，圜底。口径14.4、最大腹径16、高8厘米（图一六三，3；图版一〇九，3）。

釜　1件（2006FXCM36：2）。置于墓主头端。泥质黑褐陶。腹部以下残，折沿，圆唇，束颈，斜肩。肩腹交接处饰细绳纹。口径13.6、残高6.4厘米（图一六三，2）。

圜底罐　2件（2006FXCM36：6、2006FXCM36：7）。2006FXCM36：6，置于棺外。陶质酥碎无法修复。2006FXCM36：7，置于墓主头端。夹砂灰白陶。折沿，沿面内凹，束颈，鼓腹，圜底。腹部及底部饰细绳纹。口径13.6、腹径21.6、高19.6厘米（图一六三，1；图版一〇九，4）。

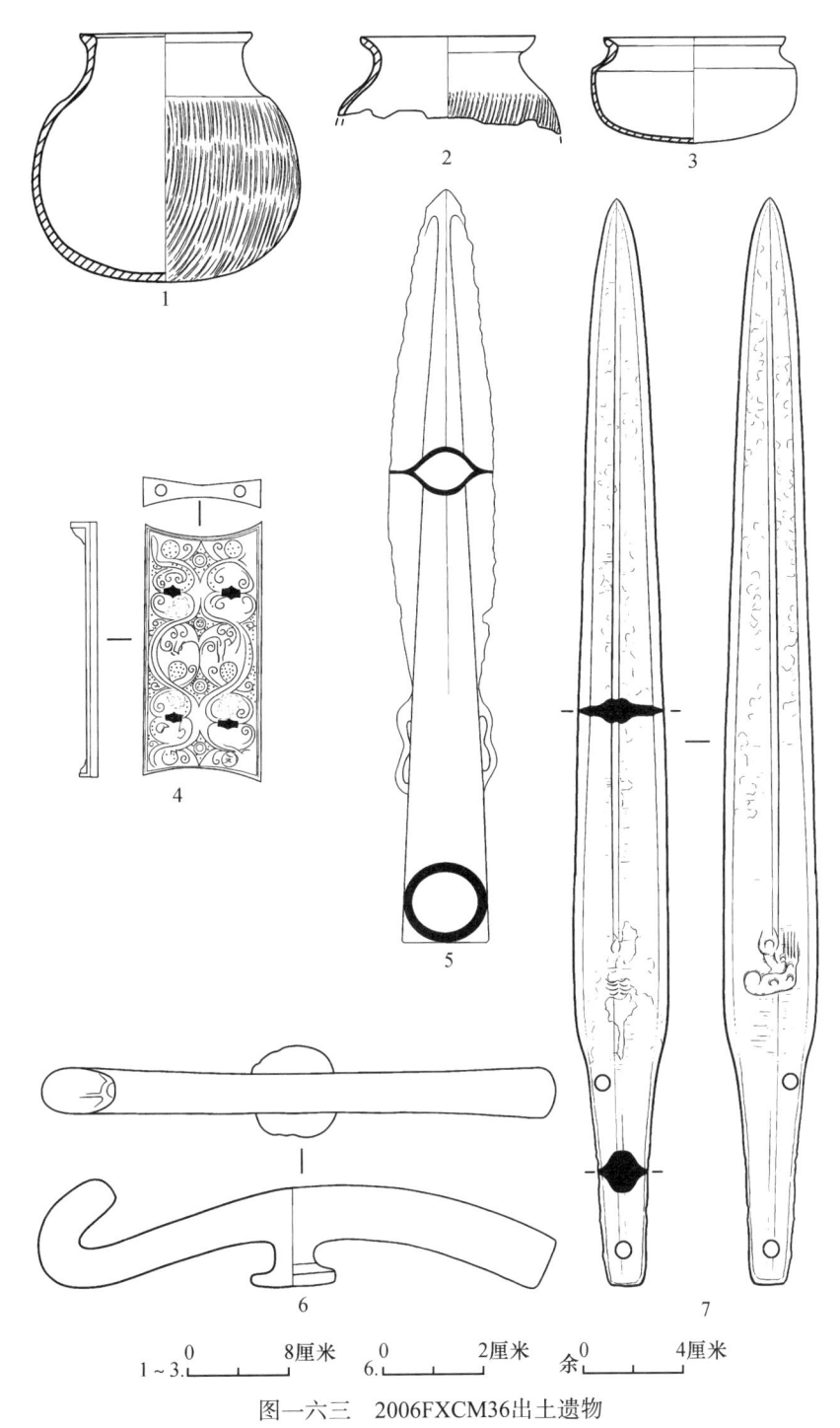

图一六三 2006FXCM36出土遗物

1. 陶圜底罐（2006FXCM36：7） 2. 陶釜（2006FXCM36：2） 3. 陶盂（2006FXCM36：1） 4. 错金银铜剑鞘饰（2006FXCM36：5） 5. 铜矛（2006FXCM36：8） 6. 铜带钩（2006FXCM36：3） 7. 铜剑（2006FXCM36：4）

三十七、2006FXCM37

（一）墓葬形制

长方形竖穴土坑墓（图一六四）。叠压于2006FXCT2214④下，打破生土。墓向278°（98°）。墓口距地表深130厘米，长260、宽110、残深30厘米。四壁较规整，不见明显加工痕迹。填土为灰褐色五花土。

墓底未发现棺木腐痕和人骨痕迹，葬具、葬式不明。

图一六四　2006FXCM37平、剖面图
1.陶平底罐　2.陶盂　3、4、6、7.陶圜底罐　5.铜璜形饰　8.陶纺轮

（二）出土遗物

随葬器物出土时编号8件，修复后增为9件。质地有铜、陶两类。

1. 铜器

共计2件，器型有璜形饰、勺。

璜形饰　1件（2006FXCM37：5）。碎为数片，体扁平，拱桥形。通体饰有卷云纹。长10.8、宽4.5、肉宽0.1~0.2厘米（图一六五，5）。

勺　1件（2006FXCM37：9[①]）。残存勺底部及器柄。椭圆形，平底，圆管状柄，内残存一段木柄。残长9.1、残高3、宽4.7厘米（图一六五，2）。

[①] 原始资料未见此件器物相关记载，可能在修复中发现。

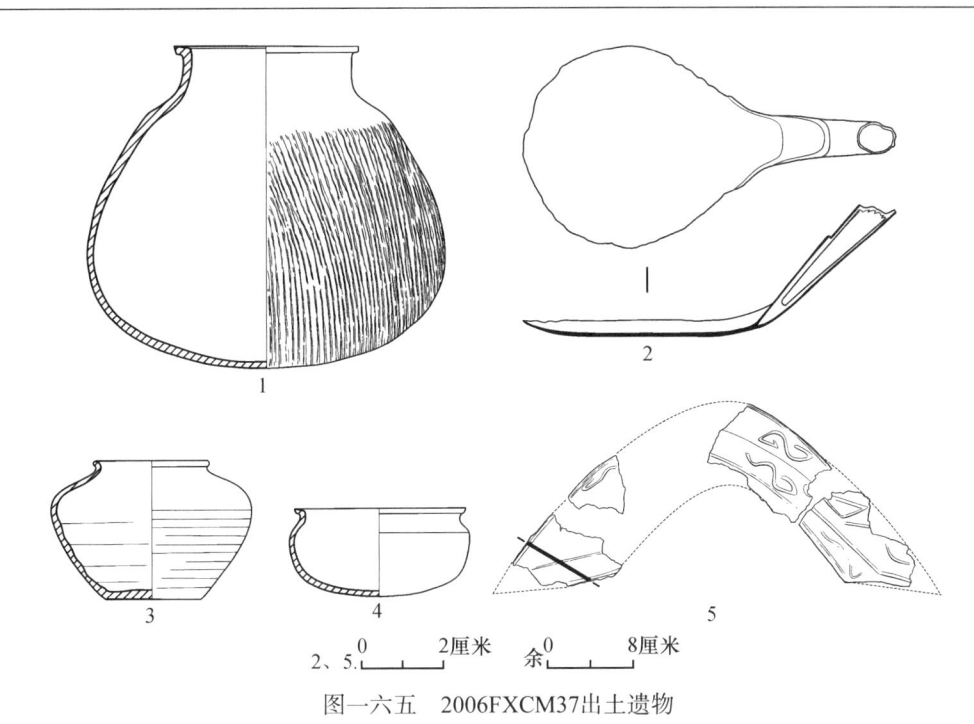

图一六五　2006FXCM37出土遗物
1. 陶圜底罐（2006FXCM37：6）　2. 铜勺（2006FXCM37：9）　3. 陶平底罐（2006FXCM37：1）　4. 陶盂（2006FXCM37：2）
5. 铜璜形饰（2006FXCM37：5）

2. 陶器

共计7件。器型有罐、盆、釜、纺轮。

平底罐　1件（2006FXCM37：1）。泥质黑褐陶。侈口，圆唇，圆肩，鼓腹，平底。口径11.2、腹径19.2、底径9.2、高13.2厘米（图一六五，3；图版一一一，1）。

盂　1件（2006FXCM37：2）。泥质灰褐陶。大口，折沿，尖唇，浅腹，圜底近平。口径16、最大腹径17.6、高8厘米（图一六五，4；图版一一一，2）。

圜底罐　4件（2006FXCM37：3、2006FXCM37：4、2006FXCM37：6、2006FXCM37：7）。2006FXCM37：6，泥质灰褐陶。折沿，方唇，束颈，鼓腹下垂。肩部以下饰竖向绳纹。口径17.6、最大腹径30.4、高30厘米（图一六五，1；图版一一一，3）。2006FXCM37：3、2006FXCM37：4、2006FXCM37：7，均陶质酥碎无法修复。

纺轮　1件（2006FXCM37：8）。破损未修复。

三十八、2006FXCM38

（一）墓葬形制

长方形竖穴土坑墓（图一六六）。叠压于2006FXCT2416④下，打破生土。墓向90°。墓口距地表深105厘米，长240、宽96、残深84厘米。四壁较平整，未见明显加工痕迹。填土为灰褐色五花土，采集到陶网坠1枚（2006FXCM38：01）。

墓底未发现棺木腐痕，葬具不详。骨架腐朽严重，葬式、头向不明。

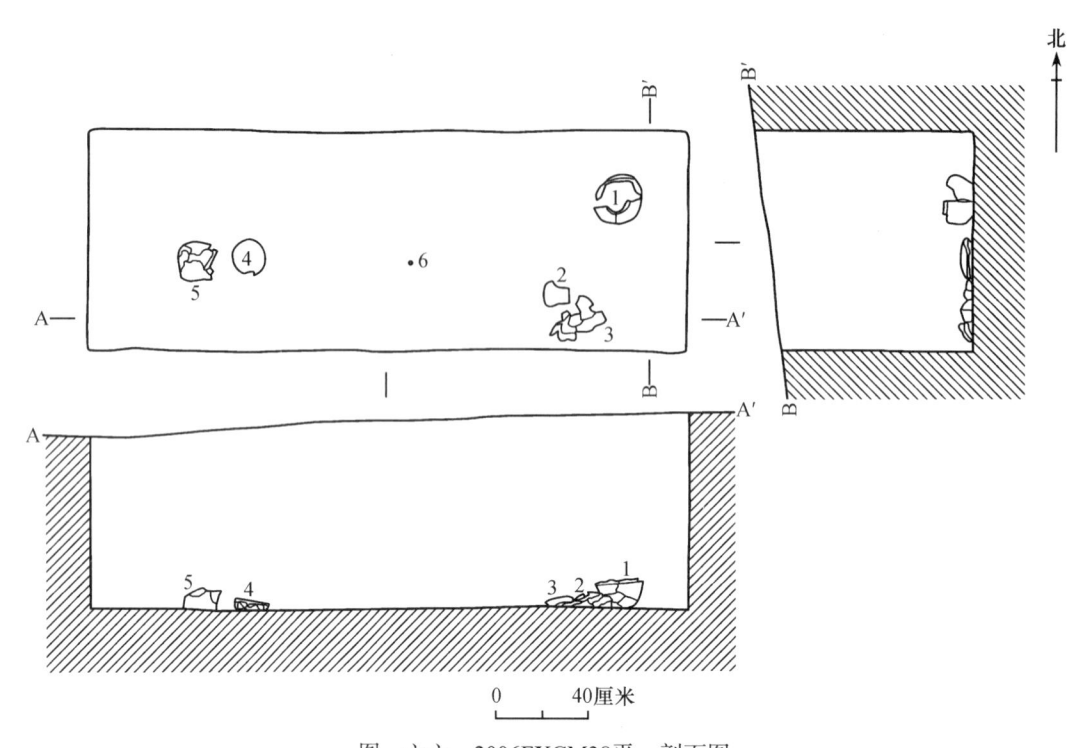

图一六六　2006FXCM38平、剖面图
1、5.陶圜底罐　2.铁斧　3.陶釜　4.陶圈足豆　6.铜印章

（二）出土遗物

随葬器物出土时编号6件。质地有铜、铁、陶三类。填土内采集到1件陶网坠。

1. 铜器

印章　1件（2006FXCM38：6）。部分残缺，方形印，鼻纽，印面阳刻方框，框内阳刻"木□"汉字。印长1、残高0.9厘米（图一六七，2；图版一一二，1）。

2. 铁器

斧　1件（2006FXCM38：2）。刃部残缺，锈蚀严重。椭圆形銎。残长10.3、宽7.6、銎径2.6~5.6厘米（图一六七，4；图版一一二，2）。

3. 陶器

网坠　1件（2006FXCM38：01）。泥质红褐陶。纺锤形，中一圆孔穿。长4.1、宽2.2、中径0.2厘米（图一六七，3）。

圜底罐　2件（2006FXCM38：1、2006FXCM38：5）。夹砂灰黑陶，陶质酥碎无法修复。

釜　1件（2006FXCM38：3）。夹砂黑陶，陶质酥碎无法修复。

圈足豆　1件（2006FXCM38：4）。泥质黑褐陶。圈足残缺，侈口，圆唇，浅腹。口径12.8、腹径13.2、残高4.8厘米（图一六七，1）。

图一六七 2006FXCM38出土遗物

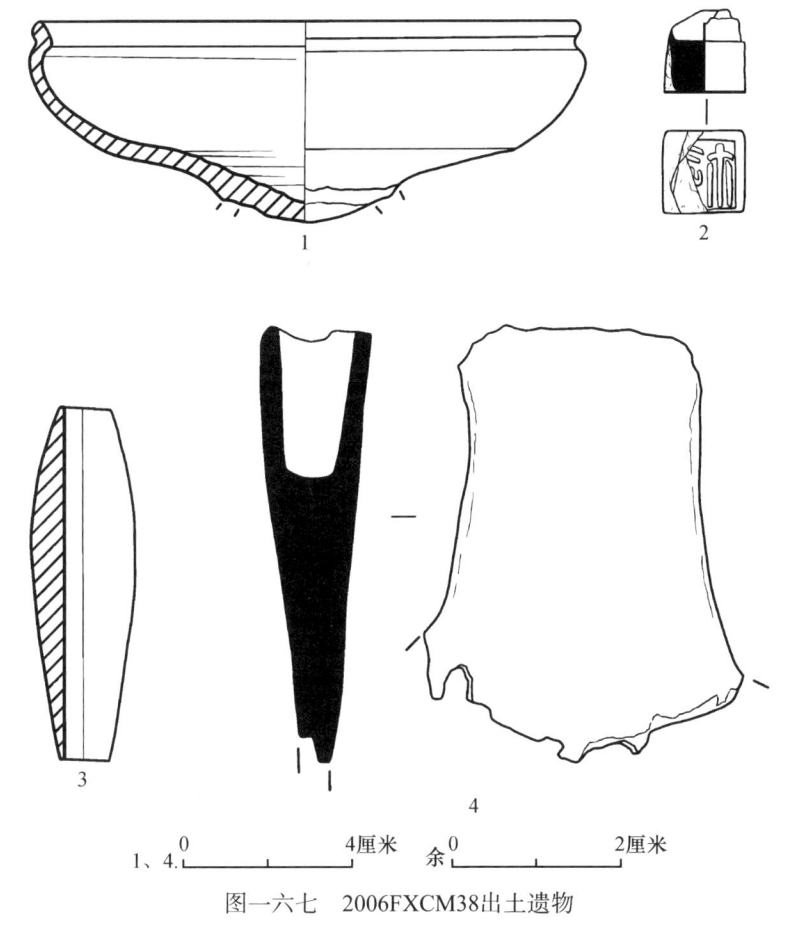

1. 陶圈足豆（2006FXCM38：4） 2. 铜印章（2006FXCM38：6） 3. 陶网坠（2006FXCM38：01） 4. 铁斧（2006FXCM38：2）

三十九、2006FXCM39

（一）墓葬形制

长方形竖穴土坑墓（图一六八）。叠压于2006FXCT2316④下，打破生土。墓向285°。墓口距地表深105厘米，长290、宽100、残深90厘米。四壁较规整，未见明显加工痕迹。填土为灰褐色五花土，包含少量泥质陶片和1枚陶网坠。

墓底有棺木痕迹。长约214、宽44厘米。骨架不存，葬式不详。

（二）出土遗物

随葬器物出土时编号17件。整理后编号16套20件。质地有铜、铁、陶、石、琉璃五类，大部分位于棺内。另外填土中采集到1件陶网坠。

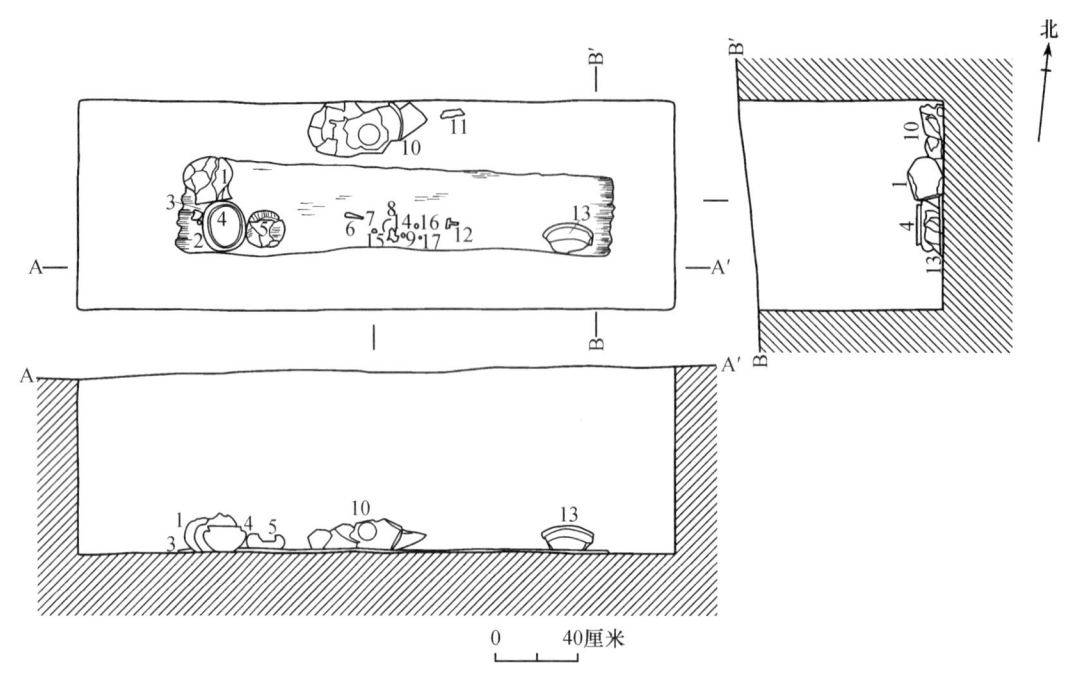

图一六八　2006FXCM39平、剖面图
1. 铜鍪　2. 石饰件　3. 铜镜　4. 陶平底罐　5. 陶釜　6、11. 铁器　7. 铜印章　8. 铜环　9、17. 琉璃珠　10. 陶瓮　12. 煤精耳珰
13. 铜洗　14. 铜铃　15. 铜璜形饰　16. 陶印章

1. 铜器

共计7套8件。器型有鍪、镜、印章、环、洗、铃、璜形饰。

鍪　1件（2006FXCM39：1）。腹部以下残缺。侈口，尖唇，鼓腹，肩颈结合处分铸有一个辫索状环耳。口径12.4、腹径18.4、高14厘米（图一六九，10）。

镜　1件（2006FXCM39：3）。残存约1/4，可能是在入葬前已碎，圆形，镜背有两道凸弦纹，镜面打磨光滑平整。

印章　1件（2006FXCM39：7）。印体呈方台状，鼻纽，印面四周有方形边框，印文阳刻"長身[①]"。边长1.1、纽高0.7、通高1.2厘米（图一六九，6；图版一一二，3）。

环　1套2件（2006FXCM39：8）。残为数段无法修复，可能为两个个体，从截面看制作不很规整，从圆形到圆角方形。直径5.8~6.5厘米（图一六九，15）。

洗　1件（2006FXCM39：13）。仅存口沿残片，宽折沿，深腹。口径21.2、残高3.3厘米（图一六九，17）。

铃　1件（2006FXCM39：14）。铃身侧面为梯形，截面呈合瓦状，内顶有半圆环，垂吊长条形铃舌，顶上有桥纽，穿一圆形大环。铃身直径5.9、通长9厘米（图一六九，14；图版一一二，4）。

璜形饰　1件（2006FXCM39：15）。体扁平，拱桥形，中部有一圆穿。通体饰卷云纹。长10.4、高3.7、厚0.1厘米（图一六九，11；图版一一二，5）。

---

① 通"信"，释读为"长信"。

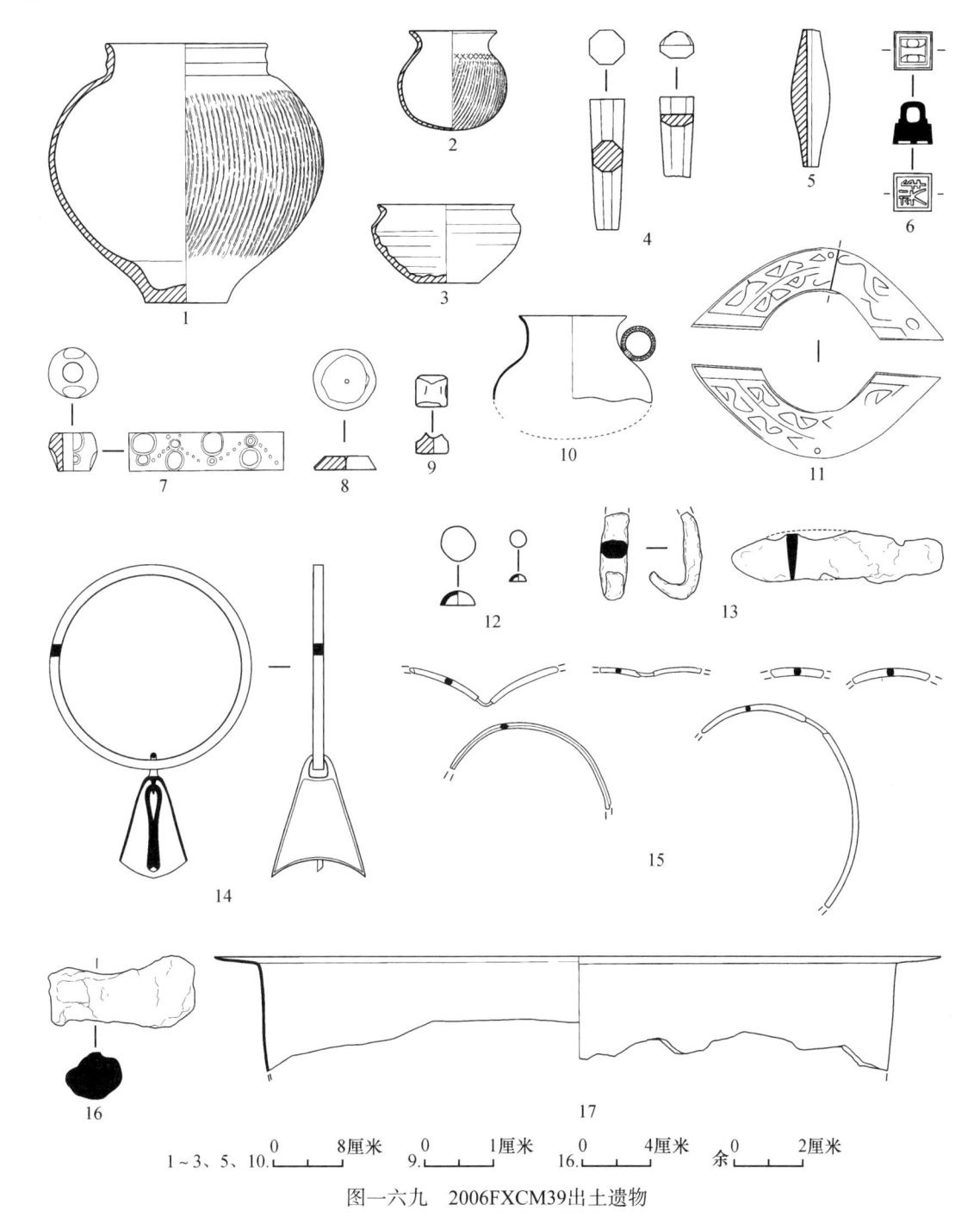

图一六九　2006FXCM39出土遗物

1. 陶瓮（2006FXCM39：10）　2. 陶釜（2006FXCM39：5）　3. 陶平底罐（2006FXCM39：4）　4. 煤精耳珰（2006FXCM39：12）　5. 陶网坠（2006FXCM39：01）　6. 铜印章（2006FXCM39：7）　7、12. 琉璃珠（2006FXCM39：9、2006FXCM39：17）　8. 石饰件（2006FXCM39：2）　9. 陶印章（2006FXCM39：16）　10. 铜鍪（2006FXCM39：1）　11. 铜璜形饰（2006FXCM39：15）　13、16. 铁器（2006FXCM39：6、2006FXCM39：11）　14. 铜铃（2006FXCM39：14）　15. 铜环（2006FXCM39：8）　17. 铜洗（2006FXCM39：13）

2. 铁器

铁器　2件（2006FXCM39：6、2006FXCM39：11）。仅存残片，锈蚀严重无法辨认器型。2006FXCM39：6，残为数段，一段为弯钩状。残长8.7、残宽1.5、厚0.3～0.5厘米（图一六九，13）。2006FXCM39：11。残长8.6、残宽4.2厘米（图一六九，16）。

3. 陶器

5件。器型有网坠、平底罐、釜、瓮、印章。

网坠　1件（2006FXCM39：01）。夹砂黑褐陶。纺锤形，中间略鼓，有一圆形通穿。长7.8、宽2.4、穿径0.4厘米（图一六九，5）。

平底罐　1件（2006FXCM39：4）。泥质灰陶。大口，尖唇，鼓肩，腹较深，小平底。口径16、腹径16.8、底径7.2、高9.2厘米（图一六九，3）。

釜　1件（2006FXCM39：5）。夹砂黑褐陶。侈口，圆唇，鼓腹，圜底。肩部饰一周"x"字形压印纹，肩部以下饰竖向绳纹。口径10、腹径12.8、高11.6厘米（图一六九，2）。

瓮　1件（2006FXCM39：10）。泥质红褐陶。直口微敞，颈部有折棱，圆肩，深腹，下腹弧收，小平底。腹部饰竖向细绳纹。口径18.8、腹径32、底径9.6、高29.6厘米（图一六九，1）。

印章　1件（2006FXCM39：16）。仿铜陶器[①]。印体呈方台形，鼻纽残，印面残。印边长0.9、残高0.6厘米（图一六九，9）。

4. 石器

石饰件　1件（2006FXCM39：2）。用黑曜石磨制。圆台状薄片，顶部有一圆窝，似未钻穿的单向圆孔。直径1.8、厚0.4厘米（图一六九，8）。

煤精耳珰　1套2件（2006FXCM39：12）。其中1件残，八面台体，通体素面。上台径0.9、下台径1.1、穿径0.4、高3.8厘米（图一六九，4；图版一一三，1）。

5. 琉璃器

珠　1套3件（2006FXCM39：9、2006FXCM39：17）。2006FXCM39：9，略呈圆球形，墨绿色，中间有一圆穿，表面有大小不一的内凹圆点。直径1.5、孔径0.6、高1.1厘米（图一六九，7；图版一一三，2）。2006FXCM39：17，一大一小，可能是琉璃珠（2006FXCM39：9）内凹圆点上的贴饰，凸弧面圆形。直径（大）0.5、（小）0.25厘米（图一六九，12；图版一一三，3）。

---

① 在超景深显微镜下观察，发现印章表面使用矿物涂层涂抹，使其表面光滑细腻。

四十、2006FXCM40

（一）墓葬形制

长方形竖穴土坑墓（图一七〇）。叠压于2006FXCT1017⑦b下，打破第8层。墓向133°（313°），墓口距地表深130厘米，长608、宽68~106厘米；墓底长480、宽56~80厘米，残深116厘米。平面呈船形，南端为半圆形，北端为圆角方形。南端在深约76厘米处留台。两侧壁较平整，斜收，西侧中部留有半圆形土台。高约30厘米。墓底中部高于两端，北端低于中部约22厘米。其底部高低起伏，不堪平整。填土为夹杂炭粒、石块的灰褐色五花土，包含少量夹砂灰陶片。

墓底未发现棺木腐痕、人骨痕迹，葬具、葬式不详，是否属于墓葬有一定疑问。

（二）出土遗物

墓中未见随葬品。填土中采集到陶网坠1件。

陶网坠　1件（2006FXCM40：01）。夹细砂灰褐陶。残断，整体呈纺锤形，有贯穿圆孔。

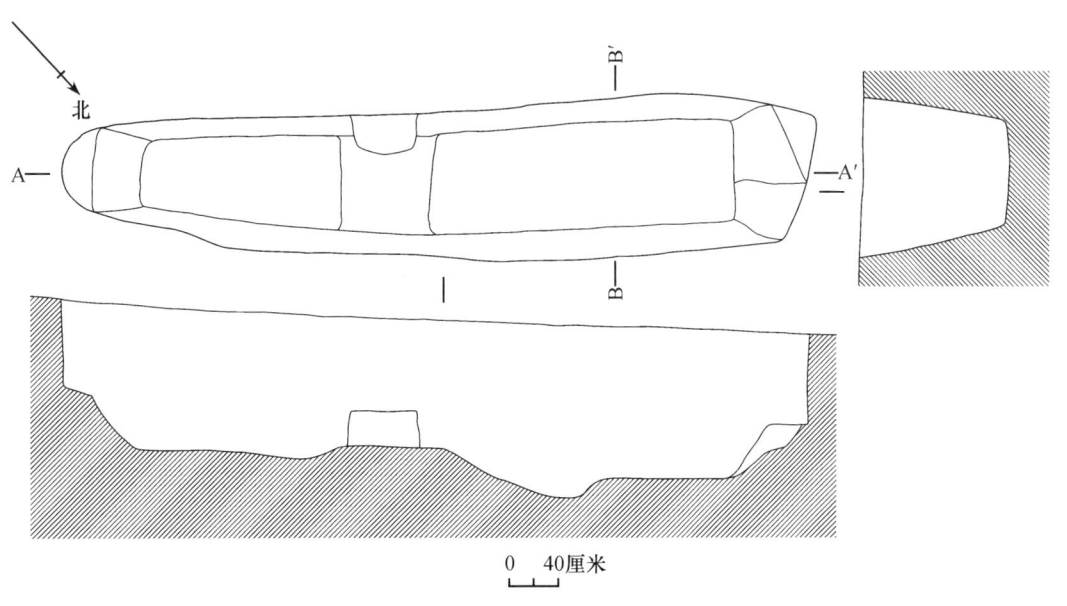

图一七〇　2006FXCM40平、剖面图

四十一、2006FXCM41

（一）墓葬形制

长方形竖穴土坑墓（图一七一）。叠压于2006FXCT2215④下，打破生土，东南部被晚期灰坑（未编号）破坏。墓向45°[①]。墓口距地表深110厘米，长274、宽116、残深30厘米。四壁较平整，未见明显加工痕迹。填土为灰褐色五花土。

墓底有棺木腐痕。长约252、宽96厘米。骨架不存，葬式、头向不明。

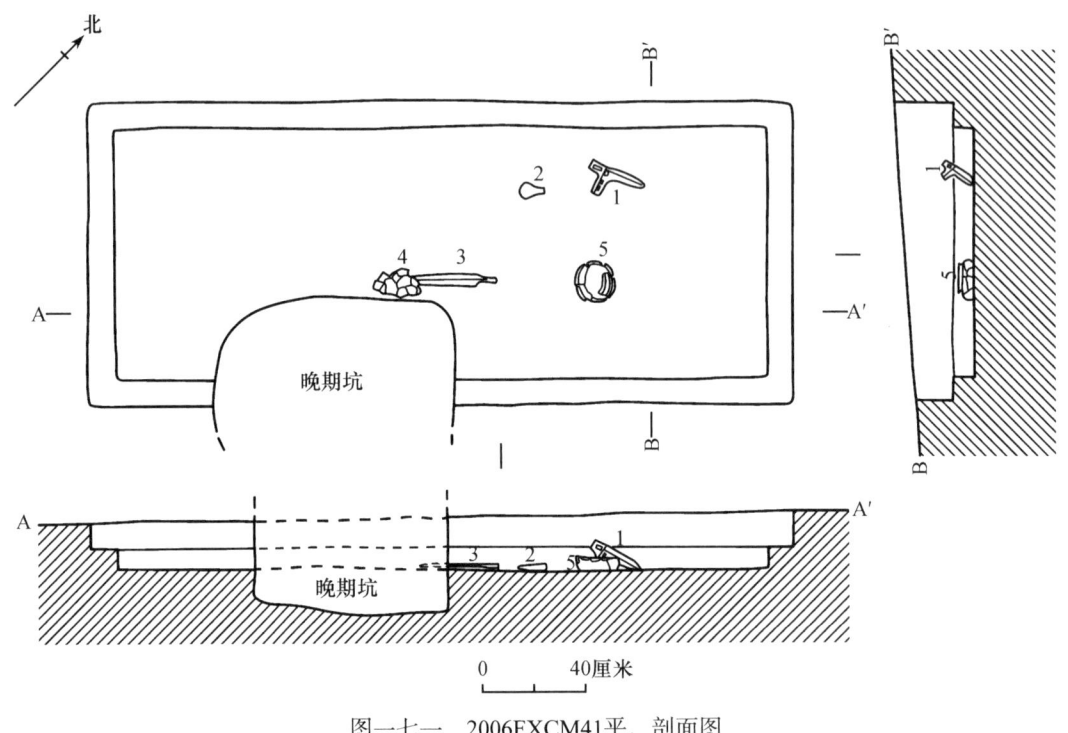

图一七一　2006FXCM41平、剖面图
1.铜戈　2.铜钺　3.铜剑　4、5.陶釜

（二）出土遗物

随葬器物出土时编号5件。质地有铜、陶两类，均放置于棺内。

1. 铜器

3件。器型有戈、钺、剑。

戈　1件（2006FXCM41：1）。直援中起脊，锋圆钝，中胡有阑，援本有三个长方形穿。长方形内，内上有一长方形穿，穿后一侧阴刻有巴蜀符号一组（图版一一四，2）。内与援相

---

① 墓向根据随葬铜剑柄方向判断。

接处有三道较短的凸棱。长23、高15、厚0.7厘米（图一七二，1；图版一一四，1）。

钺　1件（2006FXCM41：2）。椭圆形銎，无肩，圆弧刃，钺身有一对"L"形符号。长9.9、宽5.9、銎径2.8~3.4厘米（图一七二，2；图版一一四，3）。

剑　1件（2006FXCM41：3）。剑身柳叶形，扁茎无格，茎上两穿，一穿偏向靠剑身处一侧，一穿位于茎端中间，中脊突起，剑脊与刃部之间饰虎斑纹，剑身两侧有相同巴蜀符号（图版一一五，2、3）。剑刃略残。通长46.5、宽4、柄长8厘米。剑茎前端有麻布痕迹和黑色漆皮附着（图一七二，3；图版一一五，1）。

2. 陶器

釜　2件（2006FXCM41：4、2006FXCM41：5）。泥质红陶。陶质酥碎无法修复。

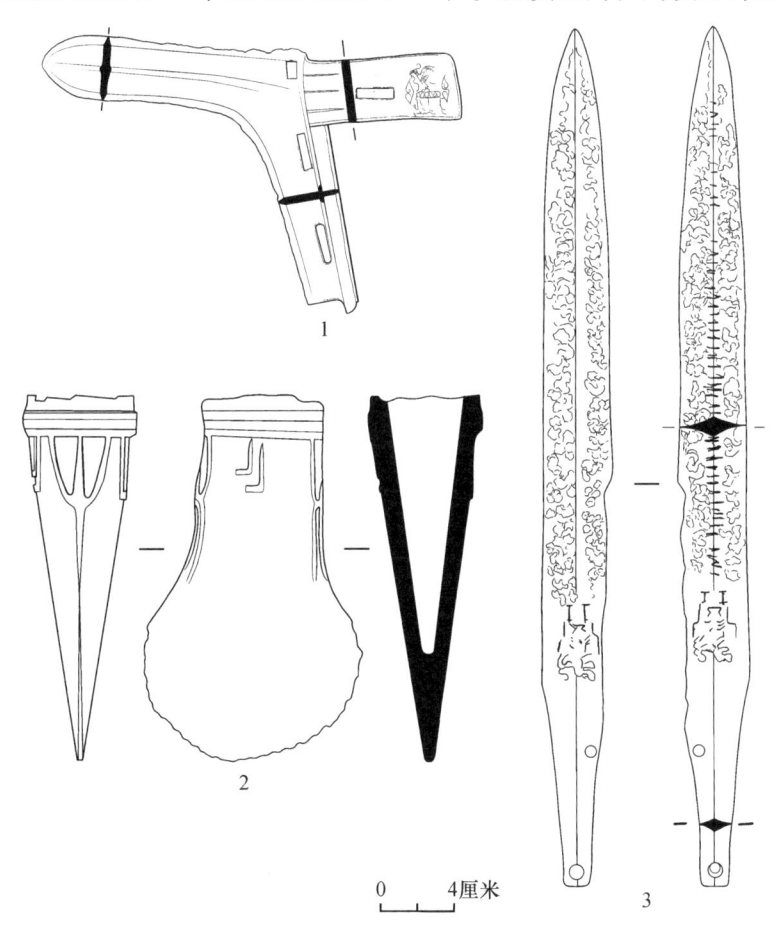

图一七二　2006FXCM41出土铜器

1. 戈（2006FXCM41：1）　2. 钺（2006FXCM41：2）　3. 剑（2006FXCM41：3）

四十二、2006FXCM42

（一）墓葬形制

长方形竖穴土坑墓（图一七三）。叠压于2006FXCT2116④下，打破生土。墓向290°（110°），墓口距地表深105厘米，长225、宽96、残深20厘米。壁面平整，未见明显加工痕迹。填土为灰褐色五花土。

墓底未发现棺木、人骨痕迹，葬具、葬式、头向不详。

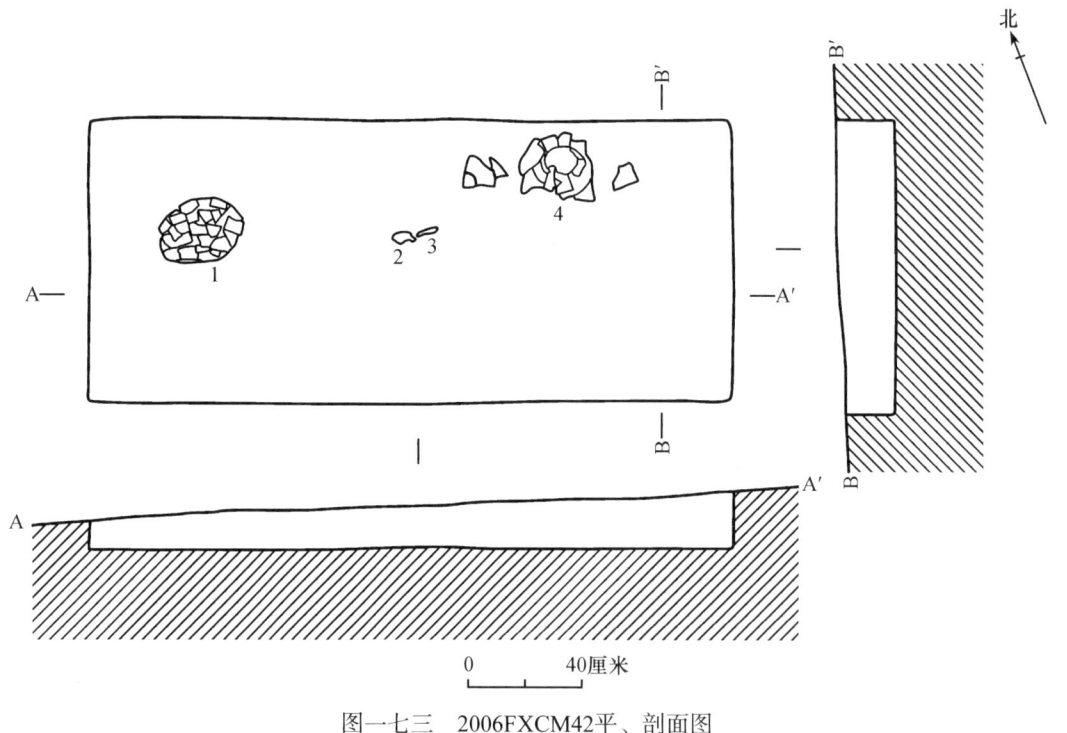

图一七三　2006FXCM42平、剖面图
1.陶瓮　2.铜璜形饰、印章　3.铁器　4.陶圜底罐

（二）出土遗物

随葬器物出土时编号4件。资料整理时增为5套8件。质地有铜、铁、陶三类。

1. 铜器

璜形饰　1套4件（2006FXCM42∶2-1）。残缺断裂，仅存部分碎片。可辨4个个体，尺寸、形制一样，均体扁平，拱桥形，中部有一圆穿，通体饰"人"字纹。长10.6、宽4.1、肉宽0.2厘米（图一七四，2）。

印章　1件（2006FXCM42：2-2①），残缺，锈蚀。长圆柱形柄，上部中空，侧面有圆穿，印身为扁平圆形，有圆形边框，阴刻巴蜀符号。通高1.6、柄高1.3、直径1厘米（图一七四，3；图版一一六，1）。

2. 铁器

铁器　1件（2006FXCM42：3）。仅存六块残片。长条形，部分截面呈楔形。残长14.3、宽1.3、厚0.4厘米（图一七四，4）。

3. 陶器

瓮　1件（2006FXCM42：1）。夹细砂红褐陶。陶质酥碎无法修复。

圜底罐　1件（2006FXCM42：4）。夹细砂红褐陶。器身表面原有黑色陶衣，现脱落大半。折沿，尖圆唇，束颈，圆折肩，鼓腹，下腹部及底部残。肩部以下饰竖向绳纹。口径12.8、残高13.6厘米（图一七四，1）。

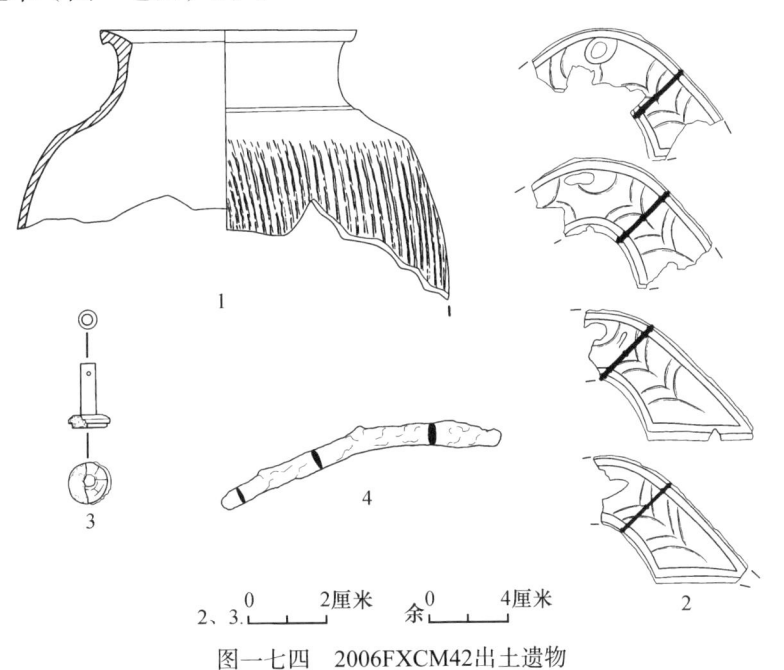

图一七四　2006FXCM42出土遗物

1. 陶圜底罐（2006FXCM42：4）　2. 铜璜形饰（2006FXCM42：2-1）　3. 铜印章（2006FXCM42：2-2）
4. 铁器（2006FXCM42：3）

---

① 资料整理时在铜璜形饰中发现。

四十三、2006FXCM43

（一）墓葬形制

长方形竖穴土坑墓（图一七五）。叠压于2006FXCT1716④下，打破生土。墓向320°（140°）。墓口距地表深55厘米，长270～274、宽94～106厘米；墓底长252～254、宽80～86厘米，残深50厘米。口大底小，四壁较规整，未见明显加工痕迹。填土为灰褐色五花土，包含少量黑褐色泥质陶片。

墓底未发现棺木、人骨腐痕，葬具、葬式、头向不详。

（二）出土遗物

器物出土时编号1件。未能修复。

陶圜底罐　1件（2006FXCM43：1）。夹砂黑陶。陶质酥碎未修复。

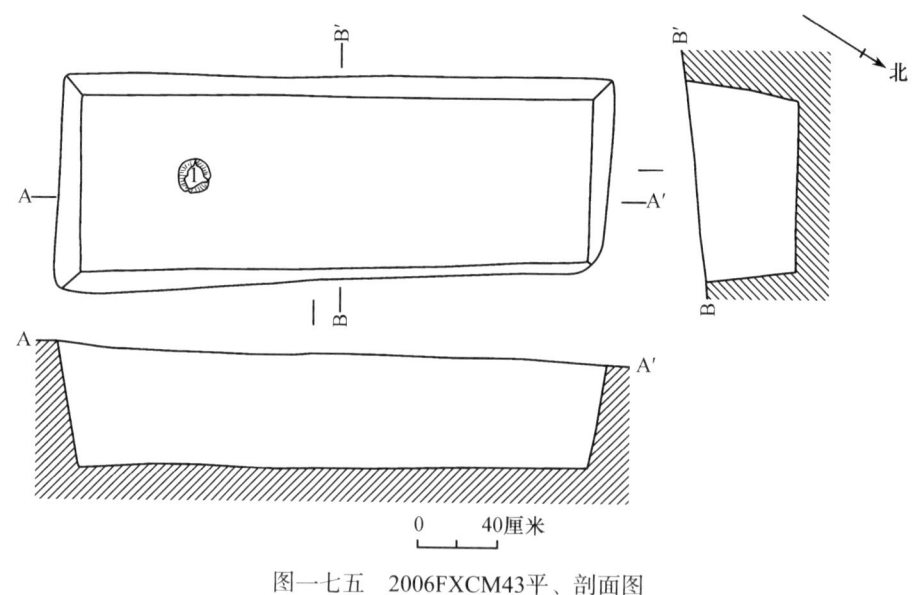

图一七五　2006FXCM43平、剖面图
1.陶圜底罐

四十四、2006FXCM44

（一）墓葬形制

长方形竖穴土坑墓（图一七六）。叠压于2006FXCT1816④下，打破2006FXCH105及生土。墓向317°[①]。墓口距地表深75厘米，长250、宽100～110、残深20厘米。四壁较规整，未见明显加工痕迹。填土为灰褐色五花土，夹杂少量石块。包含物有泥质黑褐陶片等。

墓底未发现棺木、人骨痕迹，葬具、葬式、头向不详。

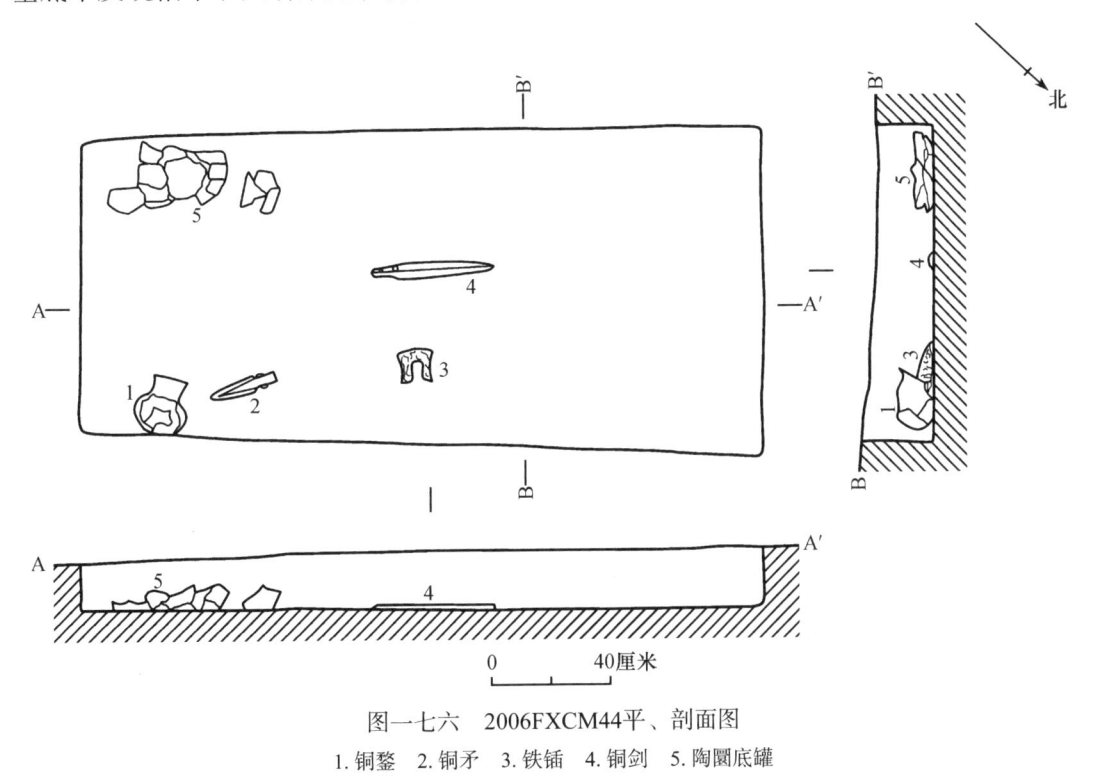

图一七六　2006FXCM44平、剖面图
1.铜鍪　2.铜矛　3.铁锸　4.铜剑　5.陶圜底罐

（二）出土遗物

随葬器物出土时编号5件。质地有铜、铁、陶三类。

1. 铜器

鍪　1件（2006FXCM44∶1）。仅存口沿及腹部残片，无法修复。侈口，鼓腹，肩颈结合处一侧采用套范法铸有辫索状环耳，有修整痕迹。口径12.8、残高8厘米（图一七七，2）。

矛　1件（2006FXCM44∶2）。矛叶略残损，短骹较粗，骹长占全部的约1/3，截面圆形，柳叶形刃叶，叶最宽处位于中部，中脊凸起，有明显的人字形磨痕，有一对弓形系一边与叶相

[①] 原始资料记录墓向为137°，编写报告时根据铜剑柄、铜矛位置推测为317°。

接。通长21.3、骹长7.4、銎径2.2～2.4厘米（图一七七，3；图版一一六，2）。

剑　1件（2006FXCM44：4）。剑身柳叶形，扁茎无格，茎上两穿，一穿偏向靠剑身处一侧，一穿位于茎端中间，中脊突起，剑脊与刃部之间饰戳点纹，剑身两侧各有一组巴蜀符号（图版一一七，2、3）。通长43、宽4.2厘米（图一七七，1；图版一一七，1）。

2. 铁器

锸　1件（2006FXCM44：3），基本完整，锈蚀严重，"U"形銎，椭圆形刃。长10.9、残宽10.2、厚2.1厘米（图一七七，4；图版一一六，3）。

3. 陶器

圜底罐　1件（2006FXCM44：5）。夹砂红褐陶。陶质酥碎无法修复。

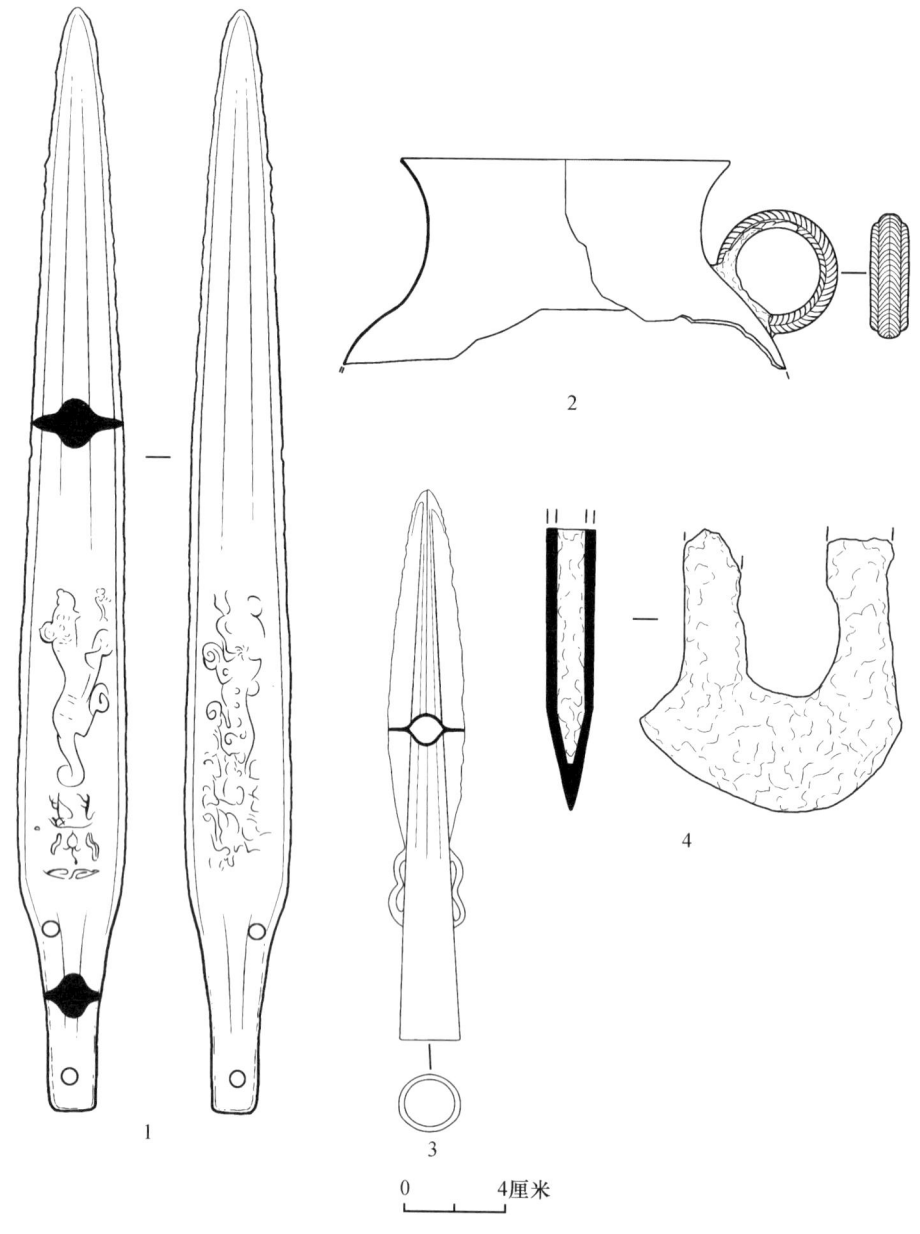

图一七七　2006FXCM44出土遗物
1. 铜剑（2006FXCM44：4）　2. 铜鍪（2006FXCM44：1）　3. 铜矛（2006FXCM44：2）　4. 铁锸（2006FXCM44：3）

四十五、2006FXCM45

（一）墓葬形制

长方形竖穴土坑墓（图一七八）。叠压于2006FXCT2314④下，打破生土。墓向14°（194°），墓口距地表深115厘米，长224、宽50、残深34厘米。四壁较规整，未发现明显加工痕迹。填土为灰褐色五花土。

墓底未发现棺木、人骨痕迹，葬具、葬式、头向不详。

（二）出土遗物

随葬器物出土时编号3件。均为陶器。

陶圜底罐　2件（2006FXCM45：1、2006FXCM45：2）。夹砂红陶。陶质酥碎无法修复。

陶瓮　1件（2006FXCM45：3）。夹砂红陶。斜领，方唇，溜肩。唇部有凹窝花边，腹部饰竖向细绳纹。残高8.4厘米（图一七九）。

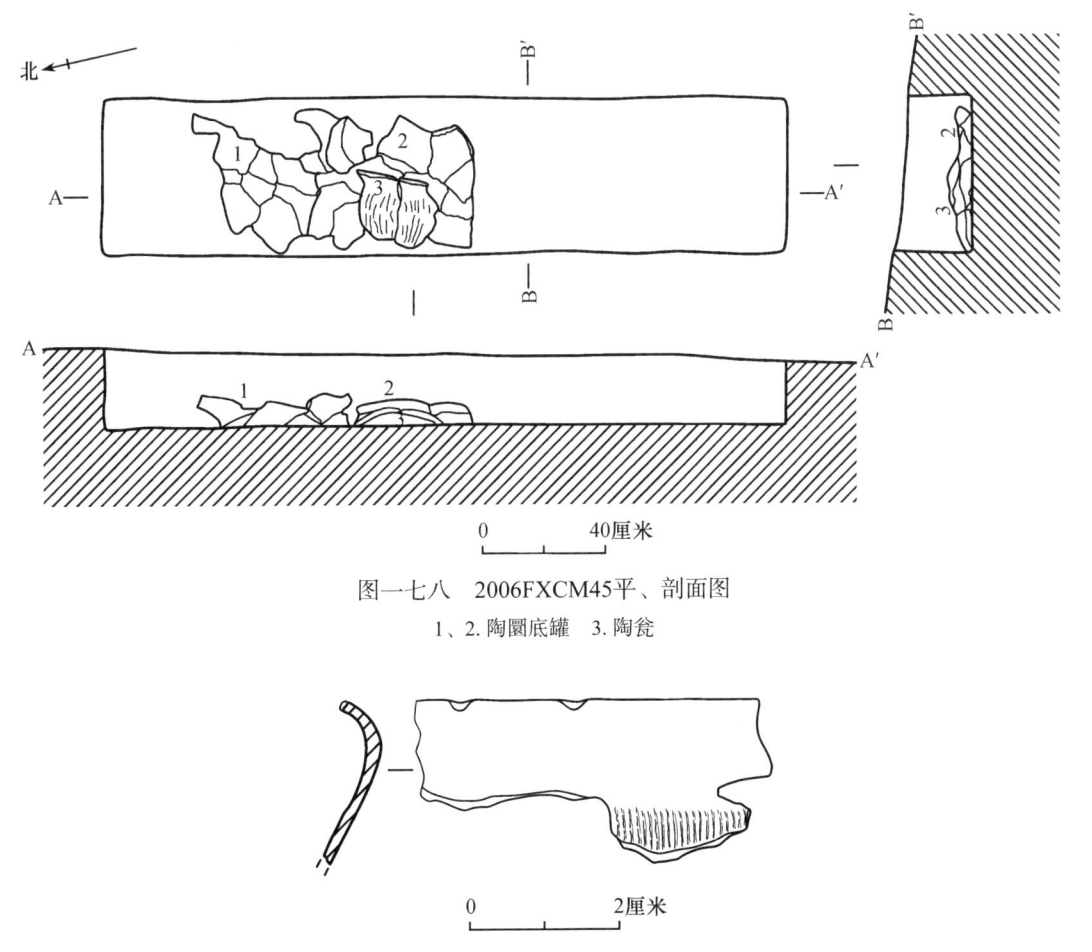

图一七八　2006FXCM45平、剖面图
1、2.陶圜底罐　3.陶瓮

图一七九　2006FXCM45出土陶瓮（2006FXCM45：3）

四十六、2006FXCM46

（一）墓葬形制

长方形竖穴土坑墓（图一八〇）。叠压于2006FXCT2415④下，打破生土，西北部被2006FXCH107打破。墓向290°（110°），墓口距地表深125厘米，长265、宽118、残深64厘米。四壁较平整，未见明显加工痕迹。填灰褐色五花土。

墓底未发现棺木、人骨痕迹，葬具、葬式、头向不详。

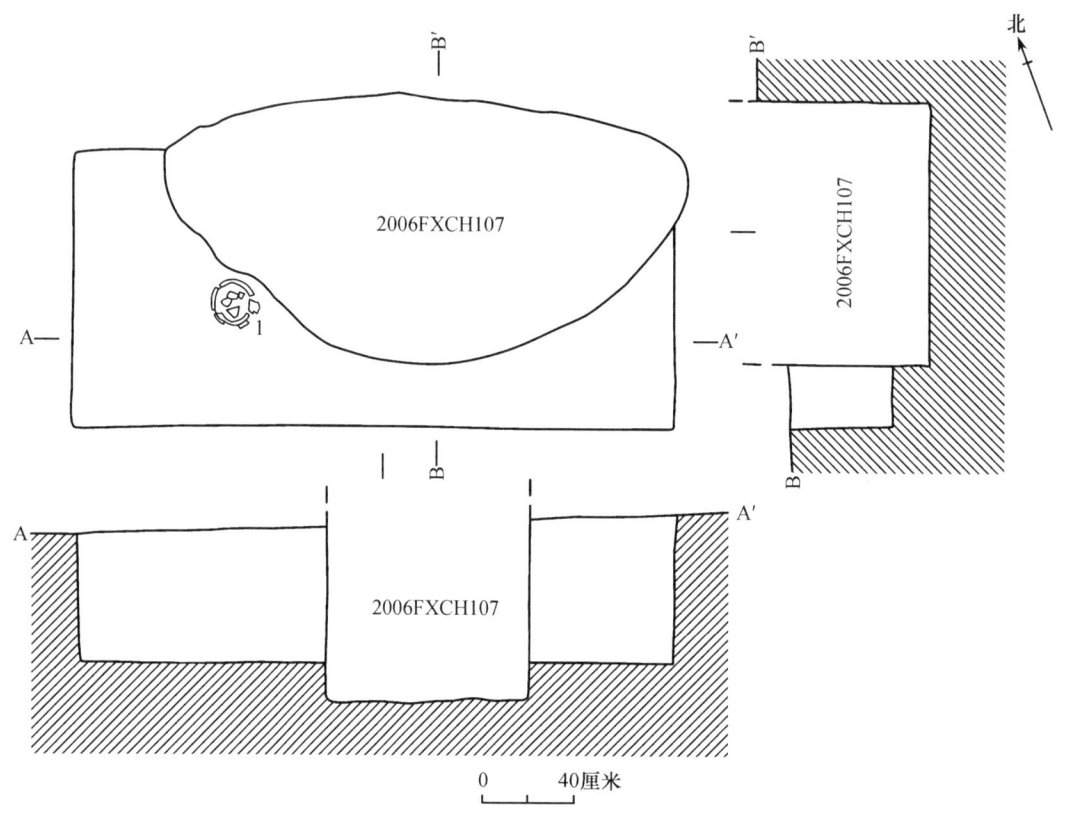

图一八〇　2006FXCM46平、剖面图
1. 陶盂

（二）出土遗物

随葬器物出土时仅编号1件。质地为陶。

陶盂　1件（2006FXCM46:1[①]）。泥质黑褐陶。折沿，圆唇，浅腹，圜底。口径16、腹径18.4、高8厘米（图一八一）。

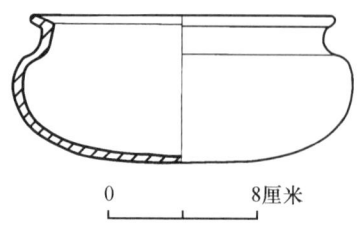

图一八一　2006FXCM46出土陶盂（2006FXCM46:1）

---

① 实物资料现藏涪陵博物馆。

第四节 其他遗迹

B区（陈家嘴）人类活动时间长、活动范围较大，因此地层堆积较厚，各类遗存十分丰富。四次发掘除清理了46座土坑墓外，还有大量其他遗迹，包括房址4座（2005FCF1~2005FCF4）、道路路面1处（2006FXCL1）、柱洞7个（2005FCD1~2005FCD7）、石堆5处（2006FXCS1~2006FXCS5）、灰坑109座（2005FCH1~2005FCH66、2006FCH1、2006FCH3~2006FCH6、2006FXCH67~2005FCH107[①]）、灰沟28条（2005FCG1~2005FCG12、2006FCG1~2005FCG7、2006FXCG13~2005FCG21）、窑址1座（2006FXCY1）等遗迹（见图九四）。以下一一介绍。

一、房址、道路、石堆、柱洞遗迹

陈家嘴的房址、道路、柱洞、石堆等遗迹主要集中在发掘区西部，围绕墓葬区分布（附表三），因此集中进行介绍。

（一）2005FCF1

2005FCF1位于B区（陈家嘴）中部偏西，东与2005FCF2相邻（见图九四）。跨2005FCT1821、2005FCT1822~2005FCT2022等4个探方，叠压于2005FCT1922④b下，打破2005FCM7。2005FCF1遭破坏较为严重，残存遗迹形状大致为东北—西南走向的长方形，属于地面砖瓦建筑。

房址结构因破坏严重而不详，目前残留的有墙基和柱础石。房址西北有一段墙基。长约400、宽50、残高30厘米。墙基以不规则鹅卵石垒筑，卵石之间用碎瓦片垫缝，黄泥涂抹。房址中部有两块柱础石，由当地砂岩石块修凿而成。长约35、宽35厘米。2005FCF1内的活动面为灰黄色土，夹杂细泥沙，土质坚实细腻，未发现包含物。2005FCT1821内还残存小面积室外活动面。因被毁仅部分保存，厚15~25厘米。

房址内废弃堆积呈灰色，包含大量残瓦片和零星青花瓷片、陶片（图版一一八，1）。

根据叠压层位和出土物判断，时代属于明代。

（二）2005FCF2

2005FCF2位于小田溪墓群B区（陈家嘴）中部，西与2005FCF1相邻（见图九四）。

[①] 发掘中灰坑有效编号112个，整理中发现2005FCH51、2005FCH57可能是同一座灰坑，2006FXCH83、2006FXCH92应该是地层，需要销号，只保留2006FXCH51，实际清理灰坑109座。

跨2005FCT2021~2005FCT2221、2005FCT2022、2005FCT2122等5个探方，叠压于2005FCT2121④b下，打破2005FCM5、2005FCH28。2005FCF2属于地面砖瓦建筑，保存较差，仅存垫土层。2005FCG4紧邻2005FCF2，走向相同，有可能是2005FCF2排水沟。

房屋结构不详。残留垫土呈黄褐色，土质结构紧密，应经过夯打且长期踏走所致，包含少量瓷片和陶片，平面为南北向长方形。长约950、宽275、厚15厘米。

2005FCF2与2005FCF1叠压于同一层位下，且包含物大致相同，可能是同一时期建筑，时代属于明代。

（三）2005FCF3

1. 形制结构

2005FCF3位于小田溪墓群B区（陈家嘴）中部偏西（见图九四）。跨2005FCT1426~2005FCT1626、2005FCT1525、2005FCT1625，叠压于2005FCT1526④b下，同时被2005FCH1、2005FCH2打破，2005FCF3打破2005FCH30。

2005FCF3为地面建筑，仅存部分垫土层和2个柱洞。垫土平面为不规则形。长855、宽60、厚30厘米。2个柱洞分布于垫土层东部，间隔约2米。2005FCD1直径24厘米。2005FCD2直径20厘米。两个柱洞均深16厘米。直壁，平底，洞内有木柱灰痕。在2005FCF3垫土的北部范围外2米内还分布有2个柱洞，编号2005FCD3、2005FCD4，大小形制与2005FCD1、2005FCD2接近，但破坏较严重，无法判断它们与2005FCF3的关系。

2. 出土遗物

2005FCF3的垫土堆积分为两层，第1层为黄褐色粉砂土，平整光滑，有明显层状结构；第2层为灰色黏土，包含少量红烧土粒、炭屑、零星泥质陶片。第2层内发现铜镞和少量绳纹陶片，可辨器型有罐。

（1）铜器

镞　1件（2005FCF3垫土②：2[1]）。双翼实铤式，双翼宽阔，后锋尖锐，镞身中脊隆起，翼内侧有人字形凹槽，铤呈六棱锥形。长5.5、翼宽1.5厘米（图一八二，2；图版一二○，1）

（2）陶器

折沿罐　1件（2005FCF3：1）。泥质灰褐陶。折沿，方唇，溜肩，肩部以下残。口径24、残高4厘米（图一八二，1）。

根据地层叠压关系和坑内包含物推断，时代属于战国时期。

---

[1]　涪陵博物馆收藏编号为H33：1，查找原始记录，应为2005FCF3垫土②：2。

图一八二　2005FCF3出土遗物

1. 陶折沿罐（2005FCF3：1）　2. 铜镞（2005FCF3垫土②：2）

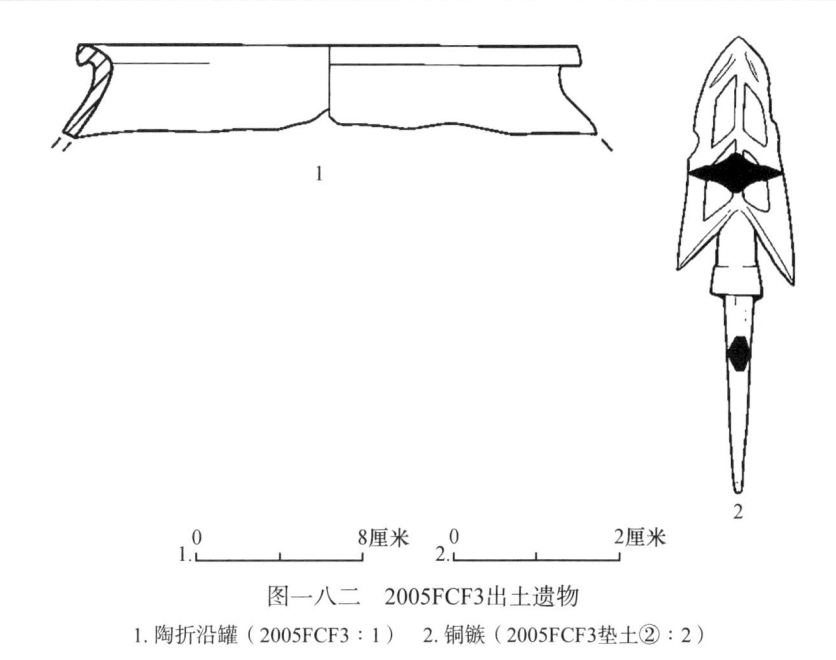

（四）2005FCF4、2006FXCL1（道路路面）

1. 形制结构[①]

2005FCF4位于小田溪墓群B区（陈家嘴）西北部（见图九四）。跨2005FCT1323～2005FCT1325、2005FCT1423～2005FCT1425、2005FCT1524、2005FCT1525等8个探方，叠压于2005FCT1423⑦下，打破2005FCH62，同时被2005FCM11、2005FCM12打破。

2005FCF4为地面建筑，仅存垫土层局部，平面呈长条形。由于后期破坏，仅残留一部分，故其门道朝向不清。残长950、宽275、厚15厘米。未发现房基、柱洞、灶。2005FCF4的垫土堆积分为两层，第1层为黄褐色粉砂土夹烧土粒带，有明显层状结构；第2层为松软灰色黏土，包含少量红烧土粒、炭屑和较多夹砂陶片。

2006FXCL1位于小田溪墓群B区（陈家嘴）西北部（见图九四；图版一一九）。分布于2006FXCT0818、2006FXCT0819～2006FXCT1019、2006FXCT0920～2006FXCT1120、2006FXCT1021～2006FXCT1221、2006FXCT1等11个探方（沟）之内[②]，2006FXCL1叠压于第9层下打破第10层（均为统一后地层，参见附表三）。路面平面为条带状，呈东北—西南走向，西南延伸至断坎被破坏，东北延伸至2005FCF4，与2005FCF4①连通。2006FXCL1现存长度约36米，路面由东北向西南逐渐变窄，东北部连接2006FXCF4处宽约180厘米，中部宽约170厘米，西南部宽120厘米，路土厚35～40厘米。底部可能依原地势铺就而未经修整，呈西高东低的坡状堆积。2006FXCL1路土同样分两层，第1层是浅灰色或灰色含沙量大的土，可能与洪

[①] 2005FCF4的原始记录存在层位关系、遗迹关系、时代判断错误，报告编写时根据探方日记重写。

[②] 2005年清理出一条红烧土带，从遗址西南向东北方向延伸出当年发掘区，2007年布设2006FXCT1连通2005、2007两次发掘区后发现这条红烧土带与2005FCF4垫土①连接，应该与2005FCF4同时使用，是2005FCF4通往遗址外的一条道路，编号2006FXCL1。

水有关；第2层为红烧土，厚20厘米。红烧土块火候较低，颗粒硬度小，两层堆积基本不含陶片等遗物。

在2006FXCL1东侧，分布有多处砾石堆积（2006FXCS1~2006FXCS5）。部分可能与2006FXCL1有关联。

2. 出土遗物

2005FCF4出土的遗物都是陶器，陶片纹饰有交错绳纹和纵向绳纹，可辨认器型较为丰富，有圈足豆、花边口罐、罐、簋、瓮、平底器、器盖、釜等，选取部分标本介绍：

圈足豆 6件（2005FCF4：1、2005FCF4：5~2005FCF4：9）。2005FCF4：1，残存上部。直口微敛，尖唇，浅盘。内壁有暗纹。口径16、残高4.2厘米（图一八三，7）。其余5件器型相似，均为喇叭状矮圈足。2005FCF4：5，夹砂灰褐陶。足径8、残高3.2厘米（图一八三，11）。

花边口罐 2件（2005FCF4：3、2005FCF4：14）。2005FCF4：3，夹砂灰陶。侈口，圆唇，唇面按压出花边。残高5.4厘米（图一八三，5）。2005FCF4：14，夹砂红陶。侈口，方唇，唇面压印绳纹。颈部以下饰竖向绳纹。口径36、残高7.5厘米（图一八三，1）。

罐 3件（2005FCF4：4、2005FCF4：13、2005FCF4：19）。2005FCF4：4，夹砂黄褐

图一八三　2005FCF4出土陶器

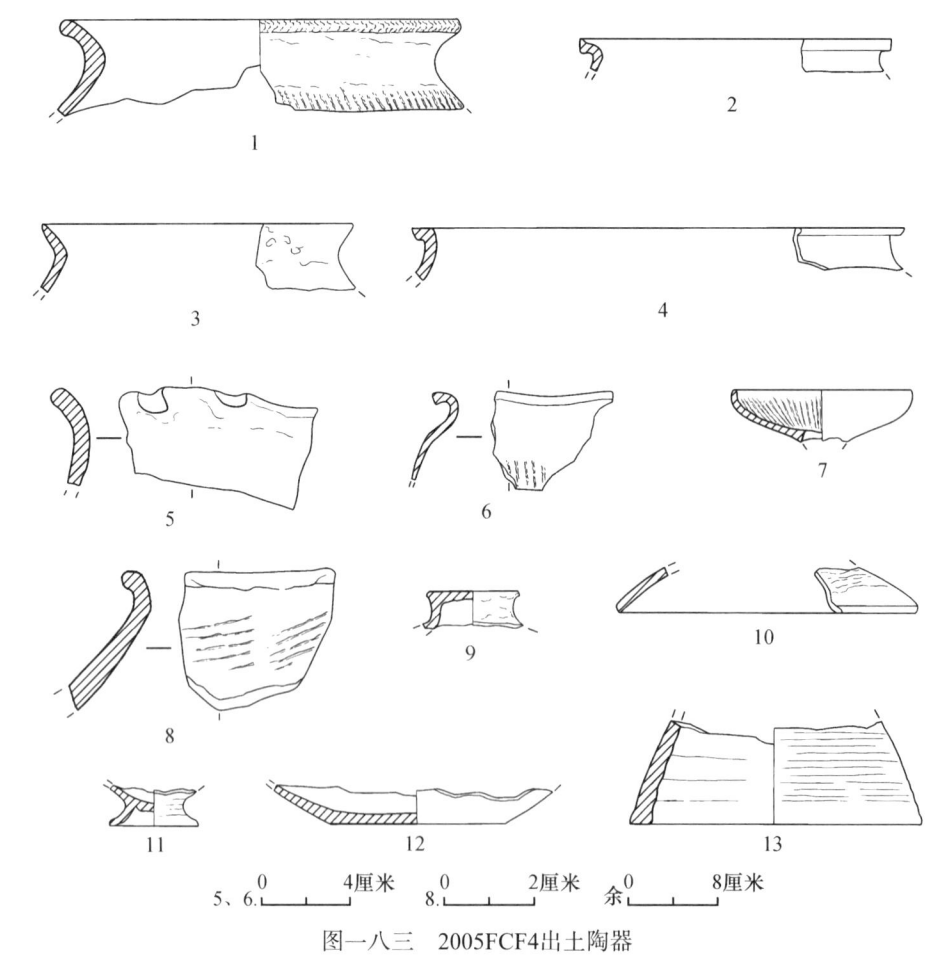

1、5.花边口罐（2005FCF4：14、2005FCF4：3）　2、4、6.罐（2005FCF4：19、2005FCF4：13、2005FCF4：4）
3.瓮（2005FCF4：11）　7、11.圈足豆（2005FCF4：1、2005FCF4：5）　8.釜（2005FCF4：20）　9、10.器盖（2005FCF4：18、2005FCF4：16）　12.平底器（2005FCF4：15）　13.簋（2005FCF4：10）

陶。卷平沿，方唇，束颈。残高3.8厘米（图一八三，6）。2005FCF4：13，夹细砂灰陶。平折沿，方唇。口径44、残高3.2厘米（图一八三，4）。2005FCF4：19，夹砂褐陶。沿面上折，尖唇。口径28、残高2.5厘米（图一八三，2）。

簋　1件（2005FCF4：10）。残存高圈足。足壁斜直，方唇，外壁有轮制痕迹。足径26、残高9厘米（图一八三，13）。

瓮　1件（2005FCF4：11）。夹砂褐陶。斜领，领部加厚，尖唇，体型较大。口径28、残高6厘米（图一八三，3）。

平底器　1件（2005FCF4：15）。泥质褐陶。大平底，器壁与底夹角较大。底径16、残高3厘米（图一八三，12）。

器盖　2件（2005FCF4：16、2005FCF4：18）。2005FCF4：16，夹砂褐陶。口径26、残高4厘米（图一八三，10）。2005FCF4：18，夹砂褐陶。假圈足形纽。纽径8、残高3厘米（图一八三，9）。

釜　1件（2005FCF4：20）。夹砂褐陶。侈口，方唇，溜肩。肩部以下饰斜向绳纹。残高2.4厘米（图一八三，8）。

根据地层叠压关系和坑内包含物推断，2005FCF4、2006FXCL1时代属于战国时期。

（五）石堆①

1. 2006FXCS1

2006FXCL1东南部的2006FXCT0918内有1处砾石堆积（2006FXCS1）面积也较大，似乎经人工特意铺设呈圆形，中部石头较少（图版一一八，2）。在这处砾石堆积的西部还有一座窑址（2006FXCY1）。或许与铺设路面所用的红烧土有关，2006FXCS1时代属于战国时期。

2. 2006FXCS2

在2006FXCL1东部的2006FXCT1018⑥下，在南北长4、东西宽3米的范围内发现较为零散分布的砾石堆积（2006FXCS2）。大小不一，分布没有规律，其性质不明，时代属于战国时期。

3. 2006FXCS3

在2006FXCS1以东的2006FXCT1019⑥下2006FXCL1边缘，发现少量砾石堆积，编号2006FXCS3，分布面积较广，没有规律，堆积散乱，其性质不明，时代属于战国时期。

4. 2006FXCS4

在2006FXCL1东北部的2006FXCT1121⑦下，沿红烧土路面方向有一处砾石堆积（2006FXCS4）。呈长条形堆积在2006FXCL1东侧边缘。长约450、宽约200厘米。砾石较大，在20厘米左右。砾石堆积较薄，仅铺设一层，与2006FXCL1叠压在同一层下，但是是否同一遗迹还不能确定，时代属于战国时期。

---

① 整理过程中发现石堆遗迹资料缺失，编写报告时根据探方日记和图纸补录。

5. 2006FXCS5

在2006FXCL1东南约9米有一处砾石坑堆积（2006FXCS5），位于2006FXCT0916西南角，叠压于2006FXCT0916④下，打破第5层，部分延伸入2006FXCT0915北隔梁、2006FXCT0815东隔梁内未揭露，暴露在外部分堆积厚约70厘米。坑壁较直，其内全部填充砾石，堆积大小约在10厘米左右，与2006FXCL1旁的砾石堆积大小不同。根据地层叠压关系判断2006FXCS5与其他四处石堆时代不同，属于明代。

（六）柱洞

2005FCD1~2005FCD4均位于2005FCF3附近。

在2005FCT1921④、2005FCT2021④下叠压有三个柱洞（2005FCD5~2005FCD7），均打破第7、8层。2005FCD5、2005FCD6开口于2005FCT2021④层下[①]，形制相同，平面近似圆形，直壁，平底。2005FCD5洞口直径22、深10厘米。填土为灰褐色粉砂土，土色斑驳，土质较硬，填土中发现少量木质碳化的腐痕。2005FCD6洞口直径22、深18厘米。底部有一石块。填土为灰黑色沙质淤土，土质疏松，包含物有青花瓷片和泥质红褐陶片。2005FCD7开口于2005FCT1921④下，平面近似椭圆形，直壁，平底。长径20、短径10、深12厘米。填土为灰色砂土，土质疏松，包含物有灰瓦片。

三个洞分布在同样叠压在2005FCT2021④下2005FCM2的北、南、西三侧，但是根据叠压层位和出土物中的青花瓷片判断，其位置关系应该只是巧合，2005FCD5~2005FCD7的年代属于明代。

在2005FCT1017⑥下的探方东北部还发现有7个相距较近的柱洞，部分柱洞边有小石块，尚不能确定是否加固用。柱洞尺寸相近，均为圆形。直径17~22、深度13~22厘米。由于7个柱洞分布范围较密集，规律不明显，无法确定为房址，因此未编号。

二、灰　　坑

小田溪墓群B区（陈家嘴）灰坑数量甚多，四次发掘灰坑共编号112个（2005FCH1~2005FCH66、2006FCH1、2006FCH3~2006FCH6、2006FXCH67~2006FXC107）。实际发掘灰坑109座（附表四）。这些灰坑分布范围较广，但是多数灰坑可能是自然形成被废弃物填埋所致或者遭到晚期地层破坏，灰坑平面不规则，深度较浅，时代主要集中在战国时期，其次为明清时期。以下按照发掘编号顺序进行介绍。

[①] 2005FCD5的叠压层位在遗迹记录中写为第3层，但是查找2005FCT2021的探方日记和遗迹总平面图，应该是在第4层下，与2005FCD6、2005FCD7叠压在同一层下。

（一）2005FCH1

1. 形制结构

2005FCH1分布于2005FCT1526、2005FCT1626内，叠压于2005FCT1626④a下，打破2005FCF3垫土第1、2层、2005FCH2和2005FCH30。坑口为不规整三角形，圜底，壁面较光滑（图一八四）。长440、宽32~200、残深36厘米。

2. 出土遗物

2005FCH1内出土遗物较多，选取18件标本编号，质地有铜、铁、陶、骨四类。

（1）铜器

镞　1件（2005FCH1：2）。三棱形狭刃，短铤，锈蚀严重。残长4、残宽0.8厘米（图一八五，1）。

（2）铁器

凿　1件（2005FCH1：1）。锈蚀严重，平面为长方形。长方銎，平刃，剖面呈"V"字形。长11、銎宽径1.6、长径4.4厘米（图一八五，6；图版一二〇，2）。

（3）陶器

陶片以灰褐陶为主，红褐陶次之。纹饰以绳纹、方格纹居多。可辨器型大多为圈足、口沿残片，有瓮、圈足豆、花边口罐等。

瓮　2件（2005FCH1：3、2005FCH1：18）。2005FCH1：18，夹砂黄褐陶。残存口沿。斜领，尖唇，圆肩，体型较大。

圈足豆　5件。三件圈足（2005FCH1：5、2005FCH1：6、2005FCH1：8）、两件豆身（2005FCH1：11、2005FCH1：16）。2005FCH1：6，夹砂灰褐陶。底径8、残高4厘米（图一八五，4）。2005FCH1：11，夹砂灰褐陶。侈口，圆唇，弧腹，底部残。口径14、残高3.9厘米（图一八五，3）。2005FCH1：16，夹砂灰褐陶。侈口，圆唇，弧腹，底部残。口径14、残高3.2厘米（图一八五，2）。

花边口罐　1件（2005FCH1：12）。夹砂红陶。侈口，口沿有按压花边。残高7厘米（图一八五，5）。

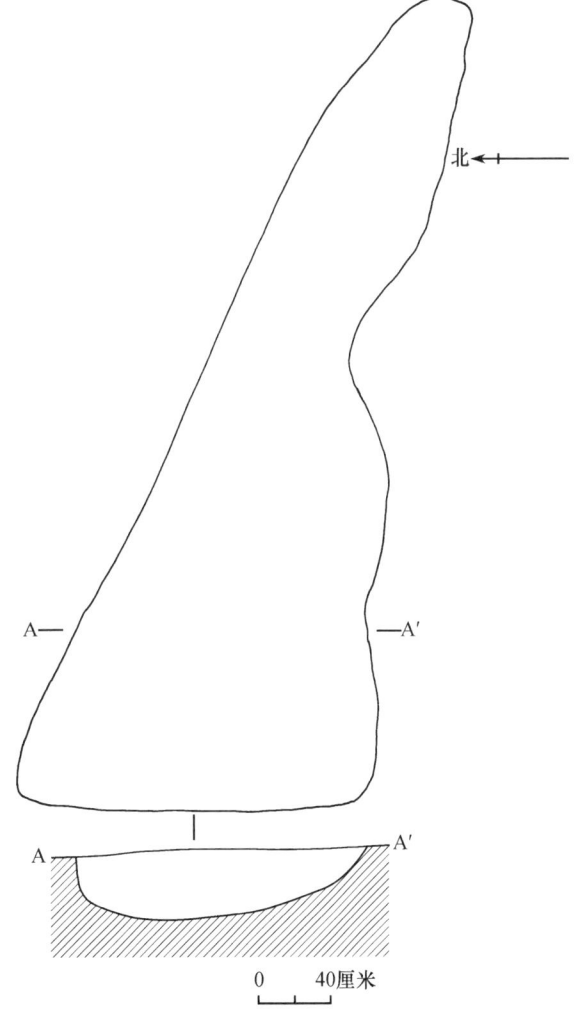

图一八四　2005FCH1平、剖面图

图一八五　2005FCH1出土遗物

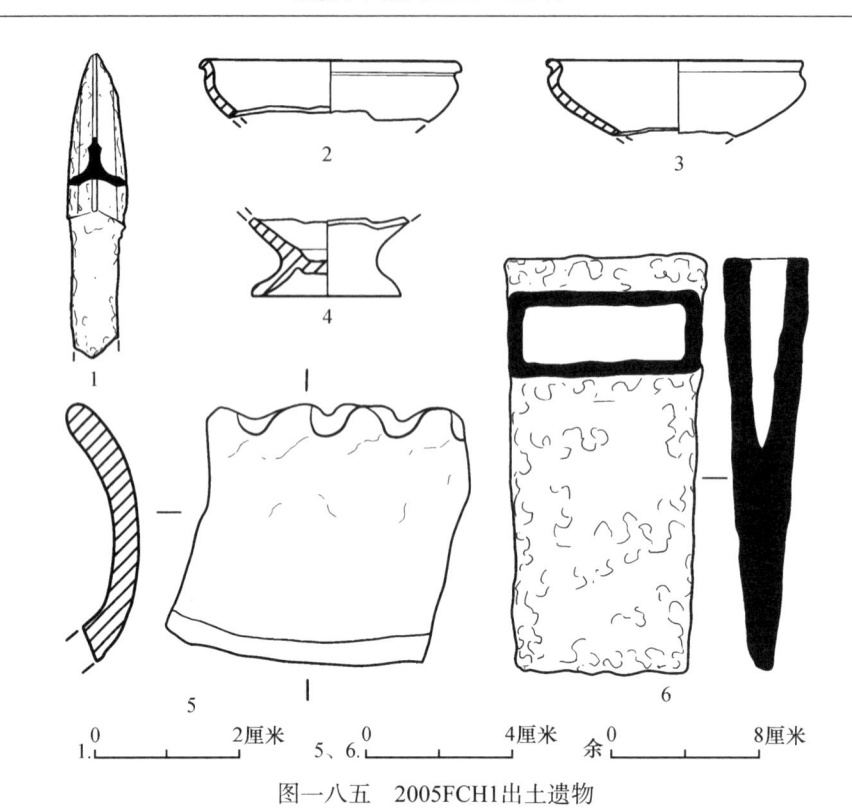

1. 铜镞（2005FCH1：2）　2~4. 陶圈足豆（2005FCH1：16、2005FCH1：11、2005FCH1：6）
5. 陶花边口罐（2005FCH1：12）　6. 铁凿（2005FCH1：1）

（4）骨骼

2005FCH1发现有动物骨骼、牙齿和人骨。

人体股骨　1段（2005FCH1：17）。残长9厘米。

根据地层叠压关系和坑内包含物推断，时代属于战国时期。

（二）2005FCH2

1. 形制结构

2005FCH2分布于2005FCT1525、2005FCT1625、2005FCT1526、2005FCT1626四个探方之间，叠压于2005FCT1626④a下，打破第7层和F3垫土第1、2层，被2005FCH1打破。坑口为不规整椭圆形，斜壁，圜底，坑壁较明显（图一八六）。坑口长304、宽254、残深40厘米。

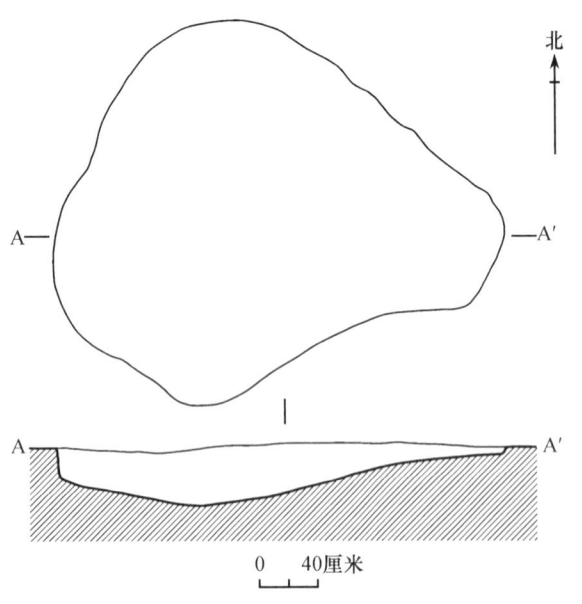

图一八六　2005FCH2平、剖面图

2. 出土遗物

2005FCH2内出土遗物有石、陶两类。陶片数量不多，以夹砂褐陶片为主，可分辨器型有圈足豆、器盖。选取部分标本介绍。

（1）石器

斧　1件（2005FCH2：5）。灰色砾石，打制成圆角长方形，刃部残。残长15.3、宽7.9、厚3.6厘米（图一八七，3）。

（2）陶器

圈足豆　3件。喇叭状矮圈足2件（2005FCH2：1、2005FCH2：2）、豆身1件（2005FCH2：3）。2005FCH2：1，夹砂灰褐陶。底径8、残高3.2厘米（图一八七，2）。2005FCH2：3，夹砂灰褐陶。侈口，方唇，弧腹，底部残。口径14.4、残高4厘米（图一八七，1）。

器盖　1件（2005FCH2：4）。夹砂褐陶。残存口沿，尖唇，口沿加厚，壁斜直。

（3）骨骼

2005FCH2发现有动物骨骼（2005FCH2：8）和人体椎骨（2005FCH2：7）。

根据地层叠压关系和坑内包含物推断，时代属于战国时期。

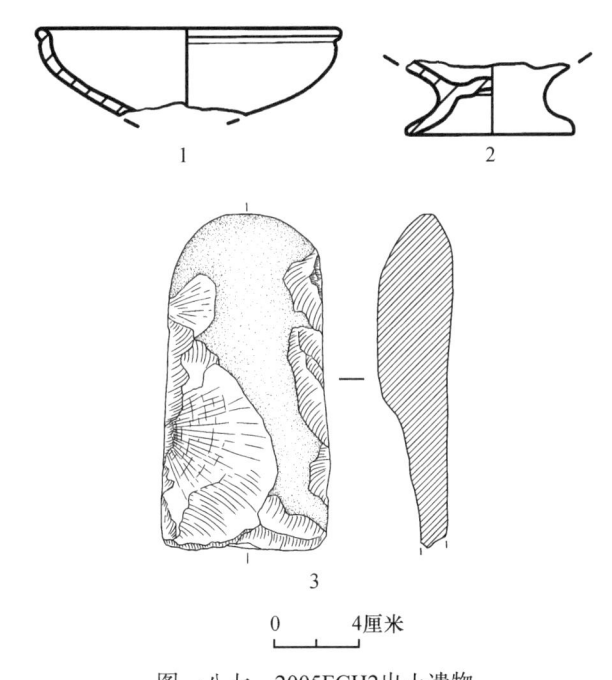

图一八七　2005FCH2出土遗物

1、2.陶圈足豆（2005FCH2：3、2005FCH2：1）　3.石斧（2005FCH2：5）

（三）2005FCH3

1. 形制结构

2005FCH3叠压于2005FCT1824④a下，打破第7层，部分伸入2005FCT1724东隔梁未发掘。从发掘部分看为圆形，斜壁，平底（图一八八）。坑口直径约140、残深20厘米。

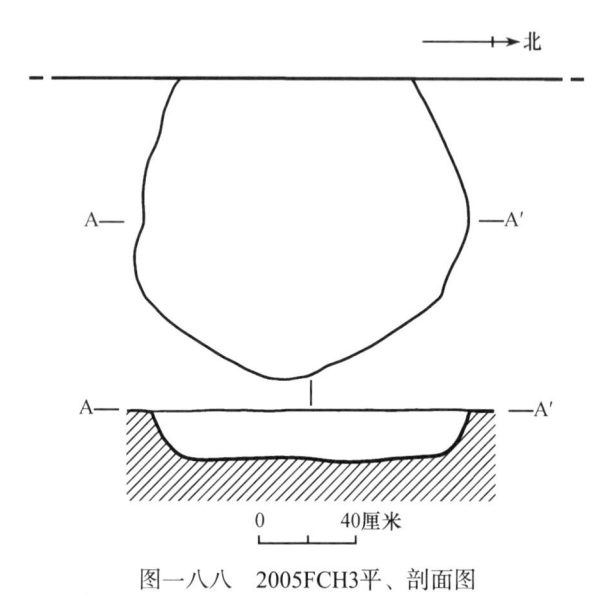

图一八八　2005FCH3平、剖面图

2. 出土遗物

坑内堆积呈灰黑色，包含有少量泥质陶片，可辨器型有罐、豆，另出土1件铜带钩。选取器物标本3件。

（1）铜器

带钩　1件（2005FCH3：1）。钩身较短，鹅首状，圆盘形纽靠近钩首。长3.9、纽径1.1厘米（图一八九，2；图版一二〇，3）。

（2）陶器

豆　1件（2005FCH3：2）。泥质灰褐陶。残存豆盘与柄，浅腹，柄较高。残高7.4厘米（图一八九，1）。

根据地层叠压关系和坑内包含物推断，时代属于战国时期。

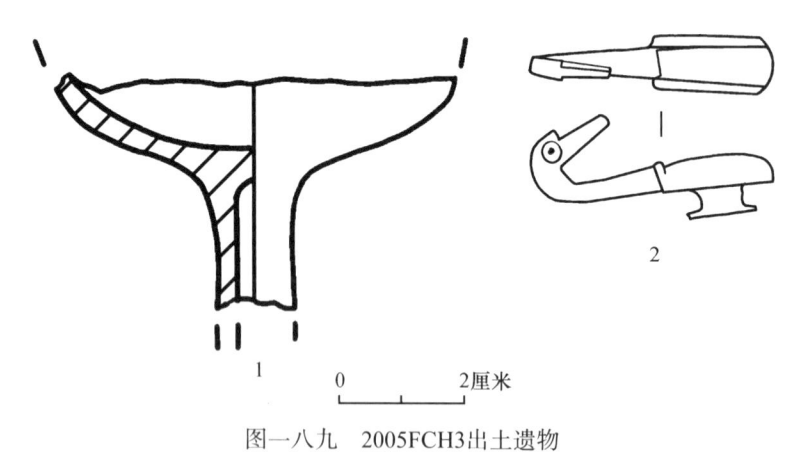

图一八九　2005FCH3出土遗物
1. 陶豆（2005FCH3：2）　2. 铜带钩（2005FCH3：1）

（四）2005FCH4

2005FCH4叠压于2005FCT1724④a下，打破第4b、7层和2005FCG1，部分伸入2005FCT1624东隔梁未发掘。发掘部分近似半个椭圆形，斜壁，平底。坑口长约100、宽40、深40厘米。

坑内堆积为灰黑色土，有零星草木灰屑，土质疏松，包含有少量明清陶瓷残片及石块。

根据地层叠压关系和坑内包含物推断，时代属于明清时期。

（五）2005FCH5

2005FCH5位于2005FCT1724内，叠压在2005FCT1724④a下，打破第7层。坑口呈圆形，斜壁较光滑，平底。坑口直径60、深50厘米。

坑内堆积为灰黑色堆积土，坑内包含物有明清陶片残片及石块，可辨器型有罐、碗。

根据地层叠压关系和坑内包含物推断，时代属于明代。

（六）2005FCH6

2005FCH6位于2005FCT1726内，叠压于2005FCT1726④b下，打破生土。坑口近似圆形，斜壁，圜底。直径约150~155、深28厘米。

坑内堆积呈灰褐色，土质结构较疏松。包含物有大量泥质灰陶、红陶片及少量的兽骨。

根据地层叠压关系和坑内包含物推断，时代属于战国时期。

（七）2005FCH7

2005FCH7位于2005FCT1623、2005FCT1624内，叠压于2005FCT1624④b下，打破第5层。坑口为不规则椭圆形，斜壁，底较平坦，略呈坡状，由东北至西南倾斜。长约332~348、宽136~176、深24~52厘米。

坑内土色呈黄褐色，夹杂少许红烧土星和少量碳沫，包含物有少量青花瓷片。

根据地层叠压关系和坑内包含物推断，时代属于明代。

（八）2005FCH8

2005FCH8大部分位于2005FCT1624内，部分伸入2005FCT1524东隔梁、2005FCT1623北隔梁未发掘，叠压于2005FCT1624④a下，打破第4c、5、6层和2005FCG5。发掘部分略呈三角

形，斜壁，平底。坑壁、底部无加工痕迹。长约200、宽124、深50厘米。

坑内土色呈深灰褐色，土质松软，夹杂大量红烧土粒及碳粒、石片，包含物有青花瓷残片、灰色瓦片、少量橙黄色夹砂陶以及红色硬陶片，陶器可辨器型有罐、钵，瓷器有碗。

根据地层叠压关系和坑内包含物推断，时代属于明代。

（九）2005FCH9

2005FCH9位于2005FCT2022、2005FCT2023内，2005FCT2022北隔梁内部分未发掘，叠压于2005FCT2022④a下，打破第7、8层和2005FCH34。坑口形状不规则，斜壁，平底。长约260、宽120、深40厘米。

坑内堆积呈深灰色，土质较松软，夹杂大量石头。包含物有少量瓦片。

根据地层叠压关系和坑内包含物推断，时代属于明代。

（十）2005FCH10

2005FCH10位于2005FCT2125内，叠压于2005FCT2125①下，打破生土。平面呈椭圆形，坑壁较直且平滑，平底。长径160、短径134、深90厘米。

坑内堆积为灰色砂土，含水锈，结构紧密，夹杂较多石头。包含物较多，有青花瓷片、灰瓦片及高温釉陶片等。

根据地层叠压关系和坑内包含物推断，时代属于明清时期。

（十一）2005FCH11

2005FCH11位于2005FCT1921内，叠压于2005FCT1921③下，打破第7、8层、2005FCH12、2005FCH29和2005FCG3。平面呈不规则形，壁斜直，底部较平。长约220、宽170、深18~30厘米。

坑内堆积为灰褐色粉砂土，较疏松。坑中分布一些不规则的石头。包含物有青花瓷片、灰瓦片、夹砂红陶片等。

根据地层叠压关系和坑内包含物推断，时代属于明清时期。

（十二）2005FCH12

2005FCH12位于2005FCT1821、2005FCT1921内，部分伸入2005FCT1821东隔梁未发掘，叠压于2005FCT1921③下，打破第4、7、8层，东南部被2005FCH11打破。发掘部分为长条形，剖面呈盆形。长约210、宽120、深约40厘米。

坑内堆积为褐色粉砂土，结构较紧密。包含物有灰陶瓦片、青花瓷片等。

根据地层叠压关系和坑内包含物推断，时代属于明清时期。

（十三）2005FCH13

2005FCH13位于2005FCT2121内，叠压于2005FCT2121④a下，打破第5层。平面近似圆形，斜壁，平底。坑口长约70、宽约60、深20厘米。

坑内堆积为灰黑色，土质较为松软，夹杂有石块等。包含物有灰陶片，可辨器型为陶长颈罐。

根据地层叠压关系和坑内包含物推断，时代属于战国时期。

（十四）2005FCH14

2005FCH14位于2005FCT2020东隔梁内，叠压于2005FCT2020④a下，打破第7层，北部被2005FCM1打破。平面呈椭圆形，斜壁，平底。长约100、宽56、深16厘米。

坑内堆积为灰褐色，略带黄色，土质较为疏松，夹杂少量石块。出土陶片均不可辨认器型。

根据地层叠压关系和坑内包含物推断，时代属于战国时期。

（十五）2005FCH15

2005FCH15位于T1920内，叠压于2005FCT1920④a下，打破第7层，南部被近现代农耕形成断坎破坏。平面接近椭圆形。长75~115、宽70~100、残深40厘米。

坑壁呈斜坡状，平底。坑内堆积为灰黑色，夹杂少量石块。包含物有大量瓦片、陶片等。

根据地层叠压关系和坑内包含物推断，时代属于明代。

（十六）2005FCH16

1. 形制结构

2005FCH16位于2005FCT2119南部，大部分部分伸入2005FCT2019东隔梁、2005FCT2119南壁未发掘。叠压于2005FCT2119④a下，打破第7层和生土，中部被近现代坑打破，发掘部分略呈三角形，直壁较规整，平底。长约280、宽0~80、深40厘米。

2. 出土遗物

坑内堆积为灰黑色，土质较松软。包含大量夹砂陶片和动物骨骼，出土陶片以夹砂褐陶片为主，可辨器型较为丰富，另有动物骨骼发现，选取部分标本介绍。

（1）陶器

共11件。器型有盂、釜、圈足豆、鼎、平底器底、把手、网坠。

盂　3件（2005FCH16：1、2005FCH16：9、2005FCH16：10）。折沿，方唇，鼓腹。2005FCH16：1，夹砂灰褐陶。底部残。口径24、残高6.2厘米（图一九〇，2）。2005FCH16：9，夹砂灰褐陶。腹部饰弦纹。口径22、残高3.6厘米（图一九〇，1）。

釜　1件（2005FCH16：2）。夹砂灰褐陶。侈口，尖圆唇，溜肩，腹部饰绳纹。残高6.4厘米（图一九〇，3）。

圈足豆　3件（2005FCH16：3、2005FCH16：4、2005FCH16：6）。矮圈足，均残损严重。2005FCH16：3，夹砂灰褐陶。底径8、残高3厘米（图一九〇，5）。

鼎　1件（2005FCH16：5）。仅存一个鼎足，夹砂灰褐陶。残高11.5厘米（图一九〇，7）。

平底器底　1件（2005FCH16：7）。夹砂灰褐陶。平底微内凹，器壁斜直。底径12.5、残高4厘米（图一九〇，4）。

把手　1件（2005FCH16：8）。夹砂灰褐陶。捏制，不很规整。残高6.9、宽5.7厘米（图一九〇，8）。

网坠　1件（2005FCH16：11）。泥质黄褐陶。纺锤形，中有一通穿。残长4.8、最大径

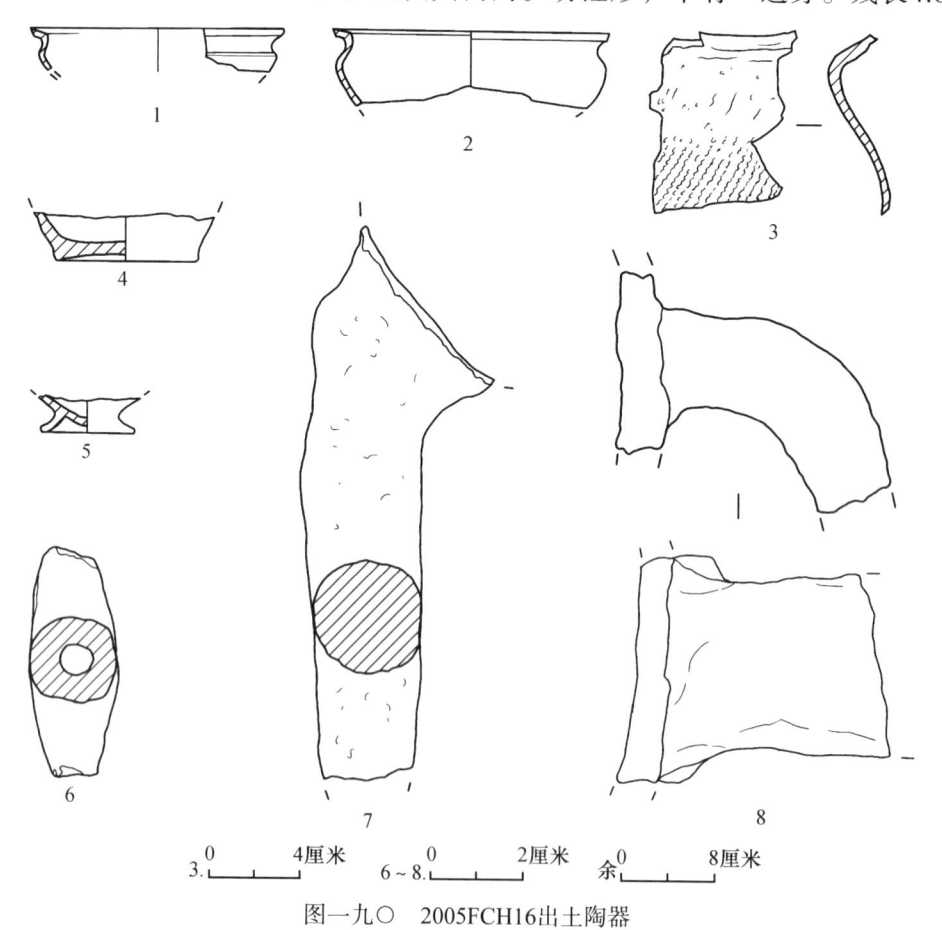

图一九〇　2005FCH16出土陶器

1、2. 盂（2005FCH16：9、2005FCH16：1）　3. 釜（2005FCH16：2）　4. 平底器底（2005FCH16：7）
5. 圈足豆（2005FCH16：3）　6. 网坠（2005FCH16：11）　7. 鼎（2005FCH16：5）　8. 把手（2005FCH16：8）

1.9、孔径0.6厘米（图一九〇，6）。

（2）动物骨骼

猪牙　1件（2005FCH16：12）。残长6.5厘米。

根据地层叠压关系和坑内包含物推断，时代属于战国时期。

（十七）2005FCH17

2005FCH17位于2005FCT1719内，叠压于2005FCT1719④c下，打破生土。平面近似圆形，斜壁，底部较平。直径约60、深10厘米。

坑内堆积呈深灰褐色，土质较疏松，夹杂红烧土颗粒、木炭灰、零星泥质陶片。

根据地层叠压关系和坑内包含物推断，时代属于战国时期。

（十八）2005FCH18

2005FCH18位于2005FCT1719内，叠压于2005FCT1719④c下，打破生土。平面近似圆形，斜壁，平底。直径约96、深16厘米。

坑内堆积呈灰色带褐点，土质较疏松，夹杂木炭灰、红烧土颗粒等。包含大量泥质灰陶片、褐陶片和夹砂红褐陶。部分陶片饰绳纹。

根据地层叠压关系和坑内包含物推断，时代属于战国时期。

（十九）2005FCH19

2005FCH19位于2005FCT2519内，叠压于2005FCT2519④下，打破生土，东部被2005FCH20打破。平面近似椭圆形，斜直壁，平底。长径约126、短径108、深26厘米。

坑内堆积呈灰褐色，土质结构较松散，夹杂灰烬、木炭等。包含少量夹砂褐陶片，一般饰绳纹、附加堆纹。

根据地层叠压关系和坑内包含物推断，时代属于战国时期。

（二十）2005FCH20

1. 形制结构

2005FCH20位于2005FCT2519内，部分伸入2005FCT2519东隔梁未发掘，叠压于2005FCT2519④下，打破2005FCH19及生土。发掘部分接近椭圆形，斜壁，平底。长约160、宽120、深26厘米。

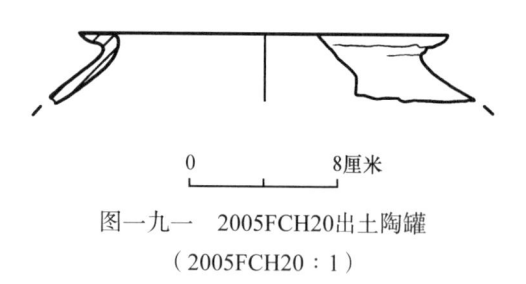

图一九一 2005FCH20出土陶罐（2005FCH20：1）

2. 出土遗物

坑内堆积为灰褐色，土色偏黄，土质结构较松散。包含少量泥质红褐陶、灰褐陶。部分陶片饰绳纹，选取1件编号标本。

陶罐　1件（2005FCH20：1）。夹砂灰陶。平折沿，尖唇。口径20、残高3.3厘米（图一九一）。

根据地层叠压关系和坑内包含物推断，时代属于汉代。

（二十一）2005FCH21

2005FCH21位于2005FCT2119内，叠压于2005FCT2119④a下，打破第7层及生土。平面接近椭圆形，直壁微斜，平底。长径约100、短径约55、深16厘米。

坑内堆积呈灰褐色，夹杂炭屑和红烧土颗粒。包含物有少量泥质红褐陶片。

根据地层叠压关系和坑内包含物推断，时代属于战国时期。

（二十二）2005FCH22

1. 形制结构

2005FCH22位于2005FCT2120内，部分伸入2005FCT2119北隔梁未发掘，叠压于2005FCT2120④a下，打破第7层、2005FCH23和生土，西部被2005FCM1打破。平面为不规则形，锅状底，壁面无明显加工痕迹。长276、宽128~250、深60厘米（图一九二）。

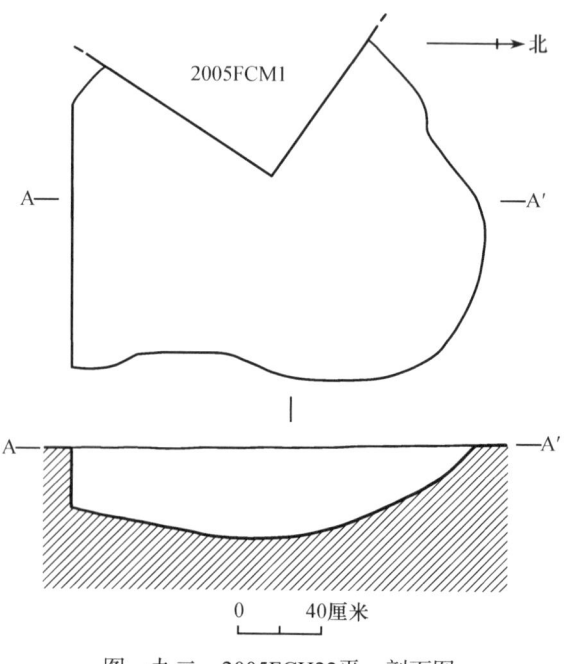

2. 出土遗物

坑内堆积为黄灰色，夹杂大量红烧土和石块，土质较松软。包含物有少量夹砂陶片和动物骨骼，选取3件编号标本。

（1）陶器

釜　2件（2005FCH22：2、2005FCH22：3）。夹砂灰褐陶。折沿，方唇，折肩。腹部饰绳纹。2005FCH22：2，口径22、残高6厘米（图一九三，1）。2005FCH22：3，口径24、残高4.5厘米（图一九三，2）。

图一九二　2005FCH22平、剖面图

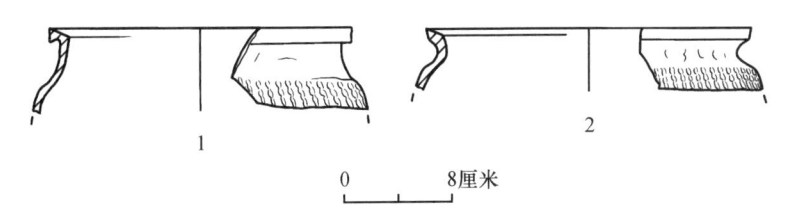

图一九三　2005FCH22出土陶釜
1. 2005FCH22：2　2. 2005FCH22：3

（2）动物骨骼

鹿角　1件（2005FCH22：5）。残长9.3厘米。

根据地层叠压关系和坑内包含物推断，时代属于战国时期。

（二十三）2005FCH23

2005FCH23位于2005FCT2120、2005FCT2121内，伸入2005FCT2120隔梁内部分未发掘，叠压于2005FCT2120④a下，打破第7层和生土，被2005FCH22打破。平面接近长方形，直壁，底部凹凸不平。长约300、宽126~170、深90厘米。

坑内堆积呈灰黄色，夹杂大量红烧土颗粒、炭屑和石块，土质较疏松。包含物有绳纹夹砂红陶片和灰陶片。

根据地层叠压关系和坑内包含物推断，时代属于战国时期。

（二十四）2005FCH24

2005FCH24位于2005FCT2019内，部分伸入本方北隔梁未发掘，叠压于2005FCT2019④a下，打破第7、8层。发掘部分形状不规则，斜壁，平底。长100~128、深30厘米。

坑内堆积呈灰色，略带黄色，夹杂大量红烧土颗粒，土质较疏松。包含物有夹砂陶片，以红陶为主。

根据地层叠压关系和坑内包含物推断，时代属于战国时期。

（二十五）2005FCH25

2005FCH25位于2005FCT1723内，部分伸入2005FCT1722北隔梁未发掘，叠压于2005FCT1723④c下，打破第5、6层。发掘部分呈长条形，直壁，平底。长约230、宽60、深28厘米。

坑内堆积呈灰黑色，夹杂零星草木灰和红烧土块，土质较疏松。包含有青花瓷片、瓦片、泥质陶片等，均难辨器型。

根据地层叠压关系和坑内包含物推断，时代属于明代。

（二十六）2005FCH26

2005FCH26位于2005FCT2220内，部分伸入2005FCT2219北隔梁未发掘，叠压于2005FCT2220④下，打破第7层和生土。发掘部分近半圆形，直壁，平底。直径约70、深20厘米。

坑内堆积呈灰褐色，夹杂木炭、石片，土质较疏松。包含物有少量夹砂红褐陶片，可辨器型有圈足器。

根据地层叠压关系和坑内包含物推断，时代属于战国时期。

（二十七）2005FCH27

2005FCH27位于2005FCT2122内，部分伸入2005FCT2122东隔梁未发掘，叠压于2005FCT2122④a下，打破第8层、H28和生土。发掘部分略呈长条形，直壁，平底，无明显加工痕迹。长约130、宽110、深65厘米。

坑内堆积为黄色沙土，较纯净。包含物有少量夹砂陶片，主要有红陶、灰陶，部分陶片饰绳纹。

根据地层叠压关系和坑内包含物推断，时代属于战国时期。

（二十八）2005FCH28

1. 形制结构

2005FCH28位于2005FCT2122内，部分伸入2005FCT2122东隔梁未发掘，叠压于2005FCT2122④a下，打破第8层和生土，东部被2005FCH27打破，南部被2005FCF2打破。发掘部分呈长条形，斜壁，平底。长约250、宽82～175、深65厘米（图一九四）。

2. 出土遗物

坑内填土较紧致，夹杂少量红烧土颗粒，出土铁器和大量泥质陶片，陶器以红褐陶、灰陶为主，部分饰绳纹。

（1）铁器

锸　1件（2005FCH28：6）。锈蚀严重，上部断面呈"U"形，下部截面呈楔形。残长9.2厘米（图一九五）。

（2）陶器

瓮　1件（2005FCH28：3）。夹砂橙黄陶。敞口，尖唇。残高4.2厘米。

根据地层叠压关系和坑内包含物推断，时代属于战国时期。

第三章 小田溪墓群B区（陈家嘴）

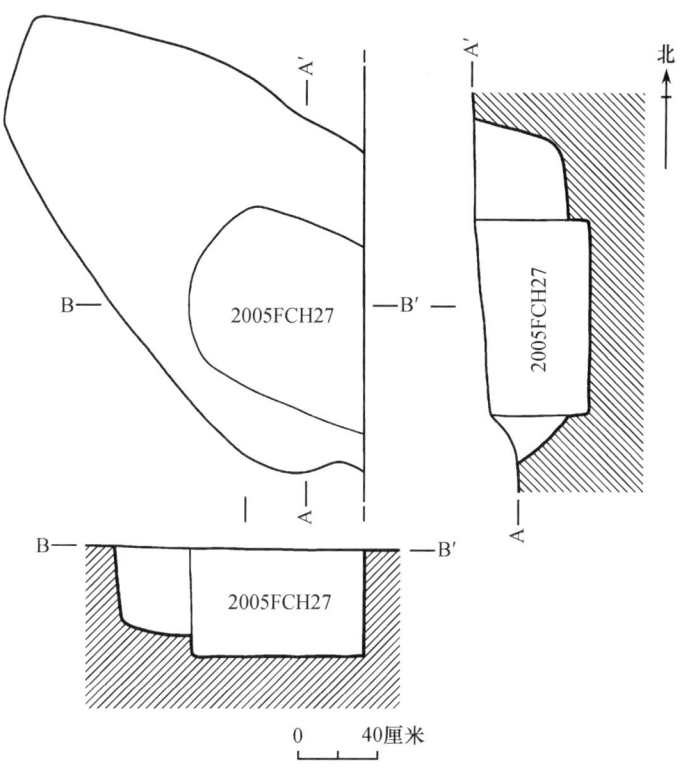

图一九四　2005FCH28平、剖面图

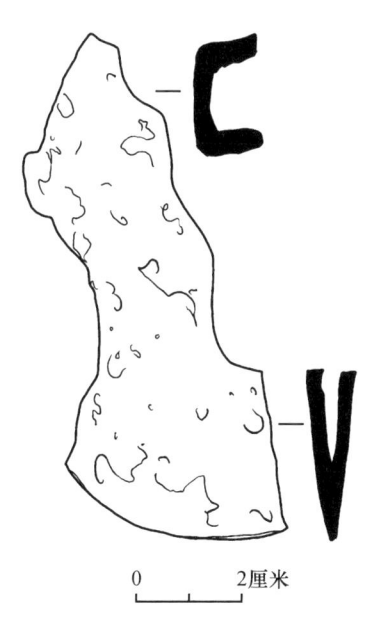

图一九五　2005FCH28出土铁锸（2005FCH28∶6）

（二十九）2005FCH29

2005FCH29位于2005FCT1921内，部分伸入2005FCT1920北隔梁未发掘，叠压于2005FCT1921④下，打破第7、8层，被2005FCH11、2005FCG3打破。发掘部分略呈三角形，斜壁，底部略有起伏。长85、宽20~38、深22厘米。

坑内堆积为黑褐色粉砂土，土质较疏松。包含物有泥质陶片，有红褐陶、黑褐陶、灰陶、黄陶等，部分陶片饰绳纹。

根据地层叠压关系和坑内包含物推断，时代属于战国时期。

（三十）2005FCH30

1. 形制结构

2005FCH30位于2005FCT1526内，叠压于2005FCT1526④b下，打破第7层及生土，被2005FCF3垫土、2005FCH1打破。平面呈椭圆形，底呈袋状，无明显加工痕迹。长316、宽16~258、深34厘米。

2. 出土遗物

包含物有陶器和动物骨骼，陶器以夹砂陶为主，部分饰绳纹、方格纹。

（1）陶器

共计3件。器型有罐、釜、鼎足等。

罐　1件（2005FCH30：3）。夹砂黄褐陶。直领，领部有凸起，圆唇，弧腹。腹部饰绳纹，残高7厘米（图一九六，1）。

釜　1件（2005FCH30：5）。夹砂灰褐陶。斜折沿，方唇。腹部饰绳纹。口径24、残高6厘米（图一九六，3）。

鼎足　1件（2005FCH30：4）。夹砂灰褐陶。残高6、足径2.6厘米（图一九六，2）。

（2）动物骨骼

共计2件。有猪犬齿、獾骨。

猪犬齿　1件（2005FCH30：2）。残长5.1厘米。

獾骨　1件（2005FCH30：8）。残长7.4厘米。

依据坑内出土陶片和动物残骸推断，应为垃圾坑。根据地层叠压关系和坑内包含物推断，时代属于战国时期。

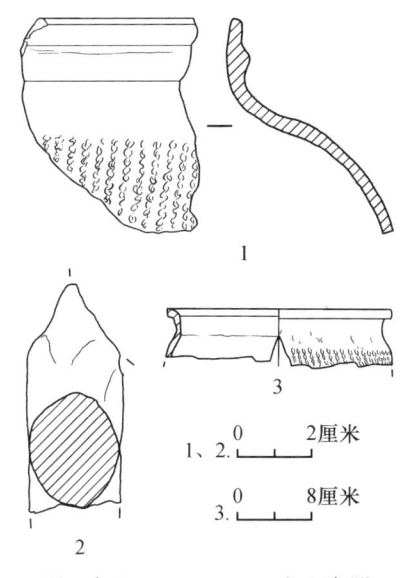

图一九六　2005FCH30出土陶器

1. 罐（2005FCH30∶3）　2. 鼎足（2005FCH30∶4）　3. 釜（2005FCH30∶5）

（三十一）2005FCH31

1. 形制结构

2005FCH31位于2005FCT1919内，部分伸入北、东隔梁未发掘，叠压于2005FCT1919④a下，打破生土，被近现代沟打破。根据发掘部分推测为椭圆形。直壁，底部较平略有起伏。长约120、宽100、深53厘米（图一九七）。

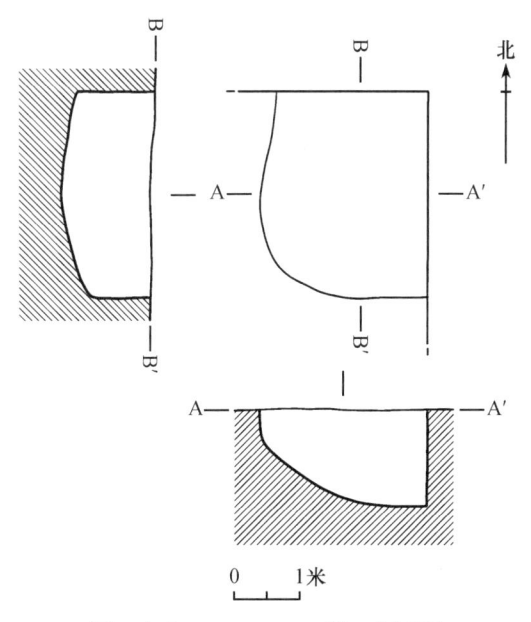

图一九七　2005FCH31平、剖面图

2. 出土遗物

坑内堆积呈灰黑色，夹杂红烧土颗粒和少量炭屑。包含物有泥质红陶片、灰陶片。可辨器型有盆、罐。

陶罐　1件（2005FCH31：1）。夹砂灰陶。斜折沿，尖圆唇，圆肩。肩腹部饰绳纹。口径17.6、残高5.6厘米（图一九八，1）。

陶盆　1件（2005FCH31：3）。夹砂灰褐陶。敛口，方唇，直腹。腹部饰两道弦纹及绳纹。口径36、残高6.8厘米（图一九八，2）。

根据地层叠压关系和坑内包含物推断，时代属于战国时期。

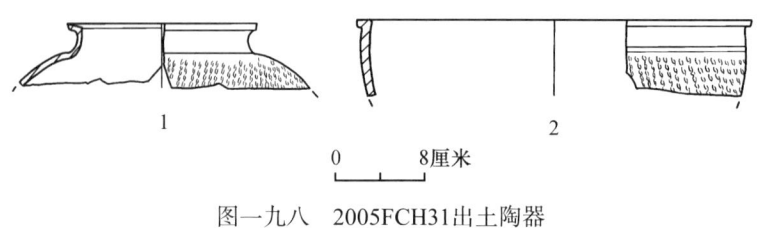

图一九八　2005FCH31出土陶器
1.罐（2005FCH31：1）　2.盆（2005FCH31：3）

（三十二）2005FCH32

2005FCH32位于2005FCT2023内，叠压于2005FCT2023⑧下，打破生土。平面接近方形，直壁，平底略有起伏。长约175、宽170、深34厘米。

坑内堆积呈灰黑色，土质较松软。包含少量泥质陶片，以夹砂灰褐陶片居多，部分饰绳纹。

根据地层叠压关系和坑内包含物推断，时代属于战国时期。

（三十三）2005FCH33

1. 形制结构

2005FCH33位于2005FCT2023内，叠压于2005FCT2023⑧下，打破2005FCH34和生土。平面略呈长方形。口大底小，斜壁，平底。坑口长约145、宽100、深70厘米（图一九九）。

2. 出土遗物

坑内堆积为灰色砂土，夹杂少量红烧土颗粒和炭屑，土质较疏松。包含物有夹砂黄褐陶、灰褐陶片，可辨器型有釜、圈足豆、缸。

陶釜　1件（2005FCH33：1）。夹砂灰褐陶。侈口，圆唇，斜肩。腹部饰绳纹。口径20、残高8厘米（图二〇〇，2）。

陶圈足豆　1件（2005FCH33：2）。夹砂灰褐陶。残存圈足。底径8.8、残高3.6厘米（图二〇〇，3）。

陶缸　1件（2005FCH33：3）。夹砂黄褐陶。直口，方唇。口沿饰戳印方格纹。残高6.2厘米（图二〇〇，1）。

根据地层叠压关系和坑内包含物推断，时代属于战国时期。

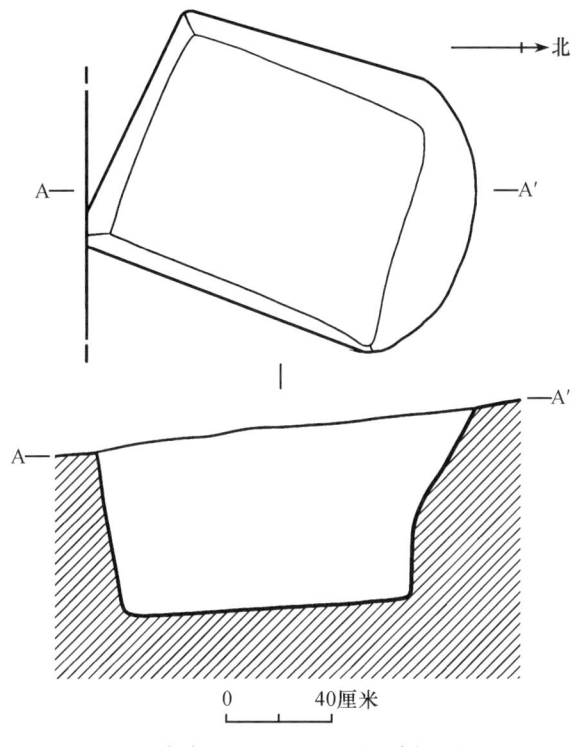

图一九九　2005FCH33平、剖面图

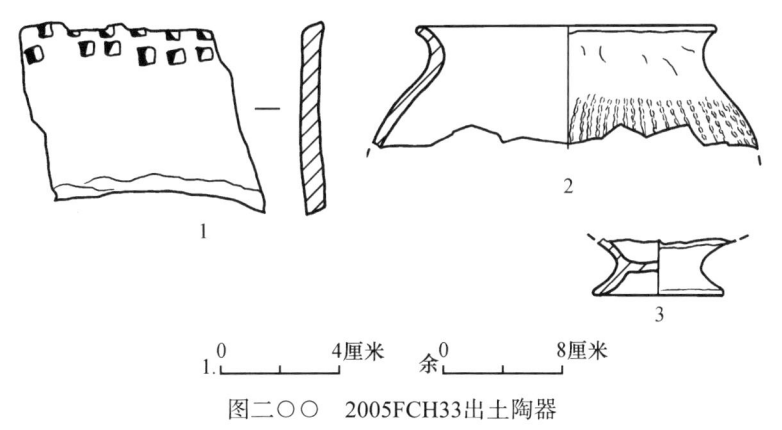

图二〇〇　2005FCH33出土陶器
1.缸（2005FCH33：3）　2.釜（2005FCH33：1）　3.圈足豆（2005FCH33：2）

（三十四）2005FCH34

2005FCH34位于2005FCT2023内，部分伸入2005FCT2022北隔梁未发掘，叠压于2005FCT2023⑧下，打破生土，被2005FCH9、2005FCH33打破。发掘部分呈长条形，斜壁，平底。长94、宽48、深22厘米。

坑内堆积呈灰黑色，土质较松软，大部分被破坏，包含物较少，仅发现几块泥质陶片。

根据地层叠压关系和坑内包含物推断，时代属于战国时期。

（三十五）2005FCH35

2005FCH35位于2005FCT1624内，部分伸入本方北隔梁未发掘，叠压于2005FCT1624⑤下，打破第6层。发掘部分呈长条形，直壁，平底。长约185、宽60～110、深24厘米。

坑内堆积呈灰黑色，夹杂烧土粒、草木灰，土质较松软。包含少量泥质陶片，部分饰绳纹。根据地层叠压关系和坑内包含物推断，时代属于战国时期。

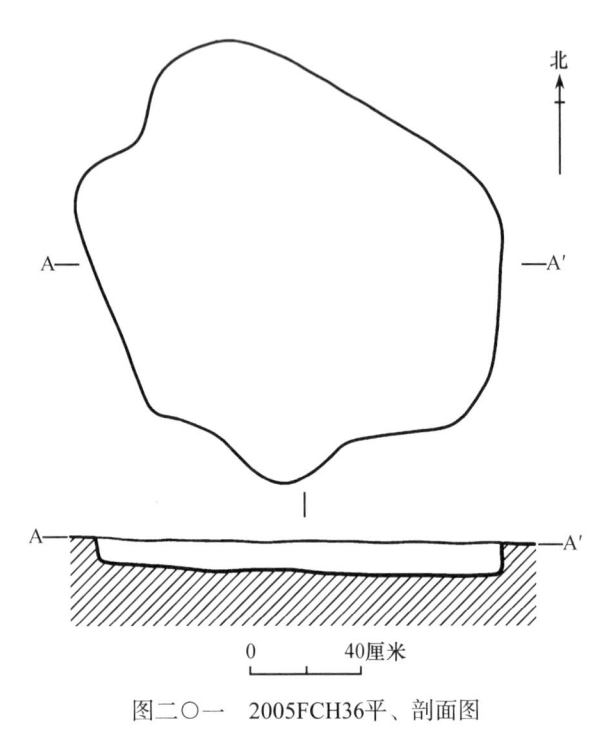

图二〇一　2005FCH36平、剖面图

（三十六）2005FCH36

1. 形制结构

2005FCH36位于2005FCT2020内，叠压于2005FCT2020④a下，打破第7层和2005FCH42。平面呈不规则形，直壁，平底略有起伏。长约250、宽200、深12～16厘米（图二〇一）。

2. 出土遗物

坑内堆积呈灰黑色，夹杂少量石块，土质较松软，包含物有夹砂灰褐陶、灰陶片，可辨器型有豆、圈足器。

陶豆　2件（2005FCH36：1、2005FCH36：2）。夹砂灰褐陶。矮圈足。2005FCH36：1，残存圈足。底径9、残高4厘米（图二〇二，4）。2005FCH36：2，直口微敛，尖唇，浅腹，圈足较高。口径10、底径6.4、高5.4厘米（图二〇二，1）。

陶圈足器　2件（2005FCH36：3、2005FCH36：4）。残存圈足颈部。2005FCH36：3，夹砂灰褐陶。浅腹。残高4.5厘米（图二〇二，2）。2005FCH36：4，夹砂灰陶。弧腹较深。残高3.2厘米（图二〇二，3）。

根据地层叠压关系和坑内包含物推断，时代属于战国时期。

（三十七）2005FCH37

2005FCH37位于2005FCT1920内，部分伸入本方北隔梁未发掘，叠压于2005FCT1920⑦下，打破第8层。发掘部分略呈半圆形，斜壁，坑底为锅底状。长约78、宽50、深26厘米。

坑内堆积为灰褐色，夹杂大量炭屑，土质松软、湿润。包含物只见零星泥质陶片。

根据地层叠压关系和坑内包含物推断，时代属于战国时期。

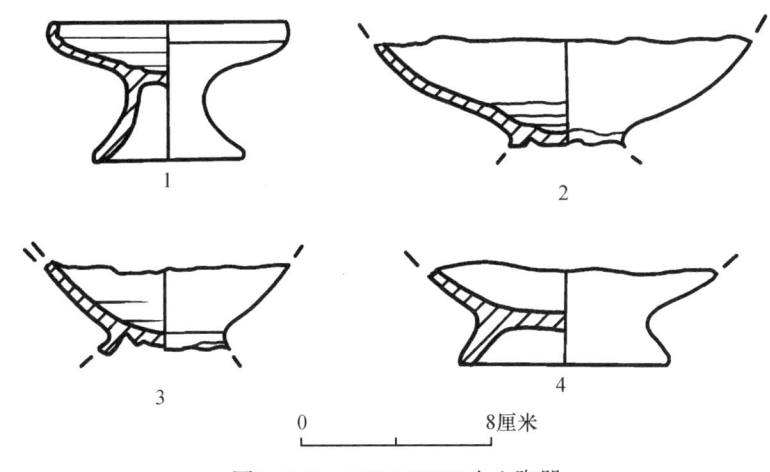

图二〇二 2005FCH36出土陶器

1、4. 豆（2005FCH36：2、2005FCH36：1）　2、3. 圈足器（2005FCH36：3、2005FCH36：4）

（三十八）2005FCH38

2005FCH38位于2005FCT1822内，部分伸入本方东隔梁、2005FCT1821北隔梁未发掘，叠压于2005FCT1822⑦下，打破第8层和生土。东部被地层破坏，与2005FCG12关系不明。发掘部分为椭圆形，直壁，平底。半径106～136、深40厘米。

坑内堆积呈灰黑色，夹杂红烧土颗粒、木炭、草木灰，土质较松软。包含少量夹粗砂红褐陶。陶质疏松，火候较低。

根据地层叠压关系和坑内包含物推断，时代属于战国时期。

（三十九）2005FCH39

2005FCH39位于2005FCT1922内，部分伸入2005FCT1921北隔梁未发掘，叠压于2005FCT1922⑦下，打破第8层和生土。发掘部分呈三角形，坑壁较斜，底部不平起伏较大。长约260、宽66、深46厘米。

坑内堆积呈灰黑色，土质较紧密。包含少量泥质红褐陶。

根据地层叠压关系和坑内包含物推断，时代属于战国时期。

（四十）2005FCH40

2005FCH40位于2005FCT1921内，部分伸入本方东隔梁和2005FCT1920北隔梁未发掘，叠压于2005FCT1921⑧下，打破生土。发掘部分呈椭圆形，斜壁，平底略有起伏。半径140～190、深30厘米。

坑内堆积为黄褐色，夹杂较多炭屑，土质较紧密。包含物有夹砂红陶、褐陶片，部分饰绳纹。

根据地层叠压关系和坑内包含物推断，时代属于战国时期。

（四十一）2005FCH41

2005FCH41位于2005FCT1720内，部分伸入2005FCT1620东隔梁未发掘，叠压于2005FCT1720④b下，打破生土。发掘部分呈不规则形，斜壁，平底。长约190、宽80~206、深36厘米。

坑内堆积为深灰褐色，夹杂零星木炭、红烧土颗粒，土质较疏松。包含物较少，有夹砂灰陶、红褐陶等，烧制火候较高，硬度较大，部分陶片饰绳纹。

根据地层叠压关系和坑内包含物推断，时代属于汉代。

（四十二）2005FCH42

2005FCH42位于2005FCT2020内，部分伸入本方东、北隔梁未发掘，叠压于2005FCT2020④a下，打破第7、8层和生土，南部被2005FCH36打破。发掘部分为长条形，坑壁南部呈阶梯状，东西壁较为竖直，底部凹凸不平。长约210、宽84~106、深110厘米。

坑内堆积为灰黑色，夹杂大量红烧土颗粒、炭屑和石块。包含物有泥质红陶、灰陶，部分陶片饰刻划纹。

根据地层叠压关系和坑内包含物推断，时代属于战国时期。

（四十三）2005FCH43

1. 形制结构

2005FCH43位于2005FCT1624内，部分伸入本方东隔梁，叠压于2005FCT1624⑤下，打破第6~8层，西部被2005FCG1打破。平面近似圆形，斜壁，平底。直径64~74、深60厘米（图二〇三）。

2. 出土遗物

坑内堆积呈灰褐色，土质较疏松。包含物有泥质灰褐陶。部分饰绳纹，器型有罐。

陶罐　1件（2005FCH43:1）。泥质灰褐陶。平折沿，方唇，圆肩。肩部饰绳纹。口径14、残高7.5厘米（图二〇四）。

根据地层叠压关系和坑内包含物推断，时代属于战国时期。

（四十四）2005FCH44

2005FCH44位于2005FCT1924内，部分伸入2005FCT1824东隔梁、本方北隔梁未发掘，叠压于2005FCT1924⑧下，打破生土。近似椭圆形，直壁，平底略有起伏。直径80~160、深28

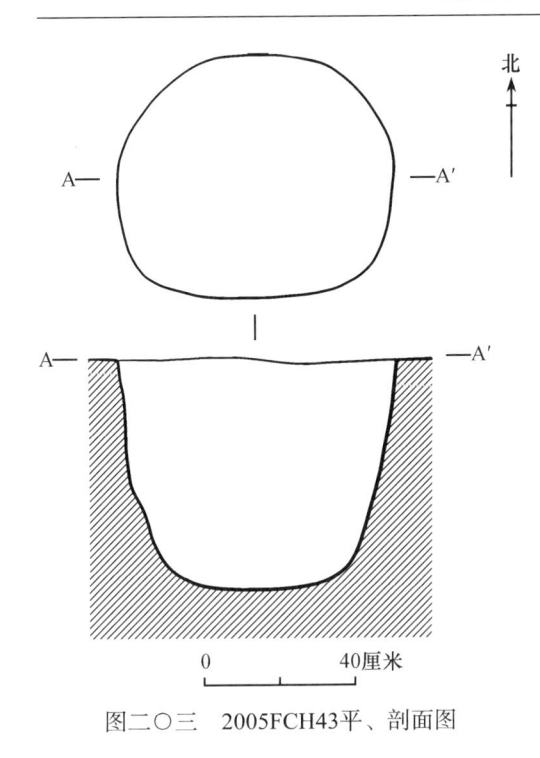

图二〇三　2005FCH43平、剖面图

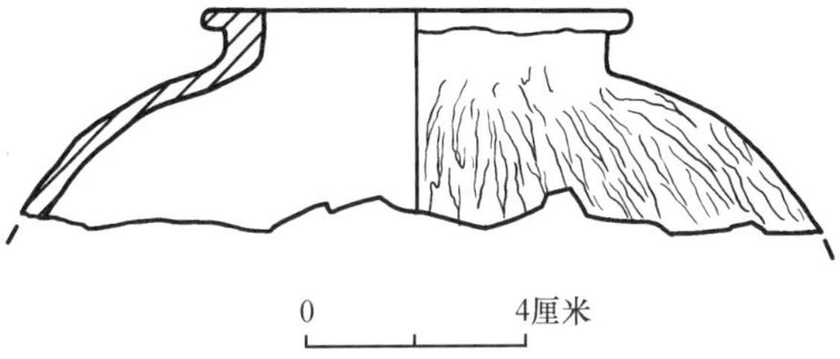

图二〇四　2005FCH43出土陶罐（2005FCH43∶1）

厘米。

坑内堆积为灰色砂土，土质较松软。包含零星夹粗砂红褐陶。少量饰绳纹和附加堆纹。根据地层叠压关系和坑内包含物推断，时代属于战国时期。

（四十五）2005FCH45

1. 形制结构

2005FCH45位于2005FCT2019内，部分伸入2005FCT1919东隔梁未发掘，叠压于2005FCT2019④a下，打破生土，被近现代沟打破。发掘部分近似椭圆形，直壁，底呈梯状。长径168、短径90、深52厘米（图二〇五）。

2. 出土遗物

坑内堆积为灰褐色，夹杂大量红烧土颗粒和石块，土质较松软。包含物有陶器和铁器。陶器以泥质陶为主，可辨器型有豆、罐。

（1）铁器

锸　1件（2005FCH45∶9）。锈蚀严重残缺。原为"U"形，横截面呈楔形。残长8.9、宽7.7厘米（图二〇六，6）。

（2）陶器

器型有圈足豆、罐、中柄豆、平底器底、瓮。

圈足豆　2件（2005FCH45∶2、2005FCH45∶3）。2005FCH45∶2，夹砂灰陶。残存口沿。侈口，圆唇，腹部斜收。残高4.8厘米（图二〇六，4）。2005FCH45∶3，夹砂灰褐陶。仅

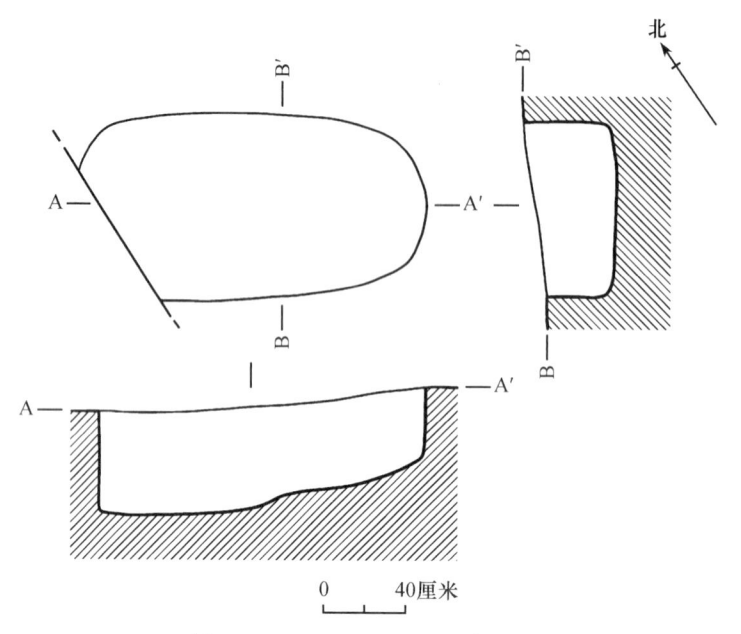

图二〇五　2005FCH45平、剖面图

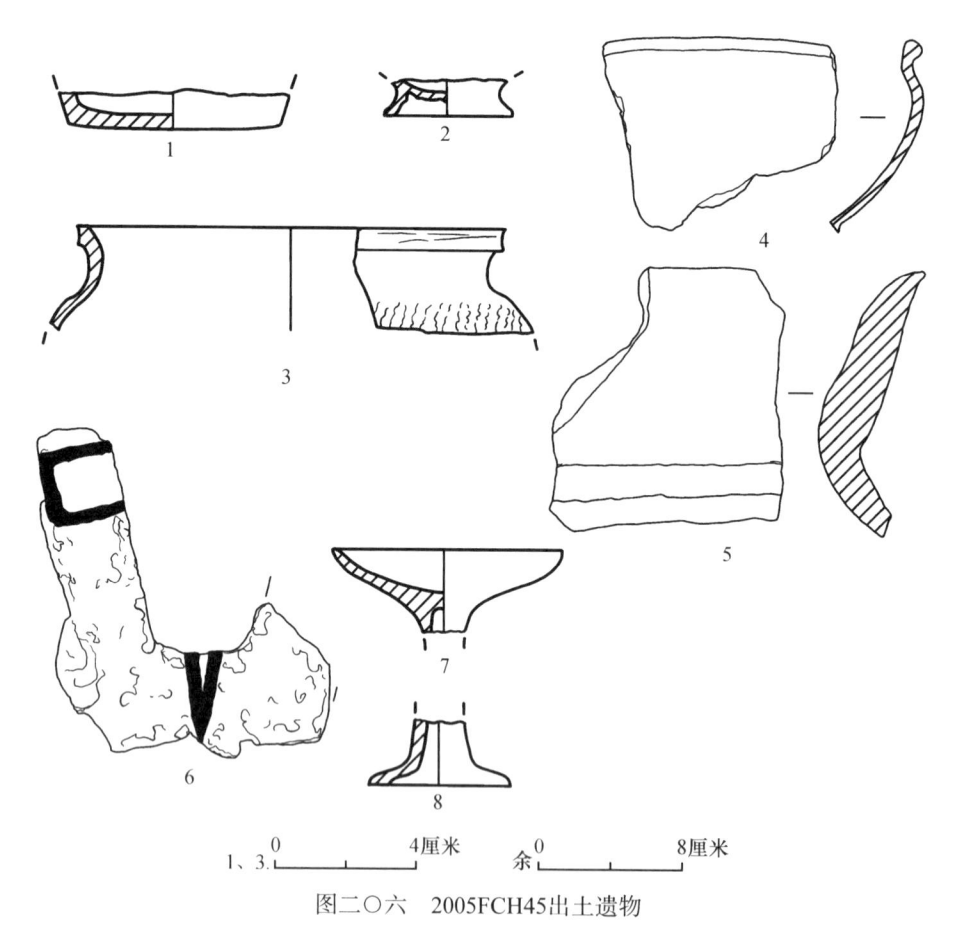

图二〇六　2005FCH45出土遗物

1. 陶平底器底（2005FCH45：7）　2、4. 陶圈足豆（2005FCH45：3、2005FCH45：2）　3. 陶罐（2005FCH45：4）
5. 陶瓮（2005FCH45：8）　6. 铁锸（2005FCH45：9）　7、8. 陶中柄豆（2005FCH45：6、2005FCH45：5）

存喇叭形矮圈足。底径7、残高2.3厘米（图二〇六，2）。

罐　1件（2005FCH45：4）。夹砂灰陶。侈口，尖唇，折肩。肩腹部饰绳纹。口径24、残高5.6厘米（图二〇六，3）。

中柄豆　2件（2005FCH45：5、2005FCH45：6）。2005FCH45：5，泥质灰褐陶。喇叭状圈足，上部残。底径8、残高3.6厘米（图二〇六，8）。2005FCH45：6，泥质灰陶。残存豆盘，敞口，尖唇，浅腹。口径13、残高4.5厘米（图二〇六，7）。

平底器底　1件（2005FCH45：7）。夹砂灰陶。底径12、残高2厘米（图二〇六，1）。

瓮　1件（2005FCH45：8）。夹砂灰褐陶。斜领，领部加厚，尖圆唇。残高7.2厘米（图二〇六，5）。

根据地层叠压关系和坑内包含物推断，时代属于战国时期。

（四十六）2005FCH46

2005FCH46位于2005FCT2022内，部分伸入本方东、北隔梁未发掘，叠压于2005FCT2022⑧下，打破生土。发掘部分近似椭圆形，直壁，平底。长径92、短径70、深64厘米。

坑内堆积呈浅灰色，土质较松软，包含零星泥质灰褐陶片，难辨器型。

根据地层叠压关系和坑内包含物推断，时代属于战国时期。

（四十七）2005FCH47

1. 形制结构

2005FCH47位于2005FCT2122内，部分伸入2005FCT2022东隔梁、本方北隔梁未发掘，叠压于2005FCT2122④a下，打破第7、8层和生土。坑口为长方形，直壁，平底。长110、宽84、深112厘米（图二〇七）。

2. 出土遗物

坑内堆积呈灰黑色，土质较松软。包含物有陶器和少量兽骨。

陶器共出土10件，以泥质陶为主，多为素面，器型有圈足豆、盆、平底器底、瓮、罐、中柄豆、器盖。

陶圈足豆　2件（2005FCH47：1、2005FCH47：3）。仅存喇叭状矮圈足。2005FCH47：1，泥质灰褐陶。底径8、残高3.8厘米（图二〇八，6）。2005FCH47：3，泥质黑陶。底径9、残高4厘米（图二〇八，7）。

陶盆　1件（2005FCH47：2）。泥质黑陶。平折

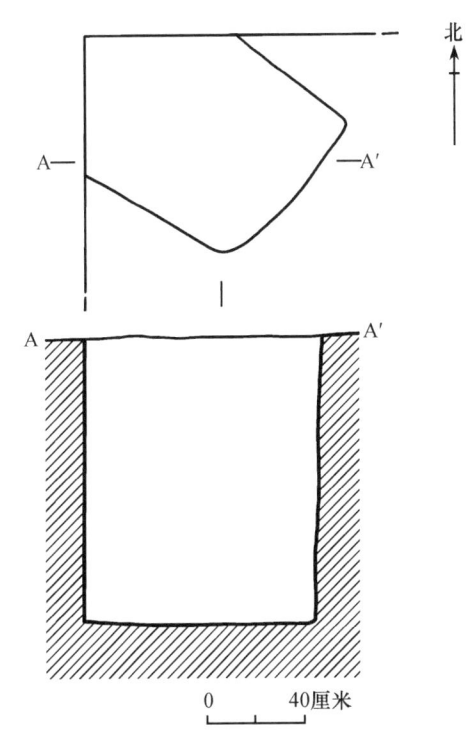

图二〇七　2005FCH47平、剖面图

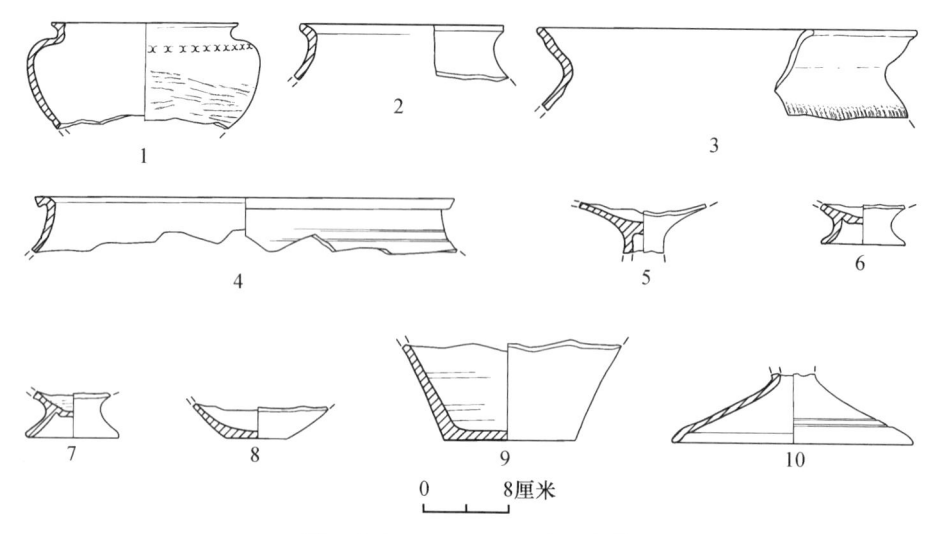

图二〇八　2005FCH47出土陶器

1、2.罐（2005FCH47：6、2005FCH47：10）　3.瓮（2005FCH47：5）　4.盆（2005FCH47：2）　5.中柄豆（2005FCH47：7）
6、7.圈足豆（2005FCH47：1、2005FCH47：3）　8、9.平底器底（2005FCH47：4、2005FCH47：9）　10.器盖（2005FCH47：8）

沿，方唇。颈部饰弦纹。口径40、残高4.7厘米（图二〇八，4）。

陶平底器底　2件（2005FCH47：4、2005FCH47：9）。均为平底。2005FCH47：4，夹砂灰褐陶。平底较小，器壁与底夹角较大。底径6、残高3厘米（图二〇八，8）。2005FCH47：9，夹砂灰褐陶。器壁与底夹角较小。底径12、残高9厘米（图二〇八，9）。

陶瓮　1件（2005FCH47：5）。夹砂灰褐陶。斜领，圆唇，束颈。腹部饰绳纹。口径36、残高8厘米（图二〇八，3）。

陶罐　2件（2005FCH47：6、2005FCH47：10）。2005FCH47：6，夹砂灰陶。平折沿，尖唇，圆肩，鼓腹斜收，底部残。肩腹处饰一圈"x"纹。口径18、肩径22、残高9.8厘米（图二〇八，1）。2005FCH47：10，夹砂灰陶。斜折沿，圆唇。口径19、残高5厘米（图二〇八，2）。

陶中柄豆　1件（2005FCH47：7）。泥质灰陶。残存盘与豆柄交接处。残高5厘米（图二〇八，5）。

陶器盖　1件（2005FCH47：8）。泥质黑陶。器壁斜直。底径23、残高6.5厘米（图二〇八，10）。

根据地层叠压关系和坑内包含物推断，时代属于战国时期。

（四十八）2005FCH48

1. 形制结构

2005FCH48位于2005FCT2122内，叠压于2005FCT2122⑧下，打破生土。平面为椭圆形，直壁平底，坑壁有加工痕迹，西壁有一台阶。长径125、短径100、深44厘米（图二〇九）。

2. 出土遗物

坑内堆积为灰褐色砂土，土质松软。包含大量夹砂陶，以灰褐陶为主，可辨器型有罐。

陶罐　1件（2005FCH48：2）。夹砂灰褐陶。平折沿，方唇，肩微折。腹部饰绳纹。口径22、残高4.8厘米（图二一〇）。

根据地层叠压关系和坑内包含物推断，时代属于战国时期。

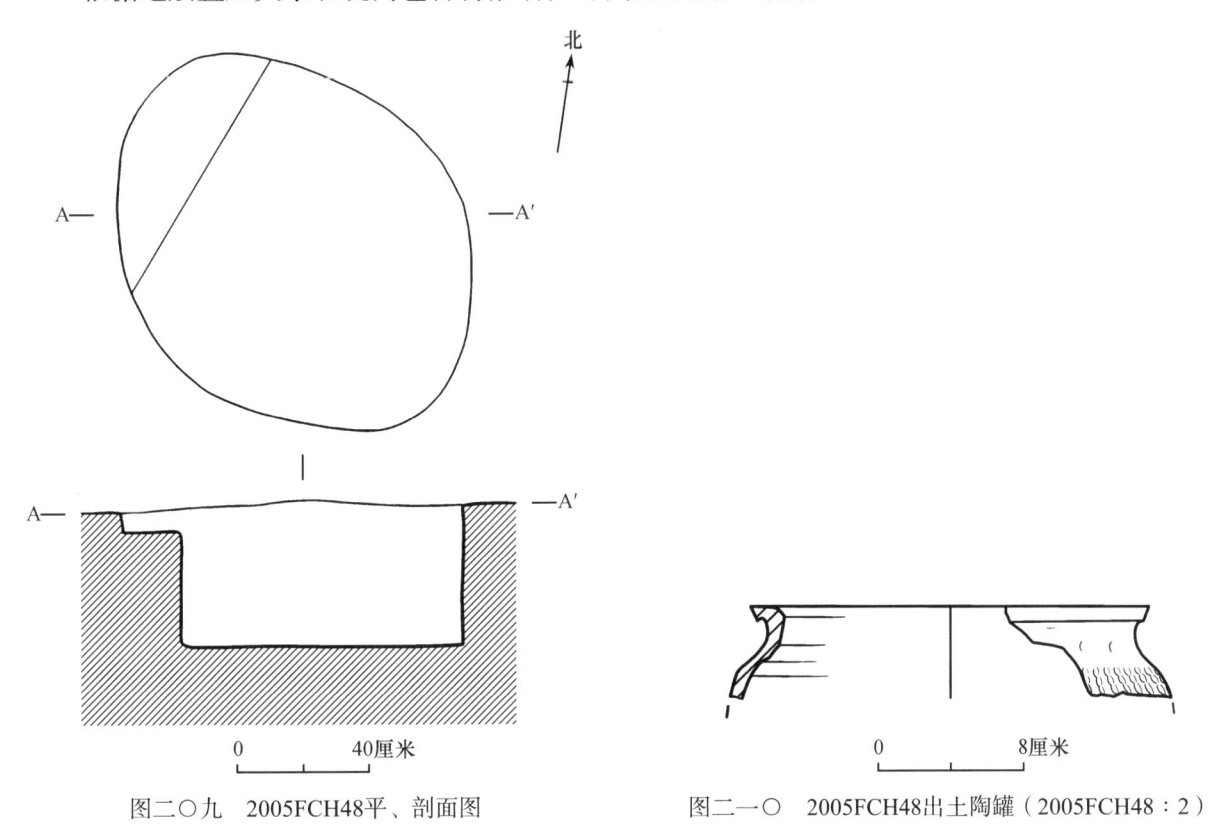

图二〇九　2005FCH48平、剖面图

图二一〇　2005FCH48出土陶罐（2005FCH48：2）

（四十九）2005FCH49

2005FCH49位于2005FCT2019内，部分伸入2005FCT1919东隔梁未发掘，叠压于2005FCT2019④a下，打破生土，根据发掘部分推测近似椭圆形，斜壁，平底略有起伏。长183、宽50、深42厘米。

坑内堆积呈灰褐色，夹杂大量红烧土颗粒、炭屑和石块，土质较疏松，包含物有夹砂灰褐陶。难辨器型。

根据地层叠压关系和坑内包含物推断，时代属于战国时期。

（五十）2005FCH50

1. 形制结构

2005FCH50位于2005FCT1426、2005FCT1526内，2005FCT1426东隔梁内部分未发掘，叠压于2005FCT1526⑤下，打破第7层。平面呈不规则长条形，斜壁，平底。长320、宽40~176、深32厘米。

2. 出土遗物

坑内堆积为灰黑色，土质较松软。包含夹砂陶，以灰褐陶为主，可辨器型有圈足豆、罐、釜。

陶圈足豆　2件（2005FCH50∶1、2005FCH50∶2）。2005FCH50∶1，夹砂灰褐陶。残存盘与圈足连接处，弧腹。残高6厘米（图二一一，4）。2005FCH50∶2，夹砂灰褐陶。残存豆盘，侈口，尖圆唇，腹斜收。口径16、残高5.2厘米（图二一一，3）。

陶罐　1件（2005FCH50∶3）。夹砂灰褐陶。斜折沿，方唇，折肩。腹部饰绳纹。口径20、残高5.5厘米（图二一一，2）。

陶釜　1件（2005FCH50∶4）。夹砂灰褐陶。侈口，圆唇，斜肩。残高5.2厘米（图二一一，1）。

根据地层叠压关系和坑内包含物推断，时代属于战国时期。

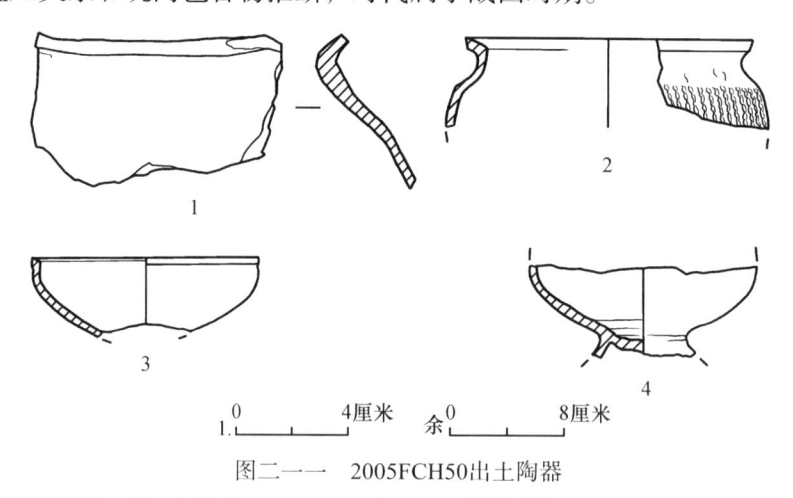

图二一一　2005FCH50出土陶器
1. 釜（2005FCH50∶4）　2. 罐（2005FCH50∶3）　3、4. 圈足豆（2005FCH50∶2、2005FCH50∶1）

（五十一）2005FCH51（H57）[①]

2005FCH51（H57）位于2005FCT1723、2005FCT1724内，2005FCT1723北隔梁内部分未发掘，叠压于2005FCT1723⑦下，打破第8层、2005FCM15和生土，被2005FCG1打破。近似椭圆形，直壁，平底略有起伏。长径198、短径108、深48厘米（图二一二）。

坑内堆积为深灰色，夹杂大量红烧土颗粒、木炭和草木灰，土质较疏松。包含物有泥质红褐陶、红陶等。

根据地层叠压关系和坑内包含物推断，时代属于战国时期。

（五十二）2005FCH52

2005FCH52位于2005FCT1821内，部分伸入本方北隔梁、2005FCT1721东隔梁未发掘，叠压于2005FCT1821⑦下，打破第8层和生土。近似扇形，直壁，平底略有起伏。半径120～175、深55厘米。

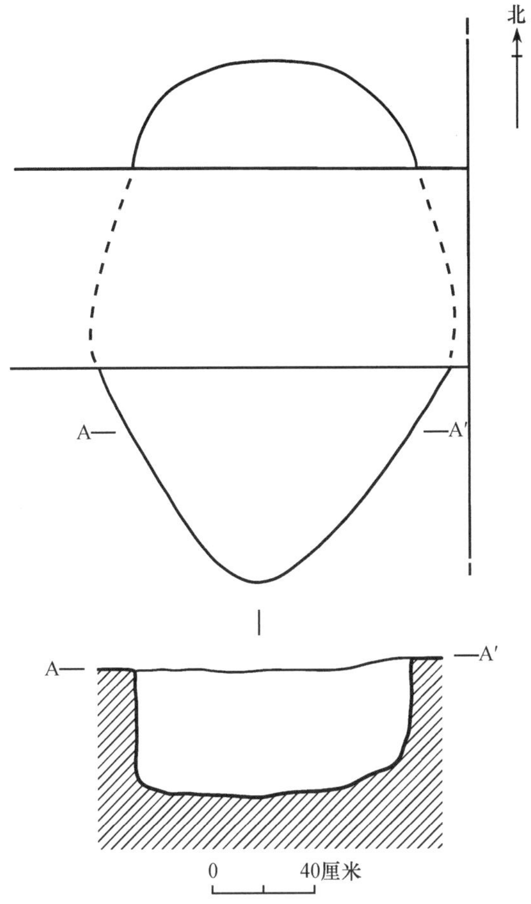

图二一二　2005FCH51（H57）平、剖面图

坑内堆积呈灰黑色，夹杂少量炭屑和红烧土颗粒。包含物有夹砂灰褐陶。可辨器型有豆。

根据地层叠压关系和坑内包含物推断，时代属于战国时期。

（五十三）2005FCH53

2005FCH53位于2005FCT2019内，部分伸入2005FCT2019北隔梁未发掘，叠压于2005FCT2019⑧下，打破生土，西部被2005FCG10打破。发掘部分呈半圆形，斜壁，底部略有起伏。长100、宽62、深18厘米。

坑内堆积呈灰褐色，夹杂红烧土颗粒，土质较疏松。包含较多泥质碎陶片。

根据地层叠压关系和坑内包含物推断，时代属于在战国时期。

[①]　在资料整理时对比2005FCH51、2005FCH57两座灰坑位置、层位关系和填土土质土色，认为2座灰坑是同一个灰坑。

（五十四）2005FCH54

2005FCH54位于2005FCT1822内，部分伸入2005FCT1822北隔梁未发掘，叠压于2005FCT1822⑦下，打破第8层和生土。从发掘部分看为长方形，直壁，平底。长190、宽30～104、深28厘米。

坑内堆积呈深灰色，夹杂零星红烧土颗粒，土质较紧密。未发现包含物。

根据地层叠压关系推断，时代属于战国时期。

（五十五）2005FCH55

2005FCH55位于2005FCT1822内，叠压于2005FCT1822⑦下，打破第8层和生土。平面近似椭圆形，直壁，平底。长径52、短径44、深20厘米。

坑内堆积呈深灰色，夹杂大量草木灰、炭屑和红烧土颗粒，土质较紧密。未发现包含物。

根据地层叠压关系推断，时代属于战国时期。

（五十六）2005FCH56

1. 形制结构

2005FCH56位于2005FCT1920内，部分伸入2005FCT1820东隔梁未发掘，叠压于2005FCT1920④a下，打破生土，北部被2005FCG10和近现代沟打破。发掘部分呈扇形，斜壁，平底。半径100～127、深22厘米。

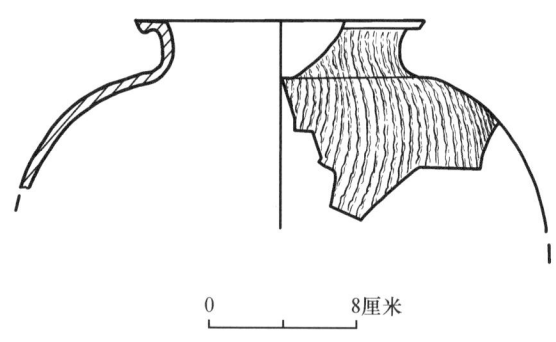

图二一三　2005FCH56出土陶罐（2005FCH56∶1）

2. 出土遗物

坑内堆积为灰褐色，夹杂大量红烧土颗粒、炭屑和石块，土质较松软。包含物有泥质红陶、灰黄陶等，可辨器型有罐。

陶罐　1件（2005FCH56∶1）。泥质灰黄陶。平折沿，方唇，圆肩。器身饰绳纹。口径16、残高10.4厘米（图二一三）。

根据地层叠压关系和坑内包含物推断，时代属于战国时期。

（五十七）2005FCH58

2005FCH58位于2005FCT1821内，部分伸入2005FCT1820北隔梁未发掘，叠压于2005FCT1821⑦下，打破第8层和生土。发掘部分近似三角形，直壁，平底。长100、宽45、深45厘米。

坑内堆积呈灰黑色，夹杂大量红烧土颗粒和草木灰。

根据地层叠压关系推断，时代属于战国时期。

（五十八）2005FCH59

2005FCH59位于2005FCT1623内，部分伸入2005FCT1622北隔梁、本方东隔梁未完全发掘，叠压于2005FCT1623⑦下，打破第8层、2005FCH61和2005FCM13。平面近似圆形，弧壁，平底。直径120、深36厘米。

坑内堆积呈淡灰色，夹杂烧土粒、炭屑和石块，土质较松软，包含零星夹砂褐陶。部分饰绳纹。

根据地层叠压关系和坑内包含物推断，时代属于战国时期。

（五十九）2005FCH60

2005FCH60位于2005FCT1624内，部分伸入2005FCT1524东隔梁未发掘，叠压于2005FCT1624⑦下，打破第8层和生土。发掘部分为长条形，直壁，平底。长130、宽80～115、深70厘米。

坑内堆积呈深灰色，土质松软。包含少量夹砂红褐陶。部分陶片饰绳纹。

根据地层叠压关系和坑内包含物推断，时代属于战国时期。

（六十）2005FCH61

2005FCH61位于2005FCT1623内，部分伸入本方东隔梁未发掘，叠压于2005FCT1623⑦下，打破第8层和生土，同时打破2005FCH63、2005FCM13，被2005FCH59打破。平面为长条形，直壁，平底。长205、宽90、深65厘米。

坑内堆积呈淡褐色，土质松软，包含少量夹砂陶片，火候较低，部分饰绳纹。

根据地层叠压关系和坑内包含物推断，时代属于战国时期。

（六十一）2005FCH62

2005FCH62位于2005FCT1525内，部分伸入2005FCT1524北隔梁未发掘，叠压于2005FCF4垫土②下，打破2005FCT1525⑧和生土。发掘部分近似半个椭圆形，弧壁。直径156~78、深66厘米。

坑内堆积呈灰黑色，夹杂大量炭屑、红烧土粒和动物骨头，土质松软，包含少量夹砂褐陶。部分饰绳纹。

根据地层叠压关系和坑内包含物推断，时代属于战国时期。

（六十二）2005FCH63

2005FCH63位于2005FCT1623内，部分伸入本方东隔梁未发掘，叠压于2005FCT1623⑦下，打破第8层和生土，南部被2005FCH61打破。发掘部分为长条形，直壁，平底。长210、宽130、深70厘米。

坑内堆积呈深灰色，夹杂较多红烧土粒、炭屑和石块，土质松软，包含物有少量夹砂灰褐陶。部分陶片饰绳纹。

根据地层叠压关系和坑内包含物推断，时代属于战国时期。

（六十三）2005FCH64

2005FCH64位于2005FCT1322内，叠压于2005FCT1322⑥下，打破第7层和生土。平面近似圆形，弧壁，圜底。直径140、深45厘米。

坑内堆积呈灰黑色，夹杂少量烧土颗粒，土质疏松。包含零星泥质褐陶、红陶，部分陶片饰绳纹。

根据地层叠压关系和坑内包含物推断，时代属于战国时期。

（六十四）2005FCH65

2005FCH65位于2005FCT1522内，部分伸入2005FCT1521北隔梁未发掘，叠压于2005FCT1522⑦下，打破生土。发掘部分接近三角形，斜壁，壁面凹凸不平，平底。长250、宽80、深73厘米。

坑内堆积呈灰褐色，夹杂大量红烧土颗粒和石块，土质较疏松。包含少量夹砂红陶，大多为残片，难辨器型。

根据地层叠压关系和坑内包含物推断，时代属于战国时期。

（六十五）2005FCH66

2005FCH66位于2005FCT1422、2005FCT1522内，部分伸入2005FCT1421北隔梁，两个隔梁内部分未发掘，叠压于2005FCT1522⑦下，打破生土。平面为长条形，弧壁，平底略有起伏。长520、宽40~190、深70厘米（图二一四）。

坑内堆积呈灰色，夹杂较多红烧土块和草木灰，土质较疏松。包含零星泥质红陶和灰陶，部分饰绳纹、网格纹。

根据地层叠压关系和坑内包含物推断，时代属于战国时期。

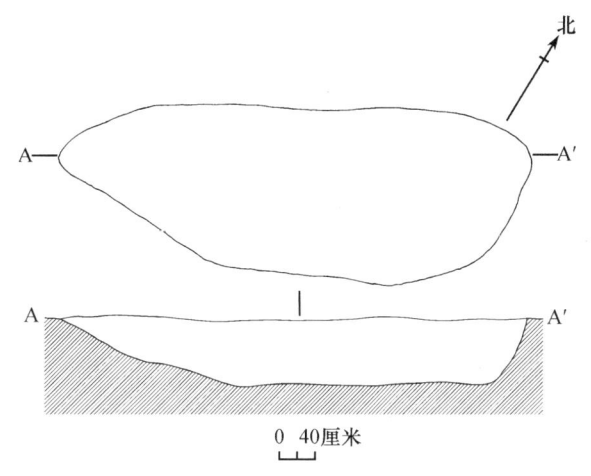

图二一四　2005FCH66平、剖面图

（六十六）2006FCH1

2006FCH1位于2006FCT0108内，部分伸入本方北隔梁未发掘，叠压于2006FCT0108①b下，打破生土。发掘部分近似椭圆形，口大底小。斜壁，平底。坑口长径365、短径260、深110厘米。

坑内堆积呈浅灰褐色，土质较硬。包含少量素面泥质陶、铁渣和铁块。

根据地层叠压关系和坑内包含物推断，时代属于明清时期。

（六十七）2006FCH3

1. 形制结构

2006FCH3位于2006FCT0105内，叠压于2006FCT0105②下，打破2006FCG7和第3层。平面近似椭圆形，斜壁，平底。长径160、短径118、深24厘米（图二一五）。

2. 出土遗物

坑内堆积呈黄褐色，土质疏松。包含泥质红褐陶、灰陶，部分陶片饰粗绳纹。

陶圈足器　4件（2006FCH3∶1、2006FCH3∶2、2006FCH3∶4、2006FCH3∶6）。均为矮喇叭状圈足，残存圈足部分。2006FCH3∶1，

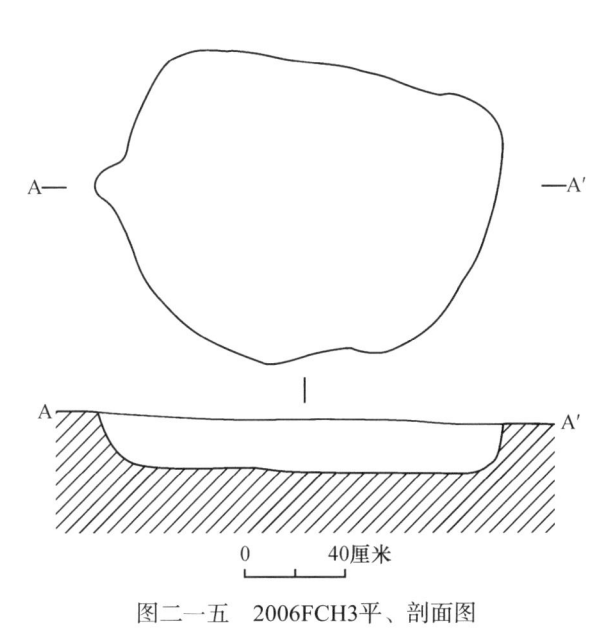

图二一五　2006FCH3平、剖面图

夹细砂红褐陶。圈足较小，器内底内凹，有轮制螺旋纹。足径7、残高2.6厘米（图二一六，6）。2006FCH3：2，夹粗砂红褐陶。圈足较大，器内底内凹，有轮制螺旋纹。足径8、残高2.8厘米（图二一六，7）。

陶釜　2件（2006FCH3：3、2006FCH3：7）。卷沿，圆唇，溜肩。肩部以下饰绳纹。2006FCH3：3，夹粗砂红褐陶。残高7厘米（图二一六，4）。

陶罐　1件（2006FCH3：5）。夹粗砂褐陶。侈口，圆唇，溜肩，器型较小。残高4.3厘米（图二一六，3）。

陶平底器底　1件（2006FCH3：8）。夹粗砂灰褐陶。壁底之间夹角较小。底径15、残高12.6厘米（图二一六，5）。

陶瓮　2件（2006FCH3：9、2006FCH3：12）。斜领，尖圆唇，领部加厚。2006FCH3：9，残高4.6厘米（图二一六，2）。

陶圈足豆　2件（2006FCH3：10、2006FCH3：11）。器壁较薄，器型较小，侈口，弧腹。2006FCH3：11，夹粗砂黑褐陶。表面为黄褐色。残高5厘米（图二一六，1）。

陶器盖　1件（2006FCH3：13）。夹细砂灰褐陶。器型较小，尖唇，器壁斜直。

陶盂　1件（2006FCH3：14）。夹细砂灰褐陶。器型较小，卷平沿，圆唇。

根据地层叠压关系和坑内包含物推断，时代属于战国时期。

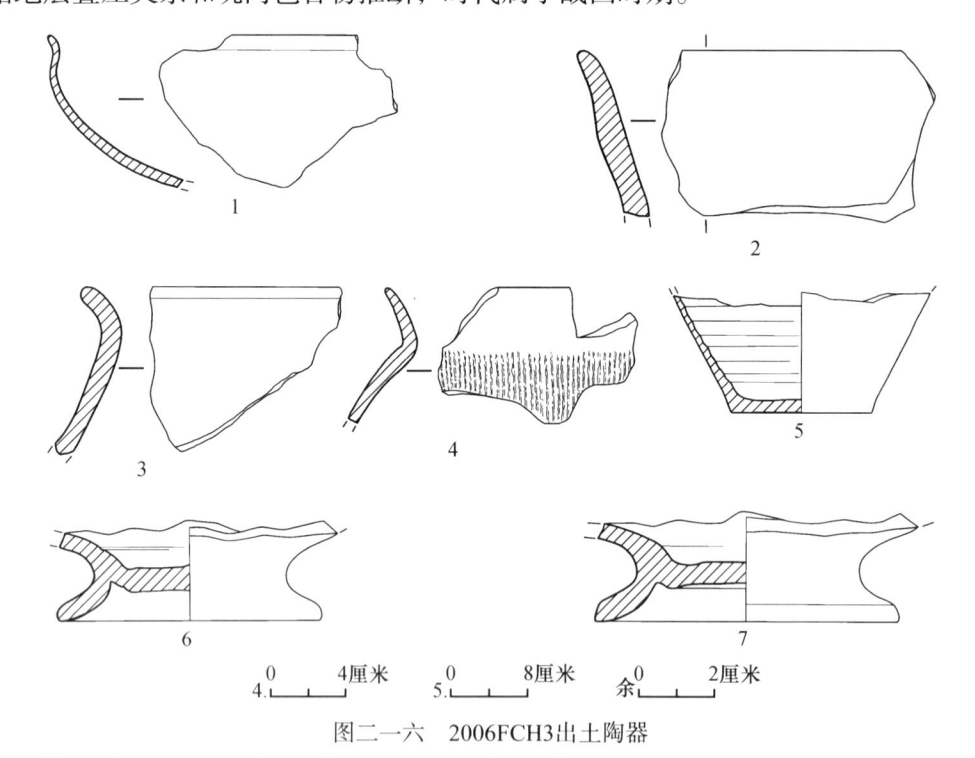

图二一六　2006FCH3出土陶器
1.圈足豆（2006FCH3：11）　2.瓮（2006FCH3：9）　3.罐（2006FCH3：5）　4.釜（2006FCH3：3）
5.平底器底（2006FCH3：8）　6、7.圈足器（2006FCH3：1、2006FCH3：2）

（六十八）2006FCH4

2006FCH4位于2006FCT0113内，部分伸入2006FCT0112北隔梁未发掘，叠压于2006FCT0112②下，打破第3层。发掘部分近似半圆形，口大底小。弧壁，圜底。坑口长102、宽20、深32厘米。

坑内堆积呈青黑色，夹杂木炭粒和草木灰，土质较软。包含少量泥质陶片。

根据地层叠压关系和坑内包含物推断，时代属于战国时期。

（六十九）2006FCH5

1. 形制结构

2006FCH5位于2006FCT0213内，部分伸入本方东隔梁未发掘，叠压于2006FCT0213③下，打破第4层。发掘部分近似长方形，口大底小。斜壁，平底略有起伏。坑口长204、宽90、深56厘米（图二一七）。

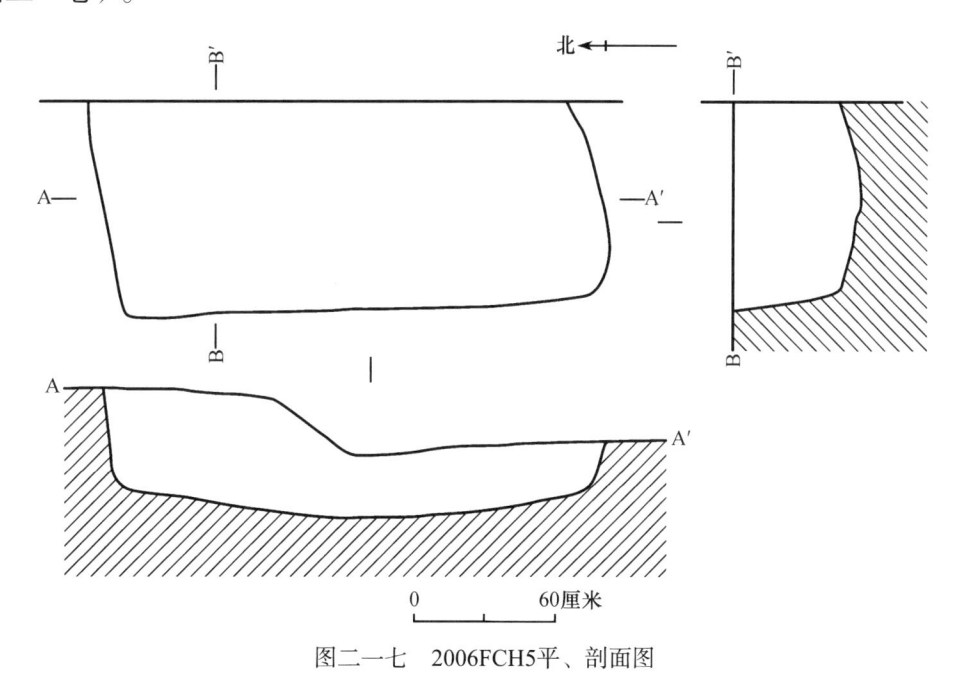

图二一七 2006FCH5平、剖面图

2. 出土遗物

坑内堆积呈灰黑色，夹杂炭粒和石块，土质较软。包含泥质灰陶和夹砂红褐陶、黄褐陶。可辨器型有纺轮、豆、瓮、鼎足、器底等。

陶纺轮 1件（2006FCH5：1）。夹细砂灰陶。纵断面呈六边形，中部有上下贯通孔。直径长3.4、高2.7、孔径0.3厘米（图二一八，9）。

陶瓮 2件（2006FCH5：2、2006FCH5：3、2006FCH5：6）。残存部分口沿，均为泥质

灰陶。尺寸接近，可能为同一件器物。2006FCH5：3，斜领，尖唇，圆肩。肩部饰纵向绳纹。口径32、残高10.4厘米（图二一八，4）。

陶圈足豆　3件（2006FCH5：4、2006FCH5：5、2006FCH5：23）。残存上部，器型较小，器壁较薄，侈口，圆唇，束颈，弧腹。2006FCH5：5，夹细砂灰陶。残高4.8厘米（图二一八，2）。

陶圈足器　1件（2006FCH5：7、2006FCH5：9、2006FCH5：21）。均为矮喇叭形圈足。2006FCH5：7，夹砂灰褐陶。器型较大。下腹斜收，内底凹陷，圈足、腹黏结处直径4.4、残高3.4厘米（图二一八，6）。2006FCH5：21，夹细砂红褐陶。内底凹陷，圈足较小。足径7、残高2.8厘米（图二一八，11）。

陶高柄豆　1件（2006FCH5：8）。夹细砂黑皮陶。残存上部，浅盘，圆柄中空。残高4.8厘米（图二一八，13）。

陶器足　2件（2006FCH5：10、2006FCH5：14）。2006FCH5：10，泥质红褐陶。柱状足较粗。足径2.6、残高9、足径2.6厘米（图二一八，7）。2006FCH5：14，夹砂黄褐陶。足呈锥形，底端弯曲呈"L"形。最大足径2、残长6.8厘米（图二一八，8）。

陶侈口罐　1件（2006FCH5：11）。残存口沿，器壁较薄，器型较小，侈口，尖唇。颈部有一圈凹弦纹，残高6厘米（图二一八，1）。

陶折沿罐　3件（2006FCH5：13、2006FCH5：15、2006FCH5：16、2006FCH5：20）。厚折沿，方唇，束颈，器身较薄。2006FCH5：13，夹细砂黄褐陶。口径18、残高2厘米（图二一八，5）。

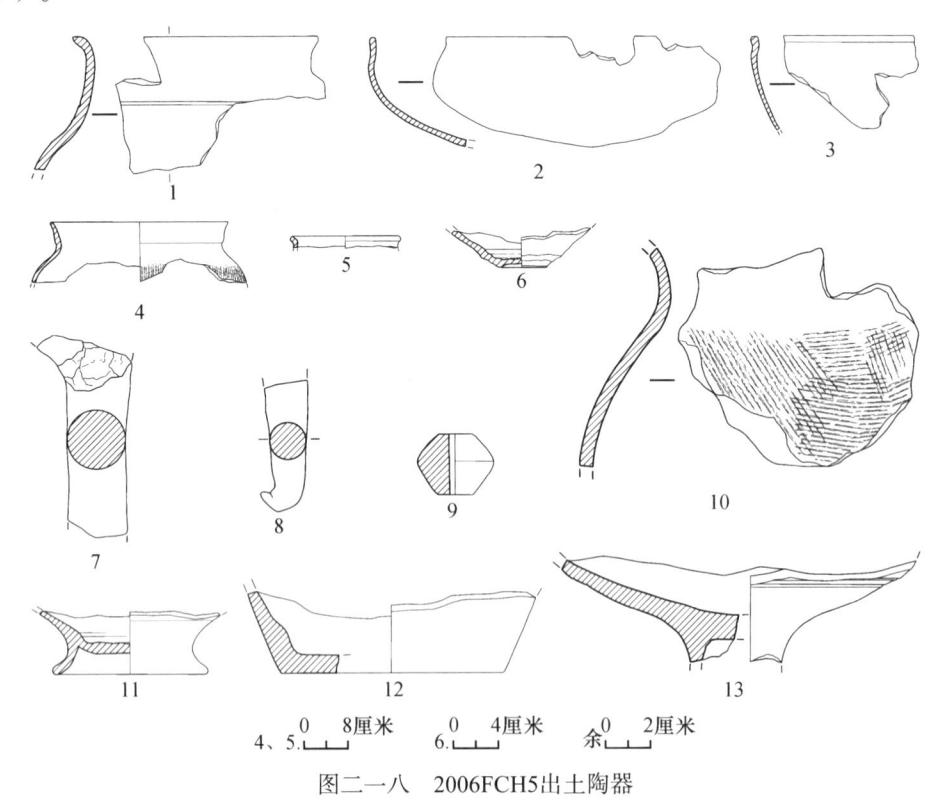

图二一八　2006FCH5出土陶器

1. 侈口罐（2006FCH5：11）　2. 圈足豆（2006FCH5：5）　3. 盂（2006FCH5：18）　4. 瓮（2006FCH5：3）
5. 折沿罐（2006FCH5：13）　6、11. 圈足器（2006FCH5：7、2006FCH5：21）　7、8. 器足（2006FCH5：10、2006FCH5：14）
9. 纺轮（2006FCH5：1）　10. 釜（2006FCH5：22）　12. 平底器（2006FCH5：17）　13. 高柄豆（2006FCH5：8）

陶平底器　1件（2006FCH5：17）。夹细砂褐陶。平底，壁与底夹角较小。底径10、残高3.6厘米（图二一八，12）。

陶盂　2件（2006FCH5：18、2006FCH5：19）。2006FCH5：18，残存口沿。器壁较薄，器型较小，侈口，方唇，腹较深。残高4.1厘米（图二一八，3）。

陶釜　1件（2006FCH5：22）。器壁较厚，残存部分口沿，侈口，尖唇。颈部以下饰交错绳纹。残高9.6厘米（图二一八，10）。

根据地层叠压关系和坑内包含物推断，时代属于战国时期。

（七十）2006FCH6

2006FCH6位于2006FCT0309内，部分伸入本方北隔梁未发掘，叠压于2006FCT0309②下，打破第3层和生土。发掘部分近似椭圆形，弧壁，圜底。长径150、短径130、深30厘米。

坑内堆积呈黑褐色，夹杂炭屑、红烧土粒，土质疏松。包含零星泥质陶片。

根据地层叠压关系和坑内包含物推断，时代属于唐宋时期。

（七十一）2006FXCH67

2006FXCH67位于2006FXCT1618内，部分伸入2006FXCT1518东隔梁未发掘，叠压于2006FXCT1618④下，打破生土。发掘部分为不规则形，弧壁，平底。长105、宽45、深25厘米。

坑内堆积为灰褐色粉砂土，夹杂炭屑和红烧土块，土质较紧密，包含零星泥质陶片。

灰坑早期用途不明，根据地层叠压关系和坑内包含物推断，时代不晚于汉代。

（七十二）2006FXCH68

2006FXCH68位于2006FXCT1618内，叠压于2006FXCT1618④下，打破生土。平面为不规则形，弧壁，平底。长126、宽70～84、深20厘米。

坑内堆积为灰褐色粉砂土，夹杂炭屑、红烧土块和石块等，土质较硬。包含物有泥质红陶、黄褐陶等，均为残片，难辨器型。

灰坑早期用途不明，根据地层叠压关系和坑内包含物推断，时代不晚于汉代。

（七十三）2006FXCH69

2006FXCH69位于2006FXCT1618内，部分伸入2006FXCT1617北隔梁未发掘，叠压于2006FXCT1618④下，打破2006FXCM21、生土。从发掘部分看为椭圆形，直壁，平底。长

75、宽35、深35厘米。

坑内堆积为灰褐色粉砂土，夹杂红烧土粒、炭屑和石块，土质较硬。包含物有夹细砂红陶，均为残片，难辨器型。

根据地层叠压关系和坑内包含物推断，时代不晚于战国。

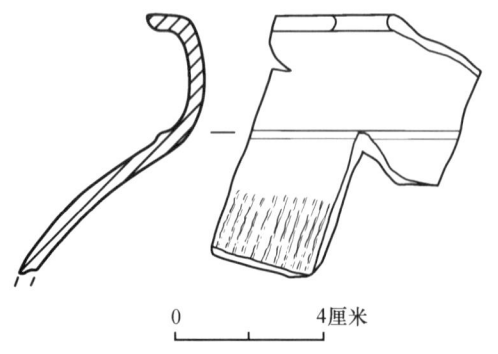

（七十四）2006FXCH70

2006FXCH70位于2006FXCT2018内，部分伸入本方北隔梁未发掘，叠压于2006FXCT2018③下，打破生土。发掘部分近似长条形，弧壁，平底略有起伏。长110、宽66~90、深20厘米。

坑内堆积呈灰褐色，土质较硬。包含少量泥质陶，部分饰绳纹。均为残片，难辨器型。

灰坑早期用途不明。根据地层叠压关系和坑内包含物推断，时代不晚于汉代。

（七十五）2006FXCH71

2006FXCH71位于2006FXCT1918内，叠压于2006FXCT1918③下，打破生土。平面呈不规则形，斜壁，平底。长70、宽40~60、深16厘米。

坑内堆积呈灰褐色，土质较硬，包含少量夹砂陶片，部分饰绳纹。

灰坑早期用途不明。根据地层叠压关系和坑内包含物推断，时代不晚于汉代。

（七十六）2006FXCH72

1. 形制结构

2006FXCH72位于2006FXCT1817内，部分伸入2006FXCT1717东隔梁未发掘，叠压于2006FXCT1817④下，打破生土，东南部被2006FXCM18打破。发掘部分为不规则形，直壁，平底略有起伏。长120、宽108、深20厘米。

2. 出土遗物

坑内堆积为灰褐色，土质较硬，有少量绳纹陶片，可辨器型有罐。

陶圜底罐　1件（2006FXCH72：1）。夹细砂灰陶。残存部分口沿，平折沿，方唇，束颈，圆肩。肩部饰一周凸弦纹，肩腹部饰斜向细绳纹。残高6.6厘米（图二一九）。

根据地层叠压关系推断，时代属于战国时期。

图二一九　2006FXCH72出土陶圜底罐（2006FXCH72：1）

（七十七）2006FXCH73

1. 形制结构

2006FXCH73位于2006FXCT1419内，部分伸入本方东隔梁未发掘，叠压于2006FXCT1419⑤下，打破2006FXCG15和生土。发掘部分为不规则形，直壁，平底。长200、宽124、深30厘米。

2. 出土遗物

坑内堆积为黑褐色黏土，夹杂少量骨渣，土质较疏松。包含少量泥质黑褐陶和红褐陶。部分饰绳纹，可辨器型有纺轮。

陶纺轮　1件（2006FXCH73∶2）。泥质红褐陶。圆台形，上下有贯穿孔。底径3.2、顶径1、高2、孔径0.2厘米（图二二〇）。

灰坑早期用途不明，根据地层叠压关系和坑内包含物推断，时代属于战国时期。

（七十八）2006FXCH74

1. 形制结构

2006FXCH74位于2006FXCT1320内，部分伸入本方东、北隔梁未发掘，叠压于2006FXCT1320④a下，打破第7层和生土。发掘部分近似扇形，直壁，平底。半径110～220、深32厘米。

2. 出土遗物

坑内堆积呈黄褐色，夹杂红烧土粒，土质较硬。包含物有泥质红陶、灰陶，部分陶片饰绳纹。

陶瓮　1件（2006FXCH74∶1）。夹细砂灰黑陶。斜领，尖唇，束颈。残高8.2厘米（图二二一）。

灰坑早期用途不明，根据地层叠压关系和坑内包含物推断，时代属于战国时期。

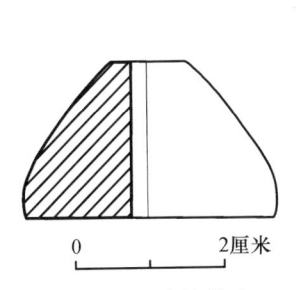

图二二〇　2006FXCH73出土陶纺轮（2006FXCH73∶2） 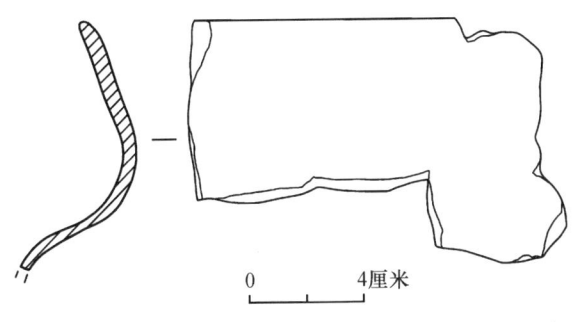　　图二二一　2006FXCH74出土陶瓮（2006FXCH74∶1）

（七十九）2006FXCH75

1. 形制结构

2006FXCH75位于2006FXCT1320内，叠压于2006FXCT1320⑦下，打破生土。平面呈圆角方形，直壁，底呈阶梯状。边长104、深60厘米。坑内东北角距坑口约40厘米处有一方形小坑，小坑与大坑共用北部和东部坑壁，小坑边长47、深20厘米。

2. 出土遗物

坑内堆积呈灰褐色，夹杂大量草木灰，土质较疏松。包含物有夹砂灰褐陶、黄褐陶片，部分陶片饰绳纹。

陶豆　1件（2006FXCH75：1）。仅存豆盘。夹砂黄褐陶。侈口，尖唇，鼓腹。残高4厘米（图二二二）。

根据地层叠压关系和坑内包含物推断，时代属于战国时期。

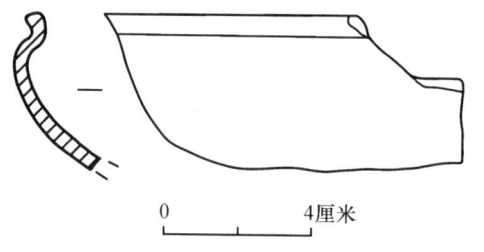

图二二二　2006FXCH75出土陶豆（2006FXCH75：1）

（八十）2006FXCH76

1. 形制结构

2006FXCH76位于2006FXCT1319内，部分伸入2006FXCT1219东隔梁未发掘，叠压于2006FXCT1319⑥下，打破生土。发掘部分呈不规则形，直壁，平底略有起伏。长180、宽72、深30厘米。

2. 出土遗物

坑内堆积为灰褐色黏土，夹杂大量石块，土质较疏松。包含少量泥质黄褐陶、黑陶和灰陶，部分陶片饰绳纹，可辨器型有豆。

陶中柄豆　2件（2006FXCH76：1、2006FXCH76：2）。圆柄中空，喇叭形圈足。2006FXCH76：1，泥质黄褐陶。残高4.6、底径7.2厘米（图二二三，1）。2006FXCH76：2，泥质灰陶。残高7厘米（图二二三，2）。

根据地层叠压关系和坑内包含物推断，时代属于战国时期。

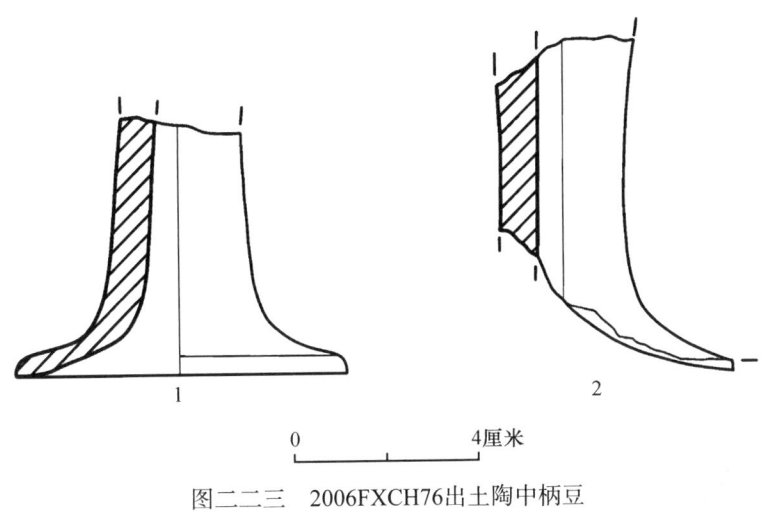

图二二三　2006FXCH76出土陶中柄豆
1. 2006FXCH76：1　2. 2006FXCH76：2

（八十一）2006FXCH77

1. 形制结构

2006FXCH77位于2006FXCT1218内，叠压于2006FXCT1218⑤下，打破第6层。平面呈椭圆形，弧壁，平底。长径80、短径70、深22厘米。

2. 出土遗物

坑内堆积呈灰色，夹杂大量红烧土颗粒和卵石，土质较硬。包含夹砂黄褐陶、灰陶和红褐陶。可辨器型有釜、圜底罐。

陶釜　1件（2006FXCH77：1）。夹砂黄褐陶。侈口，圆唇，束颈，溜肩。颈部以下饰竖向绳纹。口径14.8、残高7.2厘米（图二二四，1）。

陶圜底罐　1件（2006FXCH77：2）。夹砂灰陶。平折沿，尖唇，束颈，广肩。口径16.8、残高7.6厘米（图二二四，2）。

根据地层叠压关系和坑内包含物推断，时代属于战国晚期。

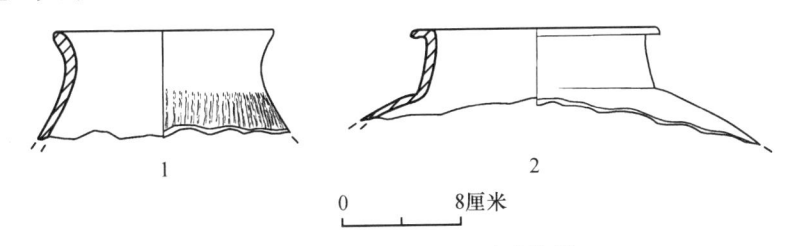

图二二四　2006FXCH77出土陶器
1. 釜（2006FXCH77：1）　2. 圜底罐（2006FXCH77：2）

（八十二）2006FXCH78

2006FXCH78位于2006FXCT1116内，部分伸入2006FXCT1016东隔梁、2006FXCT1115北隔梁未发掘，叠压于2006FXCT1116④下，打破第5层、2006FXCG18和生土。发掘部分为不规则形，直壁，底部凹凸不平。长140、宽130、深50厘米。

坑内堆积为灰褐色黏土，土质较疏松。包含物有夹砂黑褐陶和泥质陶，部分陶片饰绳纹。

根据地层叠压关系和坑内包含物推断，时代属于战国时期。

（八十三）2006FXCH79

2006FXCH79位于2006FXCT1320内，部分伸入2006FXCT1220东隔梁、本方北隔梁未发掘，叠压于2006FXCT1320⑦下，打破生土。发掘部分近似扇形，弧壁，平底。半径50~80、深74厘米。

坑内堆积呈深灰色，夹杂大量红烧土粒和砾石，土质较疏松。包含零星夹砂灰陶片，部分饰绳纹。

根据地层叠压关系和坑内包含物推断，时代属于战国时期。

（八十四）2006FXCH80

2006FXCH80位于2006FXCT1219内，部分伸入2006FXCT1119东隔梁未发掘，叠压于2006FXCT1219⑥下，打破生土。发掘部分平面近似半圆形，口大底小，斜壁，平底。坑口长230、宽58厘米，坑底长178、宽40厘米，深70厘米。

坑内堆积为灰褐色，夹杂少量草木灰和砾石，土质较松软，包含零星泥质陶片。

灰坑早期用途不明，根据地层叠压关系和坑内包含物推断，时代属于战国时期。

（八十五）2006FXCH81[①]

1. 形制结构

2006FXCH81位于2006FXCT1219内，部分伸入2006FXCT1218北隔梁未发掘，叠压于2006FXCT1219⑥下，打破生土。发掘部分呈长方形，直壁，平底略有起伏。长130、宽60~115、深30厘米（图二二五）。

---

① 在整理资料时根据该遗迹的性质特征和出土器物来看，应该是一座破坏很严重的残墓，由于原始资料并未修改，灰坑也并未进行完整发掘，在此仍将其归入灰坑介绍。

图二二五　2006FXCH81平、剖面图

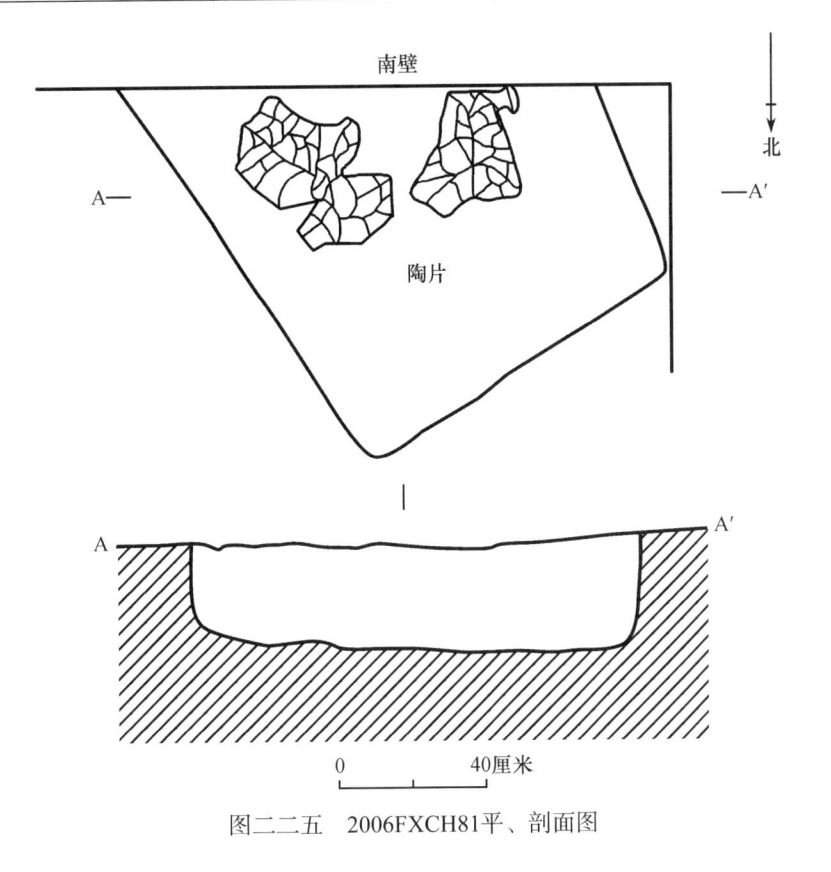

2. 出土遗物

坑内堆积呈灰色，夹杂红烧土粒和砾石，土质较硬。包含物有泥质灰白陶和灰陶，可辨器型有罐。

陶圜底罐　1件（2006FXCH81：1）。泥质灰陶。平折沿，方唇，束颈，圆肩，鼓腹，圜底内凹。肩部及上腹部饰竖向绳纹，下腹部及底部饰交错绳纹。口径18.2、最大腹径36.2、高29.4厘米（图二二六；图版一二一，1）。

根据地层叠压关系和坑内包含物推断，时代属于战国时期。

图二二六　2006FXCH81出土陶圜底罐（2006FXCH81：1）

（八十六）2006FXCH82

2006FXCH82位于2006FXCT1220内，部分伸入2006FXCT1219北隔梁、2006FXCT1119东隔梁未发掘，叠压于2006FXCT1220⑥下，打破生土。发掘部分为长方形，直壁，平底。长160、宽108、深48厘米。

坑内堆积呈灰褐色，夹杂大量草木灰和红烧土颗粒，土质较软。包含物以夹砂灰褐陶、灰陶为主，大多陶片饰绳纹。

根据地层叠压关系和坑内包含物推断，时代属于战国时期。

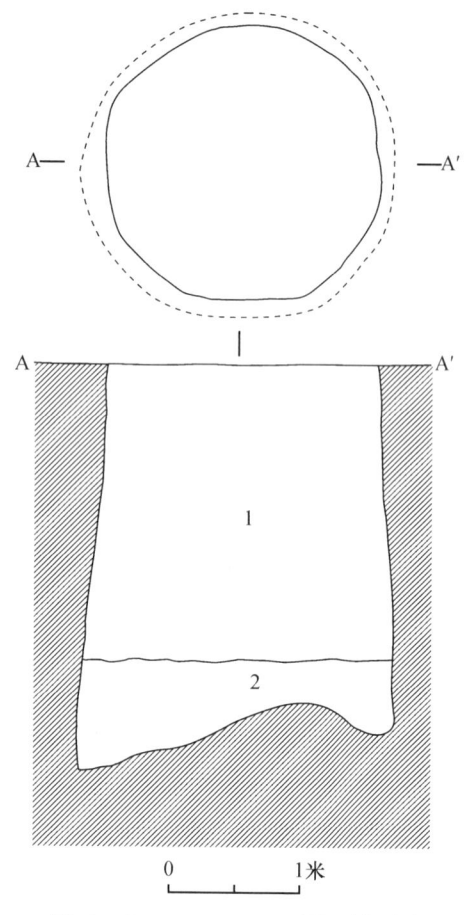

图二二七　2006FXCH84平、剖面图

（八十七）2006FXCH84

1. 形制结构

2006FXCH84位于2006FXCT3019、2006FXCT3119、2006FXCT3018、2006FXCT3118内，叠压于2006FXCT3119⑤下，打破第6层和生土。平面近似圆形，口小底大袋状坑。斜壁，底部凹凸不平，自西向东呈坡状（图二二七；图版一二一，2）。坑口直径200、坑底直径224、深300厘米。四壁光滑平整，壁面有二次修补痕迹。

2. 出土遗物

坑内堆积可分为两层，上层堆积呈灰色，夹杂大量红烧土块和石块，厚约220厘米。可能是晚期人们回填或倾倒在灰坑里。下层堆积为沙土，夹杂丰富炭屑，土质疏松，包含物有大量陶器和石器，陶器以泥质黑陶、红褐陶为主，可辨器型有豆、罐、尖底盏和平底器，石器发现较少。

（1）铜器

镞　1件（2006FXCH84：2）。柳叶形双翼，阔翼，中脊呈菱形，铤及后锋部分残。残长2.2、残宽1.7厘米（图二二八，2）。

（2）陶器

器型有中柄豆、盘、平底罐、圈足器、尖底盏、平底器底等。

中柄豆　1件（2006FXCH84：3）。泥质灰陶。直口，弧腹较浅，圆柄中空，圈足残。口径10.8、残高9.4厘米（图二二八，13）。

盘　3件（2006FXCH84：5、2006FXCH84：7、2006FXCH84：11）。浅腹。2006FXCH84：5，泥质黑陶。侈口，圆唇。残高4.6厘米（图二二八，9）。2006FXCH84：7，泥质黑陶。敛口，尖圆唇。残高3.8厘米（图二二八，17）。2006FXCH84：11，泥质红褐陶。敛口，圆唇。口沿下饰几道弦纹。残高4厘米（图二二八，18）。

平底罐　2件（2006FXCH84：6、2006FXCH84：17）。束颈，口唇加厚。2006FXCH84：6，泥质黑陶。沿外卷加厚，圆唇，束颈，折肩。肩部饰竖向绳纹。残高6.2厘米（图二二八，3）。

圈足器　2件（2006FXCH84：8、2006FXCH84：12）。仅残存矮喇叭状圈足，器底凹陷，圈足较大。2006FXCH84：8，泥质黑陶。残高2.8、底径8.8厘米（图二二八，15）。2006FXCH84：12，泥质红褐陶。残高3.2、底径9.2厘米（图二二八，14）。

侈口罐　1件（2006FXCH84：10）。夹细砂黄褐陶。残存部分口沿。侈口，圆唇。残高3.6厘米（图二二八，8）。

图二二八　2006FXCH84出土遗物

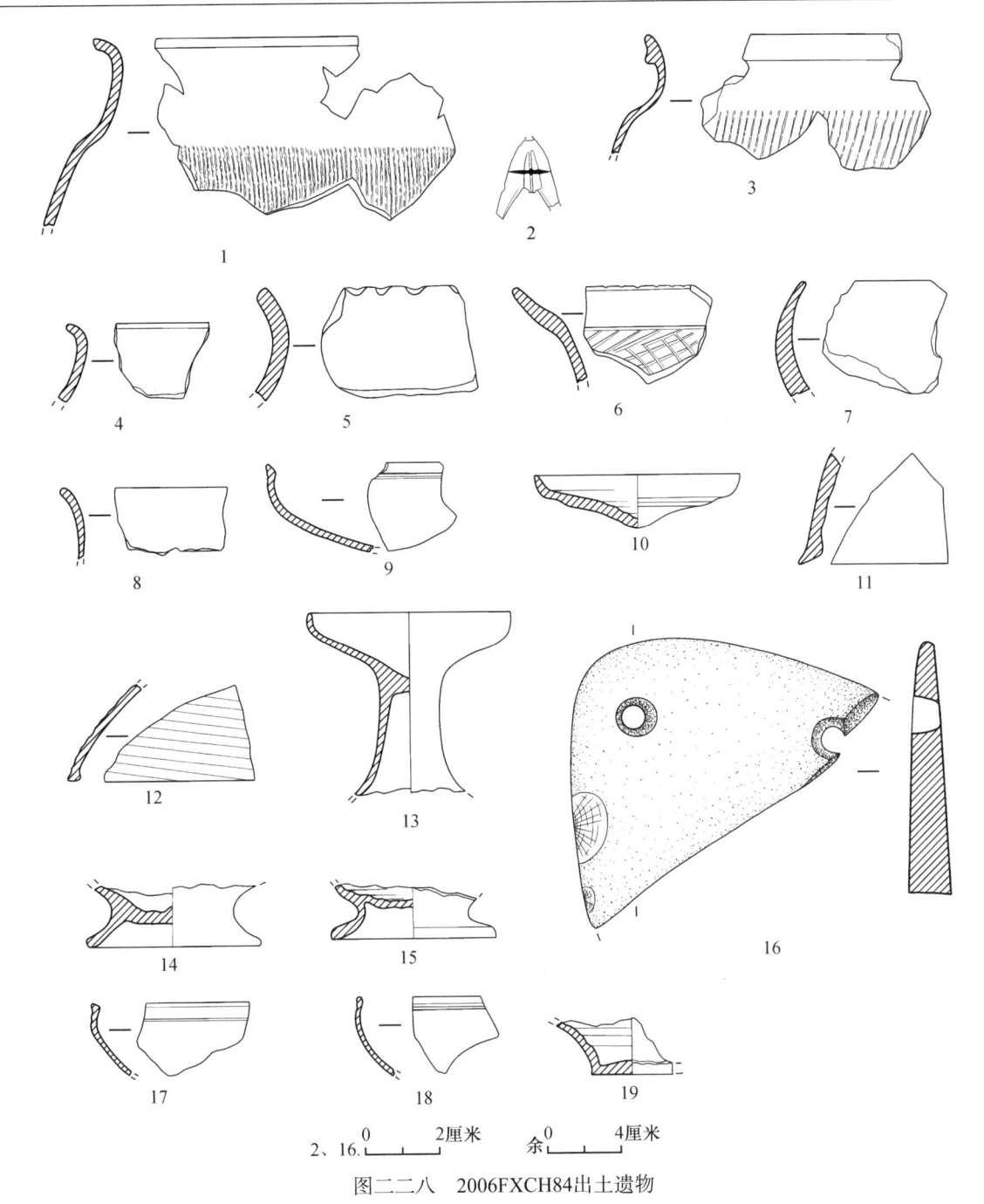

1. 陶圜底罐（2006FXCH84：13）　2. 铜镞（2006FXCH84：2）　3. 陶平底罐（2006FXCH84：6）　4. 陶釜（2006FXCH84：9）　5. 陶花边口罐（2006FXCH84：14）　6. 陶折盘口罐（2006FXCH84：25）　7. 陶钵（2006FXCH84：20）　8. 陶侈口罐（2006FXCH84：10）　9、17、18. 陶盘（2006FXCH84：5、2006FXCH84：7、2006FXCH84：11）　10. 陶尖底盏（2006FXCH84：28）　11、12. 陶器盖（2006FXCH84：27、2006FXCH84：24）　13. 陶中柄豆（2006FXCH84：3）　14、15. 陶圈足器（2006FXCH84：12、2006FXCH84：8）　16. 钻孔石器（2006FXCH84：4）　19. 陶平底器底（2006FXHC84：29）

釜　3件（2006FXCH84：9、2006FXCH84：21、2006FXCH84：23）。卷沿，溜肩。2006FXCH84：9，泥质黑陶。圆唇。残高4厘米（图二二八，4）。

圜底罐　4件（2006FXCH84：13、2006FXCH84：15、2006FXCH84：16、2006FXCH84：18）。均残存部分口沿，卷沿，方唇，束颈，折肩。肩部以下饰竖向绳纹。2006FXCH84：13，夹细砂灰陶。残高3.2、底径9.2厘米（图二二八，1）。

花边口罐　1件（2006FXCH84：14）。夹砂灰褐陶。残存小块口沿，侈口，唇部按压花边。残高5.8厘米（图二二八，5）。

钵　1件（2006FXCH84：20）。夹粗砂外红内黑陶。残存小块口沿，敛口，圆唇。残高6厘米（图二二八，7）。

折盘口罐　1件（2006FXCH84：25）。夹砂褐陶。残存小块口沿，折沿，沿下角较小，沿上部上折内敛形成盘口，盘口上折处形成凸棱，领部以箍带纹加厚。口径18、残高3厘米（图二二八，6）。

器盖　2件（2006FXCH84：24、2006FXCH84：27）。泥质黑陶。敞口，尖唇，壁较直。2006FXCH84：24，残高5.8厘米（图二二八，12）。2006FXCH84：27，残高5.8厘米（图二二八，11）。

尖底盏　1件（2006FXCH84：28）。泥质灰褐陶。敞口，尖唇，浅腹，尖底。口径11.2、高2.8厘米（图二二八，10）。

平底器底　1件（2006FXCH84：29）。泥质黑陶。腹近底处弧收，小平底。残高3、底径4厘米（图二二八，19）。

（3）石器

钻孔石器　1件（2006FXCH84：4）。残存小部分。扁平石片通体磨制，有两单向钻孔。残长7.5、宽7.2、厚1.2厘米（图二二八，16）。

灰坑形状规整，有人工加工痕迹，且填土多为沙土，推测其可能为地窖。根据地层叠压关系和坑内包含物推断，时代属于战国时期。

（八十八）2006FXCH85

2006FXCH85位于2006FXCT3018、2006FXCT3118内，叠压于2006FXCT3118③下，打破第6层和2006FXCH102。近似圆形，口大底小，斜壁，平底。坑口直径约94、坑底直径约86、深60厘米。

坑内堆积呈黑褐色，土质疏松。包含物有泥质红陶片等，部分饰绳纹，难辨器型。

根据地层叠压关系和坑内包含物推断，时代属于战国时期。

（八十九）2006FXCH86

1. 形制结构

2006FXCH86位于2006FXCT3018、2006FXCT3118内，部分伸入2006FXCT3117北隔梁未发掘，叠压于2006FXCT3118③下，打破第6层、2006FXCH102和生土。发掘部分略呈三角形，直壁，平底略有起伏。长262、宽64～104、深40厘米。

2. 出土遗物

坑内堆积呈灰色，夹杂红烧土块，土质疏松。包含物有夹砂黄褐陶、红褐陶、灰陶等，可辨器型有瓮、中柄豆、平底器底、圈足器、盂等。

陶瓮　3件（2006FXCH86:1、2006FXCH86:4、2006FXCH86:7）。斜领，束颈，圆肩。2006FXCH86:1，夹砂黄褐陶。尖圆唇。残高10.8厘米（图二二九，2）。

陶中柄豆　1件（2006FXCH86:2）。夹细砂灰陶。残存豆柄，圆柄中空。柄径3.5、残高6.6厘米（图二二九，6）。

陶平底器底　1件（2006FXCH86:3）。夹砂红褐陶。壁与底夹角较小。残高3.8厘米。

陶圈足器　1件（2006FXCH86:5）。夹细砂红褐陶。仅残存矮喇叭状圈足，器底凹陷，圈足较大。底径8.8、残高2.9厘米（图二二九，7）。

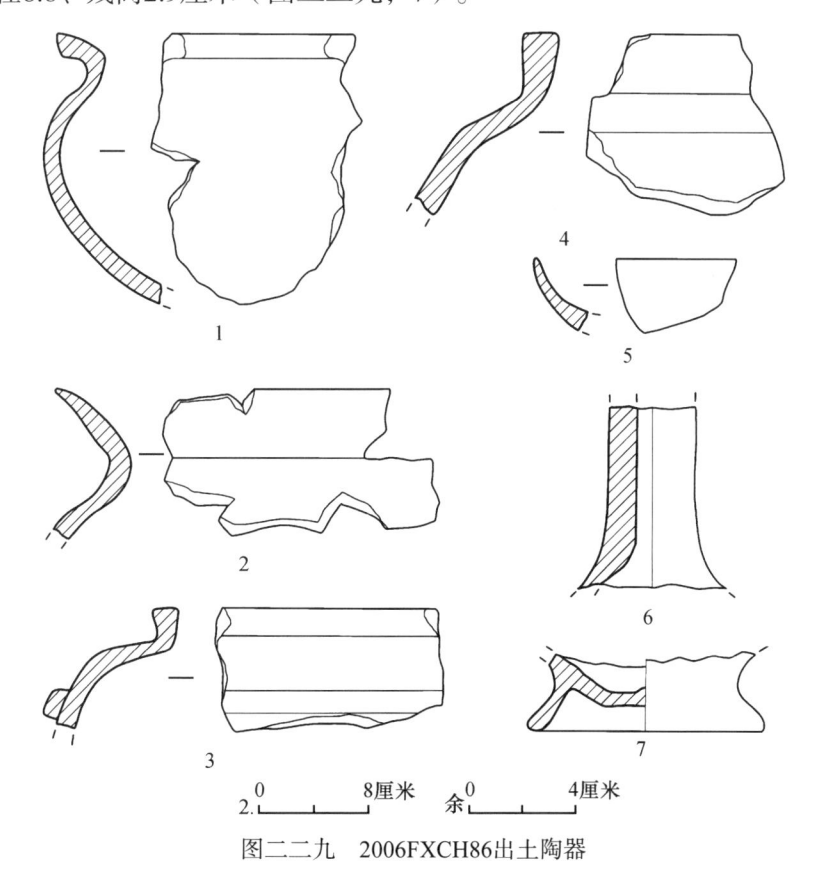

图二二九　2006FXCH86出土陶器

1. 盂（2006FXCH86:8）　2. 瓮（2006FXCH86:1）　3、4. 直领罐（2006FXCH86:10、2006FXCH86:12）
5. 钵（2006FXCH86:11）　6. 中柄豆（2006FXCH86:2）　7. 圈足器（2006FXCH86:5）

陶盂　1件（2006FXCH86：8）。夹砂灰褐陶。侈口，方唇，束颈，鼓腹。残高9.8厘米（图二二九，1）。

陶直领罐　2件（2006FXCH86：10、2006FXCH86：12）。直口，方唇，圆肩。2006FXCH86：10，夹砂红褐陶。肩部饰附加堆纹。残高4.4厘米（图二二九，3）。2006FXCH86：12，夹细砂灰陶。残高6.6厘米（图二二九，4）。

陶钵　1件（2006FXCH86：11）。夹细砂黄褐陶。残存小块口沿。敞口，尖唇。残高2.7厘米（图二二九，5）。

灰坑早期用途不明，废弃后做垃圾坑使用。根据地层叠压关系和坑内包含物推断，时代属于战国时期。

（九十）2006FXCH87

2006FXCH87位于2006FXCT3117内，部分伸入2006FXCT3116北隔梁、本方东隔梁未发掘，叠压于2006FXCT3117⑥下，打破第7a、7b、8层和生土。发掘部分呈扇形，直壁，平底。半径120~184、深68厘米。

坑内堆积呈浅灰色，土质疏松。包含泥质红陶，部分陶片饰绳纹。

根据地层叠压关系和坑内包含物推断，时代属于战国时期。

（九十一）2006FXCH88

2006FXCH88位于2006FXCT3116内，部分伸入本方北、东隔梁未发掘，叠压于2006FXCT3116④下，打破第8、9层和生土。发掘部分呈扇形，口小底大，斜壁，平底。坑口半径64~116、坑底半径68~126、深92厘米。

坑内堆积呈灰褐色，土质疏松。包含物有泥质灰陶片和菱形纹砖块。

根据地层叠压关系和坑内包含物推断，时代属于汉代。

（九十二）2006FXCH89

1. 形制结构

2006FXCH89位于2006FXCT3117内，叠压于2006FXCT3117⑥下，打破第7层。平面近似圆角方形，直壁，平底。边长60、深30厘米。

2. 出土遗物

坑内堆积呈灰褐色，土质疏松。包含物有泥质灰陶和夹砂黄褐陶，部分饰折线纹。坑内底部发现一块砾石。

陶折沿盆　1件（2006FXCH89：1）。泥质灰陶。折沿，圆唇。残高6厘米（图二三〇，1）。

陶直口缸　1件（2006FXCH89：2）。夹砂黄褐胎黑皮。直口，圆唇，沿下有折棱。口沿下饰折线纹。残高5.6厘米（图二三〇，3）。

陶卷沿盆　1件（2006FXCH89：3）。夹细砂灰陶。残存部分口沿。尖圆唇。残高3.2厘米（图二三〇，2）。

根据地层叠压关系和坑内包含物推断，时代属于战国以前。

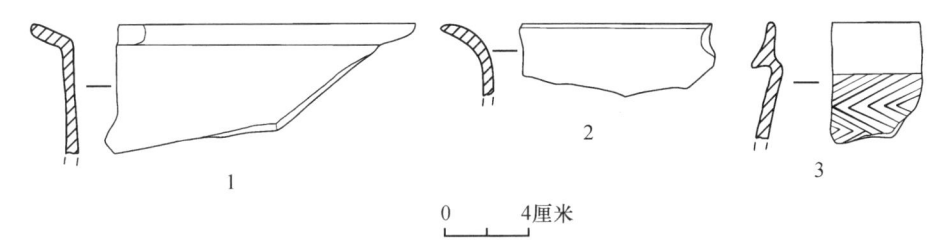

图二三〇　2006FXCH89出土陶器
1. 折沿盆（2006FXCH89：1）　2. 卷沿盆（2006FXCH89：3）　3. 直口缸（2006FXCH89：2）

（九十三）2006FXCH90

1. 形制结构

2006FXCH90位于2006FXCT3117内，部分伸入本方北隔梁、2006FXCT3017东隔梁未发掘，叠压于2006FXCT3117⑦b下，打破生土。发掘部分为扇形，直壁，平底。长158、宽80～108、深70厘米。

2. 出土遗物

坑内堆积呈灰褐色，夹杂少量石块，土质疏松。包含物有泥质黑陶、红陶，部分陶片饰绳纹。

陶豆盘　1件（2006FXCH90：1）。泥质黑陶。直口，束颈，方唇，鼓腹斜收，底残。口径13.6、残高4.8厘米（图二三一）。

根据地层叠压关系和坑内包含物推断，时代属于战国时期。

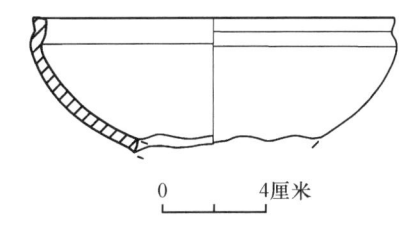

图二三一　2006FXCH90出土陶豆盘（2006FXCH90：1）

（九十四）2006FXCH91

1. 形制结构

2006FXCH91位于2006FXCT2718内，部分伸入本方东隔梁、2006FXCT2717北隔梁内，叠压于2006FXCT2718③下，打破生土。平面为接近长方形，直壁，底呈斜坡状。长408、宽116~138、深82厘米。

2. 出土遗物

坑内堆积为黑褐色沙土，夹杂草木灰、红烧土颗粒、石块等，土质疏松。包含物有泥质灰陶、黑陶、黄褐陶。可辨器型有圆底罐、折沿盆、花边口罐等。

陶圜底罐　3件（2006FXCH91：1、2006FXCH91：3、2006FXCH91：5）。折沿，方唇，鼓腹。腹部饰绳纹。2006FXCH91：1，泥质灰陶。口径21.2、残高18.8厘米（图二三二，2）。2006FXCH91：3，泥质灰陶。圆肩。腹部绳纹中间用一组凹弦纹分隔。口径16、残高8.4厘米（图二三二，1）。2006FXCH91：5，泥质灰陶。沿上有凹弦纹。残高5.3厘米（图二三二，5）。

陶折沿盆　3件（2006FXCH91：2、2006FXCH91：4、2006FXCH91：6）。折沿，方唇，弧腹。肩部以下饰斜绳纹。2006FXCH91：2，泥质灰陶。肩部饰凹弦纹。残高15.6厘米（图二三二，4）。2006FXCH91：4，泥质灰陶。残高16厘米（图二三二，3）。

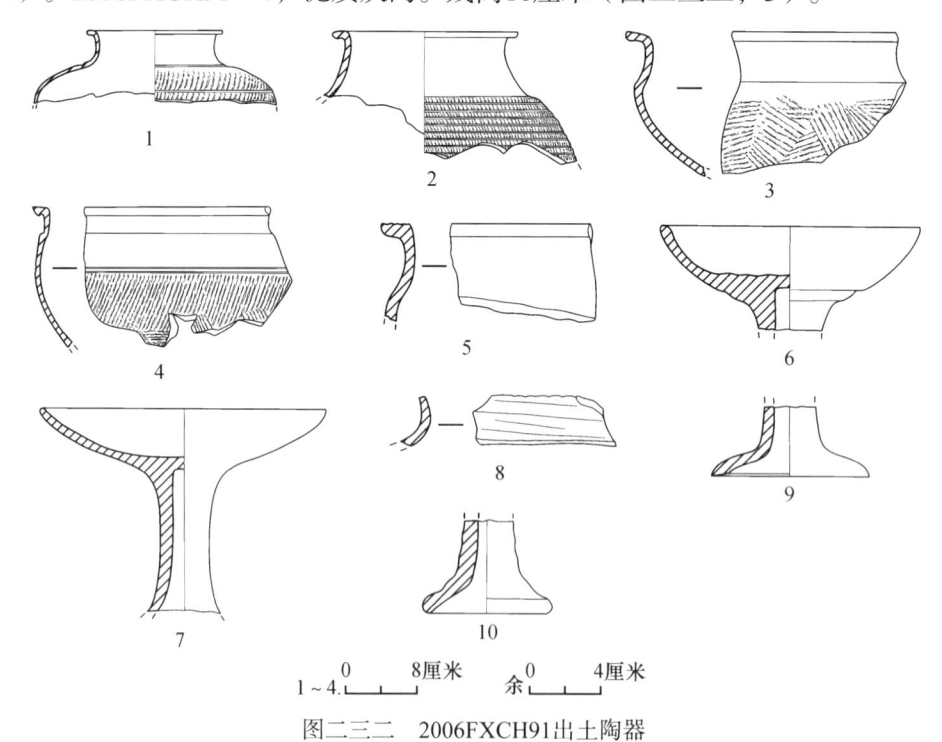

图二三二　2006FXCH91出土陶器

1、2、5. 圜底罐（2006FXCH91：3、2006FXCH91：1、2006FXCH91：5）　3、4. 折沿盆（2006FXCH91：4、2006FXCH91：2）　6、7、9、10. 中柄豆（2006FXCH91：12、2006FXCH91：11、2006FXCH91：9、2006FXCH91：8）　8. 花边口罐（2006FXCH91：7）

陶花边口罐　1件（2006FXCH91：7）。夹细砂黑褐陶。残存部分口沿，侈口，方唇，唇部有压印痕迹。残高2.6厘米（图二三二，8）。

陶中柄豆　5件，其中豆盘3件（2006FXCH91：10、2006FXCH91：11、2006FXCH91：12），圈足2件（2006FXCH91：8、2006FXCH91：9）。敞口，圆唇，浅腹，圆柱形柄中空，喇叭形足。2006FXCH91：8，夹细砂红胎黑皮陶。残存柄及部分圈足。喇叭形足较小。足径7.2、柄径2.8、残高5厘米（图二三二，10）。2006FXCH91：9，夹细砂黄褐陶。残存柄及部分圈足。喇叭形足较大。足径8.6、柄径2.8、残高3.8厘米（图二三二，9）。2006FXCH91：11，泥质红褐陶。圈足残缺。口径16、残高11厘米（图二三二，7）。2006FXCH91：12，泥质黄褐陶。口径14、残高5.6厘米（图二三二，6）。

灰坑用途不明，形制和2006FXCM40、2006FXCG7相近，用途也许相同。根据地层叠压关系和坑内包含物推断，时代属于战国。

（九十五）2006FXCH93

2006FXCH93位于2006FXCT0812内，部分伸入2006FXCT0811北隔梁内未发掘，叠压于2006FXCT0812⑥下，打破生土。发掘部分近似扇形，口大底小，弧壁，圜底。坑口直径180、坑底直径50、深36厘米。

坑内堆积呈灰褐色，土质疏松，包含物有陶网坠和石器，均残损严重，后期未能修复。

根据地层叠压关系和坑内包含物推断，时代属于战国时期。

（九十六）2006FXCH94

1. 形制结构

2006FXCH94位于2006FXCT1120内，部分伸入本方东、北隔梁内，叠压于2006FXCT1120⑦a下，打破第8层和生土。发掘部分形状不规则，口大底小，斜壁，平底。坑口长130、宽104厘米，坑底长100、宽80厘米，深74厘米。

2. 出土遗物

坑内堆积呈灰黑色，夹杂大量草木灰和石块，土质松软。包含物有陶器和铁器，陶器以泥质黄褐陶为主，器型有瓮、圜底罐；铁斧锈蚀严重。

（1）铁器

斧　1件（2006FXCH94：5）。平面为长方形。长方銎，平刃。长14.2、刃宽5.2、銎长5.4、宽3.1厘米（图二三三，3；图版一二一，3）。

（2）陶器

圜底罐　1件（2006FXCH94：1）。夹细砂黄褐陶。卷折沿，方唇，束颈，折肩。肩部以下饰绳纹。残高6.8厘米（图二三三，1）。

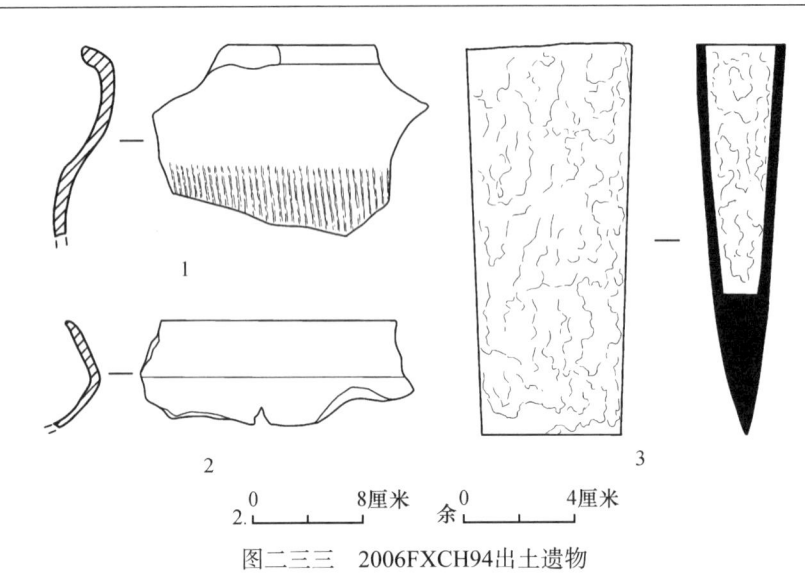

图二三三　2006FXCH94出土遗物

1. 陶圜底罐（2006FXCH94：1）　2. 陶瓮（2006FXCH94：3）　3. 铁斧（2006FXCH94：5）

瓮　2件（2006FXCH94：3、2006FXCH94：4）。斜领，尖圆唇，圆肩。2006FXCH94：3，夹细砂黄褐陶。残高7.6厘米（图二三三，2）。

（九十七）2006FXCH95

1. 形制结构

2006FXCH95位于2006FXCT1017内，部分伸入2006FXCT0917东、2006FXCT1016北隔梁内，叠压于2006FXCT1017⑥下，打破第7b、8层和2006FXCM34。近椭圆形，弧壁，圜底。半径114～124、深42厘米。

2. 出土遗物

坑内堆积呈深灰褐色，夹杂石块、炭屑和红烧土粒，土质较硬。包含泥质灰陶和夹砂灰褐陶，可辨器型有圈足豆、罐。

陶圈足豆　1件（2006FXCH95：1）。泥质灰陶。喇叭形圈足较高。底径8、残高3.2厘米（图二三四，2）。

陶罐　1件（2006FXCH95：2）。夹砂灰褐陶。残存口沿。侈口，方唇。口径17.6、残高5.6厘米（图二三四，1）。

根据地层叠压关系和坑内包含物推断，时代属于战国时期。

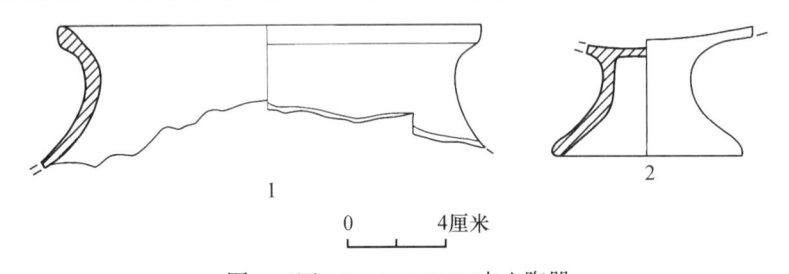

图二三四　2006FXCH95出土陶器

1. 罐（2006FXCH95：2）　2. 圈足豆（2006FXCH95：1）

（九十八）2006FXCH96

1. 形制结构

2006FXCH96位于2006FXCT1018内，叠压于第7a层下，打破第7b层。平面接近圆形，直壁，平底。长120、宽108、深44厘米。东南壁上有长约10厘米由火烧形成的红烧土壁面。

2. 出土遗物

坑内堆积呈灰褐色，夹杂石块、红烧土粒、炭屑等，土质较硬。包含夹砂黄褐陶和红褐陶，部分陶片饰绳纹。

陶盆　1件（2006FXCH96∶1）。夹细砂黄褐陶。残存部分口沿，卷沿，方唇。残高4.5厘米（图二三五）。

灰坑有火烧痕迹和各类废弃物，其用途不明。根据地层叠压关系和坑内包含物推断，时代属于战国时期。

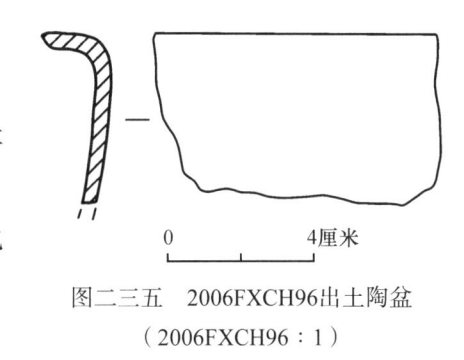

图二三五　2006FXCH96出土陶盆（2006FXCH96∶1）

（九十九）2006FXCH97

1. 形制结构

2006FXCH97位于2006FXCT1018内，部分伸入本方北隔梁内，叠压于2006FXCT1018⑥下，打破第8层和生土。发掘部分近似椭圆形，直壁，底呈斜坡状。长径170、短径142、深46厘米。

2. 出土遗物

坑内堆积为灰褐色粉砂土，夹杂红烧土粒、炭屑、石块等，土质较硬。包含夹砂黑褐陶、红褐陶，部分陶片饰绳纹。

陶直领罐　1件（2006FXCH97∶1）。夹细砂红褐陶。直领，口沿外有凸棱，圆唇。肩部以下有绳纹。残高2.8厘米（图二三六，2）。

陶豆　1件（2006FXCH97∶2）。夹细砂褐胎黑皮陶。直口微敛，圆唇。残高2.8厘米（图二三六，3）。

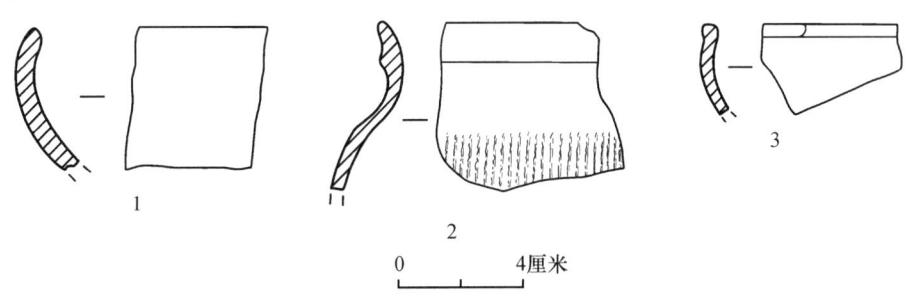

图二三六　2006FXCH97出土陶器
1.钵（2006FXCH97∶3）　2.直领罐（2006FXCH97∶1）　3.豆（2006FXCH97∶2）

陶钵　1件（2006FXCH97：3）。夹细砂红褐陶。敛口，圆唇，鼓腹。残高4.4厘米（图二三六，1）。

根据地层叠压关系和坑内包含物推断，时代属于战国时期。

（一〇〇）2006FXCH98

2006FXCH98位于2006FXCT0613内，部分伸入2006FXCT0612北隔梁和本方西壁内，叠压于2006FXCT0613⑥下，打破生土。发掘部分为扇形，直壁，平底。壁面平整，未见明显加工痕迹，坑四周以鹅卵石砌边。半径140～156、深82厘米。

坑内堆积呈灰色，土质松软。包含少量夹砂陶片。

灰坑修整痕迹明显，可能原为窖藏坑。根据地层叠压关系和坑内包含物推断，时代属于战国时期。

（一〇一）2006FXCH99

2006FXCH99位于2006FXCT0917内，部分伸入本方北隔梁未发掘，叠压于2006FXCT0917⑦a下，打破第7b层和生土。发掘部分略呈半圆形，弧壁，圜底。长100、宽60、深44厘米。

坑内堆积为灰褐色粉砂土，夹杂炭屑、红烧土颗粒，土质较硬，包含泥质红陶和灰陶，部分陶片饰绳纹。

灰坑早期用途不明，根据地层叠压关系和坑内包含物推断，时代属于战国时期。

（一〇二）2006FXCH100

1. 形制结构

2006FXCH100位于2006FXCT0921内，部分伸入本方北隔梁未发掘，叠压于2006FXCT0921⑨下，打破生土。发掘部分近似半圆形，弧壁，圜底。直径74～94、深32厘米。

2. 出土遗物

坑内堆积呈灰褐色，夹杂大量草木灰，土质疏松。包含物有夹砂红褐陶。部分陶片饰绳纹。

陶罐　1件（2006FXCH100：1）。夹砂红褐陶。折沿，尖圆唇，肩微折。残高4.6厘米（图二三七，1）。

陶圈足豆　1件（2006FXCH100：2）。夹砂红褐陶。残存豆盘与圈足结合处，喇叭形圈足。残高3.2厘米（图二三七，2）。

灰坑早期用途不明，根据地层叠压关系和坑内包含物推断，时代属于战国时期。

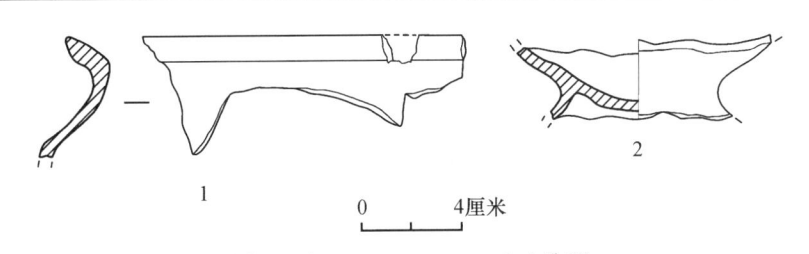

图二三七　2006FXCH100出土陶器
1. 罐（2006FXCH100∶1）　2. 圈足豆（2006FXCH100∶2）

（一〇三）2006FXCH101

1. 形制结构

2006FXCH101位于2006FXCT2316内，部分伸入本方东、北隔梁未发掘，叠压于2006FXCT2316③下，打破第4层和生土。发掘部分近似扇形，直壁，平底。半径124～200、深36厘米。

2. 出土遗物

坑内堆积呈灰褐色，夹杂红烧土粒，土质疏松。包含物有夹砂黄褐陶。部分陶片饰绳纹，可辨器型有圈足豆。

陶圈足豆　2件（2006FXCH101∶1、2006FXCH101∶2）。均为喇叭形。2006FXCH101∶2，夹砂黄褐陶。底径7.4、残高2.6厘米（图二三八）。

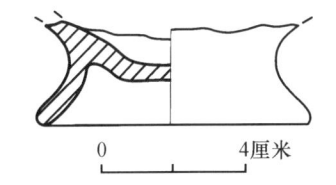

灰坑早期用途不明，根据地层叠压关系推断，时代属于汉至宋代。

图二三八　2006FXCH101出土陶圈足豆（2006FXCH101∶2）

（一〇四）2006FXCH102

1. 形制结构

2006FXCH102位于2006FXCT3118内，部分伸入2006FXCT3117东隔梁，叠压于2006FXCT3118⑥下，打破生土。西部和南部被2006FXCH85、2006FXCH86打破。平面接近正方形，口大底小。斜壁，平底略有起伏（图二三九）。坑口边长150、坑底边长110、深70厘米。

2. 出土遗物

坑内堆积呈灰褐色，土质疏松。包含物有夹砂红褐陶和黄褐陶。部分陶片饰绳纹，可辨器型有圈足豆、罐。

陶罐　1件（2006FXCH102∶1）。夹砂红褐陶。沿外卷，方唇，溜肩。肩腹部饰竖向绳纹。残高7.4厘米（图二四〇，1）。

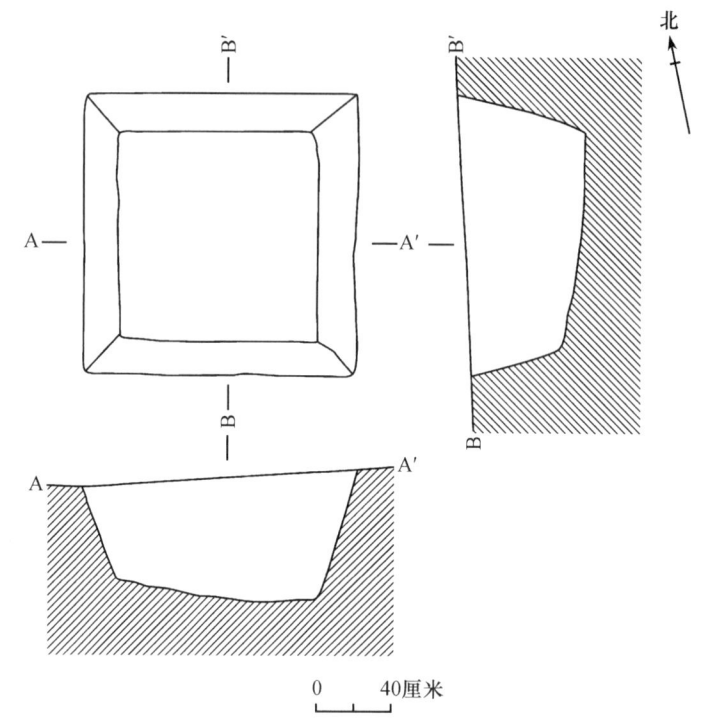

图二三九　2006FXCH102平、剖面图

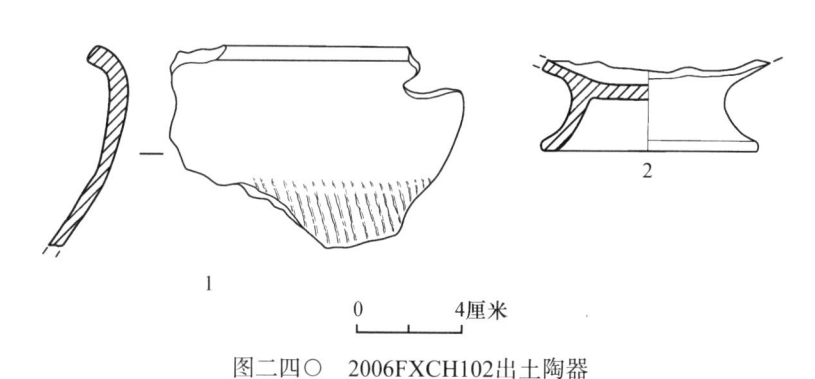

图二四〇　2006FXCH102出土陶器
1. 罐（2006FXCH102∶1）　2. 圈足豆（2006FXCH102∶2）

陶圈足豆　1件（2006FXCH102∶2）。夹砂黄褐陶。喇叭状圈足较大。底径8.2、残高3.4厘米（图二四〇，2）。

灰坑早期用途不明，根据地层叠压关系和坑内包含物推断，时代属于战国时期。

（一〇五）2006FXCH103

1. 形制结构

2006FXCH103位于2006FXCT1716、2006FXCT1717内，叠压于2006FXCT1716④下，打破2006FXCH104及生土。近似圆形，口大底小，斜壁，平底。坑口径130、坑底径122、深12厘米。

2. 出土遗物

坑内堆积为黑褐色沙土，夹杂大量炭屑，土质疏松。包含物有夹砂黑褐陶、红褐陶。部分陶片饰绳纹，可辨器型有圈足豆。

（1）铁器

铁器 1件（2006FXCH103：1）。残断，锈蚀严重，呈"U"形。残宽10、残高5.4厘米（图二四一，1）。

（2）陶器

圈足豆 1件（2006FXCH103：2）。夹砂红褐陶。残存豆盘和圈足结合处。残高2.6、圈足径8.2厘米（图二四一，2）。

灰坑早期用途不明，根据地层叠压关系和坑内包含物推断，时代属于战国时期。

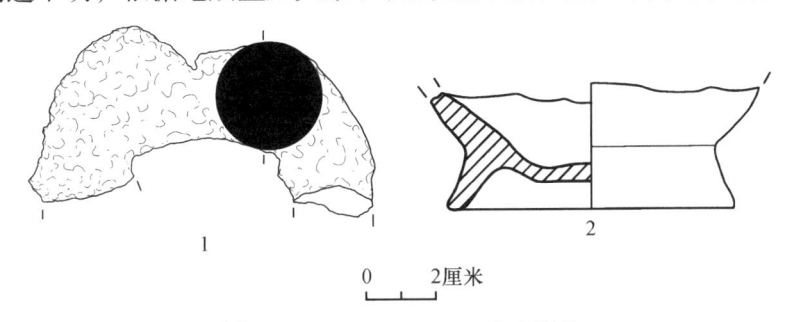

图二四一 2006FXCH103出土遗物
1. 铁器（2006FXCH103：1） 2. 陶圈足豆（2006FXCH103：2）

（一〇六）2006FXCH104

2006FXCH104位于2006FXCT1716、2006FXCT1717内，叠压于2006FXCT1716④下，打破生土，被2006FXCH103打破。不规则形，直壁，平底。长181、宽130、深30厘米。

坑内堆积为灰褐色黏土，土质疏松，包含少量夹砂黑褐陶。部分陶片饰绳纹，因太过破碎难辨器型。

灰坑早期用途不明，根据地层叠压关系和坑内包含物推断，时代属于战国时期。

（一〇七）2006FXCH105

2006FXCH105位于2006FXCT1916内，部分伸入2006FXCT1816东隔梁，叠压于2006FXCT1916④下，打破生土。西南部被2006FXCM44打破。发掘部分呈长条形，口大底小，斜壁，平底。坑口长212、宽86厘米，坑底长196、宽80厘米，深28厘米。

坑内堆积为黑褐色黏土，夹杂大量炭屑，土质较疏松。包含物有夹砂黄褐陶、红褐陶。少量陶片饰绳纹。

灰坑早期用途不明，根据地层叠压关系和坑内包含物推断，时代属于战国时期。

（一〇八）2006FXCH106

1. 形制结构

2006FXCH106位于2006FXCT2214内，部分伸入探方南壁发掘区外未发掘，叠压于2006FXCT2214④下，打破生土。发掘部分呈扇形，口大底小，斜壁，平底，坑壁较规整，未见明显加工痕迹。坑口长250、宽135、深30厘米。

2. 出土遗物

坑内堆积呈黑褐色，土质疏松。包含物有泥质红褐陶、黑褐陶黄褐陶等，可辨器型有圈足豆、罐、鼎足、网坠等。

陶罐　3件（2006FXCH106：1、2006FXCH106：2、2006FXCH106：9）。折沿，束颈，圆折肩。肩部以下饰竖向绳纹。2006FXCH106：1，泥质黑陶。圆唇。残高10厘米（图二四二，3）。

陶盂　3件（2006FXCH106：3、2006FXCH106：6、2006FXCH106：8）。侈口，鼓腹斜收。2006FXCH106：3，夹砂黄褐陶。方唇，腹部有拉胚形成的凹痕。残高4.2厘米（图二四二，2）。2006FXCH106：6，夹砂黑褐陶。圆唇。残高5厘米（图二四二，1）。

陶鼎足　1件（2006FXCH106：4）。夹砂红褐陶。圆柱状足，上部有捏制形成的指窝。残高9.2厘米（图二四二，5）。

陶网坠　1件（2006FXCH106：7）。泥质灰陶。纺锤形，上下通穿。长5.2、孔径0.3厘米

图二四二　2006FXCH106出土陶器

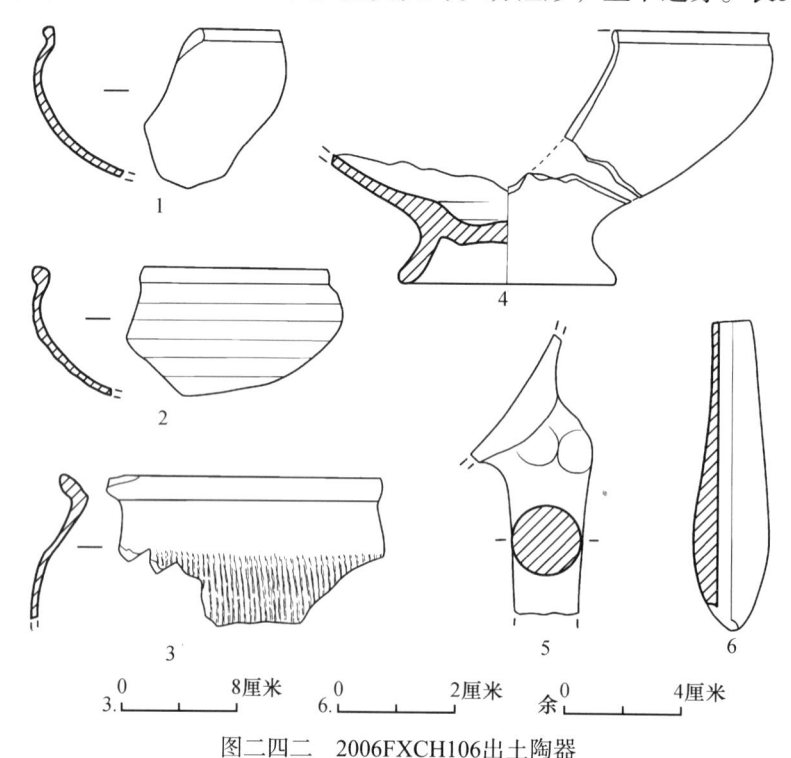

1、2.盂（2006FXCH106：6、2006FXCH106：3）　3.罐（2006FXCH106：1）　4.圈足豆（2006FXCH106：11）
5.鼎足（2006FXCH106：4）　6.网坠（2006FXCH106：7）

（图二四二，6）。

陶圈足豆　2件（2006FXCH106：10、2006FXCH106：11）。2006FXCH106：11，夹细砂灰陶，未修复，侈口，方唇，弧腹较深，圈足较矮。高8.6、底径9.4厘米（图二四二，4）。

灰坑早期用途不明，废弃后做垃圾坑使用。根据地层叠压关系和坑内包含物推断，时代属于战国时期。

（一〇九）2006FXCH107

2006FXCH107位于2006FXCT2415内，部分伸入2006FXCT2315东隔梁，叠压于2006FXCT2415④下，打破生土、2006FXCM46。平面近似圆形，直壁，平底。直径116~126、深80厘米。

坑内堆积呈黑褐色，土质疏松。包含少量泥质陶片，因太过破碎难辨器型。

灰坑早期用途不明，根据地层叠压关系和坑内包含物推断，时代属于战国时期。

三、灰　　沟

B区（陈家嘴）共清理灰沟28条。大部分灰沟出土物较少，以下将一一介绍。

（一）2005FCG1

2005FCG1分布在2005FCT1624、2005FCT1724内，延伸至2005FCT1723东、北隔梁内未发掘，叠压于2005FC1724④a下，打破第4b、5、7层、2005FCH43和2005FCH51（H57），西部被2005FCH4打破。平面为东西走向不规则长条形，弧壁，平底略有起伏。长720、宽80~120、深50厘米。

沟内堆积呈浅灰褐色，夹杂草木灰和零星烧土斑点，包含物有青花瓷片、泥质陶片等。

灰沟早期用途不明，根据地层叠压关系和沟内包含物推断，时代属于明清时期。

（二）2005FCG2

2005FCG2分布在2005FCT1726、2005FCT1826、2005FCT1925、2005FCT2025、2005FCT2024、2005FCT2124、2005FCT2123内，叠压于2005FCT1826③下，打破第4b层和生土。平面为西北—东南走向，长弧形，直壁，圜底。长2250、宽50~80、深30厘米。壁面光滑，未发现明显加工痕迹。

沟内堆积为灰色砂土，结构松散，包含少量瓦片和青花瓷片。

灰沟可能原为排水沟，根据地层叠压关系和沟内包含物推断，时代属于明清时期。

（三）2005FCG3

2005FCG3分布在2005FCT1921内，部分伸入2005FCT1920北隔梁及本方北隔梁未发掘，叠压于2005FCT1921④下，打破第7、8层和2005FCH29，被2005FCH11打破。平面呈南北走向长条形，斜壁，平底。沟口长450、宽32、深30厘米。

沟内堆积为灰黑色粉砂土，土质疏松。包含大量灰瓦片和少量青花瓷片、泥质红陶片。

灰沟早期用途不明，其走向、位置与2005FCF1十分接近，不排除是2005FCF1排水沟的可能。根据地层叠压关系和沟内包含物推断，时代属于明代。

（四）2005FCG4

2005FCG4分布于2005FCT2221内，部分伸入本方东、北隔梁未发掘，叠压于2005FCT2221④下，打破第7层和生土。发掘部分为东西走向长条形，斜壁，平底。长360、宽35～150、深24厘米。

沟内堆积呈灰褐色，土质松软湿润。包含物有瓦片、瓷片等。

2005FCG4紧邻2005FCF2垫土层，可能是2005FCF2的排水系统。根据地层叠压关系和沟内包含物推断，时代属于明代。

（五）2005FCG5

2005FCG5分布于2005FCT1523、2005FCT1524、2005FCT1624、2005FCT1623内，隔梁内部分未发掘，叠压于2005FCT1624④c下，打破第5层，被2005FCH8打破。平面呈东北—西南走向不规则长条形，弧壁，平底略有起伏。长约930、宽105～165、深30厘米。

坑内堆积呈灰黑色，夹杂少量红烧土粒和炭屑，土质疏松；沟底为粉砂土，似水流物沉积所致。包含少量青花瓷片。

灰沟可能为自然形成的流水沟，根据地层叠压关系和沟内包含物推断，时代属于明代。

（六）2005FCG6

1. 形制结构

2005FCG6分布于2005FCT2219内，部分伸入2005FCT2119东隔梁未发掘，叠压于2005FCT2219④b下，打破第7层和生土。平面呈东西走向长条形，直壁，平底。长约444、宽88～150、深44厘米。

2. 出土遗物

沟内堆积呈灰褐色，夹杂较多石块、砂石、草木灰、木炭和烧土粒，土质松软湿润。包含物有陶器和铁器。陶器以泥质红褐陶、灰褐陶为主，部分陶片饰绳纹，可辨器型有网坠。铁器数量较少，发现斧1件。

（1）铁器

斧　1件（2005FCG6：2）。锈蚀严重，平面为长方形。长方銎，平刃。长11.1、刃宽5.2、銎长5.6、宽2.7厘米（图二四三，1）。

（2）陶器

网坠　1件（2005FCG6：1）。泥质灰褐陶。上端略残，纺锤形，中有一通穿。残高4.9、直径1.2厘米（图二四三，2）。

灰沟最初可能用于排水，废弃后用来堆放垃圾。根据地层叠压关系和沟内包含物推断，时代属于战国时期。

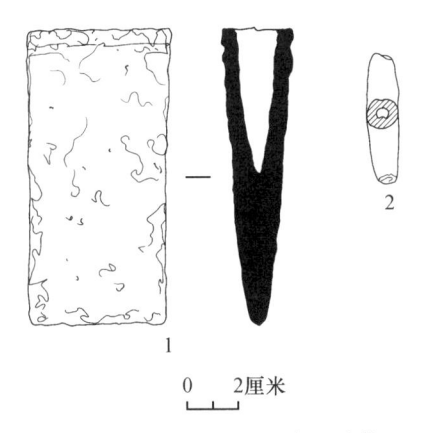

图二四三　2005FXCG6出土遗物
1. 铁斧（2005FCG6：2）　2. 陶网坠（2005FCG6：1）

（七）2005FCG7

1. 形制结构

2005FCG7分布于2005FCT2618内，伸入本方东、北隔梁及2005FCT2617北隔梁内部分未发掘，叠压于2005FCT2618④b下，打破生土。平面呈南北走向长条形，纵剖面为直壁，底呈阶梯状。横剖面为直壁，平底。长约520、宽80～125、深50厘米。

2. 出土遗物

沟内堆积呈黄灰色，夹杂烧土粒、木炭和石块，土质松软湿润。包含物有泥质灰陶、黄褐陶。部分陶片饰绳纹，可辨器型有罐、平底器。

陶盆　1件（2005FCG7：1）。夹砂灰陶。平折沿，圆唇，束颈。口径40、残高5厘米（图二四四，1）。

陶平底器　1件（2005FCG7：2）。夹砂黄褐陶。壁与底夹角较小。残高9.2厘米（图

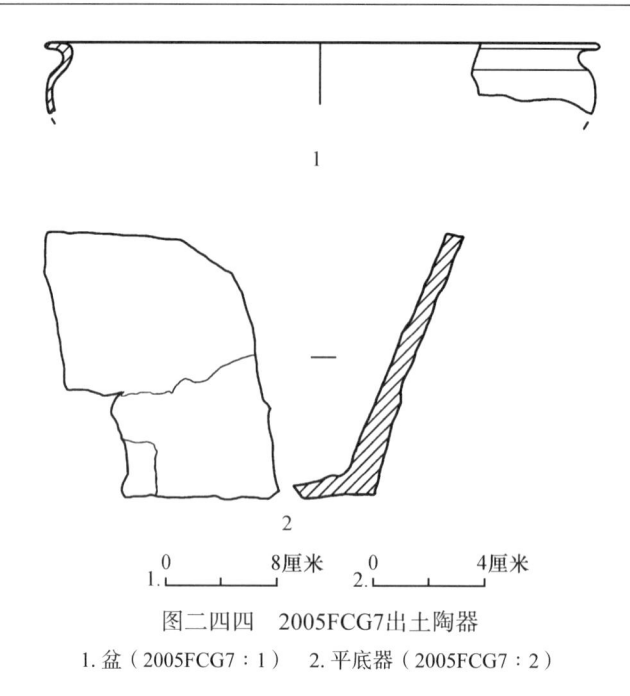

图二四四　2005FCG7出土陶器

1. 盆（2005FCG7∶1）　2. 平底器（2005FCG7∶2）

二四四，6）。

灰沟性质不明，形制尺寸与2005FCM40、2005FCH91相似。根据地层叠压关系和沟内包含物推断，时代属于战国时期。

（八）2005FCG8

1. 形制结构

2005FCG8分布于2005FCT2022、2005FCT2122、2005FCT2121、2005FCT2221内，向东延伸至发掘区外，各方隔梁内部分未发掘，叠压于2005FCT2221⑦下，打破生土，中南部被2005FCM5打破（图二四五）。发掘部分呈西北—东南走向长条形，直壁，底部中间高两边低，由中间向两边呈坡状。长约1300、宽150、深70厘米。

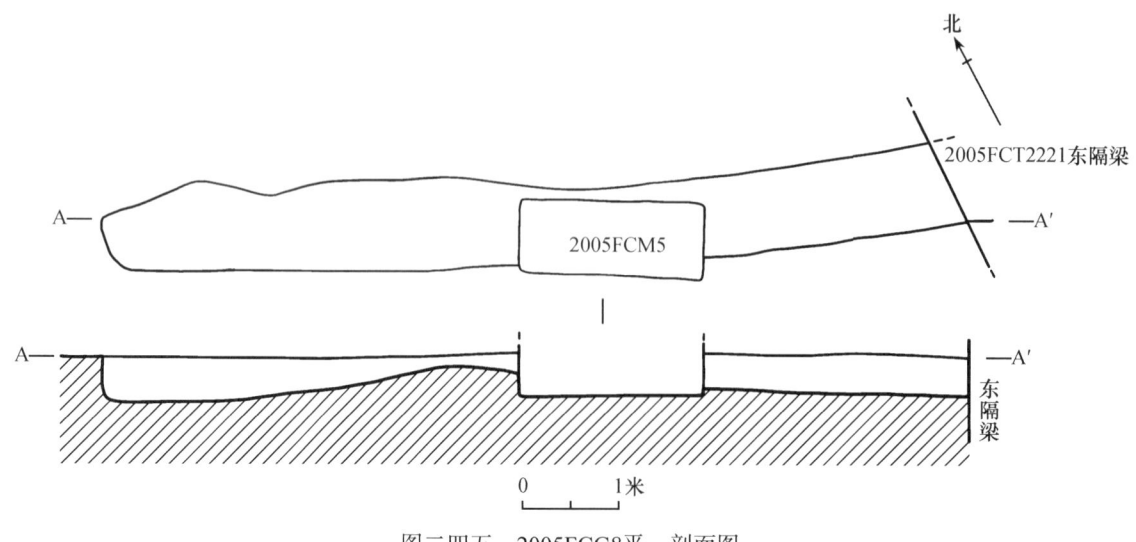

图二四五　2005FCG8平、剖面图

2. 出土遗物

沟内堆积为灰褐色，夹杂较多草木灰、炭屑和烧土粒，土质松软。包含物有陶器和铜器。陶器以泥质灰陶和夹砂灰陶为主，大部分饰绳纹，可辨器型有釜、圈足豆等。铜器数量较少，发现2件镞。

（1）铜器

镞　2件（2005FCG8：1、2005FCG8：2）。2005FCG8：1，三棱形狭刃，短铤，刃、镞身较长，均残断。残长5.8、宽0.7厘米（图二四六，6）。2005FCG8：2，柳叶形双翼，阔翼，中脊呈菱形，铤及后锋部分残。残长4.6、残宽1.4厘米（图二四六，5）。

（2）陶器

釜　1件（2005FCG8：3）。夹砂褐陶。侈口，方唇。颈部以下饰绳纹。口径32、残高8.7厘米（图二四六，2）。

圈足豆　2件（2005FCG8：4、2005FCG8：11）。矮喇叭状圈足。2005FCG8：11，夹砂灰褐陶。底径8、残高2.8厘米（图二四六，3）。

穿孔陶片　4件（2005FCG8：5、2005FCG8：7、2005FCG8：8、2005FCG8：10）。2005FCG8：5，泥质灰陶。器身有一圆穿。饰绳纹（图二四六，1）。2005FCG8：8，夹砂灰陶，器身有两圆孔（图二四六，4）。

灰沟早期用途不明，根据地层叠压关系判断，2005FCG8、2005FCG9可能是同一条沟，结合沟内包含物推断，时代属于战国时期。

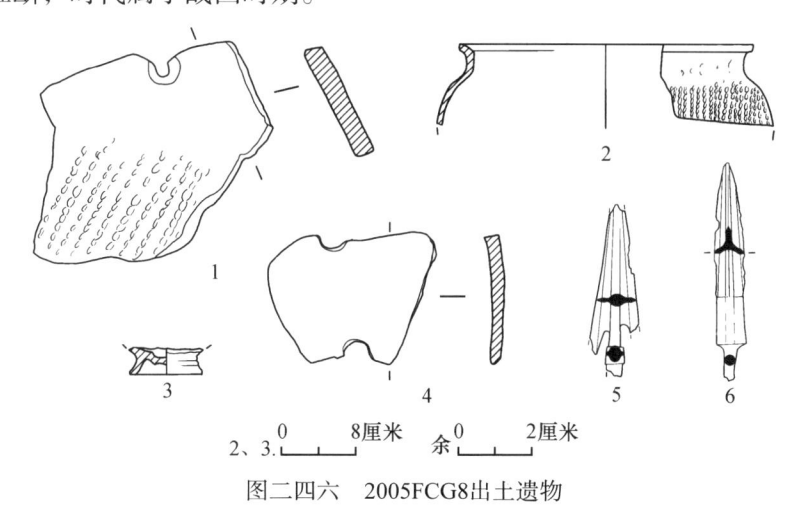

图二四六　2005FCG8出土遗物

1、4. 穿孔陶片（2005FCG8：5、2005FCG8：8）　2. 陶釜（2005FCG8：3）　3. 陶圈足豆（2005FCG8：11）
5、6. 铜镞（2005FCG8：2、2005FCG8：1）

（九）2005FCG9

1. 形制结构

2005FCG9分布于2005FCT1723、2005FCT1823、2005FCT1923、2005FCT1922内，隔梁内部分未发掘，叠压于2005FCT1823⑦下，打破第8层和生土，南部被2005FCM9打破。发掘部分呈东—西走向长条形，直壁，底部凹凸不平。长约1150、宽100、深110厘米。

2. 出土遗物

沟内堆积呈浅灰色，夹杂红烧土颗粒，土质较硬。包含物有陶器和石器，陶器以夹砂红褐陶、灰陶为主，可辨器型有平底器。

（1）陶器

平底器底　1件（2005FCG9：1）。夹砂红褐陶。壁与底夹角较小，平底内凹。底径12、残高6.5厘米（图二四七，2）。

（2）石器

打制石片　1件（2005FCG9：2）。深绿色砾石。三面有打制疤痕，或为坯料。高5.6、宽3.5厘米（图二四七，1）。

灰沟早期用途不明，废弃后用来堆放垃圾。根据地层叠压关系和沟内包含物推断，时代属于战国时期。

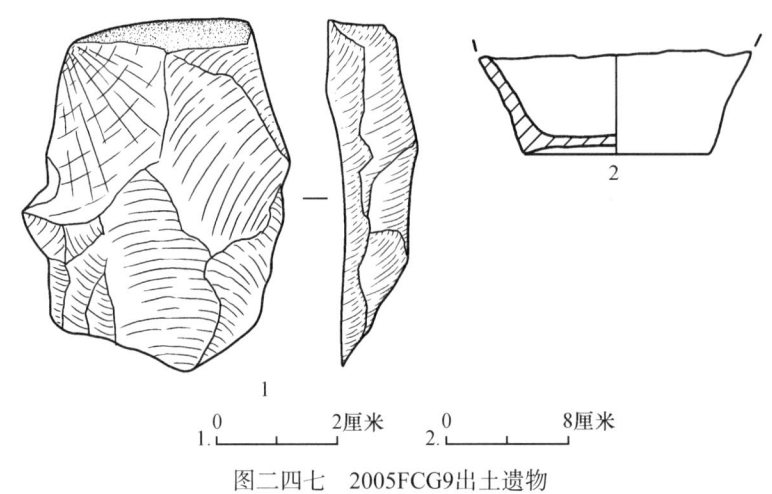

图二四七　2005FCG9出土遗物
1. 打制石片（2005FCG9：2）　2. 陶平底器（2005FCG9：1）

（十）2005FCG10

1. 形制结构

2005FCG10分布于2005FCT1820、2005FCT1920、2005FCT1919、2005FCT2019内，隔梁内部分未发掘，叠压于2005FCT1920⑧下，打破2005FCH53、2005FCH56和生土。平面呈东南—西北走向长条形，弧壁，平底略有起伏。长635、宽100～110、深70厘米。

2. 出土遗物

沟内堆积为灰褐色夹黄色颗粒，夹杂大量红烧土、炭屑、石块，土质较疏松。包含物有泥质红陶、灰陶和黑陶，可辨器型有花边口罐、豆柄、罐。

陶豆柄　1件（2005FCG10：1）。泥质黑陶。中空圆柄。残高11.2、孔径1.7厘米（图二四八，3）。

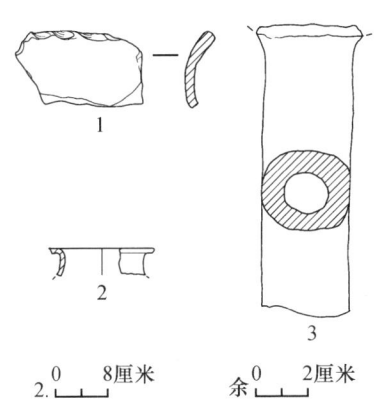

图二四八　2005FCG10出土陶器

1. 花边口罐（2005FCG10：3）　2. 罐（2005FCG10：4）　3. 豆柄（2005FCG10：1）

陶花边口罐　1件（2005FCG10：3）。夹砂红褐陶。侈口，口沿按压花边。残高2.9厘米（图二四八，1）。

陶罐　1件（2005FCG10：4）。泥质灰陶。平折沿，方唇，颈部较长。口径16、残高3.2厘米（图二四八，2）。

灰沟早期用途不明，根据地层叠压关系推断，时代属于战国时期。

（十一）2005FCG11

1. 形制结构

2005FCG11分布于2005FCT1822内，部分伸入2005FCT1722东隔梁内未发掘，叠压于2005FCT1822⑦下，打破2005FCG12、生土。发掘部分呈东西走向长条形，直壁，平底。长约310、宽30~50、深95厘米。

2. 出土遗物

沟内堆积呈深灰色，夹杂零星草木灰和红烧土颗粒，土质松软。包含一件石器。

石斧　1件（2005FCG11：1）。浅绿色砾石。通体磨制。长方形，圆弧刃，正锋，刃部残。长10、宽5.5、厚2厘米（图二四九）。

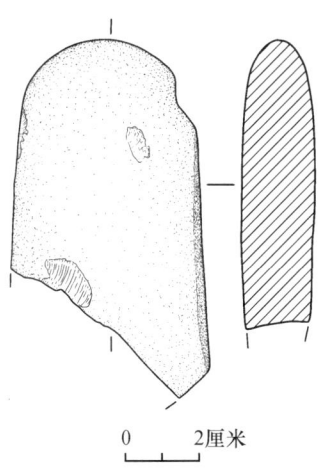

图二四九　2005FCG11出土石斧（2005FCG11：1）

灰沟早期用途不明，根据地层叠压关系和沟内包含物推断，时代属于战国时期。

（十二）2005FCG12

2005FCG12分布于2005FCT1822内，部分伸入2005FCT1722东隔梁内未发掘，叠压于2005FCT1822⑦下，打破生土，北部被2005FCG11打破。东部被地层破坏，与2005FCH38关系不明。发掘部分呈东西走向长条形，斜壁，平底。长约400、宽25～80、深105厘米。

沟内堆积呈深灰色，夹杂木炭灰、红烧土颗粒，土质松软。包含泥质灰陶和红陶。

灰沟早期用途不明，根据地层叠压关系和沟内包含物推断，时代属于战国时期。

（十三）2006FCG1

2006FCG1位于2006FCT0108内，部分伸入本方东隔梁和西壁未发掘，叠压于2006FCT0108①b下，打破2006FCH1和生土。发掘部分为长条形，直壁，平底。长800、宽20、深21厘米。沟的修筑采用先挖沟再用筒瓦每两块前后相连形成管道的方式，沟两端可见两块筒瓦上下相合形成管道孔，而东段则只有一块筒瓦置上，其下无筒瓦与之相合。筒瓦长34、内径10、外径13厘米。

沟内堆积为筒瓦残片，管道内可见灰褐色淤土。

2006FCG1属于排水沟。根据地层叠压关系和沟内包含物推断，时代属于明清时期。

（十四）2006FCG2

2006FCG2位于2006FCT0103内，部分伸入本方西壁未发掘，叠压于2006FCT0103①a下，打破第2、3层，东部被现代坑打破。发掘部分为长条形，直壁，平底。长350、宽56～70、深40厘米。

沟内堆积呈浅灰色，夹杂少量石块和炭屑，土质较硬。包含零星泥质黑褐陶和青花瓷片。

灰沟早期用途不明，根据地层叠压关系和沟内包含物推断，时代属于明清时期。

（十五）2006FCG3

2006FCG3位于2006FCT0104内，部分伸入本方北隔梁和南壁下未发掘，叠压于2006FCT0104②下，打破第3、4层和2006FCG4。发掘部分近似条带状，直壁，平底。长900、宽40～92、深35厘米。

沟内堆积呈灰色，夹杂少量石块，土质较松软。包含零星瓦片。

灰沟可能属于水流冲刷自然形成，根据地层叠压关系和沟内包含物推断，时代属于唐宋时期。

（十六）2006FCG4

2006FCG4位于2006FCT0104内，部分伸入本方北、东隔梁未发掘，叠压于2006FCT0104②下，打破第3层，南部被2006FCG3打破。发掘部分由四条岔沟组成（图二五〇）。剖面为直壁，平底。东西向两条沟中部相通，呈长条形，西高东低，呈坡状，其北侧较弯曲。长500、宽35～75、深20厘米，南侧长420、宽32～80、深35厘米。南北向两条沟均与东西向两沟相通，呈长条形，南高北低，呈坡状，并与东西向两沟相通。长210、宽50～60、深25厘米。东侧呈喇叭形，北高南低，呈坡状。长185、宽30～180、深40厘米。

沟内堆积呈浅灰色，夹杂少量石块，土质较硬。包含零星瓦片。

灰沟由雨水冲刷自然形成，根据地层叠压关系和沟内包含物推断，时代属于汉代。

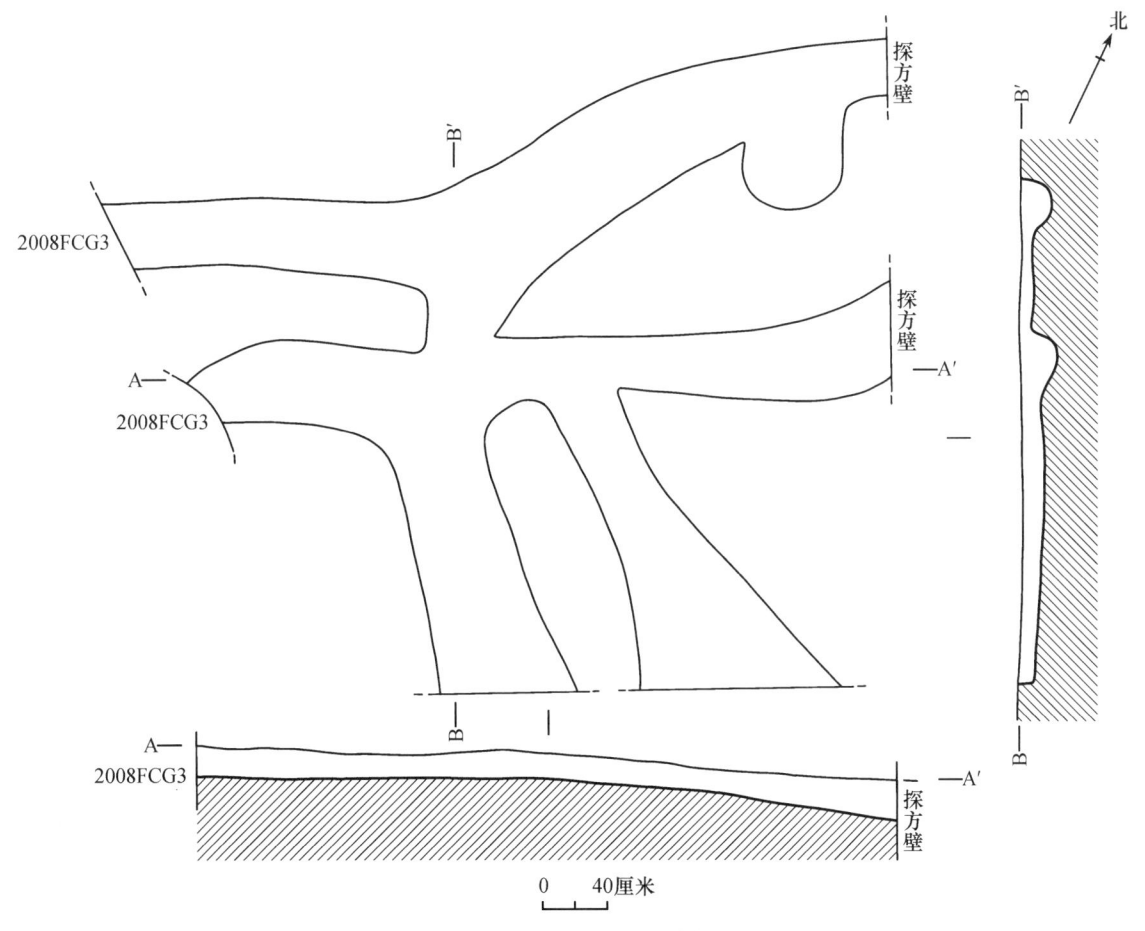

图二五〇　2006FCG4平、剖面图

（十七）2006FCG5

2006FCG5位于2006FCT0104内，部分伸入本方北隔梁未发掘，叠压于2006FCT0104②下，打破第3、5层。发掘部分为长条形，直壁，底呈斜坡状。长460、宽42、深12厘米。

沟内堆积呈灰色，夹杂少量石块，土质疏松。包含零星青白瓷片。

灰沟最初可能由雨水冲刷自然形成，根据地层叠压关系和沟内包含物推断，时代属于唐宋时期。

（十八）2006FCG6

2006FCG6位于2006FCT0105内，部分伸入本方西壁未发掘，叠压于2006FCT0105②下，打破第3层。发掘部分为不规则长条形，弧壁，平底。长375、宽20~110、深35厘米。

沟内堆积呈深灰色，夹杂石块、红烧土粒和草木灰，土质疏松。包含泥质红陶、灰陶，部分陶片饰绳纹。

灰沟早期用途不明，根据地层叠压关系和沟内包含物推断，时代属于战国时期。

（十九）2006FCG7

2006FCG7位于2006FCT0104内，部分伸入2006FCT0104本方北隔梁和2006FCT0103北隔梁未发掘，叠压于2006FCT0104②下，打破第3层，西部被2006FCH3打破。发掘部分近似长条形，直壁，平底。长800、宽55~85、深60厘米。

沟内堆积呈黄灰色，夹杂石头、红烧土粒和草木灰，土质疏松。包含物有红褐陶、灰陶。

灰沟早期用途不明，根据地层叠压关系和沟内包含物推断，时代属于战国时期。

（二十）2006FXCG13

2006FXCG13位于2006FXCT1419、2006FXCT1519、2006FXCT1619内，隔梁内部分未发掘，叠压于2006FXCT1619④下，打破生土。发掘部分为呈东南—西北走向长条形，直壁，圜底。长1086、宽20~30、深26厘米。

沟内堆积为灰褐色砂土，夹杂石块、炭屑和烧土，土质较硬，包含物有瓦片、青瓷片和酱釉瓷。

灰沟可能是排水沟。根据地层叠压关系和沟内包含物推断，时代属于宋元时期。

（二十一）2006FXCG14

1. 形制结构

2006FXCG14位于2006FXCT1518内，部分伸入2006FXCT1418东隔梁内未发掘，叠压于2006FXCT1518⑤下，打破生土，被2006FXCM22打破。发掘部分呈东西走向不规则长条形，直壁，坑底东高西低，向西南倾斜。长约240、宽40～105、深38厘米。沟东部有三块大石叠在一起，不清楚其用途。

2. 出土遗物

沟内堆积为灰褐色粉砂土，夹杂大量石块、红烧土粒、炭屑，土质较硬，包含物有陶器和石器，陶器有泥质灰陶、黑陶陶片，部分陶片饰粗绳纹，石器仅发现1件。

（1）陶器

罐　1件（2006FXCG14：2）。夹细砂灰陶。卷平沿，方唇，束颈。残高4.2厘米（图二五一，2）。

（2）石器

凿　1件（2006FXCG14：1）。青灰色砂岩磨制。略呈长条形，下部残缺，两侧有打制痕迹。残长21.2、宽8、厚3.6厘米（图二五一，1）。

灰沟早期用途不明，废弃后用来堆放垃圾。根据地层叠压关系和沟内包含物推断，时代属于战国时期。

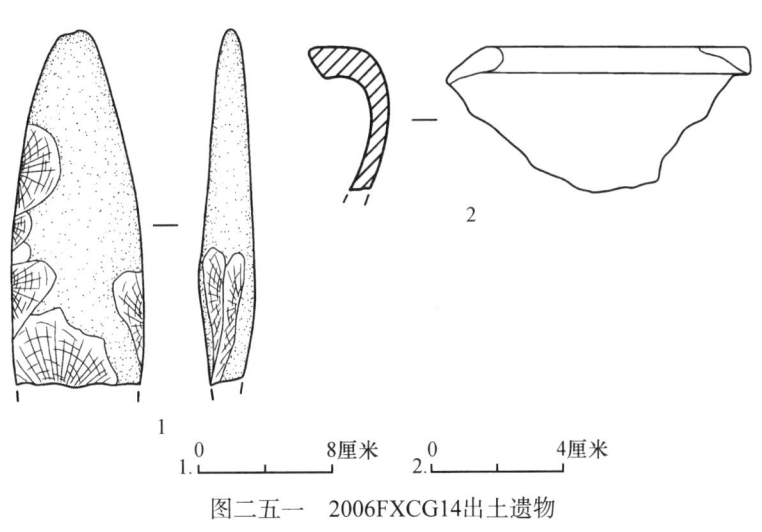

图二五一　2006FXCG14出土遗物
1. 石凿（2006FXCG14：1）　2. 陶罐（2006FXCG14：2）

（二十二）2006FXCG15

1. 形制结构

2006FXCG15位于2006FXCT1419内，部分伸入2006FXCT1319东隔梁和本方东、北隔梁内未发掘，叠压于东隔梁2006FXCT1409⑤下，打破第6层，被2006FXCH73打破。平面为东北—西南走向不规则长条状，直壁，平底，底部略呈东高西低坡状堆积。沟口长约498、宽56～210、深50厘米。

2. 出土遗物

沟内填灰褐色黏土，土质较硬。包含物分铜、陶两类，陶器以夹砂黄褐陶为主，可辨器型有豆、平底器等，少量陶片饰绳纹。

（1）铜器

镞　2件（2006FXCG15：1、2006FXCG15：2）。2006FXCG15：1，三棱狭刃，圆形铤残。残长3.3、翼宽0.8厘米（图二五二，2）。2006FXCG15：2，三角形双阔翼，中脊隆起，翼尖及后锋残缺。残长4.2、翼残宽1厘米（图二五二，5）。

（2）陶器

罐　1件（2006FXCG15：3）。夹砂黄褐陶。卷沿，圆唇，束颈，圆折肩。残高3.6厘米（图二五二，1）。

平底器　1件（2006FXCG15：4）。夹砂黄褐陶。壁与底夹角较小。残高8、底径18.4厘米（图二五二，3）。

中柄豆　1件（2006FXCG15：5）。夹砂黄褐陶。圆柄中空，喇叭状圈足。残高7、底径9厘米（图二五二，4）。

灰沟早期用途不明，根据地层叠压关系和沟内包含物推断，时代属于战国时期。

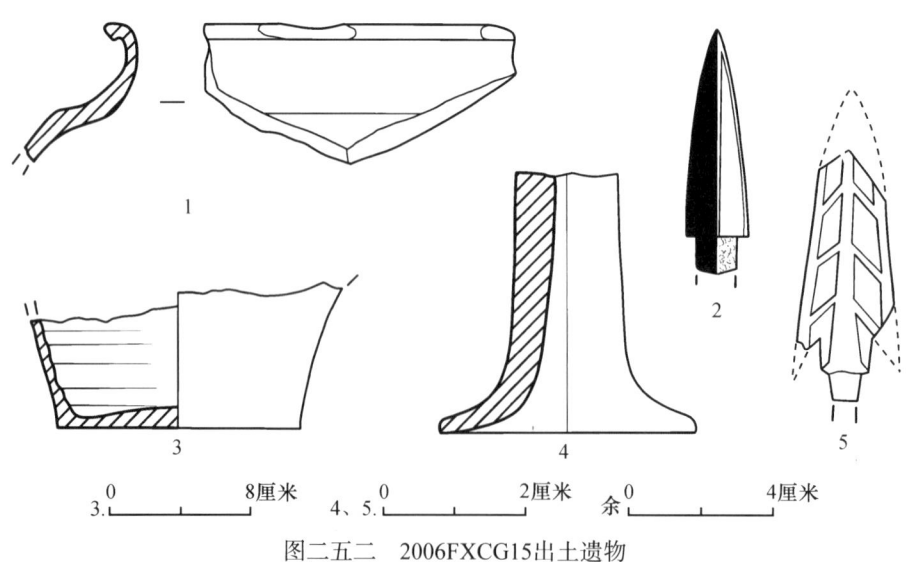

图二五二　2006FXCG15出土遗物
1.陶罐（2006FXCG15：3）　2、5.铜镞（2006FXCG15：1、2006FXCG15：2）　3.陶平底器（2006FXCG15：4）
4.陶中柄豆（2006FXCG15：5）

（二十三）2006FXCG16

1. 形制结构

2006FXCG16位于2006FXCT1321内，部分伸入本方东、北隔梁内未发掘，叠压于2006FXCT1321⑦下，打破第8层。发掘部分呈东南—西北走向长条形，直壁，平底。长484、宽50～72、深34厘米。

2. 出土遗物

沟内堆积呈浅灰色，夹杂草木灰和砾石，土质较硬，包含少量泥质黑陶，部分陶片饰绳纹。

陶瓮　1件（2006FXCG16∶1）。夹粗砂黑褐陶。残存部分口沿，斜领，尖圆唇，圆肩。肩部以下饰竖向绳纹。残高10.4厘米（图二五三）。

灰沟早期用途不明，根据地层叠压关系和沟内包含物推断，时代属于战国时期。

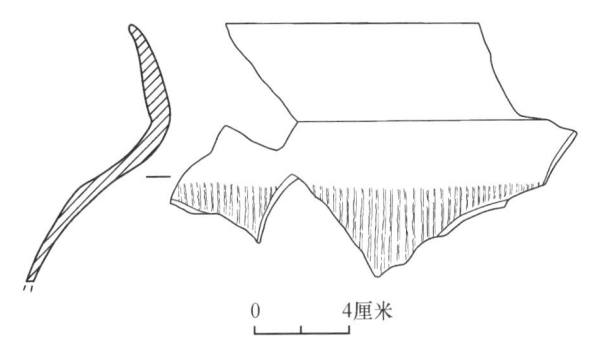

图二五三　2006FXCG16出土陶瓮（2006FXCG16∶1）

（二十四）2006FXCG17

1. 形制结构

2006FXCG17位于2006FXCT0613内，部分伸入2006FXCT0612北隔梁和本方北隔梁内未发掘，叠压于2006FXCT0613⑤下，打破生土。平面呈东南—西北走向不规则长条形，直壁，平底。长500、宽30～72、深16厘米。

2. 出土遗物

沟内堆积呈灰色，土质松软湿润。包含少量泥质陶片，部分陶片饰绳纹。

陶中柄豆　5件。其中豆盘3件（2006FXCG17∶1、2006FXCG17∶7、2006FXCG17∶8），圈足2件（2006FXCG17∶3、2006FXCG17∶6）。2006FXCG17∶1，泥质黑皮陶。残存豆盘底及柄。盘底与柄相接处有折棱，圆柄中空。残高7.6厘米（图二五四，4）。2006FXCG17∶6，夹细砂红褐胎黑皮陶。残存柄及圈足。喇叭状圈足。残高5.4、底径8.4厘米（图二五四，2）。

陶盆　3件（2006FXCG17∶2、2006FXCG17∶5、2006FXCG17∶9）。均残存部分口沿。卷平沿或折平沿，方唇，束颈。颈部以下饰绳纹。2006FXCG17∶2，泥质灰陶。残高7.2厘米（图二五四，3）。2006FXCG17∶9，夹细砂黄褐陶。残高7厘米（图二五四，1）。

陶罐　1件（2006FXCG17∶4）。夹粗砂黄褐陶。残存部分口沿。卷沿，尖唇，束颈。颈部以下饰绳纹。残高4.4厘米（图二五四，5）。

灰沟可能原用做排水。根据地层叠压关系和沟内包含物推断，时代属于战国时期。

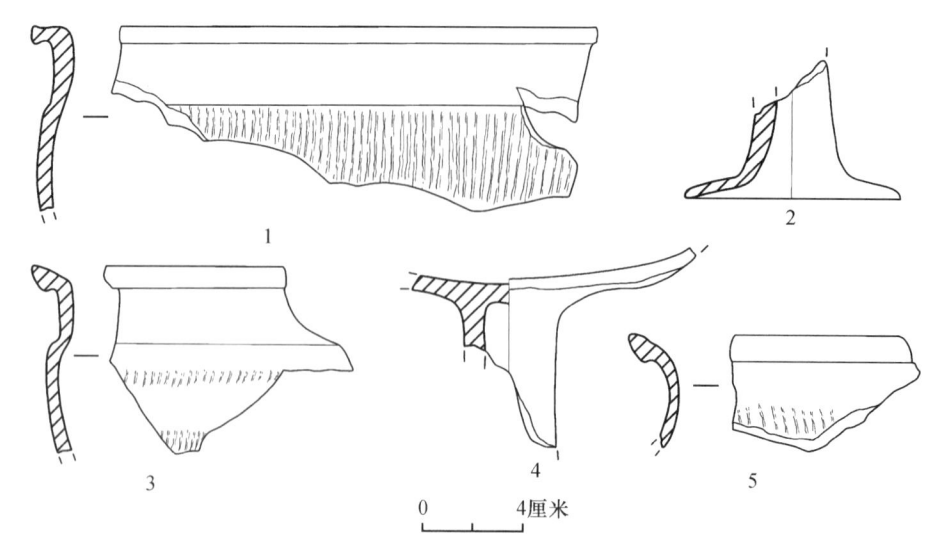

图二五四　2006FXCG17出土陶器

1、3. 盆（2006FXCG17：9、2006FXCG17：2）　2、4. 中柄豆（2006FXCG17：6、2006FXCG17：1）

5. 罐（2006FXCG17：4）

（二十五）2006FXCG18

1. 形制结构

2006FXCG18位于2006FXCT1016、2006FXCT1116、2006FXCT1215、2006FXCT1216内，部分伸入2006FXCT1015北隔梁、2006FXCT1216东隔梁，隔梁内未发掘，叠压于2006FXCT1216④下，打破第5、6层和生土，被2006FXCH78打破。2006FXCG18呈东西走向长条形，直壁，平底略有起伏。长400、宽75～130、深40厘米。

2. 出土遗物

沟内堆积为灰褐色黏土，土质较硬。包含物有陶器和铜器，陶器以夹砂黄褐陶、黑褐陶和灰陶为主，少量陶片饰绳纹，可辨器型有圈足豆，铜器仅发现1件。

（1）铜器

镞　1件（2006FXCG18：1）。三棱狭刃，残损严重。残长3.2厘米（图二五五，1）。

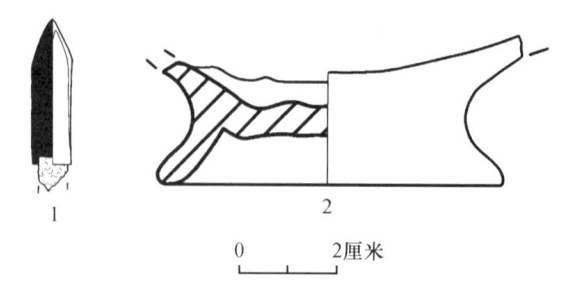

图二五五　2006FXCG18出土遗物

1. 铜镞（2006FXCG18：1）　2. 陶圈足豆（2006FXCG18：2）

（2）陶器

圈足豆　1件（2006FXCG18：2）。夹细砂黄褐陶。仅存矮喇叭形圈足。残高3、底径6.8厘米（图二五五，2）。

灰沟早期用途不明，根据地层叠压关系和沟内包含物推断，时代属于战国时期。

（二十六）2006FXCG19

1. 形制结构

2006FXCG19位于2006FXCT0916内，部分伸入本方北、东隔梁内未发掘，叠压于2006FXCT0916⑥下，打破生土。发掘部分为呈西北—东南走向条带状，直壁，平底略有起伏。长160、宽35~50、深45厘米。

2. 出土遗物

沟内堆积为灰色黏土，土质较疏松。包含少量泥质黑褐陶，少量陶片饰绳纹。

陶中柄豆　1件（2006FXCG19：1）。泥质灰陶。残存豆盘底及柄。圆柄中空。残高6.3厘米（图二五六，1）。

陶盆　1件（2006FXCG19：2）。夹细砂黑皮陶。残存部分口沿。平折沿，方唇，束颈。残高4.4厘米（图二五六，2）。

灰沟早期用途不明，根据地层叠压关系和沟内包含物推断，时代属于战国时期。

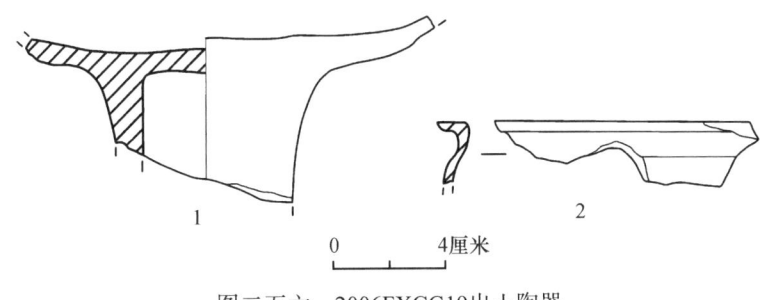

图二五六　2006FXCG19出土陶器
1. 中柄豆（2006FXCG19：1）　2. 盆（2006FXCG19：2）

（二十七）2006FXCG20

1. 形制结构

2006FXCG20位于2006FXCT2416内，部分伸入2006FXCT2316东隔梁及本探方北、东隔梁内未发掘，叠压于2006FXCT2416③下，打破第4层和生土。发掘部分呈东西走向长条形，沟壁陡直，平底。长约424、宽30~70、深80厘米。

2. 出土遗物

沟内堆积为灰褐色，土质疏松，包含少量泥质灰陶片。

陶瓮　1件（2006FXCG20：1）。夹粗砂黄褐陶。残存部分口沿。斜领，尖唇。残高4厘米（图二五七，1）。

陶圈足豆　1件（2006FXCG20：2）。夹粗砂红褐黑皮陶。残存豆盘底。残高2.8厘米（图二五七，2）。

灰沟可能原用于排水。根据地层叠压关系推断，时代属于汉代。

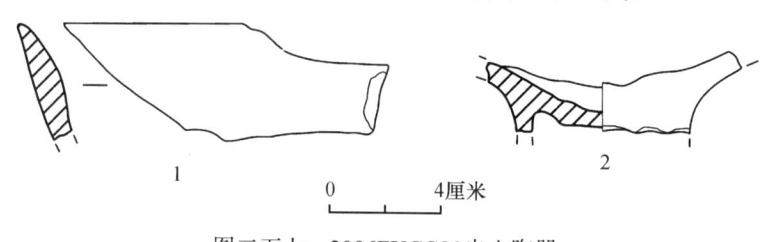

图二五七　2006FXCG20出土陶器
1. 瓮（2006FXCG20：1）　2. 圈足豆（2006FXCG20：2）

（二十八）2006FXCG21

2006FXCG21位于2006FXCT2415内，部分伸入2006FXCT2315东隔梁及本方东隔梁内未发掘，叠压于2006FXCT2415③下，打破第4层。平面为呈东南—西北走向的长条形，直壁，平底。沟口长436、宽38、深40厘米。

沟内填灰褐色土，土质疏松，包含少量泥质陶片。

2006FXCG21四壁十分规整，有人工加工痕迹，有可能是排水沟。根据地层叠压关系和沟内包含物推断，时代属于战国时期。

四、窑　　址

在B区（陈家嘴）清理窑址1座（2006FXCY1）。位于2006FXCT0918西部，叠压于2006FXCT0918⑥a下，打破第6b层。2006FXCY1以北约1米处为2006FXCL1，暂不清楚二者是否有联系。

2006FXCY1被严重破坏，仅存部分窑床和窑南壁，现存部分平面略呈方形（图二五八）。残长106、宽68～104厘米。南侧窑壁残高12厘米。窑床东部略高于西部，较平整，未见烧结面，其他结构不详。

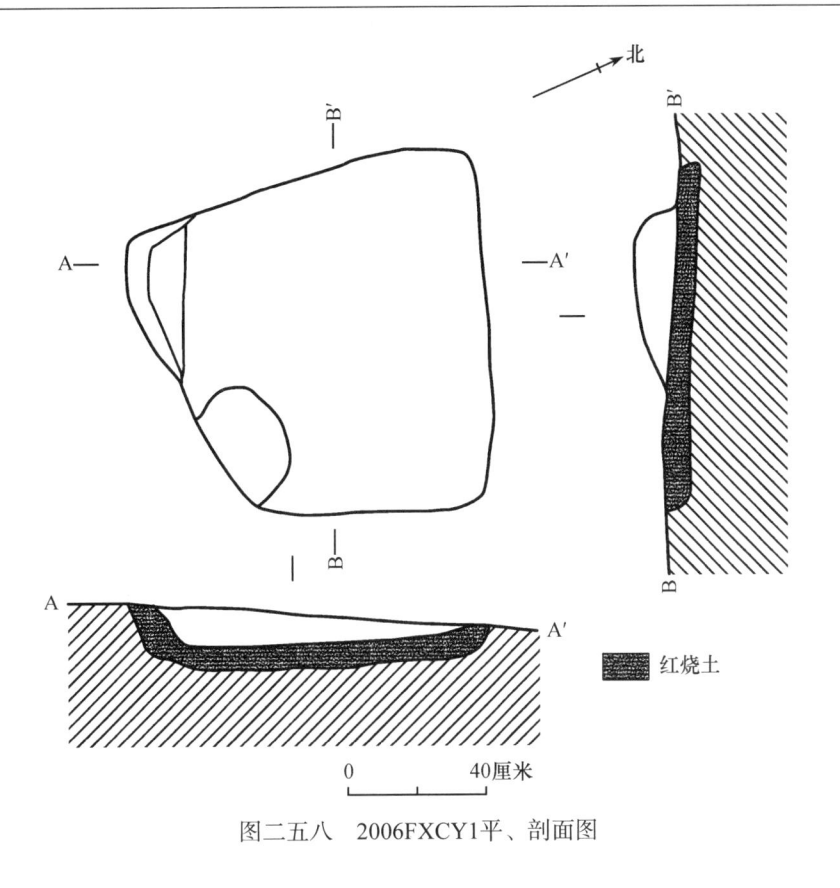

图二五八　2006FXCY1平、剖面图

窑内填夹杂大量红烧土块和炭屑的灰褐色土，土质稍硬，未发现其他包含物。由于没有遗物，根据地层叠压关系推断2006FXCY1时代属于战国时期。

第四章 相关研究

如前文所述，本报告所介绍的考古材料包括小田溪墓群A区（小田溪）、B区（陈家嘴）两个部分。经过5次发掘，实际共清理遗迹229个，包括墓葬70座（其中A区25座、B区45座）[①]、灰坑112座（其中A区3座、B区109座）、灰沟28条、房址4座、柱洞7个、石堆5处、道路路面1处、窑址1座，其中以71座墓葬的发现最为完整和重要，这些墓葬明显分为晚期巴文化、两汉时期、宋至清三个阶段，由于后一个阶段的墓葬材料较少且并不系统，本节所讨论的晚期巴文化墓葬分类材料仅限于小田溪墓群A区（小田溪）的2002FXⅠM10、2002FXⅠM12～2002FXⅠM20、2002FXⅠM22以及小田溪墓群B区（陈家嘴）的2005FCM1～2005FCM15、2006FXCM16～2006FXCM39、2006FXCM41～2006FXC46等56座具有明显晚期巴文化特征的墓葬。两汉时期墓葬分类材料仅限于小田溪墓群A区（小田溪）的2002FXⅠM11、2002FXⅠM21、2007FXXM24、2007FXXM25等4座墓葬。

第一节 晚期巴文化墓葬研究

一、墓葬分布及墓向

从考古发现看，小田溪墓群的晚期巴文化墓葬从分布地域角度观察，存在一定规律性，墓向看大致可以分为与乌江流向一致（A类）和垂直于乌江流向（B类）两大类,另有少量墓葬方向（C类）不同于上述两类。

考虑到小田溪墓群A区（小田溪）、B区（陈家嘴）是相对独立的两个墓区，两墓区的墓葬文化特征高度相似又有不同，故将两个墓区分开讨论。

小田溪墓群A区（小田溪）晚期巴文化墓葬计有11座（2002FXⅠM10、2002FXⅠM12～2002FXⅠM20、2002FXⅠM22），墓葬分布较为分散。其中2002FXⅠM13、2002FXⅠM14、2002FXⅠM16～2002FXⅠM20共7座墓葬相对集中分布于该区东部边缘处，小田溪与乌江

---

① 这70座墓包含了小田溪72M1～72M3、80M4～80M7、83M8、93M9，由于对这9座墓的材料需要重新整理与分析，下文分析研究对象并未将其包括在内。另外，B区（陈家嘴）2006FXCM40长度超过6米，但是未发现人骨、葬具及随葬品，对其是否为墓葬存疑，故未列入统计。

交汇处的二级阶地上，地势较为平坦，墓葬分布较为集中[①]，但是从墓葬的排列方式和墓向上并未反映出明显的规律性和一致性，2002FXⅠM13、2002FXⅠM14、2002FXⅠM15、2002FXⅠM19方向较为一致（A类）；2002FXⅠM16、2002FXⅠM17、2002FXⅠM18、2002FXⅠM20方向较为一致（B类）；另外，2002FXⅠM12、2002FXⅠM15、2002FXⅠM22分布于小田溪墓群东部坡地上，与之相临近的还有过去发掘的72M2、72M3、80M4～80M7、83M8或许是地形原因，其墓向较为一致，均与乌江走向接近，分布也较为密集。2002FXⅠM10分布于小田溪墓群中部坡地上，临近过去发掘的93M9，同样是地形原因，其墓向均与乌江走向接近。故A类墓葬共计有7座，占总数的63.6%。B类墓葬有4座，占总数的36.4%。

小田溪墓群B区（陈家嘴）墓葬分布较为集中，45座墓葬均集中分布在该区中西部，位于道路（2006FXCL1）及房址（2006FXCF4）以东，呈西北—东南走向分南北两列排列。其中2005FCM1～2005FCM15、2006FXCM28、2006FXCM29位于北侧一列，2006FXCM16～2006FXCM27、2006FXCM30～2006FXCM39、2006FXCM41～2006FXCM46位于南侧一列，而大部分遗迹也是做类似分布，两列墓葬之间遗迹较少，且集中在中部。从墓向上看，由于B区（陈家嘴）的墓葬较之A区（小田溪）的破坏更为严重，人骨腐朽严重，仅能判断出其中35座墓葬的方向与墓地走向一致，均为西北—东南方向，约占墓葬总数的77.8%（A类）。但也有少数例外，2005FCM11、2005FCM12、2005FCM26、2005FCM27、2005FCM33、2005FCM41、2005FCM45等7座墓为西南—东北走向，约占总数的15.6%（B类）。与2006FXCL1紧邻且走向接近的有3座墓（2005FCM11、2005FCM12、2006FXCM33）。此外2006FXCM30、2006FXCM34、2006FXCM38三座墓为正东西向，约占总数的6.7%（C类）。

据此分析，B区（陈家嘴）的大部分墓葬同样也与北侧的乌江流向接近，其分为南北两列，中间少见遗迹的现象是否表明B区（陈家嘴）中部存在西北—东南走向的土丘，墓地和道路围绕土丘而建？由于明清时期的大规模改造水田，此推测已不能完全证实。

需要指出的是在两个区域内的大部分墓葬具有与乌江方向一致的特征下，部分相邻墓葬的头向则存在不一致的特征，例如B区（陈家嘴）2005FCM13和2005FCM14、2006FXCM16和2006FXCM17头向几乎相反。也有些相邻墓葬的方向基本一致，并列而葬，例如B区（陈家嘴）2006FXCM11、2006FXCM12。B区（陈家嘴）2006FXCM8、2006FXCM9和2006FXCM18、2006FXCM24由于人骨基本腐朽，难以判断是头向相同或相反。

二、墓葬形制尺寸

本章讨论的56座墓葬的形制十分一致，均为长方形竖穴土坑墓，并未发现墓道、腰坑、壁龛等特殊形制。在共同的墓葬形制下，各墓葬的墓圹尺寸和长宽比存在差异，从墓葬长度看可以分为A、B、C、D四组[②]。

---

① 2021年又在2002年发掘区西、南部发掘2021FBXM26～2021FBXM33，墓向同样存在不一致和无规律的特性。
② 依据唐兰《商鞅量与商鞅量尺》之说，以秦尺23.1厘米测算。

A组　A区（小田溪）仅有1座墓葬（2002FXⅠM12）的长度超过秦制三丈（约6.93米）。占A区墓葬总数的9.1%。B区（陈家嘴）未发现。

B组　A区（小田溪）有2座墓葬（2002FXⅠM15、2002FXⅠM22）的长度接近秦制两丈（约4.62米）。占A区墓葬总数的18.2%。B区（陈家嘴）未发现。

C组　A区（小田溪）有8座墓葬（2002FXⅠM10、2002FXⅠM13、2002FXⅠM14、2002FXⅠM16～2002FXⅠM20）的长度大都在秦制一丈至两丈之内（2.31～4.62米）。占A区墓葬总数的72.7%。B区（陈家嘴）有36座墓葬（2005FCM1～2005FCM6、2005FCM8～2005FCM14、2006FXCM16、2006FXCM19～2006FXCM26、2006FXCM28～2006FXCM34、2006FXCM37～2006FXCM39、2006FXCM41、2006FXCM43、2006FXCM44、2006FXCM46）的长度大都在秦制一丈至两丈之内（约2.31～4.62米）。占B区墓葬总数的80%。

D组　A区（小田溪）未发现。B区（陈家嘴）有9座墓葬（2005FCM7、2005FCM15、2006FXCM17、2006FXCM18、2006FXCM27、2006FXCM35、2006FXCM36、2006FXCM42、2006FXCM45）的长度小于秦制一丈（约2.31米）。占B区墓葬总数的20%。

从墓葬长宽比看[①]，可以分为A、B、C、D四型。

A型　长宽比在3∶2以下，此型墓葬仅有A区（小田溪）2002FXⅠM12，占墓葬总数的9.1%。B区（陈家嘴）未发现。

B型　长宽比在3∶2至2∶1（±0.1）之间，与楚文化墓葬长宽比接近，此型墓葬有A区（小田溪）2002FXⅠM14、2002FXⅠM15、2002FXⅠM20等3座墓葬，占A区墓葬总数的27.3%；B区（陈家嘴）2005FCM1、M2005FC3、2005FCM4、2005FCM14、2006FXCM23、2006FXCM27、2006FXCM29等7座墓葬，占B区墓葬总数的15.5%。

C型　长宽比在2∶1至3∶1（±0.1）之间，A区（小田溪）有2002FXⅠM10、2002FXⅠM13、2002FXⅠM16、2002FXⅠM19、2002FXⅠM22等5座墓葬，占A区墓葬总数的45.4%；B区（陈家嘴）有2005FCM2、2005FCM5、2005FCM7、2005FCM9～2005FCM12、2006FXCM16、2006FXCM17、2006FXCM19～2006FXCM22、2006FXCM25、2006FXCM26、2006FXCM28、2006FXCM30～2006FXCM34、2006FXCM36～2006FXCM39、2006FXCM41～2006FXCM44、2006FXCM46等30座墓葬，占B区墓葬总数的66.7%。

D型　长宽比超过3∶1，A区（小田溪）有2002FXⅠM17、2002FXⅠM18等2座墓葬，占A区墓葬总数的18.2%；B区（陈家嘴）有2005FCM6、2005FCM8、2005FCM13、2005FCM15、2005FCM18、2005FCM24、2005FCM35、2006FXCM45等8座墓葬，占B区墓葬总数的17.8%。

三、葬具葬式

小田溪的墓葬由于保存较差，大部分墓葬的葬具、人骨都已经腐朽殆尽，仅根据灰痕难以准确判别葬具葬式，A区（小田溪）11座墓中有10座保存有葬具痕迹，B区（陈家嘴）45座墓

---

① 长、宽均按照平均值计算。

中仅有25座保存有葬具痕迹。葬具可以分为一棺一椁（Ⅰ类）、单棺（Ⅱ类）两大类，葬式基本上可以观察出的都是直肢葬，仅A区（小田溪）的2002FXⅠM13为二次葬，2002FXⅠM12有一具无葬具殉人，葬式不详，B区（陈家嘴）的2005FCM4为侧身屈肢葬等其他葬式。

Ⅰ类　一棺一椁，A区（小田溪）2002FXⅠM10、2002FXⅠM12、2002FXⅠM15、2002FXⅠM22均为此类，占A区墓葬总数的36.4%。B区2005FCM1、2005FCM4、2005FCM14均为此类，占B区墓葬总数的6.7%。

Ⅱ类　单棺，小田溪A区（小田溪）2002FXⅠM13、2002FXⅠM14、2002FXⅠM16～2002FXⅠM19均为此类，占A区墓葬总数的54.5%。B区（陈家嘴）2005FCM2、2005FCM3、2005FCM5、2005FCM8、2005FCM10～2005FCM13、2006FXCM16、2006FXCM19、2006FXCM21～2006FXCM25、2006FXCM28、2006FXCM30、2006FXCM31、2006FXCM34、2006FXCM36、2006FXCM39、2006FXCM41均为此类，占B区墓葬总数的48.9%。

A区（小田溪）无法判别葬具的有2002FXⅠM20，无法判断葬式的有2002FXⅠM10、2002FXⅠM16、2002FXⅠM17、2002FXⅠM20，分布占A区墓葬总数的9.1%、36.4%。B区（陈家嘴）无法判别葬具的有2005FCM6、2005FCM7、2005FCM9、2005FCM15、2006FXCM17、2006FXCM18、2006FXCM20、2006FXCM26、2006FXCM27、2006FXCM29、2006FXCM32、2006FXCM33、2006FXCM35、2006FXCM37、2006FXCM38、2006FXCM42～2006FXCM46等20座，占B区墓葬总数的44.4%，仅有4座保存尸骨残骸，占B区墓葬总数的8.9%。

四、随葬器物的分类与组合

小田溪墓群的随葬品数量普遍较少，A区（小田溪）统计的11座墓中共出土随葬品343套512件[1]，B区（陈家嘴）统计的45座墓中共随葬271套290件。主要有铜、陶、玉（含玛瑙）、铁、石（含煤精）、漆、骨等质地。其中A区（小田溪）有9座墓随葬铜器，占A区（小田溪）墓葬总数的81.8%，10座墓随葬陶器，占A区墓葬总数的90.9%；B区（陈家嘴）有32座墓随葬铜器，占B区（陈家嘴）墓葬总数的71.1%，40座墓随葬陶器，占B区（陈家嘴）墓葬总数的88.9%。随葬玉（琉璃）器的有A区（小田溪）2002FXⅠM12、2002FXⅠM22，B区（陈家嘴）2005FCM2、2005FCM3、2006FXCM29、2006FXCM39，分别占各区墓葬总数的18.2%、8.9%。随葬漆、骨器的有A区（小田溪）2002FXⅠM12、2002FXⅠM15、2002FXⅠM17，B区（陈家嘴）2006FXCM29、2006FXCM31，分别占各区墓葬总数的27.3%、4.4%。随葬铁器的墓葬仅见于B区（陈家嘴）的2005FCM2、2005FCM4、2006FXCM21、2006FXCM37、2006FXCM39、2006FXCM42、2006FXCM43，占B区墓葬总数的15.6%。

---

[1] 其中2002FXⅠM22因被盗随葬品统计数据不完整。

（一）铜器

目前全国各地出土秦汉时期青铜器种类繁多，分类系统各有不同，为便于研究者比较阅读各地同时期考古资料，本报告借鉴刘庆柱先生的分类体系，将小田溪墓葬中随葬的铜器分为手工工具、兵器武备、车马机具、日用器具、科学文化用品、丧葬宗教用品、杂用器具等七类[1]，其中兵器武备与日用器具、车马器具、科学文化用品在小田溪墓群中随葬较为普遍，手工工具、车马机具、丧葬宗教用品、杂用器具仅见于少数规模较大的墓葬中。

1. 手工工具

小田溪墓群出土随葬手工工具数量不多，共20件。多为铸造而成，表面少见装饰，器类主要有削、锯、刮刀、斤、坠饰。

（1）削

13件。器型较小，刃部窄长，柄较长，部分保存有环首，其中13件根据刃部形态分为三型。

A型　1件（2002FXⅠM16：2）。凸刃，刀尖上翘（图二五九，6）。

B型　7件（2002FXⅠM15：22、2002FXⅠM17：1、2005FCM1：3、2005FCM5：5、2005FCM8：3、2005FCM14：6、2006FXCM34：17）。凹弧刃，直柄（图二五九，4）。

C型　5件（2002FXⅠM10：4、2002FXⅠM20：13、2006FXCM30：5、2006FXCM32：3、2006FXCM33：6）。直刃，直柄（图二五九，5）。

（2）锯

2件（2002FXⅠM10：27、2002FXⅠM15：45）。单面刃。

（3）刮刀

1件（2002FXⅠM15：17）。柳叶形，截面呈弧形，圆弧形锋尖。

（4）斤

3件。按照器身和銎部区别分二型。

A型　1件（2002FXⅠM15：42）。喇叭形器身，有銎箍（图二五九，1）。

B型　2件。器身较直，无銎箍，按照器身形态分二式。

Ⅰ式　1件（2002FXⅠM15：59）。器身较窄长，刃两端上挑（图二五九，2）。

Ⅱ式　1件（2006FXCM27：1）。器身变宽短，弧刃（图二五九，3）。

（5）坠饰

1件（2005FCM11：7）。纺锤形，表面有绳子缠绕留下来的痕迹，顶部有侧穿孔，可能是垂线用的坠子。

---

[1] 分类标准参照中国社会科学院考古研究所：《中国考古学·秦汉卷》，中国社会科学书版社，2010年，第643页。

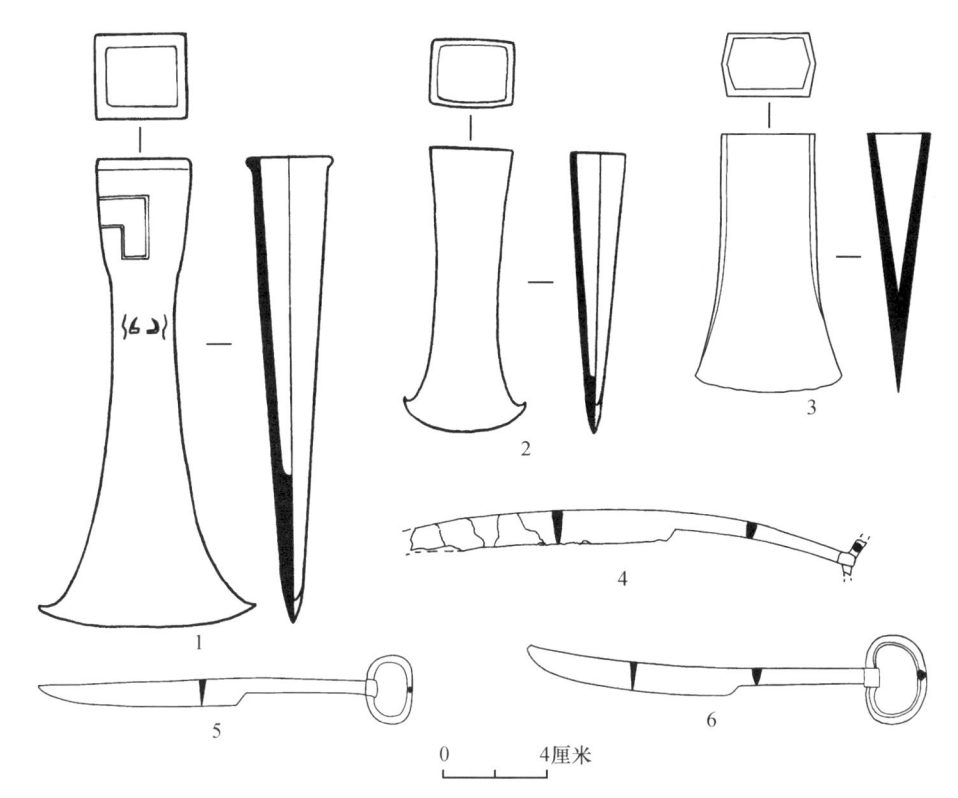

图二五九 晚期巴文化墓葬出土铜手工工具

1. A型斤（2002FXⅠM15：42） 2. B型Ⅰ式斤（2002FXⅠM15：59） 3. B型Ⅱ式斤（2006FXCM27：1）
4. B型削（2005FCM1：3） 5. C型削（2002FXⅠM20：13） 6. A型削（2002FXⅠM16：2）

2. 兵器武备

小田溪墓群中出土的兵器武备较多，主要有长兵器：矛、戈、戟、钺、铍，近战兵器：剑（玉具剑），远程兵器：弩机、镞，防御武备：胄，兵器部件：镈等。铸造而成，表面装饰工艺有雕刻、贴金等，部分器物上铸造或阴刻巴蜀符号。

（1）矛

14件。按照矛叶样式可以分三型。

A型 12件。矛叶呈柳叶形，有一对弓形系，按照矛骹的长短可以分为又分为二式，部分骹部刻有巴蜀符号。

Ⅰ式 1件（2002FXⅠM12：38）。长骹，骹长占通长大约1/2，弓形系位于骹中下部（图二六○，13）。

Ⅱ式 11件（2002FXⅠM10：2、2002FXⅠM12：39、2002FXⅠM12：92、2002FXⅠM12：158、2002FXⅠM15：54、2002FXⅠM16：3、2002FXⅠM18：1、2002FXⅠM20：9、2006FXCM34：1、2006FXCM36：8、2006FXCM44：2）。短骹，骹长占全通长大约1/3至1/4，弓形系一段连接矛叶（图二六○，12）。

B型 1件（2006FXCM28：9、2006FXCM28：11）。矛叶狭长条刃，前锋锐厚，近本处呈锐角，粗骹占通长大约1/2，无系耳（图二六○，15）。

C型 1件（2002FXⅠM12：102）。短骹，矛叶尖锐，中脊两边有凹槽，凹槽延伸向下与耳相连，方形耳（图二六○，14）。

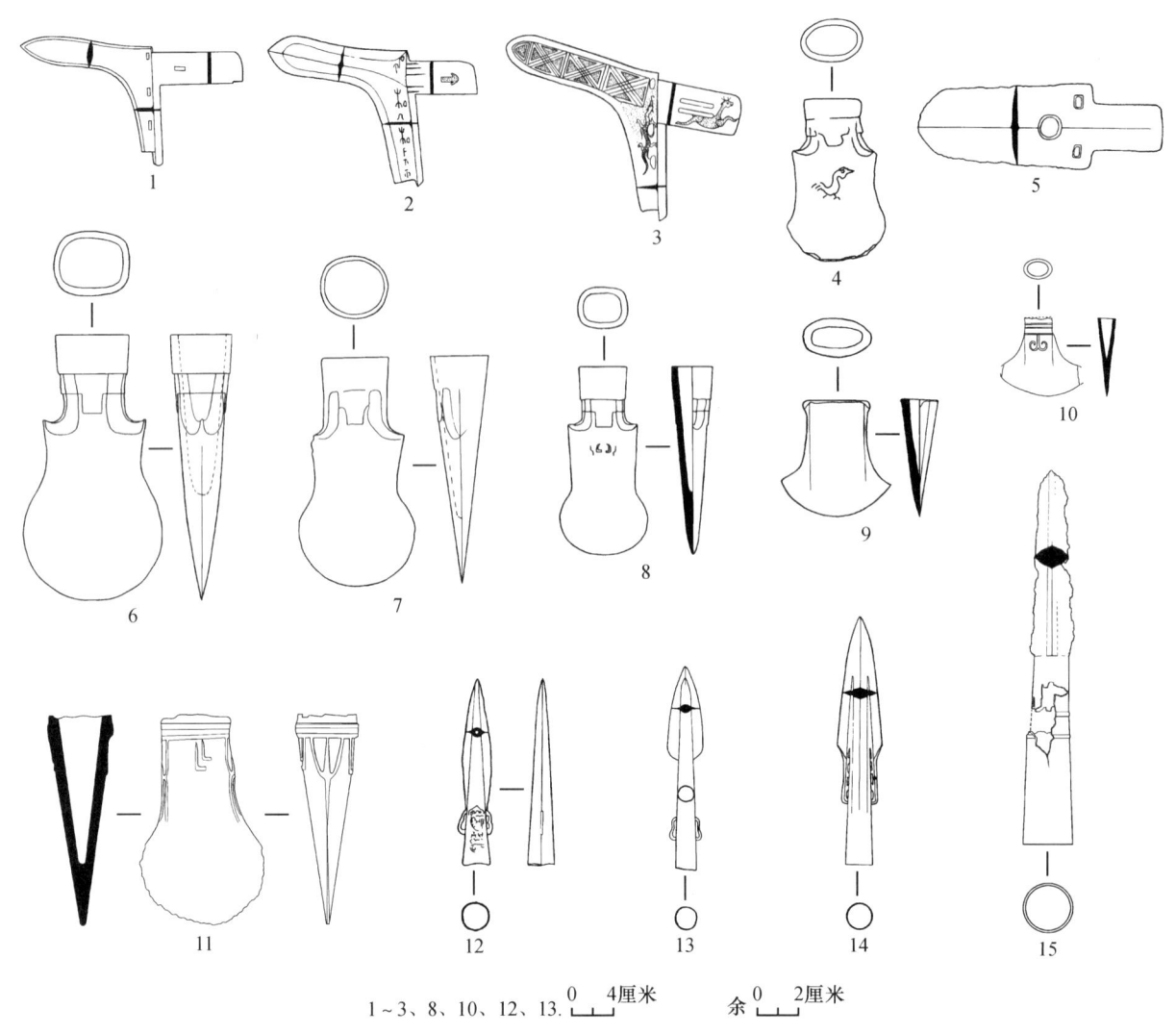

图二六〇　晚期巴文化墓葬出土铜兵器武备

1. B型Ⅲ式戈（2002FXⅠM22：15）　2. B型Ⅱ式戈（2002FXⅠM12：37）　3. B型Ⅰ式戈（2002FXⅠM15：14）
4. Ab型钺（2005FCM14：1）　5. A型戈（2002FXⅠM10：28）　6. Aa型Ⅲ式钺（2002FXⅠM12：52）　7. Aa型Ⅰ式钺
（2002FXⅠM10：30）　8. Aa型Ⅱ式钺（2002FXⅠM15：5）　9、11. B型钺（2002FXⅠM18：2、2006FXCM41：2）
10. C型钺（2006FXCM29：8）　12. A型Ⅱ式矛（2002FXⅠM20：9）　13. A型Ⅰ式矛（2002FXⅠM12：38）
14. C型矛（2002FXⅠM12：102）　15. B型矛（2006FXCM28：9、2006FXCM28：11）

（2）戈

6件。其中5件根据有胡、无胡分为二型。

A型　1件（2002FXⅠM10：28）。直内无胡。长方形援，援端折收成圆钝尖锋（图二六〇，5）。

B型　4件。直内有胡，根据援的变化分为三式。

Ⅰ式　1件（2002FXⅠM15：14）。援身平直，援端折收成圆钝尖锋（图二六〇，3）。

Ⅱ式　2件（2002FXⅠM12：37、2006FXCM41：1）。援身中部收窄（图二六〇，2）。

Ⅲ式　1件（2002FXⅠM22：15）。援身中部收窄明显，锋尖尖锐（图二六〇，1）。

（3）戟

2套6件（2002FXⅠM12：28～2002FXⅠM12：31、2002FXⅠM12：75、2002FXⅠM12：76）。分体式戟，刺形似B型矛，身形似B型Ⅲ式矛，镦为平底圆筒形，上部有凸出的箍带一周，箍带上有凸棱一道。

（4）钺

19件。根据钺身形态分为三型。

A型 9件。有肩，器身对称，弧刃，根据腰部和刃部变化分为二亚型。

Aa型 7件。腰部收束，刃部为圆弧刃。根据肩、刃部宽度变化分为三式。

Ⅰ式 3件（2002FXⅠM10：30、2002FXⅠM15：6、2006FXCM33：5）。钺身较短，刃部比肩部稍宽（图二六〇，7）。

Ⅱ式 2件（2002FXⅠM12：51、2002FXⅠM15：5）。钺身较长，刃部加宽（图二六〇，8）。

Ⅲ式 2件（2002FXⅠM12：52、2005FCM1：6）。钺身变短，刃部宽出较多呈舌苔形（图二六〇，6）。

Ab型 2件（2005FCM12：6、2005FCM14：1）。腰部微收束，刃部两端微上翘、宽弧刃（图二六〇，4）。

B型 2件（2002FXⅠM18：2、2006FXCM41：2）。无肩，器身对称，刃部向两侧展开上翘、宽弧刃，器型较小，制作不很精良（图二六〇，9、11）。

C型 8件（2002FXⅠM20：10、2005FCM2：3、2006FXCM23：12、2006FXCM25：1、2006FXCM29：8、2006FXCM30：8、2006FXCM32：2、2006FXCM34：4）。靴型钺身，圆弧刃，有的钺身两侧有羊角形图案，器型较小，制作不很精良，范痕明显（图二六〇，10）。

（5）铍

1件（2002FXⅠM15：55）。形如短剑而无格，体厚重，短茎。

（6）剑

25件。按照剑身形态可分为二型。

A型 21件。剑身为柳叶形，可分为长剑、短剑、带鞘短剑和有格长剑四亚型。

Aa型 15件（2002FXⅠM10：5、2002FXⅠM12：105、2002FXⅠM12：107、2002FXⅠM15：32～2002FXⅠM15：35、2002FXⅠM16：1、2002FXⅠM18：5、2005FCM14：2、2006FXCM28：10、2006FXCM34：2、2006FXCM36：4、2006FXCM41：3、2006FXCM44：4）。剑身较长，剑身两面纹饰有虎斑纹，多数近茎处中脊一侧或两侧有巴蜀符号，扁茎无格，茎上两穿，一穿偏向一侧，一穿位于茎端中间（图二六一，7、9）。

Ab型 4件（2002FXⅠM10：6、2002FXⅠM20：1、2002FXⅠM20：14、2005FCM12：5）。剑身较短，剑身两面纹饰有虎斑纹、圆点纹等，扁茎无格，茎上两穿，一穿偏向一侧，一穿位于茎端中间，多数剑身没有巴蜀符号（图二六一，4、10）。

Ac型 1件（2002FXⅠM20：12）。带铜鞘短剑，剑身茎无明显分界，剑茎两穿孔位于剑茎上下两侧正中（图二六一，8）。

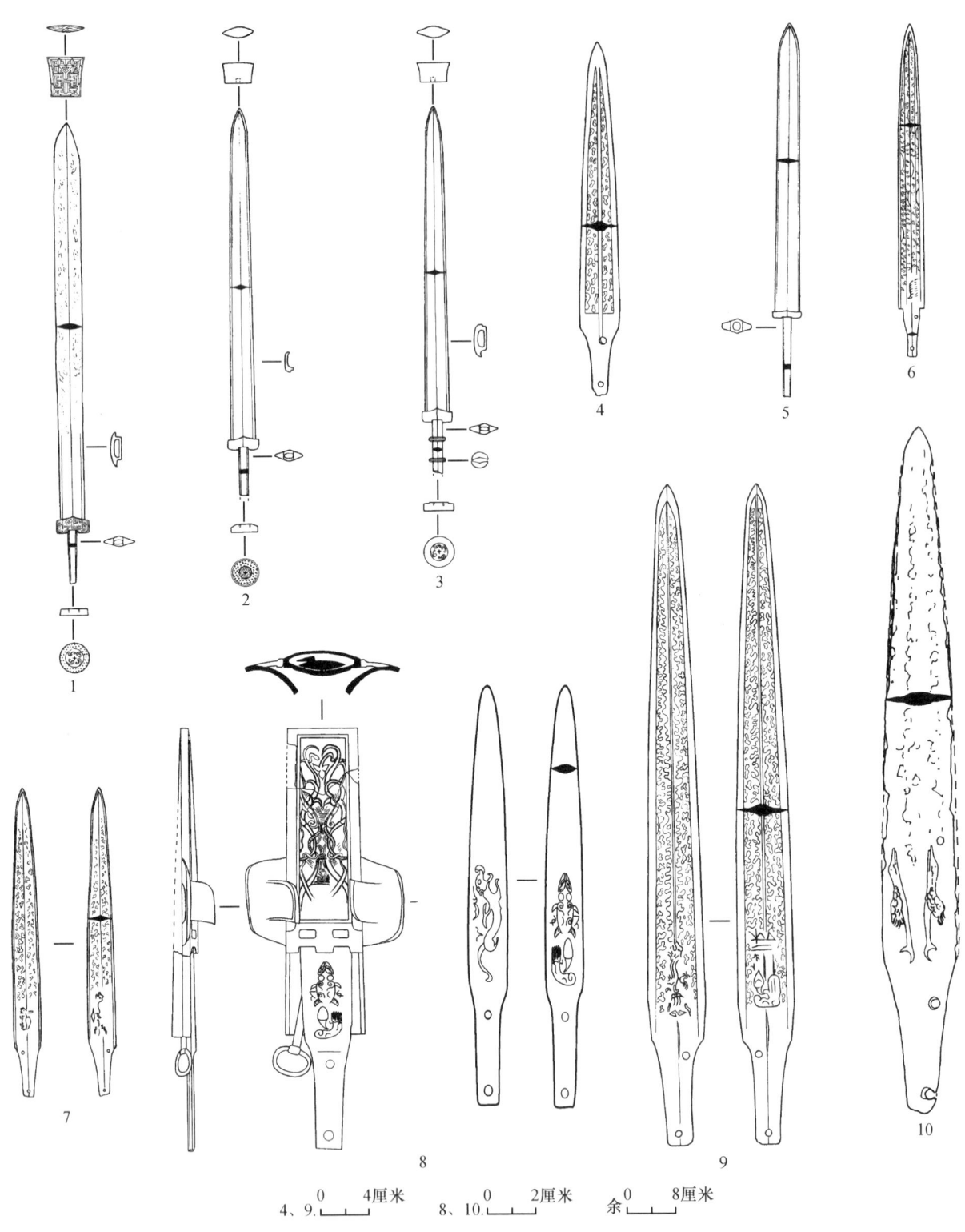

图二六一　晚期巴文化墓葬出土铜兵器武备

1、2. Bb型剑（2002FXⅠM22∶10、2002FXⅠM12∶106）　3. Ba型剑（2002FXⅠM12∶108）
4、10. Ab型剑（2002FXⅠM20∶1、2005FCM12∶5）　5. Bc型剑（2002FXⅠM15∶31）　6. Ad型剑（2002FXⅠM12∶110）
7、9. Aa型剑（2002FXⅠM10∶5、2002FXⅠM15∶34）　8. Ac型剑（2002FXⅠM20∶12）

Ad型　1件（2002FXⅠM12∶110）。改装剑，将Aa型柳叶剑茎、锷交界处锉平，以安装剑格（图二六一，6）。

B型　4套。由青铜剑身和玉质剑饰组合成的玉具剑，剑身腊长而两从保持平行，至锋处尖削，方茎较长，具有礼器功能。依照玉具剑饰三亚型。

Ba型　1套（2002FXⅠM12∶108）。有五件玉饰（剑首、后、珥、璏、珌）（图二六一，3）。

Bb型　2套（2002FXⅠM12∶106、2002FXⅠM22∶10）。有四件玉饰（剑首、珥、璏、珌）（图二六一，1、2）。

Bc型　1套（2002FXⅠM15∶31）。有一件玉饰（剑珥）（图二六一，5）。

（7）弩机

2套3件（2002FXⅠM12∶32、2002FXⅠM15∶41）。仅存弩机和闸两部分，弩机由悬刀、望山和钩心（牛）三部分组成，用两个键组合成整体，望山上无刻度。

（8）镞

28件。墓葬中发现12件。另外在地层、灰坑、灰沟发现21件箭镞，部分属于晚期地层中的早期遗物。根据镞刃部形态可分为二型[①]。

A型　14件。镞身中脊隆起，双翼呈倒刺状，翼上两侧有凹槽，短铤。根据翼宽窄又分二亚型。

Aa型　3件（2005FCT1424⑦∶1、2005FCT1526⑤∶1、2005FCG8∶2）。窄翼实铤式，双翼尖削（图二六二，1）。

Ab型　11件（2002FXⅠM15∶23～2002FXⅠM15∶29、2002FXⅠM18∶4、2005FCF3垫土②∶2、2006FXCH84∶2、2006FXCG15∶2）。阔翼实铤式，翼身宽阔（图二六二，2）。

B型　14件。三棱狭刃实铤式，部分有圆形长梃。依据刃部长短又分二亚型。

Ba型　2件（2002FXⅠM10∶33、2005FCG8∶1）。刃部狭长（图二六二，3）。

Bb型　12件（2002FXⅠM18∶3、2005FCH1∶2、2005FCT1525⑤∶1、2005FCT1425⑦∶1、2005FCT2023⑤∶1、2005FCT2120③∶2、2006FXCM33∶7、2006FXCG15∶1、2006FXCG18∶1、2006FXCT0918⑥a∶1、2006FXCT1120⑦∶1、2006FXCT1618③∶1）。刃部粗短（图二六二，4）。

（9）胄

4件。圆锥状顶，顶上部、底部均有对称方孔，底部有折沿，按照器型大小分为二型。

A型　2件（2002FXⅠM10∶1、2002FXⅠM15∶3）。器型较小（图二六二，5）。

B型　2件（2002FXⅠM12∶72、2002FXⅠM12∶73）。圆锥形，器型较大（图二六二，6）。

（10）鐏

1件（2002FXⅠM15∶63）。无法与同墓出长兵器对应。

---

① 部分型式铜镞仅在地层及其他遗迹有发现，此处将其也列入分型定式及数据统计范围。

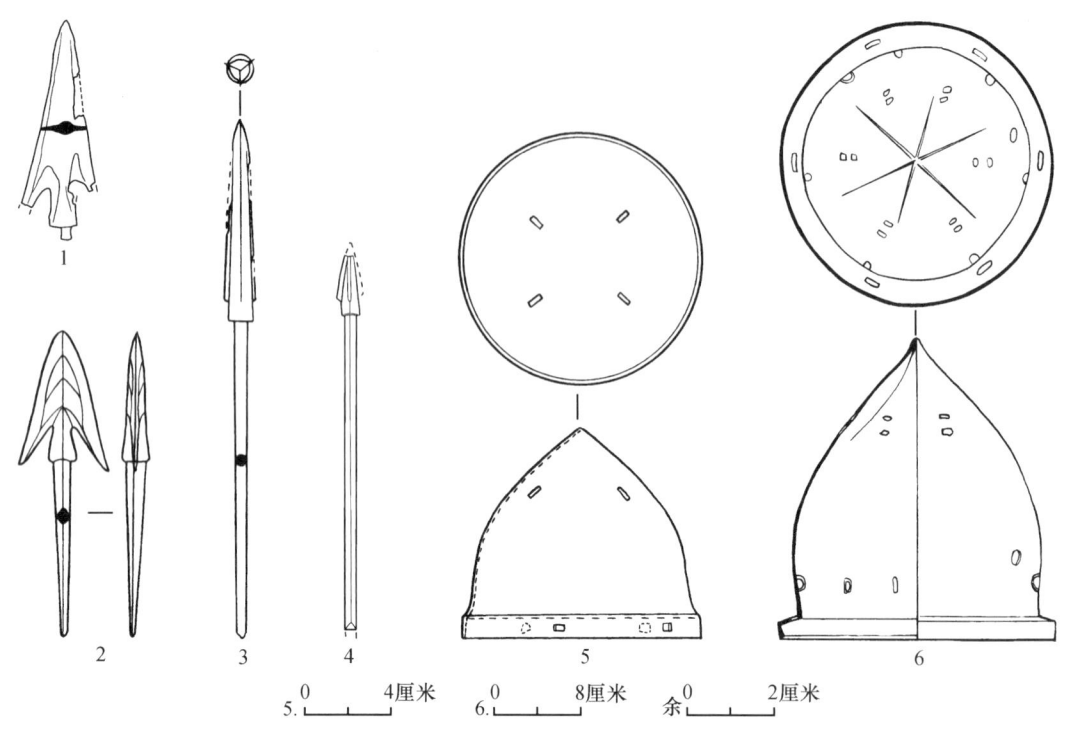

图二六二　晚期巴文化墓葬及地层出土铜兵器武备
1. Aa型镞（2005FCT1424⑦：1）　2. Ab型镞（2002FXⅠM18：4）　3. Ba型镞（2002FXⅠM10：33）
4. Bb型镞（2006FXCT0918⑥a：1）　5. A型胄（2002FXⅠM10：1）　6. B型胄（2002FXⅠM12：72）

3. 车马机具

小田溪墓群发现的车马器具数量和器类较少，共计6套43件。主要有盖弓帽、杠箍，集中分布在A区（小田溪）的2002FXⅠM10、2002FXⅠM12、2002FXⅠM15三座墓葬中。铸造而成，表面装饰工艺有雕刻、嵌错银等。

（1）盖弓帽

2套37件（2002FXⅠM10：7～2002FXⅠM10：25、2002FXⅠM12：1～2002FXⅠM12：4、2002FXⅠM12：7、2002FXⅠM12：12、2002FXⅠM12：13、2002FXⅠM12：17～2002FXⅠM12：19、2002FXⅠM12：21～2002FXⅠM12：24、2002FXⅠM12：35、2002FXⅠM12：49、2002FXⅠM12：50、2002FXⅠM12：143）。造型基本相似。

（2）杠箍

4套6件（2002FXⅠM10：34、2002FXⅠM12：5、2002FXⅠM12：20、2002FXⅠM12：48、2002FXⅠM15：49）。竹节形圆筒，两端未封口。

4. 日用器具

指日常生活中的各种器皿器具，可细分为日用器皿类的鍪（侈口、有耳、腹较深的罐形圜底炊器）、釜甑、釜（大口、器高接近或小于最大腹径的圜底炊器）、盆（洗）、壶、鼎、盒、俎豆夹、鸟形尊，家用器具类的勺，梳妆用具类的镜，装饰用品类的带钩、璜形饰、环。铸造工艺复杂，表面装饰工艺有雕刻、镶嵌、错金银等，少数器物上刻有巴蜀符号。

（1）鍪

20件。部分未修复，可分型定式的有16件。侈口，鼓腹，圜底，有一个以上环耳，根据单、双耳分为二型。

A型　15件。仅有一个辫索纹环耳，根据口、颈形态分二亚型。

Aa型　3件。侈口，颈、腹无明显转折，按照腹部变化分二式。

Ⅰ式　1件（2006FXCM22：4）。扁圆鼓腹，无明显颈部，辫索纹环耳位于腹上部（图二六三，8）。

Ⅱ式　2件（2005FCM1：9、2006FXCM25：2）。圆鼓腹，腹部变深，侈口，无明显颈部，辫索纹环耳位于腹上部（图二六三，4）。

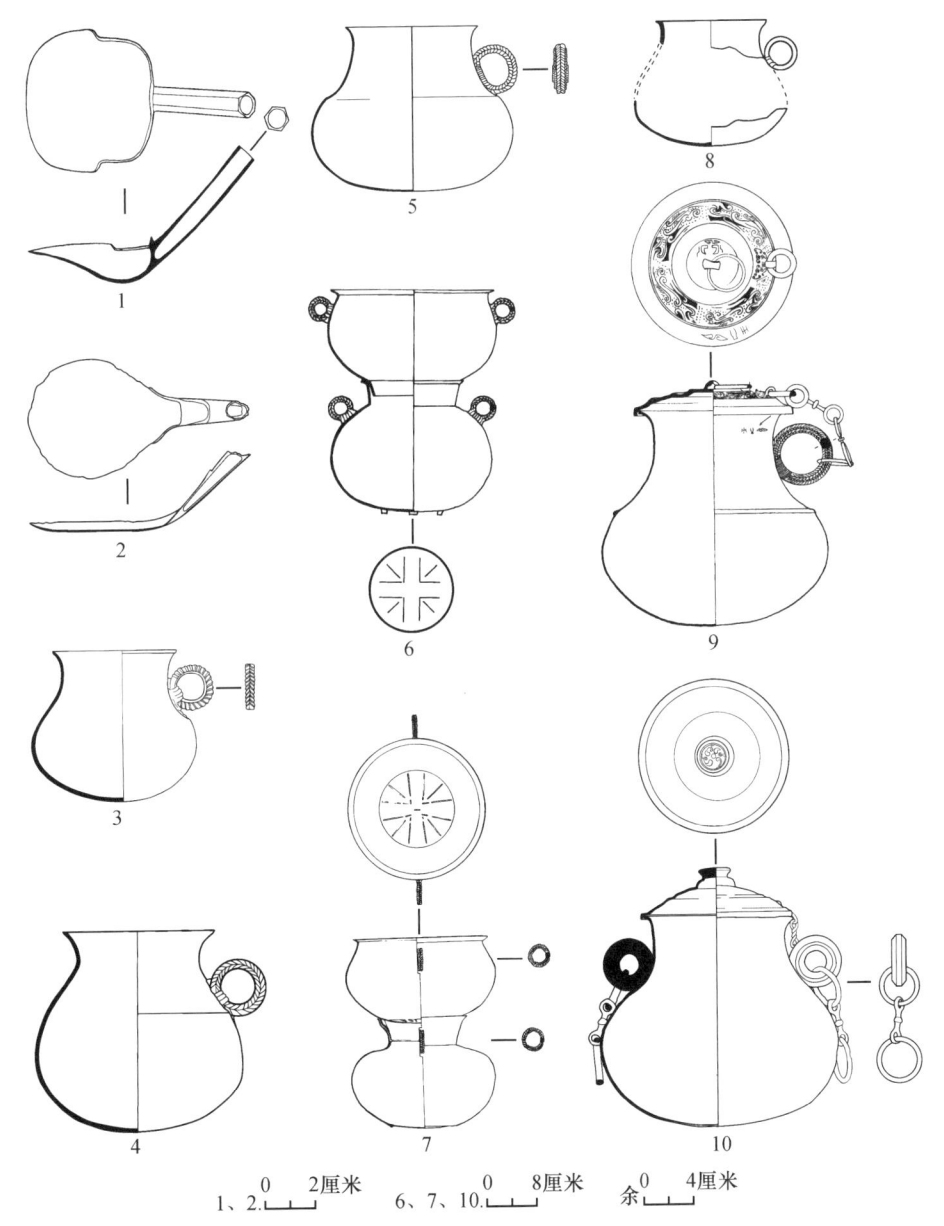

图二六三　晚期巴文化墓葬出土铜日用器具

1. A型勺（2002FXⅠM10：29）　2. B型勺（2006FXCM37：9）　3. Ab型Ⅰ式鍪（2006FXCM32：1）　4. Aa型Ⅱ式鍪（2005FCM1：9）　5. Ab型Ⅱ式鍪（2006FXCM33：4）　6. Ⅱ式釜甑（2005FCM1：10）　7. Ⅰ式釜甑（2002FXⅠM10：38）　8. Aa型Ⅰ式鍪（2006FXCM22：4）　9. Ab型Ⅰ式鍪（2002FXⅠM15：9、2002FXⅠM15：10）　10. B型鍪（2002FXⅠM15：39）

Ab型　12件。侈口，有明显颈部，按照腹部变化分二式：

Ⅰ式　6件（2002FXⅠM10：3、2005FCM14：5、2006FXCM30：1、2006FXCM32：1、2006FXCM39：1、2002FXⅠM15：9、2002FXⅠM15：10）。颈部较长，圆鼓腹较深，辫索纹耳位于颈下部（图二六三，3）。2002FXⅠM15：9、2002FXⅠM15：10，有器盖，鍪盖上有铜链与鍪耳相连（图二六三，9）。

Ⅱ式　6件（2002FXⅠM12：64、2002FXⅠM20：4、2005FCM8：2、2006FXCM33：4、2006FXCM34：6、2006FXCM44：1）。颈部较长，鼓腹略下垂，辫索纹耳位于颈腹之间（图二六三，5）。

B型　1件（2002FXⅠM15：39）。有对称环耳，环耳上有链环，有器盖，鍪盖上有铜链与鍪耳相连，体型较大（图二六三，10）。

（2）釜甑

5件。分为釜、甑两部分，形制相似，根据足部形态可分为二式。

Ⅰ式　3件（2002FXⅠM10：38、2002FXⅠM15：51、2002FXⅠM15：52、2002FXⅠM20：8）。平底（图二六三，7）。

Ⅱ式　2件（2002FXⅠM12：98、2002FXⅠM12：99、2005FCM1：10），四个片状小足（图二六三，6）。

（3）釜

6件（2002FXⅠM12：69、2002FXⅠM12：97、2002FXⅠM15：60、2005FCM1：11、2006FXCM25：6、2006FXCM34：5）。除2006FXCM25：6破损严重，其余5件形制相似。

（4）洗

13件（2002FXⅠM10：31、2002FXⅠM12：89、2002FXⅠM12：93、2002FXⅠM12：94、2002FXⅠM12：96、2002FXⅠM15：11、2002FXⅠM15：12、2002FXⅠM20：17、2005FCM1：7、2005FCM5：1、2006FXCM23：6、2006FXCM29：4、2006FXCM39：13）。大部分残损，仅有少量修复，形制相似。

（5）壶

4件。直口，短颈，鼓腹，圈足，肩上分铸一对铺首衔环，有盖，按照形制分为三型。

A型　2件（2002FXⅠM10：36、2006FXCM23：7）。器型大小相似，通体阴刻纹饰，M10未发现器盖。

B型　1件（2002FXⅠM12：71）。器型较大，圆球腹，壶盖、器身遍饰错银纹饰，制作精美。

C型　1件（2002FXⅠM15：48）。圆球腹，素面，制作不很精致。

（6）鼎

1件（2002FXⅠM10：37）。未成组出土，暂归类为日用器皿。

（7）盒

3套（2002FXⅠM15：19、2006FXCM28：8、2006FXCM30：2）。仅修复1件。

（8）俎、豆、夹

1套（2002FXⅠM12：54～2002FXⅠM12：63、2002FXⅠM12：65）。此前在小田溪M1

出土同类器物组合，豆内有植物纤维，应为饮食器。

（9）鸟形尊

1件（2002FXⅠM10：35）。形似尊，但重心较高不稳且背部无注水孔，暂归类为日用器皿。

（10）勺

4件。按照形制可分为二型。

A型　3件（2002FXⅠM10：29、2002FXⅠM12：139、2002FXⅠM15：50）。勺身似箕，斜直圆柄，有鋬（图二六三，1）。

B型　1件（2006FXCM37：9）[①]，勺部呈圆形，浅腹似盘，斜直短柄（图二六三，2）。

（11）镜

6件（2002FXⅠM12：157、2005FCM10：3、2006FXCM19：4、2006FXCM20：2、2006FXCM23：3、2006FXCM39：3）。均为三弦纽弦纹镜。

（12）带钩

12件。兽形钩首，圆纽位于钩体中部或偏尾端，按照外形划分为四型。

A型　8件。钩身曲棒形，按照表面装饰又分为三亚型。

Aa型　1件（2005FCM2：1）。钩身雕刻有装饰图案（图二六四，5）。

Ab型　5件（2005FCM11：5、2006FXCM20：3、2006FXCM22：2、2006FXCM23：11、2006FXCM36：3）。钩身素面（图二六四，2、7）。

Ac型　2件（2002FXⅠM12：109、2005FCM5：7）曲棒形钩身，似有镶嵌，尾端也有兽首雕刻（图二六四，1、8）。

B型　2件（2005FCM10：2、2002FXⅠM15：20）。钩体似琵琶形，钩身素面（图二六四，4）。

C型　1件（2002FXⅠM15：62）。全兽形，做人手持蛇状（图二六四，6）。

D型　1件（2002FXⅠM19：1）。尾部略作鸟身，圆盘状纽位于鸟身下，钩身侧面有一半圆形系（图二六四，3）。

（13）璜形饰

6套（2005FCM2：4、2005FCM11：8、2005FCM14：4、2006FXCM37：5、2006FXCM39：15、2006FXCM42：2-1）。大小相似，纹饰有人字纹、网格纹和卷云纹，暂归类为装饰用品。

（14）环

3件。圆环状，素面，按照形制分二型。

A型　2件（2005FCM11：4、2005FCM15：1）。以铜丝做成，制作不规整。

B型　1件（2006FXCM20：5）。截面为六边形。

---

① 资料整理时发现，是否为此墓出土存疑。

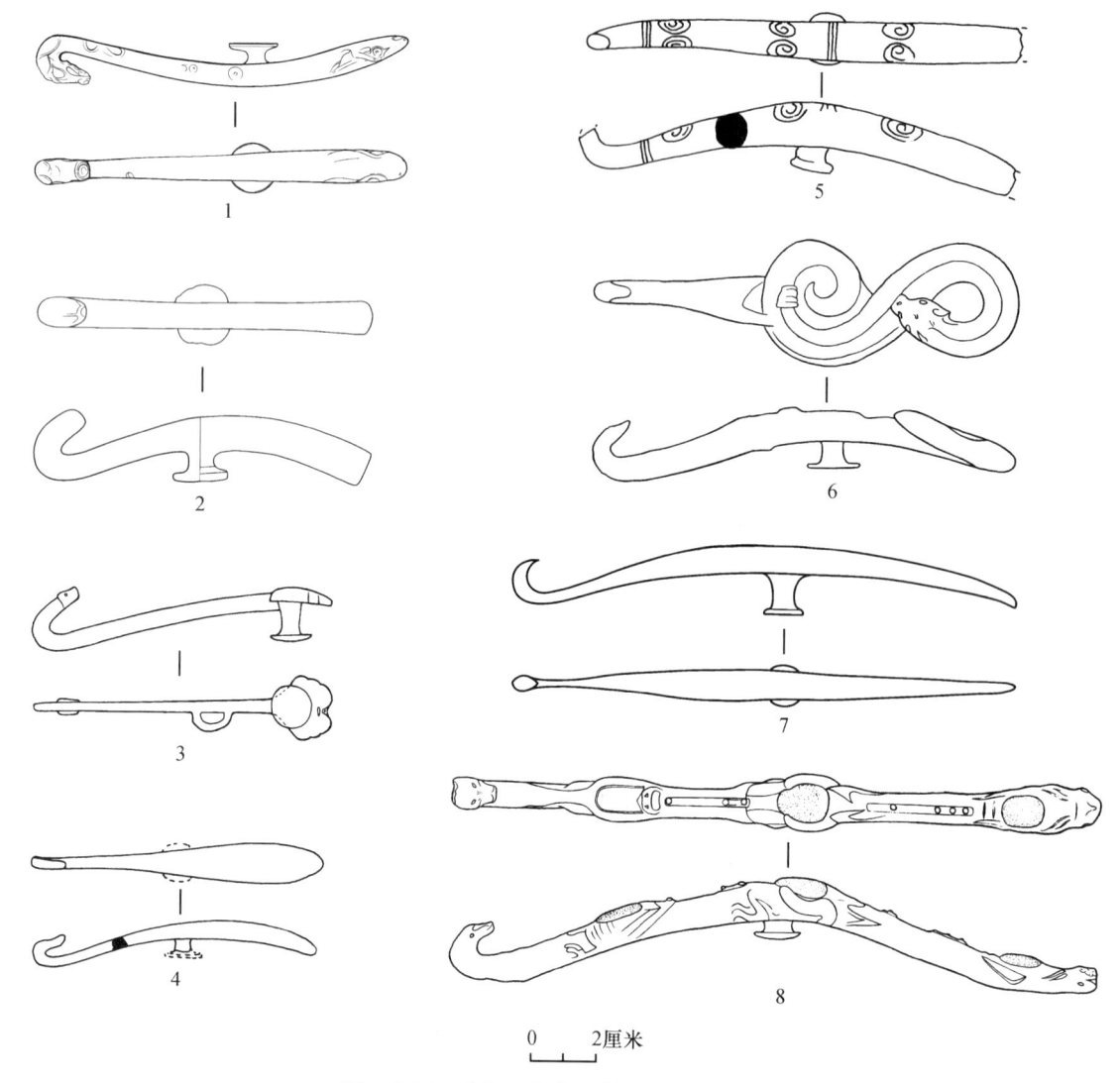

图二六四　晚期巴文化墓葬出土铜日用器具

1、8.Ac型带钩（2005FCM5：7、2002FXⅠM12：109）　2、7.Ab型带钩（2006FXCM36：3、2006FXCM22：2）
3.D型带钩（2002FXⅠM19：1）　4.B型带钩（2005FCM10：2）　5.Aa型带钩（2005FCM2：1）
6.C型带钩（2002FXⅠM16：62）

5. 科学文化用品[①]

在社会政治、科学、文化活动中使用的器具，共发现20件。包括甬钟1、錞于1、钲1、铃5、印章12件。

（1）甬钟

1件（2002FXⅠM12：34）。腔体深长，形似两瓦相覆，衡口中有一横条以悬挂。

[①] 此类别在其他考古报告中多归入礼器、乐器、杂器等类，考虑到目前尚无充分证据说明巴文化存在礼制文化制度，出土的鼎、编钟、玉具剑等或源于馈赠，用途可能发生转移，故此处借鉴刘庆柱先生的青铜分类体系，将甬钟、钲、铃、印章等统一归入科学文化用器，是为一说。

（2）錞于

1件（2002FXⅠM12：36）。截面为椭圆形，平顶，正中有一张口龇牙的虎形纽。

（3）钲

1件（2002FXⅠM12：33）。体腔深长，截面近圆形。

（4）铃

5件。按照形状和固定方式分二型。

A型　4件。为銮铃，铃身镂空圆球，内有2个石质响丸，扁圆锥状銮，或为銮铃，按照形态、尺寸又分三亚型。

Aa型　1件（2002FXⅠM12：40）。单头铃，尺寸较大。

Ab型　2件（2002FXⅠM12：41、2002FXⅠM12：42）。单头铃，尺寸较小。

Ac型　1件（2002FXⅠM12：43）。叉头铃。

B型　1件（2006FXCM39：14）。合瓦状铃身。长条形铃舌，顶上有桥纽、吊环。

（5）印章

12件。按照印章形状分为二型。

A型　9件。印文均为巴蜀符号，按照印体、纽形态可以分为五亚型。

Aa型　5件（2005FCM11：6、2005FCM11：9、2005FCM13：5、2006FXCM30：3、2006FXCM34：3）。圆形印面，桥形纽（图二六五，2、8、10~12）。

Ab型　1件（2006FXCM23：5）。牛角形纽（图二六五，4）。

Ac型　1件（2006FXCM42：2-2）。长圆柱形柄（图二六五，3）。

Ad型　1件（2005FCM14：3）。覆斗状印体中空，仅四角上下相连（图二六五，9）。

Ae型　1件（2005FCM12：7）。略呈长方形，印文为阴刻巴蜀符号（图二六五，1）。

B型　3件。印文均为汉字，桥形纽，按照印体、纽形态分为二亚型。

Ba型　2件（2006FXCM38：6、2006FXCM39：7）。覆斗状印体，2006FXCM38：6印文不辨（图二六五，5）。2006FXCM39：7印文为"长身"（图二六五，7）。

Bb型　1件（2006FXCM20：4）。长方形印体，印文为"敬事"（图二六五，6）。

6. 丧葬宗教用品

专门用于丧葬的器具，包括模型明器、装殓用品及埋葬设施部件。小田溪墓群出土的此类器具仅有棺椁上的铺首衔环。

铺首衔环（棺饰）　2套17件（2002FXⅠM12：8~2002FXⅠM12：10、2002FXⅠM12：66、2002FXⅠM12：67、2002FXⅠM12：70、2002FXⅠM12：74、2002FXⅠM12：77、2002FXⅠM12：78、2002FXⅠM15：8、2002FXⅠM15：13、2002FXⅠM15：18、2002FXⅠM15：30、2002FXⅠM15：37、2002FXⅠM15：43、2002FXⅠM15：44、2002FXⅠM15：47）。均兽面衔环，每套数量8~9件。大小相同，造型相近，兽面背后和鼻部各有一长条状钉柱。

图二六五 晚期巴文化墓葬出土铜科学文化用品

1. Ae型印章（2005FCM12：7） 2、8、10～12. Aa型印章（2005FCM11：6、2005FCM11：9、2006FXCM34：3、2005FCM13：5、2006FXCM30：3） 3. Ac型印章（2006FXCM42：2-2） 4. Ab型印章（2006FXCM23：5） 5、7. Ba型印章（2006FXCM38：6、2006FXCM39：7） 6. Bb型印章（2006FXCM20：4） 9. Ad型印章（2005FCM14：3）

7. 杂用器具

指其他类型难以归类的器具，包括器盖、器座及各种漆器部件。漆器部件在漆器类介绍。

（1）器盖

1件（2002FXⅠM15：4）。圆形，盖顶有双兽面形铺首衔环。

（2）器座

2件（2002FXⅠM15：7、2002FXⅠM22：1）。形制相似，假圈足形平底。

（二）陶器

小田溪墓葬中随葬的陶器相当一部分出土时已经酥碎无法辨认器型，可辨认的可以分为日用器具、手工工具、杂用器具等三类，其中日用器具随葬普遍，其组合关系具有一定的时代特征。

1. 日用器具

日用器具是随葬陶器数量最多、分布最广泛的，器类有釜、瓮、圜底罐、平底罐、壶、盂、盆、圈足豆，另有一些完全无法辨认器类。

（1）釜

51件。口较大，鼓腹，圜底，其中25件可根据口、领、肩部特征分为四型。

A型　14件。侈口，鼓腹按照口径、腹径比分为二亚型。

Aa型　6件。口径、腹径接近，按照器型变化又分为二式。

Ⅰ式　2件（2002FXⅠM18：6、2006FXCM30：7）。深腹略呈袋形（图二六六，9）。

Ⅱ式　4件（2005FCM2：9、2005FCM2：10、2005FCM8：5、2002FXⅠM16：5）。球形腹（图二六六，10、14）。

Ab型　8件。大敞口或侈口。口径明显小于腹径，球形腹，按照沿外卷程度又分二式。

Ⅰ式　5件（2002FXⅠM18：7、2006FXCM20：6、2006FXCM29：7、2006FXCM36：2、2006FXCM39：5）。大敞口（图二六六，4、8、11）。

Ⅱ式　3件（2005FCM2：6、2005FCM14：10、2006FXCM30：6）。侈口（图二六六，6）。

B型　5件。束颈，折肩，根据口颈部、肩部等特征分为三亚型。

Ba型　1件（2002FXⅠM13：4）。腹部较扁（图二六六，15）。

Bb型　2件（2002FXⅠM10：39、2002FXⅠM12：101）。最大腹径位于腹上部（图二六六，5、7）。

Bc型　2件（2002FXⅠM10：41、2002FXⅠM12：91）。最大腹径位于腹中部（图二六六，1、13）。

C型　5件，卷沿，溜肩，球腹较扁，根据腹部变化分为二式。

Ⅰ式　1件（2006FXCM28：5）。腹部下垂（图二六六，12）。

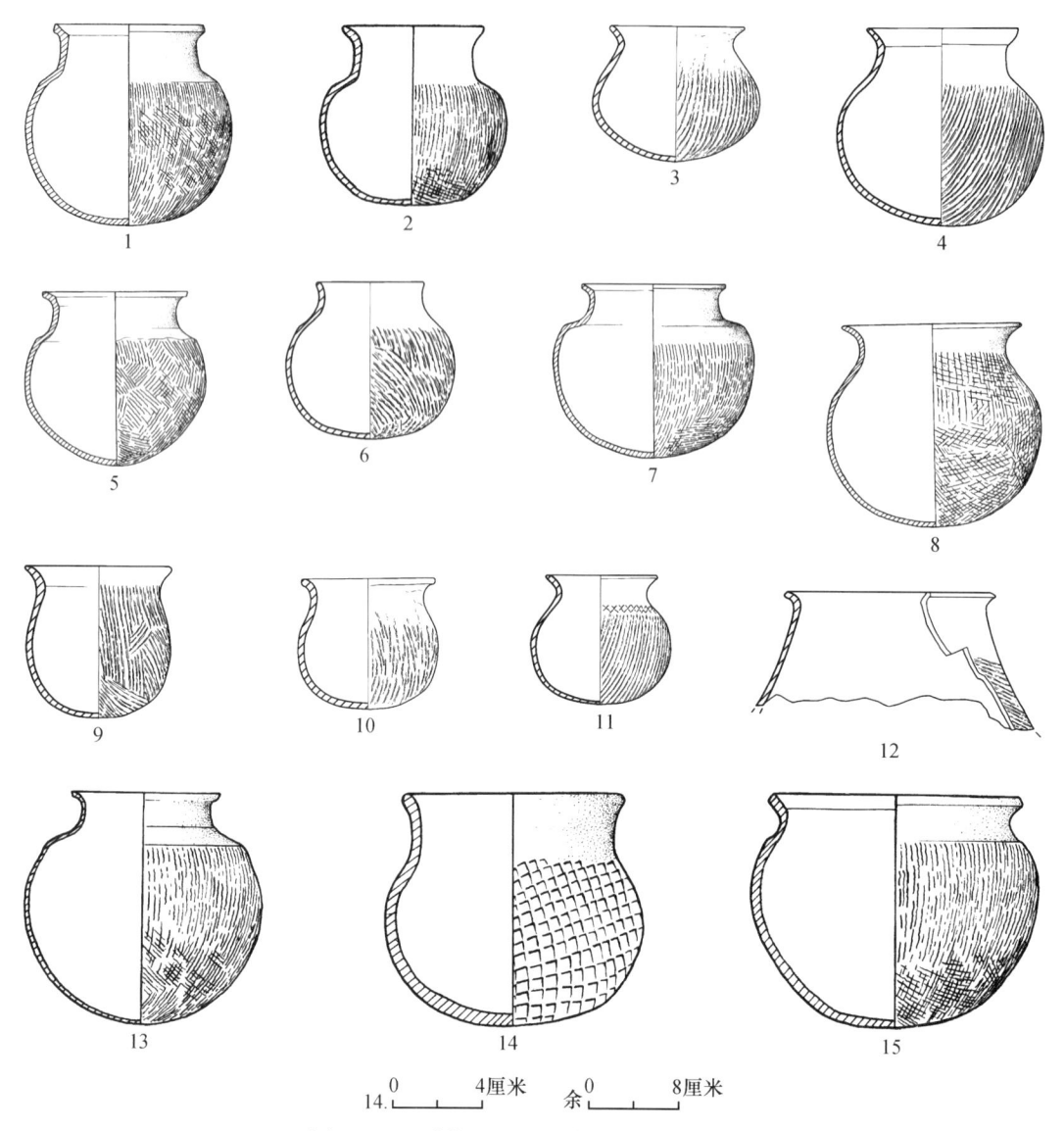

图二六六　晚期巴文化墓葬出土陶日用器具

1、13. Bc型釜（2002FXⅠM10：41、2002FXⅠM12：91）　2. D型釜（2002FXⅠM20：6）　3. C型Ⅱ式釜（2005FCM3：1）
4、8、11. Ab型Ⅰ式釜（2006FXCM29：7、2002FXⅠM18：7、2006FXCM39：5）　5、7. Bb型釜（2002FXⅠM10：39、2002FXⅠM12：101）　6. Ab型Ⅱ式釜（2006FXCM30：6）　9. Aa型Ⅰ式釜（2006FXCM30：7）　10、14. Aa型Ⅱ式釜（2005FCM2：9、2002FXⅠM16：5）　12. C型Ⅰ式釜（2006FXCM28：5）　15. Ba型釜（2002FXⅠM13：4）

Ⅱ式　4件（2005FCM3：1、2005FCM4：4、2005FCM9：1、2005FCM11：3、2005FCM12：1）。最大腹径位于腹中部（图二六六，3）。

D型　1件（2002FXⅠM20：6）高领，鼓腹，圜底较平（图二六六，2）。

（2）瓮

19件。均随葬于棺外，仅修复7件。大口，深腹，平底。可参与分型定式的有9件。按口沿、底部形态可分为三型。

A型　3件。敞口，圜底近平。可分为二式。

Ⅰ式　2件（2006FXCM34：12、2006FXCM45：3）。花边口沿（图二六七，4）。

Ⅱ式　1件（2002FXⅠM13：3）。平沿（图二六七，1）。

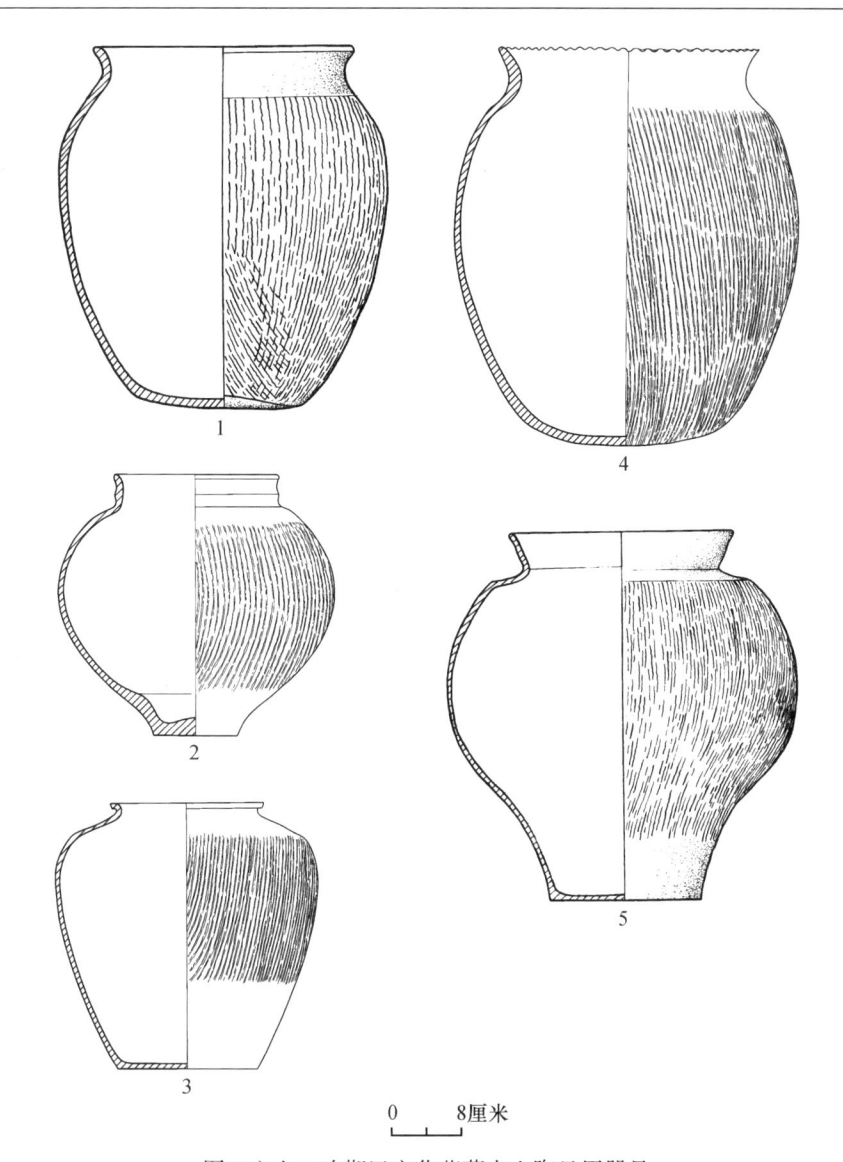

图二六七　晚期巴文化墓葬出土陶日用器具

1. A型Ⅱ式瓮（2002FXⅠM13∶3）　2. Bb型瓮（2006FXCM39∶10）　3. C型瓮（2006FXCM29∶1）
4. A型Ⅰ式瓮（2006FXCM34∶12）　5. Ba型瓮（2002FXⅠM20∶19）

B型　5件。圆腹向内急收成小平底，按照口沿又分为二亚型。

Ba型　4件（2002FXⅠM20∶19、2005FCM1∶2、2006FXCM23∶1、2006FXCM29∶9）。大敞口（图二六七，5）。

Bb型　1件（2006FXCM39∶10）。直口（图二六七，2）。

C型　1件（2006FXCM29∶1）。卷沿，大平底（图二六七，3）。

（3）圜底罐

53件。其中修复13件。折沿，口较小，束颈，鼓腹，圜底。有17件可分型定式，根据腹部、底部形态分为二型。

A型　15件。根据颈部长短分为二亚型。

Aa型　13件。颈部较短，根据腹部变化分为三式。

Ⅰ式　4件（2002FXⅠM13∶1、2002FXⅠM13∶2、2005FCM5∶2、2006FXCM33∶1）。腹

部呈圆球形（图二六八，2、4）。

Ⅱ式　6件（2006FXCM19∶1、2006FXCM28∶1、2006FXCM28∶3、2006FXCM29∶6、2006FXCM36∶7、2006FXCM42∶4）。腹部下垂（图二六八，1、3）。

Ⅲ式　3件（2005FCM4∶3、2005FCM4∶8、2006FXCM37∶6）。口、腹比变小，腹部下垂明显（图二六八，8）。

Ab型　2件。根据腹部变化分为二式。

Ⅰ式　1件（2002FXⅠM20∶16）。腹部较深，呈圆球形（图二六八，5）。

Ⅱ式　1件（2006FXCM28∶2）。腹部较浅，呈扁球形（图二六八，6）。

B型　2件（2002FXⅠM18∶9、2002FXⅠM19∶2）。凹圜底（图二六八，7）。

（4）平底罐

9件。平底，器型较小，根据底部分为三型。

A型　5件。大平底，根据器型高矮分二亚型。

Aa型　4件（2005FCM11∶2、2006FXCM25∶3、2006FXCM27∶3、2006FXCM39∶4）。口、腹比较大，器型较矮（图二六九，6）。

Ab型　1件（2006FXCM37∶1）。口、腹比较小，器型较高（图二六九，1）。

B型　1件（2006FXCM18∶1）。有领，平底较大（图二六九，4）。

C型　3件。斜沿，口、腹比较大，小平底，根据器型高矮分二亚型。

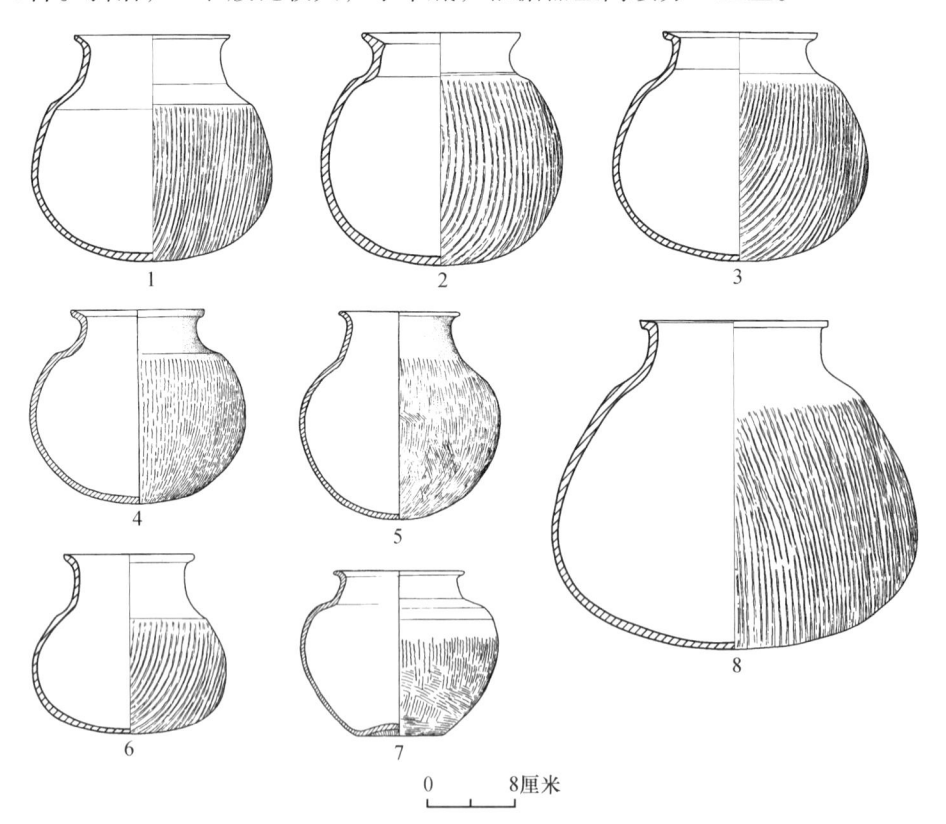

图二六八　晚期巴文化墓葬出土陶日用器具

1、3.Aa型Ⅱ式圜底罐（2006FXCM28∶1、2006FXCM29∶6）　2、4.Aa型Ⅰ式圜底罐（2006FXCM33∶1、2002FXⅠM13∶1）
5.Ab型Ⅰ式圜底罐（2002FXⅠM20∶16）　6.Ab型Ⅱ式圜底罐（2006FXCM28∶2）　7.B型圜底罐（2002FXⅠM19∶2）
8.Aa型Ⅲ式圜底罐（2006FXCM37∶6）

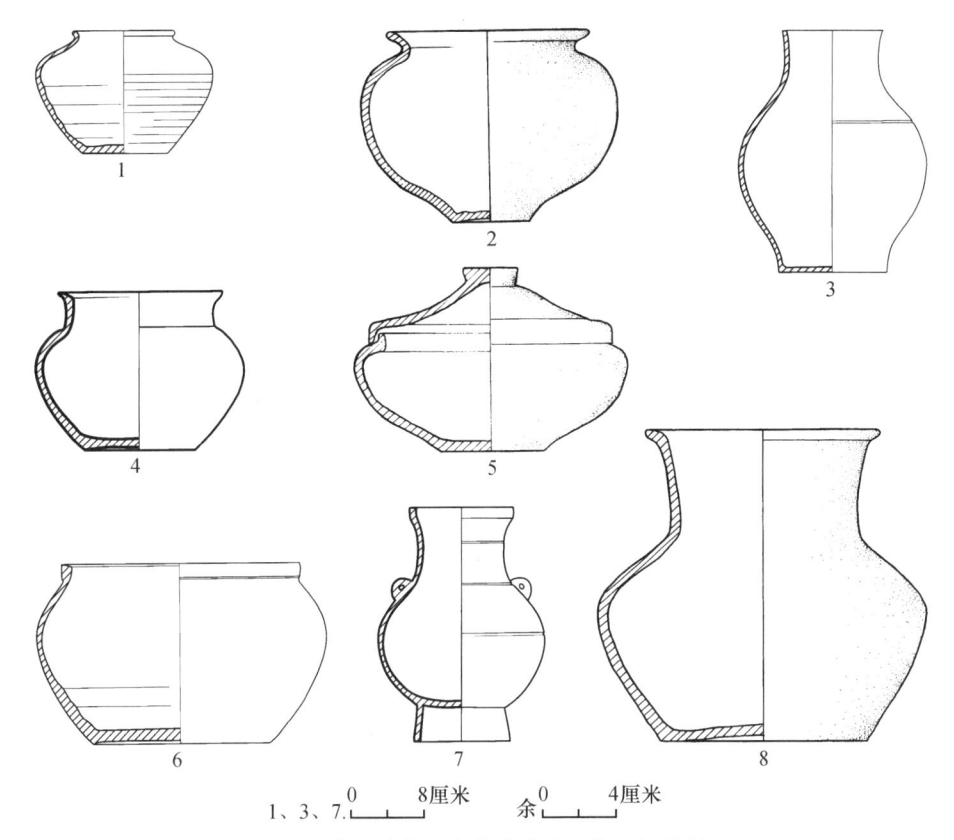

图二六九　晚期巴文化墓葬出土陶日用器具

1. Ab型平底罐（2006FXCM37∶1）　2. Cb型平底罐（2002FXⅠM20∶2）　3. B型壶（2005FCM2∶7）　4. B型平底罐（2006FXCM18∶1）　5. Ca型平底罐（2002FXⅠM16∶9）　6. Aa型平底罐（2006FXCM27∶3）　7. A型壶（2005FCM1∶8）　8. C型壶（2002FXⅠM18∶8）

Ca型　2件（2002FXⅠM16∶9、2002FXⅠM20∶11）。器型较矮，有的有盖（图二六九，5）。

Cb型　1件（2002FXⅠM20∶2）。器型较高（图二六九，2）。

（5）壶

3件。长颈，鼓腹，按照底部形态分为三型。

A型　1件（2005FCM1∶8）。盘口，圈足，有对称环耳（图二六九，7）。

B型　1件（2005FCM2∶7）。侈口，平底（图二六九，3）。

C型　1件（2002FXⅠM18∶8）。斜折沿。长颈，圆折肩，平底内凹（图二六九，8）。

（6）盂

29件。其中分型定式的24件。均为鼓腹，圜底，按照口沿形态分为二型。

A型　14件。扁腹较浅，按照口、颈变化分三式。

Ⅰ式　1件（2005FCM1∶12）。窄斜沿，圜底近平（图二七〇，4）。

Ⅱ式　9件（2005FCM1∶4、2005FCM1∶5、2005FCM5∶3、2005FCM14∶7、2005FCM14∶9、2006FXCM21∶4、2006FXCM22∶3、2006FXCM36∶1、2006FXCM46∶1）。宽折沿，腹部较浅（图二七〇，7）。

Ⅲ式　4件（2006FXCM23∶10、2006FXCM24∶4、2006FXCM29∶5、2006FXCM37∶2）。卷沿或者折沿近平，腹部较鼓（图二七〇，5）。

B型　10件。斜沿，扁圆腹，按照器表有无纹饰分二亚型。

Ba型　1件（2006FXCM33∶2）。腹部有竖向绳纹（图二七〇，3）。

Bb型　9件。素面，按照口、颈变化分二式。

Ⅰ式　5件（2002FXⅠM10∶42、2002FXⅠM15∶61、2002FXⅠM20∶5、2005FCM2∶8、2006FXCM23∶9）、宽折沿（图二七〇，8、9）。

Ⅱ式　4件（2005FCM5∶6、2005FCM12∶3、2006FXCM28∶4、2006FXCM29∶2）。卷沿或者折沿近平（图二七〇，1、6）。

（7）盆

2件。根据纹饰、底部分为二型。

A型　1件（2002FXⅠM19∶3）。平折沿，深腹，凹圜底（图二七〇，10）。

B型　1件（2006FXCM18∶2）。斜沿，束颈，鼓腹，平底（图二七〇，2）。

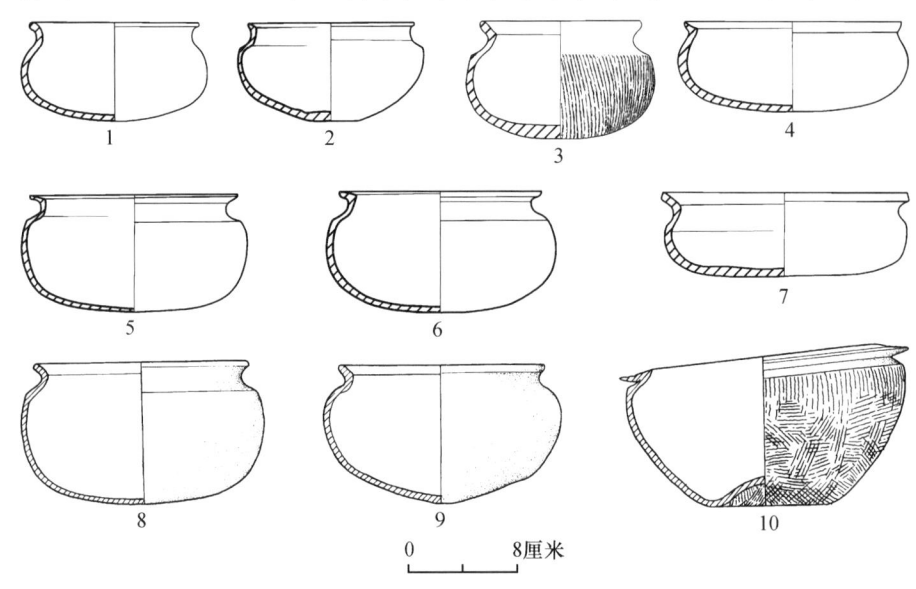

图二七〇　晚期巴文化墓葬出土陶日用陶器

1、6.Bb型Ⅱ式盂（2005FCM12∶3、2006FXCM29∶2）　2.B型盆（2006FXCM18∶2）　3.Ba型盂（2006FXCM33∶2）　4.A型Ⅰ式盂（2005FCM1∶12）　5.A型Ⅲ式盂（2006FXCM24∶4）　7.A型Ⅱ式盂（2005FCM14∶7）　8、9.Bb型Ⅰ式盂（2002FXⅠM15∶61、2002FXⅠM20∶5）　10.A型盆（2002FXⅠM19∶3）

（8）圈足豆

19件。其中14件按照豆盘形态可以分为三型。

A型　3件（2002FXⅠM17∶2、2005FCM4∶1、2005FCM12∶2）。豆盘为钵形，卷沿，鼓肩，斜直腹（图二七一，5）。

B型　6件（2002FXⅠM15∶15、2002FXⅠM16∶7、2002FXⅠM20∶15、2006FXCM17∶2、2006FXCM17∶3、2006FXCM38∶4）。豆盘为盏形，敛口，弧腹（图二七一，3、4）。

C型　5件。豆盘为碗形，深腹，按照腹部深浅又分二亚型。

Ca型　3件（2002FXⅠM10∶43、2002FXⅠM10∶45、2002FXⅠM16∶6）。敞口，腹较浅（图二七一，2）。

Cb型　2件（2002FXⅠM10∶44、2002FXⅠM10∶46）。敛口，腹较浅（图二七一，1）。

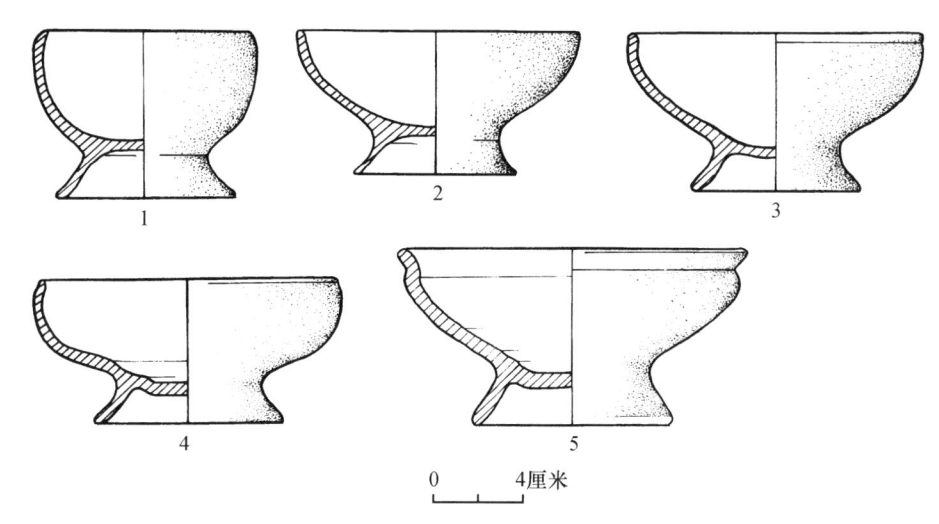

图二七一　晚期巴文化墓葬出土陶日用陶器

1. Cb型圈足豆（2002FXⅠM10∶44）　2. Ca型圈足豆（2002FXⅠM10∶45）　3、4. B型圈足豆（2002FXⅠM15∶15、M16∶7）
5. A型圈足豆（2002FXⅠM17∶2）

2. 手工工具

仅发现纺轮5件。除2件破损形状不明外，其余造型各不相同，分三型。

A型　1件（2005FCM1∶1）。算珠形。

B型　1件（2005FCM4∶2）。圆台形，器身上有数道凸棱。

C型　1件（2006FXCM23∶4）。鼓形。

3. 杂用器具

仅发现陶印章1枚（2006FXCM39∶16）。方台形印章，无印文。

（三）玉器（含玛瑙、琉璃、料器）

小田溪墓群随葬玉、玛瑙、琉璃等质地器物数量不多，仅在少数墓葬有发现，属于礼器的有玉璧、组佩（由玉、玛瑙、料器、银等质地的瑗、珩、璜、环、龙形佩、珠、管、长方形饰、鸟形牙饰、桃形饰、翅形饰部件组成，组件参与分类，不做数量统计）、玉具剑（见铜器"剑"），装饰品有玉玦、玉觽、龙形佩、琉璃珠、玻璃管。

（1）玉璧、瑗、环

具体区分各有标准，本报告按照肉、好直径比例分三型。

A型　3件。肉、好尺寸相近谓之璧，按照璧两侧纹饰分二亚型。

Aa型　1件（2002FXⅠM12∶11、2002FXⅠM22∶5）。谷纹璧。

Ab型　1件（2002FXⅠM12∶111）。蒲纹璧。

B型　1件（2002FXⅠM12∶131）。肉、好尺寸接近1/2谓之瑗。

C型　1件（2002FXⅠM12∶115）。肉、好尺寸超过1/2谓之环。

（2）组佩

1套33件。

（3）玉珩、璜

均为部分圆环形，两端雕刻兽首，具体区分各有标准，本报告按照形状分二型。

A型　1件（2002FXⅠM12：123）。形若圆环的2/3。

B型　4件。形若圆环的1/3，按照表面纹饰分二亚型。

Ba型　1件（2002FXⅠM12：86）。通体浅浮雕蟠虺纹，两端以蟠虺纹构成兽面纹。

Bb型　3件（2002FXⅠM12：87、2002FXⅠM12：88、2002FXⅠM12：144）。两端线刻张口露齿龙首，可以拼合为一个玉环。

（4）玉玦

1件（2005FCM2：2）。两面阴刻简化蟠螭纹。

（5）玉觿

1件（2002FXⅠM22：6）。龙首，弯曲月牙状。

（6）龙形佩

按照造型分二型。

A型　1套2件（2002FXⅠM22：8）。卷曲弓背龙形。

B型　1件（2002FXⅠM12：138）。两条背向对称的盘曲卷尾龙形。

（7）琉璃珠

又称为"蜻蜓眼"[①]，圆球形，中间有一圆穿，表面镶嵌大小不等的圆片或有多重圆圈纹饰，按照表面纹饰分为二型。

A型　1件（2002FXⅠM12：114）。套圈纹，珠一个大圆圈中套若干小圆圈。

B型　6件。圆斑状，由于嵌入材料与珠体结合不好，大部分剥离，形成表面圆形凹窝，按照颜色分二亚型。

Ba型　4件（2002FXⅠM12：126、2002FXⅠM12：127、2005FCM3：3、2006FXCM39：9）。墨绿色。

Bb型　2件（2002FXⅠM12：133、2002FXⅠM22：7）。蓝色或深蓝色。

（8）琉璃管形饰

中空柱状，素面，按照火候分二型。

A型　1套2件（2002FXⅠM22：2）。火候较低，表面绿色。

B型　1件（2006FXCM29：10）。火候较高，通体呈蓝绿色。

（四）铁器

小田溪墓群这一阶段的铁器全部发现于B区（陈家嘴）。大部分发现于灰坑和地层中，

[①] 参见赵德云：《西周至汉晋时期中国外来珠饰研究》，科学出版社，2016年。

墓葬出土数量较少，仅在9座墓中随葬11件铁器，其中仅有斧、锸各1件。其余锈蚀残断难辨器型。

（1）斧

1件（2006FXCM38∶2）。椭圆形銎，弧形刃。

（2）锸

1件（2006FXCM44∶3）。"U"形銎，椭圆形刃。

（五）石器

小田溪墓群随葬的石器（含煤精）仅在少数墓葬有发现，属于手工工具的有石斧，装饰品有石饰件及煤精耳珰。

（1）石斧

1件（2002FXⅠM18∶10）。青灰色沉积岩，仅磨制刃部。

（2）石饰件

2件（2006FXCM30∶4、2006FXM39∶2）。灰色砂岩磨制，整体梯形，上部有一个双向锥钻圆孔。

（3）煤精耳珰

3套（2006FXCM19∶2、2006FXCM19∶3、2006FXCM23∶2、2006FXCM39∶12）。煤精石制作，八面台体，通体素面，一粗一细。

（六）漆器

小田溪墓群出土漆器不多，由于保存不好，仅保存有漆器上的铜饰件和漆皮痕迹共17套27件。可辨识的器类仅有漆器铜釦件。

（1）漆器铜釦件

2套4件（2002FXⅠM12∶79）。均为环状饰件。可能是套放置的2件以上漆器。

（2）漆器铜盖饰

1套3件（2002FXⅠM12∶80～2002FXⅠM12∶82）。仅存铜鸟形饰。

（3）漆卮铜框饰件

1套2件（2002FXⅠM12∶83、2002FXⅠM12∶95）。漆器痕迹不存，残存铜质錾手和底座。

（七）骨器

仅在2002FXⅠM12发现1套2件鹿角饰件，应该是插在漆器座上的装饰品。

（八）金器

仅在2002FXⅠM22发现一贯耳壶状金饰件[1]。

五、墓葬等级、分期与年代

（一）墓葬等级

关于墓葬等级的划分，学术界研究成果十分丰富，但对于具体的划分标准并未形成统一的认识，主要有以墓葬形制规模为主要依据、以随葬品种类与数量为主要依据、综合考虑墓葬各项因素三种模式[2]。笔者认为墓葬等级研究能够较深层次的反映社会内部的阶层结构划分，但是受到区域内社会经济与政治因素影响，需要综合墓葬形制规模、随葬品种类与数量等多种因素综合划分墓葬等级。

从前文分析的墓葬长度A、B、C、D四组和长宽比A、B、C、D四型的差异，笔者认为墓葬长度的四组区别体现的是社会劳动价值的大小，进而体现墓主人的经济能力、政治权利、社会地位，这又与现实社会的等级制度直接联系。而墓葬的长宽比反映的是丧葬习俗，进而体现的是族属（族群属性）差异，考虑到巴人的族群属性是多部族联合体的现实性，不同的墓葬长宽比可能在不同等级墓葬中同时出现，相同的墓葬长宽比也可能在不同等级墓葬中同时出现。葬具葬式的变化一般情况下能够同时反映墓葬的等级差异和文化差异（族群属性）。但由于小田溪的墓葬多数保存不佳，其差异化规律并不显著。随葬品的种类和数量在不同区域的墓葬比较中可能存在地域性差异、文化习俗性差异，但在同一墓群的墓葬等级判断中直观地反映出墓主的经济能力、社会地位的差异性。

小田溪墓群虽然规模不大，清理墓葬数量不多，但从墓葬形制规模、随葬品等方面判断，小田溪墓群的墓葬存在较为明显差异，可以分为四个等级[3]。

第一等级：长度超过秦制三丈，仅发现于A区（小田溪）。A区2002FXⅠM12是目前已经确定的唯一一座第一等级巴文化墓葬，1972年发掘的72M1很可能也属于这一等级墓葬。墓葬长宽比超过3∶2，应该是长期受到楚文化影响形成的巴文化主体葬俗。新都马家墓及成都光荣小区M5长度均超过三丈，长宽比也超过3∶2。新都马家墓所出铜甗、鉴、豆、镦、曲头斤、大铜削等器物均不见于长江流域的巴文化墓葬，发掘者认为这是战国早中期的蜀王墓[4]。光荣

---

[1] 与赵德云先生所述"壶形珠"相似，见赵德云：《西周至汉晋时期中国外来珠饰研究》，科学出版社，2016年，第118页。

[2] 向明文：《巴蜀古史的考古学观察——以东周秦汉时期巴蜀文化墓葬为中心》，吉林大学博士学位论文，2017年。

[3] 此分级不适用于蜀文化墓葬以及长宽比超过3∶1的巴文化船棺葬及类船棺葬。

[4] 四川省博物馆、新都县文物管理所：《四川新都战国木椁墓》，《文物》1981年第6期。

小区M5同出胄、柳叶形剑、矛及部分巴蜀符号与A区（小田溪）2002FXⅠM12十分相似，发掘者认为这是秦灭巴蜀后的秦国将领墓葬[①]。第一等级墓葬葬具有一棺一椁，存在殉人现象。随葬品十分丰富，器类以青铜器占绝对多数，随葬较多玉器、漆器，随葬品器型丰富，有较多数量的具有礼制特色的玉具剑、组佩、俎豆夹组合饮食器、乐器、车马器等器类，兵器不但数量较多，器型也较为丰富。第一等级墓葬的墓主身份高贵，应该是巴人最高等级贵族，即"巴君长"。

第二等级：长度接近或超过秦制两丈（约4.62米）。A区（小田溪）的2002FXⅠM15、2002FXⅠM22是此次发掘的两座第二等级墓葬，此前发掘的72M3也属于此等级墓葬；B区（陈家嘴）未发现此等级墓葬。第二等级墓的长宽比在3：2至2：1（±0.1）之间。第二等级墓葬葬具为一棺一椁。有一定数量的具有礼制特色的兵器、容器等，有少量乐器、车马器等器类，部分墓葬随葬少量玉饰件、漆器。第二等级墓葬的墓主人具有较高社会地位，应该是巴人的高级贵族。

第三等级：长度在一丈至二丈之间，A区（小田溪）的其余墓葬以及B区（陈家嘴）的大部分墓葬均属于此等级墓葬。这一等级墓葬的长宽比多数在2：1至3：1（±0.1）之间，有少数墓葬略低于2：1，有可能是因时代不同所致。第三等级墓葬大部分为单棺，也有少数例外。随葬品器类中有少量青铜器，多为兵器、工具、容器、印章等，部分墓葬随葬少量漆器。B区（陈家嘴）的2006FXCM27、2006FXCM36、2006FXCM42虽然墓葬长度稍小于秦制一丈，但随葬品较为丰富，应该也属于这一等级墓葬。第三等级墓葬的墓主人具有一定社会地位，应该是巴人的低级贵族。

第四等级：长度一般小于秦制一丈，属于此等级的墓葬有B区（陈家嘴）的2005FCM7、2005FCM15、2006FXCM17、2006FXCM18、2006FXCM35、2006FXCM45。这一等级墓葬的长宽比多数在2：1至3：1（±0.1）之间，仅发现一棺，随葬品以陶器为主，B区（陈家嘴）的2005FCM9虽长度超过秦制一丈，但随葬品仅有少数陶容器，也应归为小型墓之列。第四等级墓葬的墓主人应该是巴人的普通平民。

（二）分期与年代

由于历史原因，2002年涪陵小田溪墓群发掘时采集的部分样品直到2016年才送交实验室进行[14]C检测（附录一）。由于样本的保存时间过长，其中2002FXⅠM10、2002FXⅠM12、2002FXⅠM13、2002FXⅠM20各有1个样本未能满足实验需要，2002FXⅠM16的检测数据偏离过大，有一份样品（2002FXⅠ：6）缺少准确出土单位，其余2002FXⅠM15有3个有效数据，分别为359BC～176BC、750BC～408BC、391BC～209BC，2002FXⅠM12有3个有效数据，分别为358BC～108BC、387BC～209BC、534BC～394BC，2002FXⅠM20有1个有效数据，为400BC～235BC。2022年在整理陈家嘴墓地时将采集到的2006年涪陵小田溪墓群陈

[①] 成都市文物考古工作队、成都市文物考古研究所：《成都市光荣小区土坑墓发掘简报》，《文物》1998年第11期。

家嘴墓地的1个测年样本与2021年发掘样本共同送交检测（附录二）。2006FXCM40时代在365BC~165BC，时间跨度较大。从以上的检测结果可以看出，有效数据不多，即使根据考古类型的研究去除其中的750BC~408BC、534BC~394BC两个上溯到春秋时期的数据，其余数据时间跨度也较大，从战国中晚期到西汉早期。

小田溪墓群的墓葬层位相同、墓葬排列规律有序、同文化墓葬之间没有发现打破关系，因此分期研究只能从墓葬的随葬品类型学分析和随葬品组合变化来进行判断。有随葬品的部分墓葬大致可以分为三期[①]。

第一期：以A区（小田溪）的2002FXⅠM10、2002FXⅠM13、2002FXⅠM15、2002FXⅠM18、2002FXⅠM20、2002FXⅠM22，B区（陈家嘴）的2006FXCM27~2006FXCM29、2006FXCM33、2006FXCM41为代表，B区墓葬位于墓地外围，大部分墓葬与其他墓葬不同。以B型Ⅰ式戈、Aa型Ⅰ式钺、剑、Ⅰ式釜甑、Aa型Ⅰ式鍪、釜为主要青铜器组合，以Aa型Ⅰ式及Ab型圜底罐、Aa型Ⅰ式釜、Bb型Ⅰ式盂、Ba型瓮、圈足豆为主要陶器组合，开始出现B型矛、铍、弩机、C型陶瓮等秦文化因素随葬品，时代为战国晚期早段。

第二期：以A区（小田溪）的2002FXⅠM12、2002FXⅠM16、2002FXⅠM17、2002FXⅠM19，B区（陈家嘴）的2005FCM1、2005FCM3、2005FCM5、2005FCM8~2005FCM15、2006FXCM16~2006FXCM19、2006FXCM22~2006FXCM24、2006FXCM30、2006FXCM32、2006FXCM34、2006FXCM36、2006FXCM39、2006FXCM42、2006FXCM46为代表，以B型Ⅱ式戈、Aa型Ⅱ式钺、剑、Ⅱ式釜甑、Ab型Ⅰ式及Ⅱ式鍪、巴蜀符号印章、璜形器为主要青铜器代表，以Aa型Ⅱ式圜底罐、Aa型Ⅱ式釜、A型Ⅰ式、Ⅱ式及Bb型Ⅱ式盂、圈足豆为主要陶器组合，时代为秦代前后。

第三期：以B区（陈家嘴）的2005FCM2、2005FCM4、2006FXCM20、2006FXCM21、2006FXCM25、2006FXCM37、2006FXCM38、2006FXCM43、2006FXCM44为代表，青铜器中兵器数量减少，以Ⅱ式釜甑、Aa型Ⅱ式鍪、Aa型Ⅲ式钺、剑为主，汉字印章、铁农具出现，陶器以Aa型Ⅲ式圜底罐为主，出现壶、平底罐等平底器，圈足豆消失，时代不晚于西汉早期。

六、墓地性质与族属文化

（一）墓地性质

涪陵小田溪墓群的两个墓地具有较为明显的区别，而这种区别很可能代表墓地的性质差异。第一、二等级墓葬都分布于A区（小田溪），且A区（小田溪）没有发现第四等级墓葬。其中2002FXⅠM12是目前发现的规模最大、随葬器物种类、数量最丰富的墓葬，在等级上要高于宣汉罗家坝、渠县城坝、云阳李家坝、开县余家坝等地巴文化墓葬。2002FXⅠM12出土的组佩在春秋战国时期就已经是中原地区国君与高级贵族的等级标志之一，2002FXⅠM12出土玉具

[①] 小田溪墓群的分期由于可修复器物尤其是陶器数量比较少，存在一定误差。

剑的身、茎比为5∶1，属于上士之剑，仅见于汉代诸侯王等级的墓葬，这些具有一定的等级身份象征，很可能是秦国对西南"羁縻"酋长的封赏之物。A区（小田溪）墓地周边也缺少文化层和生活遗迹。而B区（陈家嘴）基本是第三、四等级墓葬，排列规律，在墓葬区周边还有丰富的文化层和生活遗迹。这表明A区可能属于专门规划的高级贵族墓地，B区则是同时期的一般性公共墓地和生活区。

白九江对秦灭巴后的羁縻制度进行了较为深入的分析[①]，笔者认为秦国虽然以巴氏为蛮夷君长，为了更有效地控制原巴国巴民，将原巴王及其亲族部众从嘉陵江流域的阆中迁徙至乌江流域的涪陵应该是当时所采取的政治措施。这项政策一方面可以将廪君蛮、板楯蛮两支大的部族实施剥离，削弱"君长"对部族的控制力，另一方面，乌江流域作为秦人南下、东向的重要通道，无疑会设置地方基层组织"亭"，建立城邑甚至驻军，也便于有效控制迁徙来的廪君蛮部众。白九江考证秦昭襄王时代原巴国贵族曾经起兵反叛，迁徙部众或于此有因果关联。

因此笔者认为过去对《华阳国志》中记载的"先王陵"说法是时间基点认识的差异，常璩说的是东晋巴人之"先王"，而非一般认为的战国巴国之"先王"，小田溪墓群的使用者是迁徙至此的原巴王及其亲族廪君蛮部众，2002FXⅠM12的墓主应该是这一时期的巴氏君长，巴族名义上的统治者，小田溪墓群A区是专门规划的高级贵族墓葬区，B区是生活区及部民公共墓地。根据部分典型器物类型学和器物组合的变化，涪陵小田溪墓群的两个墓地延续时间较短，从战国晚期早段到西汉早期，使用时间只有一百多年，没有晚到西汉初的大中型墓葬，这与秦治巴的策略有关，小田溪墓群的存续是秦治巴分而治之的政策体现，在羁縻制度转化为郡县制之后，"巴君长"的尊崇地位不再，巴人逐渐汉化或者向南迁移，这也为后来文献记载的板楯蛮、白虎夷人的不同记载提供了可能的解释。

（二）族属文化

涪陵小田溪墓群的这批墓葬虽然文化面貌属于巴文化无疑，但是从青铜器、陶器特征来看，其来源较为复杂，除了巴文化之外，还存在楚文化、吴越文化和百越文化、中原文化、秦文化、北方文化等外来文化因素[②]，并在吸收外来文化因素基础上创造出文化因素融合的新器型。

楚文化对巴文化影响较深，是巴文化墓葬中普遍存在的文化因素，楚文化器物主要有铜豆、盒、壶、洗、A型勺、甬钟，陶壶、盆。

吴越文化和百越文化的器物有C型铜钺。

秦文化的器物有B型矛、分体戟、铍、弩机，陶C型瓮、平底钵。

中原文化的器物有铜鼎、戈、削、带钩、璜形饰，漆卮（奁）铜框饰件。

[①] 白九江：《怀柔远人：秦国羁縻巴蜀的内涵与比较》，《巴渝文化》（第五辑），成都时代出版社，2021年。

[②] 向明文：《巴蜀古史的考古学观察——以东周秦汉时期巴蜀文化墓葬为中心》，吉林大学博士学位论文，2017年。

北方文化的器物有A型铜铃。

巴文化无疑是有自己的青铜手工业及艺术创作能力，在吸收外来文化因素的基础上融合两个或两个以上的文化因素，创造出具有本地工艺特色、艺术特色的新器型，例如在楚文化漆方俎基础上创造出的俎豆夹组合器，吸收中原地区动物形尊的特点创造出的鸟形尊[①]。

此外，小田溪墓群的墓葬表现出在巴文化的内部应该还存在一些属于不同部族分支的文化差异性，突出的表现在墓长宽比超过3∶1的船棺葬、类船棺墓的数量上，已经公布的56座墓中。长宽比超过3∶1的墓葬有10座，占墓葬总数比的17.9%，比例远低于四川宣汉罗家坝、重庆九龙坡冬笋坝两处巴人墓地。冉宏林认为长宽比大于3的窄长方形土坑墓属于蜀族墓葬，而长宽比小于3的宽长方形墓葬属于巴族墓葬[②]。笔者赞同以长宽比作为巴蜀墓葬区分，并进一步认为此差别同样体现在巴族内部的两个组成部族——南郡蛮（廪君蛮）、板楯蛮，否则无法解释被普遍认为是巴文化墓地的罗家坝墓群存在高达73.8%的蜀族墓葬。

嘉陵江流域目前发现的最大规模巴文化墓群当属宣汉罗家坝墓群，目前已经公布的65座墓中。长宽比超过3∶1的有48座，占墓葬总数比的73.8%。渠县城坝目前已经发掘的4座墓葬中，有3座为长宽比超过3∶1的船棺、类船棺墓。陈卫东明确认为宣汉罗家坝与渠县城坝属于巴国两大部族中板楯蛮的墓地[③]。

长江流域的巴文化墓地中呈现出相反的特征。云阳李家坝墓群已经公布的上百座墓中仅有极少数长宽比超过3∶1的狭长形土坑墓（1997M18、1997M20）。而且随葬品仅有少量陶器。开州余家坝墓地共发表巴文化墓葬257座，其中长宽比超过3的狭长形土坑墓有10座（M68、M99、M113、M163、M164、M184、M193、M243、M250、M262），占墓葬总数比的3.9%[④]。云阳李家坝、开州余家坝墓群的时代普遍早于小田溪墓群，而基本同时期的武隆土坎墓地11座巴文化墓葬，未发现长宽比超过3的狭长形土坑墓[⑤]。这一考古现象间接证明了，在秦灭巴后为了加强对巴地巴民的控制，采取分而治之的措施，将"巴君长"及其亲族（廪君蛮）向乌江流域迁徙，另一以船棺葬为特征的巴族分支（板楯蛮）留在嘉陵江流域。

第二节　两汉时期墓葬研究

小田溪墓群A区（小田溪）还清理了4座两汉时期墓葬（2002FXⅠM11、2002FXⅠM21、2007FXXM24、2007FXXM25）。尤其是2002FXⅠM21与属于巴文化的2002FXⅠM22有打破关

[①] 部分研究者认为这是鱼凫的形象，或与《华阳国志》记载的"鱼凫"部落有关，笔者倾向于是集合了本地多种鸟类特点创造出的"神鸟"。

[②] 冉宏林：《试论"巴蜀青铜器"的族属》，《四川文物》2018年第1期。

[③] 四川省文物考古研究院、达州市文物管理所、宣汉县文物管理所：《宣汉罗家坝》，文物出版社，2015年，第335页。

[④] 山东大学历史文化学院考古学系：《开县余家坝》，科学出版社，2022年。

[⑤] 重庆市文物考古研究院、武隆区文物管理所：《重庆市武隆区土坎遗址土坑墓发掘简报》，《南方民族考古》（二十二辑），科学出版社，2022年。

系，对于小田溪墓群作为巴文化墓地的存续时间判断具有重要意义。因此本节对小田溪墓地A区（小田溪）清理的两汉时期墓葬从墓葬的分布与形制、随葬器物的分类与组合、墓葬分期与年代等三方面进行研究。

一、墓葬的分布与形制

从墓葬分布来看，A区（小田溪）的4座墓葬分布、墓向上并无明显规律。

从墓葬形制分析2002FXⅠM11、2002FXⅠM21由于破坏严重，虽然未发现墓砖，尚不能肯定属于土坑墓；2007FXXM24属于长方形竖穴土坑墓，2007FXXM25其属于刀把形砖室墓，整体上来看墓葬大小接近，并无明显地位差异。

由于墓葬保存较差，大部分墓葬的葬具葬式都已经腐朽殆尽，仅根据灰痕难以准确判别葬具葬式，大部分墓葬都是单人葬，仅有2007FXXM25发现4具人骨，与之对应的随葬品也出现4套相同组合，推测属于同时葬入。

二、随葬器物的分类与组合

由于这4座墓葬几乎全部破坏严重，仅2007FXXM25保存较为完整，无法完整地反映本地区两汉墓葬的随葬品数量情况。从随葬品的质地看，铜器仅有很小比例，以钱币为主，陶器占绝大多数，又可细分为陶、釉陶两种，器型同名而异型，其组合关系具有一定的时代特征。

（一）铜器

上述几座墓中随葬的铜器仅有镞、五铢两类。

镞　1件（2002FXⅠM21∶11）。与巴文化墓葬出土的Bb型镞十分相似。

五铢　2002FXⅠM21、2007FXXM25均发现数量不等的五铢钱，经辨识其中部分为东汉五铢。

（二）陶器

陶器从功能上可以分为日用器具、丧葬明器两类，前者几乎为灰陶，后者多为红陶。

1. 日用器具

器型有折腹罐、圆肩罐、折肩罐、釜、钵、盆、甑等。

（1）折腹罐

1件（2002FXⅠM11∶1）。侈口，圆唇，折腹，最大腹径在器中部，下腹斜直（图二七二，5）。

（2）圆肩罐

13件。圆肩，鼓腹，平底，根据口、颈特征分为二式。

Ⅰ式　2件（2007FXXM25∶59、2007FXXM25∶89）。领较高，削肩，下腹较直（图二七二，4）。

Ⅱ式　11件（2002FXⅠM11∶2、2007FXXM25∶22、2007FXXM25∶25、2007FXXM25∶30、2007FXXM25∶34、2007FXXM25∶36、2007FXXM25∶39、2007FXXM25∶42、2007FXXM25∶48、2007FXXM25∶80、2007FXXM25∶85）。圆唇，缘外卷，颈较短，颈肩结合处微凹（图二七二，3）。

（3）折肩罐

8件。折肩，鼓腹，大平底，按照口沿形态分二型。

A型　2件（2002FXⅠM21∶8、2002FXⅠM21∶10）。体型矮胖，直口，颈较长（图二七二，6）。

B型　6件。敛口，短颈。

Ⅰ式　1件（2007FXXM25∶5）。最大腹径在肩部（图二七二，1）。

Ⅱ式　5件（2007FXXM25∶13、2007FXXM25∶17、2007FXXM25∶77、2007FXXM25∶79、2007FXXM25∶81）。腹部稍鼓，最大腹径下移（图二七二，2）。

（4）釜

4件。直领，鼓腹，圜底，按照腹部形态分为二型。

A型　3件（2007FXXM25∶10、2007FXXM25∶20、2007FXXM25∶53）。泥质灰陶。方唇，腹径最大处有对称两个横向绳索形捉手（图二七三，3）。

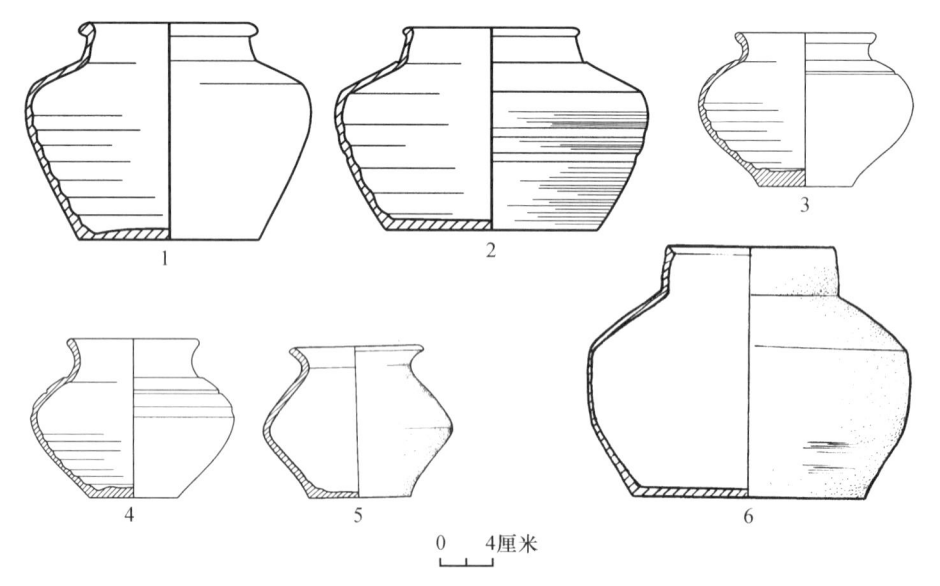

图二七二　两汉时期墓葬出土陶日用器具

1. B型Ⅰ式折肩罐（2007FXXM25∶5）　2. B型Ⅱ式折肩罐（2007FXXM25∶79）　3.Ⅱ式圆肩罐（2007FXXM25∶30）
4.Ⅰ式圆肩罐（2007FXXM25∶59）　5.折腹罐（2002FXⅠM11∶1）　6. A型折肩罐（2002FXⅠM21∶8）

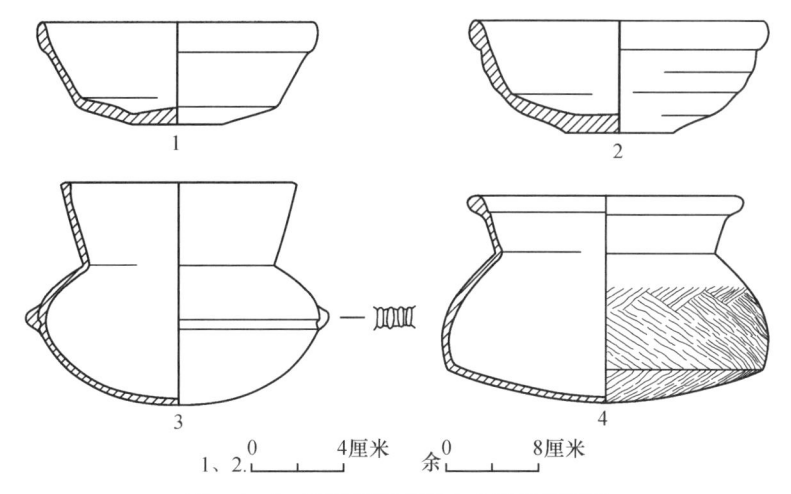

图二七三 两汉时期墓葬出土陶日用器具

1.A型钵（2007FXXM25∶3） 2.B型钵（2007FXXM25∶93） 3.A型釜（2007FXXM25∶10） 4.B型釜（2007FXXM25∶60）

B型 1件（2007FXXM25∶60）。夹砂红陶。唇部外卷，垂腹，下部折收，圜底近平（图二七三，4）。

（5）钵

11件。可分型定式的有9件。敞口，沿外部加厚，平底，按照腹部形态分二型。

A型 5件（2002FXⅠM21∶6、2007FXXM25∶2、2007FXXM25∶3、2007FXXM25∶4、2007FXXM25∶44）。折腹位置靠近底部（图二七三，1）。

B型 4件（2007FXXM25∶6、2007FXXM25∶41、2007FXXM25∶46、2007FXXM25∶93）。弧腹（图二七三，2）。

（6）盆

完整的仅2件（2007FXXM25∶63、2007FXXM25∶67）。折沿，圆唇，深腹，平底。

（7）甑

3件（2002FXⅠM21∶5、2007FXXM25∶9、2007FXXM25∶62）。敛口，平宽沿，圆唇，深腹，平底，底部有圆形箅孔。

2. 丧葬明器

器型有水井、碓房、鸡、狗、猪、抚琴俑、侍俑等。

（1）水井

5套9件（2002FXⅠM21∶1、2002FXⅠM21∶12、2007FXXM25∶8、2007FXXM25∶24、2007FXXM25∶86、2007FXXM25∶21、2007FXXM25∶57、2007FXXM25∶56、2007FXXM25∶95）。泥质灰陶。完整水井由井台1、立柱2、横梁1、井身1、汲水罐1共6个部件组成。井台为"井"字形，上有对称方孔安插井架，2个井架为长方形，一端带榫卯插结井台，一端承托倒"山"字形横梁，井身为筒形深腹罐。井身内有汲水小罐。

（2）碓房

1件（2007FXXM25∶72）。泥质灰陶。长方形顶，四柱为长方形，外饰坐熊。

（3）鸡

4件。均为红陶。

A型　3件。子母鸡，按照小鸡数量分二亚型。

Aa型　1件（2007FXXM25：11）。背负小鸡一只，双翅前各遮伏小鸡一只。

Ab型　2件（2007FXXM25：15、2007FXXM25：18）。背负小鸡一只，双翅前、后各遮伏小鸡一只，胸前遮伏小鸡一只。

B型　1件（2007FXXM25：14）。泥质红陶。昂首曲颈。高冠，尾上翘，粗足直立。

（4）狗

1件（2007FXXM25：23、2007FXXM25：26）。泥质红陶。扬头竖耳作犬吠状。脖间及前肢腹下皆系宽带，四肢短而粗壮。

（5）猪

1件（2007FXXM25：33）。泥质红陶。长嘴向上翘，双耳下垂，张牙咧嘴，脊背隆起，四肢短粗。

（6）抚琴俑

1件（2007FXXM25：27）。泥质红陶。头戴圆巾，着交领长袍，盘坐，膝前置琴，双手置于琴上，作抚琴状。

（7）侍俑

3件（2007FXXM25：35、2007FXXM25：45、2007FXXM25：94）。均为泥质红陶。着交领广袖长袍及地，双手拢于袖中，拱握于胸前，头束巾。

（三）釉陶器

釉陶器均为泥质红胎，表面施黄褐色低温铅釉，属于为丧葬专烧明器，器型有盒、盘、盆、釜、盘口壶、灯、博山炉、卮、魁、勺等。

（1）盒

5套9件。盖、身形制相似，方唇、平底。出土时难辨所属，相当部分墓葬仅发现部分，按照器型分二型。

A型　3套5件（2002FXⅠM11：5、2007FXXM25：29、2007FXXM25：43、2007FXXM25：82、2007FXXM25：88）。直口，折腹，斜收成平底（图二七四，10）。

B型　2套4件（2007FXXM25：49、2007FXXM25：51）。弧壁微折，近底处弧收为平底（图二七四，11）。

（2）盘

3件（2007FXXM25：52、2007FXXM25：76、2007FXXM25：83）。尺寸约在汉尺八寸上下，折沿，腹部折收，平底（图二七四，7）。

（3）盆

4件（2007FXXM25：16、2007FXXM25：65、2007FXXM25：78、2007FXXM25：84）。形制与盘近似，但尺寸约在汉尺一尺上下，折沿，方唇，腹微鼓，斜收成平底（图二七四，6）。

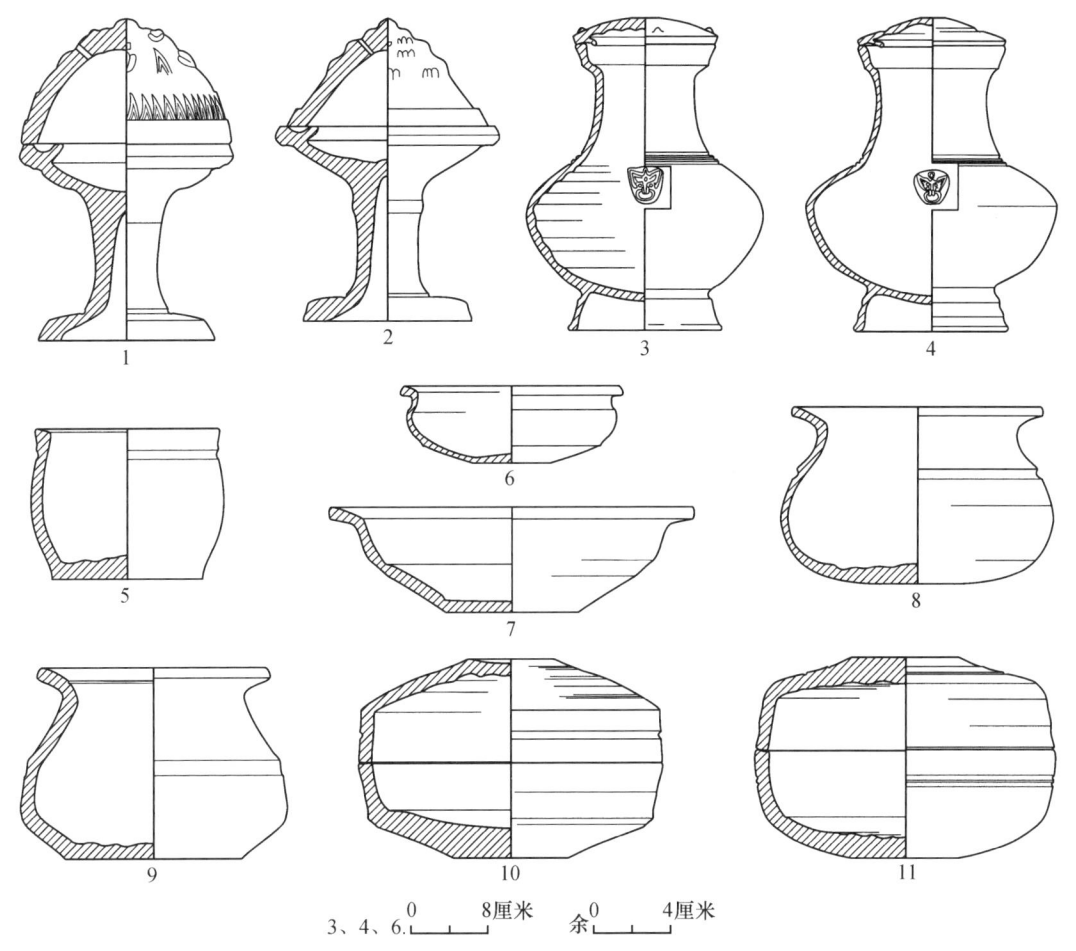

图二七四　两汉时期墓葬出土釉陶日用器具

1. Ⅰ式博山炉（2007FXXM25：73）　2. Ⅱ式博山炉（2007FXXM25：74、2007FXXM25：87）　3. Ⅰ式盘口壶（2007FXXM25：19）　4. Ⅱ式盘口壶（2007FXXM25：66）　5. 卮（2007FXXM25：50）　6. 盆（2007FXXM25：65）　7. 盘（2007FXXM25：83）　8. Ⅰ式釜（2007FXXM25：40）　9. Ⅱ式釜（2007FXXM25：55）　10. A型盒（2007FXXM25：29）　11. B型盒（2007FXXM25：51）

（4）釜

6件。可分型定式的5件。卷沿，束颈，平底，根据腹部特征分为二式。

Ⅰ式　3件（2007FXXM25：32、2007FXXM25：40、2007FXXM25：58）。鼓腹较扁，最大腹径在腹中部（图二七四，8）。

Ⅱ式　2件（2007FXXM25：47、2007FXXM25：55）。垂腹，最大腹径在腹下部（图二七四，9）。

（5）盘口壶

4套7件，其中1件仅有壶盖。壶身盘口，方唇，长颈，肩部对称两侧各有铺首衔环，鼓腹，圈足。盖子母口，穹隆形，顶旁有三乳突状纽。将其中3套6件按照形态分二式。

Ⅰ式　2套4件（2007FXXM25：19、2007FXXM25：69）。鼓腹近球形，腹中部没有明显转折（图二七四，3）。

Ⅱ式　1套2件（2007FXXM25：66）。鼓腹较扁，腹中部明显转折（图二七四，4）。

（6）灯

可复原3件（2007FXXM25：37、2007FXXM25：38、2007FXXM25：91）。直口，喇叭形柄，盘状圈足座。

（7）博山炉

3套6件。炉身为子母口，高喇叭座，柄短而粗。山形炉盖。根据炉盖形状分为二式。

Ⅰ式 2套4件（2007FXXM25：54、2007FXXM25：73）。盖呈穹隆形，上部有山形浮雕及镂孔，下部饰一圈连山纹（图二二四，1）。

Ⅱ式 1套2件（2007FXXM25：74、2007FXXM25：87）。呈圆锥形，下部没有连山纹（图二二四，2）。

（8）卮

1件（2007FXXM25：50）。侈口（图二二四，5）。

（9）魁

3件（2007FXXM25：31、2007FXXM25：90、2007FXXM25：92）。口微敛，弧腹斜收，平底，上腹外侧有一近圆形柄。

（10）勺

2件（2007FXXM25：28、2007FXXM25：75）。勺体平面近椭圆，柄斜竖且柄端下折。

（四）琉璃器

耳珰 1套2件（2007FXXM25：12）。纵截面为双曲线形，台体上、下台面光滑，中有一通穿。

（五）铁器

釜 2件（2002FXⅠM21：2、2002FXⅠM21：4）。鼓腹，圜底。

三、墓葬分期及年代

这4座墓葬大致可以分为两期。

第一期，2002FXⅠM11、2002FXⅠM21由于破坏严重，虽然未发现墓砖，尚不能肯定属于土坑墓，2007FXXM24破坏严重，判断为长方形竖穴土坑墓。2002FXⅠM11、2007FXXM24没有发现完整器物，无法准确推断年代，但是两座墓随葬陶器中有耳杯残片，三峡地区西汉中期开始在墓葬中流行耳杯[1]，表明该墓上限不早于西汉中期。此外墓中随葬陶器残片有釉陶明器，但未见俑类，表明墓葬时间下限到东汉早期。2002FXⅠM21出土东汉早期五铢，应该也属

---

[1] 蒋晓春：《三峡地区秦汉墓研究》，巴蜀书社，2010年，第101~103页。

于东汉早期。

第二期，2007FXXM25属于重庆地区东汉时期最为常见的墓葬形制，随葬品多见罐、釜、盆的陶器组合和盘口壶、博山炉、灯的釉陶器组合，墓砖纹饰以菱形纹和车马纹为主。这批墓葬随葬品器类及同类器物形制十分接近。结合墓葬形制，这4具人骨随葬器物应为同一时期下葬。2007FXXM25出土的陶鸡、侍俑、抚琴俑与万州安全墓地M12同类器物形制基本相似。安全墓地砖室墓的年代在东汉中晚期，可当作此墓的年代参考，因此推断2007FXXM25年代在东汉中晚期。

第三节　晚期巴文化青铜器的检测分析与研究

小田溪墓群是晚期巴文化最重要的墓群之一，种类丰富、数量众多的青铜器引发学术界广泛关注。本节一方面通过对既往发表的小田溪墓群出土铜器科技分析的文章进行系统梳理分析和检视，另一方面介绍资料整理阶段对部分铜器的科技检测和相关修复保护案例进行分析，并尝试对小田溪墓群出土铜器的后续科技分析研究和修复保护工作提出一些初步的思考和建议。

一、既往涪陵小田溪出土青铜器的科技考古研究回顾

对小田溪墓群出土的铜器开展过科技分析工作的主要有田长浒、何堂坤、姚智辉和杨小刚等4位学者，另外四川省博物馆等也对小田溪出土的2件战国铜兵器（矛、剑）进行过成分分析，主要涉及合金配比、金相组织和铅同位素比值分析三种分析方法。

《四川涪陵地区小田溪战国土坑墓清理简报》[①]一文对小田溪出土的战国青铜矛和剑进行了成分分析。分析结果显示矛和剑均为锡青铜，矛的铜含量为82.11%、锡含量为15.04%、铅含量为1.51%；剑的铜含量为82.21%、锡含量为14.67%、铅含量为1.28%。

田长浒对小田溪墓群出土的3件战国铜器矛、戈、剑进行了合金成分分析[②]，其中，矛的合金成分为铜86%、锡13.58%、铅0.33%；戈的合金成分为铜84%、锡14.78%、铅含量不详；剑的合金成分为铜84%、锡14.29%、铅1.51%。此外，还对剑进行了金相分析，他指出剑为铸造而成，α固溶体呈树枝状分布。

何堂坤对涪陵小田溪墓群1972年出土的1件炊具进行了合金成分分析[③]，发现其合金成分为铜80%、锡15.3%、铅5.5%[④]。与此同时，何堂坤先生在开展实验之前还对样品的外部形态进行了考察，他指出小田溪墓群出土的这件炊具壁厚仅有0.16厘米。显示出较高的铸造水平。

---

① 四川省博物馆、重庆市博物馆、涪陵县文化馆：《四川涪陵地区小田溪战国土坑墓清理简报》，《文物》1974年第5期。
② 田长浒：《从现代实验剖析中国古代青铜铸造的科学成就》，《成都科技大学学报》1980年第3期。
③ 何堂坤：《部分四川青铜器的科学分析》，《四川文物》1987年第4期。
④ 有审稿专家对其三项数据叠加超过100%提出质疑，查原文如此，类似情况还有1956年四川遂宁出土的铜带钩，也呈现数据溢出情况。

姚智辉对小田溪墓群出土的41件铜器进行了合金成分、金相组织等科技分析，并对铜兵器表面的斑纹工艺进行了实验分析和研究[1]。铜器主要包括兵器、容器、工具、乐器以及其他五类，其中，兵器有剑8、矛4、盔3件；容器有釜6、壶1、盆3、甑1件；工具有削2、斤2件；乐器有编钟2、錞于1、铃2件；其他有承托器3、棺饰1、兽尊1件。通过合金成分分析，发现铜器合金类型以锡青铜和铅锡青铜为主，兵器和工具两种材质均有，锡青铜略多于铅锡青铜，而容器、乐器以及其他铜器主要以铅锡青铜为主，另外可以看到兵器、工具及容器的锡含量大都在5%～15%，兵器和工具的铅含量多集中在0～8%，而容器的铅含量多集中在2%～15%，呈现出器类用途的差别。对金相组织分析发现，小田溪的铜器以铸造为主，另外还有少量的铸后加热、铸后受热、热加工、热冷加工以及淬火等加工工艺。他通过分析发现铜兵器上的虎斑纹成分可能为高锡的铜合金，初步判断出虎斑纹是由热镀锡及随后的退火工艺形成的。此外，通过对峡江地区铜器的分析，讨论了铜器的制作水平、鎏金技术水平、技术演变及受周边的影响等，并指出峡江地区出土的青铜器以本地制作为主[2]。

杨小刚运用科技分析的手段对三峡地区青铜器的冶铸工具、范铸工艺、合金配比、金相组织、表面加工工艺以及产地与矿料来源等多个专题做了讨论[3]。研究的铜器材料包括涪陵小田溪墓群出土的17件器物，共计19个样品，器物类型主要为容器和装饰配件。其中，对14个样品（其中2个样品取自同一件器物不同部位）进行了合金配比测定，对铺首、釜、甬钟、钺等5个样品进行了金相组织分析，对11个样品进行了铅同位素分析。通过科技分析分析，发现取样的青铜器主要以铅锡青铜为主，合金配比比较复杂，含锡量为4%～22%，含铅量为3%～18%；金相组织显示均为铸造；铅同位素比值分析显示均为普通铅。杨小刚综合包括小田溪墓群在内的三峡地区多个遗址点的青铜器数据进行了不同类型器物、同类型中不同种类的器物的对比分析，也与湖北、四川同时期的铜器科技分析数据进行对比分析，讨论了三峡地区春秋战国至汉代铜器的合金配比、铜器生产工艺及铅料的可能性来源等多个问题。

上述学者都以合金成分和金相组织作为切入点对小田溪墓群出土的铜器的合金配比和生产工艺等问题进行讨论，姚智辉、杨小刚两位学者又新增加了对兵器的虎斑纹工艺和铅料矿源方面的分析讨论，并取得了较大的收获与认识，初步建立起了涪陵小田溪墓群铜器生产工艺认识框架。但也存在三个值得进一步关注和讨论的问题。

第一，既往的研究不够系统，未对涪陵小田溪墓群出土的铜器开展专题研究与讨论。早期田长浒和何堂坤的讨论仅针对少数几件器物做了分析，得出的结论不具有系统性；后续姚智辉和杨小刚也主要关注峡江地区或者三峡地区的铜器问题，未系统讨论涪陵小田溪墓群铜器的生产问题。

第二，既往的研究主要开展的科技分析集中在合金配比、金相组织等方面，对于铜器的铅同位素分析开展较少，微量元素分析更是鲜有涉及。

第三，对于铜器出土的背景关注或者说结合不够，科技分析讨论未能与铜器出土背景以及组合关系等有机结合起来。

---

[1] 姚智辉：《晚期巴蜀青铜器技术研究及兵器斑纹工艺探讨》，科学出版社，2006年。

[2] 姚智辉、孙淑云、邹后曦等：《峡江地区部分青铜器的成分与金相研究》，《自然科技史研究》2005年第2期。

[3] 杨小刚：《三峡地区春秋战国至汉代青铜器科技研究》，科学出版社，2013年。

二、小田溪墓群出土青铜器局部观察与检测分析

在资料整理过程中，我们运用仪器对部分青铜器进行局部观察与检测分析，集中在青铜器铸造及装饰工艺、器物的材质判断、器物无损检测三个方面。

（一）青铜器铸造及装饰工艺

在对部分青铜器的表面观察中，发现部分青铜表面一些能够反映出巴蜀文化青铜器制造特点的信息，此类现象在开州余家坝墓地等遗址出土的青铜器上也曾观察到[①]。

1. 铸造工艺

小田溪墓群出土的大部分的青铜器都是采用范铸法制造，部分器物的范线痕迹明显。为了解决薄胎容器内外浇筑的定位问题，较为普遍的采用垫片（图版一二二，1）。垫片的位置并未刻意放置在隐蔽部位，多为大小不一的四边形小块，有可能是废弃铜容器切割下来再次利用。

鍪、釜甑、釜上的辫索纹环耳普遍采用焚失法制作，用麻质绳索做模后整体浇铸成型，再与器身铸结成一体，通体无范线，绳索编制痕迹清晰可见（图版一二二，3）。焚失法是使用既可塑造或雕刻，又只需焚烧不须脱范的材料作为制模材料（例如植物纤维、木材、淀粉、野蜂蜡、铅锡等容易焚毁或易熔的材料）。其材料焚烧后在范腔内仍有多余的灰烬等残留物，所以必须全部或部分分范，以便于清除残留物。焚失法最早见于商代中晚期，在失蜡法出现之后逐渐消亡，但巴蜀地区青铜器仍继续使用此法铸造。

小部分鍪耳对应的器内壁存在突起，表明鍪耳是先行浇铸成型后再与鍪范合铸，大部分的鍪耳对应的器内壁光滑，环耳内部没有范线，表明鍪耳与鍪是采用嵌范一体浇铸（图版一二二，4）。

在鸟形尊（2002FXⅠM10∶35）的底部有一个方形的补铸痕迹，发掘者推断该器铸造时采用了内外范合铸，在器腹预留了一个长方形空腔，作为掏内范的出口，掏空内范后再进行二次补铸，封死器腹，最后表面打磨齐平（图版一二二，5）。

在鍪、釜等日用器皿腹、底都发现有补铸、修补痕迹，还有部分铜器上的垫片发生剥落（图版一二二，2）。表现出巴蜀青铜器在制作工艺上存在问题，可能产生的器壁、器底气泡导致局部铸造缺陷、垫片与铜液结合不好等问题。

在资料整理中，注意到一枚印章（2006FXCM20∶4）表面有裂缝，纽部残破部分观察到裂缝断面光洁，从裂缝氧化程度判断并非后期形成（图版一二五，1）。而在超景深显微镜[②]

[①] 重庆市文化遗产研究院、重庆市文化遗产保护中心、开州博物馆：《重庆市开县馆藏青铜文物保护与研究》，科学出版社，2016年。

[②] 蔡司smart zoom5超景深三维立体数码显微系统。

下观察到的结果，两部分之间缝隙并非完全直线，缝隙仅0.2~0.4毫米（图版一二五，2）。初步判断可能是印章在铸造时两次浇筑铜液形成的平滑缝隙。考虑到该印章长2、宽1、高1.6厘米。如此小的体量为何需要二次浇筑，其原因有待进一步研究。

2. 表面装饰工艺

在青铜器表面运用其他材料进行装饰的工艺，在这时期也得到极大的发展，主要包括焊接、嵌错、鎏金、刻纹等。

嵌错工艺十分娴熟，纹饰流畅自然，部分青铜容器、车马器、漆器铜框上错金、银（图版一二三，1、3、4）。有些器物还镶嵌孔雀石[①]（图版一二三，2）或琉璃（带钩，2002FXⅠM12：109）。

部分青铜器采用了焊接技术，例如鸟形尊（2002FXⅠM10：35）的双足是焊接与鸟身连接（图版一二三，5）、2002FXⅠM12出土的花瓣形铜饰件的花蕊部分是表面鎏金，再焊接上去的（图版一二三，6）。

青铜短剑（2002FXⅠM20：12）剑鞘表面则贴金箔（图版一二四，1）。我们使用重庆真测科技生产的CD-300BX/225型考古专用CT检测仪，采用DR照相模式进行信息采集[②]（图版一二四，2）。

战国时期盛行的刻纹铜器也十分流行，运用高硬度凿刻工具在铜器表面刻凿线条、点、面纹饰（图版一二四，3）。部分青铜器上的巴蜀符号就是采用刻纹工艺錾刻而成（图版一二四，5）。

巴式剑表面常见的虎斑纹、戳点纹也是当时流行的一种表面装饰工艺，何堂坤、姚智辉都讨论过这一工艺，认为这种装饰工艺出现在高锡青铜器表面，应该是经过二次锡加工处理而成[③]（图版一二四，4、6）。

（二）器物的材质观察与分析

在资料整理过程中，我们还运用蔡司Smart Zoom 5超景深三维立体数码显微系统对部分器物进行显微观察。

（1）组佩（2002FXⅠM12）

这套组佩是由33件不同质地（玉18、玛瑙5、料器4、银6件）和器型（瑗1、珩1、璜4、环1、龙形佩1、珠10、管11、长方形饰1、鸟形饰1、桃形饰1、翅形饰1件）的部件组成。在以前的资料发布中，对于其中的6件管形饰（2002FXⅠM12：116、2002FXⅠM12：119、2002FXⅠM12：120、2002FXⅠM12：129、2002FXⅠM12：130、2002FXⅠM12：145）因表

[①] 出土时未进行材质的科技检测，整理报告时文物已经进入各博物馆，此处材质判断主要是根据肉眼观察。

[②] 技术指标如下：射线源为高能电子直线加速器，X射线最大管电压为225kV，最大管电流为8mA。

[③] 何堂坤：《部分四川青铜器的科学分析》，《四川文物》1987年第4期；姚智辉：《晚期巴蜀青铜器技术研究及兵器斑纹工艺探讨》，科学出版社，2006年。

面黄褐,都判断为铜质,整理报告时对表面局部处理后露出的银色进行测定发现银(Ag)含量为66.37%,而铜(Cu)含量为23.98%,因此该器物应该属于银质,表面黄褐色可能是沾染的铜锈,纠正了过去肉眼判断的谬误。

(2)陶印章(2006FXCM39:16)

发掘时登记为铜印章,在资料整理中使用显微镜34、70、100、200、300倍放大观察,发现这是一枚仿铜陶印章,印章胎质中含有细微石英砂,表面有矿物涂层,使黄褐色表面光滑细腻,类似铜印章(图版一二五,3~7)。

此后,科技考古工作人员再次使用仪器对该印章进行无损检测,分别对印章印面、侧部进行扫描拍照(图版一二六,1、2、4、5),并绘制扫能谱图(图版一二六,3、6、7),形成检测数据(表七、表八)。

表七 陶印章印面SEM-EDS面扫检测数据

元素	C	O	Mg	Al	Si	P	K	Fe	Cu	Sn	Pb
wt/%	7.2	41.7	0.7	9.3	13.8	3.2	1.2	8.2	1	1	12.8

表八 陶印章侧部SEM-EDS检测数据　　　　　　　　　　(单位:wt%)

元素	C	O	Mg	Al	Si	P	K	Fe	Cu	Sn	Pb
点1	5.5	55.2	2	11.5	18	0	2.7	5	0	0	0
点2	5.4	42.6	1.4	8.4	15.1	1.4	2.7	10.8	2.2	3.6	6.5
点3	5.8	35.1	0.2	0.8	1.4	1.7	0	2	2.2	41.8	5.6
点4	1.3	13.9	0.2	1.2	2.1	1.6	0	2.8	3.4	63.5	6.6

根据检测结果,再次确认陶印章内部以硅(13.8%~18%)、铝(9.3%~11.5%)元素为主;在印章(四周)侧部有一层覆盖物,部分覆盖物已脱落,主要是锡(平均52.65%)、铅(平均6.1%)元素,还有少量的铜、铁等元素。

综上,该印章主要成分为陶质,表面有一层锡、铅等金属覆盖层,覆盖层部分已脱落。

(三)青铜器无损检测与分析

由于这批青铜器较为珍贵,大部分前期经过修复已基本完整,不方便在文物本体上进行破坏性取样。为了更加全面了解文物的合金成分信息,我们采用便携式X射线荧光光谱仪对文物本体开展无损检测分析,该仪器是美国Thermo Scientific Niton生产的XL3T 950型X射线荧光光谱仪,光斑直径8毫米,在常见金属和贵金属两种模式下进行的检测。本次工作在14件青铜器上选取了口沿、腹部以及底等具有代表性的部位,采用上述方法进行了检测,检测结果如下。

(1)铜盒(2002FXⅠM15:19)

铜盒的合金元素主要为铜、锡和铅,铜含量为64.574%~69.08%、锡含量为11.07%~18.331%、铅含量为1.02%~6.653%,还含有少量的铁元素0.717%~1.1414%。

(2)铜鍪(2002FXMⅠ15:39)

铜鍪的合金成分为典型的铜锡铅三元合金,其中铜含量为50.981%~65.248%、锡含量为

11.436%~16.712%、铅含量为15.325%~21.276%，锡铅含量大体相当，另外还含有少量的铁元素1.572%~2.133%。

（3）铜釜甑（2002FXⅠM12：98、2002FXⅠM12：99）

从铜釜甑（图版一二七，2）的合金成分分析结果可以看出，铜釜甑的合金元素主要为铜、锡和铅，其中上半部分的铜含量为27.389%~52.926%、锡含量为18.01%~29.078%、铅含量为7.381%~11.256%；下半部分的铜含量为31.328%~33.585%、锡含量为32.263%~47.066%、铅含量为9.009%~10.323%。局部有较高的铁含量，根据观测，初步推断为其他铁器与该铜釜甑挨在一起造成的铁锈污染。

（4）铜胄（2002FXⅠM12：73）

铜胄的合金元素主要为铜、锡和铅，铜含量为44.787%~70.427%、锡含量为12.186%~23.138%、铅含量为4.177%~9.319%。

（5）铜釜（2002FXⅠM12：69）

铜釜的合金元素主要为铜、锡和铅，其中口沿部位铜含量较低仅34.825%，腹部铜含量为62.86%，两处铜含量相差较大，推测主要受腐蚀的影响。

总体来看，以上5件青铜容器的合金元素主要为铜、锡和铅（表九）。不同器物之间的合金元素含量差异较大，同一器物的合金元素含量也有所区别。含铜量处于31.983%至84.021%范围内，铜釜（2002FXⅠM12：69）中口沿部位铜含量较低，腹部铜含量较高，两处铜含量相差较大，推测主要受腐蚀的影响。锡含量的变化范围在12.22%至50.411%之间，锡含量平均值超过20%的器物有3件。含锡量超过20%时，青铜器的强度与塑性都变得很低，因此，20%以上的高锡青铜器性脆且易碎。铅含量变化范围较大，范围为1.273%至23.768%之间。部分器物局部有较高含量的铁元素，根据观测，初步推断为其他铁器与该青铜器挨在一起造成的铁锈污染。除铜、锡、铅外，杂质主要是硅、铝、磷、硫等元素。

（6）漆卮铜框饰件（2002FXⅠM12：95）

从漆卮铜框饰件（图版一二七，1）的合金成分分析结果可以看出，铜扣饰的合金元素主要为铜、锡和铅，铜含量为21.328%~41.955%、锡含量为3.053%~18.842%、铅含量为34.296%~68.512%，腹部铅含量非常高，另外还含有少量的铁元素0.585%~2.613%。

（7）漆器铜釦件（2002FXⅠM12：79-1）

2002FXⅠM12：79-1（图版一二七，3）的本体合金元素主要为铜、锡和铅，其中铜含量为67.166%~75.078%、锡含量为16.486%~21.44%、铅含量为3.233%~4.475%。错银部位的银含量为48.43%~53.848%，由于该XRF仪器设备的光斑直径为8毫米，在检测错银部位时光斑也测到了部分铜本体，因此实际银含量应远远大于该范围。

（8）漆器铜釦件（2002FXⅠM12：79-2）

2002FXⅠM12：79-2（图版一二七，4）的本体合金元素主要为铜和锡，铜含量为56.63%、锡含量为28.702%、铅含量在2%以下，为典型的高锡二元合金。错银部位的银含量为49.753%~52.559%，由于该XRF仪器设备的光斑直径为8毫米，在检测错银部位时光斑也测到了部分铜本体，因此实际银含量应远远大于该范围。

表九　青铜容器XRF检测数据　　　　　　　　　　　　（单位：wt%）

检测器物	检测部位	分析元素			
		Cu	Sn	Pb	Fe
铜盒 （2002FXⅠM15：19）	盖顶	84.021	13.811	1.273	0.895
	盖腹部	83.756	14.029	1.434	0.781
	下半腹部	72.467	20.572	5.374	1.587
	下半底部	72.832	18.794	7.170	1.204
铜鍪 （2002FXMⅠM15：39）	腹部	66.318	14.773	16.813	2.096
	盖部	55.960	18.344	23.354	2.341
	腹部	69.724	12.220	16.376	1.680
铜釜甑 （2002FXⅠM12：98、 2002FXⅠM12：99）	上半腹部	56.386	33.868	7.796	1.950
	上半腹部	31.983	33.955	13.144	20.919
	上半腹部	64.583	23.828	10.506	1.082
	下半腹部	34.101	35.762	9.965	20.172
	下半腹部	35.972	50.411	11.057	2.560
	下半腹部	33.958	34.972	9.765	21.304
铜甗 （2002FXⅠM12：73）	腹部	48.332	24.970	10.057	16.642
	腹部	53.468	12.879	5.407	28.246
	顶部	75.913	15.727	4.439	3.921
铜釜 （2002FXⅠM12：69）	腹部	49.433	32.071	17.122	1.374
	口沿	36.724	36.813	23.768	2.695
	腹部	69.394	17.376	10.744	2.486

（9）漆器铜釦件（2002FXⅠM12：79-3）

2002FXⅠM12：79-3（图版一二七，5）的本体合金元素主要为铜、锡和铅，其中铜含量为52.477%、锡含量为26.685%、铅含量为4.355%。错银部位的银含量为67.575%~79.895%，由于该XRF仪器设备的光斑直径为8毫米，在检测错银部位时光斑也测到了部分铜本体，因此该器的实际银含量应大于该范围。

（10）漆器铜釦件（2002FXⅠM12：79-4）

2002FXⅠM12：79-4（图版一二七，6）的本体合金元素主要为铜、锡和铅，其中铜含量为43.305%~52.624%、锡含量为27.43%~27.848%、铅含量为3.257%~4.186%。错银部位的银含量为51.835%，由于该XRF仪器设备的光斑直径为8毫米，在检测错银部位时光斑也测到了部分铜本体，因此该器的实际银含量应大于该范围。

（11~14）漆器花瓣形铜饰件（2002FXⅠM12：44~2002FXⅠM12：47）

从2002FXⅠM12：44~2002FXⅠM12：47这4件鎏金花瓣形铜饰（图版一二七，7）的合金成分分析结果可以看出，铜饰的本体合金元素主要为铜、锡和铅，其中铜含量为42.066%~79.537%、锡含量为8.543%~27.996%、铅含量为3.402%~7.421%。鎏金部位的金含量为5.536%~55.931%，这4件鎏金铜饰鎏金部位的金含量非常低，主要是因为大部分的鎏金层已经脱落，尤其是2002FXⅠM12：48鎏金铜饰件的鎏金残留很少，因此金含量最低。

总体来看，9件漆器铜釦件的本体合金元素主要为铜、锡和铅（表一〇）。2002FXⅠM12：79-1、2002FXⅠM12：79-2、2002FXⅠM12：79-3和2002FXⅠM12：79-4的错银部位的银含量范围为50.31%~80.199%，由于该XRF仪器设备的光斑直径为8毫米，在检测错银部位时光斑也测到了部分铜本体，因此实际银含量应远远大于该范围。2002FXⅠM12：44~2002FXⅠM12：47这4件漆器花瓣形铜饰鎏金部位的金含量非常低，主要是因为大部分的鎏金层已经脱落，尤其是2002FXⅠM12：48的鎏金残留很少，因此金含量最低。

表一〇　漆器铜饰件XRF检测数据　　　　（单位：wt%）

检测器物	检测部位	Au	Ag	Cu	Sn	Pb	Fe
漆卮铜框饰件（2002FXⅠM12：95）	腹部	0.000	—	22.816	3.266	73.292	0.626
	底部	0.000	0.398	42.769	19.208	34.962	2.664
漆器铜釦件（2002FXⅠM12：79-1）	错银	0.080	48.488	43.253	5.362	1.747	1.069
	错银	0.063	53.922	39.290	3.916	1.923	0.885
	铜本体	—	0.568	69.240	22.102	4.613	3.477
	铜本体	0.000	0.419	76.971	16.902	3.315	2.394
漆器铜釦件（2002FXⅠM12：79-2）	错银	2.032	50.310	27.768	12.566	1.081	6.242
	错银	0.582	52.857	20.825	14.325	1.997	9.414
	口沿	—	—	61.969	31.404	1.625	5.002
漆器铜釦件（2002FXⅠM12：79-3）	口沿	—	1.981	55.061	27.999	4.569	10.390
	错银	1.328	67.989	19.751	6.378	1.610	2.944
	错银	0.739	80.199	13.997	1.656	1.384	2.025
	错银	1.446	72.790	16.956	4.823	1.462	2.524
漆器铜釦件（2002FXⅠM12：79-4）	错银	0.156	51.939	36.796	5.804	1.948	3.357
	铜本体	—	0.994	45.840	29.036	3.448	20.682
	铜本体	—	0.562	54.972	29.092	4.373	11.001
漆器花瓣形铜饰件（2002FXⅠM12：44）	鎏金	57.355	3.286	29.418	8.835	0.891	0.214
	铜本体	—	—	77.063	17.198	4.326	1.413
漆器花瓣形铜饰件（2002FXⅠM12：45）	鎏金	44.111	39.911	14.756	1.042	0.180
	铜本体	—	—	77.114	17.815	4.211	0.860
漆器花瓣形铜饰件（2002FXⅠM12：46）	鎏金	21.460	0.612	61.121	13.793	2.907	0.108
	铜本体	—	—	86.466	9.277	3.698	0.558
漆器花瓣形铜饰件（2002FXⅠM12：47）	鎏金	6.282	0.289	46.793	40.738	5.470	0.428
	铜本体	—	0.384	51.716	34.418	9.123	4.359

通过对涪陵小田溪墓群既往开展的铜器科技分析研究梳理，以及资料整理中部分青铜器的科技观察与分析，我们发现在铜器的型制、制作工艺、原料来源，甚至于流通与贸易、铜器与社会生活等多层面多角度研究还有很多工作要作，在铜器与墓葬等级的关系以及不同遗址、不同文化的分析比较方面还有很大的探讨空间。我们相信，通过对涪陵小田溪墓群出土铜器专题性的分析讨论和持续性的修复保护工作，将深化对小田溪墓群性质的认识，推动巴文化青铜器保护和研究有机结合，促进对巴文化的思考与研究。

附 表

附表一 涪陵小田溪墓群A区（小田溪）2002、2007年度墓葬登记表

墓号	方向/(°)	墓葬形制	墓葬尺寸（墓口）/厘米 长	宽	残深	葬式	葬具	随葬器物	备注
2002FXⅠM10	114	长方形竖穴土坑墓	400	140~165	95	不详	一棺一椁	铜器：冑1、矛1、鍪1、削1、剑2、盖弓帽1（19）、锯1、戈2、勺1、钺1、洗1、镞1、杠箍1、鸟形尊1、壶1、鼎1、釜甑1、铜器1 陶器：釜3、盂1、圈足豆4、圈底罐	
2002FXⅠM11	140 (320)	长方形竖穴土坑墓	430	残135	10~22	不详	不详	陶器：盒盖（18）、折腹罐1、圆肩罐1、盂？、匜？、盒？、水井？ 釉陶：钟1、釜1、灯形器（博山炉或灯）？、4	
2002FXⅠM12	142	长方形竖穴土坑墓	760~790	590~600	100~170	直肢	一棺一椁	铜器：盖弓帽1（18）、杠箍2（4）、棺饰铺首衔环1（9）、漆器铺首衔环1（6）、戟2（6）、弩机1（2）、钲1、铎1、甬钟1、鐏干1、戈1、矛5、剑3、钺2、镞1、夹2、豆8、刟1、釜1、釜2、冑1、壶1、玉具剑2（14）、洗4、釜甑1（2）、圆底罐1（2）、带钩1、勺1、镜1 陶器：圆底罐1、壁2、组佩1（33）、盒3、陶器4 玉器： 漆器：漆器铜釦件2（4）、漆器铜盖饰1（3）、漆匜铜框件1（2）、杖1、盒1（2）、鼓1、漆器铜饰件3（7） 骨器：鹿角1（2）	殉人1
2002FXⅠM13	141	长方形竖穴土坑墓	309	126~168	25~40	二次葬	一棺	陶器：圆底罐3、瓮1、釜2	

续表

墓号	方向/(°)	墓葬形制	墓葬尺寸（墓口）/厘米 长	墓葬尺寸（墓口）/厘米 宽	墓葬尺寸（墓口）/厘米 残深	葬式	葬具	随葬器物	备注
2002FXⅠM14	320	长方形竖穴土坑墓	340	212	160~180	直肢	一棺	无	
2002FXⅠM15	120	长方形竖穴土坑墓	435	230~260	150	直肢	一棺一椁	铜器：甑1、器盖1、钺2、器座1、铺首衔环1（8）、鍪2（4）、洗2、戈1（2）、柱形器2、刮刀1、带钩2、削1、玉具剑1（2）、剑4、环1、弩机1、盒1（2）、斤2、锯1、壶1、勺1、釜甑1（2）、矛1、钹1、釜1、鐏1 陶器：瓮1、圜底罐4、圈足豆3、盂2 漆器：漆器1、木块1（2）	
2002FXⅠM16	10	长方形竖穴土坑墓	280	100~110	10~25	不详	一棺	铜器：剑1、钺2、剑1、削1 陶器：釜1、圈足豆3、平底罐1、陶器1	
2002FXⅠM17	190	长方形竖穴土坑墓	225	76	40	不详	一棺	铜器：削1 陶器：圈足豆1 漆器：漆器1 石器：石块1	
2002FXⅠM18	45	长方形竖穴土坑墓	240	78~84	54	直肢	一棺	铜器：矛1、钺2、剑1、石斧1、圜底罐1、壶1 陶器：盆2、石器：	
2002FXⅠM19	340	长方形竖穴土坑墓	325	110~120	80	直肢	一棺	铜器：带钩1 陶器：釜甑1（2）、矛1、削1、釜1、圈足豆1、瓮1、陶器2	
2002FXⅠM20	50	长方形竖穴土坑墓	260	140	30~60	直肢	不详	铜器：剑3、鍪1、盂1、钹1、洗1 陶器：平底罐2、圜底罐1、釜1、圈足豆1、甑1、钵3	双人合葬
2002FXⅠM21	36	刀把形竖穴土坑墓	336	230	20~30	不详	一棺	铜器：鍪1、削1、钺1、甑1、水井1（2）、釜2 陶器：折肩罐2、五铢11枚 铁器：	打破M22

续表

墓号	方向/(°)	墓葬形制	墓葬尺寸（墓口）/厘米			葬式	葬具	随葬器物	备注
			长	宽	残深				
2002FXⅠM22	114	长方形竖穴土坑墓	470	170	110	直肢	一棺一椁	铜器：器座1、鍪盖1、玉具剑1（5）、戈1 金器：金饰件1 玉器：玉韘1、玉璧1、玉龙形佩1（2）、琉璃珠1、琉璃管形饰1（2） 陶器：陶器1	
2007FXXM23	260	长方形竖穴土圹石室墓	200~240	70~76	40	不详	不详	瓷器：瓷盎1	
2007FXXM24	28	长方形竖穴土坑墓	290	256	90	不详	不详	陶器：罐1、盆2、耳杯1 釉陶：灯1、器盖1	
2007FXXM25	46	刀把形砖室墓	490	316	128	不详	不详	陶器：钵8、折肩罐6、圆肩罐12、水井4（7）、甑2、釜4、子母鸡3、公鸡1、盆2、狗1、抚琴俑1、猪1、侍俑3、碓房1 釉陶：釜6、盘口壶4（7）、盆4、勺2、盒4（8）、魁3、灯3、卮1、盘3、博山炉3（6） 铜器：五铢1（25） 琉璃器：耳珰1（2）	

附表二 涪陵小田溪墓群B区（陈家嘴）墓葬登记表

墓号	方向/(°)	墓葬形制	墓葬尺寸（墓口，厘米） 长	宽	残深	葬式	葬具	随葬器物	备注
2005FCM1	120	长方形竖穴土坑墓	300	170~180	90	不详	一棺一椁	铜器：削1、钺1、洗1、鍪1、釜甑1、釜1 陶器：纺轮1、瓮1、盂3、壶1	
2005FCM2	286	长方形竖穴土坑墓	270	123	70	不详	一棺	铜器：带钩1、钺1、璜形饰1 铁器：铁器1 陶器：壶1、盂2、釜3 玉器：玦1	
2005FCM3	330	长方形竖穴土坑墓	240	126	116~120	不详	一棺	陶器：釜1、瓮1 琉璃器：珠1	
2005FCM4	127	长方形竖穴土坑墓	296	160	100	侧身屈肢	一棺一椁	铜器：削1 铁器：铁器1 陶器：圈足豆1、纺轮1、盂1、圜底罐2、釜1	
2005FCM5	120	长方形竖穴土坑墓	280	110~116	104	仰身直肢	一棺	铜器：洗1、削1、带钩1 陶器：圜底罐1、盂2、瓮1 琉璃器：琉璃珠1	
2005FCM6	115（295）	长方形竖穴土坑墓	270	90~100	75	不详	不详	无	
2005FCM7	145（325）	长方形竖穴土坑墓	195	80~84	82	不详	不详	无	
2005FCM8	120（300）	长方形竖穴土坑墓	270	82	76	不详	一棺	铜器：鍪1、削1 陶器：瓮1、圜底罐1、釜1	
2005FCM9	110（290）	长方形竖穴土坑墓	240	100	92	不详	不详	陶器：釜1、盂1、圜底罐1	
2005FCM10	130（310）	长方形竖穴土坑墓	270	125~140	140	不详	一棺（？）	铜器：带钩1、镜1 陶器：釜1、圈足豆1	
2005FCM11	25	长方形竖穴土坑墓	276	104	74~76	直肢	一棺	铜器：环1、带钩1、印章2、坠饰1、璜形饰1（4） 陶器：平底罐1、釜2	
2005FCM12	30	长方形竖穴土坑墓	250	90	84~88	不详	一棺	铜器：剑1、钺1、印章1 陶器：釜1、圈足豆1、盂1、瓮1、圜底罐1	
2005FCM13	114（294）	长方形竖穴土坑墓	350	100~102	60	不详	一棺	铜器：印章1 陶器：圜底罐3、釜1	
2005FCM14	111	长方形竖穴土坑墓	320	160	85	仰身直肢	一棺一椁	铜器：钺1、剑1、印章1、璜形饰1（7）、鍪1、削1 陶器：盂2、圜底罐1、釜1	
2005FCM15	120	长方形竖穴土坑墓	220	70	70~80	不详	不详	铜器：环1 陶器：釜3、圜底罐2	
2006FXCM16	135（315）	长方形竖穴土坑墓	288~300	110~124	36~40	不详	一棺	铜器：鍪1 陶器：釜1、圜底罐1	

续表

墓号	方向/(°)	墓葬形制	墓葬尺寸（墓口，厘米） 长	宽	残深	葬式	葬具	随葬器物	备注
2006FXCM17	125（305）	长方形竖穴土坑墓	178	64~80	104	不详	不详	陶器：釜1、圈足豆2	
2006FXCM18	142（322）	长方形竖穴土坑墓	180	55~65	35	不详	不详	陶器：平底罐1、盆1	
2006FXCM19	310	长方形竖穴土坑墓	264	108~112	70	不详	一棺	铜器：镜1、鍪1 陶器：圜底罐2 石器：煤精耳珰1（2）	
2006FXCM20	135	长方形竖穴土坑墓	296	110~118	66	不详	不详	铜器：镜1、带钩1、印章1、环1、鍪1 陶器：瓮1、釜1	
2006FXCM21	125（305）	长方形竖穴土坑墓	316	132~160	74~86	不详	一棺	铁器：铁器1 陶器：瓮1、盂2、圜底罐1	
2006FXCM22	123（303）	长方形竖穴土坑墓	250	96	68	不详	一棺	铜器：带钩1、鍪1 陶器：釜1、盂1、瓮1	
2006FXCM23	134	长方形竖穴土坑墓	302	164	103	不详	一棺	铜器：镜1、印章1、洗1、壶1、釜1、带钩1、钺1 陶器：瓮1、纺轮1、盂2 石器：煤精耳珰1（2）	
2006FXCM24	153（333）	长方形竖穴土坑墓	292	91	60	不详	一棺	陶器：圜底罐1、纺轮1、器盖1、盂1、瓮1	
2006FXCM25	125	长方形竖穴土坑墓	292	120~128	58~64	不详	一棺	铜器：钺1、鍪1、釜1 陶器：釜1、平底罐1、圜底罐1	
2006FXCM26	20	长方形竖穴土坑墓	240	86	86	不详	不详	无	
2006FXCM27	30（210）	长方形竖穴土坑墓	226	124~134	40	不详	不详	铜器：斤1 陶器：釜1、平底罐1	
2006FXCM28	298	长方形竖穴土坑墓	324	142~150	28	不详	一棺	铜器：盒1、剑1、矛1 陶器：圜底罐4、釜1、盂1、瓮1	
2006FXCM29	279	长方形竖穴土坑墓	302	146~156	110	不详	不详	铜器：洗1、钺1 陶器：瓮2、盂2、釜2、圜底罐1 琉璃：管形饰1 漆器：漆皮4	
2006FXCM30	270	长方形竖穴土坑墓	330	96~110	96	不详	一棺	铜器：鍪1、盒1、印章1、削1、钺1 陶器：釜2 石器：饰件1	
2006FXCM31	148（328）	长方形竖穴土坑墓	266	92	124	不详	一棺	陶器：圜底罐1 漆器：漆皮1	
2006FXCM32	157	长方形竖穴土坑墓	292	122	68	不详	不详	铜器：鍪1、钺1、削1	

续表

墓号	方向/(°)	墓葬形制	墓葬尺寸（墓口，厘米） 长	宽	残深	葬式	葬具	随葬器物	备注
2006FXCM33	230	长方形竖穴土坑墓	265	114	80	不详	不详	铜器：鍪1、钺1、削1、镞1 陶器：圜底罐1、盂1、圈足豆1	
2006FXCM34	90°	长方形竖穴土坑墓	354	130	166	不详	一棺	铜器：矛1、剑1、印章1、钺1、釜1、鍪1、削1 铁器：铁器1 陶器：釜6、瓮1、圜底罐3	
2006FXCM35	266	长方形竖穴土坑墓	220	66	50	不详	不详	铜器：环1 陶器：圜底罐2	
2006FXCM36	312	长方形竖穴土坑墓	208	95	30	不详	一棺	铜器：带钩1、剑（含剑鞘饰）1（2）、矛1 陶器：盂1、釜1、圜底罐2	
2006FXCM37	98（278）	长方形竖穴土坑墓	260	110	30	不详	不详	铜器：璜形饰1、勺1 陶器：平底罐1、盂1、圜底罐4、纺轮1	
2006FXCM38	90	长方形竖穴土坑墓	240	96	84	不详	不详	铜器：印章1 铁器：斧1 陶器：圈足豆1、釜1、圜底罐2	
2006FXCM39	285	长方形竖穴土坑墓	290	100	90	不详	一棺	铜器：鍪1、镜1、印章1、环1（2）、洗1、铃1、璜形饰1 铁器：铁器2 陶器：平底罐1、釜1、瓮1、印章1 石器：石饰件1、煤精耳珰2 琉璃器：珠1（3）	
2006FXCM40	133（313）	长方形竖穴土坑墓	608	68~106	116	不详	不详	无	
2006FXCM41	45	长方形竖穴土坑墓	274	116	30	不详	一棺	铜器：戈1、钺1、剑1 陶器：釜2	
2006FXCM42	290（110）	长方形竖穴土坑墓	225	96	20	不详	不详	铜器：璜形饰1（4）、印章1 铁器：铁器1 陶器：釜1、圜底罐1	
2006FXCM43	320（140）	长方形竖穴土坑墓	270~274	94~106	50	不详	不详	陶器：圜底罐1	
2006FXCM44	317	长方形竖穴土坑墓	250	100~110	20	不详	不详	铜器：鍪1、矛1、剑1 铁器：锸1 陶器：圜底罐1	
2006FXCM45	14（194）	长方形竖穴土坑墓	224	50	34	不详	不详	陶器：圜底罐2、瓮1	
2006FXCM46	290（110）	长方形竖穴土坑墓	265	118	64	不详	不详	陶器：盂1	

附表三 涪陵小田溪墓群B区（陈家嘴）房址、道路、柱洞、石堆登记表

编号	位置	层位关系（叠压、打破）	形状	残留遗迹、尺寸（厘米）	时代
2005FCF1	T1821、T1822~T2022	④b→F1→M7	东西朝向长方形	450×50（残墙基），35×35（柱础）	明代
2005FCF2	T2021~T2221、T2122、T2022	④b→F2→M5、H28	南北朝向长方形	950×275	明代
2005FCF3	T1426~T1626、T1525、T1625	④b、H1、H2→F3→H30	不规则形	855×60（垫土）	战国
2005FCD1	T1626	④b→D1→⑦	圆形	24×16	
2005FCD2	T1626	④b→D2→⑦	圆形	20×16	明代
2005FCD3	T1527	④b→D3→⑦	圆形	24×15	
2005FCD4	T1527	④b→D4→⑦	圆形	20×16	
2005FCF4	T1323~T1325、T1423~T1425、T1524、T1525	⑦、M11、M12→F4→H62	长条形	950×275（垫土）	战国
2006FXCL1	T0818、2006FXCT0819~T1019、T0920~T1120、T1021~T1221	⑨→L1→⑩（统一后）	条带形	3600×120~180	战国
2006FXCS1	T0918	⑥→S1→⑦	圆形	400×300	战国
2006FXCS2	T1018	⑥→S2→⑦	散乱		战国
2006FXCS3	T1019	⑥→S3→⑦	零乱		战国
2006FXCS4	T1120、T1121	⑦→S2→⑧	长条形	450×200	战国
2006FXCS5	T0916	④→S5→⑤			明代
2005FCD5	T2021	④→D5→⑦	圆形	21×10	明代
2005FCD6	T2021	④→D6→⑦	圆形	22×18	明代
2005FCD7	T1921		椭圆形	10~20×12	明代

注：层位关系地层为探方地层统一前编号。表中探方号前省去发掘年度和遗址代号。

附表四 涪陵小田溪墓群B区（陈家嘴）灰坑登记表

编号	位置	层位关系（叠压、打破）	形状	尺寸（厘米）	时代
2005FCH1	T1526、T1626	④a→H1→F3、H2、H30	不规整三角形	440×32~200-36	战国
2005FCH2	T1525、T1625、T1526、T1626	④a、H1→H2→⑦、F3	不规整椭圆形	304×254-40	战国
2005FCH3	T1724、T1824	④a→H3→⑦	圆形	140×140-20	战国
2005FCH4	T1624、T1724	④a→H4→④b、⑦、G1	椭圆形	100×40-40	明清
2005FCH5	T1724	④a→H5→⑦	圆形	60×60-50	明代
2005FCH6	T1726	④b→H6→生土	圆形	150×155-28	战国
2005FCH7	T1623、T1624	④b→H7→⑤	不规则椭圆形	348×176-52	明代
2005FCH8	T1524、T1623、T1624	④a→H8→④c、⑤、⑥、⑦、G5	三角形	200×124-50	明代
2005FCH9	T2022、T2023	④a→H9→⑦、⑧、H34	不规则形	260×120-40	明代
2005FCH10	T2125	①→H10→生土	椭圆形	160×134-90	明清
2005FCH11	T1921	③→H11→⑦、⑧、H12、H29、G3	不规则形	220×170-30	明清
2005FCH12	T1821、T1921	③、H11→H12→④、⑦、⑧	长条形	210×120-40	明清
2005FCH13	T2121	④a→H13→⑤	圆形	70×60-20	战国
2005FCH14	T2020	④a、M1→H14→⑦	椭圆形	100×56-16	战国
2005FCH15	T1920	④a→H15→⑦	椭圆形	115×100-40	明代
2005FCH16	T2019、T2118、T2119	④a→H16→⑦、生土	三角形	280×80-40	战国
2005FCH17	T1719	④c→H17→生土	圆形	60×60-10	战国
2005FCH18	T1719	④c→H18→生土	圆形	96×96-16	战国
2005FCH19	T2519	④、H20→H19→生土	椭圆形	108×126-26	战国
2005FCH20	T2519	④→H20→H19、生土	椭圆形	160×120-26	汉代
2005FCH21	T2119	④a→H21→⑦、生土	椭圆形	100×55-16	战国
2005FCH22	T2119、T2120	④a、M1→H22→⑦、H23、生土	不规则形	276×250-60	战国
2005FCH23	T2120、T2121	④a、H22→H23→⑦、生土	长方形	300×170-90	战国
2005FCH24	T2019	④a→H24→⑦、⑧	不规则形	100×128-30	战国
2005FCH25	T1722、T1723	④c→H25→⑤、⑥	长条形	230×60-28	明代
2005FCH26	T2219、T2220	④→H26→⑦、生土	圆形	70×70-20	战国
2005FCH27	T2122	④a→H27→⑧、H28、生土	长条形	130×110-65	战国
2005FCH28	T2122	④a、H27、F2→H28→⑧、生土	长条形	250×175-65	战国
2005FCH29	T1920、T1921	④、H11、G3→H11→⑦、⑧	三角形	85×38-22	战国
2005FCH30	T1526	④b、F3、H1→H30→⑦、生土	椭圆形	316×258-34	战国
2005FCH31	T1919	④a→H31→生土	椭圆形	120×100-53	战国
2005FCH32	T2023	⑧→H32→生土	方形	175×170-34	战国
2005FCH33	T2023	⑧→H33→H34、生土	长方形	145×100-70	战国
2005FCH34	T2023	⑧、H9、H33→H34→生土	长条形	94×48-22	战国
2005FCH35	T1624	⑤→H35→⑥	长条形	185×110-24	战国
2005FCH36	T2020	④a→H36→⑦、H42	不规则形	250×200-16	战国
2005FCH37	T1920	⑦→H37→⑧	半圆形	78×50-26	战国

续表

编号	位置	层位关系（叠压、打破）	形状	尺寸（厘米）	时代
2005FCH38	T1821、T1822	⑦→H38→⑧、生土	椭圆形	136×106-40	战国
2005FCH39	T1921、T1922	⑦→H39→⑧、生土	三角形	260×66-46	战国
2005FCH40	T1920、T1921	⑧→H40→生土	椭圆形	190×140-30	战国
2005FCH41	T1620、T1720	④b→H41→生土	不规则形	190×206-36	汉代
2005FCH42	T2020	④a、H36→H42→⑦、⑧、生土	长条形	210×106-110	战国
2005FCH43	T1624	⑤、G1→H43→⑥、⑦、⑧、生土	圆形	74×64-60	战国
2005FCH44	T1824、T1924	⑧→H44→生土	椭圆形	160×80-28	战国
2005FCH45	T1919、T2019	④a→H45→生土	椭圆形	168×90-52	战国
2005FCH46	T2022	⑧→H46→生土	椭圆形	92×70-64	战国
2005FCH47	T2022、T2122	④a→H47→⑦、⑧、生土	长方形	110×84-112	战国
2005FCH48	T2122	⑧→H48→生土	椭圆形	125×100-44	战国
2005FCH49	T1919、T2019	④a→H49→生土	椭圆形	183×50-42	战国
2005FCH50	T1426、T1526	⑤→H50→⑦	长条形	320×176-32	战国
2005FCH51（H57）	T1723、T1724	⑦、G1→H51（H57）→⑧、M15、生土	椭圆形	198×108-48	战国
2005FCH52	T1721、T1821	⑦→H52→⑧、生土	扇形	175×120-55	战国
2005FCH53	T2019	⑧、G10→H53→生土	半圆形	100×62-18	战国
2005FCH54	T1822	⑦→H54→⑧、生土	长方形	190×104-28	战国
2005FCH55	T1822	⑦→H55→⑧、生土	椭圆形	52×44-20	战国
2005FCH56	T1820、T1920	④a、G10→H56→生土	扇形	127×100-22	战国
2005FCH58	T1820、T1821	⑦→H58→⑧、生土	三角形	100×45-45	战国
2005FCH59	T1622、T1623	⑦→H59→⑧、H61、M13	圆形	120×120-36	战国
2005FCH60	T1524、T1624	⑦→H60→⑧、生土	长条形	130×115-70	战国
2005FCH61	T1623	⑦、H59→H61→⑧、H63、M13、生土	长条形	205×90-65	战国
2005FCH62	T1524、T1525	F4垫土②→H62→⑧、生土	椭圆形	156×78-66	战国
2005FCH63	T1623	⑦、H61→H63→⑧	长方形	210×130-70	战国
2005FCH64	T1322	⑥→H64→⑦、生土	圆形	140×140-45	战国
2005FCH65	T1521、T1522	⑦→H65→生土	三角形	250×80-73	战国
2005FCH66	T1421、T1422、T1522	⑦→H66→生土	长条形	520×190-70	战国
2006FCH1	T0108	①b→H1→生土	椭圆形	365×260-110	明清
2006FCH3	T0105	②→H3→G7、③	椭圆形	160×118-24	战国
2006FCH4	T0112、T0113	②→H4→③	半圆形	102×20-32	战国
2006FCH5	T0213	③→H5→④	长方形	204×90-56	战国
2006FCH6	T0309	②→H6→③、生土	椭圆形	150×130-30	唐宋
2006FXCH67	T1518、T1618	④→H67→生土	不规则形	105×45-25	汉代
2006FXCH68	T1618	④→H68→生土	不规则形	126×84-20	汉代
2006FXCH69	T1617、T1618	④→H69→M21、生土	椭圆形	75×35-35	战国
2006FXCH70	T2018	③→H70→生土	长条形	110×90-20	汉代

续表

编号	位置	层位关系（叠压、打破）	形状	尺寸（厘米）	时代
2006FXCH71	T1918	③→H71→生土	不规则形	70×60-16	汉代
2006FXCH72	T1717、T1817	④、M18→H72→生土	不规则形	120×108-20	战国
2006FXCH73	T1419	⑤→H73→G15、生土	不规则形	200×124-30	战国
2006FXCH74	T1320	④a→H74→⑦、生土	扇形	220×110-32	战国
2006FXCH75	T1320	⑦→H75→生土	圆角正方形	104×104-60	战国
2006FXCH76	T1219、T1319	⑥→H76→生土	不规则形	180×72-30	战国
2006FXCH77	T1218	⑤→H77→⑥	椭圆形	80×70-22	战国晚期
2006FXCH78	T1016、T1115、T1116	④→H78→⑤、G18、生土	不规则形	140×130-50	战国
2006FXCH79	T1220、T1320	⑦→H79→生土	扇形	80×50-74	战国
2006FXCH80	T1119、T1219	⑥→H80→生土	半圆形	230×58-70	战国
2006FXCH81	T1218、T1219	⑥→H81→生土	长方形	130×115-30	战国
2006FXCH82	T1119、T1219、T1220	⑥→H82→生土	长方形	160×108-48	战国
2006FXCH84	T3019、T3119、T3018、T3118	⑤→H84→⑥、生土	圆形袋状	200×200-300	战国
2006FXCH85	T3018、T3118	③→H85→⑥、H102	圆形	94×94-60	战国
2006FXCH86	T3117、T3018、T3118	③→H86→⑥、H102、生土	三角形	262×104-40	战国
2006FXCH87	T3116、T3117	⑥→H87→⑦a、⑦b、⑧、生土	扇形	184×120-68	战国
2006FXCH88	T3116	④→H88→⑧、⑨、生土	扇形	116×64-92	汉代
2006FXCH89	T3117	⑥→H89→⑦	圆角方形	60×60-30	战国以前
2006FXCH90	T3017、T3117	⑦b→H90→生土	扇形	158×108-70	战国
2006FXCH91	T2717、T2718	③→H91→生土	长方形	408×138-82	战国
2006FXCH93	T0811、T0812	⑥→H93→生土	扇形	180×50-36	战国
2006FXCH94	T1120	⑦a→H94→⑧、生土	不规则形	130×104-74	战国
2006FXCH95	T0917、T1016、T1017	⑥→H95→⑦b、⑧、M34	椭圆形	124×114-42	战国
2006FXCH96	T1018	⑦a→H96→⑦b	椭圆形	120×108-44	战国
2006FXCH97	T1018	⑥→H97→⑧、生土	椭圆形	170×142-46	战国
2006FXCH98	T0612、T0613	⑥→H98→生土	扇形	156×140-82	战国
2006FXCH99	T0917	⑦a→H99→⑦b、生土	半圆形	100×60-44	战国
2006FXCH100	T0921	⑨→H100→生土	半圆形	97×74-32	战国
2006FXCH101	T2316	③→H101→④、生土	扇形	200×124-36	汉至宋
2006FXCH102	T3018、T3118	⑥、H85、H86→H102→生土	正方形	150×150-70	战国
2006FXCH103	T1716、T1717	④→H103→H104→生土	圆形	130×130-12	战国
2006FXCH104	T1716、T1717	④、H103→H104→生土	不规则形	181×130-30	战国
2006FXCH105	T1816、T1916	④、M44→H105→生土	长条形	212×86-28	战国
2006FXCH106	T2214	④→H106→生土	扇形	250×135-30	战国
2006FXCH107	T2315、T2415	④→H106→M46、生土	圆形	126×116-80	战国

注：层位关系地层为探方地层统一前编号。表中探方号前省去发掘年度和遗址代号。

附表五　涪陵小田溪墓群B区（陈家嘴）灰沟登记表

编号	位置	层位关系	尺寸（厘米）	时代
2005FCG1	T1624、T1723、T1724	④a、H4→G1→④b、⑤、⑦、H43、H51（H57）	720×120-50	明清
2005FCG2	T1726、T1826、T1925、T2025、T2024、T2124、T2123	③→G2→④b、生土	2250×80-30	明清
2005FCG3	T1920、T1921	④、H11→G3→⑦、⑧、H29	450×32-30	明代
2005FCG4	T2221	④→G4→⑦、生土	360×150-24	明代
2005FCG5	T1523、T1524、T1623、T1624	④c、H8→G5→⑤	930×165-30	明代
2005FCG6	T2119、T2219	④b→G6→⑦、生土	444×150-44	战国
2005FCG7	T2617、T2618	④b→G7→生土	520×125-50	战国
2005FCG8	T2022、T2122、T2121、T2221	⑦、M5→G8→生土	1300×150-70	战国
2005FCG9	T1723、T1823、T1923、T1922	⑦、M9→G9→⑧、生土	1150×100-110	战国
2005FCG10	T1820、T1920、T1919、T2019	⑧→G10→H53、H56、生土	635×110-70	战国
2005FCG11	T1722、T1822	⑦→G11→G12、生土	310×50-95	战国
2005FCG12	T1722、T1822	⑦、G11→G12→生土	400×80-105	战国
2006FCG1	T0108	①b→G1→H1、生土	800×20-21	明清
2006FCG2	T0103	①a→G2→②、③	350×70-40	明清
2006FCG3	T0104	②→G3→③、④、G4	900×92-35	唐宋
2006FCG4	T0104	②、G3→G4→③	500×75-20	汉代
2006FCG5	T0104	②→G5→③、⑤	460×42-12	唐宋
2006FCG6	T0105	②→G6→③	375×110-35	战国
2006FCG7	T0103、T0104	②、H3→G7→③	800×85-60	战国
2006FCG13	T1419、T1519、T1619	④→G13→生土	1086×30-26	宋元
2006FCG14	T1418、T1518	⑤、M22→G14→生土	240×105-38	战国
2006FCG15	T1319、T1419	⑤、H73→G15→⑥	498×210-50	战国
2006FCG16	T1321	⑦→G16→⑧	484×72-34	战国
2006FCG17	T0612、T0613	⑤→G17→生土	500×72-16	战国
2006FCG18	T1015、T1016、T1116、T1215、T1216	④、H78→G18→⑤、⑥、生土	400×130-40	战国
2006FCG19	T0916	⑥→G19→生土	160×50-45	战国
2006FCG20	T2316、T2416	③→G20→④、生土	424×70-80	汉代
2006FCG21	T2315、T2415	③→G21→④	436×38-40	战国

注：层位关系地层为探方地层统一前编号。表中探方号前省去发掘年度和遗址代号。

附 录

附录一 小田溪墓群加速器质谱（AMS）^{14}C测试报告

送样单位：重庆市文化遗产研究院

送样人：马晓娇

测定日期：2016年8月

Lab编号	样品	样品原编号	出土地点	^{14}C年代（BP）	树轮校正后年代 1σ（68.2%）	树轮校正后年代 2σ（95.4%）
BA160427	木头	2002FXⅠ：6（地层采集）	重庆市涪陵区白涛街道小田溪村二社，东经107°28′47″，北纬29°33′38″，海拔170~190米	2355±25	453BC（2.0%）448BC 430BC（66.2%）389BC	508BC（1.6%）500BC 491BC（93.8%）385BC
BA160428	木头	2002FXⅠM15：54（铜矛柄）		2185±25	354BC（47.2%）292BC 231BC（21.0%）198BC	359BC（57.0%）273BC 262BC（38.4%）176BC
BA160429	木头	2002FXⅠM12：20（铜杠箍柄）		2160±30	352BC（34.0%）299BC 228BC（1.9%）223BC 211BC（32.4%）167BC	358BC（40.1%）279BC 259BC（55.3%）108BC
BA160430	人骨	2002FXⅠM16		10970±45	10921BC（68.2%）10791BC	11026BC（95.4%）10772BC
BA160431	牙齿	2002FXⅠM20		样品无法满足实验需要		
BA160432	木头	2002FXⅠM15（墓内残留木板）		2440±25	731BC（17.9%）691BC 660BC（3.9%）651BC 544BC（40.3%）452BC 446BC（6.1%）430BC	750BC（24.0%）683BC 668BC（8.3%）638BC 591BC（63.1%）408BC
BA160433	骨骼	2002FXⅠM20：17（铜洗内动物骨骼）		2280±20	395BC（68.2%）363BC	400BC（77.6%）357BC 285BC（17.8%）235BC
BA160434	木炭	2002FXⅠM12：59（铜豆内残渣）		2245±20	377BC（20.2%）356BC 286BC（48.0%）234BC	387BC（28.5%）350BC 306BC（66.9%）209BC
BA160435	木头	2002FXⅠM15：64		2250±20	381BC（25.4%）357BC 285BC（42.8%）235BC	391BC（34.2%）351BC 303BC（61.2%）209BC

续表

Lab编号	样品	样品原编号	出土地点	^{14}C年代（BP）	树轮校正后年代 1σ（68.2%）	树轮校正后年代 2σ（95.4%）
BA160436	木炭	2002FXⅠM10:29（铜勺内木炭）	重庆市涪陵区白涛街道小田溪村二社，东经107°28′47″，北纬29°33′38″，海拔170~190米	样品无法满足实验需要		
BA160437	鱼骨	2002FXⅠM12:62（铜豆内鱼骨）		样品无法满足实验需要		
BA160438	骨骼	2002FXⅠM12（墓内残留骨骼）		2375±25	478BC（26.8%）442BC 433BC（41.4%）398BC	534BC（1.0%）529BC 519BC（94.4%）394BC
BA160439	骨骼	2002FXⅠM13:2（陶圜底罐内骨骼）		样品无法满足实验需要		

注：所用^{14}C半衰期为5568年，BP为距1950年的年代。

样品无法满足实验需要，有如下原因：送测样品无测量物质；样品成分无法满足制样需要；样品中碳含量不能满足测量需要。

树轮校正所用曲线为IntCal13 atmospheric curve (Reimer et al 2013)，所用程序为OxCal v4.2.4 Bronk Ramsey (2013); r:5

1. Reimer, P. J., Rard, E., Bayliss, A., Beck, J. W., 2013. IntCal13 and Marine13 radiocarbon age calibration curves 0-50,000 years cal BP, Radiocarbon 55, 1869-1887.

2. Christopher Bronk Ramsey 2015, http://c14.arch.ox.ac.uk/oxcal/Oxcal.html

北京大学　加速器质谱实验室
第四纪年代测定实验室
2016年8月26日

附录二 小田溪墓群放射性碳测年报告

ISO/IEC 17025:2017-Accredited Testing Laboratory

放射性碳测年报告

Ni Yan
Chongqing Cultural Heritage Research Institute

报告日期：2023.3.10
收样日期：2023.2.20

样品信息和测试数据	样品编号	常规放射性碳年龄（BP）或现代碳含量百分比（pMC）和稳定同位素

Beta - 656441　　　　　　　　　06FXCM40　　　　2190 +/- 30 BP　　　　IRMS δ^{13}C：-26.2 o/oo

(95.4%)　　　369 - 165 cal BC(2318 - 2114 cal BP)

提交的样品类别： Charcoal
预处理： (炭化物质) 酸/碱/酸
测试的样品类别： 炭化物质
测试服务： AMS-标准测试服务
现代碳含量百分比： 76.14 +/- 0.28 pMC
现代碳分数： 0.7614 +/- 0.0028
D14C： -238.62 +/- 2.84 o/oo
Δ14C： -245.32 +/- 2.84 o/oo(1950:2023)
测得放射性碳年龄： （没有经过d^{13}C 校正）：2210 +/- 30 BP
校正： BetaCal4.20: HPD method: INTCAL20

测试结果均获得ISO/IEC-17025:2017认可。实验室没有分包商或者学生兼职参与测试。全部的测试都是使用BETA实验室内的4台NEC加速器质谱仪和4台Thermo同位素比值质谱仪（IRMS）完成。"常规放射性碳年龄"是通过利比半衰期（5568年）计算，经过总分馏效应校正得到，并用于公历年龄校正。此年龄精度为10年，单位为BP(before present), "present"=AD1950.当结果大于现代参考标准时即被报告为现代碳含量百分比（percent modern carbon, pMC）。这个现代参考标准是NIST SRM-4990C（草酸）中14含量的95%。使用误差为1个sigma标准差。当统计出来的标准差(sigma)低于+/-30年，那么我们会较保守地采用+/-30BP作为标准差值。报告中的d^{13}C数据代表样品本身（不是AMS d^{13}C）。d^{13}C和d^{15}N值的参考标准

附　　录

BetaCal 4.20
放射性碳年龄的公历年校正
（高概率密度范围法（HPD）：INTCAL20）

（变量：d13C = -26.2 o/oo）

实验室编号　　Beta-656441

常规放射性碳年龄　　2190±30 BP

95.4%概率

(95.4%)　369-165calBC　　　　(2318-2114calBP)

68.2% 概率

(43.7%)　354-283calBC　　　　(2303-2232calBP)
(20.4%)　231-195calBC　　　　(2180-2144calBP)
(4.1%)　186-178calBC　　　　(2135-2127calBP)

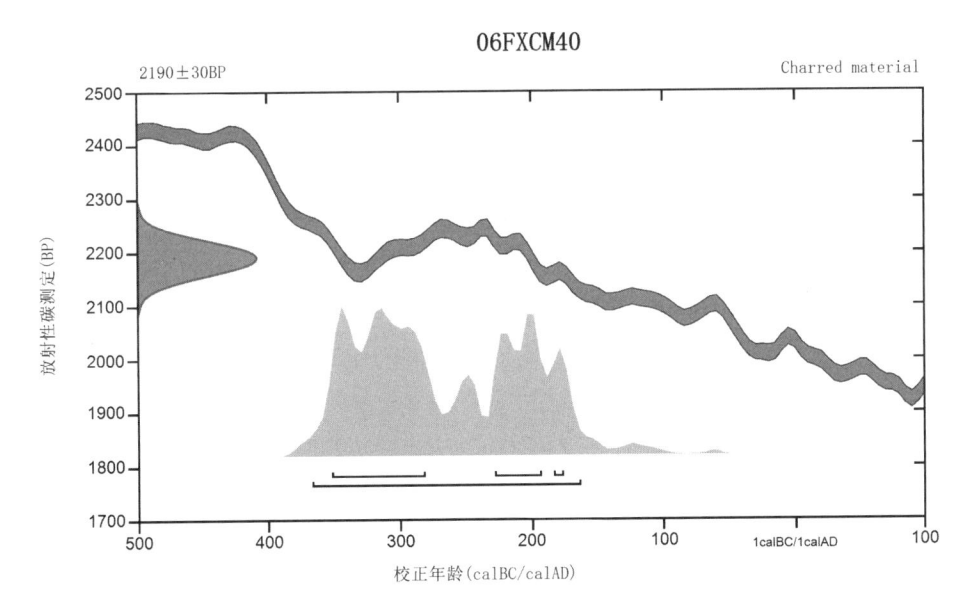

06FXCM40

使用数据库
　INTCAL20

参考文献
　概率法参考文献
　　Bronk Ramsey, C. (2009). Bayesian analysis of radiocarbon dates. Radiocarbon, 51(1), 337-360.
　参考数据库　INTCAL20
　　Reimer, et al., 2020, Radiocarbon 62(4):725-757.

Beta Analytic Radiocarbon Dating Laboratory
4985 S.W. 74th Court, Miami, Florida 33155 • Tel: (305)667-5167 • Fax: (305)663-0964 • Email: beta@radiocarbon.com

ISO/IEC 17025:2017-Accredited Testing Laboratory

Quality Assurance Report

This report provides the results of reference materials used to validate radiocarbon analyses prior to reporting. Known-value reference materials were analyzed quasi-simultaneously with the unknowns. Results are reported as expected values vs measured values. Reported values are calculated relative to NIST SRM-4990C and corrected for isotopic fractionation. Results are reported using the direct analytical measure percent modern carbon (pMC) with one relative standard deviation. Agreement between expected and measured values is taken as being within 2 sigma agreement (error x 2) to account for total laboratory error.

Report Date: March 10, 2023
Submitter: Ms. Ni Yan

QA MEASUREMENTS

Reference 1
Expected Value: 0.44 +/- 0.04 pMC
Measured Value: 0.44 +/- 0.04 pMC
Agreement: Accepted

Reference 2
Expected Value: 129.41 +/- 0.06 pMC
Measured Value: 129.43 +/- 0.35 pMC
Agreement: Accepted

Reference 3
Expected Value: 96.69 +/- 0.50 pMC
Measured Value: 97.12 +/- 0.29 pMC
Agreement: Accepted

COMMENT: All measurements passed acceptance tests.

Validation: *Digital signature on file*　　　　　　　　　　Date: March 10, 2023

附录三　重庆涪陵小田溪墓群样品古DNA分析报告

中国科学院古脊椎动物与古人类研究所分子古生物学实验室

一、古DNA测定结果

重庆涪陵小田溪墓群样品共5个，通过古DNA样品准备、提取、建库、捕获和测序等步骤，经过数据评估及筛选后，获得保存较好的古DNA的样品1个（2002FXⅠM16），其余4个样品保存较差，受污染程度高（表一）。针对污染程度较高的个体，我们通过筛选出有古DNA特性的部分序列，以获得可用于分析的线粒体数据。根据所获得的数据量评估，个体2002FXⅠM14：3及2002FXⅠM18也可用于分析研究。

综上所述，我们对于小田溪墓群2002FXⅠM16、2002FXⅠM14：3及2002FXⅠM18三个个体开展了线粒体基因组分析。另外，核基因组的相关实验及分析也在进行中。

表一　重庆涪陵小田溪墓群样品古DNA测定结果表

序号	遗址信息	样品编号	样品部位	线粒体覆盖度	平均污染度/%	置信度	C→T/%	是否有古DNA信号	单倍型
1	小田溪墓群	2002FXⅠM16	牙齿	83.228	2	1.0-3.5	63.46	是	D4a3b2
2	小田溪墓群	2002FXⅠM14：3	牙齿	101.804	5.9	4.4-7.6	60.24	是	G2a1+16189
3	小田溪墓群	2002FXⅠM18	牙齿	61.283	5.7	3.5-8.4	62.96	是	R
4	小田溪墓群	2002FXⅠM13：6	颞骨	13.657	5.4	2.3-11.0	61.31	是	—
5	小田溪墓群	2002FX	牙齿	1.75	5	1.5-17.0	6.16	否	—

注：序号2~5为污染较高的个体，保存较差。

二、古DNA分析结论

三峡小田溪墓群位于重庆市涪陵区白涛镇的乌江左岸山坡地上，推测年代在战国时期。相关的考古学研究发现，小田溪墓群在考古学上呈现出显著的巴文化特征。大量史书记载，秦汉时期，大量移民迁向巴蜀地区，使得中原文化对巴蜀文化产生了很大的影响；同时考古学研究也发现巴文化的典型器物受到了汉文化的影响。

通过对这3例巴文化小田溪墓群个体的线粒体基因组进行单倍型分析发现，2002FXⅠM16的单倍型为D4a3b2、2002FXⅠM14：3的单倍型为G2a1+16189、2002FXⅠM18单倍型为R。通过与已经发表的古代和现今人群线粒体基因组数据对比发现，前两种单倍型（D4a3b2、G2a1+16189）在其他古代人群中未见分布，在现今人群中，主要分布在中国南北方汉族中，且享有相同的突变；后一种单倍型（R）广泛分布在亚洲南北部古代人群中（包括现今中国南北方汉族），但具有不同的突变位点。尽管受限于现有古代人群数据库，我们发现该3例小田溪墓群个体与中国南北方汉族现今人群之间的母系遗传联系。通过系统发育树推断D4a3b2这一单倍型的起源时间约在距今7115年，这暗示了在7115年乃至更早，可能存在巴文化相关人群与中国南北方汉族相关古代人群之间的迁徙或交流，巴文化相关的小田溪古代人群很可能已经受到了秦汉移民地影响。本研究为解析巴文化和中原秦汉文化地融合进程提供了线索，但由于缺乏更多与同时期中原秦汉文化有关的样本，还需进一步研究来验证巴文化和秦汉文化相关人群之间的遗传交流。同时，线粒体研究无法回答人群之间具体有怎么样的遗传联系，如祖先成分等，期待小田溪人群的核基因组研究能够为解答这些问题提供更深层次地遗传学线索。

三、实验及测定过程

（一）古DNA样品准备过程

本研究严格遵循实验室操作规范，以防止古DNA样本受到外源污染。所有实验步骤均在超净室内开展，实验所需工具及试剂全部经紫外线照射过夜。采样过程中，实验人员全程穿戴无菌防护服、头套、口罩、面罩等防护装备，并佩戴两层一次性无菌手套进行操作，杜绝对样本的污染。

在实验阶段，首先选取保存状况较好、无病理现象、表面完整的样本，待去除样本表面杂质后，再钻取其内部骨粉。本研究按上述流程对样本逐一进行钻孔取粉（以2002FⅠM16样品为例，图一、图二）。

图一　小田溪墓群2002FⅠM16钻前　　　　图二　小田溪墓群2002FⅠM16钻后

（二）古DNA提取、建库及捕获过程

（1）骨粉采集

本项目共5个样品，根据样品状态，每个样品取50～100mg左右，再利用这些骨粉提取古代样品中的DNA。

（2）提取建库

在提取出的DNA两端加上adapter构建单链DNA文库。随后，利用DNA聚合酶对构建的DNA文库进行35个循环的扩增，使其浓度满足后续实验的要求。扩增时在文库两端插入特异性人工序列P5和P7，用于测序后数据分析时精准识别每个文库，以防其他样品或环境DNA的污染。最后对扩增后的文库进行纯化，去除反应后的试剂残留和杂质，并使用NanoDrop 2000光谱仪检测扩增后的文库浓度。

（3）捕获

我们利用了根据人类线粒体全基因组参考序列（revised Cambridge reference sequence, RCRS）设计出的生物素化的核苷酸分子探针作为诱饵，从目的文库中进一步精确地抓取所需的线粒体DNA，并进行扩增，以达到测序的水平（图三）。

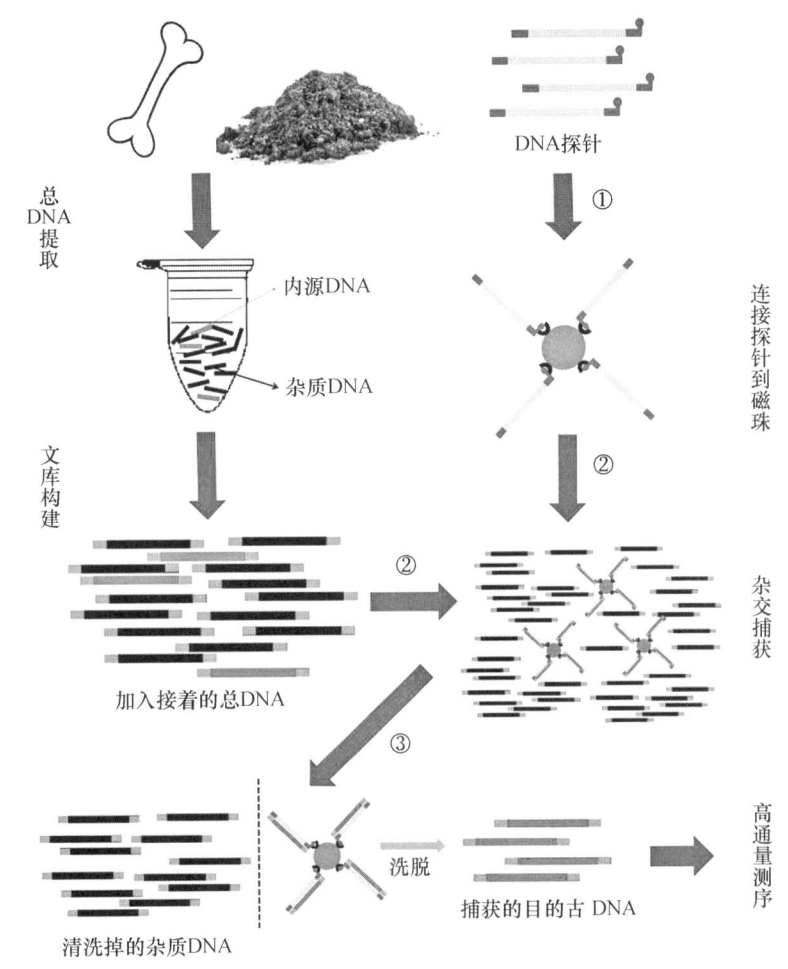

图三　古DNA提取、建库及捕获实验流程图

（三）测序分析过程

富集后的DNA片段在Illumina Miseq平台使用双端76个循环进行多重测序（MS-102-3001 miseq试剂盒）。为了克服多重测序的不准确性，我们针对样品DNA片段双端特异性人工序列单独进行了七个周期的测序。在测序前，将约占总量0.5%的ϕX 174的索引文库插入待测文库中。在leeHom程序（https：//github.com/grenaud/leeHom）中利用"--ancientdna"参数，将移除接头分子后的重叠群拼接起来。通过deML软件（https：//github.com/grenaud/deML），在默认参数下，根据索引序列，把拼接后的序列对应到相应的文库并除去没有与索引对应的序列。最后，使用BWA软件（version：0.5.10-evan.9-1-g44db244，https：//bitbucket.org/ustenzel/network-aware-bwa）将所有连接和对应的片段与人类线粒体参考序列比对，把短于30bp的序列移除，并使用bam-rmdup软件（version：0.6.3，https：//bitbucket.org/ustenzel/biohazard-tools）去重，最终合并成一条序列。

（四）线粒体古DNA保存和污染情况符合评估标准

第一，是否符合古DNA序列基本特征，即古DNA的5'末端易出现胞嘧啶（C）变为胸腺嘧啶（T）的去氨基化反应，一般古DNA特征在10%以上，考虑为有古DNA特征，这是是否能研究古DNA的前提。

第二，样品里的古DNA来源唯一。将样品DNA片段拼接得到的一条完整的全序列作为参考序列，使用311个来源于世界各地的现代人的线粒体DNA作为对照序列，利用软件ContamMix检测了线粒体片段分别和对照序列与参考序列两条序列各自的匹配程度，并把那些和对照序列匹配度高，和参考序列匹配度低的片段占总片段的百分比作为检测样本被现代人线粒体DNA污染程度的依据。

Abstract

Wujiang River, as an important tributary on the south bank of the Changjiang River, connects Sichuan Basin, Yunnan-Guizhou Plateau and Hunan-Hubei Plain, which is of great significance in exploring the cultural evolution in the process of studying the development of Chinese civilization in Bashu area. The Xiaotianxi Stream located in the lower reaches of Wujiang River is only 10 kilometers, but it gives birth to Xiaotianxi and Chenjiazui Site in the mouth of the Wujiang River, which are relatively independent and have internal relations.

Since 1972, archaeologists have carried out four small-scale excavations in Xiaotianxi Tombs, discovered and cleaned up many large-scale tombs of the Warring States Period, and unearthed hundreds of precious cultural relics. In the Three Gorges Cultural Relics Protection Project, Chongqing Cultural Relics and Archaeology Research Institute (former Chongqing Cultural Relics and Archaeology Institute) carried out five large-scale excavations on the Xiaotianxi Tomb cluster (including Xiaotianxi, Chenjiazui and Wangbeituo) in 2002, 2005, 2006 and 2007. A total of more than 200 relics were cleared, and thousands of specimens of various cultural relics were unearthed, among which 56 tombs of late Ba culture were the most complete and important. The archaeological materials in this report introduced include all the archaeological materials of Xiaotianxi Tomb Group A (Xiaotianxi) and Xiaotianxi Tomb Group B (Chenjiazui) excavated from 2002 to 2007 during the implementation of the Three Gorges Cultural Relics Protection Project. There are four chapters in the book. The first chapter introduces the geographical environment, historical evolution and previous archaeological discoveries of Xiaotianxi Tombs, and explains the data arrangement and compilation style of the report. The second and third chapters introduce the archaeological materials of Xiaotianxi Tomb Group Area A (Xiaotianxi) and Xiaotianxi Tomb Group Area B (Chenjiazui), including the cultural layer accumulation and relics, tombs and relics, and other relics in detail. The fourth chapter is the understanding and research of archaeological materials, including the staging of remains, the judgement of times, the understanding of ethnic groups, and the scientific and technological detection, analysis and research of some bronzes of late Ba culture.

This report is of high value for deepening the understanding of the nature of Xiaotianxi Tombs and promoting the thinking and research of Ba culture.

后 记

重庆地区是古代巴人、巴国活动的重要地区，然而地处一隅，北有秦岭，东有巫山，交通不便，阻碍了与外界的交流，偶见诸史书也是片鳞半爪，意义难明。虽然巴文化的考古探索已经数十年之久，但是考古工作的滞后造成了巴文化的体系、序列架构还不完善。涪陵小田溪墓群是重庆地区巴文化最重要、等级最高的巴文化墓群，随葬品品类和数量也最为丰富，对于构建重庆地区的先秦考古学文化时空框架有重要意义，虽然1972年起前后历经六七次发掘，收获斐然，然而由于发掘成果刊布的不完整和滞后，直到2020年三峡考古资料的整理提速，才有这本报告的出版。

本书集中反映了2002～2007年三峡文物抢救工程项目小田溪墓群和陈家嘴遗址的考古收获，前后参与的考古工作者在第一章已经一一列名。报告的大部分内容由方刚执笔，其中第四章第三节由顾来沅、卢林明、赵文华、方刚合作完成，马晓娇、卫雅晶、刘微、燕妮对全书文字图表进行了细致校对。文中插图由朱雪莲、张雅兰、师孝明在发掘期间绘图的基础上重新绘制，陈芙蓉、程涛完成了全部线图排版。器物照片及修图由孙吉伟、董小陈完成。徐进博士为本书撰写了英文摘要。在此特别感谢四川广汉三星堆博物馆的杨雨霏女士，她在四川大学赵德云教授门下攻读硕士学位期间协助我进行原始资料的整理，并在遗迹遗物认知方面提供了很大帮助，重庆师范大学硕士研究生付友鑫协助本书校对，科学出版社蔡鸿博编辑与作者反复沟通文本谬误，在此一并致谢！

报告的整理工作得到了各方面的关心支持，国家文物局、重庆市文化和旅游发展委员会（重庆市文物局）、涪陵区博物馆等单位给予了大力支持。特别是在原重庆市文化局"三峡办"王建国处长、重庆市文物考古研究院白九江院长、考古研究所李大地所长的不断督促和鼓励下本报告才得以完成，同时也给了很好的建议和意见。文物修复所叶琳所长在本书撰写期间给予了很多关于青铜器工艺方面的建议和意见。还要感谢书稿外审专家北京大学孙华教授、四川省文物考古院研究院陈卫东研究员和我院白九江院长。孙华老师是我1997年走上工作岗位以来一直帮助和指点我的师长；卫东兄虽晚我几届，却是深耕于四川盆地青铜文化研究颇有建树；白院长是一直并肩在重庆考古一线的多年兄长，相关论著甚丰。感谢三位师友不吝赐教，指点我对初稿进行大幅删改，得以去芜存精。

在报告整理工作中，我也感受到了我自己多年前发掘中犯下的工作错误和知识盲点，文中虽然尽可能客观描述考古材料，可能难以完全克服自身的险隘视角和立场持论，错漏之处望专家学者同行批评指正。

方　　刚

2023年8月

图版一

小田溪墓群发掘区鸟瞰（2007年由东向西拍摄）

图版二

1. 1972年小田溪墓群全景俯视（由北向南拍摄）

2. 1972年涪陵小田溪遗址发掘工作人员合影

3. 1972年涪陵小田溪墓群A区（小田溪）72M3发掘现场

小田溪墓群A区（小田溪）发掘现场及工作人员合影

图版三

1. 小田溪墓群A区（小田溪）鸟瞰（2007年由东向西拍摄）

2. 小田溪墓群A区（小田溪）2002年发掘区鸟瞰（2002年由东向西拍摄）

小田溪墓群A区（小田溪）

图版四

1. 小田溪墓群B区（陈家嘴）第一次发掘区鸟瞰

2. 小田溪墓群B区（陈家嘴）第二次发掘区鸟瞰（2007年由东向西拍摄）

小田溪墓群B区（陈家嘴）

1. 小田溪墓群B区（陈家嘴）第三次发掘区鸟瞰（左侧小河为小田溪）

2. 小田溪墓群A区（小田溪）周家下院火灾后现场

小田溪墓群

图版六

1. 小田溪墓群A区（小田溪）鸟瞰（2020年由南向北拍摄）

2. 小田溪墓群A区（小田溪）鸟瞰（2020年由东向西拍摄）

小田溪墓群A区（小田溪）

图版七

1. 2002FXⅠM12发掘现场

2. 2002FXⅠM10发掘现场

2002FXⅠM10、M12发掘现场

图版八

1. 铜环（2002FXⅠT2②：1）

2. 铜镜（2007FXXT112②：1）

3. 石锛（2002FXⅠT99①：1）

4. 象牙（2002FXⅠTG4②：1）

小田溪墓群A区（小田溪）地层出土遗物

图版九

1. 剑（2002FXⅠM10:5）

2. 剑（2002FXⅠM10:6）

3. 剑（2002FXⅠM10:5）上的巴蜀符号

4. 剑（2002FXⅠM10:5）上的巴蜀符号

2002FXⅠM10出土铜器

图版一〇

1. 胄（2002FXⅠM10∶1）

2. 戈（2002FXⅠM10∶28）

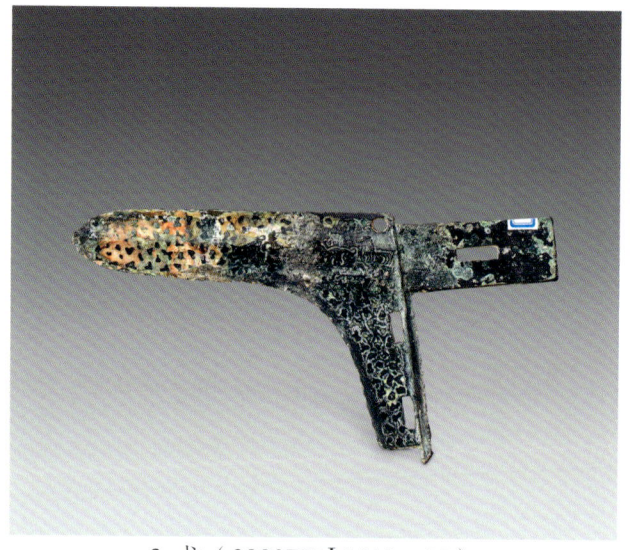

3. 戈（2002FXⅠM10∶32）

4. 锯（2002FXⅠM10∶27）

2002FXⅠM10出土铜器

图版一一

1. 2002FXⅠM10∶35

2. 2002FXⅠM10∶35底部

2002FXⅠM10出土鸟形尊（2002FXⅠM10∶35）

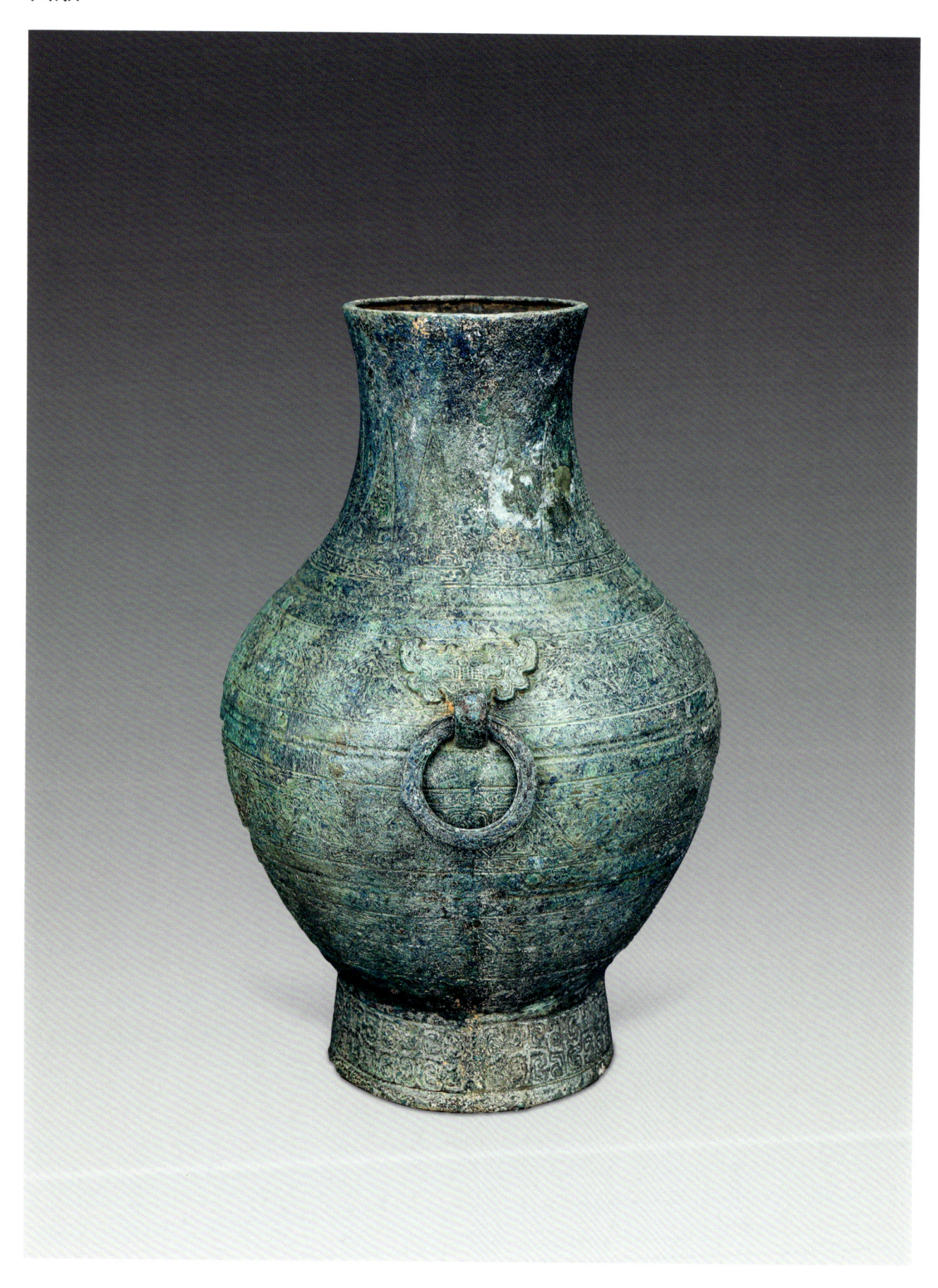

图版一二

2002FXⅠM10出土铜壶（2002FXⅠM10∶36）

图版一三

1. 铜鼎（2002FXⅠM10：37）

2. 铜釜甑（2002FXⅠM10：38）

3. 陶釜（2002FXⅠM10：39）

4. 陶圈足豆（2002FXⅠM10：44）

2002FXⅠM10出土遗物

图版一四

1. 椁室

2. 墓底

2002FXⅠM12发掘现场

图版一五

1. 杠箍（2002FXⅠM12：5）

2. 杠箍（2002FXⅠM12：20）

3. 铺首衔环（棺饰）（2002FXⅠM12：9）

4. 铺首衔环（漆器）（2002FXⅠM12：14、15、26）

2002FXⅠM12出土铜器

图版一六

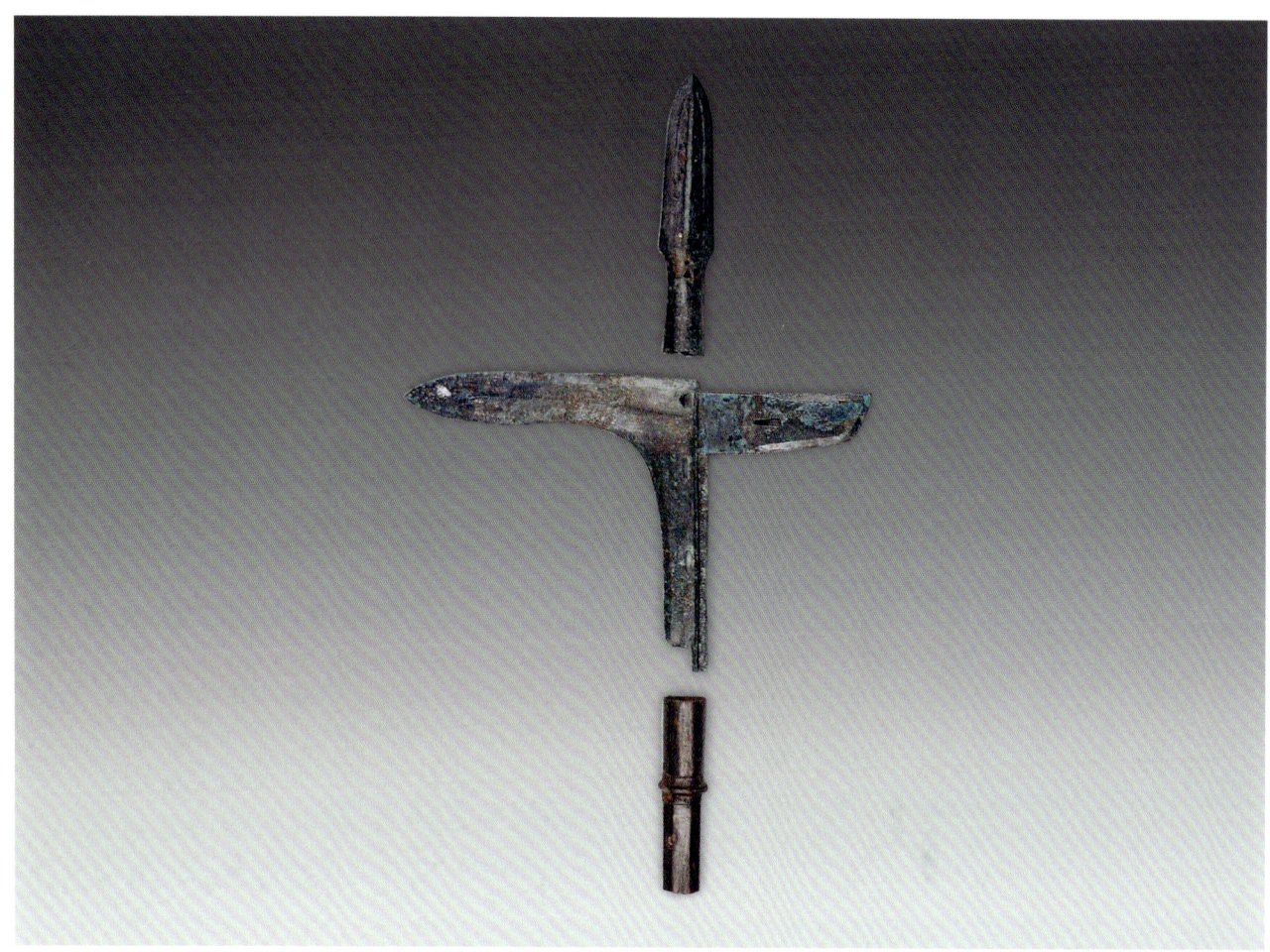

1. 戟（2002FXⅠM12：28、30、75）

2. 弩机（2002FXⅠM12：32）

2002FXⅠM12出土铜器

图版一七

1. 钲（2002FXⅠM12:33）

2. 甬钟（2002FXⅠM12:34）

3. 銮铃（2002FXⅠM12:42）

4. 銮铃（2002FXⅠM12:43）

5. 銮铃（2002FXⅠM12:40）

2002FXⅠM12出土铜器

图版一八

1. 2002FXⅠM12∶36

2. 2002FXⅠM12∶36顶部的巴蜀符号

2002FXⅠM12出土铜錞于

图版一九

1. 戈（2002FXⅠM12:37）

2. 矛（2002FXⅠM12:38）

3. 矛（2002FXⅠM12:92）

4. 矛（2002FXⅠM12:158）

2002FXⅠM12出土铜器

图版二〇

1. 钺（2002FXⅠM12:52）

2. 釜（2002FXⅠM12:69）

3. 胄（2002FXⅠM12:72）

4. 胄（2002FXⅠM12:73）出土时表面残留纺织品痕迹

5. 釜（2002FXⅠM12:69）口沿的巴蜀符号

2002FXⅠM12出土铜器

图版二一

1. 俎、豆、夹组合出土现场

2. 俎（2002FXⅠM12:65）台面印迹

3. 俎（2002FXⅠM12:65）内部挂钩

4. 俎（2002FXⅠM12:65）

2002FXⅠM12出土铜器

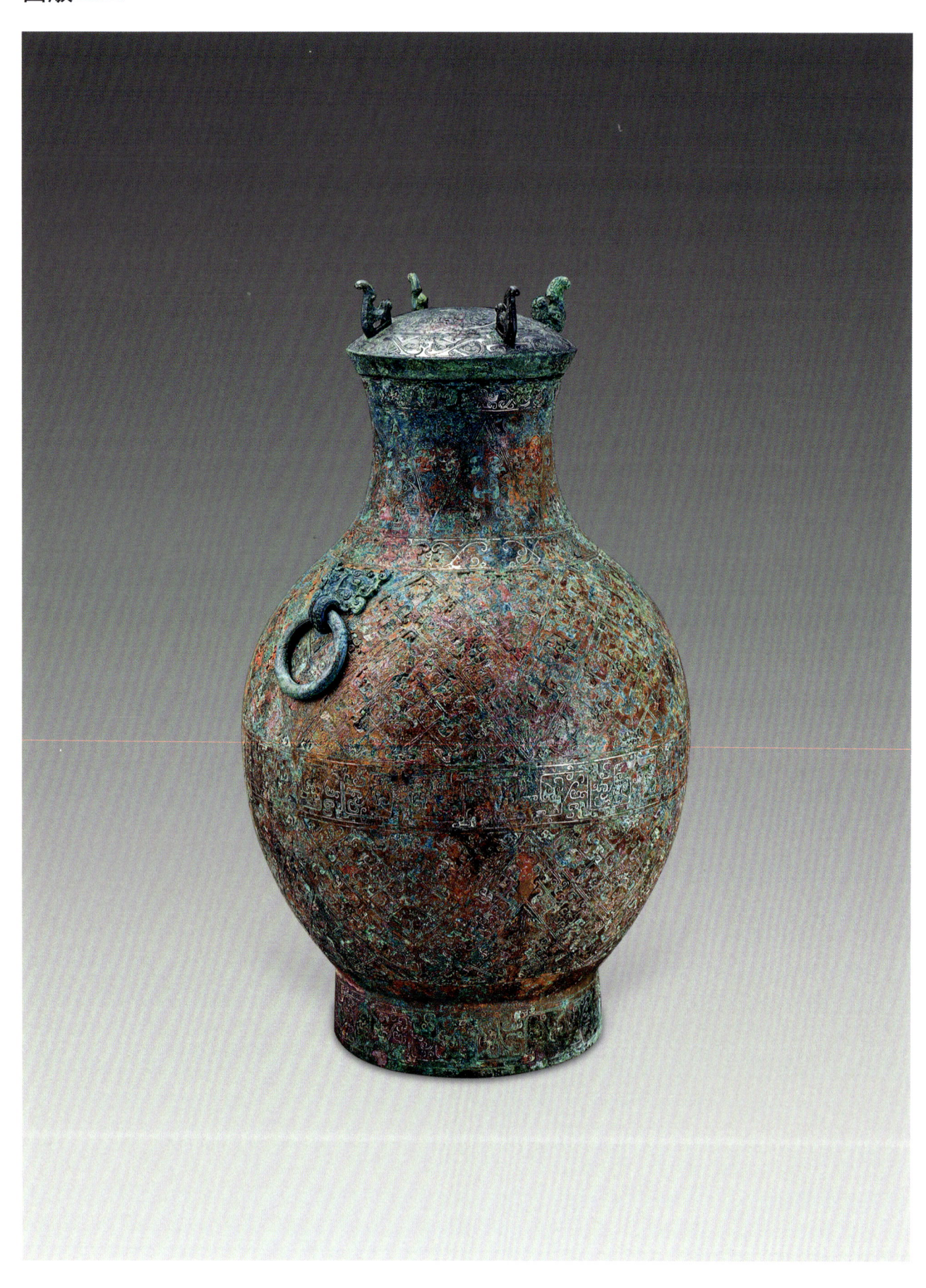

2002FXⅠM12出土铜壶（2002FXⅠM12∶71）

图版二三

1. 玉具剑（2002FXⅠM12：84、103、108、112）

2. 玉具剑（2002FXⅠM12：85、106、104、113）

3. 玉剑首（2002FXⅠM12：112）

4. 玉剑首（2002FXⅠM12：113）

2002FXⅠM12出土玉具剑

图版二四

1. 2002FXⅠM12:105
2. 2002FXⅠM12:107 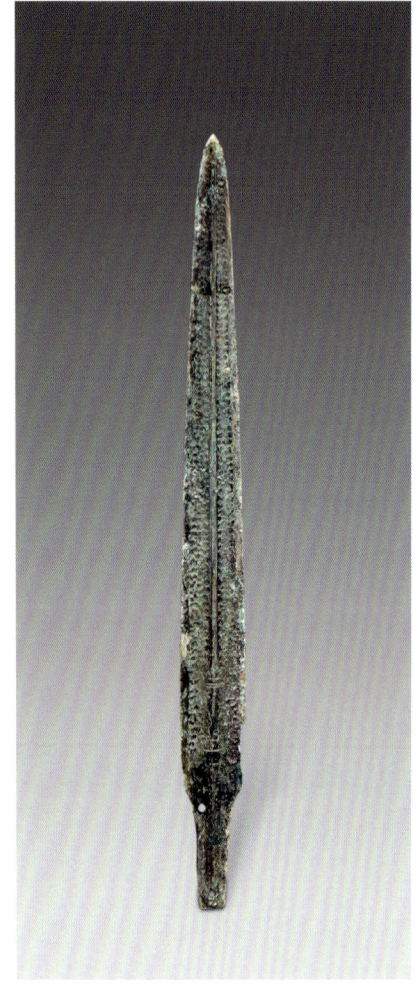
3. 2002FXⅠM12:110 
4. 2002FXⅠM12:107上的巴蜀符号 
5. 2002FXⅠM12:107上的巴蜀符号 

2002FXⅠM12出土铜剑

图版二五

1. 釜甑（2002FXⅠM12∶98、99）

2. 勺（2002FXⅠM12∶139）

2002FXⅠM12出土铜器

图版二六

1. 带钩（2002FXⅠM12:109）

2. 镜（2002FXⅠM12:157）

2002FXⅠM12出土铜器

图版二七

1. 陶釜（2002FXⅠM12:91）

2. 陶釜（2002FXⅠM12:101）

3. 2002FXⅠM12玉器出土位置

2002FXⅠM12出土遗物

图版二八

1. 璧（2002FXⅠM12：11）

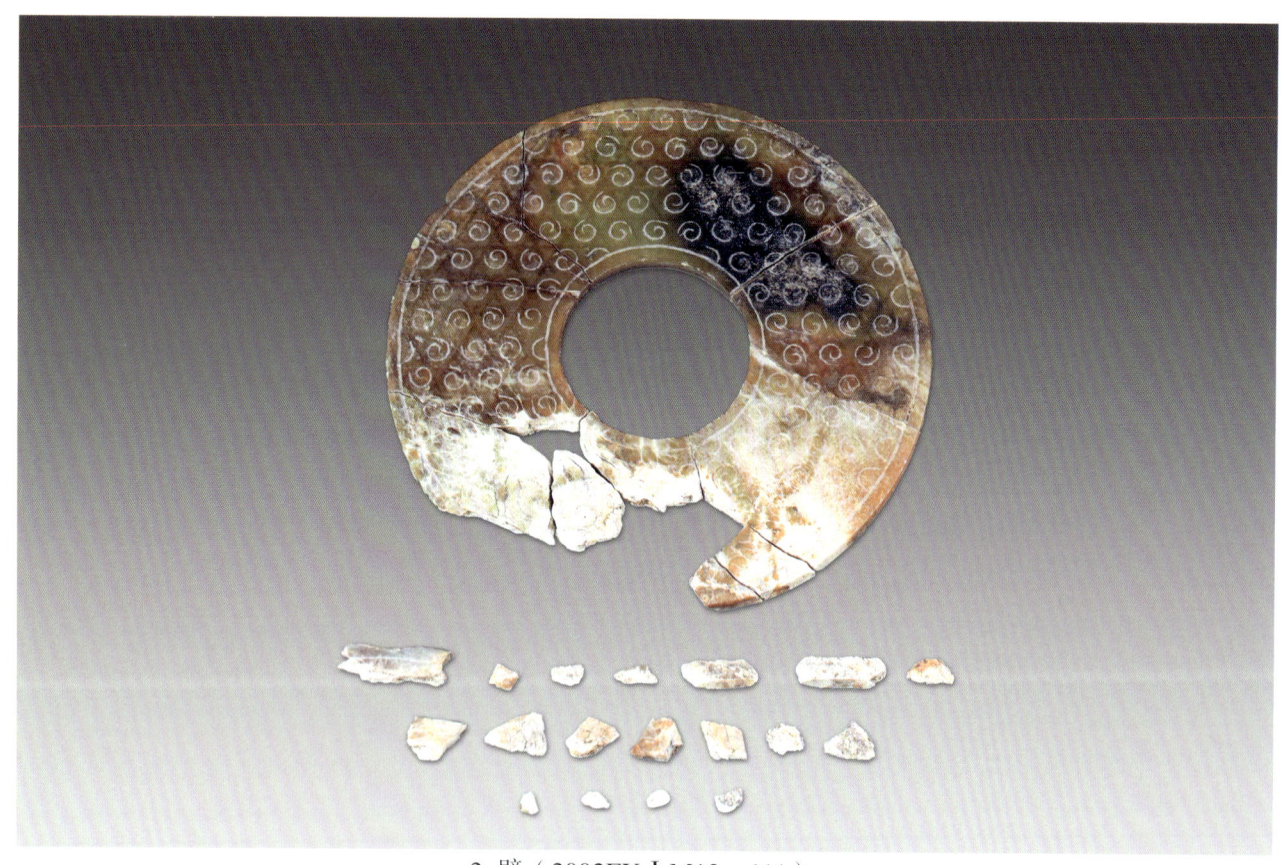

2. 璧（2002FXⅠM12：111）

2002FXⅠM12出土玉器

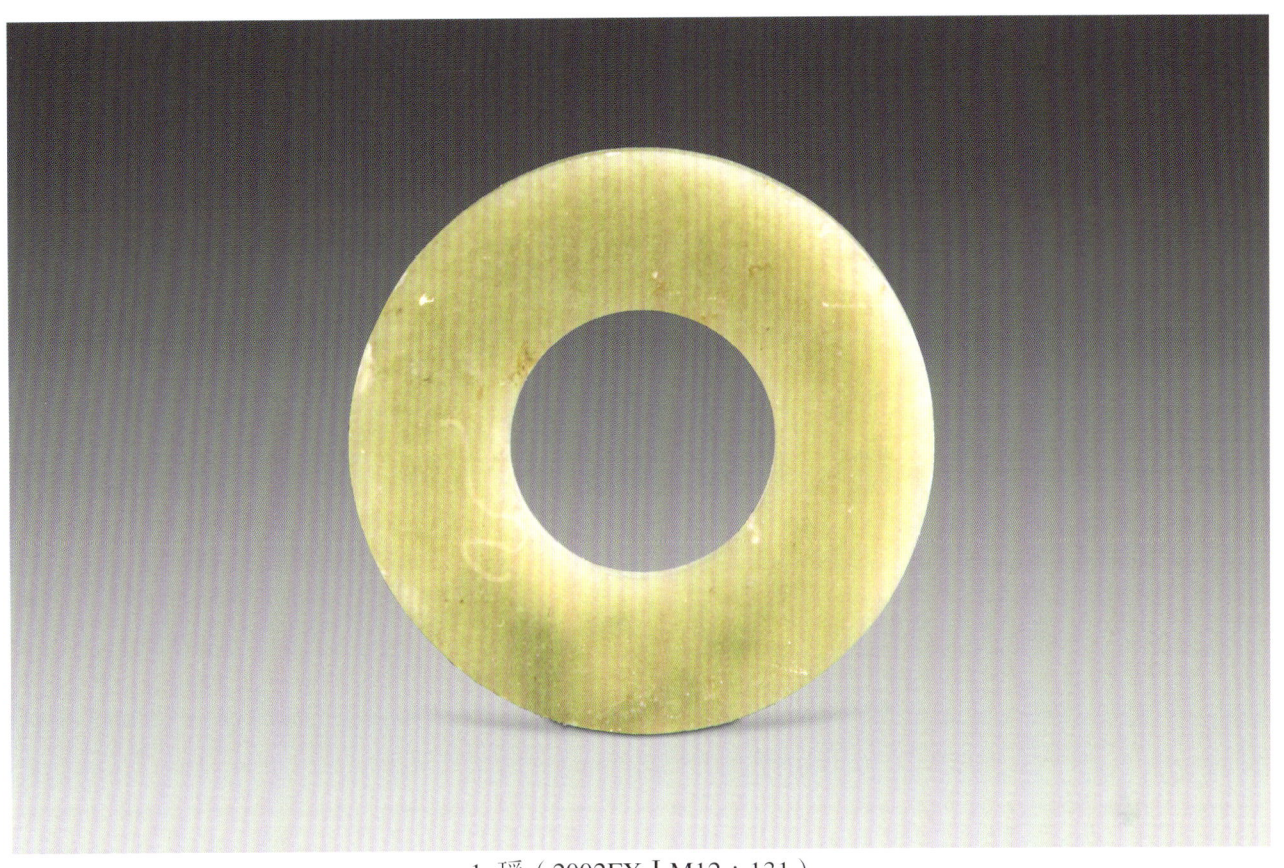

图版二九

1. 瑗（2002FXⅠM12：131）

2. 双龙形佩（2002FXⅠM12：138）

2002FXⅠM12出土玉器

图版三〇

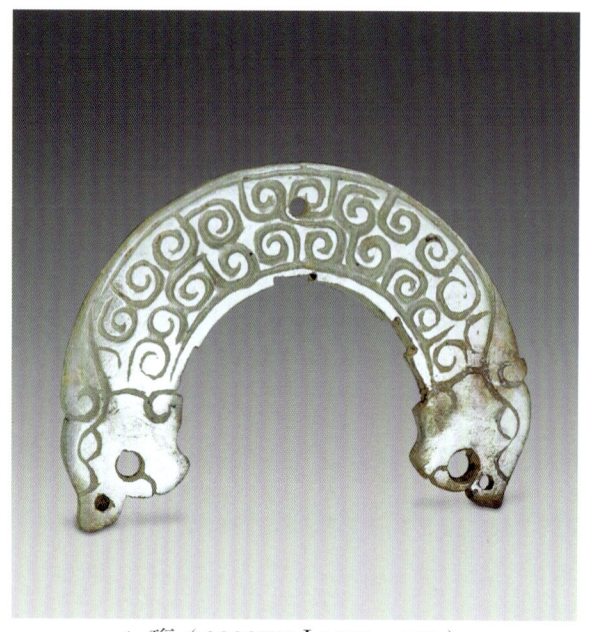

1. 珩（2002FXⅠM12:123）

2. 璜（2002FXⅠM12:86）

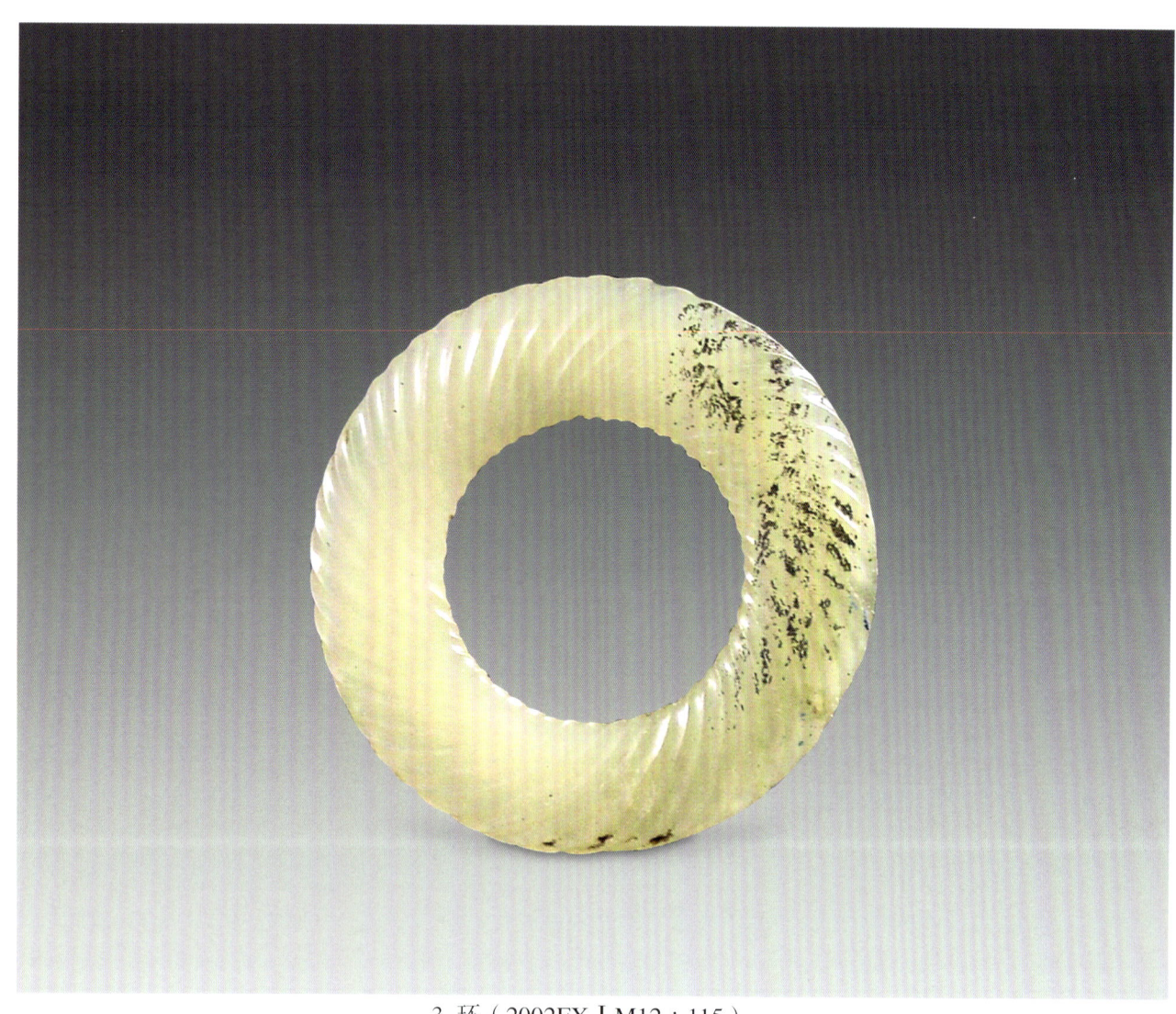

3. 环（2002FXⅠM12:115）

2002FXⅠM12出土玉器

图版三一

1. 2002FXⅠM12:88

2. 2002FXⅠM12:144

3. 2002FXⅠM12:87

4. 2002FXⅠM12:87、88、144模拟拼合

2002FXⅠM12出土玉璜

图版三二

1. 玉珠（2002FXⅠM12：124）

2. 玛瑙珠（2002FXⅠM12：134～137）

3. 琉璃珠（2002FXⅠM12：126）

4. 琉璃珠（2002FXⅠM12：127）

5. 琉璃珠（2002FXⅠM12：114）

6. 玉鸟形饰（2002FXⅠM12：122）

2002FXⅠM12出土遗物

图版三三

1. 玉桃形饰（2002FXⅠM12：125）

2. 玉翅形饰（2002FXⅠM12：141）

3. 银管（2002FXⅠM12：129）

2002FXⅠM12出土遗物

图版三四

1. 玉管（2002FXⅠM12：121）

2. 玉管（2002FXⅠM12：132）

3. 玛瑙管（2002FXⅠM12：142）

4. 长方形玉饰（2002FXⅠM12：118）

2002FXⅠM12出土遗物

图版三五

1. 漆器铜釦件（2002FXⅠM12:79）

2. 杖（2002FXⅠM12:147）

2002FXⅠM12出土漆器

图版三六

1. 漆盒（2002FXⅠM12：148、149）

2. 鹿角（2002FXⅠM12：16、27）

2002FXⅠM12出土遗物

图版三七

1. 漆器及花瓣形铜饰件（2002FXⅠM12：44～47、155）

2. 漆器花瓣形铜饰件（2002FXⅠM12：44～47）

2002FXⅠM12出土遗物

图版三八

1. 2002FXⅠM13发掘现场

2. 陶圜底罐（2002FXⅠM13：1）

3. 陶圜底罐（2002FXⅠM13：2）

2002FXⅠM13发掘现场及出土陶器

图版三九

1. 釜（2002FXⅠM13:6）

2. 釜（2002FXⅠM13:4）

3. 瓮（2002FXⅠM13:3）

2002FXⅠM13出土陶器

图版四〇

1. 2002FXⅠM15椁室

2. 2002FXⅠM15出土遗物

2002FXⅠM15发掘现场

图版四一

1. 胄（2002FXⅠM15:3）

2. 钺（2002FXⅠM15:5）

3. 钺（2002FXⅠM15:6）

4. 铺首衔环（棺饰）（2002FXⅠM15:37）

2002FXⅠM15出土铜器

图版四二

1. 2002FXⅠM15:9、10

2. 2002FXⅠM15:9、10上的巴蜀符号

3. 2002FXⅠM15:9、10上的巴蜀符号

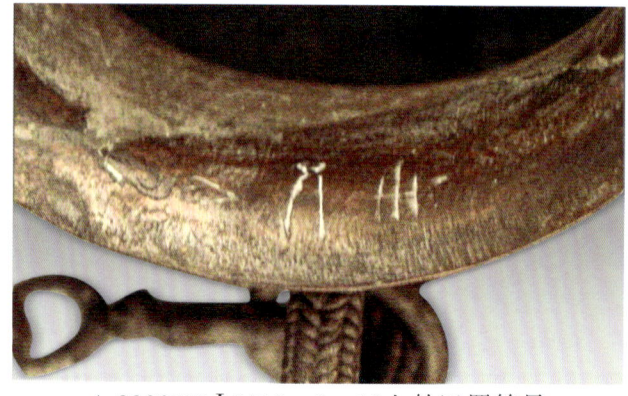

4. 2002FXⅠM15:9、10上的巴蜀符号

2002FXⅠM15出土铜鍪

图版四三

1. 鍪（2002FXⅠM15：39）

2. 刮刀（2002FXⅠM15：17）

2002FXⅠM15出土铜器

图版四四

1. 戈（2002FXⅠM15：14）

2. 盒（2002FXⅠM15：19）

2002FXⅠM15出土铜器

图版四五

1. 2002FXⅠM15:20

2. 2002FXⅠM15:62

2002FXⅠM15出土铜带钩

图版四六

1. 玉具剑（2002FXⅠM15:31）　　2. 铜剑（2002FXⅠM15:32）　　3. 铜剑（2002FXⅠM15:33）

2002FXⅠM15出土遗物

图版四七

1. 2002FXⅠM15:34

2. 2002FXⅠM15:35

3. 2002FXⅠM15:34上的巴蜀符号

4. 2002FXⅠM15:34上的巴蜀符号

5. 2002FXⅠM15:35上的巴蜀符号

6. 2002FXⅠM15:35上的巴蜀符号

2002FXⅠM15出土铜剑

图版四八

1. 斤（2002FXⅠM15:42）

2. 斤（2002FXⅠM15:59）

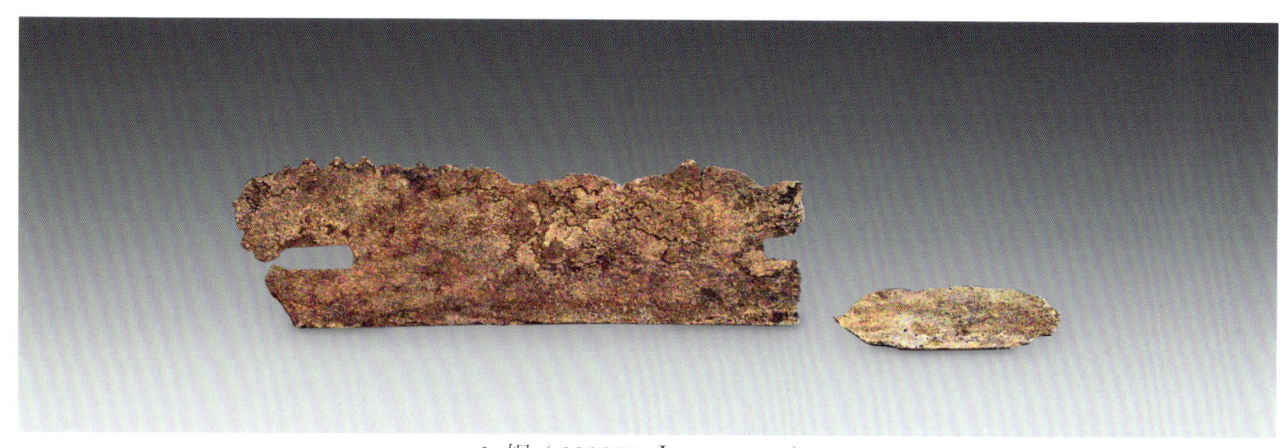

3. 锯（2002FXⅠM15:45）

4. 弩机（2002FXⅠM15:41）

2002FXⅠM15出土铜器

图版四九

1. 壶（2002FXⅠM15：48）

2. 釜甑（2002FXⅠM15：51、52）

2002FXⅠM15出土铜器

图版五〇

1. 矛（2002FXⅠM15:54）

2. 铍（2002FXⅠM15:55）

2002FXⅠM15出土铜器

图版五一

1. 铜釜（2002FXⅠM15:60）

2. 陶盂（2002FXⅠM15:61）

2002FXⅠM15出土遗物

图版五二

1. 剑（2002FXⅠM16：1）

2. 矛（2002FXⅠM16：3）

3. 削（2002FXⅠM16：2）

4. 剑（2002FXⅠM16：1）上的巴蜀符号

5. 剑（2002FXⅠM16：1）上的巴蜀符号

2002FXⅠM16出土铜器

图版五三

1. 釜（2002FXⅠM16:5）

2. 圈足豆（2002FXⅠM16:6）

3. 圈足豆（2002FXⅠM16:7）

4. 平底罐（2002FXⅠM16:9）

2002FXⅠM16出土陶器

图版五四

1. 陶圈足豆（2002FXⅠM17∶2）

2. 石块（2002FXⅠM17∶3）

3. 2002FXⅠM18发掘现场

2002FXⅠM17出土遗物及2002FXⅠM18发掘现场

图版五五

1. 矛（2002FXⅠM18∶1）

2. 钺（2002FXⅠM18∶2）

3. 剑（2002FXⅠM18∶5）

4. 剑（2002FXⅠM18∶5）上的巴蜀符号

2002FXⅠM18出土铜器

图版五六

1. 釜（2002FXⅠM18∶6）

2. 釜（2002FXⅠM18∶7）

3. 壶（2002FXⅠM18∶8）

2002FXⅠM18出土陶器

图版五七

1. 2002FXⅠM19发掘现场

2. 铜带钩（2002FXⅠM19:1）

2002FXⅠM19发掘现场及出土铜器

图版五八

1. 圜底罐（2002FXⅠM19∶2）

2. 盆（2002FXⅠM19∶3）

2002FXⅠM19出土陶器

图版五九

1. 2002FXⅠM20发掘现场

2. 铜剑（2002FXⅠM20：1）

3. 铜剑（2002FXⅠM20：14）

2002FXⅠM20发掘现场及出土铜器

图版六〇

1. 剑（2002FXⅠM20：12）

2. 剑（2002FXⅠM20：12）

3. 剑、削及鞘（2002FXⅠM20：12、13）

2002FXⅠM20出土铜剑

图版六一

1. 釜甑（2002FXⅠM20∶7、8）

2. 矛（2002FXⅠM20∶9）

3. 矛（2002FXⅠM20∶9）上的织品痕

2002FXⅠM20出土铜器

图版六二

1. 铜钺（2002FXⅠM20:10）

2. 铜洗（2002FXⅠM20:17）

3. 陶平底罐（2002FXⅠM20:2）

4. 陶盂（2002FXⅠM20:5）

2002FXⅠM20出土遗物

图版六三

1. 2002FXⅠM21、M22及盗洞

2. 五铢（2002FXⅠM21∶7）

3. 陶钵（2002FXⅠM21∶9）

4. 陶折肩罐（2002FXⅠM21∶8）

5. 陶折肩罐（2002FXⅠM21∶10）

2002FXⅠM21发掘现场及出土遗物

图版六四

1. 2002FXⅠM22发掘现场

2. 铜器座（2002FXⅠM22：1）

3. 铜鍪盖（2002FXⅠM22：14）

2002FXⅠM22发掘现场及出土铜器

图版六五

1. 玉具剑（2002FXⅠM22：3、4、9、10）

2. 玉剑首（2002FXⅠM22：3）

3. 玉剑珥（2002FXⅠM22：12）

4. 玉剑璏（2002FXⅠM22：4）

5. 玉剑珌（2002FXⅠM22：9）

2002FXⅠM22出土玉具剑

图版六六

1. 铜戈（2002FXⅠM22∶15）及漆木柄痕迹

2. 金饰件（2002FXⅠM22∶11）

3. 琉璃管形饰（2002FXⅠM22∶2）

4. 玉璧（2002FXⅠM22∶5）

5. 琉璃珠（2002FXⅠM22∶7）

2002FXⅠM22出土遗物

图版六七

1. 觽（2002FXⅠM22∶6）

2. 龙形佩（2002FXⅠM22∶8）

2007FXXM22出土玉器

图版六八

1. 2007FXXM25发掘现场

2. 陶水井（2007FXXM25：8、24、86）

3. 釉陶盘口壶（2007FXXM25：19）

2007FXXM25发掘现场及出土遗物

图版六九

1. 釜（2007FXXM25：60）

2. 子母鸡（2007FXXM25：18）

3. 狗（2007FXXM25：23、26）

2007FXXM25出土陶器

图版七〇

1. 陶猪（2007FXXM25：33）

2. 釉陶釜（2007FXXM25：58）

3. 釉陶盆（2007FXXM25：16）

2007FXXM25出土遗物

图版七一

1. 陶抚琴俑（2007FXXM25：27）

2. 陶侍俑（2007FXXM25：35）

3. 釉陶盒（2007FXXM25：29、43）

4. 釉陶魁（2007FXXM25：31）

5. 釉陶灯（2007FXXM25：38）

6. 釉陶博山炉（2007FXXM25：74、87）

2007FXXM25出土遗物

图版七二

2002FXⅠH3发掘现场

1. 小田溪墓群B区（陈家嘴）第一次发掘区发掘前鸟瞰

2. 小田溪墓群B区（陈家嘴）第二次发掘区鸟瞰

小田溪墓群B区（陈家嘴）

图版七四

2005FCT1329东壁

图版七五

1. 磨制石斧（2006FXCT3118⑥：2）

2. 锛（2005FCT1923⑥：1）

3. 锛（2005FCT1724⑥：1）

4. 凿（2005FCT1625⑥：1）

小田溪B区（陈家嘴）地层出土石器

图版七六

1. 石坯料（2005FCT1723⑤：3）

2. 陶器盖（2006FXCT3118⑥：1）

3. 陶圈足盏（豆）（2006FXCT0106②：1）

4. 铜镞（2006FXCT1618③：1）

小田溪B区（陈家嘴）地层出土遗物

图版七七

1. 2005FCM1棺内部分随葬器物

2. 铜钺（2005FCM1：6）

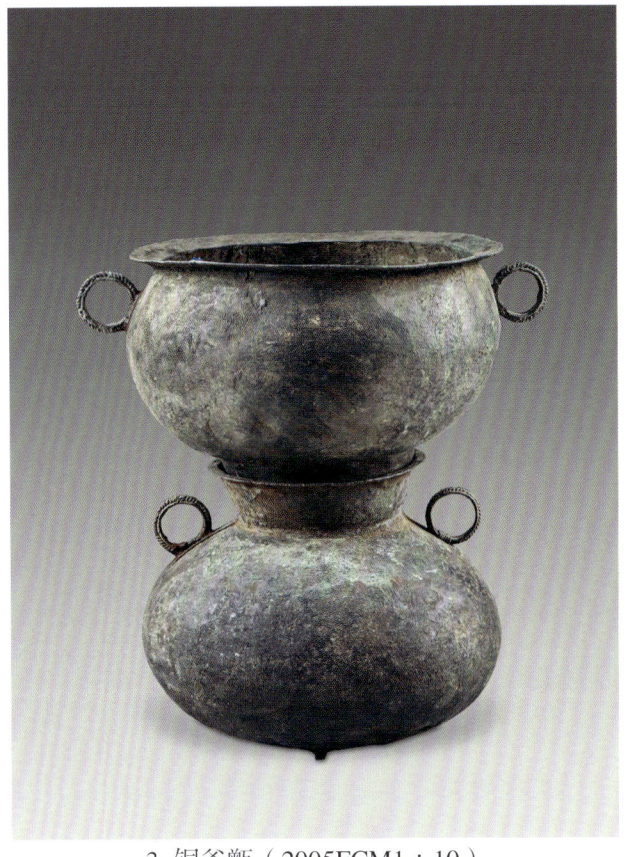

3. 铜釜甑（2005FCM1：10）

2005FCM1发掘现场及出土铜器

图版七八

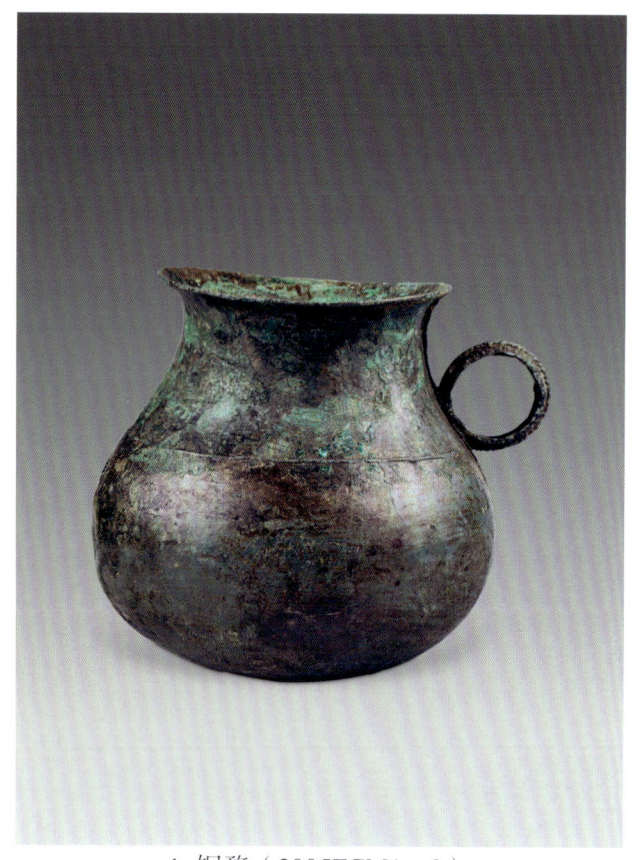

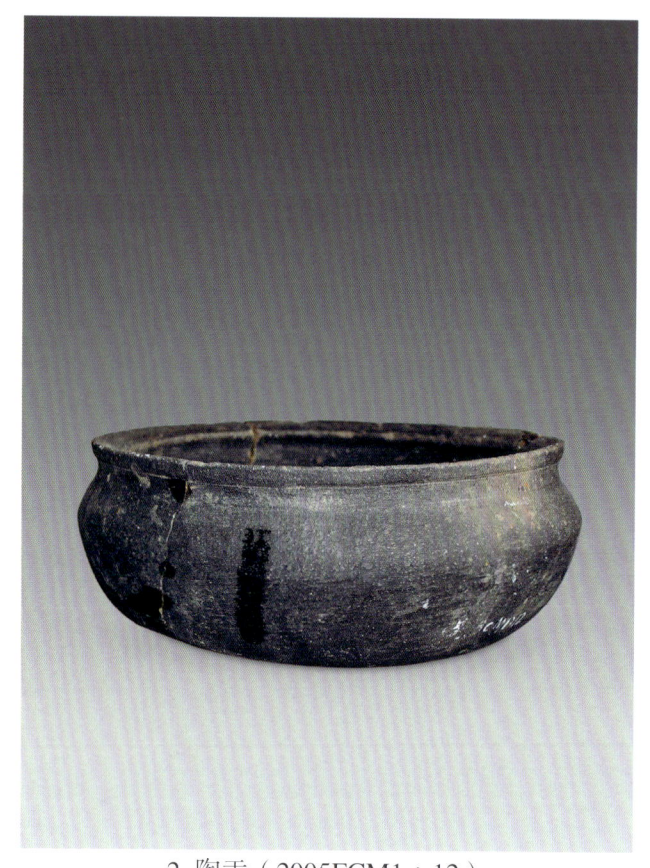

1. 铜鍪（2005FCM1:9）

2. 陶盂（2005FCM1:12）

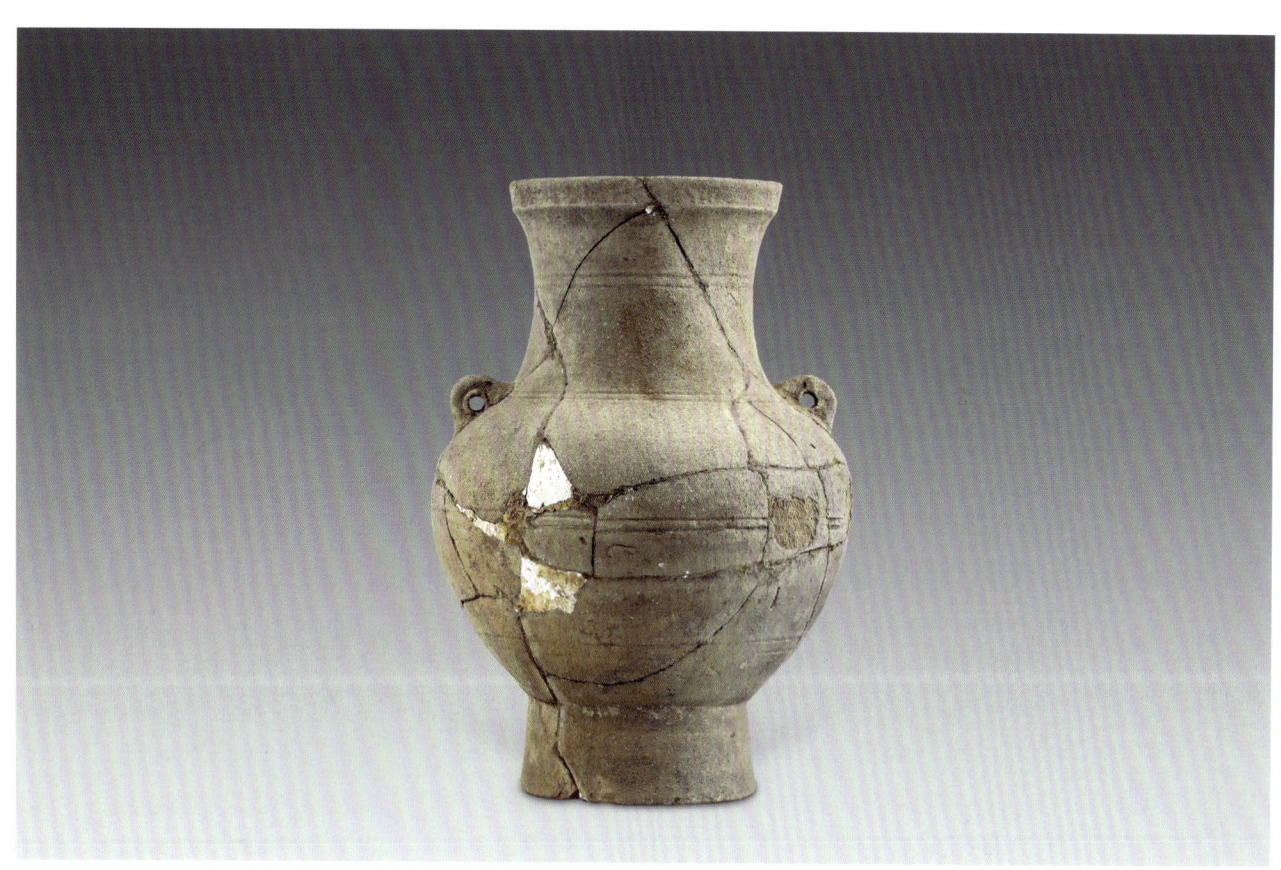

3. 陶壶（2005FCM1:8）

2005FCM1出土遗物

图版七九

1. 2005FCM2发掘现场

2. 铜带钩（2005FCM2∶1）

3. 铜钺（2005FCM2∶3）

2005FCM2发掘现场及出土铜器

图版八〇

1. 陶盂（2005FCM2：8）

2. 陶釜（2005FCM2：9）

3. 玉玦（2005FCM2：2）

4. 陶壶（2005FCM2：7）

2005FCM2出土遗物

图版八一

1. 2005FCM4发掘现场

2. 琉璃珠（2005FCM3∶3）

3. 陶圈足豆（2005FCM4∶1）

4. 陶釜（2005FCM4∶4）

5. 陶圜底罐（2005FCM4∶8）

2005FCM4发掘现场及2005FCM3、M4出土遗物

图版八二

1. 2005FCM5发掘现场

2. 铜带钩（2005FCM5：7）

3. 陶盂（2005FCM5：3）

4. 琉璃珠（2005FCM5：4）

2005FCM5发掘现场及出土遗物

图版八三

1. 铜鍪（2005FCM8：2）

2. 陶釜（2005FCM8：5）

2005FCM8出土遗物

图版八四

1. 2005FCM11∶6印台

2. 2005FCM11∶6印面

3. 2005FCM11∶9印面

2005FCM11出土铜印章

图版八五

1. 铜坠饰（2005FCM11:7）

2. 铜璜形饰（2005FCM11:8）

3. 陶平底罐（2005FCM11:2）

2005FCM11出土遗物

图版八六

1. 2005FCM12发掘现场

2. 铜印章（2005FCM12：7）

3. 铜钺（2005FCM12：6）

2005FCM12发掘现场及出土铜器

图版八七

1. 铜剑（2005FCM12∶5）

2. 陶釜（2005FCM12∶1）

3. 铜剑（2005FCM12∶5）上的巴蜀符号

4. 铜剑（2005FCM12∶5）上的巴蜀符号

2005FCM12出土遗物

图版八八

1. 2005FCM13发掘现场

2. 铜印章（2005FCM13∶5）印面

3. 铜印章（2005FCM13∶5）台面

2005FCM13发掘现场及出土铜器

1. 剑（2005FCM14：2）

2. 璜形饰（2005FCM14：4）

3. 剑（2005FCM14：2）上的巴蜀符号

4. 剑（2005FCM14：2）上的巴蜀符号

2005FCM14出土铜器

图版九〇

1. 印章（2005FCM14：3）台面

2. 印章（2005FCM14：3）印面

3. 钺（2005FCM14：1）

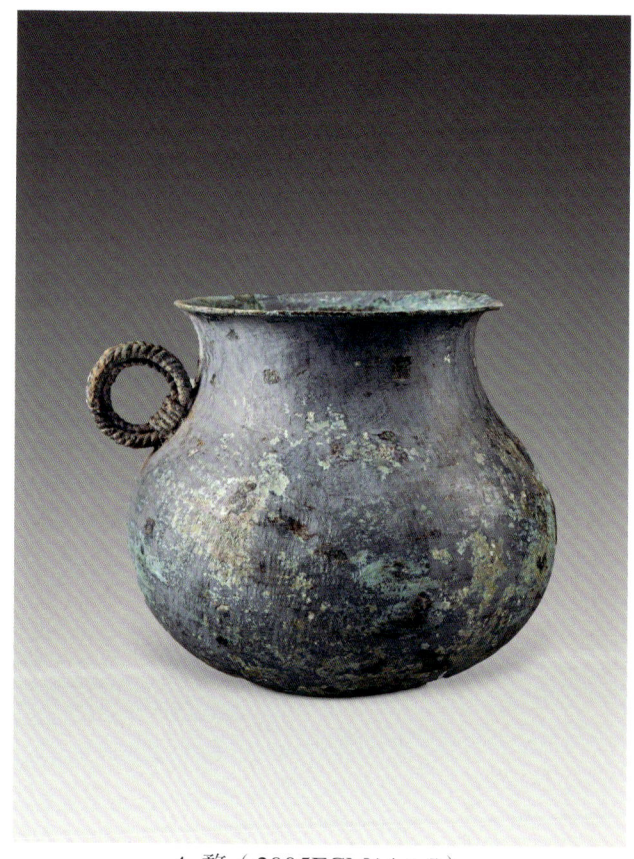

4. 鍪（2005FCM14：5）

2006FXCM14出土铜器

1. 2005FCM15发掘现场

2. 2006FXCM16发掘现场

2005FCM15、2006FXCM16发掘现场

图版九二

1. 圈足豆（2006FXCM17：2）

2. 圈足豆（2006FXCM17：3）

3. 平底罐（2006FXCM18：1）

4. 盆（2006FXCM18：2）

2006FXCM17、M18出土陶器

图版九三

1. 2006FXCM19发掘现场

2. 铜镜（2006FXCM19：4）

3. 煤精耳珰（2006FXCM19：2、3）

2006FXCM19发掘现场及出土遗物

图版九四

1. 带钩（2006FXM20：3）

2. 环（2006FXM20：5）

3. 印章（2006FXCM20：4）台面

4. 印章（2006FXCM20：4）印面

2006FXCM20出土铜器

图版九五

1. 2006FXCM22

2. 2006FXCM23

2006FXCM22、M23发掘现场

图版九六

1. 铜印章（2006FXCM23∶5）

2. 铜钺（2006FXCM23∶12）

3. 陶瓮（2006FXCM23∶1）

4. 铜带钩（2006FXM23∶11）

2006FXCM23出土遗物

图版九七

2006FXCM23出土铜壶（2006FXCM23：7）

图版九八

1. 2006FXCM25发掘现场

2. 铜钺（2006FXCM25∶1）

3. 陶平底罐（2006FXCM25∶3）

2006FXCM25发掘现场及出土遗物

图版九九

1. 铜斤（2006FXCM27：1）

2. 陶平底罐（2006FXCM27：3）

2006FXCM27出土遗物

图版一○○

1. 铜剑（2006FXCM28：10）

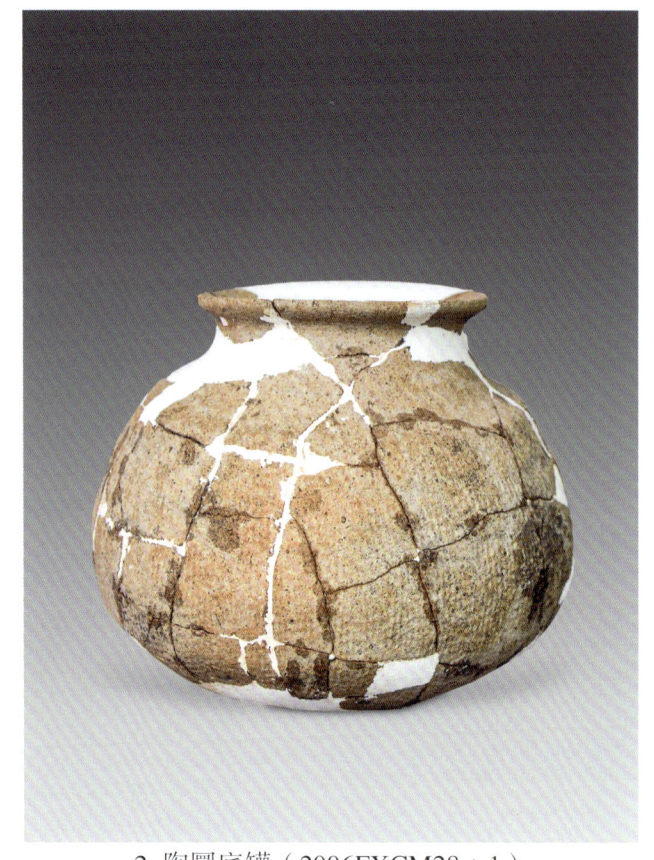

2. 陶圜底罐（2006FXCM28：1）

3. 陶盂（2006FXCM28：4）

2006FXCM28出土遗物

图版一〇一

1. 铜钺（2006FXCM29:8）

2. 陶瓮（2006FXCM29:1）

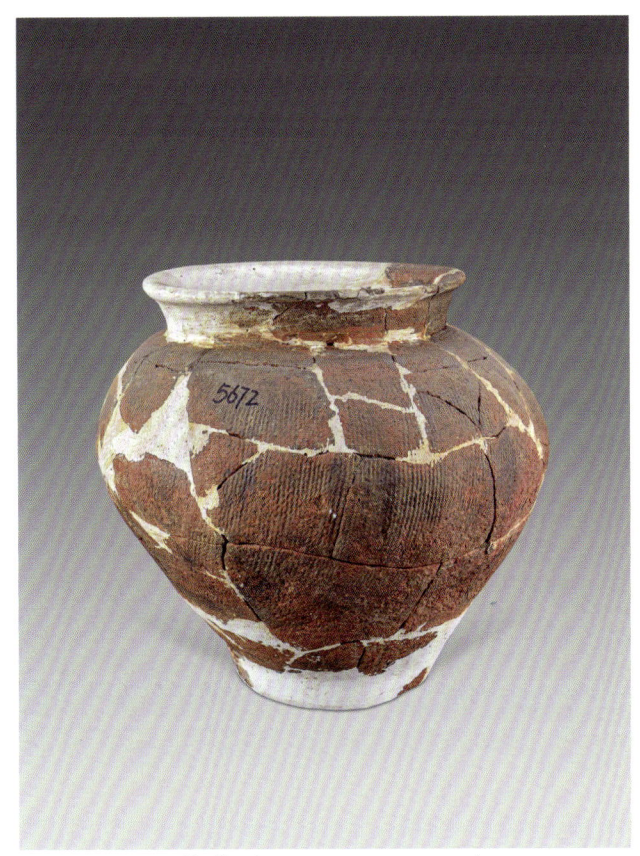

3. 陶瓮（2006FXCM29:9）

4. 琉璃管形饰（2006FXCM29:10）

2006FXCM29出土遗物

图版一〇二

1. 盂（2006FXCM29：5）

2. 釜（2006FXCM29：7）

3. 圜底罐（2006FXCM29：6）

2006FXCM29出土陶器

图版一〇三

1. 2006FXCM30发掘现场

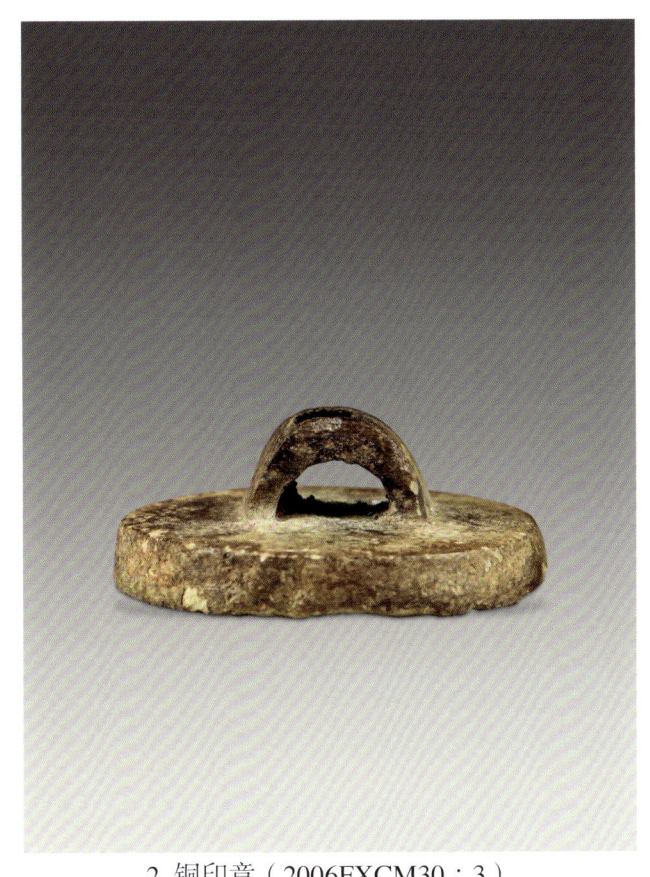

2. 铜印章（2006FXCM30：3）

3. 铜印章（2006FXCM30：3）

2006FXCM30发掘现场及出土铜器

图版一〇四

1. 铜鍪（2006FXCM30：1）

2. 陶釜（2006FXCM30：7）

3. 石饰件（2006FXCM30：4）

2006FXCM30出土遗物

图版一〇五

1. 鍪（2006FXCM32∶1）

2. 削（2006FXCM32∶3）

2006FXCM32出土铜器

图版一〇六

1. 铜钺（2006FXCM33∶5）

2. 铜削（2006FXCM33∶6）

3. 陶圜底罐（2006FXCM33∶1）

2006FXCM33出土遗物

图版一〇七

1. 2006FXCM34发掘现场

2. 铜印章（2006FXCM34：3）台面

3. 铜印章（2006FXCM34：3）印面

2006FXCM34发掘现场及出土铜器

图版一〇八

1. 铜矛（2006FXCM34：1）

2. 铜剑（2006FXCM34：2）

3. 铜钺（2006FXCM34：4）

4. 陶瓮（2006FXCM34：12）

2006FXCM34出土遗物

图版一〇九

1. 铜带钩（2006FXCM36∶3）

2. 错金银铜剑鞘饰（2006FXCM36∶5）

3. 陶盂（2006FXCM36∶1）

4. 陶圜底罐（2006FXCM36∶7）

2006FXCM36出土遗物

图版一一〇

1. 剑（2006FXCM36：4）

2. 矛（2006FXCM36：8）

2006FXCM36出土铜器

图版一一一

1. 平底罐（2006FXCM37∶1）

2. 盂（2006FXCM37∶2）

3. 圜底罐（2006FXCM37∶6）

2006FXCM37出土陶器

图版一一二

1. 铜印章（2006FXCM38∶6）

2. 铁斧（2006FXCM38∶2）

3. 铜印章（2006FXCM39∶7）

4. 铜铃（2006FXCM39∶14）

5. 铜璜形饰（2006FXCM39∶15）

2006FXCM38、M39出土遗物

图版一一三

1. 煤精耳珰（2006FXCM39：12）

2. 琉璃珠（2006FXCM39：9）

3. 琉璃珠（2006FXCM39：17）

2006FXCM39出土遗物

图版一一四

1. 戈（2006FXCM41:1）

2. 戈（2006FXCM41:1）上的巴蜀符号

3. 钺（2006FXCM41:2）

2006FXCM41出土铜器

图版一一五

1. 2006FXCM41:3

2. 2006FXCM41:3上的巴蜀符号

3. 2006FXCM41:3上的巴蜀符号

2006FXCM41出土铜剑

图版一一六

1. 铜印章（2006FXCM42：2-2）

2. 铜矛（2006FXCM44：2）

3. 铁锸（2006FXCM44：3）

2006FXCM42、M44出土遗物

图版一一七

1. 2006FXCM44：4

2. 2006FXCM44：4上的巴蜀符号

3. 2006FXCM44：4上的巴蜀符号

2006FXCM44出土铜剑

图版一一八

1. 2005FCF1内的废弃堆积

2. 2006FXCS1

2005FCF1、2006FXCS1发掘现场

图版一一九

红烧土路面（2006FXCL1）

图版一二〇

1. 铜镞（2005FCF3垫土②：2）

2. 铁凿（2005FCH1：1）

3. 铜带钩（2005FCH3：1）

2005FCF3、H1、H3出土遗物

图版一二一

1. 陶圜底罐（2006FXCH81：1）

2. 2006FXCH84发掘现场

3. 铁斧（2006FXCH94：5）

2006FXCH84发掘现场及2006FXCH81、H94出土遗物

图版一二二

1. 2002FXⅠM10:3 上的垫片

2. 2006FXCM23:9 器身、盖上脱落的垫片

3. 2002FXⅠM15:60 焚失法铸造的环耳

4. 2002FXⅠM10:38 焚失法铸造的环耳

5. 2002FXⅠM10:35 尾部二次浇铸痕迹

铜器铸造工艺

图版一二三

1. 2002FXⅠM12:71盖上的错银装饰

2. 2002FXⅠM10:35羽翼上镶嵌的孔雀石

3. 2002FXⅠM12:20表面的错银装饰

4. 2002FXⅠM12:79表面的错银装饰

5. 2002FXⅠM10:35双足上的焊接工艺

6. 2002FXⅠM12:44～47花蕊部分的鎏金工艺

铜器装饰工艺

图版一二四

1. 2002FXⅠM20∶12剑鞘表面所贴金箔

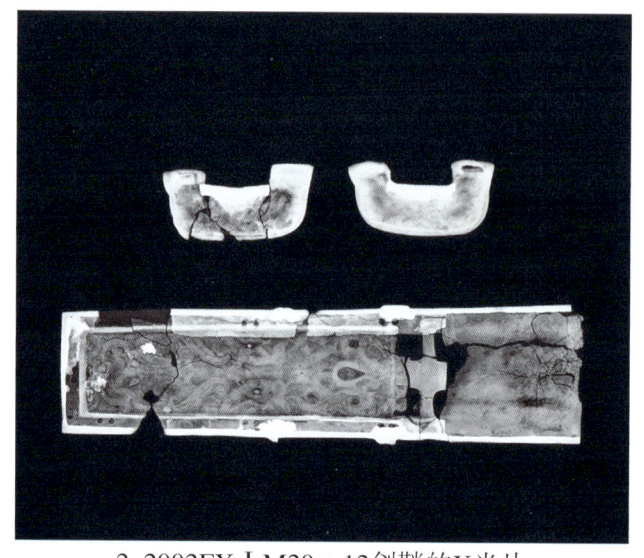

2. 2002FXⅠM20∶12剑鞘的X光片

3. 2002FXⅠM10∶36足部的刻纹工艺

4. 2002FXⅠM10∶6表面的戳点纹

5. 2002FXⅠM15∶54錾刻的巴蜀符号

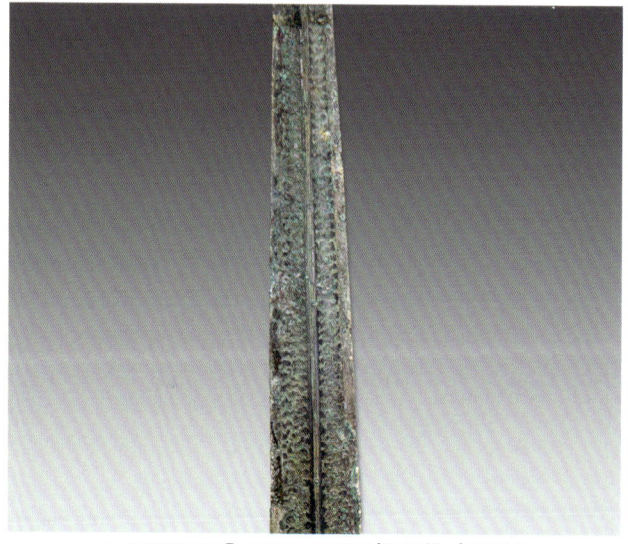

6. 2002FXⅠM12∶107表面的虎斑纹

铜器装饰工艺及科技分析

图版一二五

1. 2006FXCM20∶4 缝隙俯视

2. 2006FXCM20∶4 侧面缝隙显微镜照片

3. 2006FXCM39∶16（34倍）

4. 2006FXCM39∶16（70倍）

5. 2006FXCM39∶16（100倍）

6. 2006FXCM39∶16（200倍）

7. 2006FXCM39∶16（300倍）

铜印章显微照片

图版一二六

1. 印面照片
2. 印面SEM照片 
3. 印面的SEM-EDS能谱图 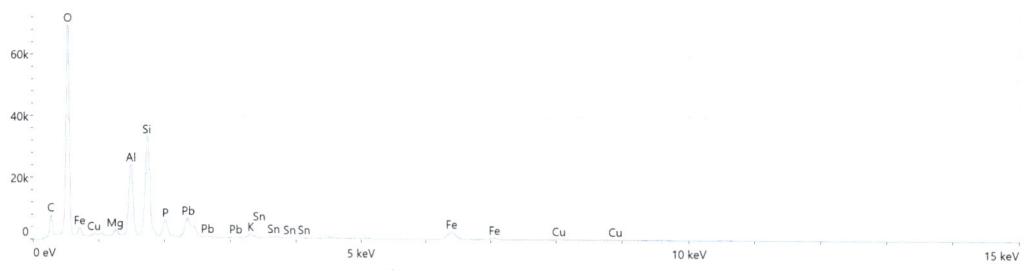
4. 印章侧面照片 
5. 印章侧面SEM照片 
6. 印章侧部点1的SEM-EDS能谱图 
7. 印章侧部点4的SEM-EDS能谱图 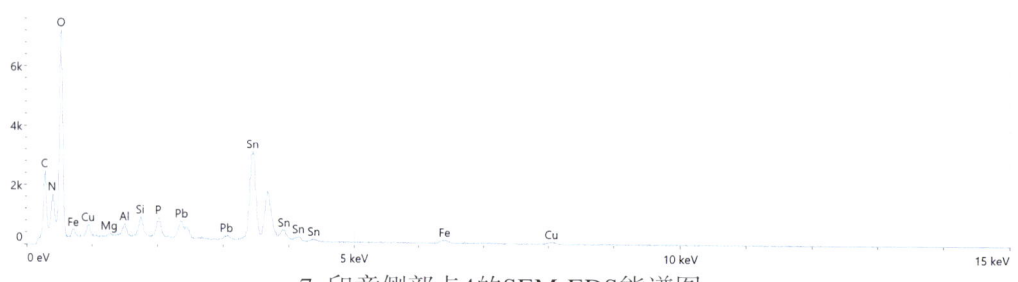

陶印章（2006FXCM39∶16）科技分析

图版一二七

1. 2002FXⅠM12：95

2. 2002FXM12：98、99

3. 2002FXM12：79-1

4. 2002FXM12：79-2

5. 2002FXM12：79-3

6. 2002FXM12：79-4

7. 2002FXM12：44～47

铜器X射线荧光光谱分析检测位置

www.sciencep.com
（SCPC-BZBDAA20-0019）

ISBN 978-7-03-080243-9

定 价：368.00元